제 4 판

특허판례백선

中山 信弘 외 3인 편저

사단법인 한국특허법학회 역

박영사

역자 서문

본서는 일본의 저명한 특허법학자인 나카야마 노부히로(中山 信弘) 교수를 비롯한 4분의 특허법학자가 주축이 되어 일본에서 대표적인 특허법 분야의 판례 104편을 소개한 "特許判例百選 第4版"을 사단법인 한국특허법학회 소속의 회원들이 완역한 것이다.

일본에서는 특허법 분야뿐만 아니라 민법, 헌법, 행정법 등 법학의 분야별로 100여 개의 대표적인 판례를 수집하여 해설하는 판례백선을 정기적으로 발간하고 있다. 그중에서도 특허법 분야에 관한 특허판례백선은 본서의 원저자 서문에서도 밝히고 있듯이 우리나라는 말할 것도 없이 일본에서조차 특허법에 관한 관심이 미미하였던 1966년에 일찍이 민법의 대가인 와가쓰마 사카에(我妻 榮) 교수에 의하여 편찬되어 출간된 이후, 1985년에 제2판이 출간되고, 2004년에 제3판, 그리고 2012년에 본서가 번역의 대상으로 하고 있는 제4판이 출간되었다. 일본에서는 특허판례백선이 1966년에 초판으로 발간된 이래로 제2판과 제3판이 발간되기까지에는 각각 19년의 기간이 흘렀지만, 제3판 이후 제4판이 발간되기에는 종전에 비하여 절반도 되지 않는 8년의 기간밖에 지나지 않은 것은, 종전과 달리 사회 전반에 걸쳐 특허법 분야에서 높아진 관심과 특허 분쟁의 증가 및 이로 인한 의미 있는 특허판례의 증가를 여실히 반영하는 점이라고 생각되고, 이러한 변화는 우리나라의 경우도 마찬가지라고 생각된다.

2004년에 일본에서 출판된 특허판례백선 제3판에 대해서는 지난 2005년에 이미 우리나라에서 번역 출간되어 우리나라의 특허법 연구에 많은 기여를 한 바 있다. 우리 한국특허법학회에서는 일본에서의 특허법 연구 결과를 집대성한 특허판례백선을 본받아 우리나라 특허분야의 대표적인 판례 100여 개를 수집하여 "특허판례연구"라는 이름으로 2009년에 발간하고, 그 후 2012년에는 그 동안에 새롭게 등장한 의미 있는 다수의 판례를 추가 보완하여 개정판을 출간한 바 있으며, 이에 대해서는 우리나라의 특허법 연구에 미력하나마 일조한 것으로 회원 모두 자부하고 있다.

   본서를 준비함에는 사단법인 한국특허법학회를 구성하는 대부분의 회원들이 각자 처지에 따라 적정한 분량의 판례를 분담하여 번역 작업을 하였다. 외국어를 우리말로 번역할 때 의미 전달의 정확성을 추구하다 보면 국어 표현이 어색하게 되는 경우가 많고, 반면에 표현을 우리말에 맞게 다듬게 되면 원래의 의미가 다소 훼손되는 점에서 정확한 의미전달과 자연스러운 국어 표현 사이에서 선택의 기로에 서게 된다. 그럼에도 불구하고 본서는 소설과 같은 문학 장르의 번역서와는 달리 정확한 의미의 전달이 우선이 될 것으로 생각되어 가능한 한 원래의 의미를 정확하게 살리고자 유의하였다. 다만 다수의 역자가 참가하여 번역 작업을 분담하여 수행하고 이를 전체적으로 모아서 책을 펴내는 관계로 역자에 따라 번역의 표현 등에서 일부 차이점이 발생하는 것은 어쩔 수 없는 것이라고 생각된다. 독자 여러분께서 널리 이해하여 주시기를 바란다.

   출판을 위하여 애써 주신 박영사의 조성호 부장님과 편집을 위하여 많은 수고를 하신 마찬옥 편집위원님께 특별히 감사의 말씀을 드린다.

   여러모로 부족한 점이 없지 않지만 부족한 부분은 차차 메워가기로 하고, 우리나라의 특허법 연구 분야에 도움이 되기를 바라면서 '사단법인 한국특허법학회' 회원 일동의 정성을 담아 이 책을 세상에 내보낸다.

2014년 2월

사단법인 한국특허법학회 회원 일동

서문(원저자)

　『특허판례백선 [제3판]』을 출판하고 8년이 경과하였는데 이 8년 동안에 특허
의 세계도 크게 변화하였다. 얼마 전에도 수차례의 법 개정이 있었고 또한 많은
중요 판례도 축적되었다. 특히 평성 23년(2011년)에는 특허법의 근간에도 관련된
대폭적인 법 개정이 이루어져서 특허법을 공부할 때에 크게 주목하지 않을 수 없
는데, 이 개정법에 의한 판례는 아직 나와 있지 않기 때문에 이는 제5판 이후에
포함되게 될 것이다.

　법률학 공부에서 판례는 매우 중요한 소재이다. 그러나 사후적 분쟁 해결이
라는 재판의 성격 때문에, 판례는 문제가 핫이슈가 되면서 시차를 두고 나타나는
것도 많다. 예를 들어 직무발명 규정은 평성 16년(2004년)에 많은 개정이 이루어
졌는데, 퇴직 후의 직원이 제소하는 것이 압도적으로 많아서 이에 대하여 발간된
판례는 모두 구법하의 것이다. 다만 판례의 공부에 있어서는 구법하의 판례도 현
행법의 해석에 도움이 되는 것이 많아서 항상 그와 같은 시차를 의식하면서도 현
행법과 대비하면서 고찰하여야 한다. 이러한 관점에서　본서에서는 구법하의 판
례이더라도 여전히 의미 있는 것은 채록하였다.

*　　　　　*　　　　　*

　2002년 2월, 당시 고이즈미 준이치로 내각 총리대신이 국회의 시정 방침 연
설에서 지적재산의 중요성을 언급한 이래로 특허 제도에 관한 개혁이 급진전되
어, 지적재산전략본부 설치를 비롯하여 다수의 법 개정과 시책이 이루어졌다. 그
로부터 10년이 경과하면서 특허는 더욱 중요해지고 있는데, 특허가 갖는 의미에
는 변화가 생기고 있다. 특허법은 주로 19세기의 산업을 전제로 확립된 것이어서
기본적으로는 단독으로 발명을 하여 특허를 받고 그 발명의 독점적 실시에 의한
이윤을 보장하여 그것에 의하여 발명에 대한 인센티브를 부여하는 것을 염두에
두고 제도 설계가 되어 있다.

　사회 정보화의 진전과 더불어 특허 제도의 중요성이 증가하는 것은 당연하
지만, 금세기에 들어와서 특허 제도의 의의에 대해서도 지난 세기와는 다른 변화

가 나타나기 시작하였다. 기술이 대형화함에 따라 신기술 개발에 필요한 비용도 한 회사가 부담할 수 없을 만큼의 액수가 되고 또한 기술 변화 속도도 급격히 빨라지고 있다. 이러한 비용과 시간의 리스크를 분산시킬 필요가 발생하고 있어 이에 따른 특허 전략을 다듬을 필요도 높아졌다. 단독 연구 개발로부터 오픈 이노베이션이라는 유행이 급속히 확장되어 공동 연구나 라이선스를 통한 연구 개발 혹은 기업 매수에 의한 특허 획득도 많아졌다. 기업에서 이것은 단지 국내의 동향이 아니어서 국제적인 관점에서 특허 전략의 재검토가 필요하게 되었고, 그 현상의 하나가 전술한 평성 23년 특허법 개정이다.

시장의 국제화도 현저하게 되어 국제적인 분쟁 등에 대응하는 것도 시급한 일이다.

또한 근래 세계적으로 특허의 수가 급증하고 있다. 일본의 경우는 여러 가지의 이유로 특허 출원의 수가 감소 경향이지만 국제적으로는 중국을 비롯하여 특허의 수가 현저하게 증가하여 이른바 특허 덤불이라는 현상이 발생하고 있다. 기술이 복합화하고 있는 현재, 이와 같이 특허의 수가 엄청나게 많아서는 특허 조사도 극히 곤란해지고 사전에 특허 침해를 예측하는 것은 어려워져서, 마치 덤불 속을 나아가고 있는데 불시에 지뢰를 밟아도 어찌할 수 없는 상황이 되어 왔다. 특히 하나의 제품에 수천 개의 특허가 담겨 있는 전기·전자의 세계에서는 그 경향이 현저하여 스마트폰을 둘러싼 애플과 삼성의 분쟁에서 전형적으로 나타나고 있다. 이 사건은 일본을 포함한 세계 각국에서 소송 전쟁으로 되어 있는데, 이러한 상황이 과연 기술 발전에 이익이 되고 있는가 하는 소박한 의문도 제기되고 있다.

이와 같이 특허를 둘러싼 산업 모델에 커다란 변화가 있어서 특허 제도의 근간에 관한 논의도 진행되고 있다. 다만 이러한 경향이 즉시 판례가 되어 표면화하는 것은 아니다. 판례인 이상, 정책론이 아닌 섬세한 법 해석의 문제가 중심이 되는 점은 논할 필요도 없지만 이러한 특허 제도의 큰 흐름을 항상 염두에 두면서 넓은 다각적인 관점에서 판례를 바라보는 것도 필요할 것이다.

*　　　　　*　　　　　*

특허판례백선의 초판(편집 대표 我妻 栄(와가쓰마 사카에))이 출판된 1966년으로부터 이미 반세기 가까이 경과하였는데, 당시는 지적재산법(무체재산법)이 개설된 대학은 거의 없어 특허판례백선을 읽는 학생들도 적었다. 그 후 특허의 중요성이 인식되면서 특허판례백선도 판을 거듭할 때마다 독자가 급증하였다. 그리고 현재에는 대부분의 법과대학원에서 지적재산법 수업이 이루어지고 있고 또 법학부에서도 지적재산법 수업이 이루어져서 많은 대학에서 특허판례백선이 교재로 채택되고 있다. 본서는 이러한 반세기에 걸친 경험을 토대로, 학부·대학원 교재로서의 역할을 잊지 않도록 일본을 대표하는 학자·실무가에게 집필을 의뢰하여 완성한 것으로 많은 사람이 읽기를 기대하고 있다.

2012년 3월

中山信弘(나카야마 노부히로)

大渕哲也(오부치 데쓰야)

小泉直樹(고이즈미 나오키)

田村善之(다무라 요시유키)

집필진 명단(가나다 순)

강경태 서울고등법원 고법판사
강춘원 특허청 특허심사기획과장
김관식 한남대학교 법과대학 교수, 전 대법원 재판연구관(지적재산조)
김기영 서울남부지방법원 부장판사
김동규 대법원 재판연구관
김동준 충남대학교 법학전문대학원 교수
김병식 대법원 재판연구관
김종석 김앤장 법률사무소 변호사, 전 대전지방법원 부장판사
김철환 법무법인(유) 율촌 변호사, 전 특허법원 판사
김태현 대구고등법원 고법판사, 전 특허법원 판사
남 현 서울중앙지방법원 판사
노갑식 부산지방법원 부장판사
박길채 특허법인 다래 변리사, 전 특허심판원 심판관
박민정 김앤장 변호사, 전 특허법원 판사
박성수 김앤장 변호사, 전 수원지법 부장판사
박원규 전주지방법원 부장판사, 전 특허법원 판사
박정희 법무법인(유) 태평양 변호사, 전 대법원 재판연구관
박태일 대법원 재판연구관
설범식 서울중앙지방법원 부장판사
성창익 변호사, 전 특허법원 판사
신혜은 충북대학교 법학전문대학원 교수
우라옥 의정부지방법원 판사
유영선 대법원 재판연구관 부장판사
윤경애 법무법인 율촌 변리사
윤태식 의정부지방법원 부장판사, 전 대법원 재판연구관(지적재산조)
이규홍 의정부지방법원 고양지원 부장판사 법학박사
이숙연 서울고등법원 고법판사
이태영 특허청 국제특허출원심사과장
이회기 김앤장 법률사무소 변호사
장현숙 특허청 반도체심사과장
장현진 의정부지방법원 고양지원 판사
조재신 전남대학교 교수
최승재 김앤장 법률사무소 변호사, 전 경북대학교 법학전문대학원 교수
최종선 특허법원 판사
홍정표 특허심판원 심판장

차   례

Ⅰ. 발   명

Ⅱ. 특허요건

Ⅲ. 발명자 권리

Ⅳ. 발명자 및 직무발명

[1] 발 명 자

[2] 직무발명

V. 출원 · 심사

VI. 심판 · 판정

[1] 심 판

[2] 판 정

Ⅶ. 심결등 취소소송

Ⅷ. 특허권의 효력

Ⅸ. 특허권 침해등

[1] 청구항 해석(발명의 요지인정 포함)

X. 침해에 대한 구제

XI. 특허권의 이용

I. 발　명

1. 자연법칙 이용의 판단(1)— 회로시뮬레이션 방법 사건

東京高裁 平成 16年(2004년) 12月 21日 判決

[平成 16年(行ケ) 第188号 : 審決取消請求事件]

(判時 1891号 139頁) ◀재판소 Web

相澤英孝(아이자와 히데타카, 一橋大学 教授) 著

김관식(한남대학교 법과대학 교수) 譯

Ⅰ. 사실의 개요

X(원고)는 발명의 명칭을 '연립방정식해법'(후에 '회로시뮬레이션 방법'으로 보정되었다')으로 하는 발명에 대하여, 1994년 11월 25일에 특허출원(평성6년 특허출원 290991호)하여 1996년 6월 7일에 출원 공개되었다(특개평8-147267호).

Y(특허청장관·피고)는 2000년 12월 19일에 본원발명은 자연법칙을 이용한 기술적 사상의 창작으로는 인정되지 않으므로 특허법 29조의 '발명'에 해당하지 않는다고 하여 거절결정하였다.

X는 2001년 1월 18일 이 거절결정에 대하여 불복심판을 청구하였다.

Y는 2004년 3월 15일, '전체적으로 순수하게 수학적인 계산절차만으로 구성되어 자연법칙을 이용한 기술적 사상으로는 인정되지 않는다. 따라서 본원 발명은 특허법상의 "발명"에 해당하지 않는다'고 하여 '본건 심판청구는 성립하지 않는다'는 심결을 하였다(불복2001-675호).

X는 본건 심결의 취소를 구하였다.

한편 1998년 11월 24일부의 절차 보정 후 본원 청구항1의 기재는 '회로의 특성을 나타내는 비선형 연립방정식을 BDF법[1]을 이용하여 각 비선형 연립방정식을 기초로 구성되는 호모토피[2] 방정식이 묘사하는 비선형 해곡선을 추적하는 것으로 수치해석하는 회로 시뮬레이션 방법에 있어서, BDF법을 이용한 상기 해곡

---

1) Backward differentiation formula. 미분방정식을 수치해석적인 방법으로 푸는 방법 중의 하나.
2) homotopy.

선의 추적에 있어서 해곡선 상의 j+1(j는 정수)번째의 수치해를 구하는 단계는, 예측자와 수정자로 이루어지는 각도 φ_{j+1}을 산출하고, 이 각도 φ_{j+1}가 소정치보다 큰지 여부를 판정하는 단계와, 상기 측정 단계에 있어서 상기 각도 φ_{j+1}가 소정치보다 크다고 판단되는 경우에는, 상기 해곡선의 추적수치 해석단계의 j+1번째의 수치해를 구하는 단계를, 좀 더 작은 수치해석 단계 폭으로 다시 실행하여, j+1번째의 수치해를 다시 고쳐서 구하는 단계를 포함하는 것을 특징으로 하는 회로 시뮬레이션 방법'이다.

Ⅱ. 판   지

청구기각(확정).

'1. 특허법 2조1항에는 "이 법률에서 '발명'이라는 것은 자연법칙을 이용한 기술적 사상의 창작 중 고도한 것을 말한다"라고 규정되고, 동법 29조1항 본문에는 "산업상 이용하는 것이 가능한 발명을 한 자는 다음에 게재한 발명을 제외하고 그 발명에 대하여 특허를 받을 수 있다"라고 규정되어 있다. 따라서 특허출원 발명이 "자연법칙을 이용한 기술적 사상의 창작"이 아닌 때에는 그 발명은 특허법 29조1항 본문에 규정하는 요건을 충족하지 않아서 특허받을 수 없다.

그리고 수학적 과제 해석방법 자체 및 수학적 계산 절차를 표현하는 것에 지나지 않는 것은, "자연법칙을 이용한 기술적 사상의 창작"에 해당하는 것이 아니라는 점이 명확하다.

2. …(1) … 가. 본원발명의 회로 시뮬레이션이라는 것은, … 설계된 회로의 규격을 검증하고, 해당 회로의 직류 동작점 및 전달특성 등을 명확하게 하기 위하여, 설계된 회로의 내부에서 성립하는 요소적 관계와, 엄밀하게 또는 근사적으로 동일한 요소관계가 성립하도록 회로특성을 기술한 비선형 연립방정식을 정식화하여, 이것을 수치적으로 해석하는 것으로 인정된다.

… 본원발명의 처리대상으로 되어 있는 "회로의 수학 모델"에 대하여 특허청구범위에서는 "회로특성을 나타내는 비선형 연립방정식"으로 기재되어 있을 뿐이고, 회로의 특성을 물리법칙에 기초하여 비선형 연립방정식으로써 정식화한다고 하는 이상, 당해 비선형 연립방정식이 현실의 회로를 구성하는 각 소자의 전기특성을 어떻게 반영하는 것인지는 전혀 나타나 있지 않고, 더구나 정식화된 모델은

수학상의 비선형 연립방정식 그 자체이므로, 이와 같은 "회로의 특성을 표현하는 비선형 연립방정식"을 해석의 대상으로 하는 점에 의하여 본원발명이 "자연법칙을 이용한 기술적 사상의 창작"으로 되는 것은 아니라는 점은 명확하 …[다].'

'나. … 비선형 연립방정식을 토대로 구성된 호모토피 방정식이 묘사하는 비선형 해곡선이, 설계된 회로의 입력전압에 대한 출력전압 및 출력전류 등의 관계를 표현하는 특성곡선이라고 하여도, 이 방정식이 묘사하는 비선형인 해곡선을 BDF법을 이용하여 추적하는 것은, … 원래의 비선형 연립방정식의 해를 구하는 것이나 다름없기 때문에, 이 프로세스는 일반적인 비선형연립방정식의 해법과 어떠한 차이점도 없어 회로의 물리적 기술적 성질로서의 고찰을 포함하는 것이 아니다. 달리 말하면, 본원발명에 있어서 현실의 회로의 물리적 특성은 비선형 연립방정식에 반영되어 있을 뿐이므로 그 해석에는 어떠한 이용도 되지 않는 것이고, 창작 자체는 어디까지나 호모토피 방정식을 구성하여 BDF법을 이용하여 추적하는 것을 지향하고 있어, 일단 비선형 연립방정식의 형태를 취하고 있다면 그 해법은 수학의 영역으로 이행하여 수학적인 처리에 의하여 해석이 이루어지는 것에 지나지 않는 것이라고 말할 수 있다. …

따라서 상기 해곡선을 추적하는 것은 수학적인 방법이라고 말할 수 있는 것이어서 "자연법칙을 이용한 기술적 사상의 창작"을 포함하는 것이라고는 할 수 없다… .

(2) … 가. …㈐ … 본원 발명에서 채용된 과제해결수단은, … 회로의 물리적 성질을 고려한 해결수단으로는 인정되지 않고, 또 회로의 물리적 성질에 기인하는 것과 같은 특수한 비선형 연립방정식의 해법을 구하는 것이 아니라, 일반적인 비선형 연립방정식(의사해 수집현상 및 비수집현상이 발생되어 해석이 곤란하게 되는 경우와, 그렇지 않은 경우의 쌍방을 포함한다.)의 해법에 쓰이는 것과 어떠한 차이도 없는 것이다…. … 본원 발명의 과제해결수단에 "자연법칙을 이용한 기술적 사상의 창작"이 있다고는 말할 수 없다. …'

나. … 본원발명에 있어서 비선형 해곡선이, 회로의 동작특성을 정식화한 비선형 연립방정식의 해곡선에 한정된 것이고, … 해곡선의 해석이 BDF법을 이용한 해석에 한정된 것이라고 하여도, … 당해 비선형 연립방정식 및 해석방법 자체에서 "자연법칙을 이용한 기술적 사상의 창작"이 읽혀지지 않는 이상, … 한정을 부여하는 것에 의하여 본원 발명의 발명성이 긍정되는 것으로 되지는 … 않는다.

다. … 본원발명의 비선형 연립방정식을 어떠한 경계조건 하에서 해석하는

가는, 본원발명의 특허청구범위에 전혀 나타나 있지 않아 본원발명의 기술적인 과제로는 도저히 인정되지 않는다. 또한 현실의 회로가 경계조건을 가지고 있기 때문이라고 하여도, … 수학적인 해법을 표현하는 것에 지나지 않는 본원발명이, "자연법칙을 이용한 기술적 사상의 창작"으로 되는 것이 아니라는 점은 명확하다. …

　　라. … 한편, … 회로의 시뮬레이션 방법에 관한 … 특허 제3491132호 … 는 회로를 정식화하여 방정식으로 하는 과정에 관한 발명이고, … [특허 제353571호]는 실제의 회로요소를 이용한 소자의 모델화에 관한 발명이어서, 어느 쪽이든 일단 정식화된 후의 방정식의 해법에 관한 본원과는 사안을 달리하는 것이다.'

Ⅲ. 해　설

1. 특허법 2조는 발명을 '자연법칙을 이용한 기술적 사상의 창작 중 고도한 것을 말한다'라고 규정하고 있다.

　　이 발명의 정의는, 19세기말부터 20세기에 걸쳐서 활약한 독일의 콜러라는 법학자에 의한 정의에 기초를 두고 있다고 한다(中山信弘 『特許法』[2010] 93頁).

　　기계문명시대의 '발명' 개념이 컴퓨터 시대에 있어서 변형을 구하고 있다.

　　한편 미국특허법과 유럽특허법에서는 '발명'의 정의규정은 두고 있지 않다.

2. 수학상의 법칙은 자연법칙이 아니므로, 수학상의 법칙을 이용한 것은 자연법칙을 이용하는 것이 아니어서 '발명'에 포함되지 않는 것으로 되어 있다(中山, 전게서 94頁).

　　컴퓨터는 계산기이어서, 컴퓨터 프로그램은 수학적 법칙에 기초하고 있다. 그렇다면 컴퓨터 프로그램은 '발명'이 아니라고 되어 특허법에 의하여 보호되지 않는 것으로도 될 수 있지만, 특허법 제2조 3항에는 프로그램이 발명이라는 것을 전제로 하여 규정되어 있다.

　　나카야마(中山) 교수도 컴퓨터프로그램을 발명으로써 보호하는 특허청의 운용에 이해를 표시한 뒤에, 컴퓨터 프로그램 중에서 자연법칙을 이용한 기술적 사상이라고 말할 수 있는 것에 대해서는 발명에 해당한다고 하고 있다(中山, 전게서 100頁). 또한 자연법칙의 이용이라는 요건을 느슨하게 해석하여 사회적 요청이 강한 것에 대해서는 특허법 내부에 포함할 필요가 있다고 하고 있다(中山, 전게서 100頁).

3. 판례에 있어서는 특허청구범위의 기재에 의하여 '발명'에 해당하는지 여부를 판단하고 있다고 생각된다.

① 知財高判 平成 21. 6. 16.(平20(行ケ)10279号, 判時2064号124頁)은 수단으로 특정된 '유기기(遊技機)'를 '발명'에 해당한다고 하고, ② 知財高判 平成 21. 5. 25.(平20(行ケ)1051号, 判時2015号105頁)은 수단으로 특정된 '회계처리장치'를 '발명'에 해당한다고 하고, ③ 知財高判 平成 20. 6. 24.(平19(行ケ)10369号 - 본서 2번 사건)은, 컴퓨터네트워크와 수단으로 특정된 '치과치료시스템'을 '발명'에 해당한다고 하고 있다. 이에 반하여 ④ 知財高判 平成 20. 2. 29.(平19(行ケ)10239号, 判時2012号97頁)은 '비트 모음의 단축표현을 생성하는 장치'를 '발명'에 해당하지 않는다고 하고 있다.

①②③의 판례부터는 특허청구범위에서 하드웨어와 관련되는 경우에는, '발명'에 해당한다고 하는 판단기준이 존재하는 것으로도 추측할 수 있다. 본 판결에서 특허 제3491132호와 특허 제3535731호는 본원과 상이한 것이라고 하고 있는 것도, 특허 제3491132호와 특허 제353571호가 하드웨어와 관련되어 있는 특허청구범위인 점과의 차이라고 이해할 수도 있다. 한편 ④에서는 하드웨어에 대하여 비트 집합의 단축표현을 생성하는 장치 이외에는 다루고 있지 않으므로, ①②③의 판결의 연장선상의 한계적 사례라고 이해할 수도 있다.

4. 특허청의 특허 · 실용신안 심사기준(2011년 12월 28일 개정)의 제Ⅶ부 「특정기술분야의 심사기준」 제1장 「컴퓨터 · 소프트웨어관련발명」에서는 '소프트웨어에 의한 정보처리가 하드웨어 자원(예: CPU등의 연산수단, 메모리 등의 기억수단)을 이용하여 구체적으로 실현되어 있는 경우 … 당해 발명은 "자연법칙을 이용한 기술적 사상의 창작"이다'라고 하고 있다(7頁). 또한 '자연수 n과 m을 입력하는 입력수단(다만, $1 \leqq n \leqq m < 256$)과 k번째에 k2의 값이 저장된 제곱테이블(단, $0 \leqq k < 511$)과, 가감산기 및 시프트연산기로 이루어지는 연산수단과, 상기 연산수단에 의한 연산결과가 상기 제곱테이블을 참조하여 제곱 값을 도출하는 것에 의하여 승제산기를 이용하지 않고서, $s = \dfrac{(m+n)^2 - (m-n)^2}{4}$ 을 계산하는 계산장치'를 '발명'에 해당하는 특허청구범위 기재의 예로 하고 있다(20頁).

5. 본 판결은 특허청구범위의 기재가 하드웨어와의 관련부여가 되어 있지 않으므로 '발명'에 해당하지 않는다고 판시한 것으로 이해하는 것에 의하여, ①②

③④의 판례 및 특허청 심사기준과 조화하고 있는 것이라고 이해할 수 있다. 또한 통설적 견해도 판례와 차이를 보이지 않는다(中山, 전게서 100頁, 高林龍 『標準特許法[第4版]』[2011] 31頁).

본건을 포함하는 판례에 의하면 '발명'을 특정하는 특허청구범위의 기재에서 하드웨어와의 관련부여가 되어 있다면 컴퓨터 프로그램도 '발명'으로 된다고 하는 학설 및 판례는 명확한 것이지만, 수학상의 법칙에 기초한 발명인 컴퓨터 프로그램을 '발명'으로 하는 것에 의하여 수학상의 법칙은 자연법칙이 아니므로 수학상의 법칙을 이용한 것은 자연법칙을 이용한 것이 아니어서 '발명'에 포함되지 않는다고 하는 종래 통설적 견해의 이론적 파탄은 명확하다고 생각된다.

'발명' 개념의 해석을 컴퓨터 프로그램의 기술적 중요성으로부터 수정하여야 할 필요가 있다고 생각되지만, 이것에 대해서는 판례해석의 범위를 넘는 것이어서 문제의 지적만으로 그친다.

〈참고문헌〉
1. 平嶋竜太 「ソフトウェア関連発明における」自然法則利用性の評価について－回路シミュレ-ション方法事件判決を端緒とした検討」知的財産権政策研究 20巻 65頁
2. 相澤英孝 編著 『電子マネーと特許法 「増補版」』[2000] 113頁 이하 등

2. 자연법칙 이용의 판단(2)

―― 쌍방향 치과치료 네트워크 사건

知財高裁 平成 20年(2008년) 6月 24日 判決
[平成 19年(行ケ) 第10369号 : 審決取消請求事件]
(判時 2026号 123頁) ◀재판소 Web

平嶋竜太(히라시마 류우타, 筑波大学 教授) 著
김기영(서울남부지방법원 부장판사) 譯

Ⅰ. 사실의 개요

미국법인 X(원고)는, '쌍방향치과치료 네트워크'라는 명칭의 발명(이하 본건 발명이라 한다)에 관한 특허출원(PCT/US99/22857, 특원2000-579144호)을 하였는데, 거절결정을 받았다. 이에 X는 거절결정불복심판을 청구하였고, 그 절차 중에 특허청구범위를 변경하는 보정(2005년 5월 26일. 이하 본건 보정이라 한다)을 하였는데, 본건 보정의 각하와 함께 청구기각의 심결(불복 2005-7446호 사건. 이하 원심결이라 한다)을 받았다. 이에 원심결의 취소를 구하는 것이 본건 사안이다. 본건 사안의 쟁점은, ① 특허청구범위 보정의 허부, ② 본건 발명이 특허법 29조 1항 본문에서 말하는 '발명'에 해당하는가이었지만, 쟁점 ①에 대해서는 원심결의 판단에 잘못이 없는 것으로 결론 내려져, 본건 판결의 고유한 의의는 쟁점 ②에 관한 판단에 있으므로, 이하 쟁점 ②에 한하여 해설·검토한다. 또한 본건 발명의 특허청구범위는 본건 보정 전에 18, 보정 후 12 청구항으로 구성되고, 청구항 1을 기본 청구항으로 성립되어 있다.

Ⅱ. 판 지

심결취소(확정)

우선 본건 보정 전의 청구항 1의 기재에 관하여 검토하고, 청구항 1의 발명에 관하여, "전체가 컴퓨터에 기초하여 관계되어 있고, 치과치료를 위한 기능을 발휘하는 것으로 해석할 수 있다"고 인정하였다. 그 위에 "특허의 대상인 '발명'은, '자연법칙을 이용한 기술적 사상의 창작'이고(특허법 2조 1항), 일정한 기술적 과제의 설정, 그 과제를 해결하기 위한 기술적 수단의 채용 및 그 기술적 수단에 의해 소기의 목적을 달성할 수 있다고 하는 효과의 확인이라는 단계를 거쳐 완성되는 것이다.""따라서 사람의 정신활동 그 자체는 '발명'이 아니고, 특허의 대상이 되지 않는다고 할 수 있다. 그러나 정신활동이 포함되어 있거나 또는 정신활동에 관련된다는 이유만으로 '발명'에 해당하지 않는다고 할 수도 없다. 생각건대, 어떠한 기술적 수단도, 사람에 의해 생겨나고 정신활동을 포함하는 사람의 활동에 도움이 되며, 그것을 돕거나 또는 그것에 치환되는 수단을 제공하는 것이고, 사람의 활동과 필수적으로 무엇인가 관련성이 있는 것이다.""그렇다면 청구항에 무언가 기술적 수단이 제시되어 있다고 하여도, 청구항에 기재된 내용을 전체로서 고찰한 결과, 발명의 본질이 정신활동 그 자체에 향해져 있는 경우는 특허법 제2조 제1항에 규정된 '발명'에 해당한다고 할 수 없다. 한편, 사람의 정신활동에 의한 행위가 포함되어 있거나 또는 정신활동에 관련되는 경우에 있어서도, 발명의 본질이 사람의 정신활동을 지원하거나 또는 그것을 치환하는 기술적 수단을 제공하는 것인 경우는 '발명'에 해당하지 않는다고 하여 이것을 특허의 대상으로부터 배제해야 하는 것은 아니라고 할 수 있다"(이하 일반적 판단기준이라고 한다)고 제시하였다. 그 후 청구항 제1항에 관련 발명에 결부하여 검토한다.

청구항 제1항에 있어서 "판정하는 수단," "책정하는 수단"인 발명특정사항에 관하여는 사람에 의한 행위, 정신활동이 포함된다고 해석할 수 있기 때문에, 청구항 제1항의 발명은 "적어도 사람의 정신활동에 관련되는 것이다"라고 인정하면서, 특히 특허청구범위의 기술적 의의를 일의적으로 명확하게 이해할 수 없는 특단의 사정이 있어서, 명세서의 발명의 상세한 설명의 기재를 참작하여 발명의 본질에 관하여 검토한 후, "청구항 제1항에 규정된 '요구되는 치과수리(修復)를 판정하는 수단' 및 '… 초기치료계획을 특정하는 수단'에는 사람의 행위에 의하여 실현되는 요소가 포함되고, 또 본원 발명 1을 실시하기 위해서는 평가, 판단 등의 정신활동도 필요하게 되는 것이라고 생각되기는 하나, 명세서에 기재된 발명의 목적 및 발명의 상세한 설명에 비추어보면, 본원 발명 1은 정신활동 그 자체에 향해진 것이라고 하기는 어렵고, 전체로서 보면 오히려 '데이터베이스를 구비한 네트워크서버', '통신네트워크', '치과치료실에 설치된 컴퓨터' 및 '영상표시와 처리가 가능한 장치' 등을 구비하고, 컴퓨터에 기초하여 기능하는 치과치료를 지원하기 위한 기술적 수단을 제공하는 것으로 이해하는 것이 가능하다"라고 했다. 이로써 "본원 발명 1은 '자연법칙을 이용한 기술적 사상의 창작'에 해당한다고 할 수 있고, 본원 발명 1이 특허법 제2조 제1항에서 정의된 '발명'에 해당하지 않는다고 한 심결의 판단은 인정할 수 없다"고 판단하였다. 또 청구항 2 내지 10에 관계된 발명에 관하여도, 청구항 1에 관계된 발명에 관한 인정판단을 기초로, 청구항 1과 같은 판단을 하였다(청구항 11 이하에 관하여는 청구항 1 내지 10의 종속항이기 때문에 개별 판단을 하지 않았다).

　　이상과 같이 쟁점②에 관한 취소사유는 이유가 있는 것으로 하여 원심결을 취소하였다(확정).

Ⅲ. 해　　설

　1. "발명"의 정의개념과 자연법칙이용성 – 일반론과 본건 판결의 위치 부여
　　현행 특허법에서는, 그 보호대상에 관하여, 2조 1항에서 '발명' 개념을 정의하여 명확히 획정한 후, 당해 발명이 산업상의 이용가능성, 신규성, 진보성이라고 하는 특허요건을 충족하는 것에 권리부여가 된다고 하는 구조를 갖고 있고, 2조 1항에서 "발명" 개념을 정의하는 요건으로서는 자연법칙이용성, 기술적사상성, 창작성의 3요건이 해석론상은 도출되지만, 이론적으로 중요하고 쟁송상도 많이 논의되는 요건이 자연법칙이용성이다. 특허법상의 보호대상인 "발명" 개념 해당성 판단의 문맥에 있어서 자연법칙이용성의 해석·판단에 관하여는, 명문상의 정의 규정을 설정하여 두지 않았던 구 특허법(1922년 법) 이래 여러 재판례가 존재하지만(대표적인 것으로서, 東京高判 昭和 28. 11. 14. 行集 4卷 11号 2716頁, 最小判 昭和 28. 4. 30. 民集 7卷 7号 461頁, 東京高判 昭和 31. 12. 25. 行集 7卷 12号 3157頁, 東京地判 平成 15. 1. 20. 判時 1809号 3頁 등), 특히 최근에는 소프트웨어 관련 발명에 있어서 자연법칙 이용성의 충족판단이 실무상·이론상 큰 과제로 되어 있다(문제 배경의 개요로서, 中山信弘·小泉直樹 編, '新 注解特許法(上)', 2011, 17-21頁[平嶋竜太], 대표적인 판례로서 東京高

判 平成 16. 12. 21. 判時 1891号 139頁[본서 1 사건], 知財高判 平成 20. 2. 29. 判時 2012号 97頁). 본건 판결도 앞의 문맥에서 발명의 정의개념의 해석에 있어서 자연법칙이 용성의 파악에 대한 새로운 판단기준을 명시하는 것으로서 자리매김 된다.

2. 본건 발명의 개요

본건 판결에서도 사실 인정되어 있는 바와 같이, 최근 치과치료의 분야에서 새로운 재료 및 기술이 개발되는 것에 동반하여 처치의 선택지가 극적으로 증대 하였기 때문에, 개별 사건에서 최적의 재료 및 치료방법으로 좋겠다고 치과의사 가 선택할 것을 요하는 정보가 극히 많아졌다. 이것도 배경으로 해서 치과의사와 치과기공사가 치과치료 계획 또는 수리(修復)치과치료계획으로서 최적인 것을 작 성하고, 최적의 재료를 선택할 것을 지원하기 위한 방법 및 시스템에 관계되는 것이 본건 발명이다. 보다 구체적으로는 치과보철재 및 그 처리방법, 프레파라트 에[1] 관한 정보가 축적된 데이터베이스 및 데이터베이스 조회를 행하는 프로그램 을 저장한 네트워크서버, 진료실, 치과기공실을 정보통신 네트워크로 접속하고 쌍방향으로 이용 가능한 구성으로 되어 있으며, 치아 및 치아의 프레파라트의 디 지털컬러 화상을 표시·분석할 수 있게 구성되어 있는 것이라 할 수 있다.

3. 본건 판결의 논리의 검토와 의의

본건 판결에서는 특허법상의 "발명"의 정의개념에 관하여 일반적 판단기준 을 제시한 후에, 본건 사안에 적용하여 "발명" 해당성을 긍정하는 결론을 도출하 고, 일반적 판단기준에 의해 "발명"의 정의개념을 명확히 제시하고 있는 점이 무 엇보다 주목된다. 본건 판결이 제시하는 일반적 판단기준으로는, 기준 Ⅰ - 사람 의 정신활동 그 자체는 "발명"이 아니고, 기준 Ⅱ - 사람의 정신활동에 의한 행위 가 포함되어 있거나 정신활동에 관련되는 경우에 있어서도, 청구항에 기재된 내 용을 전체로서 고찰한 결과 발명의 본질이 사람의 정신활동을 지원하거나 그것 을 치환하는 기술적 수단을 제공하는 것일 경우는 "발명" 해당성을 긍정할 수 있 다고 하는 2가지 기준으로 구성되어 있다. 기준 Ⅰ에 관하여는 종래부터 자연법 칙이용성 요건을 충족하지 않는 유형의 전형례로서 학설상으로도 지지되어 온 것으로(예를 들어, 中山信弘 編著, '注解特許法(上)[第3版]', 2000, 27頁[中山信弘]), 재판례· 특허청심사기준상으로도 명확히 지지되어 온 것이라고 생각되어진다(재판례에 관

1) Präparat, 유리판에 끼운 현미경 관찰용 표본.

하여는 1번에서 든 사안, 特許廳 "特許·實用新案審査基準" 第II部 第1章 1.1(4)). 한편, 기준
II에 관하여는, 사람의 정신활동을 지원·치환하는 기술적 수단을 본질로 하는
창작이라면(자연법칙이용성이 부정된다) 사람의 정신활동 그 자체와는 구별하여 평
가되어야 한다고 하는 사고방식을 보여준 것으로 생각되는 것으로서, 사람의 정
신활동에 관련한 창작이어도 특허법상의 "발명" 해당성이 긍정될 수 있는 영역이
존재한다는 것을 명확히 제시한 점에 큰 의의가 보인다. 따라서 기준 II에 결부시
켜, 본건 발명에 관하여 사람의 정신활동을 지원·치환하는 기술적 수단을 본질
로 하는 창작으로 평가한 판단은 적절한 것 같다.

다만, 종래의 판례·학설 및 특허청 실무상으로도 자연법칙이용성의 충족판
단에 있어서, 발명을 구성하는 전요소가 자연법칙을 이용하여 구성되어 있는 것
까지도 요구하는 것으로 해석하고 있었던 것은 아니고, 발명 전체로서 자연법칙
을 이용하고 있다고 평가되는 것으로 족하다고 해석하여 왔는바(中山·小泉 編, 앞
의 新 注解, 15-16頁[平嶋], 知財高判 平成 19. 10. 31. 平19(行け) 10056号, 特許廳 "特許·實
用新案審査基準" 第II部 第1章 1.1(4)), 본건 발명에서는 전자계산기 및 전기통신회선
을 이용하여 치과의사에 의한 "판정" 및 "책정"이 실현되는 것이고, 원래 자연법
칙을 이용하고 있는 부분의 존재를 긍정할 수 있기 때문에, 종래의 판례·학설
및 특허청의 실무를 전제로 하여도, 예를 들어 사람의 정신활동에 관련한 창작이
기 때문에 발명 전체로서 자연법칙이용성이 부정된다고 말할 수 있는 창작은 아
니고, "발명" 해당성이 긍정되어야 하는 까닭이었다고도 생각된다. 그 의미는, 기
준 II가 말하는 "기술적 수단"에 관하여도, 과연 특허법상의 "발명" 개념과 마찬
가지로 자연법칙이용성을 충족하는 것이 요청되는 것인가 아닌가 하는 점이 기
준 II의 적용범위의 광협을 결정하는 데 있어서 지극히 중요한 의의를 가진다고
생각되어지는바, 본건 판결의 판시로부터 이 점은 명확하지는 않고, 본건 판결이
남긴 과제의 하나로서 지적될 수 있는 점이라고 할 수 있다. 논리적으로는 기준
II가 말하는 "기술적 수단"으로는 자연법칙을 이용하여 구성되어 있는 것으로 평
가되지 않는 '기술적 수단'까지는 포함하지 않는다고 해석하지 않는 한, 자연법칙
을 전혀 이용하지 않는다고 평가되는 요소만으로 구성되는 창작에 관하여까지도
특허법상의 "발명" 해당성을 부정할 수 없다고 생각된다. 또한 본건 판결 이후의
대역사서(対訳辞書) 사건 판결(知財高判 平成 20. 8. 26. 判時 2041号 124頁[본서 3 사건])
에서의 자연법칙이용성에 관한 판단기준을 전제로 한다면, 본건 판결이 제시한
"기술적 수단"에 관하여도 자연법칙이용성을 요하는 것이라고 해석하는 것이 정

합적이라고 생각된다. 덧붙여 기준 Ⅱ에서는 사람의 정신활동을 "지원·치환"하고 있다고 평가되는 구체적 범위가 명확하지 않기 때문에, 그 점의 구체화·명확화도 이후의 과제라 할 것이다.

4. 본건 사안의 특징

또한, 본건 발명에 있어서는, 위 2에서 개관한 것 같이, 소위 소프트웨어 관련 발명으로 위치지어질 수밖에 없다고 해석되는 것으로서, 원심결에 있어서 치과의사가 주체인 정신활동에 의한 행위로서 "발명"해당성을 부정하는 근거로 된, 특허청구범위의 "판정하는 수단" 및 "책정하는 수단"이라는 기재(발명특정사항)에 관하여도, "판정" 행위 및 "책정" 행위라고 하는 정신활동 그 자체를 들어 본건 발명의 요지로서 이해하는 것은 적절치 않고, 명세서의 기재 등으로부터도 실질적으로는 "판정하기 위한 수단" 및 "책정하기 위한 수단"으로 해석할 수밖에 없었다고 생각된다. 그 의미에서는 심사 및 심판에 있어서 발명의 요지 인정이 적절히 되지 않았다는 것을 원인으로 하여 "발명"해당성이 부정되기에 이른 사안이라고도 이해할 수 있을 것이다. 덧붙여서 인공지능기술의 발전에 동반하여, 가령 "판정" 및 "책정"이라고 하는 행위 자체에 관하여도 소프트웨어에 의해 어느 정도 발을 들여놓은 처리가 가능하게 되었다고 하는 상황을 전제로 해서도, 본건 판결의 논리는 타당한 것이라고 생각된다(다만, 특허청심사시준상은 소프트웨어 관련 발명으로서의 "발명" 해당성에도 유의할 필요가 있다. 特許廳 "特許·實用新案審査基準" 第Ⅶ部 第1章 2.2 참조).

5. 결론 - "발명" 정의개념의 장래적 과제

정보기술 및 인지과학·뇌과학·응용심리학이라고 하는 분야의 발전에 동반하여 장래적으로는 "사람의 정신활동 자체인 것"과 "사람의 정신활동에 작용하는 것으로서 실현되는 응용기술"의 경계선이 보다 일층 불명료하게 될 것이 예상된다. 따라서 사람의 정신활동에 관련한 창작영역에 있어서 특허법상의 "발명" 개념해당성의 평가판단, 특히 자연법칙이용성의 충족평가는 보다 곤란하게 되고, 본건 판결의 기준을 이어 일층 정밀화하는 것이 이론상·실무상으로도 필연이라 할 것이다.

〈참고문헌〉

본문 중에 언급한 것. 본건 판결의 평석·해설로서, 高石秀樹·AIPPI 53卷 12号 15頁 以下, 山神清和, 平成20年度重判解(ジュリ 1376号) 309頁

3. 자연법칙 이용의 판단(3)── 번역사전 사건

知財高裁 平成 20年(2008년) 8月 26日 判決
[平成 20年(行ケ) 第10001号 : 審決取消請求事件]
(判時 2041号 124頁, 判タ 12962号 263頁) ◀裁判所 Web

相田義明(아이타 요시아키, 弁理士) 著
박길채(특허법인 다래 변리사) 譯

Ⅰ. 사실의 개요

X(원고)는, 2003년 5월 30일에 발명의 명칭을 「음소 색인 다요소 행렬 구조의 영어를 다른 언어로 번역하는 사전[1]」으로 하는 발명을 출원하였고, 거절결정을 받았으며, 이에 대해 심판을 청구하였으나, 불성립(기각)되었기 때문에, 심판의 취소를 구하는 본건 심결취소 소송을 제기하였다.

〈 음소 색인 다요소 행렬 구조의 영어를 다른 언어로 번역하는 사전 〉

제1열	제2열	제3열	제4열
자음 음소의 로마자 옮겨적기 요소(열)	국제발음기호 'IPA' 요소(열)	단어의 문자 요소(열)	번역 요소(열)
lsh	[áilæʃ]	eyelash	속눈썹
lshs	[lʌʃəs]	luscious	감미로운, 달콤한
lsk	[əlæskə]	Alaska	알래스카
lsl	[lúːsli]	loosely	느슨하게, 헐겁게
lsn	[lúːsn]	loosen	느슨하게 하다, 늦추다
lsn	[lésn]	lessen	줄이다
lsn	[lésn]	lesson	강의, 수업, 연습
lsn	[lisn]	listen	듣다, 들으려고 하다
lsn	[lisənə]	listener	청취자
lsns	[láisəns]	license	면허, 인가

---

1) 원문은 "音素索引多要素行列構造の英語と他言語の対訳辞書"이다.

정리된 각 열의 순서

제1열 : 자음 로마자 옮겨적기의 abc순

제2열 : 발음기호 'IPA'의 문자코드 오름차순

제3열 : 단어의 문자코드 오름차순

제4열 : 번역어(뜻풀이)의 문자코드 오름차순[2]

본건 출원과 관련된 명세서에는, 「발명의 실시형태」로서 상기 도표와 함께 다음과 같이 기재되어 있었다.

『종래의 영어사전의 표제어(색인어)[3]는, 단어의 철자가 이용되어, 로마자의 abc순서로 배열되어 있다. 그리고 단어의 발음표기부터 어휘해설, 문법 등 모든 내용은 하나의 문장의 형태로 기술되어 있기 때문에[4] 사전을 찾아보기 위해서는 먼저 영어 단어의 철자를 알고 있어야만 한다. 본 발명은, 사전내의 각각의 영단어를 4개 이상의 분류요소(정보)로 정리하고, 한 단어를 하나의 가로(횡)의 형태로 (배열)한다. 나아가 각 세로(열)에는 모든 단어의 배열을 자음요소의 로마자 순서로부터, 모음자음요소의 발음기호의 문자코드순서, 영단어 철자의 로마자순서, 번역어(뜻풀이)의 문자코드 순서로 배열하였기 때문에, 읽는 사람은 발음을 단서로 하여, 단계적으로 발음기호를 이용하여 사전을 찾아볼 수 있다. 게다가 후보단어의 번역어와 철자를 조합하면서, 목표단어를 찾아낼 수도 있다.』

Ⅱ. 판   지

심결취소(확정)

1. 『특허법 2조 1항은, 발명에 대해서, "자연법칙을 이용한 기술적 사상의 창작으로서 고도한 것"을 말한다고 규정하고 있다. 따라서, 어떠한 과제 해결을 목적으로 한 기술적 사상의 창작이 상당히 구체적이고 유익하며 유용한 것이었다고 해도, 그 과제 해결에 자연법칙을 이용한 수단이 전혀 포함되지 않은 경우에는, 그러한 기술적 사상의 창작은, 당연히 특허법 2조 1항의 소정의 '발명'에는 해당되지 아니한다.

그런데, 사람은 자유롭게 행동하여 자기결정을 할 수 있는 존재이므로, 통상

---

2) 원문은 일본어 히라가나 오름차순으로 정렬되어 있다.

3) 원문은 "見出し語"이다.

4) 원문은 "一つの文章の形で記述してあるため"이다.

은 사람의 행동에 대해 반복유형성을 예견하거나 기대하는 것은 불가능하다. 따라서, 사람의 특정의 정신활동(사회활동, 문화활동, 사무, 여가의 이용 등 모든 활동을 포함한다), 의사결정, 행동양태 등에 유익하고 유용한 효과가 인정되는 경우가 있다고 하더라도, 사람의 특정의 정신활동, 의사결정이나 행동양태 등 자체는, 직접적으로는 자연법칙의 이용이라고 할 수 없기 때문에, 특허법 2조 1항의 소정의 '발명'에 해당되지 아니한다.

　한편, 어떠한 과제 해결을 목적으로 한 기술적 사상의 창작이라고 하더라도, 사람의 정신활동, 의사결정 또는 행동양태에 관련되어 있고, 또한 인간의 정신활동 등에 유익·유용하거나 이를 돕거나 대체(치환)하는[5] 수단을 제공하거나 하는 것이 일반적인 실시형태(通例)이기 때문에, 사람의 정신활동 등이 포함되어 있다고 해서, 그것만을 이유로 자연법칙을 이용한 과제해결 방법은 아니라고 하여, 특허법 2조 1항 소정의 '발명'이 아니라고 말할 수는 없다.

　이상과 같이, 어떠한 과제 해결을 목적으로 한 기술적 사상의 창작이, 그 구성중에 사람의 정신활동, 의사결정 또는 행동양태를 포함하고 있거나, 사람의 정신활동 등과 밀접한 관련성이 있는 경우에 있어서, 그것만을 이유로 특허법 2조 1항 소정의 '발명'인 것을 부정해서는 아니 되고, 특허청구범위의 기재 전체를 고찰하는 동시에, 명세서 등의 기재를 참조하여, 자연법칙이 이용되고 있는 기술적 사상의 창작이 과제 해결의 주요한 수단으로 나타나고 있다고 해석되는 경우에는 특허법상의 '발명'에 해당한다고 하여야 한다.』

　2. 『본원 발명의 특징은, 다음과 같다.
　즉, 영어에는 발음의 패턴이 많아, 문자와 발음의 불일치(엇갈림, ズレ)도 현저하기 때문에 발음으로부터 문자의 철자를 추측하는 것은 어렵다. 이 점을 해결하기 위한 수단으로, 본원 발명은 영어가 모국어가 아닌 사람이더라도, 일반적으로 음성(音声, 특히 자음 음소)을 듣고, 이를 구별해 식별하는 능력을 구비하고 있는 점을 이용하여, 듣고 알게 된 음성중의 자음 음소를 대상으로 사전을 찾아봄으로써, 철자를 몰라도 영단어를 찾아, 이의 철자, 번역어(뜻풀이) 등의 정보를 확인할 수 있도록 하여, 자음 음소로부터 모음 음소로 단계적으로 탐색하는 것에 의해 목표단어를 확정하는 방법을 제공하는 것이다.

---

　5) 원문은 "これを助けたり,これに置き換える"로 정신활동에 도움이 되거나, 정신활동을 대체(치환)한다는 개념이다.

그리고, 자음을 우선 추출하여 자음 음소의 로마자 병기를 abc순서로 채용하고 있는 점을 고려하면, 본원발명에 있어서는 영어가 모국어가 아닌 사람에게는, 모음보다 자음쪽이 인식하기 쉽다고 하는 성질을 이용하고 있는 것은 분명하다. 그렇다면, 본원발명은, 사람(본원발명에 관한 사전의 이용을 상정한 대상자를 포함한다.)이 자연적으로 갖출 수 있는 능력중, 음성에 대한 인식능력, 그중에서도 자음에 대한 인식능력이 높은 것에 착안하여, 자음에 대한 높은 인식능력이라고 하는 성질을 이용하여 정확하게 철자를 몰라도 영단어의 의미를 찾아낼 수 있다고 하는 일정 효과를 반복계속하여 실현하는 방법을 제공하는 것이기 때문에, 자연법칙을 이용하고 있는 기술적 사상의 창작이 과제 해결의 주요한 수단으로서 나타나고 있어, 특허법 2조 1항 소정의 '발명'에 해당되는 것이라고 인정된다.』

Ⅲ. 해 설

1. 특허법 2조 1항은, 특허법의 보호의 대상이 되는 '발명'에 대해서, '자연법칙을 이용한 기술적 사상의 창작으로서 고도한 것'이라고 규정하고 있는바, '발명' 해당성이 문제가 되는 많은 사건에 있어서 '자연법칙의 이용' 요건의 충족이 쟁점이 된다. 본 판결은, 사람의 정신활동 등을 포함하는 창작의 '자연법칙의 이용' 요건의 충족성에 대하여, '반복유형성'의 관점으로부터의 검토(법리)를 추가(보완)하는 것으로, 본판결의 직전에 나온 知財高判 平成 20年 6月 24日{判時 2026号 123頁 (쌍방향 의료치료 네트워크 사건) - 본서 2번 사건}과 함께, 동 요건의 해석을 심화하고 있는 것이다.

2. 판결은, 우선 『어떠한 과제 해결을 목적으로 하는 기술적 사상의 창작이, 아무리 구체적이고 유익하며 유용한 것이었다고 하더라도, 그 과제 해결에 자연법칙을 이용한 수단이 전혀 포함되지 않은 경우에는, 그러한 기술적 사상의 창작이, 특허법 2조 1항 소정의 '발명'에는 해당되지 않는다』, 『한편, 어떠한 과제 해결을 목적으로 하는 기술적 사상의 창작이라고 하더라도, 사람의 정신활동, 의사결정 또는 행동양태와 관련되어 있고, 또한 사람의 정신활동 등에 유익·유용하거나 이를 돕거나 대체(치환)하는 수단을 제공하거나 하는 것이 일반적인 실시형태(通例)이기 때문에, 사람의 정신활동 등이 포함되어 있다고 해서, 그것만을 이유로 자연법칙을 이용한 과제해결 방법은 아니라고 하여, 특허법 2조 1항 소정의

'발명'이 아니라고 말할 수는 없다』라고 하여, '발명해당성'에 대한 통설적인 생각을 확인하고 있다.

이어서, 『사람은 자유롭게 행동하여 자기결정을 할 수 있는 존재이므로, 통상은 사람의 행동에 대해 반복유형성을 예견하거나 기대하는 것은 불가능하다』라는 것을 이유로 들고, 『의사결정, 행동양태 등에 유익하고 유용한 효과가 인정되는 경우가 있었다고 하더라도, 사람의 특정의 정신활동, 의사결정이나 행동양태 등 자체는, 직접적으로는 자연법칙의 이용이라고는 할 수 없다』라고 하면서, 『특허청구범위의 기재 전체를 고찰하는 동시에, 명세서 등의 기재를 참작하여, 자연법칙이 이용되고 있는 기술적 사상의 창작이 과제해결의 주요한 수단으로 나타나고 있다고 해석되는 경우에는, 특허법상 소정의 '발명'에 해당한다고 하여야 한다』라고 일반론을 설시하고 있다.

본건에의 적용에서는 『본원발명은, 사람(본원발명과 관련된 사전의 이용을 상정한 대상자를 포함한다)에게 자연적으로 갖출 수 있는 능력중, 음성에 대한 인식능력, 그중에서도 자음에 대한 인식능력이 높은 것에 착안하여, 자음에 대한 높은 인식능력이라고 하는 성질을 이용하여 정확한 철자를 몰라도 영단어의 의미를 찾아낼 수 있다고 하는 일정한 효과를 반복계속하여 실현하는 방법을 제공하는 것이기 때문에, 자연법칙이 이용되고 있는 기술적 사상의 창작이 과제 해결의 주요한 수단으로서 나타나고 있어, 특허법 2조 1항 소정의 '발명'에 해당하는 것이라고 인정된다』라고 결론을 도출하고 있다.

3. '자연법칙의 이용' 요건과 '반복유형성'의 관계에 대해서, 最高裁는, 황도의 육종증식법의 발명해당성이 쟁점이 된 사건(본서 7번 사건)에 있어서, 『동조에서 말하는 '자연법칙을 이용'하는 발명이기 위해서는, 통상의 기술자가 그것을 반복실시하는 것으로써 동일한 결과를 얻을 수 있는 것, 즉 반복 가능성이 있는 것이 필요하다』(最三小判 平成 12年 2月 29日, 民集 54卷 2号, 709頁)라고 판시하고 있어, 본 판결은, 이 생각을, 발명의 효과가 사람의 정신활동 등을 개입시켜서 초래되는 경우로 확장하는 동시에, 반복가능성(반복유형성)을, '자연법칙의 이용' 요건의 충분조건(전제요건)에 근접한 경지까지 끌어올린 것이라고 볼 수 있다.

본 판결의 입장에 의하면, 과제해결의 주요한 수단에 사람의 정신활동 등이 개입되어 있어, 정신활동의 결과, 소정의 효과가 초래되는 경우라고 하더라도, '반복유형성'이 인정될 때에는 '자연법칙의 이용' 요건을 만족하게 된다고 생각된다. 広辞苑[6] 6판은, 자연법칙에 대해서, 『자연현상의 사이에 성립하는 반복가능하고 일반적인 규칙적 관계. 이것은 규범법칙과는 다른 존재의 법칙으로, 인과관계를 기초로 한다. 협의로는 자연계에 관한 법칙이지만, 광의로는 사회법칙, 심리법칙 등 중에서 규범법칙에 속하지 않은 것을 가리킨다』라고 설명하고 있기 때문에, 말의 본래의 의미(정의)를 감안하면, 그다지 어색하지 않다고(특허법과 위화감은 없다고) 할 수 있지만, 그러나 그렇게 되면(일본어 사전적 의미를 특허법에 그대로 적용하게 되면) 사람의 인지원리를 이용하는 기억방법 등도 반복유형성을 갖는 경우에는, '자연법칙의 이용' 요건을 충족하게 될 수 있다.

　　다만, 판결은 심결의 판단 잘못을 설시하는 글중에, 『본원의 특허청구범위의 기재에 있어서는, 대상이 되는 번역사전의 특징을 구체적으로 적시한 다음, 사람이 자연적으로 구비한 능력 중 특정의 인식능력(자음에 대한 우위적인 식별능력)을 이용하는 것에 의해, 영단어의 의미 등을 확정시킨다고 하는 해결과제를 실현하기 위한 방법을 나타내고 있는 것이기 때문에, 본원발명은 자연법칙을 이용한 것이라고 할 수 있다』라고 하고 있는 것을 감안하면, 사람의 음성에 대한 인식능력의 성질을 이용하여 자음과 결부시켜 단어를 배열 구성하는 번역사전(사전은 '물건'이다)의 존재를 전제로 하여 판단한 것처럼 보인다.

　　게다가, 판결이, 『특허청구범위의 기재 전체를 고찰하는 동시에, 명세서 등의 기재를 참작하여』라고 판시하여, 발명해당성의 판단에 있어서, 무조건 명세서 등의 기재를 참작하여야 한다고 하는 점도, 리파아제(Lipase) 最高裁判決(最二小判 平成 3年 3月 8日, 民集 45卷 3号 123頁 - 본서 61번 사건)과의 관계에서, 주목된다.

　　4. 정보통신기술의 발달에 의해, 사람의 정신활동이 컴퓨터와 네트워크에 지속적으로 반영되고 있어,[7] 정신활동 등을 포함하는 창작의 발명해당성에 대해 재판소의 판단을 구하는 사례가 증가되어 왔다. 향후의 재판례의 축적에 의해, '자연법칙의 이용' 요건뿐만 아니라, '기술적 사상의 창작' 요건과의 관계 등의 논의가 심화되어, 발명해당성의 판단의 예측가능성, 안정성이 높아지기를 기대한다.

---

6) "こうじえん"으로 일본의 유명한 일본어 사전 명칭이다.
7) 원문은 "組み込まれつつあり"로서, 직역하면 인간의 정신활동을 네트워크 등에 "계속 집어 넣는 중이다"라는 의미이다.

〈참고문헌〉

1. 田村善之, 特許發明の定義, 法教 252号, 13頁

2. 中山一郎, 速報判例解説 4号(法セ增刊), 205頁

3. 高石秀樹, AIPPI 53卷 12号, 775頁

4. 酒迎明洋, 知的財産法政策学研究 34号, 373頁

4. 단순한 발견과 발명의 차이

東京高裁 平成 2年(1990년) 2月 13日 判決
[昭和 63年(行ケ) 第133호 : 審決取消請求事件]
(判時 1348號 139頁)

山神淸和(야마가미 기요카즈, 首都大学東京 敎授) 著
이회기(김앤장 법률사무소 변호사) 譯

I. 사실의 개요

Y(피고)는 발명의 명칭을 "물고기의 사육방법"[1] 으로 하는 특허 제9722516호 발명[2]의 특허권자이다.

본건 발명의 요지는 "스삐루리나프라텐시스 및/또는 스삐루리나마키시마를 급사(給飼)하는 것에 의해, 얼룩점 또는 색조가 잘 나오게 하는 효과(현색효과)를 높이는 것을 특징으로 하는, 적색계 얼룩점 또는 색조를 가지는 비단잉어 및 금 붕어(이하 '비단잉어 등'이라고 한다)의 사육방법"이다. 스삐루리나프라텐시스 및/또 는 스삐루리나마키시마는 남조류(藍藻類)의 스삐루리나속(屬)으로 분류되지만, 스 삐루리나속에 분류되는 종은 약 30수종으로 알려져 있고, 주로 열대지방에서 생 식하고 있다. 그래서 본건 특허 출원당시 경제적 공업배양이 가능한 종은 스삐루 리나프라텐시스 및 스삐루리나마키시마에 한정되었다. 본건 발명은 스삐루리나 프라텐시스 및/또는 스삐루리나마키시마를 적색계 비단잉어 등의 급사에 첨가해 서 그 색이 잘 나오게 하는 것이라는 용도에 관한 것이다.

X(원고)는 본건 발명의 특허무효심판을 청구했으나, 특허청은 불성립심결을 하였기 때문에, Y를 상대방으로 하여 동 심결취소소송을 東京高裁에 제기한 것 이 본건이다.

東京高裁에서 X가 주장한 심결취소사유는, ① 본건 발명의 내용은 스삐루리

---

1) 후에 "적색 얼룩점 · 색조를 가지는 비단잉어 및 금붕어의 사육방법"으로 보정
2) 1971. 12. 28. 출원, 1979. 9. 28. 설정등록, 이하 본건 발명이라 한다.

나프라텐시스 또는 스삐루리나마키시마와 적색계 비단잉어 등과 사이에 본래 존재하는 자연법칙 그것이고, 그 자연법칙을 이용한 "기술적 사상의 창작"은 아니며, ② 본건 발명은 실시불능이고, ③ 본건 발명은 출원전에 공지, 공용되었다는 것이다.

동경고재는 X의 주장의 심결취소사유 ②,③에 관하여 이유가 없고, ①에 관하여는 이하의 판시대로 판단을 하여, X의 청구를 기각하였다. X는 이 판결에 불복하여 상고하였으나, 最三小判 平成 2年(1990) 12月 18日(平2(行ツ)71号)에서 후에 간단한 이유만으로 기각되어, 본 판결이 확정되었다.

Ⅱ. 판   지

청구기각.

"확실히, 스삐루리나프라텐시스 및/또는 스삐루리나마키시마가 어떤 종의 생체에 대하여 색을 잘 나오게 하는 효과를 가지고 있는 것 자체는 자연법칙이지만, 스삐루리나프라텐시스 또는 스삐루리나마키시마가 그와 같은 효과를 가지는 것은 당업자에게 자명한 사항이라고 말할 수 없다. 따라서 본건 발명은 스삐루리나프라텐시스 및/또는 스삐루리나마키시마를 '적색계 비단잉어 등'에 대하여 '급사(給飼)하는 것, 환언하면 스삐루리나프라텐시스 또는 스삐루리나마키시마를 조합하여 또는 단독으로 급사(발명의 상세한 설명에 의거하여 말하면 '사료에 분산첨가하는 태양으로 급사')하는 방법을 채용하고, 게다가 사육대상을 카로치노이도계 색소를 가지는 비단잉어 및 금붕어만으로 한정하는 것을 요지로 하는 것이다. 그러므로 본건 발명의 방법에는 단순한 자연법칙의 '발견'을 넘어, 자연법칙을 이용한 기술적 사상의 창작이라고 하는 요소가 포함되어 있고, 게다가 위 기술적 사상이 산업상 이용가능하다는 것이 분명하기 때문에, 본건 발명의 특허가 단순한 '발견'에 대하여 부여된 것이라고는 할 수 없다."

Ⅲ. 해   설

1. 본 판결의 의의

특허법은 "이 법률에서 '발명'이라 함은 자연법칙을 이용한 기술적 사상의 창작 가운데 고도의 것을 말한다"(특허 2조 1항)고 하고 있어, 어떤 발명이 특허를 받기 위해서는 특허법 29조등에 정해진 특허요건을 만족하는지 어떤지의 대전제로서, 어떤 발명이 특허법에서 말하는 바의 "발명"에 해당할 필요가 있다(해당하는 경우에 발명으로서 성립한다고 말한다).

이 발명의 성립성에 관하여 가장 문제로 되는 것은, 당해 발명이 자연법칙을 이용하고 있는지 여부이고, 여기에서 말하는 자연법칙은 "자연과학상, ○○법칙이라고 말해지는 것(뉴튼의 운동의 법칙 등)에 한정되지 않는다. 자연계에 있어 경험상, 일정의 원인에 의해 일정의 결과가 생겨지는 것(경험칙)도 여기에서 말하는 자연법칙이다"라고 되어 있다.[3] 그래서, 정신활동으로부터 생겨나오는 수학적, 논리학적 법칙, 순수한 학문상의 법칙, 인위적인 약정, 경제학적 법칙, 심리학적 법칙 등은 제외되는 것으로 해석되어 있다.[4] 자연법칙을 이용할 필요가 있기 때문에, 자연법칙 그 자체는 발명은 아니다.[5] 실무상으로도 특허청의 심사기준은 같은 입장을 채용한다.[6]

자연법칙의 이용성에 관한 재판례는, 적지만, 일정 정도 축적되어 있으나,[7] 본건은 어떤 기술적 사상이 단순한 발명인가, 자연법칙을 이용한 발명이라고 말할 수 있는가가 다투어진 희귀한 사례이고, 자연법칙 이용성이나 용도발명을 생각할 때 참고로 된다고 말할 수 있을 것이다.

2. 발명과 발견의 차이

특허법에서 말하는 발명은, 자연법칙을 이용한 기술적 사상의 "창작"(본조에서 말하는 창작은 발명시를 기준으로 하여 생각할 수 있는 것이고, 게다가 주관적으로 새롭다고 의식한 것이라고 말하는 정도의 가벼운 의미이다[8])이기 때문에, "발명은 그것 이전에 존재하지 않았던 것을 의미한다. 자연계에 이미 존재하는 것을 찾아 내놓아도, 발견일지라도 창작은 아니며,"[9] 발견은 발명이 아닌 것은 오래전부터 지적되어

---

3) 吉藤幸朔[熊谷健一·補訂], 特許法概說(제13판, 1998), 52면
4) 中山信弘, 特許法(2010), 94면, 吉藤, 전게52면 등
5) 中山, 전게, 95면
6) 특허청, 특허·실용신안심사기준 제Ⅱ부 제Ⅰ장 "산업상 이용가능한 발명" Ⅰ.1(1).
7) 東京高判 昭和 31. 12. 25. 行集7권12호 3157면[전주광고방법 – 본백선(제3판) 2 사건], 東京高判 平成 16. 12. 21. 判時1891면[회로시뮬레이션방법 – 본서 1사건], 知財高判 平成 20. 6. 24. 판시2026호123면[双方向菌科治療네트워크 - 본서 2사건], 知財高判 平成 20. 8. 26. 判時2041호124면[對譯辭書 – 본서 3사건] 및 이것 등이 인용하는 재판례 참조
8) 特許庁編 '工業所有権法(庫業財産権法)逐条解説[第18版]'[2010] 14면 참조
9) 竹田和彦, 特許の知識(제8판, 2006), 61면

왔다.[10] 발명은 발견한 자연법칙을 구체적으로 어떻게 이용할 것인가를 창작하는 것이 될 것이다.

즉, 미국특허법은 발명에 관하여 "'발명'이라 함은, 발명(invention) 또는 발견(discovery)를 의미한다"고 정의하고 있으나(미국특허법 100조(a)), 이 정의는 실질상 의미를 갖지 못하다.[11] 이 규정이 만들어진 것은, 연방의회의 입법권한을 정한 미국헌법 제1조 8항에서의 저작권법과 특허법에 관한 항과의 연관을 고려하여, 발견도 포함하여 발명으로 보호하는 취지를 명백하게 하고, 특허법에 발명과 발견이라는 2가지의 용어의 반복을 피하기 위함이라고 설명하는 문헌도 있으나,[12] 후술하는 미국특허법 101조의 규정을 보아도 발명과 발견이라는 용어가 나오므로 다소 의문이다. 어차피 미국에서도 자연법칙 그것, 명백한 사실(만유인력의 법칙)의 발견은 발명으로는 생각되지 않기 때문에,[13] 우리나라와 그리 큰 차이는 없다고 생각해도 좋다. 미국에서는 "신규하고 유용한 방법(process), 기계(machine), 제품(manufacture), 조성물(composition of matter) 및 이것들의 신규하고 유용한 개량을 발명 또는 발견한 자는 특허를 받을 수 있다[14]"고 되어 있어, 어떤 기술적 사상이 특허법의 보호를 받을 수 있는 대상(이것을 법정주의(subject matter)라고 한다)인가는, 방법, 기계, 제품, 조성물의 어느 것에 해당하는가에 의해 판단되고, 많은 재판례가 축적되어 오고 있다.[15]

3. 물질발명 · 용도발명

자연법칙의 발견과 당해 자연법칙을 이용한 발명과의 선긋기는 곤란하고, 소화 51년(1976년)의 물질특허제도 도입 후에는 이제는 자연에 존재하는 것과 인간이 창작한 것을 구별하여 취급하는 것은 무리가 있다는 지적이 있지만,[16] 물질발명은 그 도입 당초부터 명세서에 ① 당해 물질을 확인할 수 있도록 기재하고, ② 당해 물질의 제조방법이 명기되며, ③ 당해 물질의 유용성이 보여지지 않으면, 물질발명으로서 성립되지 않게 되고,[17] 이 사고방식을 답습하는 재판례도 존재

---

10) 清瀬一郎, 特許法原理(1922, 覆刻版 1998), 88면
11) 中山, 전게 93면; 吉藤, 전게 65면; 木村耕太朗, 判例で讀む美國特許法(신판, 2008), 2면; 竹田, 전게 30면
12) 河野, 후게, 65면
13) 헨리 - 幸田, 美國特許法逐條解說(제5판, 2009), 58면
14) 美國特許法 101조
15) 木村, 전게, 제1장 참조
16) 田村善之, 特許發明の定議, 法敎252호, 16면
17) 竹田, 전게, 98면

한다.[18] 새로운 물질을 제공한 것만으로 성립성을 인정할 수 있다는 사고방식도 있으나,[19] 현행의 심사기준에도 "발명자가 의식하여 어떤 기술적 사상을 안출하지 못한 천연물(예, 광석), 자연현상 등의 단순한 발견은 '발명'에 해당하지 않는다. 그러나, 천연물로부터 인위적으로 單離한 화학물질, 미생물 등은 창작한 것이고, '발명'에 해당한다"[20]고 되어 있기 때문에, 단순한 천연물질이 아니고 유용한 물질을 인위적으로 單離한 경우나 유용한 물질을 만들어 낸 경우에 '창작'의 요소를 찾아내는 것은 여전히 가능하다고 말할 수 있을 것이다.[21]

따라서 이른바 용도발명은, 당해 물로부터 용이하게는 찾아내지 못하는 미지의 속성을 발견하여, 이것을 일정의 용도에 사용한다는 창작적 요소가 가해져 있으므로, 발명으로서 성립[22]하지만, 본건 발명에서는, 스피루리나프란텐시스 또는 스뻬루리나마키시마를 적색계 비단잉어 등에 주게 되면 색고양 효과를 얻을 수 있다는 비단잉어의 양식업자에 있어 미지의 속성을 발견한 A가 이것들의 남조류를 사료에 첨가하여 급사하는 것으로, 적색계 비단잉어 등의 색조의 퇴색소실(褪色消失)을 방지하여 색조를 강화하고 광택이 나게 하는 효과 및 현색효과를 높이기 때문에, 본 판결은 정당하다고 평가할 수 있겠다.

〈참고문헌〉

본문 중에 들었던 것 외, 中山信弘 · 小泉直樹編著, 新注解特許法(상, 2011)

또한 본건의 평석으로서, 河野愛, 判平382호(判時1361호), 63면; 高林龍, 본 백선(제3판), 10면

---

18) 이른바 화학물질발명의 성립성이 긍정되기 위해서는 화학물질 그것이 확인되고, 제조할 수 있는 것만으로는 부족하고, 그 유용성이 명세서에 개시되어 있을 것을 요한다. 東京高判 平成 6. 3. 22. 知的裁集 26권 1호, 199면[제초제성 이미다조-루 등 유도체류]

19) 岩田弘외, 物質特許の知識(1975), 132면

20) 특허청, 전게 심사기준 제Ⅱ부 제Ⅰ장 '산업상 이용가능한 발명' Ⅰ.1(2)

21) 이 논리를 끝까지 밀고 나가면, 유전자의 염기배열의 일부에 유용성을 찾아내면 권리화가 가능하게 되지만, 高林龍, 표준특허법(제4판, 2011), 41면은 유전자의 염기배열의 유한성 등에 착목하여, 추정상의 기능밖에 특정하지 못하는 경우에는 화학물질과 동일하게 취급해야 하는 것은 아니라고 지적한다.

22) 竹田, 전게, 77면. "용도발명은, 이미 알려진 물질의 어떤 미지의 속성을 발견하여, 그 속성에 의해 당해 물질이 새로운 용도에의 사용에 적합하다는 것을 찾아 낸 것에 터 잡은 발명이다"(東京高判 平成 13. 4. 25.平10(行)401호[재판소 Web][卽席冷凍麵類穀紛]). 더욱이 속성의 이용태양인 기술적 사상의 창작성은 낮아도 상관없다는 것에 관하여, 今村玲英子, "용도발명"; 竹田稔監修, "특허심사 · 심판의 법리와 과제(2002)," 295면

5. 위험의 방지와 발명의 완성
── 원자력 에너지 발생장치 사건

最高裁 昭和 44年 1月 28日 第3小法廷判決
[1964年(行ツ) 第92号 審決取消請求事件]
(民集 26卷 1号 54頁, 判時 555号 31頁, 判タ 235号 120頁) ◀裁判所 Web

酒井宏明(사카이 히루아키, 金沢工業大学 教授) 著
박성수(김앤장 변호사) 譯

Ⅰ. 사실의 개요

(1) X(원고, 상고인)는 "원자로"에 관계된 "에너지 발생장치"를 1939. 5. 1. 프랑스에서 이루어진 특허출원에 기초하여 우선권을 주장하여 1940. 5. 1. 일본에 특허출원을 하였다. 이 출원은 제2차 세계대전 중에 무효처분을 받았으나, 연합국인지적재산권전후조치령 제7조 제1항 제2호에 의하여 출원이 회복되었다. 그후 특허청에 의하여 "발명미완성"을 이유로 거절결정을 받아, X는 항고심판을 청구하였으나, "산업상 안전하게 이용하는 것이 불가능하다"는 것을 이유로 위 심판청구는 성립하지 않는다는 취지의 심결을 받았다. X는 Y(특허청장 - 피고, 피상고인)를 피고로 하여 東京高裁에 심결의 취소를 구하였으나, 위험방지, 안전확보의 구체적 수단이 명확하게 되어 있지 않은 경우에는 산업계에 있어서 안전을 확실하게 실시하기 위한 요건을 흠결하는 것이고, 기술적으로 보아도 미완성이어서 공업적 발명을 행한 것이라고 하기에 충분하지 않다는 이유로 기각되었다. X가 상고.

Ⅱ. 판   지

상고기각.

"본건 발명은 그 명세서에 의하면, 요컨대 중성자의 충격에 의하여 천연 우라늄의 원자핵분열현상을 이용하여, 그 원자핵분열을 일으키는 때에 발생하는 에

너지의 폭발을 야기함이 없이 유효하게 공업적으로 이용하는 것이 가능한 에너지 발생장치를 얻는 것을 목적으로 한다는 것이다. 그와 같은 장치의 발명이라고 하면 그것은 단순히 학술적 실험의 용구와는 달리, 적어도 정상적(定常的)이면서 안전하게 그 에너지를 끄집어내기 위해 작동하는 것까지 기술적으로 완성된 것이 아니면 안 되는 것은 당연하고, 그러기 위하여는 중성자의 충격에 의하여 원자핵의 분열현상을 연쇄적으로 생기게 하는 한편, 이것을 적당하게 제어시킨 상태에서 지속시키는 구체적인 수단과 함께 위 연쇄적으로 생긴 원자핵분열에 불가피하게 수반하는 다대한 위험을 억지하기에 족한 구체적인 방법의 구상은 그 기술내용으로서 흠결할 수 없는 것이라고 하지 않을 수 없다.

　　논지는, 그 장치가 정상적(定常的)이고 안전하게 작동하는 것은 발명의 기술적 완성의 요건에 속하지 않는다는 것이라고 주장하고, 또 그것이 구 특허법(1921년 법률 제96호) 제1조에서 말하는 공업적 발명이라고 하는 것에는 발명의 기술적 효과가 산업적인 것이면 족하다고 논하나, 본건 발명이 연쇄적으로 생기는 원자핵분열 현상을 안전하게 통제하는 것을 목적으로 한 것인 점에 눈 감은 것이고, 또 그것이 정상적이고 안전하게 실시하는 것이 어려워, 기술적으로 미완성이라고 인정하는 이상 에너지발생장치로서는 산업적인 기술적 효과를 만드는 정도에도 이르지 않는 것이라고 말하지 않을 수 없다."

　　"특허출원의 절차에 있어서는 위와 같은 발명의 기술내용의 전모가 명세서…의 가운데에 개시되어서, 그 기재가 심사의 대상으로 되는 것이다. 그 발명이 기술적으로 완성된 것인지 아닌지 명세서의 기재에 의하여 판단되는 것이다. 그래서 위 기재에 있어서 발명의 기술적 내용이 충분히 구체화 객관화되어 있지 못하고 그 기술적 분야에 있어서 통상의 지식을 가지고 있는 자에 의하여 용이하게 실시가능하다고 인정받기 어렵다면, 그 발명의 실체는 기술적으로 미완성의 것으로서 발명을 구성하지 않는다고 판단함에 방해가 없는 것이다."

　　"본건 발명의 실시에 수반하는 위험은 일반의 동력장치에 있어서와 같은 통상의 수단방법에 의하여 저지할 수 없는 특이한 것이고, 게다가 그 장치의 작용효과를 발휘하기 위하여는 불가피한 것이기 때문에 그 방지의 구체적 수단은 발명의 기술내용을 구성하는 것이라고 하지 않을 수 없다."

Ⅲ. 해　설

1. 위험방지, 안전확보의 구체적 수단을 갖추지 않은 발명은 특허법에 의한 보호가 부정되어야만 하는가? 발명의 실시에 수반하여 발생하는 위험 등을 방지하는 것이 발명의 완성의 요소로 되어 그것을 갖추지 않은 발명은 전부 "미완성"으로 인정되어야만 하는가? 특허법은 발명의 보호 및 이용을 도모하는 것으로, 발명을 장려하여, 이로부터 산업의 발달에 기여하는 것을 목적으로 하는 산업입법이다. 발명 자체에 당연히 예상 가능한 위험성이 있는 동시에, 그것을 배제할 수 없기 때문에 현실사회에 있어서 이용할 수 있지 않고, 산업의 발달에 공헌할 수 없으면, 그러한 발명은 특허법에 의해 보호받을 수 없다(동지 東京高判 昭和 43. 5. 28. 判夕225号198頁). 다만, 그 경우에 있어서도, 발명의 목적이나 해결하고자 하는 과제에 비추어 발생하는 위험의 수준, 요구되는 안전성의 정도를 고려하여야만 할 것이다. 발명자체의 목적, 발명이 해결하려고 하는 과제의 가운데에 "위험방지, 안전확보"의 요소가 포함되어 있는지 아닌지 라고 하는 것이 특허법에 의해 보호해야만 하는지 아닌지의 (판단에) 하나의 판단기준이 될 수 있다. 판시에도 있는 바와 같이 "본건 발명의 실시에 수반하는 위험은 일반의 동력장치에 있어서와 같은 통상의 수단방법에 의하여 저지할 수 없는 특이한 것이고," 안전하게 에너지를 뽑아내는 것이 본건 발명의 목적이므로, 장치의 작용효과를 발휘하기 위하여는 발명의 구성 중에 있어서 안전성의 확보가 절대적으로 불가피하다. 본건 발명의 목적, 즉 중성자의 충돌에 의한 천연우라늄의 원자핵분열현상을 "안전하게" 이용한다고 하는 점에 착안하여 보면, 안전성확보의 구체적 수단은 발명의 필수적인 것이 될 것이다. 산업입법된 특허법에 (의해) 보호되어야 할 것은 실사회에 유효하게 활용되어, 이에 의해 인류의 미래에 공헌할 수 있는 것이 아니면 안 되고, 아무리 혁신적인 기술이 있어도, 예를 들면 인류의 생존 등에 악영향을 미치게 할 수 있는 요소를 내재하고 있는데, 이것을 확실히 배제할 수 있는 구체적인 수단을 결여한 것이어서는 (특허보호의 대상이) 안 된다.

다른 한편, 발명의 목적이 "위험방지, 안전확보"가 아닌 것과 같은 경우에까지, 안전성을 발명완성의 요건으로 하여야만 하는 것은 아니다. 예를 들면, 발명에 해당되는, 어떤 병의 치료약에 부작용이 존재하여, 부작용을 완전하게 불식하는 것이 가능하지 않은 경우에도 부작용에 대하여 안전확보까지를 보호의 조건으로서 특허법이 요구하는 것은 아니다. 그 치료약에 관한 발명의 목적은 부작용을 불식하는 것에 있는 것이 아니라, 어디까지나 병을 치료하는 것에 있는 것이다. 그 치료약이 가지는 어떤 의미의 "위험"인 부작용을 불식시킬 수 없는 상태로도 발명의 보호를 부정해서는 안 된다(東京高判 昭和 33. 11. 27. 行集 9卷 11号 2486頁). 병을 치료하는 점을 고려하여, 특허법에 의해 보호를 받는 신약발명에의 인센티브를 부여해야 하는 것이다. 장래 개량발명 등에 의하여 내재하는 위험인자를 배제하는 것이 현실화하는 경우도 있다. 또한 안전성을 갖추지 못한 발명에 대하여 보호를 일률적으로 부정하는 것은 예를 들면, 위험인자를 많이 가지고 있을 가능성이 높고, 거액 투자를 필요로 하는 생명공학 발명의 연구ㆍ개발을 정체시켜, 특허출원에 대한 인센티브를 빼앗게 된다. 결과적으로 최첨단의 기술내용이 조기에 공개되지 않게 되어 특허제도 자체가 사회의 발전에 기여할 수 없게 될 것이다. 반대로, 그와 같은 것임에도 보호하는 것에 의하여 그러한 신규한 발명의 출현을 촉구하는 것이 가능하고, 산업의 발달이라는 특허제도의 취지에도 합치된다. 즉, 현행법 하에서 나온 것이지만, 내재하는 흠결이 고안의 실시를 불가능하게 하는 정도의 중대한 것에 관하여만 보호를 부정하여야 한다고 판시한 것도 있다(東京高判 昭和 61. 12. 25. 判時 1242号 110頁 - 본 백선 20번 사건).

2. 여기서 "미완성 발명"이라는 것은 특허법에 의한 보호를 부정하기 위해서는 "당해 기술분야에서 통상의 지식을 가진 자가 반복실시하여 목적으로 하는 기술효과를 거두는 것이 가능한 정도까지 구체적ㆍ객관적인 것으로 하여 구성되어 있지 않으면 안 된다"(最判 昭和 52. 10. 13. 民集 31卷 6号 805頁 - 본 백선 6번 사건). 본건 발명에 있어서는 중성자의 충돌에 의한 천연 우라늄의 원자핵분열현상을 "안전하게" 이용하는 수단이 명확하지 않다는 점에서 당업자가 실제상 반복 실시하는 것이 불가능하고, 안전하게 이용한다고 하는 기술적 효과를 거두는데까지 발명 자체가 구체적ㆍ객관적인 것으로서 구성되어 있는 것이라고는 말할 수 없다. 그러므로 보건대, 본건 발명은 미완성 발명에 해당한다. 다른 한편, 안전성을 결여한 발명을 "미완성 발명"으로서가 아니라 구특허법(大正 10年 法律 96号) 1조에 의해 공업적 발명의 "공업적"에 착안하여, 발명이 완성되어 있는 것을 전제로 산업상 이용가능성에 관한 문제로서 파악하는 사고방식도 있다. 여기에서 "공업적"이라 함은 발명이 특허받기 위하여 갖추지 않으면 안 되는 하나의 요건이고, 어떤 산업에라도 이용되는 것이어서 발명의 기술산업적 특질을 의미한다. 그러나 "공업적"이라 함은 "발명" 그 자체의 속성이 아니라 어디까지나 "특허능력"이라

고 하는 위치(의의)가 부여되어 있다(最判 昭和 28. 4. 30. 民集 7卷 4号 461頁). 덧붙여 말하면, 현행법에 있어서도 발명개념(특허법 제2조 제1항)과는 별개로 산업상 이용가능성(특허법 29조 1항 단서)을 규정하고 있다. 여기서는 산업상 이용가능성 자체는 발명 그것의 속성이 아니라 구법과 같이 완성된 발명에 대하여 독립된 등록요건으로 위치지워진다. 그러나 안전성을 결여한 연유로 산업상 이용하는 것이 불가능하다고 하면 본건을 구법에 있어서 공업성, 현행법에 있어서 산업상 이용가능성의 문제로 파악하는 것도 타당성을 흠결하였다고는 말할 수 없다. 원심에 있어서도 그 판시의 가운데 본건 발명은 "바로 산업상 안전하게 이용하는 것이 불가능하고…공업적 발명에 관하여 이루어진 것으로 인정하기도 어렵다"라고 설명하고 있다(전게 東京高判 昭和 38. 9. 26.). 그렇지만, 발명의 목적, 해결하고자 하는 과제가 위험방지, 안전확보에 있는 이상, 그 자체가 어디까지나 발명을 완성하기 위한 하나의 요소이며, 발명자체에 내재한 속성의 문제로서 파악해야 하는 것이다. 그렇게 함으로써, 위험방지, 안전확보가 항상 발명의 성립요건으로서 고려되어, 발명과 분리되어 판단되지 않는다. 발명의 목적이 위험방지, 안전확보에 있지만, 그것을 흠결하고 있는 발명이라면 발명을 완성하였다는 것을 전제로 등록요건의 문제로서 파악할 것이 아니라, 발명 자체가 성립하지 않은, 어디까지나 "미완성발명"으로서 파악하여 보호를 부정하여야 한다.

3. 판시는 발명이 기술적으로 완성된 것인지 여부는 명세서의 기재에 의하여 판단하여야 한다고 하고 있다. 그래서 본건 발명은 명세서의 기재불비에 의해 구 특허법 1조에서 말하는 공업적 발명에 해당하지 않는다고 이해하는 것은 정당하다고 서술하고 있다. 발명의 내용에 관하여는 명세서의 기재만으로 판단하지 않으면 안 되기 때문에, 발명은 완성되어 있으나 명세서상의 개시가 불충분 혹은 발명이 완성되어 있지 않은지에 관하여는 판단이 서지 않는 경우가 적지 않다. 이론적 순서로서는 우선 발명의 완성·미완성을 판단한 후에 완성되어 있는 발명에 대한 개시가 충분한지 아닌지를 판단하게 될 것이다. 그러나 서면심사주의를 채용하고 있는 현재의 심사 관행 실무에서는 발명 미완성과 개시불충분을 구별하는 것은 어렵다(화학 분야는 특히 곤란하다). 결국, 명세서의 내용에 의하여 발명의 미완성인가 개시의 불충분인가를 판단하게 되지만, 어느 것의 판단을 하였다고 하여도 법적 효과가 동일하기 때문에 그 판단의 잘못은 위법이라고는 말할 수 없다(東京高判 昭和 52. 1. 27. 無体裁集 9卷 1号 16頁은 개시불충분인지 착상의 단계

에 그치고 있는지 명확하지 않은 경우에는 일괄하여 미완성발명으로 취급하는 것이 부당하지 않다는 취지로 판시하고 있다).

한편, 미완성발명의 개념에 대해서는, 심사기준의 개정을 통해, 실무상 이의 취급에의 변화가 있는 것도 사실이다. 미완성발명이라도, 그 이유로 출원을 거절하여서는 안 된다는 의견도 있지만, 본건과 같은 경우를 포함하여, 실시가능요건과는 분리하여 미완성 발명의 개념을 이용하여 출원거절의 가능성을 완전히 부정하여서는 안 된다.

〈참고문헌〉

본 판결의 평석으로서 紋谷暢男, 法協 87卷 6号 758頁; 染野義信, 民商 62卷 3号 490頁; 矢野邦雄, 曹時 21卷 6号 1279頁; 秋山武, パテント 17卷 1号 88頁, 2号 39頁; 耳野皓三, 본 백선(제2판) 12頁이 있고, 원심의 판결에 대한 평석으로서 芝崎政信, 본 백선(제1판) 22頁; 豊崎光衛, ジュリスト 500号 568頁이 있다.

6. 발명의 완성과 거절이유

最高裁 昭和 52年(1977년) 10月 13日 第一小法廷判決
[昭和 49年(行ツ) 第107号 審決取消請求事件]
(民集 31卷 6号 805頁, 判時 870号 58頁, 判夕 355号 265頁)

篠原勝美(시노하라 카츠미, 慶應義塾大学 客員教授) 著
김기영(서울남부지방법원 부장판사) 譯

Ⅰ. 사실의 개요

X(원고·피상고인)는, 1964. 11. 9. 명칭을 「약물제품」으로 하는 발명에 관하여 미국 출원에 기초한 우선권주장을 동반한 특허출원을 하였는데, 1966. 6. 거절결정을 받고, 이에 대한 불복심판청구를 하였으나,[1] 명세서의 기재로부터는 가축병치료용조성물의 발명이 완성되었다고 할 수는 없어 특허법 29조 1항 본문에서 말하는 발명에 해당하지 않는다는 취지의 거절이유통지를 받았다. 그래서 X는, 이 사건 발명의 「가축병치료용조성물」을 「수의용조성물」로 보정하고, 실시예를 보충하였으나, 1972. 11. 이 사건 출원발명은 위에 기재한 거절이유에 의하여 거절되어야 할 것으로서 「이 사건 심판청구는 성립되지 않는다」고 하는 심결이 내려지자, Y(특허청장관-피고·상고인)에 대한 심결취소소송을 제기하였다.

원심(東京高判 昭和 49. 9. 18. 無体裁集 6卷 2号 281頁)은, 「특허법의 모든 규정 중에도, 특허출원에 관계된 발명의 완성, 미완성에 관한 사항을 정한 것으로 해석할 만한 규정이 없고, 또 발명의 미완성을 특허출원의 거절이유로 할 수 있다는 취지를 정한 규정도 발견할 수 없다. 따라서 이 사건 심결은, 특허법이 정하고 있지 않은 거절이유에 의하여, 바꾸어 말하면, 특허법상의 근거 없이, 이 사건 출원에 대하여 거절하여야 한다고 한 것」이어서, 위법하다는 이유로, 심결을 취소하였다. Y는 상고.

---

1) 발명의 명칭도 「가축병치료용조성물」로 보정한 것으로 보인다.

Ⅱ. 판   지

파기환송.

「특허제도의 취지에 비추어 생각하면, 그(출원발명의) 기술(技術)내용은, 당해 기술분야에서 통상의 지식을 가진 자가 반복실시하여 목적으로 하는 기술효과를 거둘 수 있을 정도로 구체적·객관적인 것으로 구성되어 있지 않으면 안 된다고 해석하는 것이 타당하고, 기술내용이 그 정도까지 구성되어 있지 않은 것은, 발명으로서 미완성의 것이어서, 특허법 2조 1항에서 말하는 '발명'이라고는 할 수 없다고 하여야 한다 …. … 특허법 49조 1호(1993년 개정 후의 49조 2호)는, 특허출원에 관계된 발명(이하 '출원발명'이라 한다.)이 법 29조의 규정에 의하여 특허를 받을 수 없는 것을 특허출원의 거절이유로 하고, 법 29조는, 그 1항 본문에서, 출원발명이 '산업상 이용할 수 있는 발명'일 것을 특허요건의 하나로 하고 있는데, 거기에서 말하는 '발명'은 법 2조 1항에서 말하는 '발명'의 의미로 이해하여야 하므로, 출원발명이 발명으로서 미완성의 것인 경우, 법 29조 1항 본문에서 말하는 '발명'에 해당하지 않는 것을 이유로 해서 특허출원에 대하여 거절을 하는 것은, 원래 법이 당연히 예정, 또는 요청하는 것이라고 하여야 한다.」

Ⅲ. 해   설

1. 본판결은, 특허법 29조 1항 본문에 기초하여 「발명의 미완성」이라고 하는 거절이유가 인정될 수 있다는 것을 확인함과 동시에, 발명의 완성·미완성의 의의를 명확하게 한 판례로서 중요한 위치를 차지하고 있다. 발명은, 「자연법칙을 이용한 기술적 사상의 창작 중 고도의 것」(특허법 2조 1항)이고, 착상으로부터 시작하여 「일정한 기술적 과제(목적)의 설정, 그 과제를 해결하기 위한 기술적 수단의 채용 및 기술적 수단에 의해 소기의 목적을 달성할 수 있다고 하는 효과의 확인이라는 단계를 거쳐 완성되는 것」(最判 昭和 61. 10. 3. 民集 40卷 6号 1068頁 - 본서 78사건)이고, 그 최종단계에 도달하지 않은 것이 「발명의 미완성」이며, 처음부터 특허능력을 가지고 있지 않은 「비발명」(자연법칙에 반하는 영구기관 및 계산방법 등)과는 본래 구별되는 개념이다. 현행 특허법(昭和 34年 법률 121호)은, 위와 같이 「발명」의 정의를 도입한 외에,「산업상 이용할 수 있는 발명」에 관하여는, 신규성 또는 진보성을 결한 경우를 제외하고, 특허를 받을 수 있다고 규정하면서(29조), 미

완성발명에 관한 규정을 두지 않고, 이것을 특허출원의 거절이유(49조)로서 열거하고 있지도 않지만, 구 특허법(大正10年 법률 제96호) 이래 판례(最判 昭和 44. 1. 28. 民集 23卷 1号 54頁 - 본서 5 사건) · 통설이 인정하고, 특허청의 심사 · 심판의 실무도 같았다. 이와 같은 취급을 부정한 원심판결은, 실무에 혼란을 초래하는 것으로 되었는데, 본판결은, 앞의 最判 昭和 44. 1. 28.자 판결을 인용하여, 기술내용이 「실시가능성」「반복가능성」「구체성」「객관성」을 결하고 있는 경우에는, 발명은 미완성이고, 특허법 29조 1항 본문에서 말하는 「발명」에 해당하지 않는 것을 명확히 해서, 현행법 하에서도 「발명의 미완성」이라고 하는 거절이유가 인정되는 것을 확인하였다. 발명은 일정한 목적을 달성하기 위한 기술적 수단으로서 그에 의하면 당해 기술분야에서 통상의 지식을 가진 자가 같은 성가를 얻을 수 있는 것이 아니면 안 되고, 그 정도에 달하지 않는 미완성 발명에 특허를 부여하는 것은, 「산업의 발달에 기여하는 것을 목적으로 하는」 특허제도의 취지에 반하기 때문에, 특허출원이 거절되는 것에 이론은 없을 것이다. 본판결의 요지는, 앞의 最判 昭和 61. 10. 3.에서 「발명이 완성되었다고 하기 위해서는, 그 기술적 수단이, 당해 기술분야에서 통상의 지식을 가진 자가 반복실시하여 목적으로 하는 효과를 거둘 수 있을 정도로 구체적 · 객관적인 것으로 구성되어 있을 것을 요하고, 또 그것으로써 족하다」고 하는 것을 인용하였고, 最判 平成 12. 2. 29. 판결(民集 54卷 2号 709頁 - 본서 7사건)에도 같은 취지의 판시가 보이는 바와 같이, 판례법으로서 확립되어 있다. 반복실시의 가능성은 반드시 100% 확률로 가능한 것까지는 요구되지 않는 확실성으로 족하다(中山信弘, 特許法, 2010, 97頁, 高林龍, 標準特許法 第4版, 2011, 34頁, 또한 위 最判 平成 12. 2. 29. 판결 참조).

2. 특허출원절차에 있어서는, 발명의 기술내용의 전모가 출원서에 첨부된 명세서에 개시되고, 그 기재가 심사의 대상으로 되기 때문에, 기술내용이 「실시가능성」「반복가능성」「구체성」「객관성」을 결하여 발명의 미완성인가 아닌가는, 출원시에 있어서의 기술상식을 참작하여, 명세서의 기재에 의하여 판단된다(앞의 最判 昭和 44. 1. 28.). 한편, 명세서는, 발명의 내용을 개시하는 기술문헌으로서, 당해 발명이 속하는 기술분야에서 통상의 지식을 가진 자(당업자)가 그 실시를 하는 것이 가능한 정도로 명확하고 충분하게 기재할 것을 요하고(특허법 36조 4항 1호), 그 기재불비는, 출원의 거절이유로 되므로(49조 4호), 거절이유로서의 「발명미완성」과 「명세서의 기재불비」와의 관계가 문제로 된다. 특허청이 1972년 2

월에 공표한 「일반심사기준」에는 「발명의 완성·미완성」의 항목이 있고, 1978년 9월의 개정 이후, 우선 발명이 완성되어 있는가 아닌가를 판단하여, 미완성이라고 인정되는 때는 특허법 29조 1항 위반으로서 거절하고, 완성되어 있다고 인정되면 출원심사를 진행하여 명세서의 기재요건(실시가능요건)의 판단을 행하는 것으로 운용되어 왔다. 그러나 미완성발명이라는 개념은 구미(歐米)에는 없고, 제도 운용의 국제적 조화의 관점에서 1993년 6월에 개정 공표된 「특허·실용신안심사기준」에 있어서는, 미완성발명이라고 하는 개념이 전부 삭제되었다. 따라서 현재에는, 특허청의 심사실무에 있어서, 발명의 미완성을 이유로 하는 거절이유는, 「목적 달성을 위한 수단은 제시되어 있지만, 그 수단에 의해서는 당해 목적을 달성하는 것이 명백히 불가능한 것」, 즉 실질적으로는 종래 비발명으로 취급되어 온 것에 한정되고, 「목적달성을 위한 수단의 일부 또는 전부를 결한 것」은 명세서의 기재요건(실시가능요건)으로서 대처하는 것으로 운용되고 있다(齊藤眞由美 = 井上典之, 發明の未完成, 竹田稔 감수, '特許審査·審判の法理と課題, 2002, 95頁; 高林, 앞의 책, 35頁).

3. 발명의 미완성을 명세서의 보정에 의해 치료 가능한가 하는 관점에서 명세서의 기재불비와 구별하여, 미완성발명의 경우에는 보정에 의해 그 하자를 보정할 여지가 없다고 하는 사고방식이 있었다(東京高判 平成 5. 6. 3. 判時 1493号 124頁 등). 본건과 같은 화학 분야에 있어서는 실험에 의한 뒷받침이 필요한 경우가 많고, 실시례 또는 그로부터 당업자가 용이하게 실시할 수 있는 범위를 초과하는 부분에 관하여는 발명은 미완성으로 되어, 실험데이터 등의 보정에 의해 발명을 완성시키는 것은 요지변경으로 되어 허용되지 않는 것임에 반하여, 명세서의 기재불비를 이유로 거절된 경우에는 보정에 의해 구제될 여지가 있다고 하였다. 화학 이외의 분야에 있어서도 명세서에 기재되어 있는 기술수단으로는 소기의 목적을 달성하는 것이 불가능한 것도 미완성발명으로 되어 왔다. 그러나 발명의 미완성과 명세서의 개시불충분을 구별하는 기준이 명확하지 않은 이상, 클레임에 미완성 부분을 포함하고 있기 때문에 전체로서 미완성으로 되는 경우에도, 미완성 부분을 삭제하고, 완성부분만을 남기는 감축보정에 의한 치유의 가능성은 부정할 수 없다(中山, 앞의 책, 105頁 注41). 또 위 심사기준의 변경에 추가하여 1993년의 특허법의 개정(17조의2 3항)에 의해 명세서의 보정이 보다 제한되고, 신규사항의 추가가 허용되지 않게 되어, 명세서의 기재요건도 출원시에 있어서 충족이 요

청되는 것으로 되었기 때문에, 보정에 의한 치유의 가부에 의해 발명의 완성·미
완성을 판단하고, 적용조문을 가려서 사용한다고 하는 방법은 심사실무에 있어서
채용하기 어려운 것으로 되었다(齊藤 = 井上, 앞의 책, 108頁). 이와 같이 해서 특허
출원의 거절이유로서는 미완성발명이라는 개념을 사용할 필요성은 낮아졌다고
할 수 있지만, 아직 심판 및 소송의 단계에서 문제로 되는 경우가 있고(東京高判
平成 13. 3. 13. 平10(行ケ) 393호, 東京高判 平成 15. 1. 29. 平13(行ケ) 219호, 中山 앞의 책
106頁의 注48), 거절이유 이외에도 다양한 적용장면이 있기 때문에, 본 판결은 판
례로서의 가치를 잃은 것은 아니다.

4. 특허의 무효이유도 거절이유와 같아서, 미완성 발명의 특허는 특허법 29
조 위반으로서, 123조 1항 2호에 의해 무효로 된다(高部眞規子, 實務詳說特許關係訴
訟, 2011, 282頁). 더욱이, 재판례에 있어서, 다음과 같은 경우에도, 본판결의 판단
기준이 적용되고 있다. ① 발명자의 인정과 발명자의 권리취득(일정한 기술적 사상
을 당업자가 실시할 수 있는 정도까지 구체적·객관적인 것으로서 구성하는 창작활동에 관여
한 자가 발명자이고, 발명자는 발명의 완성과 동시에 특허요건을 구비하는 한, 특허를 받을
권리와 발명자명예권을 취득한다)(地財高判 平成 20. 5. 29. 判時 2018号 146頁 - 본서 28 사
건, 大阪地判 平成 14. 5. 23. 判時 1825号 116頁 - 본서 27 사건, 中山 앞의 책 152頁, 162頁),
② 진보성 판단의 근거로 되는 인용발명(인용발명은 완성한 발명일 것을 요하고, 그 입
증책임은 용이상도성을 주장하는 측에 있다)(東京高判 平成 10. 9. 29. 判時 1670号 66頁), ③
선원발명의 후원배제효(특허법 29조의 2 또는 39조) (선원발명이 후원배제효를 갖기 위해
서는, 선출원 명세서등에 완성된 발명으로서 개시되어 있을 것을 요한다) (東京高判 平成 13.
4. 25. 1998(行ケ)제401号), ④ 선사용에 의한 통상실시권(특허법 79조) (특허출원의 시점
에 발명이 완성되어있을 것을 요하고, 물의 발명에 관하여는, 그 물의 구체적 구성이 설계도
등에 의해 나타나, 당해 기술분야에서 통상의 지식을 가진 자가 이에 기초하여 최종적인 제작
도면을 작성하고 그 물을 제조하는 것이 가능한 상태로 되어 있으면, 발명으로서는 완성되어
있다) (앞의 最判 昭和 61. 10. 3.), ⑤ 파리조약에 의한 우선권 주장(제1국 출원의 발명
이 미완성일 경우에는, 제2국 출원의 발명이 완성되어 있어도 우선권의 주장은 부정된다) (東
京高判 昭和 52. 1. 27. 無体裁集 9卷 1号 16頁), ⑥ 분할출원의 출원일 소급(분할출원에
관계된 발명의 요지로 한 기술적 사항의 전부가 원출원 명세서 등에 당업자가 정확히 이해해
서 용이하게 실시하는 것이 가능한 정도로 기재되어 있지 않은 경우에는 출원일은 소급하지
않는다) (最判 昭和 53. 3. 28. 判時 888号 87頁).

〈참고문헌〉

본문에 인용한 것 외에, 荒垣桓輝, 本百選 〈第2版〉 14頁; 中山信弘, 法協 96卷 3号 372頁; 仙元隆一郎, 民商 79卷 1号; 松本重敏, 判タ 362号 106頁, 最判解民事篇 昭和52年度 282頁[無記名]; 山田陽三, 發明の未完成と拒絕理由, 塩月秀平 編著, 特許・著作權 判例 インデックス, 2010, 6頁 등이 있다.

7. 식물신품종의 육종과정에 있어서의 반복가능성
—— 황도의 육종증식법 사건

最高裁 平成 12年(2000년) 2月 29日 第三小法廷判決
[平成 10年(行ツ) 第19号 : 審決取消請求事件]
(民集 54卷 2号 709頁, 判時 1706号 112頁, 判夕 1028号 1730頁)

上條 肇(카미죠 하지매, 特許庁 上席審査官) 著
김철환[법무법인(유) 율촌 변호사] 譯

Ⅰ. 사실의 개요

　(1) Y(피청구인, 피고)는, 명칭을 "복숭아의 신품종 황도의 육종증식법"으로 하는 특허권(본건 발명)을 가지고 있었다. 본 특허권은 그 후 상속에 의해 Y′(피고, 피상고인)에게 승계되었다.

　본건 발명은, 복숭아 품종 타스바타를 종자친(種子親)으로 하고 본 발명자가 소유하는 복숭아품종 만황도를 화분친(花粉親)으로 하여 교배시켜 얻은 종자에 의해 발아한 식물을 선발도태하여, 특허청구범위 기재의 잎, 꽃, 과일의 형질을 가지는 신품종 황도를 육성하고, 이것을 무성적으로 증식하는 방법이다.

　(2) X들(청구인, 원고, 상고인)은, 본건 발명이 반복가능성이 없는 것과 다름없다는 점 등을 이유로 본건 특허에 관하여 무효심판을 청구하였으나, 청구불성립의 심결을 받고, 심결취소청구(東京高判 1997. 8. 7. 判時 1618号 10頁)도 기각되었기 때문에 상고하였다. 또한, 본건 특허출원 당시 일반적으로 입수가 곤란하기 때문에 당업자에게 분양을 보증한다고 Y에 의해 선언되고 있었던 본건 발명에 있어서 화분친으로 사용되는 만황도는 그 무렵 원목(原木)의 소재가 불명이 되어 분양이 불가능하게 되었다. 본 소송에 있어서는 본건 발명의 반복가능성의 유무가 최대 쟁점이 되었다.

Ⅱ. 판   지

본 판결은, 반복가능성에 관하여 아래와 같이 판시하여 X들의 청구를 기각하였다.

(ⅰ) 특허법 제2조 제1항에서 말하는 "「자연법칙을 이용한」 발명이기 위해서는, 당업자가 그것을 반복 실시하는 것에 의해 동일한 결과가 얻어지는 것, 즉 반복가능성이 있는 것이 필요하다."

(ⅱ) "그리고 이 반복가능성은, 「식물의 신품종을 육성하여 증식하는 방법」에 관한 발명의 육종과정에 관하여는, 그 특성에 비추어 보아 과학적으로 그 식물을 재현하는 것이 당업자에 있어서 가능하면 족하고, 그 확률이 높은 것을 필요로 하지 않는 것이라고 해석하는 것이 상당하다. 생각건대, 위 발명에 있어서는 신품종이 육종되면 그 후에는 종래 사용되고 있던 증식방법에 의하여 재생산하는 것이 가능하고, 확률이 낮아도 신품종의 육종이 가능하면 당해 발명이 목적으로 하는 기술효과를 내는 것이 가능하기 때문이다."

"이것을 본건에 관하여 보면, 전기한 대로, 본건 발명의 육종과정은, 그것을 반복실시하여 과학적으로 본건 황도와 동일한 형질을 갖는 복숭아를 재현하는 것이 가능하기 때문에, 가령 그 확률이 높은 것이라고 할 수는 없다고 하더라도, 본건 발명에는 반복가능성이 있다고 하여야 한다."

(ⅲ) "발명의 반복가능성은, 특허출원 당시에 있으면 족하기 때문에, 그 후 친품종인 만황도가 소재불명으로 된 것이 위 판단을 좌우하는 것은 아니다."

Ⅲ. 해   설

1. 본 판결은, 교배나 선발에 의해 식물 신품종의 전통적인 "육종방법"의 "반복가능성"을 인정하고, 그 "발명성"을 긍정한 최고재의 최초의 판단으로서 주목을 모으고 또 중요한 의의를 가지는 것이다.

본 소송에 있어서 쟁점은 다양하게 걸쳐 있으나, 그중 "반복가능성"에 관한 논점은 2가지가 있다.

1점은 특정의 형질군과 동일한 형질군을 가지는 식물체를 재현하는 것이 수량적으로도 극히 낮은 확률 밖에는 성립하지 않는다고 할 경우 "반복가능성"이 있다고 할 수 있는지 여부이고, 2점은 일반적으로 입수가 곤란한 친품종이 특허권의 권리기간도중에 입수할 수 없게 된 사유가 발생하여, 교배에 의한 식물창제 수단으로서의 육종방법의 발명을 재현하는 것이 그 이후 불가능하게 된 것에 의하여 발명의 반복가능성이 없다고 할 수 있는지 여부이다.

    2. "발명"은 특허법 제2조에 정하여져 있는 것처럼 "자연법칙을 이용한 기술적 사상의 창작"이 아니면 안 된다. 자연법칙을 이용한 기술적인 것인 이상, 그 실시에 특수한 개인적 기량이나 감성, 숙련, 비전(秘傳), 오의(奧義), 요령 등을 필요로 하는 것은 안 되고, 전문적인 지식경험이 있는 자라면 누구라도 동일 방법으로 동일 발명을 일정한 확실성을 가지고 실시할 수 있다고 하는 "반복가능성"이 없으면 안 된다고 되어 있다.

    본건과 같은 유성번식식물의 창제에 있어서는, 친식물끼리 교배시켜 얻어진 식물체를 선발해 가는 육종공정과, 당해 육종공정에 의해 창제된 특정의 품종을 접목 등의 주지기술을 이용하여 유전적 특성을 변화시킴이 없이 증식시키는 증식공정이 존재한다. 식물의 증식공정에 있어서는 통상 식물의 특성은 유지된 그대로이고, 대상이 되는 식물품종이 얻어질 수 있으면, 전문적인 지식경험이 있는 자라면 누구라도 실시할 수 있는 것이기 때문에, 반복가능성이 있는 것에는 별로 다툼이 없다.

    한편으로 식물의 육종공정에 반복가능성이 있다고 할 수 있는가 없는가에 관하여는 오래전부터 양설이 대립되어 있었다. 육종공정에는 반복가능성이 있다고 할 수 없다는 설로는, "종래의 학설에서는 식물은 반복계속성을 가지지 않기 때문이라고 말해졌다. 개인적으로도 그와 같이 생각한다"는 견해[織田秀明·石川義雄, 新特許法詳解(增訂, 1972) 136頁]나, "돌연변이나 개인적 기능으로서의 선택적 요소가 많아, 일반적으로는 반복가능성을 긍정하는 것은 곤란하다"는 견해[紋谷暢男, 注釋特許法(1986) 11頁]가 존재한다.

    여기에 대하여 육종공정에는 반복가능성이 있다고 하는 설로는, "같은 품종 또는 다른 품종의 교배, 접목 등에 의한 신품종의 산출의 경우에도 일정한 법칙이 존재하고 있기 때문에 그 현상은 결코 무체계적이 아니다. 동일 방법으로 예상외의 결과를 만드는 것도 없지는 않으나 일반적인 공업적 발명의 경우에도 완성, 미완성은 피할 수 없다. 그 확실성의 점에는 다소 차이가 있어도 일괄적으로 반복가능성이 없다고 잘라 말할 수는 없다"는 견해[石士郎, 特許法詳説(新訂, 1971) 142頁]를 들 수 있다.

생물의 육종공정에는 반복가능성이 있는가 없는가에 관하여는, 일찍이 유럽의 재판소에도 다투어졌다. 육종방법은 반복가능성이 없다고 한 대표적인 판결로는 1953년의 스위스연방재판소의 "붉은 장미(赤バラ) 변종의 작출방법"(荒玉義人 譯, 發明 53卷 19号 18頁)과 1969년의 서독연방최고재판소의 "赤鳩[1]판결"[IIC(1970) 1卷 136頁]의 2가지 예를 들 수 있다.

식물육종방법은 목적으로 하는 생물의 재현을 위해 필요한 개체가 극히 많고, 환언하면 동일한 내용이 얻어질 확률이 극히 낮기 때문에, 위 "붉은 장미 변종의 작출방법" 판결에서도 확률이 극히 낮은 것이기 때문에 전문가가 명세서의 기재를 가지고 반복하여 실시할 수 없다고 여겨졌다. 그러나 반복가능성이 있다고 하기 위해 필요한 성공확률에 관해서의 일본에서의 통설은 "100%의 성공률을 요구하는 것은 아니고, 성공률이 극히 낮은 경우에도 반복가능성이 있다고 해석된다"는 점에 일치하고 있다[中山信弘, 編著, 注解特許法(上) (第3版, 2000) 30頁(中山信弘); 吉藤幸朔・熊谷健一補訂, 特許法概說(第13版, 1998) 53頁; 光石, 前揭 104頁].

3. 본 판결은 판시(ⅱ)에서, 식물육종방법에 있어서 반복가능성과 그 성공확률에 관하여는 "그 특성에 비추어 과학적으로 그 식물을 재현하는 것이 당업자에 있어서 가능하면 족하고, 그 확률이 높은 것을 필요로 하지 않는다"라고 하였다.

그리고 판시(ⅲ)에서, 출원시점에 입수가능하였던 친품종이 특허권의 권리기간 도중에 입수불가능하게 된 사유가 발생한 경우에도 "발명의 반복가능성은 특허출원당시에 있으면 족하다"고 하였다.

4. 본 판결에 있어서 판시(ⅰ)은 발명과 반복가능성과의 관계에 관하여 서술한 최고재 1969. 1. 28. 제3소법정 判決(民集 23卷 1号 54頁 - 본서 5사건)의 판시인 "창작된 기술내용은 그 기술분야에서 통상의 지식, 경험을 가진 자라면 누구라도 이것을 반복실시하여 그 목적으로 하는 기술효과를 올리는 것이 가능한 정도까지 구체화된, 객관화된 것이 아니면 안 된다"와 같은 취지이고, 본 판결에서도 확인한 것이라고 할 수 있을 것이다.

판시(ⅱ)는, X의 위 주장 1점에 대한 것인데, 종래부터 견해가 나누어져 있던 식물의 육종공정의 반복가능성에 관하여 "있다"고 최고재로서의 명확한 판단을 보인 것이 된다. 반복가능성이 있다고 하기 위해 필요한 성공확률에 관하여는 일

1) 붉은 비둘기(역자 주)

본에서의 통설대로 극히 낮아도 문제로 되지 않는다는 점이 재차 확인되었다. 일단 적절한 신품종이 육성된 후에는 경제적으로 중요하게 되는 것은 당해 신품종의 증식에 관한 권리라고 말해지고 있고, 그 점 때문에 정확히 발명을 재현하는 것이 본 발명의 본질은 아니다. 이러한 이유 때문에 이 전제에 대해 "육성과정의 반복가능성을 지나치게 엄격하게 해석한 것은 결국 법의 목적인 개발장려를 충분히 달성할 수 없다"(小泉直樹, ジュリ 990号 19頁)는 등의 설이 있지만, 본 판결의 판시(ⅱ)는 이러한 입장에 가까운 것으로 생각된다.

아직 본 판결은 식물의 신품종에 관한 것이나, 그 외에도 "생명현상과 같은 미해명의 현상이나 극히 복잡한 자연법칙이 뒤얽혀 구성되어 있는 분야의 발명의 경우, 그 작용효과의 재현에 높은 확률을 요구하는 것이 곤란하다고 할 수 있으므로, 이와 같은 성질을 가지는 발명의 경우 반복재현의 확률이 낮은 것이라도 반복가능성의 요건은 충족할 수 있는 것으로 해석하여야 한다"(中山=小泉 編·前揭 17頁[平嶋])고 하는 것이 가능할 것이다.

판시(ⅲ)은, 발명이 완성하고 있었는지 여부를, "본원 발명의 출원당시에 그 명세서에 기재된 대로의 기술내용이 그 당시 기술수준 하에서 발명이 목적으로 하는 작용효과를 발생하도록 작동할 수 있는 것이었는지 아닌지"(前揭 최고재 1969. 2. 28.)로 판단하여, 친품종인 만황도의 원목이 출원일 이후에 소재불명으로 되었다고 해도 그 판단이 좌우되는 것은 아니라는 결론이 필연적으로 도출되게 되었다고 말할 수 있다.

5. "명세서에서 발명의 기술내용의 기재가 그 기술분야에서 통상의 지식을 가진 자가 용이하게 그것을 실시할 수 있는 정도가 되지 않으면 안 된다는 것은 그 발명의 기술적 완성을 개시하기 위해 당연한 것에 속한다"라는 설[矢野邦雄, 最判解民事編(上)(1969年) 85頁]이 있고, 그와 같은 관점에서 이 판시(ⅲ)에 관하여 "생명체에 관한 발명의 특성을 고려하여…, 적어도 특허권의 존속기간만료까지의 기탁 내지 보증이 없으면, 발명의 반복가능성은 부정되는 것으로 해석하여야 한다"(紋谷暢男, 後揭 重判解 269頁)라는 문제제기도 있다.

그러나 위 설의 기초로 되는 전게 최고재 1969. 1. 28. 판결은, "발명의 상세한 설명에는 … 용이하게 실시할 수 있을 정도로 … 기재 … 함을 요한다"(1957년 개정 구 특허법 시행규칙 제38조 제2항)라는 실시가능요건이 명문화되기 전의 출원에 관계된 것이고 그와 같은 출원에 대하여도 당해 요건을 요구하기 위해 사용된 편법으로 생각해서는 안 될까.

　　오히려 실시가능요건이 명문화된 현재에 있어서는 "어떤 발명이 산업상 이용가능하도록 완성된 것인가 아닌가의 판단과, 당해 발명이 산업상 이용할 수 있도록 완성된 것인 것을 전제로 하여 그 특허출원이 특허법 제36조에 규정된 요건을 만족하고 있는가 아닌가의 판단은 별개의 관점에서 행하여지는 것이고, 이 2가지의 판단이 표리일체의 것으로 생각하는 것은 불가능하다"[判工(2期) 1卷 15の78頁]라고 생각할 수 있고, 그렇다면 본 판결에서 발명의 완성과 제3자의 입수가능성의 담보를 별개로 한 판시(iii)와도 부합한다.

　　이와 같은 "반복가능성"의 유무는 성공확률이나 용이하게 실시할 수 있는가 아닌가에 의존하지 않는다고 생각했을 때 "반복가능성"의 본질은 역시 "일정한 객관적 조건이 갖추어지는 것에 의해 소정의 작용효과 등을 확실히 얻을 수 있는 것"(中山=小泉 編·前揭 17頁[平嶋])이고, 본건 발명과 관련하여 말하면 "일정한 객관적 조건이 갖추어지는 것"이란 "특정의 구체적인 형질을 기준으로 선발하는 것"이며, "소정의 작용효과 등을 확실히 얻을 수 있는 것"이란 "희망하는 형질을 갖춘 황도가 얻어질 가능성이 반드시 있다"라는 것일 것이다. 그리고 그것은 소망하는 형질을 갖춘 황도의 취득에 성공한 사실이 명세서에 구체적으로 기재되어 있는 것에 의해 충분히 보여지고 있다고 할 수 있는 것이 아닐까.

〈참고문헌〉
본 판결의 판례해설로서
1. 板倉集一, 特許研究 30号 34頁
2. 平木祐輔, 知財管理 51卷 4号 571頁
3. 紋谷暢男, 2000年度重判解(ジュリ 1202号) 267頁
4. 高部眞規子, L&T 14卷 55頁

Ⅱ. 특허요건

8. 의료행위의 특허성

東京高裁 平成 14年(2002년) 4月 11日 判決
[平成 12年(行ケ) 第65号 : 審決取消請求事件]
(判時 1828号 99頁) ◀ 재판소 Web

田村明照(타무라 아키테루, 大阪地方裁判所 調査官) 著
설범식(서울중앙지방법원 부장판사) 譯

Ⅰ. 사실의 개요

본 판결의 대상으로 된 출원은 발명의 명칭을 '외과수술을 재생 가능하도록 광학적으로 표시하기 위한 방법 및 장치'라고 하는 것으로, 독일 특허출원에 기초한 우선권을 주장하여 1988년 국제출원에 의한 특허출원이 이루어졌다. 1998년에 거절결정을 받고 이에 불복심판을 청구하였는바, 1999년에 "본건 심판청구는 성립하지 않는다"라는 심결이 내려졌기 때문에, 그 심결의 취소를 구한 것이다.

본건 출원발명의 개요는 미리 촬영하여 둔 수술영역의 영상과 수술시의 수술기구의 위치정보를 중첩시켜 화상을 표시하는 방법이다. 심결에서는 본건 출원발명은 '인간을 진단하는 방법'에 해당한다고 인정하고, 이러한 인정을 전제로 인간을 진단하는 방법은 통상 의사 또는 의사의 지시를 받은 자가 인간을 진단하는 방법으로서 소위 '의료행위'이기 때문에 특허법 29조 1항 본문에서 말하는 '산업'에 해당하지 않고, 따라서 본건 발명은 '산업상 이용할 수 있는 발명'에 해당하지 않는다고 하였다.

이에 대하여 X(원고)는 의료행위만이 일률적으로 '산업'에서 제외된다고 하는 것은 해석상 부자연스럽고, 또한 본건 출원발명은 '산업의 발달에 기여할 것'이라는 특허법의 목적에 부합하는 것이 명백하여, 당연히 '산업상 이용할 수 있는 발명'으로 되는 것이 마땅하다고 주장하였다.

Ⅱ. 판 지

청구기각(확정)

『의료행위 그 자체에도 특허성을 인정할 수 있다고 하는 제도 아래에서는, 실제 의료행위에 임하는 의사에게 적어도 관념적으로는 스스로 행하려고 하는 의료행위가 특허의 대상으로 되어 있을 가능성이 항상 존재하는 것으로 된다. … 의사는 항상 이를 이유로 자신이 행하려고 하는 것이 특허의 대상으로 되어 있는 것은 아닌지, 그것을 행함에 따라 특허권침해의 책임을 추급(追及)당하는 것은 아닌지, 어떠한 책임을 추급당하게 될 것인지 등과 같은 점을 우려하면서 의료행위에 임하여야만 할지도 모른다. 의료행위 그 자체를 특허의 대상으로 하는 제도 아래에서는 그것을 방지하기 위한 대책을 강구한 후가 아닌 한, 의사는 이러한 상황에서 의료행위에 임하여야만 하게 되는 것이다.

의료행위에 임하는 의사를 이러한 상황에 몰아넣는 제도는 의료행위라고 하는 일의 성질상 현저하게 부당하다고 말할 수 있고, 일본의 특허제도가 이와 같은 결과를 시인하는 것은 아니라고 생각하는 것이 합리적인 해석이다. 그리고 만약 그렇다고 한다면, 특허법이 이러한 결과를 방지하기 위한 조치를 강구하고 있다면 몰라도, 그렇지 않은 한 특허법은 의료행위 그 자체에 대하여 특허성을 인정하고 있지 않다고 생각할 수밖에 없다. 그런데 특허법은 의약이나 그 조제법을 음식물 등과 함께 불특허사유에서 제외함으로써 이들을 특허보호의 대상에 추가함을 명확하게 한 때에도, 의약의 조제에 관한 발명에 관계된 특허에 대하여는 '의사 또는 치과의사의 처방전에 의하여 조제하는 행위 및 의사 또는 치과의사의 처방전에 의하여 조제하는 의약'에는 그 효력이 미치지 아니한다는 규정(특허법 69조 3항)을 두는 조치를 강구하였지만, 의료행위 그 자체에 관계된 특허에 대하여는 어떠한 조치도 강구하지 않고 있는 것이다.

특허법은 …1조에서 "이 법률은 발명의 보호 및 이용을 도모함으로써 발명을 장려하고, 산업발달에 기여함을 목적으로 한다"고 규정하고, 29조 1항 본문에서, "산업상 이용할 수 있는 발명을 한 자는 다음에 기재한 발명을 제외하고 그 발명에 대하여 특허를 받을 수 있다"고 규정하고 있는데, 여기서 말하는 '산업'에 무엇이 포함되는가에 대하여는 아무런 정의도 규정되어 있지 않다. 그리고 의료행위 일반을 불특허사유로 하는 구체적인 규정도 두고 있지 않다. 이와 같은 이상, 예컨대 위 기재대로 일반적으로 말한다면, '산업'의 의미를 좁게 해석해야만 할 이유가 본래 없다고 하더라도, 특허법은 위와 같은 이유에서 특허성이 인정되지 않는 의료행위에 관한 발명은 '산업상 이용할 수 있는 발명'이라고 하지 않는 것으로 하고 있다고 해석할 수밖에 없다.

의료행위 그 자체에 대하여도 특허성이 인정되어야 할 것이라는 원고의 주장은 입법론으로서는 경청할 만한 점이 있지만 위에서 본 바와 같이 특허성을 인정하기 위한 전제로서 필요한 조치를 강구하고 있지 않는 현행 특허법의 해석으로서는 채용할 수 없다.』

Ⅱ. 해   설

1. 일본 특허법은 "산업상 이용할 수 있는 발명을 한 자는 다음에 기재한 발명을 제외하고, 그 발명에 대하여 특허를 받을 수 있다"(특허법 29조 1항 본문)고 규정하여 산업상 이용가능성을 특허요건의 하나로 하고 있다.

이에 따라 특허청이 공표한 特許·實用新案 審査基準에서는 산업상의 이용가능성에 대하여, "여기서 말하는 '산업'은 광의로 해석한다. 이 '산업'에는 제조업 이외의 광업, 농업, 어업, 운수업, 통신업 등도 포함된다"(제2부 제1장)고 규정하고, '산업상 이용할 수 있는 발명'에 해당하지 않는 유형의 하나로 인간을 수술, 치료 또는 진료하는 방법(의료행위)을 들고 있다.

위 심사기준에서 의료행위를 '산업상 이용할 수 있는 발명'에 해당하지 않는다고 한 이유는 분명하지 않아 이 점에 대하여는 비판도 많지만, 의료행위를 특허의 대상에서 제외하는 주된 이유로 통설은 인도적 이유를 들고 있다. 즉 특별한 수술이나 치료를 필요로 하는 환자가 있는 경우에 만약 그 수술이나 치료의 방법에 특허권이 존재한다면 그것을 실시할 수 있는지, 실시할 수 있다고 하더라도 고액의 실시료를 특허권자에게 지불할 필요가 생겨 환자가 이를 부담할 수 없다면 그 수술이나 치료를 실시할 수 없게 되어 인도적으로 허용될 수 없다고 하는 이유이다.

본 판결에서도 의료행위를 특허의 대상으로 한다면 의사에 의한 특허권 침해의 가능성이 생기고, 현행 특허법에서 그것을 방지하기 위한 조치를 강구하고 있지 아니한 이상 의료행위를 특허의 대상으로 할 것은 아니라고 판시하고 있어,

현재 특허청의 운용을 지지한 것으로 평가된다. 한편으로는 의사에 의한 의료행위에 대하여 효력제외규정을 둔 후에 의료행위를 특허의 대상으로 해야 할 것이라고 판시하고 있다고도 해석할 수 있어, 향후 입법적 해결을 촉구하고 있다고도 말할 수 있다.

2. 의료행위를 특허의 보호대상으로 할 것인지 여부에 관하여는 이 판결 전후로 정부의 각종 포럼에서 여러 검토가 행하여져 이하에서 보는 바와 같은 심사기준의 수정이 행하여지고 있다.

산업구조심의회 산하 의료행위 워킹그룹(産業構造審議會傘下の醫療行爲WG)에서의 검토 결과(2003년 6월의 보고서 '醫療關連行爲に關する特許法上の取扱いについて')를 받아들여, 유전자재조합제제(遺傳子再組合製劑) 등의 의약품 및 배양피부 시트 등의 의료재료를 제조하기 위한 방법이, 동일인에게 되돌릴 것을 전제로 하고 있는 경우라도 특허의 대상이라는 점이 심사기준(2003. 8. 7. 개정)에 명기되었다.

또한, 지적재산전략본부 산하 의료관련행위의 특허보호 방식에 관한 전문조사회(知的財産戰略本部傘下醫療關連行爲の特許保護在り方に關する專門調査會)에서의 검토 결과[2004. 11. 22. 보고서 '醫療關連行爲の特許保護の在り方について(とりまとめ)']를 받아들여, '의료기기의 작동방법'은 의료기기 자체가 갖는 기능을 방법으로서 표현한 것이어서 특허의 대상이라는 점이 심사기준(2005. 4. 14. 개정)에 명기되었다.

게다가 지적재산전략본부 산하 첨단의료특허검토위원회(知的財産戰略本部傘下尖端醫療特許檢討委員會)에서의 검토 결과(2009. 5. 29.의 제언 '尖端醫療分野における特許保護の在り方について')를 받아들여, ① 최종적인 진단을 보조하기 위한 인체의 데이터 수집방법의 발명이 인체에의 작용공정을 포함하고 있어도 특허의 대상인 점 및 ② 세포나 약제의 용법·용량만이 특징을 가지는 의약 용도발명이 특허로 될 수 있다는 점이 심사기준(2009. 11. 1. 개정)에 명기되었다.

그러나 세 번에 걸친 심사기준의 개정에 의하여 유전자치료 및 재생의료에 관계된 첨단의료기술 및 첨단의료기기를 이용한 첨단의료분야에 있어서 개개의 발명이 특허의 대상인 것이 현행법의 해석으로 순차 명확하게 되었지만, 입법조치에 의하여 넓게 의료행위 그 자체를 특허의 대상으로 하는 것은 어느 포럼에서나 단념되고 말았다.

3. 미국과 유럽에 눈을 돌려보면, 미국에서는 사람에 대한 수술·치료·진단

방법을 특허의 대상으로 하고 특허권의 효력은 의사의 실시에 미치지 않는다는 취지가 특허법에 규정되어 있다. 이것은 1993년에 백내장 수술방법의 특허를 취득한 의사가 다른 의사를 특허권침해로 제소한 것을 계기로[Pallin v. Singer, 36 USPQ 2d 1050 (Va. 1995)] 미국의사협회가 특허법의 개정을 요구한 것에 기인한다. 당초에는 의료행위를 특허의 대상에서 제외한다는 법안이었으나, 최종적으로는 이것을 특허의 대상으로 한 후에 의사가 침해하여도 특허권자는 구제되지 않는다는 면책규정이 설정되었다[1996년 개정, 미국특허법 287조(c)(1)]. 다만, 바이오 산업계의 강력한 로비 활동 끝에 바이오 기술에 관계된 특허에 대하여는 의사의 면책대상 밖으로 되었고[287조(c)(2)(A)(iii)], 유전자치료나 재생의료 등의 첨단의료기술을 이용한 치료를 행한 경우에 의사가 면책되는지는 불분명하다.

한편, 유럽에서는 2007. 11. 13.에 발효된 유럽특허조약(EPC2000) 53조(c)에서 수술·치료·진단방법이 불특허사유로 되어 있다. 그러나 유럽특허청의 확대심판부 G1/04심결(2005. 12. 16.)과 같이, 당해 불특허사유를 한정적으로 해석하는 운용에 의하여, 종래에는 진단방법으로 판단되었던 의사의 판단공정을 포함하지 않는 중간적인 데이터 수집방법도 특허의 대상으로 되고 있다. 또한 치료방법과 관련하여 의약품의 투여방법(용법·용량)만이 특징을 가지는 의약 용도발명에 대하여도 발명자의 특허취득에 관용적인 판단이 내려지고 있다(2010. 2. 19. 확대심판부 G2/08심결). 어느 확대심판부 심결이든 일본에서의 심시기준개정과 그 궤를 같이하는 것이다.

4. 대학이나 벤처기업에 의한 첨단의료분야의 이노베이션을 추진하기 위하여, 많은 법학자는 법해석에 의한 특허능력을 부정하는 애매한 '입구규제'[1])가 아니라, 의료행위 자체를 특허의 대상으로 하는 한편 의사의 실시에 대하여 법정실시권 제도를 두든가, 또는 조제행위(일본 특허법 69조 3항)처럼 특허권의 효력을 제한하는 '출구규제'[2])에 관련된 간명한 입법조치를 추천 장려하여 왔다.

그러나 실제로 검토를 시작해 보면, '출구규제'를 구체화하는 것, 즉 의사의 자유로운 진료행위에 영향을 주지 않고, 발명자의 적절하고 충분한 보호를 확보하는 망라적인 일반 규정에 다다르는 것은 용이하지 않은 것 같다.

일본은 유럽처럼 의료행위를 특허의 대상으로 하지 않는 원칙은 변경하지

---

1) 원문은 '川上規制'이다.
2) 원문은 '川下規制'이다.

않고 이노베이션을 촉진하기 위하여 특허보호가 필요하다고 판단되는 의료기술
에 대하여, 의사의 자유로운 진료를 배려하면서 신중하고 개별적인 특허의 대상
을 확대해가는 길을 선택한 것이다.

〈참고문헌〉

1. 中山信弘, 特許法(2010), 109-114頁

2. 左藤達文, "醫療方法と産業上の利用可能性," 牧野利秋ほか編, 知的財産權法の理
   論と實務(2)(2007), 375-386頁

3. 竹田和彦, 特許の知識(第8版, 2006), 115-117頁

4. 小泉直樹, "治療方法發明保護の法政策," ジュリスト, 1227号 40頁

5. 小泉直樹, "醫藥品の用法・用量の特許保護," ジュリスト, 1405号 98頁

9. 인체의 존재를 필수 구성요건으로 하는 발명
—— 이온칫솔의 사용방법 사건

東京高裁 昭和 45年(1970년) 12月 22日 判決

[昭和 43年 (行ケ) 第158号 : 特許願拒絶査定に対する審判の審決取消請求事件]

(判タ 260号 334頁)

高倉成男(다카쿠라 시게오, 明治大学 教授) 著

박태일(대법원 재판연구관) 譯

Ⅰ. 사실의 개요

본 출원은 1963년 10월의 특허출원이고 특허청구범위를 「직류전원의 음극에 접속하는 금속단자를, 불화물(弗化物)[1]을 도포해야 할 칫솔 체(体)의 식모부(植毛部) 또는 그 부근에 장착하고, 위 전원의 양극을 인체의 적소(適所)에 전기적으로 접속할 수 있도록 한 이온 칫솔의 위 전원의 전압을 3V 이상으로 하며, 이로써 시판되는 불소 삽입 치약의 불화물이 불화칼슘으로 변화하는 때에도 이를 전해(電解)하여 불소이온이 생길 수 있도록 한 점을 특징으로 하는 이온칫솔의 사용방법」으로 하는 것이다. 한편 출원 당초의 특허청구범위는 말미를 「이온칫솔」로 하는 물건의 발명[2]의 형식으로 기재되어 있었으나, 심사과정에 출원인 X(원고) 스스로 위와 같이 방법의 발명의 형식으로 보정한 경위가 있다.

본 출원은 위 보정 후인 1964년 10월에 특허법 29조 1항[3] 본문(柱書) 위반을

---

1) 플루오르화물(fluoride)

2) 원문에는 ‘物の發明’이나 우리 특허법상 용어에 따라 ‘물건의 발명’으로 고쳐 번역한다. 이하 같다.

3) 일본 특허법 제29조(특허의 요건)

   ① 산업상 이용할 수 있는 발명을 한 자는 다음 각 호 1에 정한 발명을 제외하고는 그 발명에 대하여 특허를 받을 수 있다.

   1. 특허출원 전에 일본국내 또는 외국에서 공연히 알려진 발명

   2. 특허출원 전에 일본국내 또는 외국에서 공연히 실시된 발명

이유로 하는 거절결정[4]을 받고, 이에 대해 X가 「형식적으로는 방법의 발명과 같이 보이지만 내용적으로는 이온칫솔 자체를 대상으로 하는 것이어서, 인체의 존재를 필수 구성요건으로 하지 않는 장치의 발명이다」라고 주장하여 거절결정불복심판을 청구하였는바, 1968년 10월 특허청은「본 출원발명은 결국 인체에의 불소 이온화 도입법을 이용한 칫솔의 사용방법이고, 이에 의하여 인체 치수(齒髓) 강내(腔內)에서 유산균 등의 발생과 그 번식력을 억제함으로써 충치의 발생을 방지하고자 하는 것이므로, 본 출원발명에서는 당연히 인체 그 자체가 필수 구성요건으로 될 수밖에 없다. 이와 같이 인체의 존재를 필수 구성요건으로 하는 발명은 설령 그 구성요건 중에 『이온칫솔』이라고 하는 자연력을 이용하는 기술적 수단이 있다고 하더라도 전체로서 산업상 직접 이용할 수 있는 것이 아니기 때문에, 본 출원발명은 특허법 29조에서 규정하는 특허요건을 구비하지 못한 것이다」라고 하여 심판청구를 기각하였다. 본건은 X가 특허청의 이러한 심결의 취소를 구하면서 제기한 것이다.

Ⅱ. 판   지

청구기각.

「X는 당초 『이온칫솔』이라고 하는 물건의 발명으로서 출원한 본 출원발명을 보정에 의하여 인체에의 불소 이온화 도입법을 이용한 『이온칫솔의 사용방법』이라는 방법의 발명으로 변경한 것이고, 그 요지는 앞서 본, 당사자 사이에 다툼이 없는 본건 심결이유 중의 인정된 바와 같은 것이며, 따라서 본 출원발명은 방법의 발명으로서 인체의 존재를 필수 구성요건으로 하는 것으로 이해함이 상당하다.」 그렇다면 본건 심결이 본 출원발명의 요지를 잘못 인정하고 나아가 그 특허요건에 관한 판단을 잘못하였다고 하는 X의 주장은 이미 그 전제에서 이유가 없는 것임이 명백하다.

---

3. 특허출원 전에 일본국내 또는 외국에서 반포된 간행물에 기재된 발명 또는 전기통신회선을 통하여 공중에게 이용 가능하게 된 발명
4) 원문에는 '拒絕査定'이나 우리 특허법상 용어에 따라 '거절결정'으로 고쳐 번역한다. 이하 같다.

Ⅲ. 해   설

1. 특허법 29조 1항 본문의 규정과 산업상 이용가능성 요건

특허법 29조 1항은 그 본문에서 「산업상 이용할 수 있는 발명을 한 자는 … 그 발명에 대하여 특허를 받을 수 있다」라고 규정하고 있다. 이 규정에 의하여 산업상 이용할 수 있는 발명이라는 것은 특허요건의 하나로 되어 있다. 이 요건은 나아가 「산업상 이용할 수 있을 것」(산업상 이용가능성)과 「특허법상의 발명일 것」(발명의 성립성)의 두 가지로 나눌 수 있지만, 후자의 요건은 이 책 1 내지 7번 사건에서 다루고 있으므로 여기서는 특히 전자의 산업상 이용가능성에 한정하여 해설한다.

또한 29조 1항 본문의 취지, 특히 특허에 산업상 이용가능성을 요구하고 있는 취지에 관하여는, 특허법은 산업의 발달을 목적으로 하는 것이기 때문에 산업상 이용할 수 없는 발명에 특허를 부여하는 것에는 의미가 없어 그러한 발명을 배제하기 위함이라고 하는 설명이 일반적이다(中山信弘 『特許法』[2010] 109頁). 단적으로는 「학술적·실험적으로만 이용할 수 있을 것 같은 발명 등을 배제하기 위함」이다(特許庁 編 『工業所有権法(産業財産権法) 逐条解説[第18版]』[2010] 81頁).

다음으로 29조 1항 본문의 「산업」과 「이용」이라는 말의 의미에 관하여 확인하여 둔다면, 첫째로 산업을 종래부터 공업만이 아니라 농림수산업, 광업, 상업 등도 포함하는 넓은 의미로 해석해왔고, 최근에는 비즈니스 관련 발명의 보호 필요성으로 인하여 금융업, 광고업 등까지 산업에 포함된다고 생각하게 되었다. 다만 예외적으로 의료는 산업에 포함되지 않는다는 것이 실무의 입장이다(후술). 둘째로 이용은 발명의 실시를 의미한다는 해석이 유력하다(吉藤幸朔[熊谷健一 補訂] 『特許法概説[第13版]』[1998] 68頁).

29조 1항 본문의 「산업」과 「이용」이라는 말을 위와 같이 해석하면, 예를 들어 의약이나 치료기구 등의 물건의 발명 또는 그와 같은 물건의 생산방법의 발명은 그 발명의 실시가 「물건의 생산」으로서 직접 산업상 이용할 수 있는 것인 반면에, 치료방법 등 의사만이 실시할 수 있는 방법의 발명은 의료가 산업이 아닌 이상 산업상 이용가능성이 없다고 하는 결론에 이르게 된다. 이와 같이 29조 1항 본문은 현재 그 입법취지로부터 약간 멀어져 치료방법 등의 발명을 특허대상으로부터 제외하기 위한 근거조문으로서만 활용되고 있다.

2. 산업상 이용가능성에 관한 특허청의 현행 실무와 과거로부터의 경위

(1) 현행의 실무

특허청의 현행 『특허 · 실용신안심사기준』(2009년 개정)은 산업상 이용가능성이 없는 것의 유형으로서 (A) 인간을 수술, 치료 또는 진단하는 방법(소위 의료행위), (B) 업으로서 이용할 수 없는 발명(예를 들면 흡연방법과 같이 개인적으로만 이용할 수 있는 발명, 학술적 · 실험적으로만 이용할 수 있는 발명으로서 시판 또는 영업의 가능성이 없는 것), (C) 실제상 명확하게 실시할 수 없는 발명(예를 들면, 지구 전체를 UV흡수필름으로 덮는 자외선대책방법의 발명)의 세 가지를 들고 있다.

(B) 및 (C)가 위에서 말한 입법취지로부터 비교적 자연스럽게 도출되는 반면, (A)의 의료행위의 경우는 특허를 부여하지 말아야 한다는 결론을 먼저 내리고, 29조 1항 본문으로부터 그 결론을 도출하기 위하여 의료는 산업에 해당하지 않는다는 독특한 해석을 하고 있다는 부자연스러움이 있다. 이러한 해석에 대하여 학설은 비판적이다(相澤英孝『バイオテクノロジ-と特許法』[1994] 78頁). 이 점은 의료행위의 발명을 어떻게 보호할 것인가에 관한 중요한 논점의 한가지이지만, 본서 8번 사건에서도 논하고 있으므로 이하에서는 29조 1항 본문과 「인체를 구성의 필수요건으로 하는 발명」과의 관계의 측면으로 관심을 이동하여 이 측면에서 특허청 실무의 변천을 되돌아보자.

(2) 과거로부터의 경위

현행 특허법은 1959년에 신법으로 창설되어 1960년 4월부터 시행되고 있는 것인데, 1962년 4월에 신법에 대응하는 『심사편람』이 작성되어 그중 42.02P에서 「인체를 구성의 필수요건으로 하는 발명」은 「산업상 이용할 수 있는 것으로는 인정되지 않으므로 특허법 29조 1항 본문의 발명에 해당하지 않는」 것으로 취급되는 기준이 제시되고, 예시로서 이하의 여섯 가지가 열거되었다.

① 인간의 타액을 검사하여 흡연 유무를 판정하는 방법.

② 호르몬을 넣은 온탕에서 목욕함으로써 피부 표면이 호르몬액을 흡수하도록 하는 건강증진법.

③ X선을 환부에 투사하여 치료하는 의료방법.

④ 인체의 일부에 특수한 운동을 하게 하는 것에 의한 건강증진법.

⑤ 시스틴[5] 절단액으로 적신 두발을 적절하게 말아 올려서 둔 다음 시스틴 가교액 처리 및 수세(水洗)를 교차로 행하는 두발의 웨이브 방법.

---

5) cystine

⑥ 유지를 혼입한 폴리비닐아세탈[6] 알코올 용액을 피부에 도포하여 피부의 더러워진 부분이 씻기도록 함과 동시에 피부에 유지를 공급하여 부드러워지도록 하고 윤기가 나도록 한 다음 건조됨으로써 생긴 피막을 피부에서 벗겨내는 것으로 이루어진 피부 미화청정(美化淸淨)법.

이들 예시에서, 당시의 실무에서는 인체 그 자체뿐만 아니라 인체로부터 얻어지는 것(예를 들면 타액) 또는 인체의 일부(예를 들면 두발)까지 포함하여 인체를 구성의 필수요건으로 하는 발명은 의료행위인가 여부에 관계없이 산업상 이용가능성이 없는 것으로 취급되는 점을 엿볼 수 있다.

1975년에 법 개정이 이루어져 다항제 및 물질특허제도 등이 도입됨에 따라 『특허실용신안심사편람』이 새롭게 작성되었고, 이 중에서 29조 1항 본문의 적용에 관하여는 「인체를 구성의 필수요건으로 하는 발명 가운데 진단방법, 치료방법 등의 발명은 특허법 29조의 산업상 이용할 수 있는 발명이 아니므로 거절된다」 (41.02A)라고 하는 운용으로 바뀌었다. 이 개정에 따라 인체를 구성요건으로 하는 발명이더라도 의료행위에 해당하지 않으면 특허 받을 수 있다(예를 들면 두발의 웨이브방법, 혈액을 원료로 하는 의약의 제법)는 점이 명확하게 되었다.

1993년에는 종래의 심사편람이나 산업분야별 심사기준 등이 단일의 『특허·실용신안심사기준』으로 통합되었고, 이때 위 「인체를 구성의 필수요건으로 하는 발명 가운데」라는 문언이 완전히 삭제되어 「인간을 수술, 치료 또는 진단하는 방법은 산업상 이용할 수 있는 발명이 아니다」라고 하는 판단기준이 채용되게 되었다.

2000년 개정 이후의 『특허·실용신안심사기준』도 기본적으로는 이 판단기준을 승계하고 있고, 이와 같이 현재에는 인체를 구성의 필수요건으로 하는 것이더라도 의료행위에 해당하지 않으면 원칙적으로 산업상 이용가능성이 있는 것으로 취급되게 되었다(다만 인체를 구성의 필수요건으로 하는 결과 32조의[7] 공서양속 요건 등 다른 특허요건에 반하는 것으로 되는 경우, 이를 이유로 하여 특허성이 부정될 수 있다).

3. 본 출원발명의 산업상 이용가능성과 판결의 현 시점에서의 의의

위에서 본 바와 같이 현재에는 인체를 구성의 필수요건으로 하는가 어떤가

---

6) polyvinyl acetal
7) 일본 특허법 제32조(특허를 받을 수 없는 발명)
  공공의 질서, 선량한 풍속 또는 공중위생을 해할 우려가 있는 발명에 대하여는 제29조의 규정에도 불구하고 특허를 받을 수 없다.

는 이미 산업상 이용가능성의 판단기준으로 작용하지 않는다. 그러므로 이러한 변화를 전제로 본 판결의 의의를 재평가하여야만 하지만, 그 전에 본 출원발명이 가령 현행의 실무 아래에서라면 어떻게 취급되어야 하는가를 생각해보면, 사견으로는 본 출원발명은 시판되는 불소 삽입 치약과 특수한 칫솔을 사용하여 사람이 이를 닦는 방법에 관한 발명이기 때문에 개인적인 사용 외에 발명의 실시를 상정할 수 없어 산업상 이용가능성이 없다(유형 (B)에 해당)고 보아야 한다.

다만 간접침해(특허법 101조 4호, 5호)[8] 규정의 적용까지 시야에 넣는다면, 본 출원발명의 실시에 사용되는 물건(특수한 칫솔)의 생산 등에도 특허권의 효력이 미칠 가능성은 있다. 그러나 특허발명의 실시의 범위와 특허권의 효력이 미치는 범위는 별개의 것이다. 그러므로 간접침해의 적용가능성을 고려하더라도 여전히 본 출원발명 그 자체는 업으로서의 실시를 상정할 수 없고 그 때문에 특허법 29조 1항 본문의 규정에 따라 특허를 받을 수 있는 것이 될 수 없다고 함이 상당하고, 그 한도에서 본 판결의 결론은 현재의 실무에 따라서 보더라도 타당하다고 생각된다.

마지막으로 본 판결의 선례적 가치에 관하여 생각건대, 본 판결을 「의료업은 산업이 아니라는 견해」에 근거한 선례로 보는 평가(吉藤[熊谷 補訂]·앞의 책 69頁)도 있지만 의문이다. 본 판결은 의료행위의 문제에 관하여는 특별히 언급하고 있지 않고, 인체의 존재를 필수 구성요건으로 하는 발명은 특허를 받을 수 있는 것이 아니라는 1963년 당시의 실무를 주어진 전제로 하여 본 출원발명이 방법의 발명인가 장치의 발명인가에 관하여 특별히 판단을 한 것이다. 그 의미에서 본 판결의 의의는 일부에는 자연력 이용의 기술적 수단(장치)이 있더라도 전체로서 산업상 직접 이용할 수 없는 발명은 29조 1항 본문 위반으로 될 수 있다고 한 심결을 지지한 점에 있다고 보아두는 것이 타당한 바가 아닐까 생각된다.

〈참고문헌〉

본문 중에 기재한 것

---

8) 일본 특허법 제101조(침해로 보는 행위)
　　다음에 규정하는 행위는 당해 특허권 또는 전용실시권을 침해하는 것으로 본다.
　　4. 특허가 방법의 발명에 관하여 되어 있는 경우 영업으로서 그 방법의 사용에만 이용하는 물건의 생산, 양도 등 또는 수입 또는 양도 등의 신청을 하는 행위
　　5. 특허가 방법의 발명에 관하여 되어 있는 경우 그 방법의 사용으로 이용하는 물건(일본 국내에서 폭넓게 일반적으로 유통되어 있는 것을 제외한다)으로서 그 발명에 의한 과제의 해결에 불가결한 것에 관하여 그 발명이 특허발명인 것 및 그 물건이 그 발명의 실시에 이용되는 것을 알면서 영업으로서 그 생산, 양도 등 또는 수입 또는 양도 등의 신청을 하는 행위

[2] 신규성 · 진보성

10. 공지의 의의와 비밀유지의무

東京高裁 平成 12年(2000년) 12月 25日 判決
[平成 11年(行ケ) 第368호 : 審決取消請求事件]
(判工2期版 531の50頁)

角田政芳(스미다 마사요시, 東海大学 教授) 著
강춘원(특허청 특허심사기획과장) 譯

Ⅰ. 사실의 개요

X(원고)는 Y(피고)의 특허(특허 제1735179호, 발명의 명칭 '6본 롤러 카렌다[1])의 구조 및 사용 방법', 1985. 7. 5. 출원, 1993. 2. 17. 설정등록, 1997. 2. 26. 정정심결 확정. 이하, '본건 특허'라 한다)의 특허청구범위의 청구항 1에 기재된 발명(이하 '본건 제1항 발명' 이라 한다) 및 청구항 2에 기재된 발명(이하, '본건 제2항 발명'이라 한다)에 대하여 무효심판을 청구하였다.

특허청은 본건 제1항 발명 및 본건 제2항 발명은 진보성이 없거나 공지되었다고 말할 수 없다는 등으로 하여 특허를 무효로 할 수 없다고 심결하였다. 이에 X는 심결취소 소송을 제기하였다.

인정사실에 의하면, Y는 거래처로부터 요청을 받아 1981년경에 본건 제1항 발명과 동일한 롤러 구조를 갖는 6본 롤러 카렌다를 고안하고 같은 해 9월에 그 계획도인 6298도면 및 6299도면을 작성하였으며, 그 후 거래처에 이러한 구조의 6본 롤러 카렌다를 여러 차례 제안한 적이 있었다. 1984년 10월경 Y의 종업원은

---

1) 카렌다(Calender) 가공은 서로 반대방향으로 회전하는 2개 이상의 롤러 사이에 원료를 압연시켜 시트 또는 필름을 연속적으로 제조하는 성형 방식으로서 플라스틱, 철강, 고무, 제지 등 분야에서 사용되고 있다.

소외 A로부터 6본 롤러 카렌다의 견적을 요청받았기 때문에 Y는 같은 해 12월 26일경 그 견적을 위한 6509도면을 작성하였고, 1985년 1월 중순경 Y의 종업원은 동일한 도면을 A에게 제시하면서 견적 요청에 응하였다.

또한, 1985년 2월 초순에 A가 Y를 방문하여 Y의 담당자들과 6509도면에 근거해 상세한 견적을 위한 협의를 진행하였지만, 그 때 A는 스스로 작성한 6본 롤러 카렌다의 도면을 지참하였다. Y는 그 견적과 관련하여 1985년 3월 중순경 6516도면 및 6517도면을 작성하였고, 이 도면들도 A에게 제시 또는 교부되었다. 한편, Y는 A와 상기 6본 롤러 카렌다에 대하여 비밀유지계약을 체결하거나 A가 비밀로 취급할 것을 명시적으로 요구하지는 않았다.

그래서 X는 본건 심결은 진보성 및 공지성의 판단을 잘못한 취소사유가 있다고 주장하였는데, 본고에서 다루는 공지성에 대하여 Y는 본건 특허출원 전에 비밀유지 의무가 없는 거래처에 대하여 본건 제1항 발명이 공연히 알려진 상태로 되었다고 주장하였다. 또한, X는 A로부터 본건 제1항 발명의 내용을 들은 상태이고, 만약 A가 Y와의 사이에 비밀유지 의무가 있다고 하더라도 본건 제1항 발명은 공지된 것이라고 주장하였다.

Ⅱ. 판   지

청구기각.

(ⅰ) 발명의 내용이 발명자를 위하여 비밀을 유지하여야 할 관계가 있는 사람에게 알려졌다고 하더라도 특허법 제29조 제1항 제1호에서 말하는 '공연히 알려졌다'에 해당하지 않는 것이지만, 그 발명자를 위하여 비밀을 유지하여야 할 관계는 법률상 또는 계약상 비밀유지 의무를 부담시키는 것에 의하여 발생되는 것 이외에 이미 1983년~1984년 당시부터 사회통념상 또는 상관습상 발명자 측의 특단의 명시적 지시나 요구가 없어도 비밀로 취급하는 것이 암묵적으로 요구되고 또한 기대되어지는 경우에도 발생되는 것이라고 하여야 할 것이다.

왜냐하면, 1990년 법률 제66호에 의한 구 부정경쟁방지법(1934년 법률 제14호)의 개정 전인 그 당시에도 거래사회에서 다른 사람의 영업비밀을 존중하는 것은 일반적으로 당연한 것이었고, 더구나 상거래 당사자간 또는 그 외의 일정한 관계가 있는 사람 상호간에는 그러한 것이 보다 타당한 것이었으며, 당시에도 타인의 영업비밀의 부정한 취득, 개시 등은 불법행위를 구성하는 것이었기 때문이고, 또한 계약 성사 등에 이르는 상담 등의 과정이 신속하고 유동적으로 진행되는 일이 적지 않은 상거래의 실제에 있어서 발명에 관련된 제품, 기술 등이 상담 등의 대상이 되어버리는 한, 발명자 측은 그 발명에 대한 비밀을 유지하여야 할 것을 일일이 상대방에게 지시하거나 요구하여 상대방이 그것을 이해하였다는 것을 확인하는 것과 같은 과정을 거쳐야 한다면, 당해 발명과 관련된 제품, 기술 등의 구체적인 내용을 개시할 수 없게 되어 거래의 원활하고 신속한 수행을 방해하게 되고 당사자 쌍방의 이익에도 반하는 것으로 되어버리기 때문이다. …

본건에서 위와 같은…사실관계에 비추어 보면, A가…Y담당자로부터 설명을 받고, 또는 제시 또는 교부를 받은 6509도면, 6516도면 및 6517도면에 기재된 6본 롤러 카렌다는 Y에게는 신규 개발되어 공연히 알려져서는 아니 되는 기술을 포함하는 생산기기에 해당되는 것이고, 더욱이 A가 그것을 인식하고 이해하는 능력, 경험을 갖고 있는 것은 명확하다. 그리고 A와 Y의 관계로 보아 A는 일본의 사회통념상 또는 상습관상 위 6본 롤러 카렌다의 상담에 이른 때에는 Y측의 명시적 지시나 요구가 없더라도 그것을 비밀로 취급하여야 한다는 것이 암묵적으로 요청되어 있는 것을 이해하고 있고, 또한 Y도 A가 그러한 능력, 경험이나 비밀 취급에 관한 이해를 갖는 것을 기대하고 신뢰하여 위 6본 롤러 카렌다를 개시한 것으로 추인하는 것이 상당하다.

그렇다면, A는 사회통념상 또는 상관습상 Y측의 특단의 명시적 지시나 요구가 없더라도, 위 6본 롤러 카렌다의 기술내용에 대해서 Y를 위해 비밀을 유지해야 할 관계에 있는 사람이라고 할 수 있기 때문에 6509도면, 6516도면 및 6517도면에 기재된 6본 롤러 카렌다가 본건 제1항 발명의 실시에 해당된다고 하더라도 본건 제1항 발명이 공연히 알려진 상태가 된 것이라고 할 수는 없다.

(ii) 만약 X도면에 본건 제1 발명과 동일한 발명이 기재되어 있다고 하더라도 A가 사회통념상 또는 상관습상 X도면에 기재된 6본 롤러 카렌다의 기술내용에 대해서 X를 위해 비밀을 유지해야 할 관계에 있는 자에 해당하는 것은 앞서 본 바와 같기 때문에 X가 X도면을 같은 사람에게 송부한 것에 의해 본건 제1항 발명이 공연히 알려진 상태가 된 것이라 할 수도 없다.

III. 해   설

1. 본건 판결의 판례상 지위

본건 판결은 특허법 제29조 제1항 제1호의 '공연히 알려진 발명'(공지발명)의 의의에 대하여 발명자와의 관계에서 발명의 내용에 대해 비밀유지 의무를 부담하는 사람 이외의 사람에게 알려진 발명이 된 경우, 그 비밀유지 의무를 부담하는 관계는 법률상 또는 계약상 비밀유지 의무가 부과되는 것에 의해 발생되는 것 이외에 사회통념상 또는 상관습상 비밀 취급이라고 하는 것이 암묵적으로 요청되고 또한 기대되는 경우에도 발생된다고 한 사례이다.

종래, 같은 판단을 한 판결례로서는 특허출원 전에 발명의 설명을 받은 사람들은 '모두 비밀을 유지하는 것이 적어도 암묵적으로 요청되고 또한 이것을 기대할 수 있는 지극히 국한된 특정한 사람들이고, 이러한 사람들이 위 장치의 설치 사용의 사실을 알았다고 하더라도 이것을 가지고 위 장치가 공연히 사용된 것이라고 해석할 수 없다'는 東京高判 昭和 30. 8. 9.(行集6卷8号 2007頁[정방기용 진공청소기 사건])이 있다. 본건 판결은 이러한 판례를 답습한 것이다. 또한, 판례 중에는 공동연구자, 연구보조자, 발명 완성 후 효과의 시험에 관여한 사람 등에게 비밀유지 의무를 인정한 것이 있지만(東京高判 昭和 49. 6. 18. 無体裁集6卷1号170頁[벽식 건조물의 구축장치 사건] 참조), 신의칙상의 의무를 인정한 판결례로 자리매김하고 있다(松尾和子・本百選 〈第3版〉 23頁).

또한, 학설도 '발명에 대하여 특히 비밀유지 의무가 부과된 경우뿐만 아니라 사회통념상 또는 상관습상 비밀로 취급하는 것이 암묵적으로 요청되고 또한 이것을 기대할 수 있다고 인정해야 할 관계 또는 상황에 있는 경우도 포함하여야 한다'고 하는 주장이 있다(吉藤幸朔[熊谷健一補訂] '特許法槪説[第13版]'[1998] 78頁). 본건 판결은 거의 이 견해를 따른 것이다.

발명이 공연히 알려졌을 경우에 그 발명의 특허출원은 거절되고(특허법 제49조 제2호), 무효심판에 의해 무효가 되며(특허법 제123조 제1항 제2호), 특허권 침해소송에서 권리행사 제한의 항변 사유가 되고(특허법 제104조의3), 또한 균등론에서 공지기술의 항변을 허용하는 것으로 된다(最判 平成 10. 2. 24. 民集52卷1号 113頁[볼스프라인 사건─본서 66사건]). 이러한 발명이 공연히 알려졌을 경우에는 자기의 발명이 알려졌을 경우와 자기의 발명이 제3자의 공지의 발명과 동일한 경우가 있는데, 전자의 경우에는 일정한 조건 하에서 신규성 상실의 예외에 의한 구제가 있지만

(특허법 제30조), 후자의 경우에는 그러한 구제가 없다(渋谷達紀 '知的財産法講義 I [第2版]'[2006] 22頁 참조).

신규성 요건 중 공지의 판단에서는 비밀유지 의무의 유무가 결정적인 기준이 되지만, 본건과 같은 경우에는 동시에 부정경쟁방지법상의 영업비밀에 관한 부정경쟁행위(부정경쟁방지법 제2조 제6항·제2조 제1항 제7호 등)의 문제가 생긴다.

2. 비밀유지 의무를 지는 사람의 범위 내지 비밀유지 의무의 존부

판지(i)은 먼저 '공연히 알려진 발명'에 대하여 비밀유지 의무를 지는 사람에게 알려졌다고 하더라도 이것에는 해당하지 않는다고 하고 있다. 여기서 '공연'이란 불특정한 사람이 인원수의 다소가 아니라 비밀유지 의무를 지는 사람 이외의 사람이라고 해석하는 견해이고(日本 特許庁編 '工業所有権法(庫業財産権法)逐条解説 [第18版]'[2010] 81頁이하, 中山信弘 '特許法'[2010] 115頁, 中山信弘編著 '註解特許法(上)[第3版]'[2000] 231頁[中山], 渋谷·앞의 책 22-23頁, 松尾·앞의 百選 23頁도 같은 취지), 판지는 타당하다. 이에 대하여 '공연'이란 불특정 다수의 사람 또는 불특정 소수 및 특정한 다수의 사람이라고 해석하는 견해가 있다(高林龍 '標準特許法[第4版]'[2011] 49頁). 그렇지만, 이 견해도 한 사람이 알게 되어도 공지가 될 수 있다고 하고 있고(같은 책 49頁), 또한 그 한 사람이 특정한 사람인지 불특정한 사람인지는 당해 발명과의 관계로 결정되어야 할 것이다(吉藤·앞의 책 77頁 참조).

여기서 법률상 비밀유지 의무를 지는 사람에는 특허청 직원(특허법 제200조), 회사의 임원 등(회사법 제330조), 영업비밀의 비밀유지 의무를 지는 사람(부정경쟁방지법 제2조 제1항 제4호~제9호) 등이 있고, 계약상 명시 또는 묵시로 비밀유지 의무를 지는 사람 이외에 재판소의 비밀유지 명령(특허법 제105조의4 등)에 의해 비밀유지 의무나 비밀개시 금지의무를 지는 사람, 또는 회사의 종업원도 포함된다고 해석되고 있다(渋谷·앞의 책 23頁 참조).

판지에 의하면, 이러한 것들에 더하여 '사회통념상 또는 상관습상' 비밀유지 의무를 지는 사람이라고 암묵적으로 요구되고 또한 기대되는 사람이 포함되는 것으로 되지만, 그 이유로서 1990년 개정 부정경쟁방지법에 의해 영업비밀의 보호 규정이 신설되기 이전부터 '다른 사람의 영업비밀의 부정한 취득, 개시 등은 불법행위를 구성하는 것으로 된다'는 것을 들고 있다. 그렇다면, 판지가 말하는 법률상 비밀유지 의무를 지는 사람에는 1990년 이후는 부정경쟁방지법상 영업비밀의 비밀유지 의무를 지는 사람이 포함되는 것이 된다(부정경쟁방지법 제2조 제6항 참조).

그렇지만, 특허법의 공지와 영업비밀에 있어서의 비밀유지 의무는 동일하지 않다(大阪地判 平成 15. 2. 27. 平13(ワ)10308号 등[세라믹 콘덴서 사건]). 영업비밀에서는 공지정보가 조합되어 있더라도 그 조합이 알려져 있지 않을 경우에는 비공지성의 요건을 만족시키는 것이고(田村善之 '不正競爭法槪說[第2版]'[2003] 333頁 참조), 또한 특허법의 공지는 비밀유지 의무를 지는 사람 이외의 사람에게 알려질 수 있는 상태가 된 것을 의미하지만, 영업비밀의 비공지성에서는 현실적으로 알려진 것이 요구되고 정보를 얻는 것이 어려운 경우에도 공지로 되지는 아니한다(앞의 大阪地 判 平成15[세라믹 콘덴서 사건]).

다만, 부정경쟁방지법상 영업비밀의 부정취득자(제2조 제1항 제4호), 악의 중과실에 의한 취득자(같은 조 제5호 · 제8호), 취득 후의 악의 중과실자(같은 조 제6호 · 제9호)는 보유자에 대하여 경업금지 의무나 비밀유지 의무를 지는 사람은 아니지만, 이러한 사람들에게 정보가 알려졌다고 해서 공지가 되는 것은 아니라고 하고 있다(渋谷達紀 '知的財産法論義 III[第2版]'[2008] 133頁 참조). 특허법에서의 공지에 대해서도 마찬가지로 생각해도 좋다고 생각된다.

판지는 '사회통념상 또는 상관습상' 비밀유지 의무를 질 것인가 아닌가에 대하여 비밀유지 의무에 관한 상대방의 이해능력과 제공자의 기대나 신뢰의 유무에 의해 판단하고 있지만, 오히려 객관적으로 신규 기술 또는 미공표의 기술의 거래 당사자에게는 비밀유지 의무가 생긴다고 해석해야 한다고 생각된다.

다음으로 판지는 '공연히 알려졌다'에서 '알려졌다'의 의의에 대하여 언급하지 않고 있지만, '알려질 수 있는 상태가 된 것'이라고 해석하여야 한다(紀谷暢男 '知的財産權法槪論[第2版]'[2009] 113頁, 中山 · 앞의 책 116頁, 角田政芳 · 辰巳直彦 '知的財産法[第5版]'[2010] 40頁. 東京高判 昭和 51. 1. 20. 無体裁集8卷1号 1頁[파칭코구용 계수기 사건][실용신안]. 東京高判 昭和 37. 12. 6. 行集13卷12号 2299頁[오토삼륜 윤활유 조절기 사건][실용신안]). 이에 대하여 그 문언대로 비밀유지 의무를 지는 사람 이외의 사람에게 '현실적으로 알려진 것'이라고 해석하는 견해가 있다(高林 · 앞의 책 49頁, 東京高判 昭和 54. 4. 23. 無体裁集11卷1号281頁[샌드페이퍼 에어그라인더 사건][의장]). 그 근거로서 신규성 상실 사유를 정한 특허법 제29조 제1항이 공지(1호), 공용(2호) 및 간행물 등 기재(3호)를 구별해서 규정하고 있는 것이 거론되고 있지만, 그 효과는 동일하고 그렇게 엄격하게 구별하는 실익은 없다고 하고 있다(中山 · 앞의 책 116頁 참조).

3. 비밀유지 의무자로부터 개시된 제3자와의 관계

판지(ii)에서는 본건 발명이 공연히 알려진 상태가 된 것이라고는 할 수 없다고 판단한 이유로서 A가 사회통념상 또는 상관습상 X를 위하여 비밀유지 의무를 져야 할 사람에 해당한다는 것을 들고 있다. 그렇지만, 본건에서 X는 본건 발명이 A로부터 비밀유지 의무를 지지 않는 X에게 알려졌기 때문에 공지가 되었다고도 주장하고 있고, X가 독자적으로 발명해서 A에게 개시했을 경우를 제외하고, 본건 발명이 X에게 개시되었을 경우에는 '공연히 알려졌다'고 하여야 하며, 이러한 경우에는 특허법 제30조 제2항의 신규성 상실의 예외규정의 적용이 검토되는 것으로 되어버릴 뿐이다.

〈참고문헌〉
글 중의 것

11. 공용의 의의— BRANUTE 과립 사건

東京地裁 平成 17年(2005년) 2月 10日 判決
[平成 15年(2003년)(ワ) 第19324호 : 特許權侵害差止請求權不存在確認事件]
(判時 1906호 144頁, 判タ 1996호 209頁) ◀ 裁判所 Web

大鷹 一郎(오오타가 이치로, 東京地裁 判事) 著
조재신(전남대학교 교수) 譯

Ⅰ. 사실의 개요

본 건은 의약품 메이커인 X(원고)가 『발명의 명칭을 "분기쇄 아노미산 함유 의약용 과립 제제와 그의 제조방법"으로 하는 특허발명(제1 특허발명)의 특허권(제1 특허권) 및 발명의 명칭을 "과립의 조립방법"으로 하는 특허발명(제2 특허발명)의 특허권(제2 특허권)을 가지는 Y(피고)에 대하여, X의 X 제법에 의한 제제의 제조 및 판매는 Y가 상기 각 특허권에 기초한 침해금지청구권을 가지지 않음』에 대한 확인을 구하는 사안이다.

X는 Y가 제1 특허권에 기초한 침해금지청구권을 가지지 않은 이유의 하나로 서는 Y가 제1 특허발명의 특허출원 전에 제조 및 시판하고 있었던 Y 제제는 제1 특허발명의 실시품이므로, 제1 특허발명은 "특허출원전 일본 국내 또는 외국에서 공연실시되고 있는 발명"(특허법 제29조 제1항 제2호)에 해당하여, 제1 특허권의 특허에 무효이유가 존재하는 것이 명백하므로, Y의 제1 특허권에 기초한 권리행사는 권리의 남용에 해당하여 허용되지 않는다는 취지의 주장을 하였다.

Ⅱ. 판 지

본 판결은 X의 청구 중 Y가 제1 특허권에 기초한 침해금지청구권을 가지지 않는 것의 확인을 구하는 부분에 대해서는 X 제제 및 X 제법은 제1 특허발명의 기술적 범위에 속하는 것이고, 한편 X의 선사용에 의한 통상실시권의 주장 및 제

1 특허권의 특허에 무효이유가 있는 것이 명백하다는 것 등을 이유로 하는 권리
남용의 주장은 모두 이유가 없는 것으로 청구를 기각하고, Y가 제2 특허권에 기
초한 침해금지청구권을 가지지 않는 것의 확인을 구하는 부분에 대해서는 X 제
법이 제2 특허발명의 기술적 범위에 속하는 것으로는 말할 수 없기 때문에 청구
를 인용하였다. 제1 특허발명이 "공연실시"된 발명에 해당되지 않는다라고 판시
한 부분은 이하에 기술한다.

"특허제도는 새로운 기술적 사상의 사회에 대한 공개 대가로서 독점권을 부
여하는 것이므로, 이미 사회적으로 알려져 있는 기술적 수단에 대하여 독점권을
부여할 필요는 없고, 또한, 이러한 기술적 수단에 대하여 독점권을 부여하는 것
은 자유로운 기술의 발전을 오히려 방해할지도 모르는 것이다."

"특허법이 동법 제29조 제1항 각호 소정의 발명의 대하여서는 특허를 받을
수 없다는 의의를 규정하고 있는 것은 이러한 취지에서 나온 것이다. 그렇다고
보면, 동법 제2호의 "공연실시"는 불특정 다수 앞에서 실시를 한 것에 의하여 해
당 발명의 내용이 알 수 있는 상황이 되었음을 요구하는 것이며, 단순히 해당 발
명의 실시품이 존재한다는 것만으로는 특허취득의 장애는 되지 않는다고 해석하
는 것이 타당하다. 이러한 경우에 있어서, 해당 발명이 물건 발명이면 해당 발명
의 실시품이 당업자에게 있어 해당 실시품을 완전하게 재현 가능한 정도로 분석
하는 것이 가능한 상태에 있을 것까지는 요구하지 않지만, 당업자가 이용 가능한
분석기술을 사용하여 해당 발명의 실시품을 분석하는 것에 의해 특허청구범위에
기재된 물건에 해당하는지 여부의 판단이 가능한 상태에 있는 것을 요구하는 것
이라고 해석하는 것이 타당하다."

"그리고 발명의 실시품이 시장에서 판매되고 있는 경우에는 특단의 사정이
없는 한, 해당 실시품을 분석하여 그 구성 또는 조성을 파악할 수 있다는 것이
통상이라고 하여야 할 것이다."

"이것을 본 건에 적용하여 보면, 상기와 같이, Y 제제에 함유된 분기쇄 아미
노산 입자의 지름은 개시 당초부터 체적기준 Median 지름이 약 50㎛이었다는 것
이 인정되고, 그렇다고 하면, 본 건 제1 특허발명의 특허출원 전부터 본 건 제1
특허발명 청구항 1의 방법에 의해 제조된, 동 청구항 3의 실시품인 Y 제제가 판
매되고 있었다는 것이 된다(…). 그러나 증거(…)에 의하면, Y 제제의 제조방법은
기업비밀로서 엄격하게 관리되고 있었고, 그 함유 성분의 조성이 공개되어 있었
다고 하더라도 그 외의 정보는 외부에 개시되지 않았으며, 분기쇄 아미노산 원료

와 연합재(練合材)를 혼합하고 조립하여 과립형태로 하며, 더구나 코팅을 실시한 제제 성질상, Isoleucine, Leucine 개개의 입자를 혼합전 입자 크기 그대로 분리하는 것은 곤란하다고 인정되고, 시판되고 있는 Y 제제로부터 그것에 함유되어 있는 분기쇄 아노미산 입자의 크기를 분석하여 Y 제제가 본 건 제1 특허발명 청구항 3의 구성을 구비한 것이며, 동 청구항 1의 방법에 의하여 제조된 것임을 파악하는 것은 당업자가 통상적으로 이용 가능한 분석 기술에 의하여서는 극히 곤란하다고 할 것이다(그 인정을 뒤집기에 충분한 증거는 X로부터 제출되어 있지 않다)."

"그렇다고 하면, Y 제제가 시판되고 있다는 것을 가지고, 본 건 제1 특허발명 청구항 1, 3에 특허법 제29조 제1항 제2호 소정의 공연실시에 해당하는 이유가 있다고 할 수 없을 것이다."

Ⅲ. 해　설

1. 본 건은 물건 발명의 실시품인 "분기쇄 아노미산 함유 과립 제제"(Y 제제)가 그 특허출원 전에 시판된 경우에 있어서, 해당 발명이 특허법 제29조 제1항 제2호의 "공연실시"된 발명에 해당되고, 그러한 것이 특허의 무효이유가 되는지 여부를 다투는 사안이다. 또한, 본 건은 특허에 무효이유가 있는 경우 특허권자 등의 권리행사의 제한에 대하여 규정된 특허법 제104조의3 규정(平成 16年(2004년) 法律 120호에 의해 신설)이 平成 17年(2005년) 4月 1日 실행되기 이전의 사안으로, 이전 언급(사실의 개요)한 기재의 X의 주장은 특허에 무효이유가 존재하는 것이 명백하다고 인정되는 경우, 그 특허권에 기초한 권리행사는 특단의 사정이 없는 한 권리의 남용에 해당하여 허용되지 않는다고 한 最三小判 平成 12. 4. 11.(民集54卷 4号1368頁[kilby 사건] - 본서 74사건)의 법리에 기초한 것이다.

그런데, 특허법 제29조 제1항 각호는 발명에 대한 특허요건으로서 발명의 신규성에 관한 것을 규정하고 "특허출원 전에 일본 국내 또는 외국에서 공연히 알려진 발명"(제1호), "특허출원 전에 일본 국내 또는 외국에서 공연실시된 발명"(제2호) 및 "특허출원 전에 일본 국내 또는 외국에서 반포된 간행물에 기재된 발명 또는 전기통신회선을 통하여 공중이 이용가능하게 된 발명"(제3호)의 어느 것에 해당되는 발명에 대해서는 특허를 받을 수 있는 발명으로부터 제외하는 취지를 규정하고 있고, 동항 각호에 위반하여 특허가 된 경우는 동법 제123조 제1항 제2호에 의해 특허의 무효이유가 된다. 특허제도는 신규한 발명의 공개 대가로서 독점권을 부여하는 것이고, 이미 공개되어진 발명에 독점권을 부여할 필요는 없으므로 특허법 제29조 제1항 각호는 발명이 신규성을 결여되는 경우를 유형화(類型化)하고, 이러한 유형에 해당되지 않는 것을 특허요건으로서 정한 것이다. 제1호를 유형화한 것을 "공지," 제2호를 유형화한 것을 "공용"이라고 부르며, 제3호를 유형화한 것을 "간행물 기재" 또는 "문헌공지"라고 부르는 경우도 있다.

특허법 제29조 제1항 제1호의 "공연히 알려진 발명"에서 "공연"이란 그 발명이 비밀의 범위를 벗어난 것을 의미하는 것이며, 소수의 자가 알고 있는 경우라도 그러한 자가 비밀을 유지할 의무가 없는 경우에는 공연에 해당되는 반면, 다수의 자가 알고 있는 경우라도 그러한 자들이 비밀을 유지할 의무가 있는 특허청의 직원, 공장의 종업원과 같은 경우에는 공연에 해당되지 않는다(特許庁編『工業所有權法(産業財産權法) 逐条解説〔第18版〕』[2010] 81頁 이하 참조). 발명의 내용이 알려진 자에게 비밀을 유지할 의무가 없는 경우는 그 자로부터 전파에 의하여 불특정 다수인이 발명의 내용을 알 수 있는 상태가 되었다고 평가되기 때문에 공연에 해당한다고 말할 수 있다(또한, "공연히 알려진"이란 비밀을 유지할 의무가 없는 자가 발명의 내용을 현실적으로 알게 된 것을 요구하는 것인지, 비밀을 유지할 의무가 없는 자에게 알려질 수 있는 상태에 있으면 되는 것인지에 대해서는 다툼이 있다〔中山信弘『특허법』[2010] 116頁 참조〕).

다음으로, 특허법 제29조 제1항 제2호의 "공연실시된 발명"의 "공연실시"의 의미에 대하여, "불특정 다수인이 알 수 있는 형태로의 공연한 실시"(中山信弘 編著『注解特許法(上)〔第3版〕』[2000] 232頁〔中山信弘〕), "발명자를 위한 발명 내용을 비밀로 할 의무가 없는 자가 발명내용을 알 수 있는 상태에서 특허법 제2조 제3호 각호에 규정하는 실시행위(생산 또는 사용, 양도 등의 행위)가 이루어진 것"(高林龍『標準特許法〔第4版〕』[2011] 50頁), "발명이 불특정 다수인이 인식할 수 있는 상태에서 이루어진 경우"(田村善之『知的財産法〔第5版〕』[2010] 205頁) 등으로 설명되고 있고, 단순히 그 발명이 불특정 다수인의 면전에서 실시되었다는 것만으로는 "공연실시"에 해당한다고는 말할 수 없고, 그 실시의 방법·형태로부터 불특정 다수인이 발명의 내용을 알 수 있는 것이 아니면 해당되지 않는다는 점에 있어서는 이론이 없다고 생각된다(한편, 공용의 의의와 비밀준수 의무의 관계에 관해서는 東京高判 昭和 49. 6. 18. 判夕 311号 162頁〔本百選〈第3版〉 11事件 참조〕).

2. 본 판결은 "공연실시"의 의의에 대하여서는 상기 해석과 동일하게, "불특

정 다수인 앞에서 실시한 것에 의해 해당 발명의 내용이 알 수 있는 상황이 된 것을 요하는 것이며, 단순히 해당 발명의 실시품이 존재한다는 것만으로는 특허 취득의 장애는 되지 않는다"라고 하고, 나아가 "발명의 실시품이 시장에서 판매되고 있는 경우에는 특단의 사정이 없는 한, 해당 실시품을 분석하여 그 구성 또는 조성을 파악할 수 있다는 것이 통상이라고 하여야 할 것이다"라고 하면서도, 본 사안에 대해서는 "시판되고 있는 Y 제제로부터 그것에 함유되어 있는 분기쇄 아노미산 입자의 크기를 분석하여 Y 제제가 본 건 제1 특허발명 청구항 3의 구성을 구비한 것이며, 동 청구항 1의 방법에 의하여 제조된 것임을 파악하는 것은 당업자가 통상적으로 이용 가능한 분석 기술에 의하여서는 극히 곤란"이라고 하여, Y 제제가 특허출원 전에 시판되고 있는 사실에 의하여서는 제1 특허발명이 "공연실시"에 해당되는 이유가 있다고는 할 수 없다고 판단하고 있다.

본 건의 제1 특허발명은 ① 주약(主藥)의 원료인 분기쇄 아노미산 입자의 종류를 Isoleucine, Leucine 및 Valine의 3종류만으로 하며, ② ①의 Isoleucine 및 Leucine의 입자 크기를 "20~700㎛" 범위로 수치한정하고, ③ ①의 3종류 분기쇄 아미노산의 중량비를 "1/1.9~2.2/1.1~1.3"한 조립 원료를 사용한 것을 특징으로 하는 함량 균일성이 양호한 의약용 과립 제제(청구항 3) 및 그 제조방법(청구항 1)이고, Y 제제는 분기쇄 아미노산 원료(입자)와 연합제(연합제 및 물)를 혼합하고 조립하여 과립상으로 하고, 게다가 코팅을 실시한 과립제("의약품을 입자형상으로 제조한 것")이다. 시판되고 있는 과립제라면, 아노미산의 "성분비·중량비"에 대해서는 해당 의약품 첨부문서의 "조성"의 기재나 "아노미 분석장치"를 이용하여 용해한 과립조성물 중의 아노미산을 정량하는 것에 의하여 특정하는 것은 통상적으로 가능하다고 생각된다. 그러나 원료로서 이용한 분기쇄 아노미산 입자의 "입자 크기"에 대해서는 혼합·조립의 과정에서 각 성분이 어느 정도 일체화되고, 게다가 외관으로부터 분기쇄 아미노산 입자의 종류를 구별할 수 있는 것이 아니라면, 조립 조성물로부터 3종류의 분기쇄 아미노산 원료 각각의 입자를 혼합·조립 전의 입자 크기로 분리하고, 그 입자 크기를 분석·특정하는 것은 기술적으로 극히 곤란하였던 것으로 생각된다.

본 판결이, 시판되고 있는 Y 제제로부터 Y 제제가 제1 특허발명의 실시품이라는 것을 아는 것은 당업자가 통상적으로 이용 가능한 분석기술에 의하여서는 극히 곤란하다고 판단한 것은 이것과 동일한 취지를 기술하고 있는 것으로 말할 수 있을 것이다.

3. 이상과 같이, 특허발명이 "공연실시"된 발명이라고 말할 수 있기 위해서는 특허발명의 실시품이 그 특허출원 전에 시판되고 있다는 것만으로는 부족하고, 당업자에 있어서 통상 이용 가능한 분석기술을 이용하는 등을 실시하여, 해당 특허발명의 실시품이라는 것을 알 수 있는 상태에 있었다는 사실 입증이 필요하다. 그리고 분석기술을 이용하여 그것을 알 수 있을지 여부, 그 분석기술이 당업자에게 있어 통상 이용 가능할지 여부는 특허발명의 기술내용마다 달리하는 것이므로, 개별 사안에 대한 주장입증의 문제가 된다. 본 판결은 이러한 점들을 명확하게 하였다는 점에 사례적 의의가 있는 것으로 생각된다.

또한, 본 판결과 동일한 관점에서 "공연실시"의 해당성을 부정한 판례의 예로서는 東京地判 平成 17. 6. 17.(判時1920号 121頁) 등이 있다.

〈참고문헌〉
본문 중에 열거한 것

12. 간행물의 의의— 제2차 상척(箱尺) 사건

最高裁 昭和 61年 7月 17日 第1小法廷判決
[昭和 61年(行ツ) 第18号 : 審決取消請求事件]
(民集 40卷 5号 961頁, 判時 1201号 125頁, 判タ 618号 47頁) ◀재판소 Web

潮海久雄(시오미 히사오, 筑波大学 教授) 著
박정희[법무법인(유) 태평양 변호사] 譯

Ⅰ. 사실의 개요

　　주식회사 X(원고, 상고인)는 "箱尺(수준조척)"이라는 명칭의 고안(이하 '이 사건 출원 고안'이라 한다)에 관하여 실용신안등록출원을 하였다가 거절결정을 받았다. 이에 대하여 X가 불복심판을 청구하였는데, 특허청은 이 사건 출원 전에 공고된 호주 명세서(이하 이 사건 명세서라 한다)의 원본이 실용신안법 제3조 제1항 제3호에서 말하는 "반포된 간행물"에 해당하여 이 사건 출원 고안은 이 사건 명세서 기재의 상척으로부터 극히 용이하게 고안할 수 있어서 청구가 성립되지 않는다는 취지의 심결을 하였다. 그래서 X가 Y(특허청장관, 피고, 피상고인)에 대하여 심결취소소송을 제기하였는데, 東京高裁는 이 사건 명세서의 원본이 공개되어 청구에 의해 인용례의 발명을 기재한 명세서 원본의 복사물의 교부가 인정되어질 뿐이라면, 명세서 원본이 반포된 간행물로 된다고는 할 수 없다며 심결을 취소하여, 확정되었다[東京高判 昭和 58. 7. 21. 無体裁集 15권 2호 598면(제1차 상척사건)]. 그 후 특허청이 심판절차에서 심리하여, 이 사건 명세서의 복제물인 마이크로필름이 "반포된 간행물"에 해당한다며 다시 심판청구가 성립되지 않는다는 심결을 하였다. 재도(再度)의 심결취소소송에 대한 원심(東京高判 昭和 60. 10. 23. 無体裁集 17권 3호 506면)도 본 판결 (ⅰ)과 동일한 이유로 X의 청구를 기각하였다. X 상고.

Ⅱ. 판　지

상고기각.

(i)"실용신안법 제3조 제1항 제3호에서 말하는 반포된 간행물이란, 공중에 대해 반포에 의해 공개되는 것을 목적으로 하여 복제된 문서, 도면 그 외 이에 유사한 정보전달매체로서 반포된 것을 의미하는바, … 소론의 마이크로필름은 … 특허출원 명세서의 원본을 복제한 마이크로필름인데, … 1970.(昭和 45년) 12. 10. 까지 호주 특허청의 본청 및 5개소의 지소에 비치되어 그 날 이후에는 언제라도 공중이 디스플레이스크린을 사용하여 그 내용을 열람하거나, 보통지에 복사하여 그 복사물을 교부받는 것이 가능한 상태로 되었다고 할 수 있어서, 이 사건 출원 고안의 실용신안등록출원 전에 외국에서 반포된 간행물에 해당한다."

(ii)"생각건대, … 위 마이크로필름은, 그 자체가 공중에 교부되는 것은 아니지만, 앞의 호주 특허명세서에 기재된 정보를 널리 공중에 전달하는 것을 목적으로 하여 복제된 명세서 원본의 복제물이어서, 이 점에서 명세서의 내용을 인쇄한 복제물과 전혀 다를 바 없고, 또한 이 사건 출원 고안의 실용신안등록출원 전에 호주 특허청 본청 및 지소에서 일반 공중에 의해 열람, 복사가 가능한 상태에 놓이게 된 것이어서 반포된 것이라고 할 수 있기 때문이다."

Ⅲ. 해　설

1. 平成 11년 개정 전에는 특허법 제29조 제1항의 신규성 상실사유 중 제3호의 "간행물"만이 외국에서의 사유를 포함하고 있었기 때문에, 외국에서 발생한 사유가 구법 제3호의 "간행물"에 해당하는가가 문제로 되었다. 본 판결은 외국에서 마이크로필름이 특허청 내부에만 배포되고, 현실로 반포되지 않은 경우에도 "반포된 간행물"(구 특허법 제29조 제1항 제3호)에 해당한다고 해석하였다. 나아가 平成 11년 개정에 즈음하여 인터넷상의 정보가 "간행물"에 해당하는가라는 논의에 영향을 미쳤다.

2. 당초에 재판소는 외국 특허청에 제출된 특허명세서라는 원본 그 자체는 특허청에 시종 비치되는 것이어서 반포되는 성질의 것은 아니므로 "간행물"에 해당하지 않는다고 하고 있었다[東京高判 昭和 53. 10. 30. 無体裁集 10권 2호 499면(벨기

에 특허명세서 원본사건)]. 또한 앞에서 든 제1차 상척사건 판결은 원본이 공개되어 청구에 의해 인용례의 발명을 기재한 명세서 원본의 복사물의 교부가 인정되는 것만으로는, 명세서 원본이 반포된 간행물로 된다고는 할 수 없다고 하였다. 이에 대하여 最判 昭和 55. 7. 4. 판결[民集 34권 4호 570면(일안리플렉스카메라 사건)]은 일반론으로 "원본 자체가 공개되어 공중의 자유로운 열람에 제공되고, 또한 그 복사물이 공중으로부터의 요구에 응하여 지체 없이 교부될 태세가 갖추어져 있다"면 족하다고 하였다. 요컨대 목표생산이 아니라 주문생산이어도 "반포된 간행물"에 해당한다고 깊이 파고들어가 판단을 하였다. 다만 인용례가 외국 특허명세서의 복제물이고, 복사물이 현실로 교부된 사례이기 때문에, 이 판시는 방론이었다. 본 판결은 앞에서 든 昭和 55년 最判과 거의 같은 일반론을 설시하고, 외국 특허청의 내부에 배포되는데 불과하고 공중에 교부되지 않는 성질의 마이크로필름이 "반포된 간행물"에 해당한다고 판시하였다.

　　3. 이 사건 판결의 해석으로 마이크로필름 자체가 특허명세서 원본을 축소하여 복제(사진인쇄의 일종)한 것이기 때문에 마이크로필름 자체를 "간행물"이라고 이해하는 입장(A설)이 통상이다[水野, 後揭 判解; 玉井, 後揭 判批; 増井和夫・田村善之, 特許判例ガイド(제3판, 2005) 22면]. 이와 같이 이해하면, 마이크로필름조차 배포되지 않아 복제가 불가능한 경우, 판례의 입장에 의하면 반포된 간행물로 되지 않는다. 또한 이 입장에 의하면 간행물인 마이크로필름의 도착일 내지 발행일이 신규성 상실의 일시로 된다(이 사건 원심, 水野, 後揭 349면 참조). 이에 대하여 마이크로필름은 공중에 배포되는 것을 목적으로 하지 않고, 특허청 내의 절차 때문에 만들어진 것에 불과하여 "반포되었다"고는 말하기 어려운 점과, 마이크로필름의 복사가 인정되고 있지 특허명세서 원본 자체의 복사가 인정되고 있지 않는 점을 들어 원본이 복제되어 있지 않는 경우에도 원본이 공개되는 동시에 복사 가능한 상태가 되어 "반포된 간행물"에 해당한다고 판시한 것이라고 파고들어 이해하는 입장(B설)도 있다[中山信弘, 本 百選(제2판) 51면]. 이 입장에 의하면 간행물 반포일은 외국 특허청이 당해 특허명세서를 공개한 날로 된다(中山, 前揭 百選 51면).

　　4. "간행물"의 구체적인 내용은 학설상 아래의 두 가지 측면에서 이해될 수 있다. ① 주문분만을 복제하는 방식은 통상의 서적이나 잡지와 같이 목표생산에 의한 인쇄의 경우보다도 경제적이고, 신속하고도 손쉽게 작성・입수가 가능하다.

따라서 일시적으로 복제하는 수가 적은 것을 이유로 복사물을 인쇄물과 구별해야 하는 것은 아니다[吉藤幸朔·熊谷健一 補訂, 特許法概說(제13판, 1998) 80~81면]. 또한 ② 간행물은 고쳐 바꾸기 곤란한 형태로 공중에 반포되는 것을 예정하여 발행된 정보전달매체이면 족하다고 하는 견해도 있다[青木康·荒垣恒輝, 特許手續法(신판, 1981) 186면]. 나아가 제1호의 공지와 비교하여 제3호의 간행물은 내용을 고쳐 바꾸기 어렵고, 전달정보를 명확하게 인식시키는 것이 가능하며, 다른 것과의 대비가 용이하고, 정보내용이 용이하게 사회에 침투될 수 있다는 메리트가 있다(玉井, 後揭 判批).

5. 외국의 서버에 업 로드된 인터넷 정보나 특허청의 인터넷 공보 등이 구 제3호에서 말하는 "반포된 간행물"에 해당하는가가 平成 11년 특허법의 일부 개정에 즈음하여 문제로 되었다. 종래의 재판례의 입장에 의하면, 인터넷 상의 정보나 데이터베이스의 경우 서버에 축적된 데이터나 PC에 다운로드 된 디지털정보 그 자체는 복제물이 없고, 단순히 선행기술을 보이는 것만으로는 제3자가 당해 발명을 실시할 수 없기 때문에 "반포된 간행물"에 해당하지 않고, 영상을 프린트아웃 해야 비로소 "반포된 간행물"에 해당한다[中山信弘, 判評 268호(判時 998호) 36면]. 또한 통상의 간행물의 경우 신규성 상실시점이 "반포"(도서관 입수시 등)로 명확함에 반하여, 인터넷의 경우 하드카피 없이 열람가능하고, 공중이 단말기로 프린트아웃 한 것이나 그 일시의 증명이 불가능에 가깝다(中山, 前揭 百選 51면).

6. 확실히 앞의 3의 B설의 입장을 취하면, 인터넷상에 공개된 시점에서는 언제라도 영상이 프린트아웃 가능한 상태에 있기 때문에, 구 제3호의 "간행물"이라고 이해된다. 무릇 특허법이 신규성 상실사유를 정한 취지는, 이미 공개된 발명에 새로운 특허권을 부여하여 인센티브를 주어도 산업의 발달에 이바지하지 않고, 오히려 기술의 발전을 저해하기 때문이다. 그렇다고 하면 이론적으로는 특허법상의 신규성 상실사유를 일본 내에서 생긴 사유에 한정할 합리적 이유가 없고, 디지털정보와 종이매체 등의 아날로그정보로 구별할 이유도 없다. 마이크로필름의 경우는 신규성을 상실하고, 하드카피 없는 온라인의 경우는 신규성을 상실하지 않는다는 구별은 불합리하다. 또한 일단 자기 디스크로 복제하여 디스플레이로 비추는 경우도, 원본에서 직접 디스플레이로 비추는 경우도 정보가 불특정 다수에 "반포"되는 것에 변함이 없고 복제물의 존재를 요구하는 것은 무의미

하다(玉井, 後揭 383면). 확실히 증명이나 안정성에서는 종이매체 쪽이 유리하지만, 정보에의 접근의 용이성, 즉시성에서는 인터넷상의 전자정보 쪽이 우수하다(中山, 前揭 百選 50頁). 이와 같이 생각하면 종이매체가 모든 단계에서 필요하지 않고, 원본으로서의 전자정보만이 인터넷 사이트상에 올라 있는 경우나 데이터베이스의 경우도 "반포된 간행물"에 해당한다고 해석해야 할 것이다.

7. 현재의 인터넷이나 데이터베이스는 오히려, 신규성 상실사유의 문제점 중 ② 고쳐 바꾸는 것이 곤란한가(안정성)가 문제로 되고, "반포된 간행물"에 해당한다고 하기 위해서는 선행기술로서의 특허정보가 종래의 인쇄물과 같은 정도로 고쳐 바꾸기 어려운 상태이어야 하고 동시에 명확하게 전달할 수 있는 것일 필요가 있다. 확실히 종이매체 서적도 고쳐 바뀔 염려가 있지만, 인터넷은 종이매체와 비교하여 디지털화됨과 동시에 오픈되기 때문에 서버→인터넷→단말기의 각 과정에서 고쳐 바뀔 염려가 있고, 사이트에 게재된 발명과 단말기의 영상에 나타난 발명의 동일성의 증명이 곤란한 경우가 있을 수 있다. 또한 인터넷 사이트는 무한으로 존재하고, 빈번히 바뀌고 있으면서도 바뀐 이력이 없거나 당초의 오리지널이 없는 경우도 많으며, 바뀔 염려 외에 일시가 신뢰할 가치가 있는가, 안정성, 명확성의 점이 문제로 될 수 있다. 인쇄물이라면 발행일 등을 기준으로 할 수 있지만, 데이터베이스나 외국의 사이트에 게재된 일시가 바뀌어지지 않았다는 것을 어떻게 증명하는가가 문제로 된다고 할 것이다.

8. 이와 같이 인터넷상의 정보는 복사 없이 열람 가능하지만, 보조적인 매체가 없는 형태로 열람이 가능한 것만으로는 "반포된 간행물"에 해당한다고 해석하는 것이 곤란하고, 단말기에서 복사된 것의 증명이 불가능에 가까우며, 또한 간행물과 비교하여 그 진정이나 공개일의 진정에 관하여 의문이 있는 경우가 많다. 그래서 일본에서는 平成 11년에 특허법 제29조 제1항의 신규성 상실사유 중 제3호에 관하여, 간행물과 별개로 전기통신회선(인터넷)상의 정보 등의 전자정보로 공중에 이용가능하게 된 발명을 포함하는 취지의 개정을 하였다(현행법 제29조 제1항 제3호). 특허청은 아울러 平成 11. 12. 10.에 "인터넷 등의 정보의 선행기술로서의 취급운용지침"을 공표하였다. 그 특허청심사기준 제2부 제5장에서 인터넷 등의 정보의 선행기술로서의 취급을 규정하면서, 홈페이지의 신용도에 대응하여 인용의 가부 및 게재일시를 고려하고 있다. 표시되어 있는 게재일시와 내용에 관

하여 의문이 낮은 경우(출판사, 학술기관, 공적기관 등)에는 그 증명이 되면 인용할 수 있고, 문의처도 명확하므로, 게재일시에 게재된 것이라고 추인되어 인용한다.

　　최근에 홈페이지가 과거의 정보를 그대로 보존하는, 웨이백 머신(Wayback Machine, 전 세계의 웹의 수집을 목적으로 하는 웹 아카이브)이라고 불리는 홈페이지 정보가 공지문헌으로서 인용될 수 있는가가 문제로 되었다. 일본의 디자인 사례에서는, 특허협력조약에서의 가이드라인이 공개정보의 공개일을 알기 위한 수단의 하나로서 들고 있는 점과 디자인권의 출원 경과에 합치한다는 사실로부터 웨이백 머신에 표시된 수집 내용 및 일자는 충분히 믿을 수 있다고 하였다[東京地判 平成 17. 2. 23. 平16(ワ) 10431호]. 이에 대하여 상표 사례에서는, 웨이백 머신의 이용 규약에 기록내용의 정확성에 관하여 보증하지 않음이 기재되어 있고, 일경신문의 웹사이트 내용에 관하여 진실과 다른 내용이 기재되어 있는 예가 존재하는 점으로부터 상표등록을 불사용으로 취소한 원 심결을 유지하였다[知財高判 平成 19. 3. 26. 平18(行ケ) 10358호]. 통상의 민사상의 문서의 증거력의 문제로 귀결된다고 생각되어지지만, 특허청의 심사에서는 웨이백 머신의 정보만을 공지문헌으로 인용하는 경우는 적고, 다른 공지문헌을 확인하여 이용하는 경우가 많은 것 같다.

　　〈참고문헌〉
　　이 사건 판례해설로서 水野武, 最判解 民事篇 昭和 61年 330頁; 이 사건 판례평석으로서 盛岡一夫, 昭和 61年 重判解(ジュリ 887号) 243頁; 玉井克哉, 法協 105卷 3号 375頁이 있다.
　　신규성 일반에 관하여, 中山信弘·小泉直樹 編, 新注解特許法(上)(2001) 246~253頁 (潮海久雄).

13. 간행물에서 발명의 개시 정도
—— 정제 아카루보스(精製 アカルボ一ス) 조성물 사건

東京地裁 平成 20年(2008년) 11月 26日 判決
[平成 19年(ワ) 第26761号 : 特許権侵害差止等請求事件]
(判時 2036号 125頁, 判タ 1303号 289頁) ◀재판소 Web

飯島 歩(이이지마 아유무, 弁護士) 著
윤태식(의정부지방법원 부장판사) 譯

Ⅰ. 사실의 개요

특허번호 제2502551호 「고순도 아카루보스」의 특허권자인 X(원고)는 Y(피고)에 대하여 침해소송을 제기하였다. 판결에 의하면 아카루보스는 소장(小腸)의 사카라제 효소복합체의 저해제로서 당뇨병 처치에 사용되는 물질이고, 우선일(1985. 12. 13.) 전에 그 구성 및 효용이 알려져 있었지만 고순도 아카루보스의 실용적인 정제방법은 알려져 있지 않았다.

본건 특허발명은 특허청구범위를 「물과는 별도로 약 93중량% 이상의 아카루보스 함유량을 가지는 정제 아카루보스 조성물」로 하는 물건의 발명이고, 아카루보스 순도를 한정한 점에 특허성이 요구된다.

Y는, 사카라제 저해비활성(阻害比活性)이 77,000 SIU/g인 아카루보스를 기재한 2건의 특허문헌(X의 출원에 의한 것. 이하 「인용문헌」이라 한다)이 존재하는 점 및 명세서에 순수한 아카루보스 비활성은 77,661 SIU/g정도라는 취지의 기재가 있는 점 등을 지적하고, 우선일 전에 순수한 아카루보스가 간행물에 개시되어 있었다고 하여 신규성 상실(1999년 개정 전 특허법 29조 1항 3호)에 의한 특허무효 항변을 주장하였다.

그러나 인용문헌에 아카루보스 순도나 정제방법이 표시되어 있지 않고 또한 우선일 이전에 아카루보스 순도 측정방법이 알려져 있었다는 점을 나타내는 증거는 없었다. 더욱이 상기 수치에서 볼 수 있는 바와 같이 인용발명의 비활성

(比活性)이 순수한 아카루보스의 비활성(比活性)을 상회한다고 하는 모순도 있었다.

그래서 X는 요지 (i)인용문헌에 의해 93중량% 이상의 순도인 아카루보스가 개시되었다고 할 수 없고, (ii)인용문헌에는 정제방법의 구체적 기재가 없어 인용발명으로서 적격성이 없다고 하여 항변 성립을 다투었다.

또 관련 쟁점으로서 Y는 (iii)명세서에는 순도98중량%를 넘는 아카루보스 정제방법이 기재되어 있지 않고 본건특허가 실시가능요건(1985년 개정 특허법 36조 3항)을 충족하지 못하여 무효라고도 주장하였다.

Ⅱ. 판 지

청구기각 (항소).

(i) 「본건 명세서의 발명의 상세한 설명…으로부터 보면, 순도 100중량%의 아카루보스의 비활성(比活性)은 약 77,661 SIU/g이라고 인정된다.」

「한편… 〔인용문헌〕에 기재된 아카루보스의 비활성(比活性)은, 77,700 SIU/g이고, …순도 100중량%의 아카루보스의 비활성(比活性) 약 77,661 SIU/g의 수치와 매우 근접하여 있는 점으로부터 보면 그 순도는 엄밀히는 확정할 수 없다고 하더라도 100중량% 또는 그것에 매우 근접한 것이라고 인정된다.」

인용문헌에서 아카로보스의 순도는 개시되어 있지 않지만, 『정제 아카루보스 조성물』에서 아카루보스 이외의 성분이 불순물인 점에 비추어 보면 비활성치(比活性値)가 높을수록 그것에 비례하여 아카루보스의 순도도 높게 되는 것으로 해석되고, 그 점은 통상의 기술자라면 쉽게 생각할 수 있는 것이라고 인정된다.」

「그리고 비활성(比活性) 77,700 SIU/g라는 특성을 가지는 아카루보스가 본건특허의 출원 전에 존재한 이상, 본건특허의 출원 후에 그 특성에 기한 순도(100중량% 또는 그것에 매우 근접한 순도)를 산출(算出)해 낼 수 있게 되었더라도 (그 산출방법에 상응한 기술적 의의가 있다는 것은 별론으로 하고) 비활성(比活性)에 의하여 규정되는 아카루보스와 당해 순도의 아카루보스가 물질로서 동일하다는 점을 부정하는 것은 불합리하다고 하지 않을 수 없다.」

「이상의 점으로부터 보면, 순도 100중량% 또는 그것에 매우 근접한 순도의 아카루보스가… 〔인용문헌〕에 기재되어 있다고 인정하는 것이 상당하다고 할 수 있다.」

「순도 100중량%의 아카루보스의 비활성(比活性) 약 77,661 SIU/g과 … 〔인용문헌)에 기재된 아카루보스의 비활성(比活性) 77,700 SIU/g와의 비활성(比活性) 차이는 39 SIU/g에 지나지 않고, 이 정도 차이는 측정오차 범위 내라고 추측되어 유의적인 차이라고 인정할 수 없다.」

(ii) 「『특허출원 전에 반포된 간행물에 기재된 발명』이라고 하기 위하여는 특허출원 시 기술수준을 기초로 하고, 그 간행물을 접한 통상의 기술자가 그 발명을 실시할 수 있을 정도로 발명 내용이 개시되어 있을 것이 필요하다고 이해된다.」

인용문헌에 아카루보스 정제방법이 기재되지 않았지만, 「X에 있어서는, … 〔인용문헌〕이 특허출원된 시점까지에는 … 〔증거〕에서 개시된 아카루보스보다 비활성(比活性)이 높아 즉 보다 순도가 높은 아카루보스를 정제한 것이라고 인정된다.」

「또한 화학물질은 일반적으로 많은 양의 원재료를 전제로 하여 정제를 반복하는 것에 의해 얻어지는 수량(收量)은 물론, 더욱 고순도의 것을 취득할 수 있는 경우가 많은 점은 통상의 기술자에게 기술상식인바 본건의 경우는 강산(強酸) 카치온 교환체에 의한 칼라무크로마토그래피를 사용하여 아카루보스를 분리정제하는 수법이 종래로부터 알려져 있고 당해 수법을 이용하여 아카루보스의 분리·분종(分種)을 정성을 들여 반복하면 아카루보스의 순도를 높여갈 수 있었다고 추측된다.」

「이상의 점으로부터 보면, 통상의 기술자에 있어서도 당해 종래 기술을 이용하는 등으로 하여 … 〔인용문헌〕에 기재된 아카루보스를 정제할 수 있었다고 인정된다.」

「따라서, … 〔인용문헌〕은 구 특허법 29조 1항 3호의 『간행물』로서 적격을 가진 것으로 인정된다.」

(iii) 실시가능요건에 관하여 「본건특허의 출원 시에서 통상의 기술자가 본건 명세서의 특허의 상세한 설명에 기재된 정제방법에 의하여 순도 98중량%를 넘는 정제 아카루보스 조성물을 쉽게 얻을 수 있었다고 인정할 수 없다.」

Ⅲ. 해 설

1. 판지 (i)에 대하여(발명의 동일성)

(1) 간행물에 기재된 발명과 청구항에 관한 발명과의 동일성은 표현형식이 아니라 개시된 기술적 사상의 실질적인 대비에 의해 판단된다.

특허·실용신안심사기준(이하 「심사기준」이라 한다)은 그를 위한 준칙의 하나로 서 「간행물에 기재된 발명」을 「간행물에 기재되어 있는 사항 및 기재되어 있는 것과 마찬가지인 사항으로부터 파악되는 발명」이라고 정의하고, 또 여기에서 말 하는 「기재되어 있는 것과 마찬가지인 사항」을 「기재되어 있는 사항으로부터 본 원출원 시에 기술상식…을 참작하는 것에 의해 도출되는 것」이라고 정의하고 있 다(제Ⅱ부 제2장 1.2.4(3)).

　나아가 특성에 의해 특정된 물건에 대하여 「청구항에 관한 발명의 기능·특 성 등이 다른 정의 또는 시험·측정방법에 의한 것으로 환산할 수 있고, 그 환산 결과로부터 보아 동일하다고 인정되는 인용발명의 물건이 발견된 경우」에는 신 규성에 합리적 의심을 가져야 하는 것으로 된다」(제Ⅱ부 제2장 1.5.5(3)②).

　본건에 관하여 보면, 인용발명과 특허발명은 비활성(比活性)과 순도라는 다른 특성에 의하여 특정되어 있었기 때문에 신규성을 부정하기 위하여는 고순도 아 카루보스가 인용문헌에 「기재되어 있는 것과 마찬가지」라고 하지 않으면 안 되 고 기술상식에 의하여 두 개의 특성을 가교시킬 수 있는가가 문제로 되었다.

　판결은 아카루보스 이외의 성분은 불순물이기 때문에 비활성치(比活性値)가 높을수록 아카루보스의 순도도 높아진다는 전제를 인정한 다음에, 인용발명의 순 도를 정확히 알 수 없더라도 그 비활성(比活性)이 순수한 아카루보스의 비활성(比活 性)과 근사한 점 및 비활성(比活性)의 차이는 측정오차라고 인정되기 때문에 결론 에 있어서 양자의 동일성을 긍정하였다. 이것은 기술상식을 참작하여 비활성과 순도와의 상관성을 인정하고 물건으로서 동일성을 긍정한 것이라고 할 수 있다.

　(2) 특히 판결은 상기판단에 있어 출원 후에 아카루보스의 순도를 산출(算出) 할 수 있게 되었더라도 그 점으로부터 물질로서 동일성을 부정하는 것은 불합리 하다고 하고 있다. 물건 발명의 신규성은 원칙으로서 물건으로서 객관적인 동일 성에 의하여 판단되는바 판지는 그 일반원칙에 따랐다고 할 수 있다.

2. 판지 (ii) 및 (iii)에 대하여(실시가능성과 간행물 적격성)

　(1) 인용문헌이 「간행물」이라고 할 수 있기 위해서는 일반적으로 출원 시의 기술수준을 기초로 하여 통상의 기술자에게 있어 「특별한 사고를 요하는 일 없 이, 당해 발명을 실시할 수 있을 정도로」(中山信弘『특허법』[2010] 119면 등), 또는 「물건 발명의 경우는 그 물건을 제조할 …수 있는 것이 명확하도록」(심사기준 제Ⅱ 부 제2장 1.5.3(3)②), 발명이 개시되어 있지 않으면 안 된다(특히, 구 특허법 [1921년

법〕 4조 2항은 쉽게 실시가능한 정도의 기재를 명문으로 요구하였다).

물건 발명의 경우 이 요건을 충족하기 위하여 통상은 물건 구성의 개시가 있으면 충분하고 제법 기재는 필요하지 않지만(東京高判 平成 3. 10. 1. 判時 1403号 104頁), 물질 등 구성의 개시가 반드시 실시로 연결되지 않은 발명에 대하여는 실시가능성의 구체적 검토가 필요하게 되는 경우가 있다(상기 동경고판에 있어서도 상기 일반론을 설시한 후에 실시가능성을 검토하고 있다).

본건에 있어서는 인용문헌에 아카루보스의 정제방법 기재가 없었기 때문에 간행물 적격성이 다투어졌지만 판결은 X가 인용문헌 공개 시에 고순도의 아카루보스를 얻었다는 점 및 아카루보스 정제방법이 종래 알려졌다는 점에 더하여 일반적으로 정제의 반복에 의하여 고순도의 화학물질을 취득할 수 있다고 하는 기술상식을 인정하고 통상의 기술자가 출원 시에 고순도의 아카루보스를 얻을 수 있었다는 결론을 이끌어 내었다.

(2) 한편, 판결은 판지(ⅲ)에서 판지(ⅱ)와 대조적으로 명세서 기재의 정제방법으로는 출원 시에 순도 98중량%를 넘는 아카루보스를 쉽게 얻을 수 없었다고 하여 기재요건위반을 인정하고 있다.

명세서 기재요건으로서 실시가능성은 특허와 공개의 대상관계로부터 도출되는 것이고 통상의 기술자가 쉽게 실시할 수 있을 정도의 기재가 필요로 되어(中山, 前揭 174頁. 특히 1994년 개정에서 「용이하게」라는 문언이 삭제되었지만 해석을 변경한 것은 아니라고 하고 있다), 그 판단에 있어서 참작할 수 있는 기술상식의 범위는 진보성 판단에서 그것과 비교하여 매우 한정적이다(中山信弘 · 小泉直樹 編, 『新 · 注解 特許法(上)』 [2011] 625頁 藤和彦 · 赤堀龍吾]).

이것에 대하여 신규성의 문맥에서 간행물 기재에 실시가능성을 요구하는 것은 인용문헌의 신뢰성의 담보에 목적이 있고, 인용발명이 단순한 공상의 산물이 아니라 현실로 이용가능하였다는 점을 요구하는 것으로 생각된다.

그렇다면 출원 시 기술수준에 따라 일응 이용가능한 발명이 개시된 때는 「특별의 사고를 요하는 일 없이 실시할 수 있을 정도」의 개시까지는 아니더라도 신규성이 상실된다고 할 수 있다(간행물기재에서 용이성은 진보성에서 그것보다 수준이 낮다고 하는 것으로 中山 · 小泉 編, 前揭書 254頁 潮海久雄). 판결이 「통상의 기술자가 그 발명을 실시할 수 있을 정도로」라고 기술하는 것만으로 용이성을 요구하지 않고 또 실시가능성의 근거로서 기술상식의 인정에 더하여 실제로 X가 고순도의 아카루보스를 정제하였다고 하는 사실을 지적하고 있는 것은 이와 같은 발상과 친숙하다.

특허법 전반에 걸쳐 요구되는 발명의 개시 정도는 실시가능성에 의하여 획정되고 「통상의 기술자」의 지식수준, 즉 참작되어야 할 기술상식의 범위와 표리관계에 서지만 구체적 기준은 신규성, 진보성, 기재요건, 선출원이라고 하는 판단국면에 따라 다르다. 본건은 그 차이가 나타난 예라고 할 수 있다.

3. 기   타

본건특허에 관하여는 본소송의 구두변론종결 후 판결 선고까지 사이에 동일당사자 간에 본건 특허의 유효성을 유지한 특허무효심판의 심결취소소송판결(知財高判 平成 20. 10. 2. 平19(行ケ)10430号〔재판소Web〕)이 존재하는 외에 또다른 무효심판(무효2007-800279)에서 본소송의 인용례에 기한 무효심결이 행해지고 있다(다만, 확정 전에 취하에 의해 종료).

〈참고문헌〉
본문 중에 인용한 것 외 島並良, 本百選〈第3版〉28頁

14. 특허법 제30조와 공보에의 게재

最高裁 平成 元(1989년) 11月 10日 第二小法廷判決

[昭和 61年(行ッ) 第160호 : 審決取消請求事件]

(民集 43卷 10号 1116頁, 判時 1337호 117頁, 金判 836호 42頁) ◀재판소 Web

大須賀 滋(오오스가 시게루, 東京地裁 判事) 著

이규홍(의정부지방법원 고양지원 부장판사, 법학박사) 譯

Ⅰ. 사실의 개요

X(원고·상고인)는, 1976. 1. 1. 명칭을 「제3급 환식(環式) 아민」으로 하는 화학물질 및 이를 함유한 의약 제재(製劑)의 발명(본원발명)에 대하여 특허출원을 하였다. X는 이미 본원발명과 동일 물질의 제조방법에 대하여 「제3급 환식(環式) 아민의 제조방법」이라는 발명(인용발명)에 대하여 특허출원을 하고, 1975. 11. 17.에 그 공개특허공보가 발행되어 있었기 때문에 발명의 신규성상실의 예외규정인 특허법(1999년 법률 제41호에 의하여 개정되기 전의 것, 이하 같음) 30조 1항의 적용을 신청하였다. 그러나 1983. 10. 5. 본원발명은 인용발명과 같고, 인용발명공보에 의한 공개는, 동법 30조 1항의 「간행물에 발표된」것에 해당하지 아니한다고 하여 특허법 29조 1항 3호에 의하여 거절사정이 되었다. 그래서 X는, 불복심판을 청구하였는데, X의 청구를 인용하지 않는 심결(본건심결)이 내려졌다. 본건심결의 이유는 제30조 1항에서 말하는 「간행물에 발표」하는 것은, 스스로 발표하려고 하는 적극적인 의사를 가지고 발표하는 것을 말하는데, 출원공개는 특허청장관이 특허공보에 소정사항을 게시하여 행하는 것으로서 출원인의 적극적 의사에 기한 것이 아니기 때문에, 「간행물에 발표」한 것에는 해당하지 않는다는 것이었다.

X는 심결취소소송을 제기하였는데, 東京高裁 1986. 5. 29.(判時 1215호118頁)(원판결)은 X의 청구를 기각하였다. 동판결은 특허법 30조 1항의 취지에서 볼 때 그 예외사유는 엄격히 해석하여야 하는 것으로서, 「특허를 받을 권리를 가지는 자가 특정발명에 대하여 특허출원을 한 결과, 그 발명이 출원공개되고, 공개특허

공보에 게재된 것」은 30조 1항에서 말하는 「간행물에 발표한」 것에 해당하지 않는다고 하였다.

X는 ① 특허법 30조 1항의 「간행물」은 동법 29조 1항 3호의 간행물과 같은 의미이기 때문에 특허공보도 포함되고, ② 출원공개는 출원인의 적극적인 발표의사에 기한 것이기 때문에 「발표」에도 해당하며, ③ 본원발명같은 화학물질에 대하여는, 1975년의 특허법개정 전에는 특허를 취득하는 방법이 없었기 때문에 개정전 법하에서 제조방법을 발명의 요지로 하여 출원한 것을, 법개정 후에 물질발명을 인정한 신법의 보호를 받을 수 있는 출원을 한 것이므로, 특허법 30조 1항에 기한 보호를 주어야만 할 필요가 크다고 하며 상고하였다.

Ⅱ. 판   지

상고기각.

「특허를 받을 권리를 가지는 사람이, 특정발명에 대해서 특허출원을 한 결과 그 발명이 공개특허공보에 게재되는 것은 특허법 30조 1항에서 말하는 『간행물에 발표』하는 것에는 해당하지 않는 것으로 해석하는 것이 상당하다. 생각건대, 동법 29조 1항의 이른바 신규성 상실에 관한 규정의 예외 규정인 30조 1항에서 말하는 『간행물에 발표』하는 것은, 특허를 받을 권리를 가지는 사람이 스스로 주체적으로 간행물에 발표한 경우를 지칭하는 것을 말하는바, 공개특허공보는 특허를 받을 권리를 가지는 자의 특허출원에 의해 특허청장관이 절차의 일환으로서 65조의2에 기초해 출원에 관련된 발명을 게재하여 간행하는 것이기 때문에, 이에 의하여 특허를 받을 권리를 가지는 사람이 스스로 주체적으로 당해발명을 간행물에 발표한 것이라고 말할 수 없기 때문이다. 그리고 이런 이치는, 외국에서의 공개특허공보라도 다르지 않다.」

Ⅲ. 해   설

1. 특허법 30조 1항의 취지

특허법 30조 1항이 간행물발표를 예외로 인정한 취지는 특허법의 지식이 결여된 학자·엔지니어 중에는 출원전에 간행물에 발표하여버린 사람도 많아, 그것을 구제하기 위한 규정이라고 하고(中山信弘 『特許法』[2010] 121頁), 원판결에도 그 취지가 설시되어 있다. 그러나 그러한 법의 취지로 부터 본다면 특허출원에 기한 공보에의 공표에 대하여는 위 취지가 해당되지 않으므로, 간행물발표에 해당하지 않는다고 보는 것이 자연스러운 해석이다(中山·전게서 122頁).

그런 점에도 불구하고 본건소송이 제기된 배경에는 다음의 설명과 같은 점이 있었다.

2. 본건소송의 배경

본건소송이 제기된 배경에는, ① 특허법 30조 1항의 「간행물에 발표」의 범위를 둘러싼 특허심사실무 취급의 변경을 인정하여야만 하는가 아닌가, ② 1975년 법률 제46호(1976. 1. 1. 시행)에 의한 개정전의 특허법에서는 화학물질에 대하여는 물질발명이 인정되지 않았고, 법개정 후에 출원된 물질발명에 대하여 방법의 발명으로서 같은 내용의 출원이 이루어진 것을 가지고 신규성을 상실하였다고 말하는 것은 X에게 가혹하지 아니한가라는 문제의식이 있었다고 생각한다.

우선, 제1의 점은, 특허청의 심사실무에서는, 당초 일관되게 외국특허공보에 대하여는 특허법 30조 1항의 「간행물」에 해당하고 신규성 상실의 예외사유에 해당한다는 취급이 이루어져 왔다. 그런데, 그후 특허법 30조 1항의 간행물이라는 것은 「일본국내에서 반포된 간행물에 한한다」로 하여, 동조항의 적용을 부정하는 심결이 나오고, 외국특허공보에 공표된 발명에 대하여 동조항의 적용을 부정하는 심결이 잇달았다(이상의 점에 대하여는 木棚照一··發明 81卷 2号 66頁[後揭 1982년 東京高裁評釋]).

그리고 東京高裁 1982. 6. 22.(判時 1058号 112頁)는, 미국에서 특허출원이 선행되고, 미국에서 특허공보게재 후에 일본에서 출원한 사안에 대하여, 특허법 30조 1항에서 말하는 「발표」라는 것은, 「특허를 받을 권리가 있는 자가 스스로 발표하려고 하는 적극적인 의사를 가지고 발표하는 것인데, 타인이 발표하는 것을 용인하는 것이라는 소극적 의사가 존재하는 것만으로는 동조에서 말하는 『발표』라고 말할 수 없다」고 하여 특허법 30조 1항의 적용을 부정하였다. 본건의 원판결의 판단은 그에 이은 것이다. 더욱이 東京高裁 1987. 6. 30.(判時 1290号 139頁)은 미국특허공보에의 게재는 주체적으로 그 발표행위를 한 것이라고 말할 수 없다고 하여 같은 취지의 판결을 하였다.

본건은 상기 2개의 東京高裁 사안과 비교하여도 미국특허출원이 선행한 사안이 아니고, 일본에서 방법발명이 선행된 사안인 점에 특수성이 있다(본건에는 네

덜란드와 독일에도 출원되어 있는데, 심결에서는 특허법 30조 1항의 간행물에 해당하는가가 문제로 되어, 인용례로 된 것은 일본에서 방법발명의 공개특허공보이다). 따라서 외국특허공보에 대하여 특허법 30조 1항의 적용을 인정한다고 하는 변경전의 특허심사실무를 참조하여도 전기 상고이유①에 대하여는 그 근거에 약간 약점이 보여졌다.

그래서, X는 전기상고이유②와 같이, 본건이 법개정의 결과 생겨난 특수한 사안인 점을 고려하여야 한다는 점도 주장되었다. 그러나 원판결은「발명을 거기까지 보호할 필요는 없고, 법개정 소급효를 인정하는 듯한 해석을 허용해야 하는 이유는 없다」고 하여, X가 주장하는 사정은, X의 법해석을 받아들일 정도의 이유는 되지 않는다고 하였다.

3. 본 판결의 입장

본 판결은「간행물에 발표」의 의의에 대하여,「스스로 주체적으로 간행물에 발표한 경우」를 말하므로, 특허출원한 결과, 공개특허공보에 게재된 것은 이에 해당하지 않는다고 하고, 이는「외국에서 공개특허공보이어도 다른 점은 없다」고 하여, 이 문제에 대한 결론이 내려졌다.

본 판결이「주체적인 발표」로서 공표태양에 주목하여 판시를 하고 있는 것은, 공개공보를 포함하는 특허법 29조 1항 3호의「간행물」과 특허법 30조 1항의「간행물」에 대하여 동일한 해석을 취하는 것을 전제로 한 뒤에 공개특허공보에의 게재는, 특허법 30조 1항의「간행물에 발표」에 해당하지 않는다고 해석한 것으로 생각된다. 여전히 본 판결은 1975년 법개정에 의한 화학물질에 대한 물질발명의 도입이 특허법 30조 제1항에 영향을 미치는가 아닌가는 점에 대하여 해결하지 않고 그 점은 법해석에는 영향을 미치지 않는다는 입장에 선 것이라 할 것이다.

4. 학 설

학설은, 본건 최고재판결전에 있어서, 특허법 30조 1항은 특허법 내지 특허제도를 모르는 채 행동한 자에 대하여 구제수단인 것을 전제한 것인데, 특허제도를 숙지하고, 이를 충분히 활용할 수 있는 자에 대하여 다시 두터운 보호를 주는 것 같은 과잉우대의 제도는 아니고「간행물에 발표한」에는, 세계 각국의 특허출원을 한 결과의「특허공보에 등재되어 공표된 것」은 포함하지 아니하고(田倉整·判評 291호[判時1070호] 53頁), 출원인이 적극적 의사를 가지고 외국에 우선 출원하

였기 때문에 특허법 29조 1항 3호와 30조 1항의 간행물을 다르게 해석하는 이유가 있다(村林隆一・特許管理 33卷 2号 183頁)는 등 특허법 30조 1항 해당성을 부정하는 견해가 대부분이었다(木棚・전게평석 68頁, 仁木弘明・パテント 35卷 12号 21頁도 同旨).

본건 최고재판결 후에, 이 문제를 총괄적으로 검토한 上由里子・法協 109卷 10号 1666頁에 의하면, 부정설 가운데 발표행위에의 관여의 태양에 착안한 것에는, 발표자의 적극적 의사를 근거로 하는 것과, 주체적 발표행위인 것을 근거로 하는 것의 두가지 입장이 있는데(전자의 입장을 취하는 것은 전게 1982년 동경고재 및 村林說이 있고, 후자의 입장을 취하는 것은 전게 1987년 동경고재 및 본건 최고재판결이 있다) 이들의 사고방식은 정의(定義)에 대응하는 실질적 근거가 명확하게 되어 있지 않고, 그 결과 정의의 외연이 불명확하다고 비판한다. 그 위에 신규성에 관한 조문의 구조 및 특허법 30조 1항의 입법취지에서 「간행물」내지「발표」를 한정하는 실질론적 접근(본건 최고재의 원판결 및 田倉說의 입장이다)이 타당하다고 하고 그 규범적 명제는 그 성질상 일본에서 특허출원 내지 특허권취득에 관련된 행위를 전제로 하는 것 같은 간행물에의 게재에 대하여는 특허법 30조 1항은 적용되어야 하는 것이 아니라고 하는 것이다.

위와 같은 특허법 30조 1항의 「간행물에 발표」의 입법취지에서 볼 때 부정설을 취하는 것이 자연스럽다고 말할 수 있다.

5. 평성 23년(2011) 법개정

2011년 법률 제63호에 의한 특허법개정에 의하면, 개정전의 특허법 제30조 1항의 규정은 개정후의 제30조 2항으로 이전하고, 동조 1항은 「특허를 받을 수 있는 권리를 가진 자의 의사에 반하여 제29조 1항 각 호의 어느 하나에 해당되는 발명은 그 해당되는 날부터 6월 이내에 그 자가 한 특허출원에 관한 발명에 대하여 동조 1항 및 2항의 규정의 적용에 대하여는 동조 1항 각호의 어느 하나에 해당하지 아니하였던 것으로 간주한다」고 하고, 동조 2항은 「특허를 받을 수 있는 권리를 가진 자의 행위에 기인하여 제29조 제1항 각 호의 어느 하나에 해당되는 발명(발명, 실용신안, 의장 또는 상표에 관한 공보에 게재된 것에 의하여 동항 각호의 어느 하나에 해당하는 것을 제외한다)도 그 해당되는 날부터 6월 이내에 그 자가 한 특허출원에 관한 발명에 대하여 동조 1항 및 2항의 규정의 적용에 대하여는 전항과 같다」고 하였다. 이에 의하여 공보게재가 신규성 상실의 예외사유에 해당하지 않는 것이 입법으로서 명확하게 되었다고 할 것이다.

〈참고문헌〉

1. 歌門章二, 「特許法30条1項の解釈論争をふり返って」 三宅正雄先生喜寿記念 『特許争訟の諸問題』 93頁

2. 中山信弘, 「米国特許公報による公表と特許法30条I項の適用」 ジュリ 844号 121頁

3. 渋谷達紀, 本百選(第3版) 30頁

4. 大瀬戸豪志, 平成元年度重判解 (ジュリ 957号) 245頁

15. 의사에 반하는 공지

東京高裁 1972年 4月 26日 判決
[昭和 41年(行ケ) 第175号 特許拒絶査定 不服抗告審判の審決取消請求事件]
(無体裁集 4卷 1号 261頁, 判夕 278号 180頁) ◀裁判所 Web

茶園成樹(챠엔 시게키, 大阪大学 教授) 著
박성수(김앤장 변호사) 譯

I. 사실의 개요

X(원고)는 1957. 11. 20. 「농업용 견인차의 진행정지장치」에 관한 발명(이하 '본원발명'이라 한다)에 관하여 특허출원을 하였는바, 거절결정을 받아, 이에 대하여 항고심판을 청구하였으나 청구불성립의 심결(이하 '본건 심결'이라 한다)이 이루어졌다. 그리하여 X가 특허청장 Y(피고)를 상대로 하여 본건 심결의 취소를 구하여 제소하였다.

본건 심결은 아래와 같이 설시하였다. 본원발명의 출원전인 1957. 11. 6.부터 같은 달 17.에 개최된 일본 농기구 수출진흥 전람회(이하 '전람회'라고 한다)에서 본원발명을 실시한 경운기가 출품 전시되었으나 이 출품은 X가 대표자인 A회사의 사원인 B가 X의 위임을 받아 위 회사의 이름 아래 행한 것이므로, 이 출품은 A회사의 대표자인 X의 부주의, 과실, 감독불이행 등에 의한 것에 다름 아니고, X의 의사에 반하여 이루어졌다고 인정되는 것이 불가하기 때문에, 결국 본원발명은 그 출원 전 국내에 공연(公然)히 알려진 것이어서 특허요건을 구비하지 아니한다.

이에 대하여 X는 다음과 같이 주장하였다. 본원발명을 실시한 경운기의 전람회에의 출품은 B가 무단히 X의 의사에 반하여 한 것이다. 이 출품 당시 X는 A회사의 대표이사가 아니고, 그 출품에 관하여 협의 연락하는 입장에 있지 아니하였으며, 그 사실을 전혀 알지 못하였기 때문에 본건 심결의 인정은 어떠한 근거도 없는 것이다. 또한, 본건 심결은 위 물품은 X의 부주의, 과실, 감독불이행 등에 의한 것이라고도 하였으나, 이것은 어떠한 증거에도 기하지 아니한 것일 뿐 아니라 그와 같은 것은 구특허법 제5조 제2항의 해석상 문제로 되지 않는 것(역자 주: 적용대상이 아니라는 취지로 보임)이다.

Ⅱ. 판   지

청구인용(심결취소).

"전람회에의 출품(따라서 본원발명의 일반의 전시)은 X의 장남인 B가 무단히 한 것이지만, X로서는 본원발명의 실시품을 본원출원 전 전람회에 출품하는 것과 같은 것은 전혀 의도하고 있지 않았던 사실을 인정"하는 것이 가능하다. "출원인인 X 개인과 A회사는 별개의 인격을 가진 것이므로, A회사의 위임을 받았다는 것이 곧 X의 위임을 받은 것으로는 되지 않는 것은 말할 것까지도 없을 뿐 아니라, … X는 전람회에 출품 당시, A회사의 대표이사의 지위에 있지도 아니하였다." "Y는 전람회 출품이 X의 부주의, 과실, 혹은 감독불이행에 의한 것이라고 주장하나, X 개인에게 B로 하여금 무단출품을 하지 않게 하여야만 하는 일반적 주의의무(부주의, 과실 즉 감독불이행이라고 하기 위해서는 그 전제로서 이와 같은 주의의무가 존재하지 아니하면 아니 되는 것은 일의 성질상 말할 것까지도 없는 것이다)가 있다는 것을 긍정하여야만 하는 어떠한 자료도 없을 뿐 아니라, 그러한 주의의무의 위배가 있었던 경우에는 항상 '의사에 반하였다'고 할 수 없는 것이라고 단정하는 것도 타당하지 않다."

Ⅲ. 해   설

1. 특허법 29조 1항은 신규성의 요건을 정하고 있어, 특허출원 전에 공지 등으로 된 발명은 특허를 받는 것이 가능하지 않다. 같은 조 2항에 의하여 그와 같은 발명으로부터 용이하게 추고 가능한 발명도 같다. 하지만, 그 원칙을 모든 경우에 적용하면, 기술의 발전에 악영향을 미치게 되어 특허법의 목적에 반하는 결과로 되는 경우가 있다. 그래서 30조는 신규성 상실의 예외를 정하여 공개된 발명이라도 같은 조 1항 또는 2항에서 규정하는 발명이라면 공개로부터 6개월 이내에 이루어진 출원과의 관계에서는 신규성을 상실하지 않는 것으로 간주하고, 그것에 의해 그와 같은 발명 또는 그와 같은 발명으로부터 용이하게 추고할 수 있는 발명에 관하여는 특허가 부여될 가능성을 인정하고 있다.

특허법 30조 1항(平成 23年 改正前의 同條 2項)은, "특허를 받을 권리를 가진 자의 의사에 반하여"공개된 발명을, 동조 2항은 "특허를 받을 권리를 가진 자의 행위에 기인하여"공개된 발명을, 신규성 상실의 예외로 하는 것이다. 2항의 적용을 받기 위해서는 출원인은 그 취지를 기재한 서면을 제출하는 동시에, 출원에 관한 발명이 동항의 적용을 받을 수 있는 발명인 것을 증명하는 서면을 출원일로부터 30일 이내에 제출하여야 하지만(동조 3항), 1항의 경우에는 이와 같은 절차가 요구되지 않는다. 한편 30조는 실용신안등록출원에서 준용되고(실용신안법 11조 1항), 또 동조와 같은 형태의 규정이 의장법 4조에 설치되어 있다. 이 사건은 구특허법(大正 10年 法律 96号) 5조 2항에 관한 사건이지만, 이 규정은 "특허를 받을 권리를 가진 자의 의사에 반하여"의 경우의 신규성 상실의 예외를 정하는 것이었던 까닭에 이 판결의 판단은 현행법 30조 1항의 해석에도 통용될 것이다.

2. 1항의 "의사에 반하여"라는 것은 특허를 받을 권리를 가진 자가, 발명이 공지 등으로 되는 것을 용인하는 의사를 가지지 않았음에도 불구하고, 그 발명이 공개된 것을 의미한다. 그 전형적인 예로는 발명이 비밀로 관리되고 있는 경우에 절취, 사취 등의 수단에 의하여 취득한 자가 개시하는 것이라든지, 비밀유지의무를 부담하는 자가 누설하는 것이다[의장법 제4조 제1항의 사례이지만 東京高判 昭和 54. 5. 16. 取消集 1979年 699頁 灰皿(역자주: 재떨이) 사건].

그러면, 비밀관리가 충분하지 않고 그래서 공지 등으로 된 경우도 "의사에 반하여"에 해당하는 것일까? 이 사건이 그와 같은 경우이고, 이 사건 심결은 공지 등으로 됨에 이른 것이 특허를 받을 권리를 가지는 자의 부주의, 과실, 감독불이행 등에 의한 경우에는 그 자의 의사에 반하여 된 것이 아니라고 해석하고 있다고 생각된다. 이에 대하여 이 판결은 본원 발명의 공개인 전람회에의 출품이 X의 장남인 B가 무단으로 한 것이고, X가 이것을 전혀 의도하지 않았다고 인정한 후에 "X 개인에게 B로 하여금 무단출품을 하지 않게 하여야만 하는 일반적 주의의무 …의 위배가 있는 경우, 항상 '의사에 반하였다'고 말할 수 없다고 판단한 것도 타당하지 않다"고 설시하며 본건 심결을 취소하였다.

또, 인명안전방제 시스템 사건(東京高裁 1981. 10. 28. 無体裁集 13巻 2号 780頁)에서는 발명자가 자신 등이 대표이사인 회사의 영업부장에게 건축기준법상의 건설부장관의 인정에 관하여 절차를 의뢰한 때, 경솔하게도 각별한 주의를 환기하지 않아서 영업부장의 지시에 의하여 위 회사의 사무원이 "제출자료 공표의 허락 여부"의 항의 "허락"에 둥근 도장을 찍고 말아 그 결과로 제출자료가 공표되었다고 하는 사안에 있어서, "의사에 반하여"에 해당한다고 판단하였다.

3. 이 문제는, 平成 23년 개정후에 있어서는, 1항과 2항의 관계라고 하는 관점으로부터 검토되어야 한다. 동개정전에 있어서는 신규성 상실의 예외가 인정되는 것은, "의사에 반하여"의 경우(개정전 2항) 외에, 실험의 실시, 간행물에 발표 등의 개정전 1항·3항에 열거된 경우만 있었지만, 동개정에 의해 2항에 "행위에 기인하여"의 경우가 규정되었다. "행위에 기인하여"는 공개태양을 한정하고 있지 않아, 인정되는 범위는 당연히 지극히 넓다. 통상, 발명이 특허를 받을 권리를 가진 자의 "의사에 반하여" 공개된 경우에도, 공개가 그 사람의 행위와 무관하게 행하여지는 것이 아니기 때문에, 그 사람의 "행위에 기인하여" 공개된 경우가 되고, 그 때문에 "의사에 반하여"는 "행위에 기인하여"에 포함되는 것으로 해석된다.

그렇다면, "의사에 반하여"에 해당하는 것의 주요한 의의는, 신규성 상실의 예외규정의 적용을 받음에 있어서, 공개로부터 6개월 이내에 출원하는 것만으로 충분하는 것에 존재하게 된다 "의사에 반하여"의 경우에 3항 소정의 절차가 요구되지 않는 것은, 출원인은 발명이 공개된 사실에 기여하지 않는 것이 대부분이기 때문이다(特許廳篇 工業所有權法(産業財産權法) 逐條解說[第18版][2010] 91頁), 中山信弘 特許法[2010] 125-126頁). 부주의로 공개된 경우도, 일반적으로 출원인이 공개의 사실을 알고 있었다고 상정할 수 없을 것이므로, 당해 절차를 요구하지 않는다고 판단해야 한다. 그래서 이 경우도 발명이 공개된 것을 용인하는 의사가 없는 이상, "의사에 반하여"에 해당한다고 해석하여야 한다(平成 23年 개정전의 학설이지만, 吉藤幸朔[熊谷健一 보정] 特許法槪說, 第13版[1998] 92頁, 荒木秀一, 본 백선 第2版 55頁, 茶園成樹, 본 백선 第3版 33頁).

이에 대하여, 상기의 해석을 채용하게 되면, 출원인은 비밀관리를 충분히 행하지 않고, 부주의에 의해 공개된 발명이 많아지게 되어, 법적 안정성을 해칠 수 있다는 비판이 행해질지도 모른다. 그렇지만 특허받을 권리를 가진자는, 발명이 조기에 경쟁자 등에 알려지는 것에 의해 불이익을 받게 되는 것이 통상적이므로, 1항을 믿고 주의 깊게 행동하지 않게 되는 일은 없다고 생각된다.

한편, 출원인은 "의사에 반하여"에 해당하는 경우에 있어서도 공개된 사실을 알고 있다면, 3항 소정의 절차를 행하고 2항의 적용을 받을 수도 있다.

4. 2항은, "발명, 실용신안, 의장 또는 상표에 관하여 공보에 게재된 것에 의

해" 공개된 경우를 제외하고 있다. 1항에 관해서도, 내외국 특허청에의 출원에 의해 발명이 특허공보 등에 게재되어 공개된 경우는, 그 공개가 출원인의 예상보다도 빠르게 행하여졌다고 하더라도, "의사에 반하여"에 해당하지 않는다(東京高判 昭和 42. 11. 21. 判タ, 215号 184頁[防水型 竜頭に關する改良事件]). 나아가 출원이 특허를 받을 권리를 가진 자에 의해 행하여진 경우에는, 특허공보 등에의 게재에 의한 공개는 "의사에 반하여"에 해당할 수 있다.

5. 그런데, 1항은 "특허를 받을 권리를 가진 자의 의사에 반하여"라고 규정하고 있어, 이것은 공개시에 있어서, 특허를 받을 권리를 가진 자를 문제로 하기 때문에, 발명자로부터 특허를 받을 권리가 양도된 후에는, 발명자가 스스로의 의사에 의해 발명을 공개하여도, 이것이 양수인의 의사에 반하는 것인 경우에는, 동항은 적용된다(吉藤幸朔, 전게 91-92頁. 의장법 4조 1항에 관한 사건이지만, 東京高判 平成 8. 6. 11. 取消集(58)227頁[自動車用オイール事件], 大阪高判 平成 6. 5. 27. 知的裁集 26巻2号 447頁[クランプ事件]). 이에 대해서, 발명자에 의한 발명의 공지가 특허를 받을 권리의 양도 전이었다면, 동항은 적용되지 않는다고 해석한다. 왜냐하면, 그 공개는 공개시점에 있어서 특허를 받을 권리를 가진 자의 의사에 반하는 것이 아니기 때문이다(게다가 2항을 적용하는 것은 할 수 있다). 다만, 문제가 되는 발명이 직무발명이고, 근무규칙 등에 있어서 특허를 받을 권리가 사용자에 승계되는 것이 규정되어 있는 경우에는, 승계전에 발명자인 종업원이 발명을 공개하여도, 사용자에의 승계를 무의미한 것으로 하지 않기 위해서는 1항의 적용을 인정해야 한다.

또한, 1항은 "그 자가 행한 특허출원"이라고 규정하고 있지만, "그 자"란, 공개시에 있어서 특허를 받을 권리를 가진 자에 한정되지 않고, 공개후에 특허를 받을 권리를 양도받은 자가 포함하는 것에 이론(異論)은 없을 것이다. 반면 특허를 받을 권리를 갖지 않은 자도 포함된다고 해석하는 것은 문언상 곤란하다. 그렇지만 입법론으로 하는 것은, 그러한 자에 의한 출원의 경우는 모인출원의 문제라고 하고 처리하면 충분하여, 출원인이 어떤 사람이더라도 출원이 발명의 공개로부터 6개월 이내에 되어, 그 공개가 특허를 받을 권리를 가진 자의 의사에 반하는 것이라면, 신규성 상실의 예외를 인정해야 한다고 생각된다.

〈참고문헌〉
해설 중에 인용한 것

16. 진보성 판단기준—— 회로용 접속부재 사건

知財高裁 平成 21年(2009년) 1月 28日 判決
[平成 20年 (行ケ) 第10096号 : 審決取消請求事件]
(判時 2043号 117頁, 判タ 1299号 272頁) ◀재판소 Web

大野聖二(오오노 세이지, 弁護士) 著
박태일(대법원 재판연구관) 譯

Ⅰ. 사실의 개요

X(원고)는 「회로용 접속부재」에 관하여 특허출원을 하여(1995년 5월 16일) 2005년 5월 27일자로 거절결정[1]을 받아 같은 해 7월 4일 이에 대한 불복심판을 청구하였지만 2008년 1월 29일 「이 사건 심판청구는 성립하지 아니한다」는 심결이 내려졌다.

이 사건 출원발명은 「아래 (1)~(3)의 성분을 필수로 하는 접착제조성물과, 함유량이 접착제조성물 100 체적(体積)에 대하여 0.1~10 체적%인 전도성입자로 이루어지고, 형상이 필름상인 회로용 접속부재. (1) 비스페놀[2]F형 페녹시[3] 수지 / (2) 비스페놀형 에폭시[4] 수지 / (3) 잠재성 경화제」라고 하는 것이다. 인용례(特開 平6-256746호 공보)는 「아래 성분을 필수로 하는 접착제 조성물 (1) 카르복실[5]기, 히드록실[6]기 및 에폭시기로부터 선택된 1종 이상의 관능기(官能基)[7]를 가지는 아크릴[8] 수지 (2) 분자량이 10000 이상의 페녹시 수지 (3) 에폭시 수지 (4) 잠재성

---

1) 원문에는 '拒絕査定'이나 우리 특허법상 용어에 따라 '거절결정'으로 고쳐 번역한다. 이하 같다.
2) bisphenol
3) phenoxy
4) epoxy
5) carboxyl
6) hydroxyl
7) functional group
8) acrylic

경화제」로 하는 것이고, 심결은 이 사건 출원발명이 접착제 조성물의 필수 성분으로서 「비스페놀F형 페녹시 수지」를 포함하고 있는 데 대하여 인용례에 기재된 발명에서는 「페녹시 수지」를 포함하고 있는 점에 차이가 있다고 한 후에, 인용례의 실시예로서 「PKHA」가 기재되어 있는 것을 근거로 하여 「인용발명의 페녹시 수지 대신 상용성, 접착성이 보다 한층 좋아지도록 비스페놀F형 수지를 사용해 보려고 하는 것은 통상의 기술자9)가 용이하게 도출할 수 있는 것이다」라고 판단하였다.

이에 대하여 X는 심결이 인용하고 있는 「PKHA」는 비스페놀A형 페녹시 수지이지 비스페놀F형 페녹시 수지는 아니고, 인용례에 보다 바람직한 태양으로 기재되어 있는 실시예에서 비스페놀A형 페녹시 수지인 「PKHA」가 거시되어 있으므로, 인용례의 기재가 비스페놀F형 페녹시 수지를 사용할 동기부여로는 되지 않으니, 용이상도성의 판단을 잘못한 것이라고 하여, Y(특허청장관-피고)를 상대방으로 해서 심결의 취소를 구하는 소를 제기하였다.

Ⅱ. 판   지

심결취소(확정).

(i) 「특허법 29조 2항이 정한 요건의 충족성, 즉 통상의 기술자가 선행기술에 기초하여 출원발명을 용이하게 생각해낼 수 있는 것인가 아닌가는 선행기술로부터 출발하여 출원발명의 선행기술에 대한 특징점(선행기술과 차이가 있는 구성)에 도달하는 것이 용이한가 아닌가를 기준으로 판단한다. 그런데 출원발명의 특징점(선행기술과 차이가 있는 구성)은 당해 발명이 목적으로 한 과제를 해결하기 위한 것이므로 용이 도출 여부의 유무를 객관적으로 판단하기 위해서는 당해 발명의 특징점을 적확(的確)하게 파악하는 것, 즉 당해 발명이 목적으로 하는 과제를 적확하게 파악하는 것이 필요불가결하다. 그리고 용이상도성의 판단 과정에서는 사후분석적이고 비논리적인 사고는 배제되어야 하지만, 그를 위해서는 당해 발명이 목적으로 하는『과제』를 파악할 때 그중에 무의식적으로『해결수단』내지『해결결과』의 요소가 개입되지 않도록 유의할 필요가 있다.

(ii) 「나아가 당해 발명이 용이하게 생각해낼 수 있는 것이라고 판단하기 위

---

9) 원문에는 '당業者'이나 우리 특허법원 실무상 용어에 따라 '통상의 기술자'로 고쳐 번역한다. 이하 같다.

해서는 선행기술의 내용을 검토할 때에도 당해 발명의 특징점에 도달할 수 있는 시도를 했을 것이라고 하는 추측이 성립하는 것만으로는 충분하지 않고, 당해 발명의 특징점에 도달하기 위하여 (그러한 시도를) 했을 것이라고 하는 시사 등이 존재하는 것이 필요하다고 하여야 함이 당연하다.

(iii) (선행기술과의) 상위점에 관한 이 사건 출원발명의 구성은 접속신뢰성 및 보수성의 향상이라고 하는 과제를 해결하기 위한 과제해결수단이다. ① 인용례에는 이러한 과제의 기재는 없어 비스페놀F형 페녹시 수지를 사용하는 것의 시사 등이 되어 있다고 인정할 수는 없다. ② 비스페놀F형 페녹시 수지가 이 사건 출원 시에 회로용 접속부재의 접속신뢰성이나 보수성을 향상시킨다는 점까지 알려져 있었다고 인정하기에 충분한 증거도 없다. ③ 비스페놀F형 페녹시 수지는 비스페놀A형 페녹시 수지에 비하여 그 내열성이 낮다고 하는 문제가 있음이 지적되어 왔으므로, 인용례의 실시예에 기재된 비스페놀A형 페녹시 수지에 대신하여 양호한 내열성이 요구되는 회로용 접속부재에 사용하는 페녹시 수지로서 비스페놀F형 페녹시 수지를 사용하는 것이 통상의 기술자에게 용이했다고는 말할 수 없다. ④ 심결은 용이하게 생각해낼 수 있다고 하는 근거로서 인용례에 「PKHA」를 사용하는 것이 기재되어 있는 점을 들고 있지만, 이는 「F형」 페녹시 수지는 아니므로 이러한 기재는 비스페놀F형 페녹시 수지를 사용하는 것에 대한 시사로는 될 수 없다.

이상의 이유로부터 보면, 비스페놀F형 페녹시 수지를 사용하는 것을 용이하게 생각해낼 수 있다고 한 심결의 판단은 잘못이다.

Ⅲ. 해 설

1. 특허법 29조 2항의 진보성에 관하여는 특허청, 知財高裁 어느 절차에서든 아래와 같이 일정한 방식에 기초하여 심리, 판단이 이루어지고 있다.

A. 출원발명의 기술적인 내용을 인정하고(이를 발명의 요지 인정이라고 하고, 원칙적으로 특허청구범위의 기재에 따른다), 이를 구성요건으로 분설하며,

B. 인용례의 내용을 출원발명의 구성요건에 대응하는 형태로 인정하고,

C. 양자의 일치점, 상위점을 명확하게 하며,

D. 상위점에 관한 구성이 증거에 나타나 있는가를 판단하되

D-1. D가 YES이면 구성의 조합 또는 치환이 용이한가를 판단하고,

D-1-1. D-1이 YES이면 이 사건 출원발명에 예기치 못한 효과가 있는가 어떤 가를 판단하여, 이것이 YES이면 진보성 있음으로, NO이면 진보성 없음으로,

D-1-2. D-1이 NO이면 진보성 있음으로,

D-2. D가 NO이면 상위점에 관한 구성이 설계사항인가 어떤가를 판단하여, 이것이 YES이면 진보성 없음으로, 이것이 NO이면 진보성 있음으로 한다.

이 사건의 경우 심결은 위 D-1에서 인용례의 기재(PKHA는 비스페놀F형 페녹시 수지이다)를 근거로 상위점의 구성이 증거에 나타나 있다고 하였지만, 본건 판결은 이러한 증거인정 자체가 잘못이고, 상위점에 관한 용이상도성의 일반적인 판단기준을 정립한 다음 본 사건에서는 이 사건 출원발명의 특징점에 도달하는 시사 등이 없다고 하여, 용이하게 생각해낼 수 있다고 한 심결의 판단은 잘못이라고 한 것이다.

또한 본건 판결은 知財高裁 제3부의 판결이고 위 재판부는 이와 같은 취지의 판결을 知財高判 平成 21. 3. 25.(平20(行ケ)10153号[재판소Web]), 知財高判 平成 21. 3. 25.(平20(行ケ)10261号[재판소Web]) 등에서 하고 있지만, 「知財高裁 제3부 외의 다른 재판부가 동일한 판단방법을 채택하는 것인가 아닌가에 대해서는 판결10)의 설시상으로는 반드시 명확하지는 않다」(田中昌利·古川裕実 「發明の進步性に関する知財高裁の近時の判斷傾向の特徵」 知財研フォーラム 86号 64頁)고 한다.

2. 본건 판결의 용이상도성의 일반적인 판단기준은 종전 재판례의 판단기준과는 다른 새로운 기준을 정립한 것이라고 평가되고 있다.

종래의 판단기준을 보여준 것으로서 대표적으로 인용되는 「일회용 기저귀」 사건의 東京高判 平成 13. 2. 6.(平9(行ケ)108号[재판소Web])은 「이 사건 출원발명의 진보성을 검토할 때에 고려되어야 하는 것은, 인용발명 1과 인용발명 2를 접한 통상의 기술자가 이들을 계기로 하여 이 사건 출원발명을 용이하게 생각해낼 수 있는가 어떤가이다. 인용발명 1도 인용발명 2도 모두 기저기에 사용되는 것이므로 기술분야가 극히 근접하고 또한 인용발명 1의 사이드플랩과 인용발명 2의 방수편(防水片)은 방수기능을 가지고 소변액 등의 누설을 방지한다고 하는 공통의 기술과제를 가지고 있는 것이다. 이러한 점을 전제로 하면 인용발명 2의 방수편에 관한 (기저귀 커버 내의 습기로 인한) 짓무름 방지11)라고 하는 기술과제가 특수한

---

10) 문맥상 '知財高裁 제3부 외의 다른 재판부의' 판결을 의미하는 것으로 보인다.
11) 원문은 "むれ防止"이다.

것이어서 조합하는 것이 방해된다고 하는 특별한 사정이 인정되지 않는 한 통상의 기술자에게 용이하게 인용발명 1의 사이드플랩에 인용발명 2의 방수편에 관한 짓무름 방지 기술을 적용할 수 있는 것이라고 해야 한다」라고 판시하고 있어, 기술분야의 관련성, 과제의 공통성 등이 있으면 저해사유가 없는 한 용이상도성을 긍정한다고 하는 판단기준을 따른 것이라고 이해된다.

종래의 판단기준에 대하여는 통상은 복수의 공지기술을 조합하면 특허발명의 구성요건은 전부 구비되므로 원칙적으로 진보성이 없고, 저해사유가 있는 경우에만 예외적으로 진보성이 있는 것으로 되어 특허권자에 대해 지나치게 엄격한 기준이라고 하는 비판이 있다(渡部溫「最近の審決取消訴訟における進步性判断の傾向」パテント 58卷 4号 112頁 이하).

3. 이에 대하여 본건 판결은 판지 (i)에서 과제 · 해결수단 파악의 중요성과 함께 사후적 고찰 방지를 강조하고 있다. 이러한 판단방법에 관하여는 유럽 특허청(EPO)의 심사기준이 채용하고 있는 「과제 · 해결 어프로치」와의 유사성이 지적되고 있다(田中 · 古川 앞의 글 62頁).

그 다음에 판지 (ii)에서 진보성을 부정하기 위해서는 「당해 발명의 특징점에 도달하기 위해서 했을 것이라고 하는 시사 등이 존재하는 것이 필요하다」고 한다. 「시사 등」이 필요하다고 한 점에 관하여는 미국연방순회항소법원(CAFC)이 채용하고 있던 TSM 테스트(복수의 선행기술을 조합하여 진보성을 부정하려면 통상의 기술자가 당해 선행기술을 조합하여 본건 특허발명에 도달하였을 것의 교시[teaching], 시사[suggestion], 동기부여(motivation)를 입증할 필요가 있다고 하는 판단기준)와의 유사성이 지적되고 있다(塚原朋一「同一技術分野論は終焉を迎えるか」特許研究 51号 2頁).

또한 시사 등의 레벨로서 본건 판결의 「했을 것이다」라고 하는 판시는, 통상의 기술자가 했을지도 모른다(could)로는 진보성을 부정하기에 충분하지 않고, 했을 것이다(would)라는 것이 필요하다고 하는 EPO 심사기준의 「could-would 어프로치」와의 유사성이 지적되고 있다(田中 · 古川 앞의 글 63頁).

4. 본건 판결은 종래의 판단기준이 특허권자에 대하여 지나치게 엄격하다는 점을 변경하여 사후적 고찰을 배제하고 진보성 판단에 예측가능성 · 법적 안정성을 높이려고 한 것이라고 이해된다.

TSM 테스트에 관하여는, 미국에서는 TSM 테스트가 엄격하게 적용되지 않았

다고 하여 지방법원 판결을 번복한 CAFC 판결에 대해 연방대법원은 CAFC가 적용한 TSM 테스트는 너무나 경직적, 근시안적이고, 사후적 고찰을 우려한 나머지 TSM 테스트라고 하는 융통성 없고 확장성 없는 판단기준을 채용하는 잘못을 범하였다고 판시하여 TSM 테스트에 대한 부정적인 판단을 하고 있다(KSR International Co., v Teleflex Inc., 550 US 398(2007). KSR 연방대법원 판결의 소개로는 相田 義明 「發明の進步性・非自明性について - KSR 美国聯邦最高裁判決に接して」ジュリ 1339号 143頁).

KSR 미국 연방대법원 판결의 판시에 나타나 있는 바와 같이 공지례에 관하여는 통상 시사 등이 나타나 있지 않기 때문에 진보성을 부정하기 위해서는 「당해 발명의 특징점에 도달하기 위하여 했을 것이라고 하는 시사 등이 존재하는 것이 필요하다」고 하는 판단기준을 채용하여 이를 엄격하게 적용하면, 신규성이 있으면 원칙적으로 진보성이 있는 것으로 된다. 이는 종래 판단기준과 180도 반대 논리이어서 이제는 반대로 진보성을 다투는 측에 지나치게 엄격한 기준으로 된다고 할 것이다.

일견으로는 「당해 발명의 특징점에 도달하기 위해서 했을 것이라고 하는 시사 등이 존재하는 것이 필요하다」고 하는 판단기준을 채용하면 진보성의 판단에서 예측가능성・법적 안정성이 높아지므로 타당한 기준이라고 생각되지만, 이는 반면 특허발명마다 유연하게 판단하여 타당한 결론을 얻을 수 있는가라는 관점에서는 마이너스이므로, 위에서 본 바와 같이 진보성을 다투는 측에 지나치게 엄격한 기준으로 되어버리는 것은 필연적이다.

5. 특허제도는 단순하게 특허권자에게 유리하게 구축되면 좋은 것은 아니고, 특허권이라고 하는 독점권을 부여할 만한 발명에 대하여 적절한 보호를 부여할 수 있어야 하는 것이다. 특허제도의 중핵으로 작용하는 진보성의 판단은 이를 근거지우는 구체적인 사유와 이를 부정하는 구체적인 사유를 종합적으로 판단하여 결정하여야만 할 것이고, 경직된 판단기준을 대입하여 결론을 도출하는 성질의 것은 아니라고 이해해야 하지 않을까 생각된다.

한편 이 사건 출원발명은 그 후 특허청에서 특허결정을 받았다.

〈참고문헌〉

진보성 판단기준에 관하여는

1. 早田尚貴 「審決取消訴訟における無效理由と進步性」 牧野利秋 外 編 『知的財産
   法の理論と實務(2)』[2007] 403頁

2. 相田義明 「進步性(非自明性)の判斷實務の日米欧比較」 飯村敏明・設樂隆一 編著
   『知的財産關係訴訟』[2008] 439頁

본건 판결의 판례평석으로서

1. 細田芳德 知財管理 59巻 12号 1631頁

2. 高島喜一 判評 613号(判時 2063号) 17頁

17. 현저한 작용효과의 인정과 출원 후에 제출된 실험결과

知財高裁 平成 22年(2010년) 7月 15日 判決
[平成 21年(行ケ) 第10238호 : 審決取消請求事件]
(判時 2088호 124頁, 判タ 1337호 236頁)

高橋降二(다카하시 류우지, 弁護士) 著
남현(서울중앙지방법원 판사) 譯

Ⅰ. 사실의 개요

(1) X(원고)는 명칭을 "햇볕 그을림 방지제 조성물"로 하는 특허출원의 발명
(이 사건 출원발명)에 관하여 비교대상발명에 비해 진보성이 부정된다고 거절결정
되자 그 거절결정 불복심판에서 실험결과를 제출하고 이 사건 출원발명의 현저
한 효과를 주장하였다. 이 사건 출원발명은 햇볕에 피부가 그을리는 등의 장해를
일으키는 UVB(중파장자외선)와 피부의 조기 노화 등에 영향을 주는 UVA(장파장자
외선)의 양쪽을 포함하는 광역 스펙트럼에 대한 방지효과와 광안정성을 가지는
햇볕 그을림 방지제를 제공하는 것을 과제로 하고, 그 요지의 개요는 ① UVA를
흡수하는 디벤조일메탄 햇볕 그을림 방지제 활성종(A활성종), ② 특정의 안정제,
③ 0.1~4 중량%의, 2-페닐-벤즈이미다졸-5-술폰산인 UVB 햇볕 그을림 방지제 활
성종(B활성종), ④ 피부에 적용하기에 알맞은 캐리어, ⑤ A활성종에 대한 안정제
의 몰비가 0.8미만인 것으로, 햇볕 그을림 방지제로서 A활성종과 B활성종을 선
택하여 조합한 것에 기술적 특징을 가지는 발명이다.

비교대상발명은 이 사건 출원발명의 ③의 구성만이 다른 것이다. 이 사건 출
원발명의 명세서에는 그 효과로서 뛰어난 안정성(특히 광안정성), 유효성 및 자외
선 방지효과의 정성적인 기재 외에, B활성종의 선택에 관하여 "바람직한 유기성
햇볕 그을림 방지제 활성종은 2-페닐-벤즈이미다졸-5-술폰산인 한편, 바람직한 무
기성 물리적 햇볕 그을림 방지제(선 블록)는 산화아연, 이산화티탄 및 그들의 혼합

물이다"라는 취지의 기재 및 실시예로서 조성물의 성분배합례가 있다. 그러나 그 효과에 관한 구체적 데이터(UV 방어효과를 보인 SPF값이나 PPD값) 등의 기재는 없다.

X가 제출한 실험결과에는 실험조건 등의 상세내용과 함께 이 사건 출원발명과 4개의 비교례에 대한 평가 파라미터인 SPF값(UVB 방지효과를 나타낸 수치) 및 PPD값(UVA 방지효과를 나타낸 수치)이 기재되어 있고, 이 사건 출원발명은 SPF로 57.6과 59.4(비교례는 5.6~15.7), PPD로 13.7과 16.0(비교례는 6.6~14.1)의 평가결과를 얻었다.

(2) 심결은, 최초 명세서에는 UVB 필터를 B활성종으로 특정한 것에 따른 효과가 구체적으로 기재되어 있지 않으므로 제출된 실험결과를 참작할 수는 없는 점, 또 참작하더라도 당업자[1]가 예측할 수 없는 현격한 예상외의 효과라고 할 수 없는 점을 들면서 X의 청구를 기각(불성립)하였다.

Ⅱ. 판 지

심결을 취소한다.

(i) "특허법 29조 2항[2]의 요건 충족성을 판단함에 있어서, 최초 명세서에 '발명의 효과'에 대하여 어떠한 기재가 없음에도 불구하고 출원인이 출원 후에 실험결과 등을 제출하여 주장 또는 입증하는 것은, 선출원주의를 채용하고 발명의 개시의 대가로서 특허권(독점권)을 부여한다고 하는 특허제도의 취지에 반하는 것으로 되므로, 특단의 사정이 없는 한 허용되지 않는다고 할 것이다."

(ii) "출원된 발명이 진보성을 가지는지 여부는, 해결과제 및 해결수단이 제시되어 있는가라는 관점에서, 출원된 발명이 공지기술을 기초로 하여 용이하게 도달할 수 없는 기술내용을 포함하는 발명인지 여부에 따라 판단되는바, 위에서 말한 해결과제 및 해결수단이 제시되어 있는지 여부는 '발명의 효과'가 어떠한 것인가와 가깝지도 멀지도 않은(不卽不離) 관계가 있다고 할 수 있다."

(iii) "진보성의 판단에 있어서 '발명의 효과'를 출원 후에 보충한 실험결과 등을 고려하는 것이 허용되지 않는 것은 위에서 말한 특허제도의 취지, 출원인과

제3자의 공평 등의 요청에 기한 것이므로, 최초 명세서에 '발명의 효과'에 관하여 어떠한 기재가 없는 경우는 차치하고, 통상의 기술자가 '발명의 효과'를 인식할 수 있는 정도의 기재가 있는 경우나 그것을 추론할 수 있는 기재가 있는 경우에는 기재의 범위를 넘지 않는 한도에서 출원 후에 보충한 실험결과 등을 참작하는 것은 허용된다고 해야 하고, 그 허부는 앞서 말한 공평의 관점에서 판단해야 한다."

　　(iv) "이 사건에 관하여는, 이 사건 출원 최초 명세서를 접한 통상의 기술자가 이 사건 출원발명에 관하여 광역 스펙트럼의 자외선 방지효과와 광안정성을 보다 한층 향상시킨 효과를 가지는 발명이라고 인식할 수 있는 경우라고 할 수 있으므로 진보성 판단의 전제로서 출원 후에 보충한 실험결과 등을 참작하는 것이 허용되고, 또한 참작한다고 하더라도 출원인과 제3자의 공평을 해하는 경우라고 할 수 없다."

　　(v) "이 사건 각 실험의 결과에 따르면 이 사건 출원발명 관련 햇볕 그을림 방지제 조성물의 작용효과(광역 스펙트럼의 자외선 방지효과 및 광안정성이 우수하다고 하는 작용효과)는 통상의 기술자에게 예상외의 현저한 것이라고 해석해야 하는바, 이에 반하여 자외선 방지효과를 일반적 지표인 SPF값 등으로 확인할 수 있는 점 등을 이유로 통상의 기술자가 예상할 수 있는 범위 내라고 한 심결의 판단에는 잘못이 있다."

Ⅲ. 해　설

1. 발명의 효과는 명세서에 기재하여야 하는 요건은 아니지만, 그 질적 또는 양적 내용은 발명의 진보성 판단에 있어서 중요한 역할을 담당한다. 발명의 구성에 기한 효과 확인 등의 실험결과가 출원 후에 제출된 경우로서 아래의 사례들이 있다. ① 실시가능 요건이나 뒷받침 요건을 보충하기 위하여 출원인 또는 특허권자로부터 제출된 경우, ② 발명의 현저한 효과에 기한 진보성을 주장하며 출원인 또는 특허권자로부터 제출된 경우, ③ 특허무효심판에서 명세서 기재내용의 진실성을 탄핵하기 위하여 신청인으로부터 제출된 경우이다. 특허청의 심사·심판과정에서 제출되는 것이 일반적이다. 이 사건은 ②의 사례에 관련되며, 조성물 발명의 구성 중 특정 성분을 선택한 발명에 대해 출원 후의 실험결과를 참작하여 현저한 효과를 인정하고 발명의 진보성을 인정한 것이다.

　　③의 경우, 명세서의 기재사항이 진실하지 않고 명세서의 기재요건이나 발명

의 진보성 요건에 의문이 있다고 한다면 심사에 있어서 판단의 전제로 된 명세서의 기재사항을 제3자가 검증할 수 있는 기회는 보장되어야 하므로, 실험결과의 제출은 일반적으로 허용된다. 예를 들면, 知財高判 平成 20. 3. 6.(平18(行ケ)10448호[裁判所Web])은 명세서에 기재된 내용을 탄핵하는 실험결과에 의하여 특허법 36조 6항 1호[3] 요건 위반을 인정하였다. 본 판결에 대하여도 X가 제출한 실험결과의 신빙성에 관하여 이해관계인에 의한 반대입증의 가능성을 시사한다.

2. ①과 ②의 경우 무제한으로 추후 제출을 인정하면 폐해가 크므로 특허청의 특허·실용신안심사기준은 일정한 상황에서만 실험성적증명서 등에 의한 반론·석명을 인정한다(실시가능 요건에 관하여는 심사기준 Ⅰ부 1장 3.2.4, 진보성에 관한 유리한 효과에 관하여는 Ⅱ부 2장 2.5(3)). 보정과의 관계에서는, 자명한 효과 이외의 실험결과는 신규사항으로 되어서 그것을 명세서에 보정하는 것은 허용되지 않는 것이므로(특허 17조의2 제3항[4]), 보정절차 이외의 방법에 의한 보충이 어디까지 가능한가의 문제로 된다. 일반적으로는, 심결취소소송에 제출된 것일지라도 작용효과의 현저성이라고 하는 진보성 판단을 위한 간접사실의 입증에 관하여 그 제출을 허용하지 않을 이유는 없다고 생각된다(竹田稔編, 『特許審決等取消訴訟の実務』 [1988] 192頁). 본 판결이 실험결과의 추후 제출을 원칙적으로 인정하지 않는 근거를 선출원주의나 제3자와의 공평에서 찾고 있는 점이나 그 예외기준은 종래의 판결례와도 들어맞고 심사기준과도 친화적이다. 그러나 최초 명세서에서 효과를 인식 또는 추인할 수 있는 정도의 기재가 있는 경우라는 예외기준을 구체적으로 적용함에 있어서, 본 판결은 최초 명세서에 관하여 A활성종과 B활성종의 조합에 의한 각 성분의 주합을 넘는 상승효과를 이해할 수 있다고까지 인정하지만, 과연 최초 명세서에 그와 같이 추론할 수 있는 기재가 있는지 여부의 사실인정에 관하여는 그 평가가 나뉜다.

知財高判 平成 17. 11. 8.(平17(行ケ)10389호[裁判所Web])은 의약품의 병용에 관한 발명에 관하여, 명세서에는 특별히 현저한 효과를 보여주는 기재가 없다고 하여 추가실험성적에 기초한 출원인의 주장을 인정하지 아니하였다. 의약품의 경우 약리효과의 예측은 일반적으로 곤란하므로, 심사기준에서도 약리시험결과의 제출에 의하여는 거절이유는 해소되지 않는 것으로 되어 있다(심사기준 Ⅶ부 3장

---

3) 우리 특허법 제42조 제4항 제1호에 해당한다.
4) 우리 특허법 제47조 제2항과 유사하다.

1.2.1(2)(a)). 본 판결은 명세서를 접한 통상의 기술자의 이해에 의하면 특정한 효과를 인식할 수 있다고 하나, 최초 명세서의 기재 자체로부터 특정한 효과를 넘는 현저한 효과를 추론할 수 있다고까지는 판시하지 않았다. 현저한 효과 자체가 통상의 기술자에게 인식되지 않는다고 하여도 일정한 효과를 추론할 수 있는 경우에는 추가실험에 의한 입증을 허용하고, 그 얻은 효과가 현저한 때에는 그 사실을 진보성 판단에 있어서 참작할 수 있다고 하는 취지일 것이다. 그리고 참작한 이상 특허청이나 법원은 추가실험 등의 진실성을 검증할 능력은 없으므로, 그 결과에 기초하여 판단할 수밖에 없다. 본 판결은, 현저한 효과를 나타내는 발명의 보호라는 관점에서 등록에 의하여 일단 보호한 다음, 추가실험에 대한 제3자의 탄핵입증 기회를 인정함으로써 제3자의 이익과의 균형을 꾀한다고 평가할 수 있을 것이다.

발명의 진보성 유무 판단에 관하여 추가실험을 참작한 판결은 많다(服部誠, AIPPI 56卷 5号에 상세하다). 그러나 그 추가실험에 의해서도 청구항 전체의 효과가 나타나지 않는다거나 또는 현저한 효과를 인정할 수 없다는 등의 이유로 진보성을 인정하지 아니한다. 이 점에서 본 판결은, 추가실험에 의한 입증의 범위에 관하여 특허청구의 범위 전체에 걸쳐 두루 실험에 의한 확인을 구한 것은 발명의 보호의 관점에 비추어 상당하지 않다고 판시하고 있어서, 종래의 판결에 비하여 발명보호에의 지향을 명확히 하고 있다.

3. 본 판결은 진보성 판단에 있어서의 추가실험의 허용성에 관하여 판단하였을 뿐 명세서의 뒷받침 요건 위반이나 실시가능 요건 등의 기재불비를 해소하기 위한 추가실험의 참작에 관하여는 판단하지 않았다. 知財高判 平成 17. 11. 11.(判時 1911号 48頁 - 이 책 21번 사건)은 파라미터 발명이라고 하는 특수한 발명에 대한 판단이기는 하지만, 명세서에 개시된 내용을 확장 내지 일반화할 수 없는 경우에는 출원 후에 실험 데이터를 제출하여 보충하는 것은 공개에 따라 특허를 부여하는 특허제도의 취지에 반하는 것으로서 허용하지 않는다. 추가실험의 제출이 허용되지 않는 근거는 이 사건과 동일하지 않고 공개되지 않은 발명을 보호하는 것에 따른 폐해를 문제 삼은 것이므로, 뒷받침 요건 구비를 위한 추가실험이 허용될 여지는 적다고 한다. 그러나 본 판결의 판사 1인은 "상세한 실험조건의 개시 대신 추가실험을 인정한 이 사건 판결의 발상을 개시요건의 판단에 끌어들일" 여지를 시사하고 있어(齊木敎朗, L&T 50号 63頁), 향후의 재판의 추세가 주목

된다. 又, 知財高判 平成 22. 1. 28.(判時 2073号 105頁 - 이 책 22번 사건)에 따르면, 뒷받침 요건(특허 36조 6항 1호) 충족의 판단에 있어서는 원칙적으로 효과 확인 등의 실험데이터의 개시는 필요하지 않다고 판시하고 있으므로, 실시가능 요건(특허 36조 4항 1호[5]) 충족의 판단에 관하여만 추가실험의 가부가 문제로 된다. 실시가능 요건의 취지는 기술을 공개한 대가로서 특허가 부여된 것이어서, 통상의 기술자가 실시할 수 없을 정도의 기재라면 기술문헌으로서의 가치도 낮은 것(中山信弘, 『特許法』[2010] 174頁)이므로, 실시가능 요건이 충족되지 않는 최초 명세서의 하자를 나중에 제출한 실험데이터 등으로 치유하는 것을 인정하는 것은 특허제도의 본질에 반한다고 할 수 있다. 따라서 허용되는 추가실험의 목적은 한정될 것이다. 심사기준에서도 실험성적증명서의 제출을 인정하는 것은 출원 시의 기술상식에 관한 것일 뿐, 최초 명세서의 기재 부족을 보충하기 위한 제출은 인정되지 않는다.

〈참고문헌〉

본문 중에 언급한 문헌 이외에,

1. 小松陽一郎・藤野睦子, 知財管理, 61卷 3号, 317頁

2. 杉江渉, 判評 629号 (判時 2111号), 34頁

3. 日本知的財産協会バイオテクノロジー委員会第1小委員会, 知財管理 61卷 10号, 1503頁

4. 生田哲郎・佐野辰巳, 発明 2011年 4月号, 37頁

---

5) 우리 특허법 제42조 제3항 제1호와 유사하다.

18. 선택발명을 둘러싼 진보성의 인정

東京高裁 昭和 38年(1963년) 10月 31日 判決
[昭和 34年(行ナ) 第13号 特許願拒絕査定に對する抗告審判の審決取消請求事件]
(行集 14卷 10号 1844頁)

增井和夫(마쓰이 가즈오, 弁護士) 著
김기영(서울남부지방법원 부장판사) 譯

Ⅰ. 사실의 개요

X(원고)는, 발명의 요지를 「O-O-디메틸-O-4-니트로-3-클로로페닐-티오포스페이트를 함유하는 것을 특징으로 하는 온혈동물에 대해서 독성이 극히 적은 살충제」로 하는 본건 출원을 하였다.

특허청은 거절결정에 대한 항고심판에서, 본건 출원의 화합물을 포함하는 일반식 및 당해 일반식의 화합물에 관하여 살충제 등으로서 유용하다는 것을 기재한 인용특허에 본 발명의 화합물도 개시되어 있다고 하여 청구불성립의 심결을 하였다. 이에 X가 Y(특허청장관 - 피고)를 상대로 하여 항고심판의 심결취소를 구한 것이 본건이다.

Ⅱ. 판 지

항고심의 심결취소(청구인용).

「본건발명의 살충제와 인용례에 기재된 화합물을 비교하면, 인용례는 일반식으로 나타내어져 여기에 해당하는 화합물은 이론상은 거의 무수(無數)히 많다고 할 수 있다.」

「인용특허에서 본원발명의 화합물에 가장 가까운」 실시례에 구체적으로 나타난 화합물과 본건 발명의 살충제의 구성성분인 화합물을 비교하면, 양자는 염소원자가 결합하는 위치가, 피고대리인도 인정하는 바와 같이, 오르소 위치에 있는 것과

메타 위치에 있는 점에서 다를 뿐만 아니라, 위 실시례에 나타난 유기인산 에스테르는 일반식에서의 R1 R2가 모두 n-부틸기인 것에 대해서, 본건 발명의 그것은 모두 메틸기인 점에서 다르다. … 인용명세서를 자세히 검토하여도, 본건 발명에서의 특정의 화합물…은 찾을 수 없고…, 이것이 인용특허공보에 의해 공표되어 있는 것이라고도 해석되지 않는다.

한편 위 양 화합물이 가지는 작용, 효과에 관하여 보면, 앞에서도 인정한 바와 같이 인용례의 그것은 『살충작용, 살설치류작용 및 살균작용을 포함하는 일반적 유해생물 억제작용을 가진다』인데 대해서, 본건 발명에 있어서는 『다른 클로로-4-니트로페닐 화합물보다 우수하고도 뒤떨어지지 않는 강한 살충작용을 가질 뿐만 아니라, 온혈동물에 대한 독작용이 현저히 작고』, 『시판되는 O-O-디에틸-또는 O-O-디메틸-O-4-니트로페닐-티오포스페이트와 비교해서 독성은 약 50배-70배, 2-클로루 화합물에 비하여 약 5배 작다』는 것이다.

일반적으로 살충제 및 그 외의 농약에 있어서, 살충활성의 증진이 문제로 되는 것은 말할 필요도 없지만, 한편 온혈동물에 대한 독성의 저하가 극히 중요한 요청인 것은 … 최근 빈발하는 파라오친 등 유기인산제제를 사용한 농약에 의한 중독사의 사례에 비추어 이 재판소에 현저한 것이어서, 살충활성을 거의 동일하게 하는 살충제에 관하여 온혈동물에 대한 독성 저하 요청 해결은, 결코 피고대리인이 주장하는 것처럼, 단순히 어떤 화합물을 살충제로서 실시한 경우에 있어서 부수적인 효과의 발견이라고 할 것은 아니고, 그 자체 독립한 중요한 기술적 과제를 구성하는 것이라고 해석되어, 그 중요한 과제에 대해서 인용특허공보에 나타난 것을 포함하는 종래의 공지의 살충제에서는 도저히 볼 수 없었던 우수한 작용효과를 가진 본건 발명의 살충제는, 비록 인용특허 중에 일반식으로 나타난 상위개념 중에 포함되는 화합물을 함유하는 것을 특징으로 하는 것이지만, 구체적으로는 그 화합물을 기재하지 않고, 더군다나 살충활성이 거의 동일한데도 한편 온혈동물에 대한 독성은 극히 작다고 하는, 전술한 중요한 과제의 해명에 관해서는 전연 언급한 바가 없는 인용특허명세서의 기재로부터는, 용이하게 생각해 낼 수 있는 것이라고는 해석하기 어렵고, 구 특허법 제1조에서 말하는 신규한 공업적 발명을 구성하는 것으로 해석하는 것이 상당하다.」

Ⅲ. 해 설

1. 상위개념에 의한 선행발명(전형적으로는 포괄적인 일반식으로 화합물군이 기재된 특허)에 대해서, 선행발명에 구체적으로 개시되어 있지 않고 선행발명에 개시된 작용효과와는 이질의 작용효과를 갖든가, 선행발명과 동질이더라도 현저히 우수한 작용효과를 갖는 하위개념의 발명(전형적으로는 선행발명의 일반식에 속하는 개별 화합물)은 신규성·진보성이 있는 것으로 인정할 수 있고, 그 하위개념의 발명을 선택발명이라고 한다. 본판결은 선택발명을 인정한 최초의 선례이고, 그 결론에 대한 이론은 적다고 생각된다.

본 판결과 같은 기준에 의해, 상위개념에 관하여 「살초성 조성물」의 용도만을 개시한 선행발명에 대하여, 살초제임과 동시에 살균, 살충 및 살진드기제인 하위개념의 신규성·진보성을 긍정한 사례로, 東京高判 昭和 45. 9. 18. 판결(無體裁集 2卷 2号 457頁·본 백선 〈제2판〉 30 사건)이 있다.

최근의 사례로서, 東京高判 平成 15. 9. 24.(平14(行ケ)342号)는 조성물의 발명에 관하여 선택발명의 성립의 유무를 판단하지 않은 점을 이유로 심결을 취소하였다(최종적으로는 현저한 작용효과의 부존재에 의해 진보성이 부정되었다).

2. 선택발명의 성립성은 본판결 이후 확립되어 있고, 현행 특허청 특허·실용신안심사기준(2000. 12. 공표)에서는 아래와 같이 설명하면서 특히 본 판결을 선례로서 인용하고 있다(심사기준의 변경에 관한 일본지적재산협회·특허위원회 제2소위원회 "歐米日における選擇發明の觀點からの新規性に關する考察," 知財管理 48卷 6号 845頁).

「(i) 선택발명이라 함은, 물의 구조에 기초한 효과의 예측이 곤란한 기술분야에 속하는 발명으로서, 간행물에서 상위개념으로 표현된 발명 또는 사실상 혹은 형식상의 선택지로 표현된 발명으로부터, 그 상위개념에 포함된 하위개념으로 표현된 발명 또는 당해 선택지의 일부를 발명을 특정하기 위한 사항으로 가정한 경우의 발명을 선택한 것이고, 전자의 발명에 의해 신규성이 부정되지 않는 발명을 말한다. 따라서 간행물에 기재된 발명… 이라고 할 수 없는 것은 선택발명이 될 수 있다.

(ii) 간행물에 기재되어 있지 않은 유리한 효과로서, 간행물에서 상위개념으로 나타내어진 발명이 갖는 효과와는 이질의 효과 또는 동질이지만 현저히 우수한 효과를 가지고, 그것이 기술수준으로부터 당업자가 예측할 수 있는 것이 아닌

때에는 진보성이 있다.」

  3. 선택발명의 성립성에 관한 이론상의 문제로서, 특별한 작용효과가 인정되지 않는 경우에는 신규성이 부정된다고 하는 견해가, 재판례에서는 다수 보인다.

  일례로서, 東京高判 昭和 56(1981). 11. 5. 판결(無體裁集 13卷 2号 816頁)은,「특허출원에 관계된 발명이 선행의 공지로 된 특허명세서에 기재된 발명에 포함된 때는, 그 출원발명이 소위 선택발명으로서 특허될 수 있는 경우를 제외하고, 특허법 29조 1항 1호 또는 3호에 의해 특허를 받는 것이 불가능하다고 해석하는 것이 상당하다. … 그러나 선행발명에는 구체적으로는 개시되어 있지 않은 선택지를 선택해서 이것을 결합하는 것에 의해 선행발명에서는 예기할 수 없었던 특단의 효과를 나타내는 발명에 특허를 부여하는 것은, 발명을 장려하고 산업의 발달에 기여하는 것을 목적으로 하는 특허법의 정신에 합치되기 때문에, 형식적으로 이중특허로 되는 경우에 있어서도, 위와 같은 선택발명에 특허를 부여하는 것을 부정할 이유는 없다」고 한다. 선택발명은 예외적으로 신규성을 인정하는 사유로 되어 있다.

  선택발명론을 특허법 39조의 선후원관계에 적용한 사례(東京高判 昭和 50(1975). 2. 25. 無體裁集 7卷 1号 14頁 - 본 백선 〈제2판〉 10사건. 폴리우레탄 수지의 안정화제의 선택에 관하여, 선출원발명과 동질의 효과를 갖고 특단의 차이가 없는 경우라고 하였다), 특허법 29조의2의 선후원관계에 적용한 사례(東京高判 昭和 62(1987). 9. 29. 判工 2103의 149의 106頁. 선행발명에 명칭만 기재된 화합물과 본원발명에 포함된 화합물이 공통인 경우에 선택발명의 성립을 부정하였다)는, 어느 경우에도 예외적으로 선출원과의 동일성의 유무를 검토하였다.

  4. 이에 대하여, 선행발명에 상위개념이 개시되어 있는 것만으로는 개별의 하위개념이 발명으로서 개시되어 있다고는 할 수 없으므로, 선행발명에서의 개시 내용에 기초하여 하위개념의 신규성을 판단하고, 다음에 신규성이 부정되지 않는 경우에 특단의 작용효과의 유무를 진보성의 문제로서 검토한다고 하는 견해도 논리적으로 생각할 수 있고, 상술한 현행심사기준은 이러한 견해를 보이고 있다.

  화학(특히 의약화합물)의 발명에서는, 극히 포괄적인 일반식에 의한 발명이 소수의 실시례에 기초하여 특허되는 것이 있다. 단순히 일반식에 포함되어 있을 뿐인 화합물에 관하여 후행발명의 신규성을 부정할 수 있는 발명으로서 개시되어 있다고 해석할 수 있는가 아닌가가 문제의 본질이다.

이 점은 선택발명만의 문제는 아니고, 침해소송에 있어 특허법 제104조 적용 (생산방법의 추정)의 전제에 관한 것이지만,「어떤 화합물 내지 그 제법이 발명으로서 개시되었다고 말하기 위해서는, 단순히 어떤 화합물이 속하는 일반식이 기재되어 있는 것만으로는 족하지 않은 것이어서, 구체적인 화합물이 특정되고, 그 화합물에 의한 효과가 명시되며, 실시례에 기초하여 제법이 개시되는 것이 필요하다」라고 한 사례가 있다(東京地判 平成 10(1998). 10. 12. 判時 1653号 54頁). 화합물 발명이 완성되어 있다고 인정되기 위해서는, 화합물의 제조가능성과 유용성에 관하여 현실적으로 확인될 수 있는 것(또는 확인된 것과 동등한 상황)이 필요하다고 하는 재판례도 적지않다 (東京高判 平成 6(1994). 3. 22. 判時 1501号 132頁 등). 知財高判 平成 20(2008). 1. 31.(平18(行ケ) 10346号)는, 인용문헌에 특허발명의 공중합체(共重合體)를 포함하는 일반식 및 근사한 구조의 실시례가 기재되어 있다 하여도 발명의 공중합체는 개시되어 있지 않다고 하였다.

화학발명에서 개시의 필요성에 관하여 이와 같은 기본적 입장에 선다면, 선택발명은 선행발명에 구체적으로 개시되어 있지 않은 점에 의하여 신규성을 가지는 것이 가능하고, 특별한 작용효과의 유무는 진보성의 문제로서 검토하는 것이 합리적이라고 할 것이다. 또, 선택발명이 성립하는 범위에 관하여는, 선행발명의 특허의 권리행사가 인정되지 않는다(당해 부분에 관해 발명미완성)고 하는 견해에도 연결될 것이다. 이 견해는 선행특허와 선택발명의 권리관계의 논의에서의「빈틈설」(구멍뚫린설)과 같은 것이지만(吉藤幸朔 저 = 態谷健一 보정・特許法槪說[제13판, 1998] 451頁 참조), 선행특허의 효력은 후에 선택발명이 성립하였는가 어떤가가 아니고 선행특허 자체의 개시내용에 기초하여 판단되어야 할 문제이다.

5. 선택발명의 태양은 위 전형적인 경우에 한정되지 않고, 선행발명에 어느 정도 구체적인 개시가 있는 경우에도 성립할 수 있다. 東京高判 昭和 62(1987). 9. 28. 판결(無體裁集 19卷 3号 309頁)은, 아모르포스 합금의 발명에 관하여도 유기화합물의 경우와 마찬가지의 견해에 의하여 선택발명은 성립할 수 있는 것으로 하고, 또한 선행발명이 마커쉬 형식으로 기재되어 있는 것(선행발명에 구체적으로 선택지의 명칭이 기재되어 있는 것)은 선택발명의 성립성을 부정하지 않는다고 판시하였다 (특별한 작용효과가 인정되지 않는다고 한 사안이지만).

선행발명에서의 개시의 구체성의 정도와 선택발명이 가지는 작용효과의 이

질성과 상호 차이(相違)의 정도 및 선택발명의 청구항에서의 한정의 정도에 따라서 선택발명 성립의 근거도 변할 수 있다. 선택발명에서의 진보성도 이들 요건에 의존한다고 생각된다.

6. 명시적으로 선택발명의 진보성을 다툰 사례로서는 현저한 작용효과의 부정례가 눈에 띄는데, 東京高判 昭和 53(1978). 3. 30.(判タ 369号 393頁), 東京高判 平成 15(2003). 12. 25.(平14(行ケ) 524号), 東京高判 平成 17(2005). 3. 28.(平16(行ケ) 427号), 知財高判 平成 18(2006). 1. 25.(平17(行ケ) 10438号), 知財高判 平成 20(2008). 11. 20.(平20(行ケ) 10068号) 등이 있다.

〈참고문헌〉
본문 중에 언급한 것 외에, 神谷惠理子, 「效果(特性)を請求項に記載することの意義について一防汚塗料組成物事件判決から選擇發明を考える」パテント 59巻 3号 27頁

19. 수치한정발명을 둘러싼 진보성의 인정

東京高裁 昭和 56年(1981년) 3月 24日 判決

[昭和 53年(行ケ) 第2号 : 特許出願拒絶査定に對する審判の審決取消請求事件]

(判工 2095の1338頁)

松本直樹(마츠모토 나오키, 弁護士) 著

김철환[법무법인(유) 율촌 변호사] 譯

Ⅰ. 사실의 개요

X(원고)의 본원 발명은 "전자사진플레이트용 광도전성 소자"이고, 클레임은 "중량 1부의 폴리비닐카르바졸에 대하여 중량 약 1부의 2, 4, 7, -트리니트로-9-플루오레논으로 형성된 전자사진플레이트용 광도전성 소자"라는 것이다.

심결에서는 인용례(특공 소37-16947호 공보)에 기하여 특허성이 부정되었다. 인용례에는 "광도전체"에 "활성화 물질"을 가함으로써 감광성을 높게 하고, 또 그 감광성을 안정하게 유지한다는 설명이 있고, 게다가 본원 발명이 사용하고 있는 양 물질도 예에 올라있다. 단지 본건 심결에 의하면 2가지 상위점, 즉 인용례에는 이 2물질의 조합이 아닌 점[상위점(1)], 본건 발명에서는 활성화 물질의 첨가량은 광도전체 1중량부에 대해 1중량부임에 대하여, 인용례에서는 활성화 물질의 첨가량이 광도전체 1000몰에 대해 0.1~100몰인 점[상위점(2)]이 있다고 여겨졌지만, 이것들은 "당업자가 용이하게 할 수 있는 것"이고 "효과도 인용례의 기재사항과 비교하여 특별히 현저한 것으로는 인정되지 않는다"라고 하여 특허성을 인정하지 않았다. X는 Y(특허청장관-피고)를 상대로 심결의 취소를 청구하였다.

Ⅱ. 판 지

심결취소(청구인용).

"이와 같은 다수의 조합 중에서 PVK(폴리비닐카르바졸)와 TNF(트리니트로플루오

레논)를 선택하고, 더욱이 그 위에, 당시 당업자의 인식한도를 훨씬 넘는 중량비 1대1 비율의 PVK와 TNF로 이루어진 전자플레이트용 광도전성 소자를 추고하는 것은 인용례의 위 기재로부터 용이하게 할 수 있었던 것으로 볼 수 없다."

Ⅲ. 해   설

1. 본건의 특허성

선행례와의 차이가 수치의 한정만이라고 할 경우에는 특허성이 인정되는가가 의문인 것이 많다. 그러나 본건 사안에서는 확실히 선행례와의 차이를 인정하기 좋은 것으로 보인다. 선행례에 나타나 있는 것은 "다수의 조합"뿐이고 본건 발명과 같이 특별히 선택한 것이 개시되어 있는 것은 아니고, 더욱이 본건 발명에는 "당업자의 인식한도를 훨씬 넘는 중량비 1대1의 비율"을 취하고 있기 때문에 심결은 취소되었다. 이런 것이라면 신규한 것으로 되고 진보성도 인정되는 것도 당연하다.

2. 수치한정과 신규성·진보성

수치한정에 관해서는 신규성의 문제인가 아니면 진보성의 문제인가 라는 논의가 보이지만, 다음과 같은 여러 가지 경우가 있다고 생각된다.

우선 선행기술에서 수치가 무한정이었거나 범위가 넓어서 문제의 클레임의 수치한정과 오버랩(overlap)되고 있는 경우에는 신규성에 의심이 생기지만, 그것만으로 반드시 신규성이 부정되는 것은 아니다. 오버랩부분이 선행기술에서 추상적으로 인정되고 있을 뿐인 경우에는 일종의 선택발명의 여지가 있다.

선행기술에서 구체적으로 수치한정범위에 해당하는 것과 같은 실시가 이루어지고 있는 경우에는 수치한정에 불구하고 신규성이 부정된다. 구체적으로는 수치한정범위에 해당하는 것은 아니라도 대단한 개선이 아닌 등의 경우에는 진보성이 부정될 것이다. 또한 아주 당연한 관계 밖에 인정되지 않는다면, 가령 구체적으로 해당하는 것이 나와 있지 않아도, 선택한 것이 없는 것으로서 신규성이 부정되는 것으로도 생각된다.

오버랩이 없는 경우에는 수치한정내의 선행기술이 없다고 하는 것이기 때문에, 기본적으로는 신규성이 인정된다. 남는 문제는 진보성을 인정하는 것이 충분할 만큼의 차이가 있는 것인가 하는 것이 된다. 본건의 경우는 상위점(2)와 같기 때문에 신규성은 인정되고, 더욱이 이 만큼의 차이가 있어 감광영역의 확대 등이 있다고 보이는 것 때문에 진보성이 인정되었다.

3. 임계치가 필요한가

본건 발명에서는 중량비(활성화 물질의 광도전체에 대한 첨가량)가 1대1로 규정되어 있으나 이것이 얼마만큼 이상인 것이 좋은 것인가 등의 개시가 없다. 이 의미에서는 소위 임계치가 개시되어 있는 것이 아니다.

현행 심사기준(해당 부분은 平成 12年 12月)에서, 제2장 2.5(3)의 "④ 수치한정을 수반한 발명에 있어서 사고방식"에서, 그 후반에서는 "임계적 의의"에 관한 것으로서 과제가 공통되는 "인용발명의 연장선상"의 경우에 관해서는 "유리한 효과"에 관하여 "그 수치한정의 안과 밖에서 양적으로 현저한 차이"가 요구된다고 한다. 그러나 이 항의 전반에서는 임계치와는 관계 없고 우선 (i)에서 "실험적으로 수치범위를 최적화 또는 호적화"를 하는 것은 통상은 진보성을 인정하지 않는 것으로 하면서, (ii) 예측할 수 없는 이질적인 유리한 효과 등을 가진다면 진보성을 인정할 수 있다고 하고 있다.

吉藤幸朔(熊谷健一 補訂 『特許法槪說』(第13版, 1998) 132면)은 임계적 의의를 모두에게 요구하는 견해를 "오해"라고 본다. 이 견해는 "모두에게" 요구하는 것을 오해라고 한 것이고, 거기에 설명되고 있는 것처럼, 수치한정의 점 이외의 구성이나 목적, 효과의 점에서 발명성이 있다면, 수치한정에 관하여 특별한 요구가 없는 것은 당연하게도 생각된다. 수치의 한정에 신규성, 진보성이 존재하는 경우가 문제이다.

생각건대, 구체적인 선행기술과 수치의 점에서만 차이가 있고, 거기에 진보성이 인정되고 있는 경우라는 것은 스스로 그중의 어딘가에 임계치가 존재하는 것일 것이다. 그러나 그렇다고 해서 발명으로서 임계치의 발견 그 자체가 중요한 것은 아니다. 오히려 임계치내의 어느 수치가 나타나면 그에 따라 실시가 가능하게 되는 것이고 산업상의 의의로서는 그로써 다할 것이다.

더구나, 東京高判 昭和 56. 4. 9.(取消集 昭和 56年 667頁)의 판결문 중에는 "임계적 의의를 가지는 것이 특허성을 확보하기 위한 관건으로 된다"는 문장이 있다. 그러나 이 문장은 필요한 경우에는 필요하다고 하고 있을 뿐이고, 계속해서 "그렇지만 수치한정은 반드시 임계적 의의를 가지는 경우에만 되는 것은 아니고"라고 하여 불필요한 경우를 인정하고, 사안으로서도 오히려 임계적 의의를 필요로 하지 않는 케이스이다.

본건에 관하여 활성화 물질의 비율의 하한이 있을 것이나 그 발견(知見)이 반드시 의미 있는 것은 아니다. 구체적으로 알려져 있던 것과는 다른 "중량비 1 대 1"의 것이 실제로 진보성을 만족할 만큼의 특이한 특성을 가지고 있는 것이 중요하다. 본건에서는, 기존의 기술로서는 오히려 활성화 물질의 비율은 얼마 안되는 것만 있었던 것이므로 그것과의 차이가 충분히 있다

4. 파라미터를 채택하는 방법과 특허성

임계치가 보이고 있고 그 수치가 새로운 발견(知見)이라고 해도, 종래의 기술에도 그 클레임의 범위의 것이 당연히 실시될 수 있었던 것이면, 특허를 인정하여서는 안 된다.

상술한 바와 같이, 기존의 기술을 커버해버리는 클레임에 특허성을 인정하는 것은 안 된다. 이것은 특허법의 원리이고, 신규성의 요구는 그러한 의미로 이해될 필요가 있다. 만일 그 임계수치의 발견 자체가 새롭다고 해도, 그 클레임에 해당하는 기술이 기존에 공지인 것이라면, 특허가 성립하는 것은 부당하다.

무릇 특허제도에 있어서 독점권을 부여하는 것이 정당화되는 것은, 그것이 신규한 것이고, 그 출원의 발명자에 의해 발명되지 않았다면 세상에 전혀 존재하지 않았던 것이기 때문이다(中山信弘, 『特許法』[2010] 114면의 신규성 요건에 관한 설명을 참조). 특허의 권리기간이라는 일정기간의 독점을 허용하고 그것을 발명의 인센티브로 한다고 해도, 그 발명에 의해 최초로 유래된 기술이기 때문에 독점이 정당화된다(병행발명의 경우 등 이와 같이 단정하면 미묘한 면이 있더라도 원칙론으로서는 이렇게 말할 수 있을 것이다). 이러한 관점에서 가령 임계치의 발견이 새로워도 실제적인 의미에서 기존의 기술을 독점하는 것 같은 특허가 인정되어서는 안 된다.

그렇다고 하더라도 임계치를 측정하여 활용하는 것까지가 클레임의 요건으로 되어 있는 경우에는 위와 다르다. 이 경우에는 단순히 그 수치에 들어맞고 있을 뿐인 행위는 기술적 범위에 속하지 않는 것이 된다. 종래 기술에 있어서 그 수치범위에 해당하는 것이 있었다고 하더라도 측정하여 활용하였던 것이 아니라면, 그 범위에서 독점을 허용하는 것은 부당하지 않다. 게다가 이러한 측정까지를 요건으로 하는 클레임의 경우라면, 문자 그대로 임계치에 특별히 의의를 인정할 수 있다. 반대로, 임계치의 측정을 규정하고 있지 않을 뿐만 아니라, 직접적인

제어의 대상으로 하는 것이 어려운 파라미터를 채택하고 있는 경우에는, 산업상의 이용가치라는 점에서 지극히 의문인 발명으로 된다.

또 공지의 기술에 해당하는 것과 같은 특허는 성립해서는 안 된다고 하더라도, 실무적으로는 여기에 문제가 생기는 경우가 적지 않다. 파라미터 요건을 이용한 것은 유력한 특허를 취득하기 위한 능숙한 방책으로는 될 수 있으나[吉井一男, 廣くて强い特許明細書の書き方—パラメ-タ特許實務ノウハウ集(2002) 참조], 반면 종전에 관심을 보이지 않았던 파라미터를 채택하면, 공지기술에 해당하는 것인가 어떤가가 명확하게 나타나지 않기 때문에, 부당하게 생각되는 특허가 성립되는 경우가 있다. 增井和夫·田村善之 特許判例ガイド(第3版, 2005) 60면은 이러한 "새로운 측정방법"에 관한 문제를 지적하고 있다. 같은 것으로, 今村玲英子 "(4)-2数値やパラメ-タによる限定を含む發明" 竹田稔 監修, 전게 317면도 파라미터발명에 관하여 "유리한 효과를 가지는 것으로 인정되지 않는 경우"에도 "진보성을 부정하는 것이 어려운 경우가 많다"고 지적한다.

특수 파라미터 때문에 문제성이 있는 특허에 관해서는 서포트(support) 요건 위반으로 하여 무효로 되는 것이 차라리 실제적일 지도 모른다. 적어도 재판소 단계에서는 그런 특허를 서포트 요건 위반으로 하여 무효로 하는 판단이 눈에 띄고 있다(宮前尙祐「數値限定發明の記載要件を判斷した知財高裁判決を讀む」パテント64卷2号 95頁 참조). 이것은 知財高判 平成 17. 11. 11.(判時1911号48頁[大合議, 偏光フィルム事件])에서 특허법 36조 6항 1호를 실질적인 것으로서 준수를 요구하는 것이 명확화된 것을 따른 것으로 이해된다.

5. 본건 발명의 기술적 의문

그런데 본건에 관하여 약간의 의문을 느끼는 것은 이와 같은 높은 비율에서 활성제를 넣는 것에 의해 정말로 뛰어난 것을 얻을 수 있는가 하는 점이다. 특히 어두운 장소에서의 특성을 악화시킨다는 것이 인용례에서의 설명이고, 이것은 당연한 것처럼 여겨진다. 이점에 관하여 본 판결은, "곧바로 본건 발명의 조성물이 실용적이지 않다고 하여 그 효과를 부정할 수는 없다"고 한다. 이러한 표현 방법으로부터 실용적인지 어떤지 추가 판단이 있을 수 있는 것처럼 보인다.

또는 단지 이와 같은 성분비로 하지 않고 다른 수단을 사용하여 실용성을 높이고 있을 지도 모른다. 그와 같은 실시형태가 생각될지도 모른다. 가령 그렇다면, 그것을 내용으로 하는 클레임으로 되어야 할 것이고, 그 대처법에 별개의 것

을 채용한 경우에는 침해로 되어서는 안 된다고 생각된다. 왜냐하면, 무엇인가에
발명가치가 있는지에 대응한 특허일 필요가 있기 때문이다.

〈참고문헌〉
본문 중에 게재한 것

20. 공서양속의 의의— 지폐 사건

東京高裁 昭和 61年(1986년) 12月 25日 判決
[昭和 59年(行ケ) 第251호 : 審決取消請求事件]
(無体裁集 18卷 3号 579頁, 判時 1242號 110頁, 判夕 651号 202頁) ◀裁判所 Web

板倉集一(이타쿠라 슈이치, 神戸學院大学 敎授) 著
이회기(김앤장 법률사무소 변호사) 譯

I. 사실의 개요

X(원고)는 특허청에 대하여 소화 53년(1978년) 7월 7일에 명칭을 '지폐'로 하는 고안(이하 '본원 고안'이라고 한다)을 실용신안등록출원 하였는바, 소화 58년(1983년) 3월 18일에 거절결정을 받았기 때문에, 이에 불복하여 동년 5월 25일에 심판을 청구하였으나, 소화 59년(1984년) 9월 12일에 '본건 심판청구는 성립하지 않는다' 는 취지의 심결을 받았다(이하 '본건 심결'이라고 한다). X는 이에 불복하여 Y(특허청장, 피고)에 대하여 심결취소를 구하는 소를 제기하였다. 본원 고안의 요지는 표면에 임의형상의 펀치공(punch hole)을 폭방향으로 두 번 접고 또는 길이방향으로 4번 접은 선을 피하여 천설하는 것을 특징으로 하는 지폐이다.

본원 고안의 거절이유는 실용신안법 4조에 규정하는 공서양속을 해한다고 하는 것에 있다. 이 이유는 심결에서도 유지되었으나, 그 후 제기된 심결취소소송에서 X는 공서양속을 해한다고 하는 점에 관하여, ① 본원 고안은 지폐에 관한 고안이고 위조지폐에 관한 고안은 아니므로 형법 148조 및 149조에 위반하는 것은 아닌 점, ② 본원 고안의 효과 확인은 현실의 지폐를 사용하지 않아도 가능하므로 위법행위로는 되지 않는 점, ③ 본원 고안의 기술적 성질의 문제와 위법행위유발의 유무와는 무관계하고, 실용신안법 4조는 고안이 그 고안 본래의 목적에 사용되었을 때에 공의 질서를 해할 우려가 있는 경우를 규정하고 있는 것이어서, 본래의 목적 이외에 사용되어 그 결과 공의 질서를 해할 우려가 있는 경우 등은 포함되지 않는다고 해석하는 것이 마땅하다는 점을 주장했다.

Ⅱ. 판   지

청구인용(확정).

"본건 심결은 실용신안법 제3조 제1항 본문 및 제4조의 해석을 오해해서, 그 결과 본원 고안은 실용신안법 제3조 제1항 본문에서 말하는 산업상 이용가능한 고안이라고 말할 수 없고 또한 실용신안법 제4조에 규정하는 공의 질서를 해할 우려가 있기 때문에 실용신안등록을 받을 수 없다는 취지의 잘못된 결론을 이끌어낸 것이고, 이 점에서 위법하므로 취소되어야 마땅하다."

"공의 질서를 해할 우려가 있는 고안이란, 고안의 본래의 목적이 공의 질서를 해할 우려가 있고 따라서 그 목적에 부합하는 실시가 필연적으로 공의 질서를 해할 우려가 있는 고안을 말하는 것이라고 해석해야 마땅한바, 위 인정의 본원 고안의 목적 및 고안의 내용에 비추어보면, 본원 고안이 앞에서 말한 관점으로부터 공의 질서를 해하는 것이라고 말할 수 없는 것은 분명하다. Y는 본원 고안에 관한 지폐는 본원 고안의 명세서 및 도면에 기재된 기술에 의해서는 현실적 의미를 갖고 실시할 가능성은 없기 때문에, 상식을 갖고 판단하면 현재의 사회생활, 경제생활의 기초를 이루는 통화로서 국가가 그와 같은 지폐를 채용할 가능성은 생각할 수 없고, 또한 일반 사인이 이와 같은 지폐의 고안을 적법하게 실시할 수 없는 것도 말할 것까지도 없는바, 이와 같은 사정 하에 있는 본원 고안에 만약 남아 있는 의미가 있다고 한다면, 그것은 일반 사인이 행하게 되면 위법으로 되는 진화(眞貨) 지폐에 펀치공을 천설한다고 하는 행위 즉, 범죄행위를 부추기는 것 이외에 있을 수 없다는 취지로 주장하지만, 실시불능인 것과 공서위반으로 되는 것과는 직접 결부되는 것은 아닐 뿐만 아니라, …본원고안이 국가에 의해 실시될 가능성이 장래에 전혀 없다고는 말하기 어렵고, 가사 본원 고안이 힌트가 되어 펀치공이 천설되어 있지 않은 지폐에 구멍을 뚫는 자가 있다고 해도, 그것과 본원 고안이 공서에 반하는지 여부와는 전혀 별 문제이어서, Y의 위 주장은 채용할 이유가 없다."

Ⅲ. 해 설

1. 본 판결은 불특허사유인 공서양속 또는 공중위생을 해할 우려(신안 4조, 특허 32조)에 관하여 판단된 몇 되지 않는 사례로서 의의가 있는데, 불특허사유해당성을 부정하고 있다. 본 판결에 앞선 본건 심결은 본원 고안의 효과를 입증하려고 하면 통화위조 및 행사 등에 관련된 위법행위로 되거나(형 148조 및 149조) 지폐의 양식이 법률로 규정되어 있기 때문에(구일본은행법 33조, 현행 47조) 본원 고안의 실시는 사실상 불가능에 가까운 점, 선의의 제3자가 본원 고안을 모방하는 경우 형법상의 위법행위를 부추기는 것으로 되지 않을 수 없는 점이 명백하기 때문에, 공의 질서를 해할 우려가 있어 등록을 받는 것이 불가능하다고 하고 있다.

2. 공의 질서 또는 선량한 풍속이란 민법 90조와 같은 의미이고,[1] '공의 질서'란 국가사회의 일반적 이익을 의미하며, '선량한 풍속'이란 사회의 일반적, 도덕적 관념을 의미한다고 되어 있으나, 공서양속의 관념은 극히 추상적이어서 구체적 내용은 각 시대의 法律理想의 여하에 관계되는 것으로 되며, 민법에서는 재판례의 분류가 시도되어, (a) 인륜에 반하는 것, (b) 정의의 관념에 반하는 것, (c) 타인의 무사려, 궁박에 편승하여 부당한 이익을 얻는 행위, (d) 개인의 자유를 극도로 제한하는 것, (e) 영업의 자유의 제한, (f) 생존의 기초인 재산을 처분하는 것, (g) 현저하게 사행적인 것으로 분류되어 왔다.[2] 근래에 이와 같은 분류에 의문을 나타내고, 공서양속법의 기초이론의 확립을 위한 재구성이 시도되고 있으나, 그 내용은 사회정세나 입법상황의 변화에 의해 변화하는 것이다.[3] 따라서 공서양속의 내용은 일의적으로 명료하지는 않으나, 발명에 관한 공서양속의 판단기준에 관하여는 ① 발명의 본래의 목적이 공서양속을 해할 우려가 있기 때문에 그 발명의 사용 및 효과도 공서양속을 해할 우려가 있는 것, ② 발명의 본래의 목적이 공서양속을 해할 우려가 없어도 발명의 목적과 구성으로 보아 누구라도 용이하게 공서양속을 해할 우려가 있는 목적에 사용할 가능성을 보일 수 있고 또한 실제로 그와 같이 사용할 우려가 다분하다고 인정할 수 있는 것은 해당하지만, ③ 발명의 본래의 목적은 공서양속을 해할 우려는 없지만 사용의 방법이 이상해

---

1) 中山信弘・小泉直樹編著, 新注解特許法(上, 2011), 349면[酒井宏明 = 川﨑隆二]
2) 我妻榮, 新訂民法總則 (民法講義 Ⅰ), 1965, 271면 이하
3) 山本敬, 公序良俗論の再構成(2000), 188 - 189면

서 공서양속을 해할 우려가 있는 것은 해당하지 않는다고 한다.[4]

　재판례로서는, ①에 관하여 본래의 목적이 공서양속을 해할 우려가 있는 것을 부정한 본 판결, ②에 관하여 정욕을 자극하고 난용될 우려가 있다고 하여 긍정한 사례,[5] ③에 관하여 본래는 순전히 오락에 사용하는 것이 목적인 장치가 도박행위 그 외의 부정행위에 제공되는 것이 있을 수 있다고 말하는 것만으로는 공서양속을 해할 우려가 있다고는 할 수 없다고 하여 부정한 사례[6]가 있다. ①에 관련한 상정사례로서 위조지폐기계, 금괴밀수용조끼, 아편흡인구 등이 들어지지만,[7] 위조용 내지 밀수용이 아니라면 반사회적인 기술로서 만인에게 사용케 해서는 안 된다고는 말할 수 없다.[8] 또한 최근의 사례로는 참치살의 변색방지를 위해 CO가스처리를 하는 방법발명에 관하여 방론이긴 해도 식품위생법상의 규제대상으로서 공서양속을 해할 우려가 있는 발명에 해당할 가능성을 부정할 수 없다고 한 것이 있다.[9]

　3. 공서양속을 해할 우려가 있는 발명은 그 발명의 실시가 공서양속을 해할 우려가 있기 때문에 특허를 주어서는 안 된다는 견해가 있지만, 실시를 저해하는 것이 특허법의 역할은 아니라고 하는 견해가 있고,[10] 실시를 인정할지 여부는 다른 법령에 위임하면 좋고 공서양속 또는 공중위생을 해할 우려에 관한 판단은 주관적이고 미묘한 문제를 특허청이나 재판소에 짐 지우는 것이라고 하여, 공서양속 또는 공중위생을 해할 것이 명백하고 또한 공중위생 등을 해하는 이외에 활용할 수 없는 것이 명백한 사례만을 불특허로 하는 것과 같이 억제적으로 해석해야 한다고 하는 유력한 견해가 있다.[11] 즉, ① 특허의 부여는 정부에 의한 보증서를 주는 것도 실시의 보증도 아니고, 특허부여가 거절되어도 다른 법령에 의해 금지되지 않으면 실시가능하며, 불특허로 하는 것으로 원칙적으로 만인의 실시가 가능하게 되므로 실시의 태양에 응하여 단속법규에 의해 규제해야 하는 점, ② 공서양속, 공중위생의 판단은 주관적이고 미묘한 문제이고 또한 많은 시간과 노력

---

4) 吉藤幸朔[熊谷健一補訂], 特許法槪說(第13版, 1998), 140면
5) 男性精力增强具事件, 東京高判 昭和 40. 12. 14. 判タ191号 223면
6) ビンゴゲーム사건, 東京高判 昭和 31. 12. 15. 行集7巻12号 3133면
7) 吉藤, 전게 141면
8) 高林龍, 標準特許法(第4版, 2011), 67면
9) マグロの保存處理方法事件, 知財高判 平成 19. 10. 17. 平18(行ケ)10182호[裁判所 Web]
10) 佐藤惠太, ジュリ940号118면
11) 中山信弘, 特許法(2010), 140 -142면

을 요할 뿐만 아니라, 기술진보에 의해 공서양속, 공중위생의 개념이 변화해서 문제로 할 필요가 없게 될 가능성이나 장래의 상황 변화를 읽어 들여 판단하기는 곤란한 점, 더욱이 ③ 부작용이 강한 의약품이라고 해도 발명을 공개하는 것에 의해 사회의 기술진보의 향상이나 부작용방지약의 개발로 이어지는 점 등을 이유로 한다.

4. 본판결은 공서양속을 해할 우려가 있는 고안에 관하여는, 고안의 본래의 목적이 공의 질서를 해할 우려가 있기 때문에 그 목적에 부합하는 실시가 필연적으로 공의 질서를 해할 우려가 있는 고안을 말하는 것이라고 해석해야 한다고 하고 있고, 본원 고안이 지폐에 관한 고안이고 위조지폐에 관한 것은 아니어서 목적에서 공서를 해하지 아니하며, 본원 고안이 국가에 의해 실시된다면 반사회성을 포함하지 않고 공서에 반하지 않는다고 한 다음, 본원 고안의 본래의 목적이 지폐에 펀치공을 천설하는 것에 의한 지폐 종류의 식별가능성의 향상에 있다는 점이라고 한다면 범죄를 유발하는 것이 목적은 아니어서, 판지는 타당하다. 사용방법에 의해서는 공서양속, 공중위생을 해하는 경우도 있을 수 있는 것과 같은 발명은 공서양속, 공중위생을 해할 우려가 있는 발명에 포함되지 않기 때문에(위 ビンゴゲーム 사건), 정교한 칼라복사기가 지폐위조에 사용되는 것이 있을 수 있다고 해도 그것 때문에 불특허사유에 해당하는 것으로는 되지 않는다.[12] 발명의 목적 및 내용이 공서양속을 해할 우려가 있는가 아닌가가 문제이고, 실시에 의해 형법에 저촉하는 것으로 되는 것으로부터 실시불능인가 어떤가와 공서양속과는 직접 결부되는 것은 아니다. 지폐위조기계에 관하여 정부가 지폐인쇄기로 채용한다면 공서위반은 아니다.[13]

5. 공서양속 또는 공중위생을 해할 우려가 있는 발명에 관하여 특허를 부여해야 하는가 아닌가에서 견해가 갈리는 것은 생명을 취급하는 발명에 윤리문제가 포함되어 있는 경우이다.
국가가 당해 발명에 관한 기술의 발달을 피하고 싶은 경우에 특허를 부여하는 것은 모순이라고도 말할 수 있지만, 다른 법률로 기술연구나 실시가 규제되어 있다면 특허를 부여해도 실해는 없다고 하는 견해가 있다.[14] 이에 대하여 윤리적

---

12) 仙元隆一郎, 特許法講義(제4판, 2003), 129면
13) 佐藤, 전게 118면

으로 무가치한 것이 명백하다면 발명에 관하여 공서양속을 해할 우려를 부정해야하는 것은 아니고, 기술혁신이 바람직하지 않다고 판단되어진다면 당해 발명은 특허법의 입법목적에 포함되지 않은 것으로 하여 특허에 의한 보호도 부정해야 한다고 하는 견해[15]가 있다. 예를 들면, 인간클론배아에 관하여는 '사람에 관한 클론 기술 등의 규제에 관한 법률'에 의해 태내이식이 금지되어 형사벌도 규정되어 있으나, '인간클론배아를 사람의 태내에 이식하는 방법'의 발명의 실시는 생명윤리에 반하는 행위여서 이것 이외의 실시태양이 없는 경우이기 때문에, 공서양속에 반하는 발명으로서 특허를 부여해서는 안되고, 공서양속을 불특허사유로 하는 제도의 취지는 단속법규의 존부에 관계없이 만인에게 당해 기술을 사용케해야 하는 것은 아닌 것에 있다.[16] 불특허사유는 단속법규에 의해 그 실시가 금지되어 있는 발명을 불특허로 하는 것은 아니고(파리조약 4조의 4, TRIPs 협정 27조2 단서), 발명의 본래의 목적에 있어 생명윤리에 반하는 것이 명백하다고 생각되어지는 점으로부터 공서양속을 해할 우려가 있는 발명으로서 불특허사유에 해당하는 것으로 된다.

〈참고문헌〉
본문 중에 인용한 문헌을 참조

---

14) 中山, 전게 143면
15) 玉井克哉, ドイツにおけるバイオ・テクノロゾー成果物保護論議の現狀, 日本工業所有權法學會年報17号 93면
16) 高林, 전게 66-67면

21. 파라미터 특허와 서포트 요건

知財高裁 平成 17年(2005년) 11月 11日 判決
[平成 17年(行ケ) 第10042호 : 特許取消決定取消請求事件]
(判時 1911호 48頁, 判夕 1192호 164頁) ◀ 재판소 Web

尾崎英男(오자키 히데오, 弁護士) 著
성창익(변호사) 譯

Ⅰ. 사실의 개요

(1) 본건은 '편광필름의 제조법' 특허에 관하여 2004년 법 개정 전에 행하여진 특허이의신청에 대하여 특허청이 명세서 기재불비를 이유로 특허취소결정을 하자 특허권자가 특허청장관에 그 취소를 구한 사안이다.

(2) 본건 특허는, 원반(原反)필름[1])으로서 두께가 30~100㎛이고 또한 열수(熱水) 중에서의 완전용해온도 (X)와 평형팽윤도(平衡膨潤度)[2])(Y)를 두 개의 변수(파라미터)로 하는 일정한 수식에 의하여 제시된 범위로써 특정한 폴리비닐 알코올(PVA)계 필름을 사용한 편광(偏光)필름의 제조법 발명으로서, 이른바 파라미터 발명의 특허이다. 본건에서는, ① 이른바 파라미터 발명에 관련된 특허청구범위 기재가 1994년 법률 제116호(1994년 개정법)에 의한 개정 전의 특허법 36조 5항 1호 (위 개정 후는 특허법 36조 6항 1호) 규정(이하 '서포트 요건'이라고 한다)에 적합한가, ② 위 ①이 부정되는 경우, 특허권자는 특허이의신청절차 단계에서 실험데이터를 제출하여 명세서의 발명의 상세한 설명의 기재내용을 보충하고 특허청구범위 기재

---

1) 가공하기 전의 필름으로서 일반적으로 롤(roll)에 감긴 것을 말한다.
2) '팽윤'은 물질이 용매를 흡수하여 부풀어 오르는 현상을 말하고, 팽윤 전과 팽윤 후의 체적비를 '평형팽윤도'라고 한다.

가 서포트 요건에 적합하다고 주장하는 것이 허용되는가, ③ 본건 특허출원 후에 명세서 기재요건에 관한 심사기준이 변경된 경우, 당해 심사기준을 소급적으로 적용하는 것이 허용되는가가 주된 쟁점이 되었다.

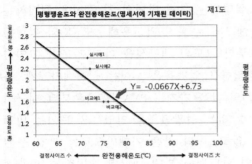

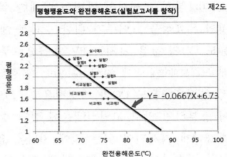

Ⅱ. 판   지

본 판결은 위 각 쟁점에 대하여 아래와 같이 판시하여 원고의 청구를 기각하였다.

(i) 특허청구범위 기재의 서포트 요건 적합성에 관하여

① "특허청구범위 기재가 명세서 서포트 요건에 적합한가 아닌가는 특허청구범위의 기재와 발명의 상세한 설명의 기재를 비교하여 특허청구범위에 기재된 발명이 발명의 상세한 설명에 기재된 발명이고, 발명의 상세한 설명의 기재에 의하여 통상의 기술자가 당해 발명의 과제를 해결할 수 있다고 인식할 수 있는 범위 내의 것인가 아닌가, 또한 그 기재나 시사가 없어도 통상의 기술자가 출원 시의 기술상식에 비추어 당해 발명의 과제를 해결할 수 있다고 인식할 수 있는 범위 내의 것인가 아닌가를 검토하여 판단하여야 하고," 또한 서포트 요건의 존재는 특허권자가 증명책임을 진다.

② "본건 발명은 특성값을 나타내는 두 가지의 기술적 변수(파라미터)를 사용한 일정 수식에 의하여 제시된 범위로써 특정한 물건을 구성요소로 하는 것으로서 이른바 파라미터 발명에 관한 것인바, 이와 같은 발명에서 특허청구범위 기재가 명세서의 서포트 요건에 적합하기 위해서는 발명의 상세한 설명은 그 수식이 나타내는 범위와 얻을 수 있는 효과(성능) 간의 관계의 기술적 의미를 특허출원

시에 구체적 예의 개시가 없더라도 통상의 기술자가 이해할 수 있을 정도로 기재하든지, 또는 특허출원 시의 기술상식을 참작하여 당해 수식이 나타내는 범위 내라면 소망하는 효과(성능)를 얻을 수 있다고 통상의 기술자가 인식할 수 있을 정도로 구체적 예를 개시하여 기재할 것을 요한다."

③ 본건 명세서의 발명의 상세한 설명에는 본건 발명의 위 구성을 채택하는 것의 유효성을 보여주기 위한 구체적 예로서는, 특정 완전용해온도 (X)와 평형팽윤도 (Y)의 값을 가지는 PVA필름으로부터 고도의 내구성을 가지고 또한 고연신배율(高延伸倍率)[3]에 견딜 수 있는 편광필름을 얻었음을 보이는 실시례가 2개, 특정 완전용해온도 (X)와 평형팽윤도 (Y)의 값을 가지는 PVA필름으로부터 내구성이 충분하지 않고 고연신배율에 견딜 수 없는 편광필름을 얻었음을 보이는 비교례가 2개 기재되어 있는 것에 지나지 않고, 이와 같은 기재만으로는 본건 출원 시의 기술상식을 참작하여 당해 수식이 나타내는 범위 내라면 소망하는 효과(성능)를 얻을 수 있다고 통상의 기술자가 인식할 수 있을 정도로 구체적 예를 개시하여 기재하고 있다고 할 수 없어서, 본건 명세서의 특허청구범위 기재가 서포트 요건에 적합하다고 할 수 없다.

(ii) 실험데이터의 사후적인 제출에 의한 명세서 기재 내용의 보충에 관하여

"발명의 상세한 설명에 통상의 기술자가 당해 발명의 과제를 해결할 수 있다고 인식할 수 있을 정도로 구체적 예를 개시하지 않고, 본건 출원 시의 통상의 기술자의 기술상식을 참작하더라도 특허청구범위에 기재된 발명의 범위까지 발명의 상세한 설명에 개시된 내용을 확장 내지 일반화할 수 없음에도, 특허출원 후에 실험데이터를 제출하여 발명의 상세한 설명의 기내내용을 기재 밖에서 보충함으로써 그 내용을 특허청구범위에 기재된 발명의 범위까지 확장 내지 일반화하여 명세서의 서포트 요건에 적합하게 하는 것은 발명의 공개를 전제로 특허를 부여한다고 하는 특허제도의 취지에 반하여 허용되지 않는다."

(iii) 심사기준의 소급적용 가부에 관하여

심사기준은 특허청 판단의 공평성, 합리성을 담보하는 데 이바지할 목적으로 작성된 판단기준이고 법규범이 아니다. 특허출원 시 이후에 작성된 심사기준은 1994년 법 개정 전의 특허법 36조 5항 1호의 규정 취지에 부합하는 것이기 때문에, 당해 심사기준이 본건 특허에 소급적용된 것과 같은 결과가 된다고 하여도 위법의 문제는 생기지 않는다.

---

3) 인장(引長) 후의 길이와 인장 전의 길이의 비를 '연신배율'이라고 한다.

III. 해 설

본 판결은 파라미터 특허에 대하여 적용되는 서포트 요건에 관하여 위 판지와 같이 판시한 지재고재 특별부(이른바 대합의체)의 판결이다. 진보성 있는 발명이라도 서포트 요건을 충족시키지 않으면 특허는 인정될 수 없기 때문에 본건 특허권자(출원인)는 위 판결하에서 서포트 요건을 충족시키기 위하여 무엇을 하면 좋았을까를 검토하는 의의가 있다.

1. 본건 특허의 청구항 1의 기재 및 그 수식은 다음과 같다.

"폴리비닐 알코올계 원반필름을 1축 연신(延伸)하여 편광필름을 제조할 때, 원반필름으로서 두께가 30~100㎛이고, 또한 열수 중에서의 완전용해온도 (X)와 평형팽윤도 (Y) 사이의 관계가 아래 식에서 나타나는 범위인 폴리비닐 알코올계 필름을 사용하며, 또한 염색처리공정에서 1.2~2배로, 나아가 붕소화합물처리공정에서 2~6배로 각각 1축 연신하는 것을 특징으로 하는 편광필름 제조법.

$$Y > -0.0667X + 6.73 \qquad\qquad\qquad (I)$$
$$X \geqq 65 \qquad\qquad\qquad\qquad\qquad (II)$$

단, [이하 X 및 Y의 측정조건 규정 생략]"

위 수식이 규정하는 범위와 명세서에 기재된 2개의 실시례와 2개의 비교례를 나타낸 것이 제1도이다. 본건에서는 위 수식이 규정하는 범위가 넓고, 이 수식이 나타내는 범위와 얻을 수 있는 효과(편광성능 및 내구성능) 간의 관계가 특허출원 당시의 통상의 기술자에게 인식할 수 있는 것이 아니었다고 하여 서포트 요건을 결여한 것으로 판단되었다.

2. 그런데, 본건 발명을 규정하기 위하여 완전용해온도 (X)와 평형팽윤도 (Y)를 사용한 것에 관하여는, PVA의 경우에는 결정 크기나 결정화도의 정확한 값을 X선 회절 등에 의하여 측정할 수 없기 때문에 본건 발명에서는 완전용해온도 및 평형팽윤도를 결정 크기 및 결정화도를 갈음하는 지표로서 쓴 것이 된다. 즉, 완전용해온도 (X)는 PVA의 결정 크기를 나타내는 표지이고, 또 평형팽윤도 (Y)는 PVA의 결정화도를 나타내는 표지이다. 결정 크기와 결정화도가 소정의 범위 내에 있는 PVA필름을 규정하기 위하여 청구항 1에서는 완전용해온도 및 평형

팽윤도에 관한 위 수식을 사용하였다. 또한, 명세서에는 "완전용해온도가 65℃ 이하인 필름으로는 연신 시에 필름이 일부 용해되었다든지 열화(劣化)가 일어났다든지 해서 실용되지 않고, 한편 90℃ 이상의 필름으로는 충분한 연신이 이뤄지지 않았다든지 연신 시의 문제가 발생하기 쉽게 되었다든지 한다"와 완전용해온도 (X)의 하한값과 상한값이 기재되어 있다. 또한, 평형팽윤도 (Y)의 하한값과 상한값에 관하여 원고는 평형팽윤도 (Y) = (침지[4] 후의 필름 중량) / (건조 후의 필름 중량)에서 하한값은 1이고, 완전용해온도 (X) 65도 이상에서는 평형팽윤도 (Y)의 상한값은 2.5 정도라고 문헌을 근거로 주장하고 있다. 이러한 상한값, 하한값은 명세서의 기재 혹은 특허출원 당시의 통상의 기술자의 기술상식에 기하여 이해할 수 있는 내용이고, 서포트 요건에 관한 본 판결의 허용범위 내의 수치한정이라고 말할 수 있다.

　　3. 결국 본건에서 문제가 되는 것은 Y > −0.0667X + 6.73의 식(I)의 의미이다. 명세서에는 "완전용해온도가 위 범위이더라도 (I)식에서 제시한 평형팽윤도가 위 식 범위 밖인 필름에서는 편광필름의 편광성능, 내구성능, 나아가 제조 시의 제조안정성 등이 저하되는 등의 문제가 발생하여 목적으로 하는 편광필름을 얻기 어렵게 되는 것이다"(단락 [0013])라는 기재가 있다. 그러나 왜 이 식인가의 설명은 되어 있지 않다. 실제로 원고 자신이 Y > −0.0667X + 6.73의 식(I)은 제2도에 나타나 있는 14개의 측정값으로부터 구해진 것이라고 해서 특허이의절차에서 이러한 측정값을 추가하였다. 요컨대, 이러한 측정값이 없으면 식(I)을 도출할 수 없는 것이다. 본건 판결은 수식이 나타내는 범위에서 소망하는 효과를 얻을 수 있음을 특허출원 시의 통상의 기술자가 인식할 수 있다는 점이 서포트 요건을 충족시키기 위하여 필요하다고 판시한다. 명세서에 기재되어 있는 4개의 측정값으로는 식(I)을 도출할 수 없다는 것이 서포트 요건을 결여하였다고 판단된 이유이다. 특허권자가 특허출원 전에 측정하였던 14개의 측정값을 전부 명세서에 기재해 두었다면 본건 특허가 서포트 요건 위반으로 추궁당하는 일은 없었던 것이다.

　　4. 본건 판결은 위 측정값의 사후적 추가는 인정되지 않는다고 판단하기 때문에, 본건 특허가 살아남기 위해서는 위 식을 한정하여 명세서의 기재 및 통상의 기술자의 기술상식에 의하여 그 기술적인 의미를 이해할 수 있는 범위로 정정

─────────────

4) 물에 담가 적심

할 수밖에 없었던 것으로 된다. 앞서 본 바와 같이, 완전용해온도 (X)의 상한값과 하한값은 명세서에 기재가 있고, 평형팽윤도 (Y)의 상한값은 통상의 기술자의 기술상식으로부터 도출할 수 있다고 생각된다. 그렇다면, 평형팽윤도 (Y)의 하한값을 명세서에 기재된 2개의 실시례의 측정값에 기하여 한정할 수 있다면 서포트 요건을 충족하도록 정정하는 것이 가능하지 않았을까. 특허권자 원고는 측정값의 추가가 지재고재에 의하여 인정될 것으로 생각하여 정정의 길을 선택하지 않았던 것인지도 모르지만, 명세서의 기재로는 충족되어 있지 않은 것으로 판단된 서포트 요건이 실시례의 추가로 충족되는 것과 같은 경우에 그러한 사후적 추가가 인정된다고 기대하는 것은 오산이다.

5. 파라미터 발명에 관하여는 발명자 자신의 창작에 관련된 독자의 파라미터에 의하여 발명이 표현된다는 점과, 적절한 공지기술의 발견이 불가능해진다는 점의 우려가 있다고 여겨져, 그 때문에 파라미터 발명의 특허성을 특허법 36조에 기하여 부정하려고 하는 의견이 있다. 그러나 본건에서도 PVA의 결정 크기나 결정화도를 X선 회절분석으로 측정할 수 없다고 하는 사정이 있는 것처럼, 새로운 분야의 기술에서는 종래의 측정기술로 충분히 분석할 수 없는 것이 있고, 발명을 규정하기 위하여 새로운 분석수단이나 사고방식을 필요로 한다. 그것을 인정하지 않고 특허출원인이 스스로 규정한 파라미터를 사용할 수밖에 없는 기술에 관하여 출원 시의 통상의 기술자가 기술상식에 기하여 이해할 수 있지 않으면 안된다고 하는 본건 판결의 사고방식은 혁신적인 발명의 보호에 충분히 이바지한다고는 할 수 없을 것이다. 무엇보다도, 독점적인 권리인 특허권을 취득하려고 하는 출원인이 명세서에서의 개시에 충분히 유의하여 특허법 36조의 문제로 권리화를 방해받지 않도록 하는 것이 우선 제일로 중요하다.

〈참고문헌〉
中山信弘・小泉直樹編 『新・注解特許法(上)』[2011]第36条部分[內藤和彦・伊藤健太郎]

22. 실시가능요건과 서포트 요건

知財高裁 平成 22年(2010년) 1月 28日 判決
[平成 21年(行ケ) 第10033호 : 審決取消請求事件]
(判時 2073号 105頁, 判タ 1334号 152頁) ◀재판소 Web

前田 健(마에다 다케시, 神戸大学 准教授) 著
이숙연(서울고등법원 고법판사) 譯

Ⅰ. 사실의 개요

(1) X(원고)는, 「성적 장애의 치료에 있어서의 프리반세린[1]의 사용」이라고 하는 발명에 대하여 특허출원을 하였으나 거절결정되자, 불복하여 심판을 청구하였다. 보정 후 특허청구범위의 청구항 1의 기재는 「경우에 따라 약리학적으로 허용 가능한 산부가염(酸付加塩) 형태의 프리반세린의, 성욕 장해 치료용 약제를 제조하기 위한 사용」이며, 의약의 용도 발명이다.

(2) 심결은 대략 다음과 같이 청구 불성립의 심결을 하였다. 의약에 대한 용도발명에 대하여는, 특허법 36조 6항 1호[2] 요건(이하 '서포트요건'이라 한다)을 충족

---

1) 베링거 제약에서 제조·판매하는 여성 폐경 전 성기능 저하 질환(HSDD) 치료제, 소위 '여성용 비아그라'로 불리는 '프리반세린(flibanserin)'

2)

일본 특허법 36조	우리 특허법 42조
④ 전항 제3호의 발명의 상세한 설명의 기재는 다음 각 호에 적합한 것이어야 한다. 1. 경제산업성령으로 정하는 바에 따라 <u>그 발명이 속하는 기술분야에서 통상의 지식을 가지는 자가 그 실시를 할 수 있는 정도로 명확하면서 충분히 기재한 것일 것</u> 2. (생략)	③ 제2항 제3호에 따른 발명의 상세한 설명의 기재는 다음 각 호의 요건을 충족하여야 한다. 1. 그 발명이 속하는 기술 분야에서 통상의 지식을 가진 자가 그 발명을 쉽게 실시할 수 있도록 산업통상자원부령으로 정하는 기재방법에 따라 명확하고 상세하게 기재할 것 2. 그 발명의 배경이 되는 기술을 기재할 것
⑥ 제2항의 특허청구범위의 기재는 다음	④ 제2항 제4호의 규정에 의한 특허청구

하기 위하여 발명의 상세한 설명에 있어서, 약리 데이터 또는 그와 같이 볼 수 있을 정도의 기재가 된 것에 의하여, 그 용도의 유용성이 뒷받침될 것이 필요한 바, 본출원 명세서의 발명의 상세한 설명에는 프리반세린의 본출원발명의 의약용도에 있어서의 유용성을 증명하는 기재가 없다.

(3) 이에 대하여 X가 심결의 취소를 구한 것이 본건이다. 주된 쟁점은, ① 의약의 용도 발명이 서포트요건을 충족하기 위하여는 「약리 데이터 또는 그와 같이 볼 수 있을 정도의 기재」가 필요한가, ② 36조 4항 1호의 요건(실시가능요건)과 서포트요건의 관계(실시가능요건을 충족하기 위하여 상기 기재가 필요하다 하더라도, 서포트요건의 충족에는 상기 기재가 요구되지 않는 것인가)이다.

Ⅱ. 판 지

청구인용(심결 취소) (확정).

(i) 실시가능요건과 서포트요건의 관계에 대하여

① 법 36조 4항 1호의 취지는, 유용한 기술적 사상의 창작인 발명을 공개함에 따른 대상(代償)으로 독점권이 주어진다고 하는 특허제도의 목적을 달성하기 위함이다. 이것에 대하여, 법 36조 6항 1호는, 「만일, 『특허청구범위』의 기재가 『발명의 상세한 설명』에 기재·개시된 기술적 사항의 범위를 넘는 경우에 그러한 광범위한 기술적 범위에까지 독점권을 부여하게 되면, 해당 기술을 공개한 범위에서 공개의 대상(代償)으로 독점권을 부여한다고 하는 특허제도의 목적을 일탈하기 때문에, 그러한 특허청구범위의 기재를 허용하지 않기로 한다」는 것이다.3)

각 호에 적합한 것이어야 한다.	범위에는 보호를 받고자 하는 사항을 기재한 항이 1 또는 2이상 있어야 하며, 그 청구항은 다음 각 호에 해당하여야 한다.
1. 특허를 받으려고 하는 발명이 발명의 상세한 설명에 기재한 것일 것	1. 발명의 상세한 설명에 의하여 뒷받침될 것
2. 특허를 받으려고 하는 발명이 명확한 것	2. 발명이 명확하고 간결하게 기재될 것
3. 청구항마다의 기재가 간결한 것	3. 발명의 구성에 없어서는 아니되는 사항만으로 기재될 것 〈2007.1.3.개정으로 삭제〉
4. 그밖에 경제산업성령으로 정하는 바에 따라 기재되어 있는 것	

3) 일본 특허법 36조 6항 1호에 대응되는 우리 특허법 42조 4항 1호에 관하여, 우리 대법원은, "구 특허법(2007. 1. 3. 법률 제8197호로 개정되기 전의 것) 42조 4항 1호(위 조항은 위 개정 전과 후에 변동이 없다)는 특허청구범위에 보호받고자 하는 사항을 기재한 항(청구항)은 발명의 상세한 설명에 의하여 뒷받침될 것을 규정하고 있는데, 그 취지는 특허출원서에 첨부된 명세서의 발명의 상세한 설명에 기재되지 아니한 사항이 청구항에 기재됨으로써 출원

② 「법 36조 6항 1호의 규정의 해석에 있어서, …동호의 취지로부터 벗어나, 법 36조 4항 1호의 요건 적합성을 판단하는 것과 완전히 같은 방법에 따라 해석, 판단하는 것은 동일 사항을 이중으로 판단하는 것이 될지도 모른다.」 「법 36조 6항 1호 규정의 해석에 있어서는, 특허청구범위의 기재가 발명의 상세한 설명의 기재의 범위와 대비되고, 전자의 범위가 후자의 범위를 넘는지 아닌지를 필요하고 합목적적인 해석방법에 의해 판단하면 족하고, 예를 들어 특허청구범위가 특이한 형식으로 기재되어 있기 때문에, 법 36조 6항 1호의 판단의 전제로서『발명의 상세한 설명』을 상기와 같은 방법에 의해 해석하지 않는 한, 특허제도의 취지에 현저하게 반하는 등 특별한 사정이 있는 경우는 제쳐두더라도, 그러한 사정이 없는 한은 동조 4항 1호의 요건 적합성을 판단하는 것과 완전히 같은 방법에 따라 해석, 판단하는 것이 허용되지 않아야 한다.」

(ii) 의약 용도발명에 요구되는 기재

실시가능요건을 충족하려면, 「『발명의 상세한 설명』의 기재에 용도의 유용성을 객관적으로 검증하는 과정을 명확하게 하는 것이 많은 경우에 타당하다고 해석하여야 하며, 검증과정을 분명히 하기 위하여는 의약품과 용도와의 관련성을 나타낸 데이터에 의하는 것이 가장 유효, 적절하면서도 합리적인 방법이라고 할 수 있으므로, 그러한 데이터가 기재되어 있지 아니할 때에는, 그 발명을 실시할 수 있을 정도로 명확하고 충분히 기재되지 않았다고 여겨지는 경우가 많다」. 그러나, 법 36조 6항 1호의 요건 충족에는, 「특별한 사정이 없는 한 약리 데이터 또는 그와 같이 볼 수 있을 정도의 기재를 하는 것이, 필요불가결한 조건(요건)이라고는 할 수 없다.」 「『발명의 상세한 설명』의 기재 내용에 관한 해석의 방법은, 동 규정의 취지에 비추어, 『특허청구범위』가 『발명의 상세한 설명』에 기재된 기술

─────────────

자가 공개하지 아니한 발명에 대하여 특허권이 부여되는 부당한 결과를 막기 위한 것으로서, 청구항이 발명의 상세한 설명에 의하여 뒷받침되고 있는지는 특허출원 당시의 기술수준을 기준으로 하여 통상의 기술자의 입장에서 특허청구범위에 기재된 사항과 대응되는 사항이 발명의 상세한 설명에 기재되어 있는지에 의하여 판단하여야 한다"고 설시하고 있다[대법원 2011. 10. 13. 선고 2010후2582 판결, 같은 취지 대법원 2006. 10. 13. 선고 2004후776 판결 등].

종래 대법원 판결 중에는 위 특허법 42조 4항 1호에 관하여 "그 의미는 청구항은 특허출원 당시의 기술 수준을 기준으로 하여 그 발명과 관련된 기술분야에서 통상의 지식을 가진 자의 입장에서 볼 때 그 특허청구범위와 발명의 상세한 설명 각 내용이 일치하여 그 명세서만으로 특허청구범위에 속한 기술구성이나 그 결합 및 작용효과를 일목요연하게 이해할 수 있어야 한다는 것이다"라는 취지의 판례(대법원 2006. 11. 24. 선고 2003후2072 판결)도 있었으나, 최근에는 위 2010후2582 판례의 견해로 수렴된 것 같다.

적 사항의 범위인지 아닌지를 판단하는 데에 필요하고 합목적적인 해석방법에 따라야 하는 것이어서, 특별한 사정이 없는 한은 『발명의 상세한 설명』에 대해 실시예 등으로 기재·개시된 기술적 사항을 형식적으로 이해하는 것으로 충분하다고 해야 한다.」

(iii) 본건 사안에의 적용

「본 출원명세서의 발명의 상세한 설명에 대하여는, 『프리반세린이 성욕강화 특성을 가진다』 등의 기술적 사항이 확실한 것 등의 논증과정에 관한 구체적인 기재는 되어 있지 않다.

그러나, 발명의 상세한 설명에 기재된 기술적 사항이 명확한지 등의 논증과정을 나타내는 구체적인 기재가 없다는 점에 대하여는, 오로지 법 36조 4항 1호의 취지에 비추어 그 요건의 충족을 판단하면 충분한 것이어서, 법 36조 6항 1호 소정의 요건의 충족 유무의 전제로서 판단해서는 아니 된다는 점은, 앞에서 설시한 대로이다.」

Ⅲ. 해   설

1. 본 판결의 의의

실시가능요건 및 서포트요건은 공히 공개의 대상(代償)으로서 독점권을 준다고 하는 특허제도의 취지 목적을 담보하기 위하여 마련된 규정이라 이해되고 있다. 양자를 총칭해 개시요건으로 부르기도 한다. 그러나, 이른바 「공개대상설(公開代償説)」을 궁극적인 근거로 하는 점에서는 공통되더라도, 양 요건이 완전하게 그 취지를 공통으로 하며 판단기준도 동일한가에 관하여는 의견이 일치하지 아니한다. 이는, 실시가능요건은 발명의 상세한 설명에 해당 청구항 기재 발명에 대해 당업자가 실시 가능할 정도의 기재를 요구하는 요건인 반면, 서포트요건은, 청구항 발명이 발명의 상세한 설명에 기재된 내용을 넘지 않을 것을 구하는 요건이라고 하는 차이가 있다. 한편, 양자에는 청구항 발명과 명세서의 발명의 상세한 설명과의 대응 관계를 문제삼는다고 하는 공통점도 있다. 양 요건을 어떻게 정리할지에 관하여는 아직도 정해진 견해가 없다. 그와 같은 가운데, 본 판결은 하나의 견해를 제시해 논의를 환기시킨 중요한 판결이라 할 수 있다. 또한, 의약에 대한 용도발명이 특허권을 취득하기 위하여는, 명세서의 발명의 상세한 설명에 어떠한 내용을 기재·개시해야 하는지에 대하여는 논의가 있었는바, 그 점에 대하여 견해를 나타냈다는 것도 중요하다.

2. 실시가능요건 및 서포트요건의 현재의 운용

(1) 일반적으로, 실시가능요건을 충족하기 위하여는, 발명의 상세한 설명에 (i) 「당업자」가 발명을 (ii) 「실시」할 수 있을 정도로, (iii) 「명확하고 충분하게」기재하지 않으면 아니 된다. (i) 당업자는 29조 2항에도 등장하는 개념이다. 다만, 29조 2항에 있어서의 당업자와 36조에 있어서의 당업자의 개념을 달리 파악하는 설도 유력하다. (ii)에 대해, 「실시」란 발명을 생산·사용 등(2조 3항의 「실시」의 정의 참조) 하는 것이나, 실시가능요건에 관해서는, 생산·사용할 수 있다고 할 수 있기 위하여는, 발명의 구성요건을 형식적으로 재현할 수 있을 뿐만 아니라, 소기의 작용 효과를 이룰 필요도 있다고 생각할 수 있다(知財高判 平成 17. 11. 22. 平 17(行ケ) 10341号, 知財高判 平成 21. 4. 23. 平18(行ケ) 10489号). 예를 들어, 살충작용을 갖는 화합물의 발명의 경우, 클레임에 나타난 화학식의 물질을 생산할 수 있을 뿐만 아니라, 그 화합물이 실제로 살충작용을 나타내지 않으면 아니된다. (iii)에 대해 실시가능요건을 충족하기 위하여는, 당업자가 「과도한 시행착오 없이」발명을 실시 가능할 정도의 기재가 없으면 안 된다고 생각되고 있다. 상기의 예로 말하자면, 발명의 상세한 설명의 기재를 접한 당업자가, 과도한 시행 착오를 요하지 아니하고 그 화합물을 제조할 수 있어 살충작용을 가지는 것을 확인할 수 있다면, 실시가능요건은 충족된다.

(2) 서포트요건은, 청구항 발명이, 발명의 상세한 설명의 기재에 의해 (그 기재나 시사가 없을 때는 출원시의 기술상식에 비추어) 당업자가 해당 발명의 과제를 해결할 수 있다고 인식가능한 범위의 것인지 아닌지에 의해서 판단된다(파라메타 사건 대합의(大合議)판결·知財高判 平成 17. 11. 11. 判時 1911号 48頁 - 본서 21번 사건). 살충작용을 갖는 화합물의 발명의 경우, 클레임된 화합물이 살충작용을 나타낸다고 당업자가 발명의 상세한 설명의 기재로부터 인식할 수 있다면 서포트요건을 충족한다.

(3) 이상과 같이, 실시가능요건과 서포트요건에서는 같은 판단을 해 온 실태가 있다. 예를 들어, 본건에 관한 의약의 용도발명에 대하여는, 실시가능요건을 충족하기 위하여는 약리 데이터 또는 그와 같이 볼 수 있을 정도의 기재가 필요하다고 여겨지고 있다(東京高判 平成 10. 10. 30. 平8(行ケ) 201号 외 다수). 동일하게 서포트요건을 충족하기 위하여도 약리 데이터 또는 그와 같이 볼 수 있을 정도의

기재가 필요하다라고 종래 생각되어 왔다(東京高判 平成 5. 12. 26. 平15(行ケ) 104号, 知財高判 平成 19. 3. 1. 平17(行ケ) 10818号).

3. 실시요건과 서포트요건의 구별

실시가능요건과 서포트요건의 구별에 관하여는 크게 2가지 견해로 나뉜다. 하나는 (i) 양 요건은, 같은 문제를 다른 각도에서 규정하고 있는 것에 지나지 않으며 표리 일체의 요건이라고 보는 견해이다(표리일체설). 이 견해에 의하면, 양 요건은, 발명의 상세한 설명의 내용과 클레임되고 있는 발명이 적절한 관계에 있을 것을 요구하는 요건이며, 같은 내용을 명세서와 클레임의 관점으로부터 각각 규정하고 있는 것에 지나지 않는다고 보게 된다. 양 요건을 거의 구별해 오지 않았던 종래의 실무는 이 견해에 가까웠다고 평가할 수 있을 것이다(知財高判 平成 17. 10. 19. 平 17(行ケ) 10013号 참조). 또 하나의 견해는, (ii) 양 요건이, 궁극적으로 공개대상설의 담보라고 하는 취지를 공통으로 하더라도, 구별할 수 있는 다른 취지를 가지므로 판단의 기준도 다르다고 하는 입장이다(구별설). 위 구별설은 더 나아가 (ii-a) 실시가능요건이 명세서와 클레임의 대응을 실질적으로 심사하고, 서포트요건은 형식적인 심사를 한다고 하는 입장(본 판결), (ii-b) 실시가능요건은 발명의 구성을 물리적으로 재현할 수 있는지 만을 심사하고, 작용효과를 발휘할 수 있는지는 서포트요건에 의해서 심사한다고 하는 입장 등으로 분류할 수 있다. 구별설은 주로, 명문상 별개의 요건으로서 존재하는 이상 다른 취지를 부여하여야 한다는 입장을 기초로 하는 것이라고 생각할 수 있다. 한편 표리일체설은 무리하게 위와 같은 구분을 하더라도 실익은 적고 쓸모없는 혼란을 초래한다고 하는 입장을 기초로 하는 것이라고 할 수 있다.

적어도 구별설 중 (ii-a)설을 취했을 경우에는, 대합의(大合議)판결(본서 21 사건)과의 정합성이 문제된다. 또한, 특허 취득에는 개시요건을 둘 다 충족할 필요가 있어, 결국은 일체로서 기능하는 부분이 있다는 점에 주의를 필요로 할 것이다.

4. 의약 용도발명의 개시요건 · 개시요건과 특허의 보호범위와의 관계

본 판결은, 의약의 용도발명이 서포트요건을 충족하기 위하여, 약리 데이터 또는 그와 같이 볼 수 있을 정도의 기재가 필요하다고 하는 종래의 실무를 부정하는 견해를 제시하였다.

무엇보다 본 판결의 입장에 의하더라도, 여전히 실시가능요건을 충족하기 위하여는 그것들이 필요하다. 그러한 점에서는, 본 판결은 의약 용도발명의 특허취득이 인정되기 위하여 약리 데이터의 개시가 원칙적으로 필요하다고 하는 것을 부정하고 있지 않다. 그러나, 본 판결이 실시가능요건의 판단을 하지 않았던 것은 단지 심리 범위의 밖이었기 때문이다. 지나치게 엄격한 개시를 요구함으로 인하여 특허권의 취득이 지나치게 어렵게 되는 것에 대한 문제의식을, 본 판결은 충분히 나타내 보이고 있다고 할 수 있을 것이다.

이와 같이 개시요건의 기준설정 방법에 의해서, 특허 보호의 가부 및 그 범위는 크게 영향을 받는다. 개시요건은, 어느 개시에 기하여 특허 보호를 받게 되는 범위(보호 한계)를 규율하는 기능을 가지고 있다고 할 수 있다. 본 판결은, 서포트요건을 잘못 사용하면, 보호를 받게 되는 범위가 너무 좁아진다는 것에 경종을 울린 점에 의의가 있다고 생각된다.

〈참고문헌〉
본 판결의 평석으로서,
1. 吉田広志 判評 631号 (判時 2117号) 31頁
2. 齊木敎朗 L&T 50号 59頁
3. 平嶋竜太 平成 22年度 重判解(ジュリ 1420号) 324頁
4. 相良由里子 AIPPI 56巻 2号 113頁
기재요건 전반에 대하여,
1. 潮海久雄 「特許法において開示要件(実施可能要件・サポート要件)が果たす役割」 知的財産法政策学研究 16巻 131頁
2. 室伏良信 「明細書の記載要件」
3. 竹田稔監修 「特許審査・審判の法理と課題」[2002] 123頁

Ⅲ. 발명자 권리

23. 무권원(無權原)의 출원인 명의변경자에 대한 특허권지분 이전 등록청구
—— 음식물쓰레기(生ゴミ) 처리장치 사건

最高裁 平成 13年(2001년) 6月 12日 第三小法廷判決

[平成 9年(オ) 第1918号 : 特許出願人名義変更届手続請求事件]

(民集 55卷 4号 793頁, 判時 1753号 119頁, 判夕 1066号 217頁) ◀재판소 Web

土肥一史(도히 가즈후미, 日本大学 教授) 著

이태영(특허청 국제특허출원심사과장) 譯

Ⅰ. 사실의 개요

(1) X회사(원고·피항고인·상고인)와 A는, 음식물쓰레기처리장치의 공동개발연구사업계약을 체결하였고, A가 동 장치의 발명(본건 발명)을 완성하였고 이 발명에 대하여 X회사와 A는 공동으로 특허출원하였다. 그 출원절차의 계속 중, X회사의 대표권이 없는 이사 Y(피고·항고인·피상고인)는 회사대표인장을 허락없이 사용하여 X회사의 특허를 받을 수 있는 권리의 지분을 X회사로부터 Y에게 양도한다는 취지의 양도증서를 작성하고, 출원인을 X회사에서 Y로 변경한다는 취지의 출원인 명의변경 신고에 첨부하여 특허청장에게 제출하였다. 이 출원은 출원공고를 거쳐서 A와 Y를 특허권자로 하여 특허권(본건 특허권)의 설정등록이 되었다. 특허공보의 내용은 특허출원시의 출원서에 첨부되었던 명세서 등의 내용과 동일하였다.

X회사는 본건 특허권의 설정등록 전, Y에 대하여 본건 발명에 관한 특허를 받을 수 있는 권리의 지분을 갖는지 확인을 구하는 소송을 제기하였지만, 본건 특허권의 설정등록이 되었기 때문에 소를 변경하여 본건 특허권에 대한 Y의 지분의 이전등록 절차(手続)를 청구하였다.

(2) 제1심은 X회사의 청구를 인용하였고, Y는 항소하였다. 원심은 다음의 이

유로 Y의 항소를 인용하였다. 즉, 발명자 또는 발명자로부터 특허를 받을 권리를 승계한 정당한 권리자라 하더라도, 이 외의 사람을 특허권자로 하여 특허권의 설정등록이 된 때에는 특허권의 이전등록 절차를 청구하는 것은 성립되지 않는다. 왜냐하면, 이와 같은 경우 정당한 권리자의 무권리자에 대한 특허권의 이전등록 절차 청구를 인정하는 것은 재판소가 특허청에서의 특허무효 심판의 절차를 거치지 아니하고 무권리자에게 부여되었던 특허를 무효로 하고, 정당한 권리자를 위하여 새로운 특허권을 설정등록하는 것과 같은 결과가 되는 것인데, 이 점은 특허권이 행정처분인 설정등록에 의해 발생되는 것으로 인정되고, 또한 특허의 무효이유의 존부에 대해서는 전문기술적인 입장에서의 판단이 불가결하기 때문에 일차적으로 특허청의 판단에 위임되고 있다고 하는 특허쟁송절차의 취지 및 제도에 반한다고 하는 것이었다. X회사는 상고.

Ⅱ. 판 지

원판결파기 · 자판.

특허를 받을 수 있는 권리의 공유자 X회사가 다른 공유자와 공동으로 한 특허출원에 대하여, Y는 X회사로부터 특허를 받을 수 있는 권리의 지분을 승계한다는 취지의 양도증서를 첨부하여 특허출원인을 X회사에서 Y로 변경하는 출원인 명의변경신고서를 특허청장에게 제출함으로써 Y를 공유자로 한 특허권의 설정등록이 된 경우에 있어서, Y가 X회사의 승낙을 얻지 아니하고 상기 양도증서를 작성한 무권리자이고, 특허권의 설정등록에 앞서 X회사는 Y에 대하여 특허를 받을 수 있는 권리의 지분을 갖는지의 확인을 구하는 소송을 제기하였으며, 상기 특허를 받을 수 있는 권리와 당해 특허권이 동일한 발명에 관한 것이라는 등 판시의 사정 하에서 보면, X회사는 Y에 대하여 당해 특허권의 Y의 지분에 대하여 이전등록 절차를 청구할 수 있다.

Ⅲ. 해 설

1. 특허를 받을 수 있는 권리를 가지지 아니한 자의 출원을 모인출원(冒認出願)이라고 부른다. 2011년 개정 전 특허법에는 특허를 받을 수 있는 권리를 이미 양도해 버린 후의 발명자의 출원은 모인출원이 아니라고 해석되는 규정이 있지

만(特許 39条6項·49条7号·123条1項6号), 이 점은 여기에서 설명하지 않는다. 모인출원이 선출원(先願)의 지위가 없고, 이 출원이 이루어진 것만으로는 정당한 발명자의 특허를 받을 수 있는 권리의 귀속에 영향을 미치지 않기 때문에 정당한 권리자는 출원공개로부터 6월 이내라면, 신규성 상실의 예외 규정(特許30条2項) 하에 출원하여 자신이 특허권을 취득할 수 있다. 출원으로부터 대략 2년이 경과하여 이 출원을 할 수 없게 된 경우에는 모인출원이 무효사유임을 주장하고 모인출원을 이유로 특허를 무효로 할 수 있다(特許 123条1項6号). 당연히, 2011년 개정 특허법이 도입한 특허권 이전의 특례, 특허권의 이전청구제도(改正特許 74条)는 본건 사안에서는 그러하지 아니하였다.

특허를 받을 수 있는 권리를 가지지 않은 자의 출원을 모인출원으로 이해한다면, 특허를 받을 수 있는 권리를 가진 자에 의한 출원이었지만 출원 후에 특허출원인의 명의를 무단으로 변경시킨 본건 사안과 같은 경우에 대해서는 출원인 명의의 무단변경이라 이르고, 모인출원과는 구분하는 것이 적절하다. 발명사상을 완성한 자에게는 특허를 받을 수 있는 권리가 귀속하는 것이지만 특허권이 성립하기 위해서는 특허출원으로 시작하여 특허청에 의한 특허결정 그리고 특허등록이 있어야 비로소 특허권이 성립하는 것이며, 출원할 것인지 여부는 특허받을 수 있는 권리를 가진 자의 의사에 맡겨진다. 모인출원에 있어서는 특허를 받을 수 있는 권리를 가진 자에 의한 출원이 없지만 출원인 명의의 무단변경에 있어서는 특허를 받을 수 있는 권리를 가진 자에 의한 출원이 어쨌든 성립되고, 심사계속 중에 출원인의 명의변경이 무단으로 이행되었다고 하는 점에서 본 판결의 결론에 도달한 본질이 있다.

2. 본 판결은 본건 특허의 Y의 지분에 대해서 이전등록절차의 청구를 인정했지만 그 이유로서 다음의 이유를 제시하고 있다. ① 특허권과 특허를 받을 수 있는 권리와의 연속성, ② 무권리자와 정당한 권리자 간 결과의 불균형성, ③ 권리 지분의 확인청구를 한 후 설정등록된 것에 의하여 이 확인청구를 부적법하다고 하는 불합리성이 그것이다.

(1) 권리의 연속성에 대하여, 모인출원의 경우를 포함하여 말하면, 보정이나 분할에 의해 특허를 받을 수 있는 권리의 대상인 발명의 범위와 특허발명으로 보호되는 발명의 범위는 크게 달라지는 경우도 적지 않다(中山信弘『特許法』[2012] 166頁에는 양자에 결정적인 차이가 있다고 한다). 그리고 국내우선권 주장에 의하여 모인

된 발명과는 전혀 다른 발명이 특허되는 경우가 있다. 그런 의미로 말하면, 성립된 특허권과 특허받을 수 있는 권리의 객체가 실질적으로 동일하다고 평가되는 경우에 본 판결의 결정은 한정될 것이다(飯村敏明 · 本百選 〈第3版〉 49頁 茶園成樹 · ジュリ 122号 284頁 참조).

(2) 무권리자와 정당한 권리자 간에 결과의 불균형성에 대하여, 본 판결은 「본건 발명에 대해 특허를 받아야 할 정당한 권리자는 X회사와 A이며, Y는 특허를 받을 수 있는 권리를 가지지 않은 무권리자이며, X회사는 Y의 행위에 의해 재산적 이익이 있는 특허를 받을 수 있는 권리의 지분을 상실한 것에 대하여 Y는 법률상의 원인 없이 본건 특허권의 지분을 얻은 것이다」고 수익과 손실과의 인과관계를 인정하고, 권리의 연속성이 인정되는 본건 사안 하에서는 부당이득으로서 이득자에게 현존하는 동일성을 갖는 권리를 반환시킨 것이라고 추측된다(長谷川浩二 · 最判解民事篇 平成 13年度(下) 532-533頁). 2011년 개정 특허법 74조 규정을 결여한 본건 사안 하에서는 특허권의 이전청구를 인정하는 실체법 상의 근거로서 평가할 수 있다(종전에 이 가능성에 대하여 시사한 것으로는 川口博也 『特許法の機能』 [1980] 77頁, 특허등록 전에 한정된 것으로서 竹田和彦 『特許を受ける權利の返還請求について』 パテント34卷7号4頁).

(3) 합리성의 문제에 대해서 말하자면, 본건에서 X회사는 본건 발명에 대해 특허를 받을 수 있는 권리의 지분을 갖는다는 확인소송을 제기하고 있기 때문에 특허등록이 된 것을 이유로 청구부적법하다고 판단하는 것은 X회사를 보호하지 못하게 된다. 심판과 소송 간의 관계와는 달리 심사와 재판은 각각 독립해서 행하여지기 때문에 부득이한 결과로서, 그 이후에는 특허무효심판과 불법행위에 의한 구제 밖에는 없다고 한다면 분명히 불합리하고 소송경제에도 반할 것이다. 이러한 의미에서 본 판결의 결론에 이론(異論)이 없겠지만 세부적인 이론(理論) 구성에는 다음에 설명하는 문제점도 있다. 본 판결은 2011년 개정 특허법의 특허권 이전의 특례 제도에도 영향을 미친 것으로 생각되므로 동 제도와의 관계에 대해서도 언급해 둔다.

3. (1) 먼저, 특허를 받을 수 있는 권리와 특허권과의 연속성에 대한 것이다. 분명하게도, 특허를 받을 수 있는 권리가 출원 이후 시간의 경과에 따라 특허권에 수렴(收斂)된다고 하는 것은 하나의 가능성으로 있을 수 있지만, 이 수렴 과정에서 의미를 갖는 보정에 대해서는 수속을 한 자(特許 17条1項), 출원의 변경(新案 10条) 또는 출원의 포기 또는 취하에서는 특허출원인, 국내우선(國內優先)에 대해

서는 특허를 받으려고 하는 자(同41条)를 수속 주체로 정하고, 특허를 받을 수 있는 권리의 귀속과의 관계에서 이 주체를 정하고 있지 않다(참조, 2011년 개정특허법 123조2項 但書).

특허를 받을 수 있는 권리의 유무는 거절사유가 되기는 하지만 이 권리의 유무를 현실적으로 심사한다는 것은 불가능하다. 2011년 개정특허법 123조2항 하에서, 특허무효심판의 청구주체를 '당해 특허에 관한 발명에 대해 특허를 받을 수 있는 자'로 한정하고 있는 것은 특허성립 후에도 특허를 받을 수 있는 권리가 존재하는 것으로 생각할 수 있다(辰巳直彦 『冒認特許權と移転登錄請求』 甲南法学 51卷3号 408頁도 같은 취지). 이러한 의미에서 특허를 받을 수 있는 권리와 특허권의 연속성은 없는 것으로 이해되고 있다. 그렇다면 특허를 받을 수 있는 권리의 귀속과는 다른 근거에 기초하여서 특허청에 대하여 특허 부여를 구하는 지위 또는 권원(権原)이 인정되는 것으로 이해할 수밖에 없다.

(2) 참고로, 특허반환청구(Patentvindikation) 제도를 1936년 이후 독일 특허법에서는 특허를 받을 수 있는 권리(Recht auf das Patent)로 규정하고 있지만(同法 6条), 이 권리 외에 출원에서 발생하는 양도가능한 특허부여청구권(Anspruch auf Erteilung des Patents)을 정하고(同法 7条 · 10条1項), 특허출원의 실체심사가 발명자를 특정하는 것에 의해 지연되는 것을 피하기 위하여 특허청과의 절차에 있어서 출원인은 이 청구권을 갖는 것으로 간주되고 있다. 또한, 유럽특허부여조약(European Patent Convention)에도 출원으로부터 발생하는 권리에 대하여 같은 규정을 두고 있다(同 条約 60条3項).

(3) 일본 특허법에서도 보정이나 분할에 있어서의 주체를 정하는 규정을 기초로 특허부여청구권을 정립(措定(そてい))하는 것이 가능하지 않을까 생각한다. 모인출원에 있어서 특허를 받을 수 있는 권리를 가지지 않은 출원인이 특허청에 출원수속을 행하고 특허등록을 받을 수 있는 것은 이 권리에 바탕을 둔 것이며, 이를 전제로 개정특허법 74조 1항은 특허를 받을 수 있는 권리를 가진 자에게 이전청구권을 부여하고 있는 것으로 이해된다. 또한, 출원인 명의의 무단변경 사안에서는 출원에 의해 발생된 권리의 명의를 무단으로 변경한 사안으로 이해된다. 특허부여청구권을 갖는지의 확인 소송 계속 중에 설정등록이 되더라도 특허를 받을 수 있는 권리에 기초하여 특허권의 이전등록청구는 인정되어진다.

4. 개정 특허법 74조 1항에서 도입된 특허권 이전 특례는 모인출원과 출원인

명의의 무단변경 어느 것이나 적용 대상이 되고 있다. 모인출원에 있어서도 이출원에 의해 발명의 내용이 공개됨으로써 산업의 발달에 기여한 점에는 변함이 없다고 하는 것이 입안자(立案者)의 설명이다(特許廳功業所有權制度改正審議室編『平成23年度特許法等の一部改正 産業財産權法の解説』45頁). 2011년 개정 전 특허법에는 모인출원의 사안에서 이전청구를 할 수 없다고 해석될 여지가 있었지만, 이 개정에 의해 입법적인 해결이 도모되었으므로 양자 간에 차이는 없어졌다. 이에 따라서, 모인출원에 있어서 모인자 자신의 발명을 부가하여(모인된 발명의 일부로 하거나 모인된 발명에 부가하여 복수의 발명으로 하여) 출원한 경우, 특허권의 이전 특례로서 특허를 받을 수 있는 권리를 가진 자의 이전청구 등의 범위에 관하여 가능한지는 애매하게 되어 있다. 2011년 개정 특허법시행규칙 40조의 2에는 「자신이 가진 것으로 인정되는 특허를 받을 수 있는 권리의 지분에 따라서」 가능하다고 규정되어 있기는 하지만 입안자는 청구항마다 지분 이전의 청구를 인정하는 취지는 아니라고 설명하고 있다(竹田稔「冒認出願等に対する真の權利者の救済措置」L&T 54号47-48頁は反対). 이 설명은 타당하다고 평가될 수 있지만 본법에 있어서 특허권 이전 특례로서 권리를 분할하는 방법이 시행되고 있지 않기 때문에 어느 정도로 이러한 취급이 가능할지는 분명하지 않다. 모인자와 피모인자가 하나의 특허권을 공유하게 되면 지분 양도, 질권 설정 및 라이센스 설정과 관련하여 지장없이 행하여질 수 있을지 의문이 없다고 할 수 있을지는 모르겠지만, 심사단계에서는 복수의 발명을 분할할 수 있지만 결정 후에는 분할할 수 없다고 하는 것은 이전 특례의 제도 하에서는 이치(理屈)(=이론(理論))에 맞지 않는다.

〈참고문헌〉

본 판결의 평석으로서 본문에 기재한 것들 외,

1. 川口博也, 知財管理, 52卷3号 373頁

2. 盛岡一夫, 發明, 99卷1号 103頁

3. 高林龍, 判評, 519号(判時 1776号) 31頁

4. 長谷川浩二, ジュリ, 1226号 92頁

5. 井関諒子, 同志社法学 53卷5号 1665頁

6. 君嶋祐子, 民商 125卷6号 756頁

7. 村越啓悅, 平成 13年度主要民事判例解説(判タ1096号) 144頁

8. 村田真一, AIPPI 49卷2号 115頁 등이 있다.

24. 모인출원인에 대한 특허권이전등록절차청구 브라쟈 사건

東京地裁 平成 14年(2002년) 7月 17日 判決

[2001年(ワ) 第13678호 : 特許權移轉登錄請求事件]

(判時 1799号 155頁, 判タ 1107号 283頁) ◀재판소 Web

君鳴祐子(키미지마 유우코, 慶應義塾大学 教授) 著

우라옥(의정부지방법원 판사) 譯

I. 사실의 개요

소외 A(Y 회사대표이사)로부터의 의뢰에 따라 본건 발명을 한 X(원고)는, 그 시작품을 작성하여, 이를 A에 송부하였다. Y회사(피고)는, 1998. 4. 22. 본건 발명에 관하여, A 및 소외 B를 발명자, Y회사를 출원인으로 하여, 특허출원을 하였다(「당초출원」). Y회사는, 1999. 1. 27. 당초출원에 기초하여, 국내우선권 주장을 수반한 특허출원을 하였다(「신출원」). 당초출원은, 특허법 42조 1항에 의해 1999. 7. 22.에 취하한 것으로 간주되었다. 신출원에 관하여는, 거절이유통지후의 보정을 거쳐, 2000. 2. 22. 특허결정이 되고, 같은 해 3. 24. Y 회사를 특허권자로 하여 본건 특허권의 설정등록이 되었다(「본건 특허권」).

X는, 1998. 6. 9. A로부터 당초출원의 출원서류를 건네받아, Y회사가 발명자를 B 및 A로 하여 당초출원을 한 사실을 알고, 1999년 2월에, A에 대하여 X를 당초출원의 출원인으로 추가할 것을 요구하였다. 같은 해 5월에 발행된 신문에 본건 발명의 실시품인 브라쟈에 관한 기사가 게재되었다. X는, 같은 해 9. 20. 당초출원의 발명자는 X로서, Y회사, B 및 A에 대해서, 당초출원된 발명에 관하여, 특허를 받을 권리의 확인을 구하는 소송을 동경지재에 제기하였다(동경지재 1999년 (ワ)제20878호, 「전소」). 동 재판소는, 2001. 1. 31. 늦어도 이 사건 특허권의 설정등록이 행해진 날까지에, X가 특허를 받을 권리는 소멸한 것으로서, 확인의 이익이 없다고 해서 소 각하 판결을 하였고, 동 판결은 확정되었다. X는, Y회사에 대해

서, 이 사건 특허권의 이전등록절차를 구하여, 이 사건 소를 제기하였다.

Ⅱ. 판   지

청구기각.

본건 특허발명의 발명자를 X로 인정한 후에, X의 이전등록절차청구권을 다음과 같은 이유로 부정하였다.

(i) 모인출원에 있어서 발명자 또는 발명자로부터 특허를 받을 권리를 승계한 자(「발명자 등」)의 보호에 관한 특허법의 제 규정과, 비록 발명자 등이라도 자기의 명의로 특허권의 설정등록이 되어 있지 않으면 특허권을 취득하는 것은 아니라고 하는 「특허법의 구조에 비추어 보면, 특허법은, 모인출원을 해서 특허권의 설정등록을 받은 경우에, 당연히는, 발명자 등으로부터 모인출원자에 대한 특허권의 이전등록절차를 구하는 권리를 인정하고 있는 것은 아니다.」

(ii) 본건은 최고재 2001. 6. 12. 판결(民集 55권 4호 793면 - 본서 23 사건)과는 다음의 점에서 사안이 달라서, 동일하게 판단할 수 없다.

① 「특허법은, 특허권이 특허출원에 대한 특허결정(또는 심결)을 거쳐 설정등록된 것에 의해 발생하는 것으로 정하고 있고, 그와 같은 특허법의 특허권의 부여절차의 구조에 비추어 보면」, 「X에게 본건 특허권의 이전등록절차청구를 인정하는 것은, 스스로 특허출원절차를 이행하지 않은 자에 대하여 특허권을 부여하는 것을 인정하는 것으로 되어 … 허용될 수 없다.」

② 「본건은, 사인 간의 권리변동이 아니고, 진정한 발명자가 누구인가 하는 정말로 특허청의 전문분야에 속하는 사항이 쟁점으로 되어 있는 사안이어서」, 상기 최고재 판결과 「그 쟁점의 성질이 크게 다르다.」

③ 「X는, 본건 특허발명에 관하여 모인출원이 된 것을 안 후, 늦어도 1999. 11. 4.까지의 기간에 스스로 본건 특허발명에 관하여 특허출원을 하였다면, Y가 한 당초출원 또는」 신(新) 「출원을 배제하는 것이 가능하고, 본건 특허발명에 관하여, 스스로 특허권을 취득하는 것이 가능하였다고 할 수 있다. 그렇다면, … 예외적으로 특허권의 이전등록청구를 인정하여 진정한 권리자의 구제를 도모할 필요는, 지극히 낮다고 할 수밖에 없다.」

Ⅲ. 해   설

1. 본 판결의 위치에 관하여

본 판결은, 특허를 받을 권리를 갖지 않은 자(무권리자)가 그것을 갖는 자(진정한 권리자)에 대하여 무단으로 한 특허출원에 관하여 특허권설정등록이 된 사례(모인출원사례)에 관하여, 진정권리자는, 모인출원에 의한 특허권자에 대하여, 특허권이전등록절차를 청구할 수 없다고 하였다. 타인이 한 공동특허출원에 대하여, 그 타인에게 무단으로 공동출원인 명의변경의 신청을 한 사례(모인신청사례)에 관하여 특허권공유지분이전등록절차청구를 인용한 최고재 2001. 6. 12.(본서 23사건)의 법리는, 모인출원사례에는 미치지 않는다고 하였다

본판결은 형식적으로는, 상기 최고재 판결이 긍정한 부당이득을 원인으로 한 이전등록절차청구권의 성립요건 중, 수익과 손실의 인과관계를 부정한 것으로 해석되고, 실질적으로는, 양 사안의 상위점으로서 판지 (ii) ①②③)의 3가지를 들고 있다. 본 판결 후, 실용신안권에 관한 사례가 있지만, 공동출원위반에 의한 출원사례에 관해서, 동일하게 위 최고재판결의 사정 외로 한 판결도 있다(동경지판 2007. 7. 26. 평 19(ワ)1623호). 위 최고재 판결 후의 학설은 최고재 판결과 같이 모인신청사례에 한정해서 이전등록절차청구를 인정한다고 하는 것과, 모인출원사례에 있어서도 그러한 청구를 긍정하는 것으로 나눌 수 있지만(학설상황은, 전게 동경지판 2007. 7. 26. 평성 19. 7. 26.의 해설인 愛知靖之·속보판례해설3호(법七증판)239면, 242면 주 4 참조), 진정한 권리자의 보호의 상태에 대해서 활발하게 논의되는 것에 이르러(君嶋祐子[모인출원, 공동출원위반에 있어서 진정한 권리자의 반환청구권] 특허연구 52호32면과 그 인용문헌 참조), 2011년 법률 제63호에 의한 특허법개정(2012. 4. 1.시행)에 의해, 모인출원 혹은 공동출원 위반의 경우에 진정한 권리자로부터 현 특허권자에 대해서 모인출원 또는 공동출원위반에 관계된 특허권 또는 그 공유지분의 이전을 인정하는 규정이 신설되었다(특허법 74조).

즉, 모인출원사례, 모인신청사례 어느 경우도, 특허권설정등록 전에 있어서는, 진정한 권리자는, 특허출원인에 대해서 특허를 받을 권리를 가진다는 것의 확인을 청구하는 것이 가능하고, 나아가 확정된 확인판결을 첨부하여 단독으로 자기로의 출원인변경신청을 하는 것이 가능한 것이, 하급심 재판례 및 특허청의 실무이다(君嶋祐子·민상 125권6호 756면). 출원인의 명의변경을 단독으로 신청할 수 있는 것은 무단신청에 의한 위법한 명의변경이 이루어지기 쉬운 점에 문제가 있

고, 등록과 같이, 소송 또는 가처분의 존재를 공시하는 것이 가능하지 않기 때문에, 특허를 받을 권리에 관한 등록제도의 창설이 바람직하다.

2. 모인출원 또는 공동출원위반에 있어서 진정한 권리자의 특허권이전청구권 (특허법 74조)

특허법 74조 1항은, 특허가 모인출원 혹은 공동출원위반에 해당하는 때에는, 당해 특허에 관계된 발명에 대해서 특허를 받을 권리를 가진 자는, 경제산업성령에 정한 것에 의해, 그 특허권자에 대하여, 당해 특허권의 이전을 청구하는 것이 가능하다고 한다. 본 판결이나 이를 지지하는 학설과 같이, 스스로 특허출원절차를 행하지 아니한 자에 대해서 특허권을 부여하여서는 안된다고 한다면, 모인출원사례에 있어서도 특허권이전청구권을 긍정한다. 또한, 전게 최고재 재판례와 같이, 모인자가 특허권(의 지분)을 취득하는 반면에 진정한 권리자가 특허를 받을 권리(의 지분)를 잃는다고 해석하는 것이 아니라, 모인특허권발생후에도 진정한 권리자는 모인출원에 관계된 발명에 대해서 [특허를 받을 권리를 가지는 자]라고 규정하고 있다.

이상의 문언에서, 본 조는, 모인출원, 공동출원위반에 의한 특허의 반환청구를, 종래 논의되어온 준점유, 준사무관리, 부당이득, 불법행위에 의한 원상회복과 같은 본권 이외의 구제로 하는 것은 아니고, 본권인 [특허를 받을 권리]에 기한 반환청구권(Vindikation)으로서 구성한 것으로 해석된다. 종래, 학설·재판례에 있어서 법률구성의 대립이 있었던 것을 입법에 의하여 해결한 것이라고 할 수 있다. 개정법 74조의 시행 전에도, 이론구성은 여러 가지 있었지만 민법 및 개정 전의 특허법의 해석으로서, 진정한 권리자에 의한 반환청구권을 긍정하는 학설이 있다(川口博也 [『특허를 받을 권리』의 모인과 발명자반환청구권] 상대논집 21권 4호 29면, 高林龍·判評 519호[判時 1776호] 31면, 君嗚祐子·본백선 제3판 50면, 辰巳直彦[모인특허권과 이전등록청구] 甲南法學 51권 3호 93면, 君嗚·전게 특허연구). 이러한 입장에서라면, 개정법 74조는 그 해석을 입법에 의해 분명하게 한 것으로 위치될 것이다.

[특허를 받을 권리]의 성질에 대해서는, 전에는 공권인가 사권인가라는 형태로 논의되었으나, 현재에는 사권으로서의 성질을 가지는 것에 이론은 없다. 그러나 특허를 받을 권리 및 특허권의 객체인 발명이 사권의 객체로서 어떠한 성질을 가지는 것인가 라는 것에 대해서는, 민법연구의 면에서도, 지적재산권연구의 면에서도, 충분히 의논되어 온 것이라고는 말하기 어렵다. 그 일면으로서, 특허법

에 규정된 특허권은 지적재산권이라고 하는 [재산권]이고, 물권유사의 권리라고 한다.

사권으로서의 [특허를 받을 권리]의 내용에서, 반환청구권을 설명하는 학설로서는, [특허를 받을 권리는 [발명에 대해서 지배하는 권리라는 것으로서, …보다 배타적으로 당해 발명에 대해서 지배하기 위해 특허를 받아야 하는 실체법상의 지위를 표상하는 권리]로서, [모인특허권이 성립된 경우에는, 진정한 권리자의 특허를 받을 권리의 실체적 지위가 침해된 것으로서 그 시정을 청구할 수 있는 권리]라고 하는 입장이다(辰巳·전게).

또한, 발명자는, 발명완성과 동시에 발명을 직접 지배하고, 그것을 이용수익처분할 수 있는 재산권으로서 발명권을 취득하는 것으로서, 특허법상의 [특허를 받을 권리]는 발명권의 투영으로서 진정한 권리자가 가진 발명권의 직접 지배성이, 무권리자에 의한 발명의 점유 내지 준점유, 특허출원 또는 특허권설정등록에 의해서 침해되었다는 것을 이유로, 진정한 권리자에게는, 소유권에 기한 반환청구권과 동일한 성질을 가진 반환청구권이 인정되는 것이라는 것이다(君嶋·전게 특허연구).

특허법 74조는, 특허권이전청구권으로 규정하지만, 실질적으로는, 특허권이전등록절차청구를 해야 한다고 해석된다. 생각건대, 특허권의 이전을 명하는 급부판결을 받는다고 해도, 쌍방 신청주의의 이전등록절차를 원고가 단독으로 하는 것은 가능하지 않기 때문에, 결국, 특허권이전등록절차를 명하는 판결을 받을 필요는 있기 때문이다.

3. 제3자의 보호(특허법 79조의 2)

모인출원·공동출원위반에 관한 특허의 반환청구를 인정하는 경우, 모인특허권자로부터의 전득자, 실시권자인 제3자의 지위를 어떻게 할 것인가. 특허법 74조는, 기간제한을 하지 않고 모인출원·공동출원위반에 관한 특허권의 이전청구를 인정하는 것에, 동 79조의 2는, 이러한 청구를 인용하는 경우, 특허권이전등록시에 현재 특허발명을 실시 또는 실시의 준비를 하고 있는 선의의 특허권자. 전용실시권자 또는 통상실시권자에게, 그 실시 또는 준비를 위해 한 발명 및 사업의 목적의 범위 내에서 유상의 법정통상실시권을 인정하고 있다.

본조(선의의 특허권자)에, 모인특허출원을 한 특허권자 자신도 포함되는가. 입법단계에서 이것을 긍정해야한다는 주장도 있었지만, 본조의 목적은, 전주인 특허출원인 또는 특허권자가 특허를 받을 권리를 가지지 않는다는 것을 알지 못하고 거래관계에 들어간 제3자를 보호하는 것이라고 해석되어, 부정해야만 한다. 타인의 발명을 자신의 것으로 오해하고 특허출원을 해도, 실시의 준비를 시작하였다면, 실시를 계속하는 것이 가능하다는 긍정설은, 민법에 있어서 재산의 귀속과 제3자의 보호법리에서 괴리되고, 마치 무권리자의 모인출원에 의한 실시의 준비를 정지조건으로서 법정실시권의 선의취득의 효과를 인정하는 것과 같다.

즉, 일본의 민법에 투영을 준, 독일, 프랑스에 있어서는, 특허공고 후 2년 내지 3년 동안은 선의의 제3자의 유무에 관계없이, 부담이 없는 반환청구권을 인정하는 일방, 상기 기간경과 후는, 악의의 특허권자로부터의 반환만을 긍정하는 제도를 채용하고 있다. 계속 보다 좋은 제도설정에 대해서 의논해 가야 한다.

4 진정한 권리자의 구제에 관한 그 외의 개정

2011년 특허법 개정에 있어서, 진정한 권리자의 구제에 관련해서, 상기 외에, 다음의 점이 개정되었다.

(1) 거절이유 및 특허무효이유(49조 7호, 123조 2호, 6호의 개정)

(2) 선원의 예외규정의 폐지(39조 6항의 삭제)

(3) 특허무효심판의 청구인적격(123조 2항 개정)

(4) 특허무효의 항변의 주장적격(104조의 3 제3항 개정)

(5) 특허증의 교부(28조1항 개정)

2011년 개정특허법 시행 후에 본건과 동일한 사안이 문제로 된 경우에는, 특허법 74조에 의해, 진정한 권리자의 특허권이전청구권이 긍정될 것이다. 진정한 권리자의 반환청구권의 명문화에 의해, 타인의 발명에 관해서 특허를 출원한 자는, 특허를 받을 권리를 양수하기 위해 교섭을 신중 및 성실하게 행하지 않는다면, 소송에 있어서 패소하기 때문에, 본건과 같이 특허출원절차의 간격을 이용해서 모인특허권을 취득하는 것과 같은 신의에 반하는 사건은 많이 미연에 방지될 것이다.

〈참고문헌〉
본문 중에 게재된 것

25. 모인에 의한 의장등록을 받을 권리의 침해

最高裁 平成 5年(1993년) 2月 16日 第三小法廷判決
[平成 3年(オ) 第1007号 : 損害賠償請求事件]
(判時 1456号 150頁, 判タ 816号 199頁)

佐藤惠太(사토 케이타, 中央大学 教授) 著
김철환[법무법인(유) 율촌 변호사] 譯

Ⅰ. 사실의 개요

　X(원고, 항소인, 상고인)는, 자동차용 유아탑승 짐받이에 관한 의장(이하 "본건 의장")을 창작하고, Y(피고, 피항소인, 피상고인)가 이것을 실시하였으나, Y는 자사 종업원 소외 A를 창작자로 하여 당해 의장을 의장등록출원하여 의장등록을 받게 되었다. 촉탁사원이었던 X는, 의장등록을 받을 권리를 상실한 것을 이유로 불법행위에 기한 손해배상을 청구하였다.

　원심[東京高判 平成 3. 3. 27. 判工(2期) 6376頁]은, 6억엔 가량의 배상청구에 대하여, 아래와 같이 기재하여 항소를 기각하였다. 즉 Y에 의한 본건 의장등록원출원이 모인출원이라면, 위 출원은 정당한 권리자의 출원에 대하여는 선원으로 될 수 없기(의장법 제9조 제4항[1]) 때문에, Y가 본건 의장에 관하여 등록출원하여 의장권의 설정등록을 받은 것은 X의 본건 의장등록을 받을 권리를 상실시키는 것으로는 되지 않고, X의 등록출원에 방해가 되는 것도 아니다. 만약 Y의 본건 의장등록출원에 의해 X가 의장등록을 받을 권리의 가치 상당의 손해를 입었다고 하더라도, X는 1976년에는 가해자 및 손해를 알았던 것으로 해석되기 때문에, 모인출원에 기한 X의 손해배상청구권은 시효로 소멸하였다. X는 자신이 Y의 모인출원에 의한 손해 및 가해자를 알았던 것은 무효심결이 확정된 1984년이라고 주장하

---

1) 일본 의장법 제9조 제4항(평성 23년 법 개정 전의 것)은 다음과 같다(역자 주).
　의장법 제9조(선원) ④ 의장을 창작한 자가 아닌 자로서 의장등록을 받을 수 있는 권리를 승계하지 아니한 자가 한 의장등록출원은 제1항 또는 제2항의 규정의 적용에 대하여 의장등록출원이 없는 것으로 본다.

나, 가해자 및 손해를 안 것과 그 심결이 확정된 것과는 관계가 없고, 그 심결이 확정될 때까지 손해배상청구가 불가능한 것은 아니다.

이에 대하여 X측이 상고한 것이 본건이다. 상고이유는, 이해하기 어려운 부분이 있으나, 요지는, ① 의장등록을 받을 권리가 모인에 의해 침해된 것은, 원심 판결이 말한 것처럼, 거절이유에 대한 의견서에서 모인출원이라는 뜻을 다투더라도, 후출원원에 대한 등록결정이 즉시 나오는 것이 아니고 무효심판을 거치지 않으면 안 되기 때문에, X에게 의장등록출원하는 길이 남아있지 않았기 때문이고, ② 불법행위의 단기소멸시효의 기산점은 "당해 가해행위가 불법행위를 구성한다는 것도 확실히 알았던 때"라고 해석하여야 하고, 무효심결의 확정 이전에는 도대체 모인출원이라고 하는 것이 확정되지 않으므로 시효기간은 진행하지 않는다는 등이다.

또한 X는, 1976년에 Y가 가진 본건 의장등록은 모인출원이기 때문에 무효라는 심판을 제기하여 확정무효심결을 얻고 있다[昭和 59年 2月 29日 審決(昭和51年審判 第9633号)].

Ⅱ. 판　지

상고기각.

"의장의 창작자가 아닌 자 또는 당해 의장에 관하여 의장등록을 받을 권리를 승계한 적이 없는 자가, 당해 의장에 관하여 의장등록출원을 하고, 위 권리의 설정 등록이 되었을 경우에는, 당해 의장의 창작자 또는 해당 의장에 관하여 의장등록을 받는 권리를 승계한 자가 그 후 당해 의장에 관하여 의장등록출원을 하더라도, 당해 의장은 의장공보에 게재된 것에 의해 공지인 것으로 되어 있기 때문에, 위 출원은, 의장법 제3조 제1항[2]의 의장등록의 요건을 충족하지 않아, 동법 제4조 제 1 항[3]의 신규성 상실의 예외 규정의 적용이 있는 경우를 제외하고는, 위

---

2) 일본 의장법 제3조 제1항은 다음과 같다(역자 주).

　　의장법 제3조(의장등록의 요건) ① 공업상 이용할 수 있는 의장의 창작을 한 자는 다음과 같은 의장을 제외하고 그 의장에 대하여 의장등록을 받을 수 있다.

　　1. 의장등록출원 전에 일본국내 또는 외국에서 공연히 알려진 의장

　　2. 의장등록출원 전에 일본국내 또는 외국에서 반포된 간행물에 기재된 의장

　　3. 전 2호에 정한 의장에 유사한 의장

3) 일본 의장법 제4조 제1항은 다음과 같다(역자 주).

　　의장법 제4조(의장의 신규성 상실의 예외) ① 의장등록을 받을 권리를 가지는 자의 의지

권리의 설정의 등록을 받는 것은 가능하지 않다"라고 한 후, 구체적 사안에 관하여는, 의장등록을 받을 권리를 침해하고 있었다고 하더라도, 그 불법행위에 기한 손해배상청구권이 시효소멸하였다고 한 원심판결의 판단을 지지하여, 상고를 기각하였다[본건 해설에서는, 표제와의 관계에서, 쟁점 ②(소멸시효기간)에 관하여는 논하지 않는다].

Ⅲ. 해 설

1. 본 판결은, 실제로는 의장을 창작하고 있지 않은 자가 의장등록출원(모인출원)을 하여 의장등록을 받아버린 행위가, 당해 의장의 직접적인 창작자 또는 의장등록을 받을 권리의 승계인에 대하여 불법행위로 되는 것인가 아닌가의 문제에 관하여, 불법행위의 성립을 인정하고, 그 이유를 의장권설정에 수반하는 의장공보게재에 의해 당해 의장이 신규성을 상실하기 때문이라고 한 최고재의 판결이다(山中, 후게 判批 55면 상단에 의하면, 의장출원을 받을 권리의 침해를 정면으로 다룬 최초의 재판례라고 한다). 의장등록을 받을 권리는, 특허를 받을 권리의 조문구조와 거의 같은 모양의 조문구조로 되어 있어, 이 최고재 판결은 특허를 받을 권리의 침해에 관해서도 일정한 선례적 가치를 가지는 것이라고 할 수 있다.

2. 원심판결은, 모인출원인 본건의 경우 의장등록을 받을 권리를 침해하는 불법행위로는 되지 않는다고 하였다. 즉 Y에 의해 본건 의장의 등록출원이 모인출원이라면, 정당한 권리자의 출원에 대하여는 선원으로 될 수 없기 때문에(의장법 제9조 제4항), X로서는 Y의 선원을 이유로 거절이유통지가 된 경우 그것을 다투면 되고, 또한 Y의 출원이 등록된 경우에는 다시 무효심판의 청구를 하면 될 뿐인 것으로써, Y가 본건 의장에 관하여 등록출원한 것이 X의 등록을 받을 권리를 상실시킨 것으로 되지는 않고, 등록출원하는 것의 방해가 되지 않는다고 판시하였다. 더욱이 원심판결은, "만약 Y가 본건 의장의 등록출원을 하였기 때문에, X에게 어떤 손해를 입혔다고 하더라도, 늦어도 1976년의 전소의 계속중에는 가해자 및 손해를 알았던 것으로 해석하는 것이 상당하기 때문에, 모인출원에 기한

에 반하여 제3조 제1항 제1호 또는 제2호에 해당하는 의장에 대하여 그 해당일부터 6월 이내에 그가 한 의장등록출원에 관한 의장에 대하여 동조 제1항 및 제2항의 규정의 적용에서는 동조 제1항 제1호 또는 제2호에 해당하지 아니하는 것으로 본다.

손해배상청구권도 시효로 소멸하였다"라고 판시하였다(前揭 判工 6377의 2頁). 그것
에 대하여 본건 판시는, 원심판결이 모인출원에 대하여 의장등록이 되면 의장공
보에 게재되기 때문에 당해 의장이 신규성을 상실한다는 점을 놓쳤다고 하는 취
지로서, 원심이 제3조 제1항의 해석을 잘못하였다고 지적한 뒤 위 시효소멸의 판
단을 지지하였다.

　　분명히, 원심이 지적하는 것처럼, 모인출원을 한 것만 가지고 직접 의장등록
을 받을 권리가 침해되는 것은 아니라고 생각할 여지가 있을 것이다. 예컨대, 직
무창작의 경우 의장등록을 받을 권리를 회사에 양도하는 특약이 존재하고, 그 특
약의 효력을 둘러싼 회사와 진정한 창작자 간에 분쟁이 발생하였을 때, 주관적
요건을 묻지 않고 침해행위(불법행위라고 하는 위법성)의 성립을 인정하면 불합리한
결과가 생긴다. 그러나 모인출원이 이루어지면, 그 반사적 효과로서, 진정한 창
작자는 사실상 당해 모인출원의 효력을 다투지 않으면 안 되게 되고 만다[平成 23
年法 개정 후에는 모인출원이 선원의 지위를 인정받기 때문에 진정한 창작자는 이전청구권
(의장법 제26조의2[4])을 행사하는 것이 필연적으로 강제되는 결과가 된다]. 실제, 특허를 받
을 권리의 사안에서 모인출원이 그 권리의 침해로 되는가라는 문제에 관하여 동
경고재 판결 중에 다음과 같이 지적한 것이 있다. "항소인의 발명…에 관해서는
출원공개에 의해 신규성을 상실하고, 항소인이 당해 발명에 대해 새로 특허출원
을 하더라도 특허를 받지 못하게 되는 것이다. 또 신규성상실의 점은 접어두더라
도, 항소인이 그 발명에 대해 자신의 이름으로 고쳐 특허출원하는 경우에는, 피
항소인의 출원이 이른바 모인출원이라는 것에 관한 주장·입증의 부담을 받는
것이 된다. 이와 같은 결과를 초래한 피항소인의 본건 출원행위는 항소인의 특허

---

4) 개정된 의장법 제26조의2(의장권 이전의 특례)는 다음과 같다.
　① 의장등록이 제48조 제1항 제1호에 규정된 요건에 해당하는 경우(그 의장등록이 제15조
제1항에 있어서 준용하는 특허법 제38조의 규정에 위반하게 되는 경우에 한한다) 또는 제
48조 제1항 제3호에 규정된 요건에 해당하는 경우에는, 당해 의장등록에 관계되는 의장에
관하여 의장등록을 받을 권리를 가지는 자는 경제산업성 령에 정하는 바에 의해 그 의장권에
대하여 당해 의장권의 이전을 청구할 수 있다.
　② 본 의장 또는 관련 의장의 의장권에 관한 전항의 규정에 따른 청구는 본 의장 또는
관련의장의 의장권의 어느 것이나 소멸한 후에는 당해 소멸된 의장권이 제49조 규정에 의해
처음부터 존재하지 않았던 것으로 간주되었던 때는 제외하고는 할 수 없다.
　③ 제1항의 규정에 의한 청구에 따라 의장권 이전 등록이 있을 때에는, 그 의장권은 처
음부터 해당 등록을 받은 자에게 귀속했던 것으로 본다.
　④ 공유와 관련된 의장권에 대하여 제1항의 규정에 따른 청구에 근거하여 그 지분을 이전
할 경우에서는 제36조에서 준용하는 특허법 제73조 제1항의 규정은 적용하지 않는다.

를 받을 권리를 실질적으로 무의미하게 하거나 또는 그 행사에 있어서 무용의 부
담을 부담시키는 것에 의해, 이것을 침해하는 불법행위로 되는 것은 명백하다"
[東京高判 平成 12. 11. 28. 平成12(ネ)2905号(裁判所Web)]. 이 판결이 가리키는 것처럼,
모인출원에 의하여 의장등록을 받을 권리가 침해된다고 생각하는 이유는, 모인출
원에 의해 진정한 창작자에게 무용의 절차적 부담을 강요하는 점에 구하여져야
하는 것이고, 당해 모인출원에 대한 권리가 설정되는 반사적 효과로서 권리침해
가 인정되기 때문은 아니라고 생각하여야 할 것이다. 보다 정확히 말하면, 모인
출원을 하였다는 사실에 더하여, 그 후 당해 모인출원된 의장의 등록에 의해 진
정한 창작자가 그 의장에 관하여 등록할 수 없는 상태를 확정시킬 때까지 출원취
하 등 아무것도 하지 않고 방치한 점의 2가지 점을 아울러 침해행위로 보아야 할
것이다. 그것이 동경고재 판결에서 주장입증의 부담만이 아니라 신규성상실의
점에도 저촉된 이유이고, 본건 판시도 거의 같은 생각에 서있는 것으로 생각된
다. 특허를 받을 권리에 관하여 논하는 경우에는, 출원공개에 의해 신규성이 상
실된다는 점을 말하면 좋으나, 본건에서는 의장 특유의 사정이 있다고 생각해야
할 것이다[君嶋祐子, "批判" 民商 125卷 6号 756頁은, 특허를 받을 권리에 관하여, 무단 출원
인명의변경과 모인출원의 경우를 구별하고, 더욱이 특허권이 성립한 경우와 성립하지 않은
경우를 나누어 논하나, 특허권의 성립 여부는 단지 특허를 받을 권리의 침해사실이 피고의 손
에 의해 바뀌는 것이 없게 되는(침해회피 노력의 가능성이 없게 되는) 가능성을 가지는 시점
의 일례를 보이는 것에 그치고, 특허를 받을 권리의 침해는 출원공개시 또는 특허출원의 성립
여부 확정시점(거절사정확정시 또는 특허권의 설정등록시)의 어느 빠른 시점, 즉 통례는 출원
공개시로 생각하여야 할 것이다. 따라서 침해의 성립 여부 그 자체와는 관계없는 시점으로
경우를 나누기 때문에 모인출원된 발명에 특허권이 성립된 경우에 관한 견해가 나누어진다고
하는 정리로 귀착된 것으로 생각된다]. 즉 의장등록제도에는 출원공개가 존재하지 않
기 때문에, 본건 판시가 지적하는 것과 같이, 의장등록된 당해 의장이 의장공보
에 게재되는 것에 의해 신규성이 상실되어 진정한 창작자 내지 의장등록을 받을
권리의 적법한 승계인이 권리를 상실하는 것을 확정시키는 것이, 의장등록을 받
을 권리의 침해에 해당하는 것으로 되는 이유이다. 飯村판사는, 특허를 받을 권
리의 침해에 관하여, 기술의 입수상태가 반사회성을 띠는 것과 같은 경우에 특허
를 받을 권리의 침해 성립을 한정하고 있으나, 해의를 침해성립(위법성)의 요건으
로 하는 것과 같이 주관적 상태를 엄격하게 보는 입장으로 읽으면 생각할 수 있
는 조리의 하나로 생각된다(飯村敏明, 本百選〈第2版〉 169頁). 본건 사안의 해결이라

는 관계에서 말한다면, 의장등록출원하기 이전의 발표회에서의 공표에 허락을 부여하였는가, 또한 그 후 의장에 관한 권리의 매입이라는 언사가 Y대표자에 의해 이루어졌는가 라고 하는 점이 다투어지고 있고, 그 사실관계로부터 입론하는 것이 가능한 것으로도 생각된다. 즉 기망과 비슷한 Y측의 위법행위를 근거로 침해로 하는 것도 있을 수 있던 것처럼 생각된다(즉 川口, 후게 批判은 본건 판시를 무권원 공표에 관하여 취급한 것으로 분석하나, 본건 사실관계에 있어서 무권원 공표는 의장공보에 의한 공표가 아니라 그 이전의 발표회에 의한 공표가 무권원이었다라는 X주장을 가리켜야 하는 것이다).

3. 이상의 사정은, 平成 23年(2011년) 법 개정 후에는 다음과 같이 생각될 수 있는가. 즉, ① 모인출원이 의장등록되어 공보에 게재되는 것에 의해 신규성이 상실되어, 진정한 창작자 자신이 출원하더라도 권리가 얻어지지 않는 것은 뚜렷하고, 또는 ② 진정한 창작자 스스로의 의장등록출원이 모인출원의 존재에 의해 거절되어 진정한 창작자가 의장권을 얻을 수 없고, 의장권을 얻기 위해서는 이전 청구권(의장법 제26조의2)의 행사를 강제하는 결과를 생기게 하였는데, 이상의 그 어느 것은 진정한 권리자에 대하여 불법행위가 된다고 생각된다(희귀한 사례일 수 있으나, 출원인이 진정한 창작자에 대하여 출원인 지위 또는 성립 후의 의장권을 자발적으로 이전한 경우를 상정하면, 모인출원한 것만을 가지고 불법행위가 성립한다고 하는 생각은 주저를 느낄 수 있다. 이점에서 中山信弘『特許法』[2010] 163頁은 진정한 권리자에 대하여 무단으로 특허출원하는 행위는 '원칙적으로' 불법행위로 될 수 있으나 제3자에 의한 발명의 지득 태양이나 출원에 이르게 된 사정 등을 종합적으로 감안하여 위법성이 판단된다고 하여, 모인출원 후의 주관적 태양을 고려에 넣는 입장을 보이고 있다)].

4. 또한 본건 사안이 1999년 개정법이 적용된 사례였던 경우, 이론적으로는 같은 날 출원에 의한 거절확정의 경우에도 출원의장이 공보에 게재되는 점(의장법 제66조 제3항 참조)을 어떻게 설명할까라는 문제가 남게 되나(의장등록출원의 경우에도 특허의 출원공개의 경우와 같이 대부분 시간을 경과하여 공보게재되는 경우가 드물지만 존재하고, 출원 후의 모인자의 주관적 상태를 고려하기 어려운 사안이 있을 수 있는가 라는 문제가 있다), 심사관이 같은 날 출원한 때에 일방 또는 양방이 모인출원인가 어떤가를 알 수 있는 것은 드물고, 그와 같은 사안도 실제에는 거의 있을 수 없을 것이다.

〈참고문헌〉
본건 비판으로서
1. 山中伸一, 判評 419号(判時1473号) 53頁
2. 川口博也, 1993年度重判解(ジュリ 1046号) 263頁

26. 직무발명과 관련하여 특허를 받을 권리의 이중 양도와 背信的 惡意者

知財高裁 平成 22年(2010년) 2月 24日 判決
[平成 21年(ネ) 第10017号 : 特許を受ける権利の確認控訴[1]事件]
(判時 2102号 98頁, 判タ 1332号 218頁) ◀ 재판소 Web

城山康文(시로야마 야스후미, 弁護士) 著
박길채(특허법인 다래 변리사) 譯

Ⅰ. 사실의 개요

X(원고·항소인)는, 각종 기계공구, 부품의 설계, 제조, 판매 등을 업으로 하는 주식회사이다. X의 종업원이었던 A는, 그 재직중, 공작기계에 부착되어서 피가공물의 진동을 잡아주는[2] 역할을 하는 가공공구의 발명(이하 '본건 발명'이라 한다)을, 주도적으로(스스로가 중심이 되어서) 완성하였다. X의 근무규정(취업규칙)에는 직무발명의 적출(신고), 양도의무가 규정되어 있는데, 종업원 직무발명 및 고안 등을 취급하는 세칙에는 『…공업소유권을 받을 권리는, 회사가 이를 승계한다』라고 정해져 있었다. 그러나 X는 본건 발명의 실시품에 있는 『진동을 잡아주는 홀더』의 제품화, 판매(발매)를 단념하고(2003년 8월 26일), 본건 발명에 관한 특허출원도 하지 않았다. A의 상사인 D는 본건 발명에 관한 양도증명서 등을 작성하고, 상사 L에게 제출하였지만, L로부터 D에게 이 서류는 반환되었다. 그 후, A는 개인사유(가정사정) 등을 이유로 X를 퇴직하였다(2004년 1월 15일). 퇴직할 때, 재직 중 알 수 있었던 비밀을 제3자에게 절대로 누설하지 아니한다는 취지의 서약서를 X에게 제출하였다.

---

1) 이하 우리법에 맞게 '항소'로 번역한다.
2) 원문은 "バリ取りホルダー"로서 플라스틱이나 금속소재의 제품을 다 만든 후, 돌출된 부분을 매끄럽게 제거하는 것을 의미하는데, 이해하기 쉽게 이하 "진동을 잡아주는 홀더"로 번역한다. 구체적인 제품의 기능 및 형상은 http://www.fine-techno.co.jp/2_product_top/p8.php 참조.

Y(피고·피항소인)는, 공장기계, 기타 각종 기계 기구의 설계, 제작, 판매 등을 업으로 하는 주식회사이다. A는 X를 퇴직한 후 Y에 근무하게 되었으며, Y회사로 이직하여,[3] X재직시 착안하여 시제품을 제작하였지만 아직 제품화되지 않고 있는, 진동을 잡아주는 홀더를 구비한 공구를 Y에서 제품화하고 싶다는 취지로 말하였다(2004년 4월 9일). B는 이를 인지하였고, A는 X의 재직중에 작성한 노트 등을 참고하여 진동을 잡아주는 홀더의 도면을 완성하게 되었다. Y는 본건 발명에 대해서 A로부터 특허를 받을 권리를 양도받고, 특허출원(이하 '본건 특허출원'이라 한다)을 하였다.(2004년 6월 14일, 특허출원 제2004-175707호).

X는, 본건 발명은 X의 종업원이 그 직무로서 발명한 것이며, 규칙에 근거하여, 동 발명에 관계되는 특허를 받을 권리를 승계하였다고 주장하고, Y를 상대로 X가 동권리를 소유하고 있다는 것의 확인(소송)을 (청)구하였다.

원심은, 본건 발명의 발명자는 A만이며, Y는 A로부터 본건 발명에 대해서 특허를 받을 권리의 양도를 받아 본건 특허 출원을 한 것이기 때문에, 대항요건을 구비하고 있고, 또한 Y는 배신적 악의자(背信的 惡意者)[4]라고 할 수 없다는 등의 이유로, X의 본건 청구를 기각하였다. 이에 X가 항소하였다.

---

3) 원문은 "Y사장 B의 장소에 가서"로 되어 있는데, 의미를 보다 명확하게 하기 위해 의역하였다.

4) 배신적 악의자란 물권의 이중계약과 관련되어 있다. 과거 일본의 판례(최고재판소판결 소화 36년(1961년) 4월 27일, 민집 15권 4호, 90면)에서는 이중계약에 관하여 일본민법 90조(우리 민법 103조)에 근거하여 무효라고 판시하였으나, 1968년 이후 부동산물권 변동에 있어서 대항요건을 규정하고 있는 일본 민법 177조를 적용하여 배신적 악의자를 등기의 흠결을 주장할 수 있는 정당한 이익을 가진 제3자가 아니라고 보는 한편, 배신적 악의자로부터 부동산을 취득한 선의의 전득자를 보호하여 법적 안정을 도모하고 있다(최고재판소판결 소화 43년(1968년) 8월 1일, 민집 22권 8호, 1571면).

우리나라의 경우 대법원 1993. 2. 9. 선고 92다47892 판결에서는 "취득시효 완성을 이유로 한 제소를 당하여 그 입증까지 종료된 상태에서 제3자에게 매도한 경우라도 그 제3자가 그 처분에 적극 가담한 경우에 한하여 반사회적 법률행위가 된다"라고 하고 있으며, 대법원 1999. 9. 7. 선고 99다14877 판결에서는 공무원과 통모하여 부정한 방법으로 국유재산을 수의계약으로 매수한 자에 대해 그 매수행위가 반사회적 법률행위에 해당하나 무효가 되는 것은 아니고, 단지 위 매수행위는 국유재산법 41조 2호에 의하여 해제의 대상이 될 뿐이므로, 해제 전에 그 토지를 전득한 선의의 제3자에 대해서는 국가가 해제로써 대항할 수 없다고 하고 있다.

Ⅱ. 판   지

원심 판결을 취소하고, X의 청구를 인용(상고·상고수리 주장에 후상고기각·상고 불수리).

『X에 근무하면서 2003년 5월 23일에 완성한 본건 발명은, Y사에서 (X에서 발명된) 그대로의 형태로 2004년 6월 14일에 특허 출원되었다고 할 수 있다.』『본건 발명은 …공중에게 알려졌다고까지는 인정되지 않으며, …서약서에 기재된 비밀 준수 의무의 대상이었다고 인정된다.』『그렇다면, A는, X와의 비밀준수 계약을 위반하고, 본건 발명에 관한 비밀을 Y에게 개시하였다고 할 수 있다.』『그리고 …Y의 대표자인 B는 …Y가 A로부터 본건 발명의 특허를 받을 권리를 양도받았을 때, 동 발명에 대해서 특허출원이 되어 있지 아니하다는 점과, 본건 발명은 A가 X의 종업원으로서 완성한 것이라는 점을 알았다고 해야 한다.』『A로부터 본건 발명에 대해서 공개를 받아서 그대로 특허출원하여 제품화하는 것은, X의 비밀을 취득해서 Y가 그것을 업으로 하게 된다는 것임을 B는 인식하고 있었다고 보아야 하고, 게다가 본건 발명이 A가 X의 종업원으로서 (발명)한 것임을 감안하면, 통상은 X에 승계되고 있을 것이라는 점도 인식하고 있었다고 해야 한다.』『이와 같이, Y의 특허출원은, X의 직무발명에 해당되면서 X의 비밀인 본건 발명을 취득하고 그것을 알면서 그대로 출원한 것으로 평가할 수 있기 때문에, Y는 '배신적 악의자'에 해당한다고 해야 하며,5) Y가 먼저 특허출원했다는 이유로, 이

---

5) 배신적 악의자란 악의이며, 자신의 권리 주장이 민법상 신의칙에 반하는 자를 의미하는 것으로, 민법의 물권법에 기초를 두고 있는데, 이를 특허법에도 적용한 것이다. 즉, 물건X(특허받을 권리, 부동산 등)의 원권리자A가 이를 B에게 양도하여 B가 정당한 권리자이나, 아직 제3자 대항요건인 등기(특허출원)를 하지 않은 경우, A로부터 이를 재차 양도받은 C의 권리가 문제가 된다. 이 경우 A가 아닌 B가 정당한 권리자임을 C가 사전에 알고 있었다면 악의이며, C가 등기후(특허출원후) 자신의 권리를 주장하는 것은 신의칙에 반하게 된다. 따라서 C는 배신적 악의자가 되어, 민법(특허법)에서 보호하고 있는 제3자에서 배제하여야 한다는 것이 배신적 악의자 배제론이다.

반면, C로부터 선의로 전득한 D(또는 C가 선의일 경우 C)에 대해서는 민법이 선의의 전득자를 보호하여 거래안전(법률행위의 신뢰성)을 도모하고 있음에 비추어 볼 때, C로부터 권리를 이전받아 먼저 특허출원하게 되면, D(또는 선의의 C)는 B에 대해 대항할 권리가 생긴다고 볼 수 있다.

이 사건(일본 특허법)으로 돌아와 보건대, ① 해당 발명이 직무발명에 해당되어 특허받을 권리가 X에게 있다는 것을 알고 있었다면 이는 악의에 해당되는 것이고(정황상 충분히 인지할 수 있었던 경우에도 악의로 볼 수 있을 것인가도 중요한 쟁점이다.), ② 그에 따라 정당한 권리자 X가 아닌 A에게서 권리를 승계받았음을 이유로, 자신의 특허받을 권리를 주장

를 근거로 X에 대항하는 것은, 신의성실의 원칙에 위반하는 것으로 허용되지 않고, X는 본건 특허를 받을 권리의 승계를 Y에게 대항(주장)할 수 있다고 하여야 한다.』

Ⅲ. 해   설

1. 본 판결의 의의

본건은, 특허를 받을 권리에 대해서 이중양도관계가 성립할 때, 특허출원(특허 34조 1항6))을 하지 않아, 대항 요건을 구비하지 않은 양수인은 배신적 악의자 배제론7)에 의해 보호될 수 있는 것인지와, 또한 어떠한 경우에 배신적 악의자라고 인정될 것인지에 대한 쟁점에 대해 판단한 사안이다. 본 판결은 배신적 악의자 배제론의 법리를 채용하고, Y대표자 B가 발명자A가 이전 근무처 X에서 시제품을 제작하였으나 X가 특허출원을 하지 않았다는 것을 알고 있었던 사실에 기초하여, Y는 '배신적 악의자'에 해당한다고 판단하였다.

한편, 발명자의 인정, 양도증명서 등의 반환에 의해 특허를 받을 권리가 포기된 것인가 아닌가에 대해 설시한 논점도 있지만, 여기에서는 검토를 배제한다.

2. 민법에 있어서의 배신적 악의자 배제론의 최근의 자리매김

배신적 악의자 배제론은, 부동산 양도의 대항요건에 관한 최고재판결로서 확립되어 있고(最三小判 昭和 40. 12. 21. 民集 19卷 9号, 2221頁), 최근에도 부동산의 취득시효 완성후에 해당 부동산을 양도받아 소유권 이전등록을 완료한 자에 대해서, 배신적 악의자에 해당한다고 인정한 판례가 있다(最三小判 平成 18. 1. 17. 民集 60卷 1号 27頁).

하는 것은 신의칙에 반하는 것이라는 관점에서 판례는 대표자B(Y)를 배신적 악의자로 보고 있다.
6) 일본 특허법 34조 1항 : 특허출원전에 있어서의 특허를 받을 권리의 계승은, 그 계승인이 특허출원을 하지 않으면, 제3자에게 대항할 수 없다.
　　우리 특허법 33조(특허를 받을 수 있는 자) 1항 : 발명을 한 자 또는 그 승계인은 이 법에서 정하는 바에 따라 특허를 받을 수 있는 권리를 가진다.(후략)
　　또한, 38조(특허를 받을 수 있는 권리의 승계) 1항 : 특허출원전에 있어서 특허를 받을 수 있는 권리의 승계는 그 승계인이 특허출원을 하지 아니하면 제3자에게 대항할 수 없다.
7) 배신적 악의자를 일본 민법 177조의 규정의 '제3자'에서 배제하여 권리를 주장하지 못하게 하는 법리이다.

배신적 악의자 배제론은, 민법 177조[8])의 '제3자'에 대해서는, 자유경쟁의 관점으로부터 악의자도 정당한 제3자로 여겨지는 것(선의악의 불문설)을 전제로, 자유경쟁의 범위를 일탈한 제3자(배신적 악의자)를 배제하기 위해서 판례상 확립된 이론이다. 그러나, 최근에는 처음부터 전제가 된 선의악의 불문설에 이론(異論)을 주장하는 학설(악의자 배제론)이 우세하다고 한다(內田貴, '民法Ⅰ[第4版]', 2008, 458頁에서). 계약성립요건도 아닌 등기가 없으면, 악의의 제3자에게도 패배한다고 하는 것은, 자유경쟁이라 할 수도 없고, 불법행위(횡령)를 장려하는 것과 같으며, 등기제도도 당초에는 등기하지 않으면 보호되지 않는다는 원칙을 확립하고자 하는 의도가 있었지만, 이미 등기의 관행은 확립되어 있어 그 필요성이 상당히 약화되었다.[9]) 다른 측면에서, 배신적 악의자 배제론에서 배신성 판단의 유연성(제2 매수자[10])의 사정·부당성만 생각하는 것이 아니고, 제1 매수자의 보호 필요성도 감안하여 제반사정을 종합, 판단한다)에 착안해, 배신적 악의자 배제론을 적극적으로 평가하는 학설이 유력하다(田高寬貴, '背信的惡意者排除論', 法セ 609号, 104頁). 앞서 나온 평성 18년(2006년) 최고재판소 판결도, 이러한 입장으로부터, 시효취득의 사실에 대하여 고도의 인식가능성을 근거로서, 시효에 의한 물권변동 그 자체가 아니고, 취득시효 성립의 기초가 될 수 있는 사실의 인식에 따라 악의가 성립할 가능성이 있는 것을 설시하여, 제1 양수인의 보호필요성을 고려하여 배신적 악의자의 입증부담을 경감하고 있다. 실무적으로는 배신적 악의자 배제론을 유연하게 적용하는 판례원칙이 뿌리내리고 있다.

3. 특허를 받을 권리의 이중양도 사례에 있어서 배신적 악의자 배제론의 적용

특허를 받을 권리의 이중양도의 사례에 있어서도, 선의악의 불문설을 전제로 배신적 악의자 배제론의 적용을 인정한 학설(中山信弘, '特許法', 2010, 166頁)에 대해, 선의악의 불문설의 전제가 전혀 타당하지 아니하다는 지적이 있다. 이것은,

---

8) 일본 민법 177조(부동산에 관한 물권 변동의 대항요건) : 부동산에 관한 물권의 취득, 상실 또는 변경은, 부동산 등기법(平成16年法律第123号) 및 기타 등기에 관한 법률이 정하는 바에 따라 그 등기를 하지 않으면, 제3자에게 대항할 수 없다.
   우리 민법 186조 (부동산물권변동의 효력) : 부동산에 관한 법률행위로 인한 물권의 득실변경은 등기하여야 그 효력이 생긴다.
9) 원문은 "自由競爭ではなく橫領の獎勵にすぎず' また' 登記しなければ保護されないという原則を確立することで登記制度を定着させるという意図も当初はあつたが' すでに登記の慣行は確立しておりはやその必要はない' というのである° "이다.
10) 원문은 "買主"이다.

특허를 받을 권리의 대상 발명은, 특허출원할 때까지 비공지성을 유지하는 것이
요구되기 때문에 부동산과 다르고, 누구라도 인식가능한 재산으로서 유통하는 것
이 아니어서 자유 경쟁의 기반을 훼손하는 것이나, 제2 양수인이 등장하는 경우
에는, 부정경쟁방지 의무위반, 비밀보호 의무위반 등의 위반행위가 개입되어 있
는(介在) 것에 착안한 것이다(本村耕太郎, '職務發明について特許を受ける権利の二重讓渡
における背信的惡意者', 現代民事判例研究会編, '民事判例Ⅰ', 2010, 204頁; 飯島步, '特許法34
條1項における背信的惡意者', 知財ぷりずむ 9卷 99号 1頁). 단 배신적 악의자 배제론을
적용한 뒤에는, 배신적 악의자의 인정을 유연하게 하는 것으로써 이것의 문제점
에 대처하는 것이 가능하여, 본 판결은 진정으로 그러한 법리에서 판단한 것이라
고 해석된다.

4. 본 판결에 있어서 배신적 악의의 인정

배신성의 판단에 관해서는, 원심은, Y가 『바꾸어 말하면, X의 권리취득을 방
해하고, 이것에 의해 이익을 얻는 것과 같은 의도와 목적을 갖고 있었다고까지
인정할 수는 없다』라고 하여, 배신성을 부정하였던 것에 대하여, 본 판결은, 『X
에서 직무발명으로 (완성)되었으며, X의 비밀인 본건 발명을 취득하고, 이를 알면
서도 그대로 출원하였다』는 것을 지적하고, 배신성을 인정하였다. 이것은, 제1양
도의 악의 여부를 판단함에 있어서,[11] 영업비밀침해와 비밀준수 계약위반의 사
실을 미루어 알게 되어 배신성을 인정할 때에는, 이들의 확정적 인식까지는 불필
요하다고 보고 있다고 생각된다. 이러한 인정을 하게 되면 특허를 받을 권리의
이중양도의 사례에 있어서 대부분의 경우, 악의자 배제론을 적용하게 되는 결론
에 있어서는 다르지 않게 될 것이다. 오히려, 배신성의 유무에 구애되지 않고, 단
순 악의자에도 출원없이 대항할 수 있다고 해석하여야 했다는 지적도 있다(駒田
泰土, 速報判例解說 7号[法ヤ 增刊] 263頁). 그러나, 그럼에도 다종다양한 사안이 현실
에서는 발생될 수 있음을 고려하여, 배신적 악의자 배제론을 적용한 뒤에는, 배
신적 악의의 인정을 유연하게 한다고 하는 본 판결의 법리는 적용하기 쉬운 것이
다. 한편, 본 판결은, Y의 사장 B가 A로부터, X에서 기구를 고안하여 시제품을
제작했지만 아직 제품화하지 않고 있는, 진동을 잡아주는 홀더를 Y에서 제품화
하고 싶다는 뜻을 전달받고, B가 이것을 인지하고 있었던 사실을 인정하고 있어,
대표자의 주관을 기준으로, 악의, 배신적 악의를 인정하고 있음을 각별히 읽을

---

11) 원문은 "第1讓渡の惡意から"로 되어 있는데, 의미를 명확하게 하기 위해 의역하였다.

수(함축하고) 있지만, 대표자 이외의 자의 주관을 기준으로 할 수 있을 것인가 아닌가에 대해서는, 본 판결로부터는 명확하지 않다.

5. 실무적 대응

동종업 타회사로부터의 전직자를 받아들이는 것에는, 특허를 받을 권리의 귀속과 영업비밀의 취득 후 야기되는 것 등과 관련하여, 위험부담을 수반한다. 이를 구체적으로 보여주고 있는 것[12]이 본 건이다. 본 건은, 대표자가 전직장을 퇴직하고 나서 3개월도 되지 않은 전직자로부터, 전직장에서 제품화할 수 없었던 것을 제품화하고 싶다고 들었기 때문에 그것을 알고 있었다는 사실인정을 전제로 하고 있다. 그 시점에 변호사가 상담을 받았다면, 본건으로 문제가 된 특허를 받을 권리의 귀속 이외, 전직장의 영업비밀의 부정 누설·이용이 문제가 될 수 있는 위험부담을 충분히 설명하여야 한다. 이러한 경우에, 전직자를 영입하는 회사가 다소 위험부담을 경감하는 수단으로 통상 채택하는 것은, 전직자에게 "전직장의 영업비밀을 반출하고 있지 않고, 지금부터 이후에 직무를 수행할 때에 전직장의 영업비밀을 이용하지 않습니다"라고 하는 서약서를 작성시키는 것이다. 더 나아가, 전직자가 갖고 있는 지식에 전직장의 영업비밀이 포함되어 있지 아니한가에 대해서, 구체적으로 조사하여 실증할 수 있다면 위험부담은 이에 따라 경감될 것이지만, 거기까지 실제로 행하여지는 실례는 일본에서는 드물다고 생각된다. 본 판결에서 보듯이, 영업비밀침해와 비밀준수 계약위반의 사실에 대해 확정적 인식까지는 요구하고 있지 않은 것으로 여겨지므로, (전직자를 영입하는 회사가) 형식적인 서약서만으로는 안심할 수 없다고 하겠다.

〈참고문헌〉
본문 중에 언급한 문헌 이외에,

1. 松本好史, 出願前の特許を受ける權利の對抗要件の欠缺と背信的惡意者に關する判例, 知財ぷりずむ 8卷 93号 20頁
2. 飯島步, 特許を受ける權利の二重讓渡について背信的惡意者の認定をした裁判例と實務への示唆, LES JAPAN NEWS 51卷 4号 13頁

---

12) 원문은 "顯在化"이다.

27. 발명자 명예권— 희토류의 회수방법 사건

大阪地裁 平成 14年 5月 23日 判決
[平成 11年(ワ) 第12699号 : 売買代金等請求事件]
(判時 1825号 116頁) ◀ 재판소 Web

上野達弘(우에노 타쓰히로, 立教大学 教授) 著
박정희[법무법인(유) 태평양 변호사] 譯

Ⅰ. 사실의 개요

Y1(피고)은 자석소재인 희토류(希土類)의 정제・판매 등을 업으로 하는 회사이다.

소외 A는 Y1과 소외 B가 공동출자하여 설립한 회사이고, Y1이 자석제조업자로부터 인수한 슬러지(자석의 성형과정에서 생기는 찌꺼기)를 공급받아 이것을 처리하여 자석소재의 기본이 되는 희토류를 회수하여 Y1에 납품하는 것을 업으로 하고 있다.

Y2(피고)는 昭和 30. 4.부터 Y1에 근무하였고(平成 3. 4.부터 平成 6. 6.까지는 A의 대표이사를 겸임), 주로 희토류금속의 연구에 종사하였던 자이다.

X(원고)는 昭和 37. 4.부터 平成 6. 3.까지 Y1에 근무하면서 平成 3. 4.부터는 A의 이사・공장장을 겸임하였고, 그 후 平成 11. 3.까지 A에 근무하면서 일관하여 기술생산관리 분야를 담당하였던 자이다.

Y1은 平成 8. 2. 13. 이 사건 출원발명 "희토류 - 철계합금으로부터의 유용한 원소의 회수방법"(特開平9-217132호)에 관하여 발명자를 Y2로 하여 특허출원을 하였다.

X는 이 사건 출원발명의 발명자가 자신이라고 주장하면서, ① Y1에 대하여, 인격권(발명자 명예권)에 기초한 방해배제청구 등으로 출원서의 발명자 기재의 보정절차를 청구함과 동시에, Y2에 대하여 동발명의 발명자가 자신이라는 것의 확

인을 구하고, ② Y1에 대하여 특허법 제35조 제3항을 유추적용하여 대가 등으로서 3,000만 엔의 지급을 청구하였다.

Ⅱ. 판　지

청구일부인용(항소 후 화해)

(ⅰ) 발명자 명예권

"발명자는 발명완성과 동시에 특허를 받을 권리를 취득함과 함께 인격권으로서의 발명자 명예권을 취득하는 것이라고 해석된다. 이 발명자 명예권은 특허법에는 명문의 규정이 없지만, 파리조약 제4조의3은 '발명자는 특허증에 발명자로 기재될 권리를 가진다'고 규정하고 있고, '특허에 관한 조약에 별도의 정함이 있는 경우에는 그 규정에 의한다'고 특허법 제26조에 정하고 있어서, 발명자 게재권에 관한 파리조약 제4조의3의 규정이 일본에 직접적으로 적용된다고 할 것이다. 또한 특허법에도, …(동)법 제28조 제1항, … 동법시행규칙 제66조 제4항('호'의 오기), … 동법 제36조 제1항 제2호, … 동법 제64조 제2항 제3호, … (동)법 제66조 제3항 제3호의 각 규정이 있는데, 이들은 발명자가 발명자 명예권(발명자 게재권)을 가지는 것을 전제로 하여 이것을 구체화한 규정이라고 이해될 수 있다."

"발명자 명예권이 침해된 경우에는, 진정한 발명자는 침해자에 대하여, 인격권인 발명자 명예권에 기초하여 침해의 금지를 구하는 것이 가능하다고 해석해야만 한다. … 이 사건 출원발명의 특허출원절차와 같이, 아직 등록이 되지 않고 출원절차가 특허청에 계속 중인 경우에는, 출원서에 발명자로서 진실한 발명자의 성명이 기재되지 않아 발명자 명예권이 침해된 경우에 그 침해행위의 금지를 실현하기 위해서는 출원인에 대하여, 출원서의 발명자의 기재를 진실한 발명자로 정정하는 보정절차를 이행하도록 구하는 것이 적절하다고 할 수 있다."

(ⅱ) 특허법 제35조 제3항의 유추적용

"이 사건 출원발명은 A와의 관계에서 직무발명(동법 제35조 제1항)에 해당하는 것이 명백하다. 그러나 이 사건 출원발명을 할 당시에는 X가 Y1의 종업원, 임원 등의 지위에 없었기 때문에 X와 Y1간에는 직접적으로는 종업원과 사용자의 관계가 있었다고는 할 수 없다."

"Y1과 A는 희토류금속의 회수업무에 있어서는 기술적, 경제적으로 일체적인 관계에 있고, 또한 A에 대한 관계에서 희토류 회수업무에 관하여 Y1이 실질적으로 지휘감독을 미치는 관계에 있다고 할 수 있다.”

"종업원이 한 발명에서 생기는 권리관계의 귀속을 당사자 사이의 역학관계에 위임함에 따라 사용자에게 일방적으로 유리한 결과가 생기게 되는 사태를 피함으로써 노동자보호도 도모한다는 특허법 제35조의 입법취지에 의하면, 이와 같은 경우에도 발명자인 종업원을 보호할 필요성이 있는 것은 동조가 적용되는 경우와 다를 바가 없다고 할 것이다.”

"따라서 이 사건 출원발명은 A에 대한 관계에서 X의 직무에 기초한 발명임과 동시에 Y1과의 관계에 있어서도 그 직무에 기초한 발명으로 볼 수 있는 것이고, X가 C사장과의 합의에 의해 Y1에게 이 사건 특허를 받을 수 있는 권리를 승계시킨 것이므로, 위와 같이 그 대가의 액에 관하여 합의가 성립되어 있지 않은 경우, 특허법 제35조 제3항을 유추적용하여 Y1으로부터 상당한 대가의 지급을 받을 권리를 가지는 것이라고 해석함이 상당하다.”

"X가 Y1으로부터 지급받을 대가의 상당액은 200만 엔 …이다.”

Ⅲ. 해 설

1. 발명자 명예권

(1) 종래의 논의 : 특허법에는 "발명자의 성명”을 출원서(특허법 제36조 제1항 제2호) 및 특허증(특허법시행규칙 제66조 제4호)에 기재하고, 출원공개 및 특허등록의 특허공보(특허법 제64조 제2항 제3호, 제66조 제3항 제3호)에 게재하도록 규정하고 있다. 또한 파리조약 제4조의3은 "발명자는 특허증에 발명자로서 기재될 권리를 가진다”고 규정하고 있다.

종래의 학설로는 "특허에 관한 조약에 별도의 규정이 있는 경우에는 그 규정에 의한다”고 정한 특허법 제26조에 기초하여 파리조약 제4조의3에 따른 인격권으로서의 발명자 명예권을 인정하는 견해가 유력하다[中山信弘, 특허법(2010), 162면; 吉藤幸朔(熊谷健一補訂, 特許法槪說(제13판, 1998) 186면 등]. 이에 의하면 발명자 명예권의 침해는 불법행위로 될 수 있다[東京地判 平成 19. 3. 23. 平17(ワ) 13753호(유리 다공체 사건 : 제1심)는 다른 공동 발명자가 있음에도 불구하고 자신만이 발명자라며 특허를 받을 권리를 제3자에게 양도한 것이 발명자 명예권을 침해하는 불법행위임을 이유로 하는 위자료 청구를 인용하였다. 다만, 동 항소심 판결(知財高判 平成 20. 5. 29. 判時 2018호 146면 - 본서 28사건)은 원고의 발명자성을 부정하여 원 판결을 취소하였다].

　　그런데 발명자의 기재가 부실하더라도 거절이유(특허법 제49조)나 무효이유(특허법 제123조 제1항)에는 해당하지 않는다[구 특허법(大正 10년 법률 제96호)에는 거절이유에 관한 명문의 규정이 없고, 특허를 받을 수 있는 권리를 승계한 자가 자기를 발명자로 기재하여 출원한 특허의 유효성을 둘러싼 大審院 판례가 나누어져 있었다]. 그 때문에 출원거절이나 특허무효로는 되지 않더라도, 실무에서는 출원 절차 중인 경우 발명자 상호의 선서서 등의 일정한 서면을 제출하는 것을 조건으로 발명자의 표시를 보정하는 것이 인정되고 있다(方式審査便覽 21. 50). 그러나 보정의 주체는 "절차를 한 자"에 한정되기 때문에(특허법 제17조 제1항) 출원인이 보정절차를 행하지 않는 경우에 발명자가 출원인에 대하여 보정청구를 할 수 있는지가 문제로 된다.

　　(2) 이 사건 판결 : 이 사건 판결은 "특허법 제26조에 의해 발명자 게재권에 관한 파리조약 제4조의3 규정이 일본에 직접적으로 적용됨"을 이유로 "인격권으로서의 발명자 명예권"을 인정한 다음, 발명자가 "출원인에 대하여 출원서의 발명자의 기재를 진실한 발명자로 정정하는 보정절차를 행하도록 구하"는 것이 가능하다고 판시한 것이다.

　　이와 같은 판단은 종래의 재판례에서는 보이지 않는 것이어서 주목된다. 다만 아래의 점은 지적해 두고 싶다.

　　이 사건 판결은 특허법상의 제 규정에 관하여 "발명자가 발명자 명예권(발명자 게재권)을 가지는 것을 전제로 하여 이것을 구체화한 규정이라고 이해할 수 있다"고 기술하고 있다. 다만 특허법은 "발명자의 성명"을 "특허공보에 게재하지 않으면 안 된다" 등의 규정을 가짐에 그치고, 부실기재가 된 경우에 관하여 규정을 두고 있지 않다. 또한 발명자는 자기의 성명이 게재되는 것을 거부할 수 없다고 해석되므로, 오히려 권리가 아니라 의무라는 견해도 있다(紋谷暢男, "職務著作," コピライト 510호 11면). 이에 대하여 예를 들면 독일법에서는 출원인이나 특허권자 등이 부실의 성명표시의 정정 또는 원상회복에 관하여 특허청에 대하여 동의할 의무를 발명자에게 지는 점, 발명자가 성명표시의 거부신청 및 그 철회를 하는 것이 가능한 점, 성명표시의 포기가 무효인 점 등이 명문으로 규정되어 있다(독일 특허법 제63조, 동 절차규칙 제7조, 제8조). 이러한 점에 비추어 보면 일본 특허법이 금지청구가 가능한 인격권으로서의 "발명자 명예권"에 관하여 어떠한 입장을 취하고 있는가가 여전히 검토의 여지가 남아있다고 생각된다.

　　한편 파리조약 제4조의3은 "발명자는 특허증에 발명자로서 기재될 권리를 가진다"고 정하고 있어서 "특허증"에의 기재에 한정되는 것이기는 하지만, 권리

로서 규정하고 있다. 그러므로 동조의 발명자 게재권을 특허법 제26조에 의해 일본에서도 인정하는 것이 가능할 것이다. 다만, 파리조약 제4조의3이 규정한 런던개정회의(1934년)에서의 제정경위 등으로부터 이 권리를 포기 가능한 권리로서 국내법화하는 것도 허용된다고 해석하는 것이 일반적이다[G. H. C. ボーデンハウゼン, 橋本良朗・後藤晴男 譯, 注解パリ條約(1976) 59면 등]. 이러한 점에 의하면 이 사건 판결이 동조를 일본에 "직접적으로 적용"한 "발명자 명예권"이 어떠한 내용과 적용범위를 가지는 권리인가가 또한 검토의 여지가 남아있다고 생각된다. 예를 들면 이 사건과 달리 특허등록 후인 경우, 특허권자에 의한 정정심판청구의 대상이 "출원서에 첨부한 명세서, 특허청구범위 또는 도면"에 한정되어 있으므로(특허법 제126조 제1항), 발명자가 누구에 대하여 어떠한 주장을 하는 것이 가능하다고 해석론으로 도출할 수 있는가 등 남아 있는 문제가 적지 않다.

2. 특허법 제35조 제3항의 유추적용

(1) 종래의 논의 : 특허법 제35조는 직무발명에 관하여 법정통상실시권(제1항), 예약승계의 유효성(제2항), 특허를 받을 권리의 승계 등에 의한 상당대가청구권(제3항) 등을 정하고 있다. 다만 거기에는 "사용자 등"("사용자, 법인, 국가 또는 지방공공단체")과 "종업원 등"("종업원, 법인의 임원, 국가공무원 또는 지방공무원")의 관계가 필요하다(제1항). 사용자와 직접적으로 고용계약을 체결하고 있는 종업원이 통상 이것에 해당하는 것은 명백하지만 문제는 어떠한 경우까지 이를 긍정할 수 있는가이다.

종래의 다수설은 "사용자 등"과 "종업원 등"의 관계를 급여의 지급이라는 점뿐만 아니라, 인적・물적・경제적 자원의 제공, 지휘명령관계 등을 종합적으로 감안하여 판단하는 입장을 취하고 있어서, 파견사원의 경우에도, 피파견회사를 그의 "사용자 등"이라고 평가할 수 있는 경우가 있다는 것을 인정하고 있다[中山, 前揭 69면 이하; 高林龍, 標準特許法(제4판, 2011) 79면 등]. 이것은 동조가 "자금・자재 등의 제공자인 사용자와 기술적 사상의 제공자인 종업원 사이의 이해조정을 위한 규정"이라는 이해에 기초한다[中山信弘 編著, 注解特許法(上)(제3판, 2000) 337면(中山)]. 재판례에서도 어느 회사의 종업원이 직접 고용관계를 가지지 않는 관련 그룹회사의 연구개발실에 근무하고 있다는 사실에서, 직무발명의 성립성을 긍정한 것이 있다[東京地判 平成 20. 1. 29. 平19(ワ) 18805호(향기 공급장치사건)].

(2) 이 사건 판결 : 이 사건 판결은 "X가 Y1의 종업원, 임원 등의 지위에는

없었다"고 하더라도, Y1과 A 사이에 "기술적, 경제적으로 일체인 관계"와 "실질적으로 지휘감독을 미치는 관계"가 인정된다고 하여, "이 사건 출원발명은 A에 대한 관계에서 X의 직무에 기초한 발명임과 동시에 Y1과의 관계에 있어서도 그의 직무에 기초한 발명으로 볼 수 있는 것이고, X는 … 특허법 제35조 제3항을 유추적용하여 Y1으로부터 상당한 대가의 지급을 받을 권리를 가지는 것이라고 해석함이 상당하다"고 판시한 것이다.

이와 같은 판단은, 종래의 재판례에서는 볼 수 없는 것이어서 주목된다. 다만 이하의 점은 지적해 두고 싶다.

이 사건 판결은 종래의 다수설과 달리 "지위"라는 형식적인 이유에 기초하여 특허법 제35조 제3항의 적용을 부정한 다음에, 동조의 유추적용을 긍정하고 있다. 그럼에도 불구하고 이 사건 판결은 일반론을 명시하고 있지 않기 때문에 어떠한 요건을 충족하여야만 동조의 유추적용을 긍정하는 입장이라고 할 수 있는가가 충분히 명확하다고는 말하기 어렵다. 이것을 어떻게 이해하는가에 따라서는 생각지 않은 파급효과가 생길 염려가 있다. 그러한 의미에서 이 사건 판결의 논거 및 적용범위에 관하여는 여전히 검토할 필요가 있다고 생각된다.

〈참고문헌〉
1. 池田成人, 時の法令 1672号 59頁
2. 吉田和彦, AIPPI 48巻 4号 248頁

Ⅳ. 발명자 및 직무발명

28. 발명자의 인정— 유리다공체 사건

知財高裁 平成 20年(2008년) 5月 29日 判決
[平成 19年(ネ) 第10037号 : 損害賠償請求 抗訴事件]
(判時 2018号 146頁, 判タ 1317号 235頁) ◀재판소 Web

辰巳直彦(타쓰미 나오히코, 関西大学 教授) 著
김태현(대구고등법원 고법판사) 譯

I. 사실의 개요

X1(원고·피항소인)은 수열화학(水熱化學)을 전문으로 하는 고치(高知)대학 교수이고, X2회사(원고)와 고치대학 사이의 '수열핫프레스(hot press)법을 이용한 폐유리(glass)분쇄재(粉碎材)의 리사이클링 기술의 개발'이라고 하는 공동연구계약에 따른 연구를 담당하게 되었다. 그 계약 11조에는, 공동연구 성과로서의 발명에 관하여 고치대학에 승계된 권리 또는 이에 기한 특허권에 대하여는 X2 또는 그가 지정하는 자에 한하여 우선적으로 실시할 수 있는 조항이 존재하였다. X1은 지도하고 있던 대학원생 M에게 수열핫프레스법을 이용한 유리분쇄재에 물을 확산시켜 고화시키는 주제를 부여하여 이 연구를 수행하였고, 제1, 제2 보고서가 작성되었다. 그 후 유리고화체(glass固化体)의 강도에 만족하지 못한 X1의 지시에 의하여 유리고화체에 DTA법에 의한 가열실험을 하게 되었을 때, M은 준(准)교수 Y(피고·항소인)에게 상담하여 Y로부터 2개의 작은 사각형 백금도가니를 이용할 것을 제안받고 이에 관한 X1의 허가도 받은 후에 실험을 수행한 결과, 유리고화체를 750℃에서 일정 시간 재가열하였더니 유리다공체(glass多孔体)가 생성되었다. M은 이를 주목하여 X1에게 보고하였고, X1의 지시에 기하여

SEM[1] 사진이 촬영되고 그 결과에 관하여 제3보고서가 작성되어 X2회사에 제출되었다.

그러나 그 후에 X1은 대학을 퇴직하였으므로, M은 Y의 지도하에 다양한 조건에서의 유리다공체 연구를 계속하여 그 성과를 석사논문으로 제출하고 석사과정을 수료하였다. 한편 Y는 이 '유리다공체 및 그 제조방법'의 발명에 관하여 고치대학에 신고하였지만, 고치대학은 특허를 받을 권리를 승계하지 않기로 하였으므로, Y는 특허를 받을 권리를 소외 N회사에 양도하였고, N회사가 '유리다공체 및 그 제조방법'에 관계된 본건 발명에 대하여 특허를 출원하였다. 또한 Y는 위 연구에 관하여 문부과학성에 조성금(助成金) 신청을 하였고, 추천을 받은 연구성과에 대하여는 학술단체로부터의 수상(受賞)도 하였다.

이에 대하여 X1은 자신이 발명자인데도 Y가 발명자로 행세하여 특허를 받을 권리를 N회사에 양도하고, 조성금 신청을 하며, 그 연구성과에 대하여 수상하기도 한 것은 발명자 명예권 등을 침해하는 것으로 하여, 불법행위에 기한 1,000만 엔의 손해배상을 청구하는 소송을 제기하였다. 또한 X2도, 본건 발명에 기한 N회사의 특허출원에 의하여 우선실시권을 침해당한 것으로 하여, Y에 대하여 불법행위에 기한 659여만 엔의 손해배상청구를 하였다.

제1심인 東京地判 平成 19. 3. 23. 平17(ワ)8359号・13753号(재판소 Web)는, 본건 발명 중 발포성 유리다공체 기술에 관하여 제3보고서에 기재되어 있다고 한 다음, 그 연구주체는 어디까지나 X1이고 M은 그 보조를 한 것에 그치며, 그러한 실험의 결과 얻어진 유리고화체의 다공화에 기술적 의의를 찾고 유용성을 확인한 것도 X1으로 인정된다고 판시하고, 그것을 기초로 하여 보다 나은 조건을 추구하여 수치한정한 나머지 발명은 X1과 함께 Y 및 M이 공동발명자인데, 이 모든 것에 대하여 Y가 자신만이 발명자로서 특허를 받을 권리를 N회사에 양도한 것은 X1의 발명자 명예권을 침해하는 것이라며 100만 엔을 한도로 X1의 손해배상청구를 인용하였다. 또한 X2의 청구에 대하여는, X2의 우선실시권은 고치대학이 특허를 받을 권리를 승계한 경우에 기대할 수 있는 지위에 불과한 것이고, 그렇지 아니한 경우에 계약당사자가 아닌 Y 및 N회사에 대하여 그러한 지위를 주장할 수는 없으므로, Y가 특허를 받을 권리를 N회사에 양도하고 특허출원을 하게 한 것은 불법행위법상 위법성이 없다며 X2의 청구를 기각하였다.

이에 대하여 Y가 항소.

---

1) 주사전자현미경

Ⅱ. 판   지

원심판결을 취소하고, 청구기각(확정).

"제3보고서에 기재되어 있는 본건 다공화 기술은, 750℃에서 1시간 동안 재가열하는 일정한 조건하에서 다공성 현상이 확인되었다는 것을 나타내고 있을 뿐, 본원 발명의 기술적 사상의 특징적 부분 중의 '부수성(浮水性)', '폐기공(閉氣孔)'이라고 하는 과제 및 해결방법이 확인되어 있지 않다고 할 수밖에 없다."

"화학분야에 있어서는 어느 특이한 현상이 확인되었다고 하여도 그에 의하여 곧바로 당해 기술적 사상을 통상의 기술자가 실시할 수 있을 정도의 구체적·객관적인 것으로 이용할 수 있는 것을 의미하는 것은 아니라고 해야 하고, 그 재현성, 효과의 확인 등의 해명이 필요한 경우가 생기는 것을 감안하면, … 제3보고서에서 다공성 현상이 확인된 단계에는 아직 통상의 기술자가 실시할 수 있을 정도의 구체성, 객관성을 가진 기술적 사상을 확인할 수 있을 정도에 이르렀다고 말할 수 없다."

"본원 발명과 … 본건 석사논문의 내용을 대비하면, 본건 석사논문에는 본원 발명의 모든 청구항에 대하여 그 기술적 사상의 특징적 부분이 포함되어 있으므로, 늦어도 M이 본건 석사논문을 작성한 시점에서는 통상의 기술자가 반복 실시하여 기술적 효과를 나타낼 수 있을 정도의 구체적·객관적인 구성을 얻었다고 말할 수 있고, 본원 발명이 완성된 것이라고 말할 수 있다."

"X1은 M에 대하여 관리자로서 일반적인 조언·지도를 하여 준 것에 지나지 않으므로 본원 발명의 발명자라고 인정될 수 없고, … 본원 발명의 발명자는 M과 Y이며 X1은 본원 발명의 발명자가 아니다."

Ⅲ. 해   설

1. 발명자의 인정이 문제가 되는 사안으로서, 최근에는 ㈎ 직무발명에 대하여 상당한 대가의 추가지급청구가 종업원에 의하여 제기된 경우, ㈏ 모인출원이 된 경우에 진정한 권리자가 출원인의 명의변경을 신청하는 전제로서 특허를 받을 권리의 확인소송을 제기하는 경우, 이에 더하여 ㈐ 본건과 같이 발명자 명예권의 침해에 대하여 손해배상청구가 제기된 경우에 많이 문제된다. 이 점 특허법상 발명자는 예외 없이 자연인이어서 발명자란 기술적 사상의 창작에 현실로 가

담(관여)한 자이고[東京地判 平成 17. 9. 13. 判時 1916号 133頁(화이자 사건)], ① 새로운 착상을 한 자나 ② 그 착상에 대하여 구체적인 해결수단을 찾은 자를 말한다는 점에 대하여는 이론이 없다. 다만, ①의 새로운 착상은 단순한 착상이나 일정한 문제를 해결할 필요가 있다고 하는 추상적인 기술적 과제를 제시하는 연구주제의 정도로는 부족하고, 기술적 의의 또는 기술적 과제를 파악한 다음에 구체적인 해결수단의 방향성을 시사할 수 있는 것과 같은 일정 정도의 구체적인 착상일 필요가 있다고 생각된다. 또한 발명자인지 여부는 공동발명자인지 여부에서 쟁점이 되는 경우가 많고, 이 점도 발명의 과정에서 2인 이상의 일체적·연속적인 창작적 기여라고 하는 실질적인 협력관계의 토대에서 발명이 완성되어 ① 새로운 착상을 한 자와 ② 그 착상을 구체화한 자가 다른 사람인 경우라도, 그들이 일체적·연속적인 협력관계의 토대에서 발명을 완성하였다고 말할 수 있을 때에는 어느 곳에 관여한 자라도 공동발명자로 된다. 다만, ②에 있어서 착상의 구체화가 통상의 기술자에게 자명한 정도의 것에 속하지 않을 필요가 있다. 다른 한편, 어느 경우에라도 기술적 사상의 창작행위 자체에 관여하였다고 할 수 없는 자, 예를 들면 ⓐ 부하인 연구자에 대해 구체적 착상을 제시하지 않고 단순히 연구주제를 부여하였거나 일반적인 조언이나 지도를 행한 것에 지나지 않는 자(단순한 관리자·조언자), ⓑ 연구자의 지시에 따라 단순히 데이터를 정리하거나 실험을 행한 것에 지나지 않는 자(단순한 보조자) 및 ⓒ 발명자에게 자금이나 설비를 제공하는 등으로 발명의 완성을 원조 또는 위탁한 것에 지나지 않는 자(단순한 원조자·위탁자)는 발명자라고 말할 수 없다[角田政芳·辰巳直彦, 知的財産法(第5版)(2010), 52頁 ; 吉藤幸朔(雄谷健一 보정), 特許法槪說(第13版)(1998), 185頁 이하]. 발명자가 발명을 완성하면 특허를 받을 권리가 원시적으로 발명자에게 귀속된다(법 29조 1항 본문). 특허를 받을 권리의 법적 성질에 대하여는 논의의 여지가 있는데, 공권·사권결합설이 통설이지만, 오히려 특허권과 연속성이 있고 그 전 단계에 있는 순수한 사권인 재산권으로 파악해야 할 것이다(角田·辰巳, 앞의 책, 53頁 ; 辰巳直彦, "冒認特許權と移轉登錄請求," 甲南法學 51卷 3号, 99頁 참조).

2. 그런데 특허법상의 발명으로서 자연법칙을 이용한 기술적 사상의 창작에 해당하기 위해서는 포크볼(fork ball) 던지는 법이나 장인(匠人)의 기예와 같은 일신전속적인 것이 아닌 객관적으로 전달가능한 것이어야 한다. 또한 발명으로서의 기술적 사상은 장래 기술에 대하여 과제를 발견하고 그 해결을 위한 착상에 기하

여 구체성이 있는 기술적 수단으로서 구성한 것이고, 그것이 반복가능성(재현성)
이 있고 동시에 유용성이 있는 것이어야 한다[最判 昭和 52. 10. 13. 民集 31卷 6号
805頁(본서 6사건) 참조]. 통상은, 장래 기술과제발견으로부터 그 해결을 위한 착상
을 얻어 그것을 실현할 구체적 수단과 그 구성의 유용한 작용효과를 확인하면서
반복가능성이 있는 것으로 고안되고 확립되어 발명이 완성되는 것이라고 말할
수 있다. 그렇지 않다면, 그것은 미완성발명이고 특허법 29조 1항 본문의 '발명'
이라고는 말할 수 없다. 원래 본 사안과 같은 화학 관련 분야에 있어서는, 일반적
으로 어느 착상을 구체화하는 과정에 있어서 그 결과를 사전에 예측하는 것은 쉽
지 않기 때문에, 실험의 결과를 예측한 것과는 다른 결과가 우연히 생기고 그것
이 계기가 되어 새로운 발명의 완성에 이르는 것도 적지 않을 것이다. 이와 같은
경우, 이러한 우연한 실험결과의 기술적 의의를 찾음과 동시에 그 유용성의 확인
이, 반대로는 장래 기술과제발견을 이끌어내고 그것이 새로운 발명의 착상으로
되어 이렇게 얻은 결과를 반복가능성(재현성)이 있는 것으로서 그 구체적 수단과
구성을 확정함과 동시에 그것을 얻기 위한 구체적 방법을 확립하는 것에 의하여
발명이 완성되기에 이른다고 말할 수 있다.

　　이 점 본건에 있어서는, 유리고화체의 재가열 실험을 X1이 M에게 지시하고,
그 결과 유리의 발포에 의하여 우연히 얻어진 유리다공체를 M이 X1에게 보고하
며, 그것에 의하여 SEM사진이 촬영된 다음에 제3보고서가 작성된 것에 착안하
여, 제1심 판결은 유리다공체의 기술적 의의를 찾았다고 하고 그 유용성을 인식
한 것은 X1으로 다공화 기술의 발명자는 X1이라고 하였다. 그러나 X1이 M의 보
고에 기하여 유리다공체의 현상을 인식한 것은 그러한 새로운 현상을 인식하고
'발견'한 것이라고 말할 수는 있어도, 그것을 넘어, 게다가 '폐기공(閉氣孔)'이고
'부수성(浮水性)'을 가진 것이라는 점의 기술적 의의와 이러한 것은 예를 들면 발
포 스티롤(styrol)과 같은 것을 대체하여 얻는다고 하는 유용성을 찾은 다음에, 새
로운 착상 아래 그러한 유리다공체를 반복가능성(재현성)이 있는 것으로서 그 구
체적 기술수단과 그 구성을 확정함과 동시에 그것을 얻기 위한 구체적 방법을 확
립하기 위한 실험을 반복한 것은 X1의 퇴직 후에 M이 Y의 지도하에 수행한 것이
다. 그래서 그 성과가 최종적으로 M의 석사논문으로 된 것이라고 말할 수 있다.
그 의미에서 본건의 유리다공체의 발명자는 M이라고 보고, X1은 일반적인 조
언·지도를 하여 준 것에 불과한 관리자라고 판단한 항소심 판결은 타당하다. Y
도 공동발명자로 되어 있는데, Y의 M에 대한 연구지도는 있었지만 발명 완성까

지의 구체적인 창작적 관여에 대하여는 상세하게 인정되어 있지 않으므로 뭐라고 말할 수 없다. 그러나 어떠한 경우라도, 애당초 발명자가 아닌 X1의 Y에 대한 청구가 이유가 없는 것임에는 변함이 없다.

3. 본건에 있어서는 발명자 명예(인격)권의 침해가 문제로 되어 있지만, 이 권리는 특허법상 명문의 규정은 없다. 그러나 파리조약 4조의3은 "발명자는 특허증에 발명자로서 기재될 권리를 가진다"라고 규정하고, 특허법 26조는 조약에 다른 정함이 있는 때에는 그 규정에 의하는 것으로 정하고 있으므로, 당해 파리조약의 규정은 일본에서 직접 적용된다고 말할 수 있다. 또한 특허법에 있어서도, ① 특허권 설정등록이 있는 때에는 특허청장관은 특허권자에게 특허증을 교부하고(특허법 28조 1항), 발명자의 성명은 특허증의 기재사항인 점(특허법 시행규칙 66조 4호), 또한 ② 발명자의 성명은 특허출원할 때에 출원서의 기재사항이고(특허법 36조 1항 2호), 게다가 ③ 출원공개공보(특허법 64조 2항 3호)나, ④ 등록특허공보에서도 기재사항으로 되어 있으므로(특허법 66조 3항 3호), 이러한 규정들은 발명자가 발명자 명예권을 가지는 것을 전제로 하여 이를 구체화한 것이라고 해석된다. 단, 이러한 규정들을 전제로 하면 발명자가 일정한 서면에 자신의 성명이 기재되는 것에 대한 권리이므로, 오히려 발명자 게재권이라고 칭하는 편이 타당하다고 말할 수 있을지도 모른다. 이 권리는 판례상으로도 인정되어 있고[예를 들면, 大阪地判 平成 14. 5. 23. 判時 1825号 116頁(희토류철계합금사건 - 본서 27사건)], 따라서 발명자는 발명의 완성과 함께 재산권으로서의 특허를 받을 권리와 인격권으로서의 발명자 명예권(발명자 게재권)을 취득하는 것이라고 말할 수 있다. 단, 저작권법상의 성명표시권(저작권법 19조)과 같이 이러한 서면에 자신의 성명을 표기하지 아니할 권리를 포함하는 것이라고는 말할 수 없으므로, 그 점에서의 차이는 존재하고, 또한 이러한 서면에 자신의 성명이 표기되어 있지 않는 때에는 불법행위에 기한 손해배상청구 외에 그 표기를 청구할 권리로서 인정될 수 있을지는 명확하지 않다. 그러나 적극적인 방향으로 해석하여 그 절차적 보장을 고려하여야 할 것이다.

본 사건과 같이 산학제휴에 관한 최근의 사건으로서, 악성 임파종에 대한 인체적용화 항체의 공동발명에 대하여 대학과의 제휴회사인 원고 이사가 공동발명자의 1인인데도, 피고 대학의 대학교수 2명이 자신들만이 발명자로서 대학에 신청서를 제출하고 대학에 자신들을 발명자로 기재한 특허출원을 하게 하고 대학이 특허출원을 한 것이, 원고 이사의 발명자 명예권(발명자 게재권)을 침해하는 불법행위로서 손해배상청구를 인용한 판결이 있는데[大阪地判 平成 22. 2. 18. 判時 2078号 148頁(오사카대학 악성 임파종 인체적용화 항체 발명자 명예권 침해사건)], 향후 산학제휴에서의 과제를 시사하는 것이라고 할 수 있다.

〈참고문헌〉

본문 중의 것 외에,

生駒正文, 知財管理 59卷 10号 1337頁

29. 발명의 착상과 구체화── 세립핵(細粒核) 사건

東京地裁 平成 14年(2002년) 8月 27日 判決
[平成 13年 (ワ) 第7196號 : 特許權讓渡代価請求事件]
(判時 1810號 102頁, 判タ 1117號 208頁) ◀裁判所 Web

富岡英次(토미오카 에이지, 弁護士・早稻田大学 客員教授) 著
박원규(전주지방법원 부장판사) 譯

I. 사실의 개요

(1) X(원고)는 제약회사 Y(피고)의 제조연구실장으로서 제제 등의 연구개발에 종사해 오다가, 종래 Y가 제조해 온 세립제(세립상태의 약제)의 제조에 사용되는 유해한 유기용제를 사용하지 아니하면서도 낮은 비용으로 세립제를 생산할 수 있는 방법의 개발에 착수하기로 마음먹고 부하인 A에게 이를 개발하도록 명하였다. X는 위 개발목적을 달성할 가능성이 있는 고속교반조립기를 사용하여 세립핵(조립제의 핵을 이루는 것)을 얻는 제조조건 등이 수록된 C논문을 발견하고 A에게 이를 검토하게 하였다. A는 이를 검토하고 실험한 결과 고속교반조립기를 사용하여 주원료와 부형제(조립핵을 형성하는 성분)를 혼합하여 세립핵을 형성하고, 또 부형제로서 종래 알려져 있는 것보다 높은 중량비율(60중량% 이상)의 「결정셀루로스」를 사용하는 것에 의하여 진구도(眞球度, sphericity)가 높은 세립핵을 높은 수율로 얻을 수 있어 위 개발목적을 달성할 수 있다는 것을 알게 되었다. Y는 위와 같이 알게 된 내용을 기초로 그보다 넓은 기술적 범위를 규정한 청구항을 포함한 발명(이 사건 발명)에 관하여, X와 A 및 B(Y의 특허부원)를 발명자로 하는 특허를 출원하여 특허(이 사건 특허)를 받았다.

(2) X는 위 과제를 해결하기 위해서 주원료와 부형제를 혼합하여 세립핵을 형성하는 것(공지기술)과 논문에 기재된 고속교반기를 사용하여 진구도 높은 핵을 조립하는 방법(역시 공지기술)을 결합하는 것을 착상하고 A에게 C논문을 참조하여 실험하도록 지시하여 착상을 구체화하도록 한 것은 자신이므로 자신은 적어도

공동발명자에 해당하는바, 직무발명인 이 사건 발명에 관하여 특허받을 권리를
양도한 것에 상당한 대가를 Y로부터 지급받지 못하였다고 주장하면서 Y를 상대
로 특허법 35조 3항에 따른 금원지급을 청구하였다.

(3) Y는 이 사건 발명의 진정한 발명자는 A이고 X는 발명자가 될 수 없다고
다투었다.

Ⅱ. 판　　지

청구기각(항소).

(i) ① 이 사건 발명의 특허청구범위 중 청구항 1에 기재된 구성 중 결정셀
루로스 26중량% 이상이라는 함유량은 실제로는 완전히 근거 없는 가공의 수치이
므로 X가 위 수치의 결정에 관여했다고 해도 이를 특허법 2조 1항의「기술적 사
상의 창작」에 해당한다고 평가할 수 없으므로, X를 이 사건 발명의 공동발명자로
볼 수 없다.

② 만일 이 사건 발명에 무언가 특허성을 인정할 수 있는 것이 있다면, 그것
은「결정셀루로스의 함유량이 60중량% 이상인 것을 특징으로 한다」는 점(청구항
2)에 있다고 보아야 할 것인데, 이는 X가 착상한 것이 아니므로 X가 공동발명자
의 1인으로서 관여했다고 볼 수 없다.

(ii) 앞서 본 사실의 개요 (2) 기재와 같은 X의 착상은 그 자체가 발명이라고
불릴 정도로 구체화한 것은 아니고 과제해결의 방향을 대략적으로 지시한 것에
불과하므로, X가 위와 같은 착상을 했다고 해서 이 사건 발명의 성립에 창작적
공헌을 했다고는 할 수 없어 X를 공동발명자로 인정할 수 없다.

(iii)「오히려, 일반적으로 발명의 성립과정을 착상의 제공(과제의 제공 또는 과
제해결의 방향선정)과 착상의 구체화 2단계로 나누면, ① 제공한 착상이 새로운 것
인 경우에는 착상을 제공한 자가 발명자이고, ② 새로운 착상을 구체화한 자는
그러한 구체화가 당업자에게 자명한 정도의 것에 속하지 아니하는 경우에 한하
여 공동발명자가 된다는 견해가 있다. 위와 같은 견해에 의하면, 발명이 기계적
구성에 속하는 경우에는 일반적으로 착상의 단계에서 이를 구체화한 결과를 예
측할 수 있어, 위 ①에 의하여 발명자를 확정할 수 있는 경우도 적지 않다고 생
각되지만, 발명이 화학 관련 분야나 이 사건 발명과 같은 분야에 속하는 경우에
는 일반적으로 착상을 구체화한 결과를 사전에 예상하는 것이 곤란하여 착상이

그대로 발명의 성립과 결부되기 어려우므로, 위 ①을 적용하여 발명자를 확정할 수 있는 경우가 오히려 적다고 여겨진다. 이 사건에 있어서도, … 주원료와 부형제를 혼합해서 세립핵을 제조하는 방법과 C논문에 제시된 방법을 결합한다고 하는 착상은 그것만으로 진구도가 높은 세립핵을 고수율로 얻을 수 있다는 결과와 결부되는 것이 아니고, 또한 그러한 착상 자체도 당업자라면 어느 정도 어려움 없이 생각하는 것이어서 창작적 가치를 갖는 발상이라고 할 수도 없으므로, X를 이 사건 발명의 공동발명자라고 인정할 수 없다.」

Ⅲ. 해   설

1. 종래, 발명자성은 ① 공동연구·개발 주체 간 또는 개발위탁 등의 위수탁 당사자 간에 발생하는 특허를 받을 수 있는 권리 또는 그 지분의 확인청구, 특허권 또는 그 지분의 이전등록절차청구, 모인출원으로 인한 무효심판·심결취소소송, 특허권침해소송(특허법 104조의3의 무효항변의 이유로서) 등의 분쟁 중에서, ② 동일기업, 연구기관 등에 있어서 연구개발담당자 간(상사, 부하 관계를 포함)에 본 건과 같이 특허법 35조 소정의 직무발명의 대가청구권의 존부 및 금액을 정하기 위하여 발생하는 직무발명대가청구소송 등의 분쟁 중에서, 또는 ③ 앞서 본 ①, ② 유형 분쟁의 당사자 사이에 특허공보와 학회지 등에 발명자로서 표시되는 등의 명예를 지킬 목적으로 발생하는 발명자 표시청구나 손해배상(위자료 등)청구 등의 분쟁 중에서 쟁점이 되어 왔다(山根崇邦·時井眞「眞の發明者の認定」知的財産法政策學硏究 20號 288頁, 山田眞紀「共同發明者の認定について」牧野利秋ほか編『知的財産法の理論と實務(1)』[2007] 295頁 등). 그리고 2011년 특허법 개정(2011년 법률 63호)에 의하여 공동출원위반자, 모인출원자 등에 대한 특허권의 이전등록청구(개정 후 특허법 74조 1항)가 규정됨에 따라 위 ①유형 분쟁이 증가할 것으로 예상된다.

2. 특허법은 「발명자」에 관하여 정의하고 있지 않지만, 그 인정기준에 대해서는 학설과 판례가 아래와 같이 보아왔다.

(1) 특허법 2조 1항의 「이 법률에서 『발명』이라고 함은 자연법칙을 이용한 기술적 사상의 창작으로서 고도한 것을 말한다」라는 발명의 정의에 따르면, 이와 같은 창작행위에 (현실적으로) 관여한 자만이 발명자이다(中山信弘『工業所有權法(上)特許法[第2版增補]』[2000] 59頁, 知財高判 平成 22. 9. 22. 判時 2100號 126頁).

(2) ⓐ 단순한 관리자, ⓑ 단순한 보조자 또는 ⓒ 단순한 후원자나 위탁자의 경우에는 발명자성이 인정되지 아니한다(이른바 「소극적 어프로치」, 吉藤幸朔[熊谷建一 補訂] 『特許法槪說[第13版]』[1998] 188頁 등).

(3) 발명의 성립과정을 착상의 제공(과제의 제공 또는 과제해결의 방향선정)과 착상의 구체화(이것은 다시 실험적·시험제작적 연구와 이론적 연구로 나뉠 수 있다)의 2단계로 나누어, ⓐ 제공된 착상이 새로운 것인 경우에는 착상을 제공한 자가 발명자이고(착상이 구체화되기 전에 공표되어 그 후 다른 자에 의하여 그 착상이 구체화된 경우를 제외함), ⓑ 새로운 착상을 구체화한 자는 그러한 구체화가 당업자에 있어서 자명한 정도의 것에 속하지 아니하는 한 공동발명자라고 한다(2단계설, 吉藤幸朔 앞의 책 188頁).

이러한 (1) 내지 (3)의 기준은 지금까지 다수의 판례가 판단기준으로 채택해 온 것이다(본 사건도 같다. 최근 판례로는 앞서 본 知財高判 平成 22. 9. 22., 東京地判 平成 23. 4. 8. 平19(ワ)32793號 등 참조). 위 (2)의 소극적 어프로치는 발명에 관한 복수의 주체 간의 발명에 관한 주종관계에 착안하여 종된 관여자 중 적극적으로 창작활동에 가담했다고 인정되지는 않는 자를 유형화해서 적시한 것이고, 한편 2단계설은 발명의 형성과정에 착안하여 착상과 그것의 구체화라는 각 단계의 한쪽에 관여한 자는 누구라도 발명자라는 것을 원칙으로 하면서, 그 예외의 경우를 적시한 것이다. 위 (1) 내지 (3)의 구체적인 내용에 관해서는 많은 판례가 축적되어 있고, 이러한 판례들에 대해 다양한 분류가 시도되고 있다(中山信弘·小泉直樹編 『新注解特許法(上)』[2011] 367頁 이하[吉田和彦·飯田圭], 田邉實 「發明者の認定について」牧野 等 編, 앞의 책 276頁 이하 등).

3. 앞서 본 2단계설에 있어서 「착상」은 「과제와 그 해결수단 또는 방법이 구체적으로 인식되어 기술에 관한 사상으로서 개념화된 것이어야 하고, 단순히 문득 떠오른 생각을 넘어선 것이어야 한다」고 한다(東京地判 平成 18. 1. 26. 判時 1943號 85頁). 한편, 발명이 특히 화학 관련분야 등에 속하는 경우에는 일반적으로 착상을 구체화한 결과를 미리 예상하는 것이 곤란하여 착상이 그대로 발명의 성립에 결부되기 어려우므로, 기술분야에 의하여 2단계설의 적용방법을 생각해봐야 한다고 한다(이 사건 판결의 판시 내용은 앞서 본 판지 (iii)항 참조, 화학분야의 발명에 대해서는 知財高判 平成 20. 2. 21. 平19(ネ)10061號 등 참조). 이런 견해에 대해서는, 창작적 관여에 대한 판단은 발명이 해결해야 할 과제와 그 해결수단마다 달라지는 것

이므로, 발명이 속하는 영역별 어프로치는 과제의 해결원리를 파악할 때 참고하는 정도로 해두는 것이 상당하다는 견해(山根・時井 앞의 책 296頁)와, 「特許工學」(谷川英知・河本欣士『特許工学入門』[2003]) 등에 의하여 각 기술분야에 있어서의 발명의 과정을 보다 상세하게 분석해야 한다는 견해도 있고(山田恒夫 發明 100卷 11號 100頁), 기술분야에 의한 단순한 유형화에 대하여 비판하는 견해도 있다(寺本振透, 本百選〈第3版〉65頁). 그렇지만 이 문제는 「착상」의 개념을 어떻게 파악할 것인지에 따라 달라지는 것으로 예를 들면, 다음에 설명하는 발명의 특징에 의하여 좌우되는 것이기도 하다. 판지 (ⅲ)에서 본 이 사건 판결의 2단계설에 관한 설시가 방론처럼 설시되어 있는 것도 그러한 이유 때문인 것으로 생각된다.

4. 발명자성을 판단함에 있어서 당해 발명의 기술적 사상의 객관적 특징적 부분에 대하여 인정한 다음, (발명자라고 주장하는 자가) 그 특징적 부분의 착상과 구체화에 관여하였는지에 대해서도 검토한 판례는 이 사건 판결 이외에도 다수 있다(山田眞紀 앞의 책 299면 이하 참조, 그 외에도 東京地判 平成 21. 12. 25. 平19(ワ)31700號 등 참조). 이에 대하여, 「발명자의 인정에 있어서는 당해발명에 관한 내용이 객관적으로 특허성을 보유하고 있는지 여부를 고려하지 않고 검토해야 한다」고 본 판례(大阪地判 平成 12. 7. 25. 平10(ワ)10432號)도 있고, 또한 특허법 29조 1항 본문의 규정에 의하면 「발명」에는 형식적으로는 특허를 받을 수 없는 것이 포함되기도 한다. 그렇지만 출원된 발명 혹은 특허 받은 발명에 관하여, 발명자를 실질적으로 정하고 특허법상 발명자에게 보장되는 지위와 이익을 보호하거나 부정하려고 하는 이상 명세서에 기재되거나 공지기술과의 관계에서 객관적으로 인정되는, 종래기술로 볼 수 없고 당해 발명에서 처음으로 개시된 과제해결 수단, 즉 발명의 특징적 부분에 주목하는 것이 자연스럽다(三村量一「發明者の意義」金判 1236號 123頁). 한편, 앞서 본 ①, ③유형 분쟁에서는 발명의 특징이 객관적으로 확정될 필요까지는 없다고 생각된다.

5. 발명자성의 판단에 발명의 특징적 부분을 고려하는 경우, 발명의 특징적인 구성은 실험 등의 실증적 연구 결과가 얻어지지 않는 한 특정되었다고 할 수 없고, 발명을 착상했다고도 할 수 없는 경우도 종종 있다. 미국의 판례에서 발명자성을 인정하는 방법에 사용되는 「착상」(conception)과 「구체화」(reduction)라는 개념 중 「착상」은 문제와 그 해결의 방향성을 제시하는 것만으로는 부족하고, 구체

적인 문제해결 수단의 서술을 필요로 하는 것이어서, 일본법에 있어서 「착상의 제공」과 「착상의 구체화」를 아우르는 개념에 해당한다고도 보는 견해도 있지만 (工藤敏隆 「發明者의 認定基準, 及び 發明者의 認定에 関する 分爭處理手續」知財研フオーラム 65卷 42頁), 이러한 견해에 대해서는 검토의 여지가 있다. 미국에서는, 의약·바이오테크롤러지 분야는 실험결과의 예측성이 낮아서 실험결과의 분석 자체가 발명의 「착상」 및 「구체화」를 동시에 달성한다고 볼 수 있는 경우가 있음이 지적되고 있다(「同時の着想と具體化の理論」, 日本知的財産權協會 bio technology 委員會 第2小委員會 「最近の美國判例から 學ぶ 先發明の 立證(その 1)」 知財管理 63卷 9號 1444頁). 일본법에 있어서도, 위와 같은 경우에 당해 발명의 특징을 부여하는 구체적 수치 등 당해 특정 구성 자체가 「착상」의 대상이 될 수 있는 경우가 있고, 그 경우에 착상의 「제공」과 별도로 「구체화」를 문제 삼을 필요는 없다. 더욱더 「착상」 자체의 개념을 정리하는 것이 요망된다고 생각된다.

30. 직무발명의 성립요건으로서의 직무해당성
—— 석회질소의 제조로 사건

最高裁 昭和 43年(1968년) 12月 13日 第2小法廷判決
[昭和 42年(オ) 第881号 : 損害賠償請求事件]
(民集 22卷 13号 2972頁, 判時 546号 63頁, 判タ 203号 194頁) ◀재판소 Web

帖佐 隆(조우사 다카시, 久留米大学 教授) 著
김병식(대법원 재판연구관) 譯

Ⅰ. 사실의 개요

X(원고·항소인·상고인)의 선대(先代)인 A는 Y(피고·피항소인·피상고인)의 기술담당중역(상근이사)으로 재직 중 석회질소 제조로(질화로)(窒化爐)의 신규한 구조를 고안하고, 이에 대하여 스스로 실용신안등록을 받았다. X는 이러한 실용신안등록에 관계된 실용신안권을 승계하여 실용신안권자가 되었다.

Y는 위 실용신안등록에 관한 질화로와 동일한 구조의 질화로를 포함하여 12기의 질화로를 보유하고, 이를 (업으로서) 사용하여 석회질소를 제조하고 있다. X는 Y에 대하여 (실용신안권 침해가 있다고 하여) 손해배상을 청구하였다.

이에 대하여 Y는 준용 구 특허법 제14조 제2항에 기하여 직무발명에 기초한 실시권에 준하는 법정실시권이 있다는 취지의 항변을 하였다.

제1심판결(東京地判 昭和 38. 7. 30. 昭33(ワ) 9523호)과 원심판결(東京高判 昭和 42. 2. 28. 昭38(ネ) 2043호)도 Y가 법정실시권을 가진다는 항변을 받아들여 손해배상청구를 기각하였다. 이에 대하여 X는 원심판결에 불복하여 상고하였다.

Ⅱ. 판 지

상고기각.

X의 선대인 A는, 그가 석회질소의 제조로에 관한 본건 고안을 완성한 1951년 3월 당시 석회질소 등의 제조판매를 업으로 하는 Y의 기술부분을 담당하는 최고책임자의 지위에 있었고, 또한 그 지위에 기초하여 Y의 석회질소 생산을 향상시키기 위해 그 전제조건인 석회질소 제조로의 개량고안을 시도하고 그 효율을 높이기 위한 노력을 하여야 할 구체적인 임무를 가지고 있었으므로, A가 본건 고안을 완성한 행위는 Y의 임원으로서의 임무에 속하는 것이라고 할 것이고, 따라서 Y는 본건 실용신안에 대해 구 실용신안법(대정 10년법 97호) 26조, 구 특허법(대정 10년법 96호) 14조 2항에 따라 실시권을 가진다고 한 원심의 해석 판단은 정당하여 시인할 수 있다.

Ⅲ. 해 설

1. 일본 특허법은 제35조에서 직무발명제도를 규정하고 있다. 이는 일본에서 출원된 발명이 기업 내 발명자에 의한 것이 다수를 점하고 있는 상황에서, 종업원에게는 발명의욕을 부여하고 사용자에게는 투자의욕을 부여함으로써 기업 내 발명자에 의한 발명창출을 최대화하고, 양자의 조정을 도모함으로써 법목적인 산업의 발달을 도모하려고 하는 규정이라고 말할 수 있다. 거기서 조정의 대상으로 되어야 하는 직무발명을 같은 조 제1항에 정의하고, 직무발명에 해당하는 것은 같은 조에서 노사간의 조정을 받게 된다. 따라서 직무발명성을 충족하는 것은 일반적으로 사용자 측에서 보면 이익이 되는 것이고, 다른 한편 종업원 측에서 보면 때로는 불이익이 되는 것이 있으므로, 이러한 직무발명성의 판단은 중요한 의의를 갖게 된다. 이 사건에서는 법문상 종업원 등의 개념에 포함되는 전 이사가 실용신안권을 취득하고, 전 근무처를 권리침해라고 하여 소를 제기하였다. 이에 대하여 사용자 측이 직무발명성을 입증하면 무상의 법정 통상실시권을 가지게 되고, 침해주장에 대한 항변이 성립하게 된다.

같은 항의 직무발명성의 요건 중 포인트가 되는 것은 「직무」의 해석일 것이다. 이 사건은 구법 하의 사건이고 현행법에서 「직무」라는 단어가 구법에서는 법문상 「임무」로 되어 있었지만, 현행법 제35조의 직무발명 규정이 기본적으로 구법을 답습한 것이어서 기본적으로 같은 뜻이라고 생각되고, 현행법하에서도 이 사건은 직무발명성의 판단을 행한 최고재 판례로서 중요한 의의를 갖는다. 그리고 이러한 판단에 대해 본 판결 후의 하급심판결도 편차가 적고, 이 판결의 견해를 답습하고 있다고 말할 수 있을 것이다.

35조 제1항에서 말하는 「직무」의 해석에 있어서 같은 정의규정1)에는 「그 발명을 하는 것에 이르른 행위가 … 직무에 속할」 필요가 있지만, 이 사건에서 중요한 쟁점이고 또한 법률상의 논점이 된 것은, 직무발명이기 위해서는 발명완성에 있어서 발명을 완성시키는 취지의 사용자로부터의 구체적인 지시나 명령이 필요한가 아닌가이다. 이에 대하여 최고재판결에는 직접 언급이 없지만, 제1심판결 및 원심판결에 언급이 있다. 제1심판결은 「『발명을 하기에 이르른 행위가 발명자의 임무에 속하는 경우』의 해석에 있어서도 … X의 주장처럼 『발명을 명령받거나 혹은 구체적인 과제로서 부여되어 있는 경우』로 한정하는 것은 『발명을 하기에 이른 행위』로 규정되어 있는 법조의 문언에 비추어 보아도 이를 수긍할 수 없다. 오히려 위 규정의 취지 및 앞서 본 입법의 취지를 감안하면, 발명의 완성을 직접 목적으로 하는 것에 한하지 않고, 결과로부터 보아 발명의 과정으로 되어 이를 완성하기에 이른 사색적 활동이 사용자와의 관계에서 피용자들의 의무로 여겨지는 행위 중에 예정되고 기대되어 있는 경우도 말하는 것으로 해석함이 상당하다. 따라서 사용자가 피용자에게 이러한 발명을 명한 경우뿐만 아니라 그 업무의 범위에 속하는 기술문제에 대하여 진보개량을 위해 연구할 것을 명하거나 혹은 이를 기대하여 발명자에게 상당한 편익을 제공하고(이 점에 대하여는 법정실시권이 무상인 점을 감안하여야 한다), 그 결과 이러한 발명을 완성하는 기회를 부여한 것과 같은 경우에는, 이러한 발명에 대한 사용자의 간접적 기여를 보상하기 위해 이에 실시권을 인정한다는 해석이 허용된다고 생각된다」라고 한다. 또한 원심판결은 「이와 같은 명령 내지 지시가 있는 경우에 한하고 임무에 속한다고 할 수 있다고 하는 항소대리인의 견해는 너무 협소하고, 이 재판소가 찬성하기 어려운 바이다」라고 한다. 최고재판결에는 그 상위개념적인 설시밖에 없지만, 그 하급심 2심의 견해를 추인하고 있는 것으로 해석된다. 그리고 이들의 해석은 대체로 타당하다고 생각된다고 하고, 또한 현재는 판례·통설이라고 하여, 실무의

---

1) 일본 특허법 제35조 제1항은 '그 성질상 당해 사용자 등의 업무범위에 속하고, 또한 그 발명을 하기에 이른 행위가 그 사용자 등에 있어서 종업원 등의 현재 또는 과거의 직무에 속하는 발명'을 직무발명이라고 규정하고 있다.

기본으로 되어 있다.

2. 직무발명제도에 있어서, 직무발명이라고 인정되어야 하는 것은 노사간에 법적인 조정이 들어가기 때문에 일반적으로 사용자 측에 큰 법률상의 이익을 낳는다. 그러면 그 근거는 무엇인가라고 질문을 받으면, 투자, 설비의 제공, 발명에의 힌트의 제공이라고 하는 형식으로 발명완성에 간접적으로 공헌하였다고 말한다. 따라서 이와 같이 생각하면, 직무발명의 범위를 「발명을 명령받거나 혹은 구체적인 과제로서 부여되어 있는 경우」로 한정하는 것은 역시 좁다. 그 이외의 경우이더라도 사용자 측의 간접적 공헌이 존재하는 케이스는 많기 때문이다.

또한 실무상 관점에서 보더라도, 발명해야 할 뜻을 구체적으로 지시한 경우가 반드시 많지만은 않다. 종업원은 연구를 하는 것 자체나 제품 개발을 하는 것 자체를 지시에 따라 행하고 있는 것이지만, 그중에 왕왕 각자가 기술적 과제라고 하는 벽에 부딪혀, 그가 직무를 수행한 뒤에 스스로 벽을 돌파하려고 발명을 행하는 것이 많은 것으로 생각된다. 따라서 지시명령이 없다고 직무발명성을 부정하게 되면, 사용자로부터 보면 직무발명성의 범위는 극히 좁아지게 되어버린다고 생각된다. 또한 당해 기술분야에 대해서는 지시를 하는 상사보다도 실제로 과제해결에 부닥친 부하인 종업원 자신 쪽이 최고의 전문가인 경우도 많고, 지시 자체가 불가능한 경우도 많다. 덧붙여 상사가 구체적인 지시를 행한 경우는 어떤 종류의 지시가 발명의 착상이 되는 경우도 있고, 그렇다면 상사는 항상 공동발명자의 한 사람에 포함된다고 하는 것이 되고, 따라서 상사에게 지시는 누가 했는가라고 하는 것도 되어, 모순도 떠안고 있는 것이 된다.

따라서 제1심판결이 설시한 바와 같이, 「결과로부터 보아 발명의 과정으로 되어 이를 완성하기에 이르른 사색적 활동이 사용자와의 관계에서 피용자들의 의무로 여겨지는 행위 중에 예정되고 기대되어 있는 경우도 말한다」고 하는 「예정·기대」설이 가장 적절하다고 생각된다. 다만 이 「예정·기대」설을 채택하는 경우, 그 발명완성에의 사색적·보조적 행위를 근무로서 행하는 것이 가능하기 때문에, 적어도 임금이라고 하는 사용자의 공헌이 존재한다고 평가할 수 있을 것이다.

다만 구체적인 지시가 없고 또한 근무시간외만으로 발명을 완성시키는 경우는 사용자의 공헌이 존재하지 않는다는 비판도 있을 수 있다. 이는 직무발명성의 제2의 논점이지만, 이 견해를 인정해버리면 모든 발명은 직무발명은 아니라고 하는 결론에도 빠지기 때문에 제도의 운영상 이를 인정할 수만은 없다. 이는 발명이라고 하는 객체가 무체물인 것과도 깊이 관련되고 있는 것이다. 이 점, 당해 「예정・기대」설을 채택하는 것에 의해, 근무시간외에 발명을 했다고 해도 그것은 근무시간 내에 행하는 것도 가능한 것이므로, 그것을 감안하여 재량노동과 같은 뉘앙스로 임금을 간접적 공헌이라고 생각해도 좋은 것은 아닐까라고도 생각된다. 더욱이 「예정・기대」설이라면, 발명의 힌트가 되는 것이 사용자의 사업소에는 존재하는 경우도 많고, 그중에 종업원이 위치하고 있기 때문에 이를 간접적 공헌이라고 한꺼번에 평가하고, 사용자의 공헌이 있다고 보아도 좋을 것이다. 고로 이점에서도 위 「예정・기대」설이 타당하다고 말할 수 있다.

또한 이 「예정・기대」설은 다른 판례에서도 채택한 것이 많고(神戸地決 平成元 12. 12. 無体裁集 21卷 3号 1002頁[유압식도복(倒伏)게이트 사건 제1심], 大阪高決 平成 2. 9. 13. 無体裁集 22卷 3号 569頁[제2심], 東京地判 平成 3. 11. 25. 判時 1434号 98頁[배연탈류장치(排煙脱硫装置) 사건], 大阪地判 平成 6. 4. 28. 判時 1542号 115頁[스테인레스강제 진공 2중용기 및 그 제조방법 사건], 東京地判 平成 14. 9. 10. 平13(ワ) 10442号[裁判所 Web][ニッカ電測사건]), 이 점으로부터 보더라도 판례・통설이라고 보아도 좋을 것이다. 다만 이들 판례 중에도 편의제공의 유무를 별도 부기한 것도 있다. 그러나 '예정되고 기대되고' 있으면 적어도 임금이 편의제공으로 되기 때문에 거기에 투자라고 하는 편의공여가 있다고 간주할 수 있으므로, 굳이 추가로 검토할 필요는 없다고 생각된다. 한편, 직무발명성이 부정된 판례로는 東京高判 昭和 44. 5. 6.(判タ 237号 305頁[욕조사건])이나 東京地判 昭和 52. 2. 9.(判工 2535の5の495の346頁[법랑인철판제욕조(琺瑯引鉄板製浴槽)사건])이 있지만, 이들의 사례에 「예정・기대」설을 적용하여도 같은 결론이 된다고 해석되어 정합성이 있다.

3. 이와 같이 「예정・기대」설은 직무발명성의 해석으로 뿌리가 깊어진 것이지만, 이와 같이 해석하는 것은 사용자 측으로부터 보면 타당한 것이나 종업원 측으로부터 본 경우에는 너무나 넓은 것이 된다는 것을 이해할 수 있다. 따라서 그 직무발명성의 넓음의 보상(代償)이라고 하는 관점으로부터도, 법은 사용자에 권리를 승계한 경우의 대가를 준비하고, 타당성을 꾀한 것이라고 생각된다. 그 대가가 없으면 직무발명의 예약승계를 시인하고 있는 현행법하에서는 도저히 종업원인 발명자에의 인센티브 부여를 도모할 수 없다. 따라서 대가의 문제를 입법론 등에서 이야기하는 경우에는 직무발명성의 문제를 세트로 고려하여야 한다.

또한 대가의 산정방법이지만, 사용자의 간접적 공헌이 있다고 하더라도 그 간접적인 공헌에는 대소가 있다. 따라서 사용자의 공헌의 대소는 당연히 대가의 액의 대소에 더하여져야 하고, 특허법 제35조 제5항(2004년 개정전 4항)에서 말하는, 이른바 「공헌도」의 사고방식은 당연히 대가의 액에 반영되어야만 한다. 그리고 이것이 반영된 것에 의해 일률적으로 넓게 직무발명성을 인정하는 이 견해의 폐해를 조정할 수 있다. 고로 그것이 없다면, 별반 사용자가 공헌하지 않은 발명에 대하여도 종업원의 권리제한만이 행해지는 것이 되고, 결과로서 종업원은 발명의욕을 상실하고, 일본에서 유용한 발명은 나오지 않게 되는 것은 아닐까.

〈참고문헌〉
본 판결 평석
1. 茶園成樹 本百選 〈第3版〉 66頁
2. 五月女正三 本百選 〈第2版〉 32頁
3. 奧村長生 最判解 民事編 昭和 43年度(下) 1154頁
4. 松尾和子 判夕 234号 86頁
5. 馬瀬文夫 民商 61卷 4号 629頁
6. 山本桂一 法協 91卷 9号 1465頁
7. 奧村長生 法時 21卷 5号 83頁[본 사건 제1심 평석]
8. 松尾和子 ジュリ 353号 130頁
9. 滝野文三 本百選 〈第1版〉 64頁

31. 직무 해당성과 특허를 받을 권리의 승계
—— 청색발광다이오드 사건 중간판결

東京地裁 平成 14年(2002년) 9月 19日 中間判決
[平成 13年(ワ) 第17772号 : 特許權持分確認等請求事件]
(判時 1802号 30頁, 判タ 1109号 94頁, 勞判 834号 14頁)

腹部 誠(핫토리 마코토, 弁護士) 著
강춘원(특허청 특허심사기획과장) 譯

Ⅰ. 사실의 개요

Y(피고)는 형광체나 전자공업 제품의 부품·소재의 제조 판매 등을 목적으로 하는 주식회사이고, X(원고)는 반도체 발광소자 등의 연구개발에 종사하였던 Y의 전 종업원이다. X는 Y에 재직 중인 1990년 9월경 질소 화합물 반도체 결정막의 성장방법에 관한 본건 발명을 하고, Y는 같은 해 10월 25일, 본건 발명에 대하여 X를 발명자, Y를 출원인으로 하는 특허출원을 하여 1997년 4월 18일 설정등록(제2628404호)을 받았다.

X는 본건 발명이 Y의 사장의 업무명령에 반하여 수행한 연구로부터 만들어 낸 발명이기 때문에 직무발명이 아니고, 현재에 이르기까지 Y에게 승계되지 않은 것이라는 등을 주장하면서 Y에 대하여 주위적으로 본건 특허의 일부(공유지분)의 이전등록 절차 등을 요구하고, 예비적으로 본건 발명이 Y에 승계된 것을 전제로 특허법 제35조 제3항에 근거한 본건 특허의 일부(공유지분)의 이전등록 절차 등(예비적 청구 1)이나 대가의 지불 등(예비적 청구 2)을 요구하였다.

주위적 청구에 대하여 Y는 본건 발명의 직무발명 해당성을 전제로 ① '근무규칙 그 이외의 정함'에 해당하는 사규의 존재, ② 본건 발명 전부터 종업원과 Y 사이에서 성립하고 있었던 묵시의 정지 조건부 양도 계약의 존재, ③ X·Y 사이의 개별의 양도 계약의 성립에 근거하여 본건 발명에 관한 특허를 받을 권리를 승계하였다는 취지로 주장하였다.

X는 Y의 주장에 대하여 발명의 승계에 관한 의사의 합치의 부존재, 심리 유보(민법 제93조 단서), 착오(같은 법 제95조), 특허법 제35조 위반, 노동기준법 제15조 제1항 위반, 공서양속 위반(민법 제90조)을 이유로 하는 양도 계약의 무효나 채무 불이행에 의한 계약 해제 등을 주장하였다.

Ⅱ. 판 지

본 판결은 본건 발명에 대하여 특허를 받을 권리가 Y에 승계되었다는 취지의 Y의 주장은 이유가 있다고 하는 중간판결(민사소송법 제245조)이다.

(i) X는 X가 Y에서 근무시간 중에 Y의 시설 내에서 Y의 설비를 이용하고, 또한 Y의 종업원인 보조자의 노동력 등을 이용하여 본건 발명을 발명한 것이므로, X의 주장과 같은 사정이 존재한다고 하더라도 본건 발명을 직무발명에 해당하는 것이라고 인정하는데 방해가 되는 것은 아니다. X가 주장한 사정은 특허법 제35조 제3항, 제4항 소정의 상당 대가액의 산정 시에 Y의 공헌도의 인정에서 고려되어야 할 사정에 지나지 않은 것이라고 하여야 한다.

(ii) '계약, 근무규칙 그 이외의 정함'은 반드시 노동계약이나 취업규칙에 한정되는 것이 아니라 사용자가 정하는 직무발명 규정 등도 이것에 포함되는 것이고, 그와 같은 사내규정 등은 종업원의 동의를 얻지 않은 채 사용자 등이 정한 것이라도 종업원이 이것을 알 수 있는 합리적인 방법으로 명시되어 있으면 충분하다고 해석된다. 생각건대, '계약, 근무규칙 그 이외의 정함'이라는 문언으로부터 노동기준법의 대상이 되는 노동계약이나 취업규칙 이외의 것이라도 이것에 포함될 수 있는 것이 명확하고, 또한 앞서 본 바와 같이 특허법 제35조 제3항, 제4항의 규정을 강행규정으로 해석하는 이상, 이와 같이 해석하여도 종업원 등의 보호가 결여되는 것은 아니다.

[Y의] 1985년 개정 사규 제17호는 종업원이 한 직무발명 및 직무고안에 대해서는 특허를 받을 권리 내지 실용신안 등록을 받을 권리가 Y에 승계되는 것을 전제로 하고, 그 이후의 출원 절차 및 권리의 관리 등은 모두 Y가 수행하는 한편, 발명자 및 고안자에 대해서는 상기의 기준을 따라서 보상금을 지불하는 취지를 정한 것이라고 해석하는 것이 상당하다.

그리고… 그 내용을 종업원이 인식할 수 있는 상태에 놓여져 있었던 것으로 인정된다.

그렇다면, 1985년 개정 사규 제17호는 특허법 제35조에서 말하는 '근무규칙 그 이외의 정함'에 해당하는 것이라고 할 수 있다.

(iii) 직무발명의 권리승계 등에 대하여 명시의 계약, 근무규칙 등이 존재하지 않을 경우라도 일정 기간 계속하여 직무발명에 대해 특허를 받을 권리가 사용자 등에 귀속하는 것으로서 사용자 등을 출원인으로 하여 특허 출원을 하는 취급이 되풀이되고 종업원 등도 이의를 제기하지 않고 그러한 취급을 전제로 행동을 하고 있는 것과 같은 경우에는 같은 조에서 말하는 '계약'에 해당하는 것으로서 종업원 등과의 사이에서 묵시의 합의 성립을 인정할 수 있는 것이라고 해석된다.

이러한 경우 앞서 살펴본 특허법 제35조 제3항, 제4항의 규정을 강행규정으로 해석하는 이상, 묵시의 합의 성립은 사용자 등에 있어서 위와 같은 취급이 계속된 기간, 그 사이의 출원 건수, 당해 취급에 대한 종업원 등의 대응 등의 사정을 종합하여 인정하면 충분하다. 늦어도 1990년에 본건 발명이 이루어지기 전까지는 종업원과 Y사이에 직무발명에 대하여 특허를 받을 권리가 Y에 승계된다는 취지의 묵시의 합의(정지 조건부 양도계약)가 성립하고 있었다고 인정하는 것이 상당하다. 특허법 제35조 제2항이 정하는 '계약'이기 위해서는 직무발명에 대한 특허를 받을 권리 또는 특허권을 사용자 등에 귀속시킨다고 하는 점에서 종업원 등과 사용자 등의 사이에 의사의 합치가 있으면 충분한 것이고, 양자에 있어서 그 전제로서 특허를 받을 권리가 원시적으로 종업원 등에게 귀속하는 것을 공통으로 인식한 후에 다시 이것을 종업원 등으로부터 사용자 등에 이전한다는 인식도 공통으로 갖는 것을 요구하는 것은 아니다.

다만, 특허법 제35조 제2항 내지 제4항은 권리를 사용자 등에 귀속시켰을 경우에 종업원 등이 상당한 대가의 지불을 받는 권리를 보장하는 것에 의해 양자 간의 이해를 조정하는 것을 내용으로 하는 규정이고, '상당한 대가'의 금액은 재판소에 의해 객관적으로 결정되는 것이므로, 여기서는 권리를 최종적으로 사용자 등에 귀속시키는 것이 결정되기만 하면 되고, 당사자가 권리의 이전 경위를 인식하고 있는 것은 중요하지 않기 때문이다.

또한 …계약 시에 있어서 권리의 귀속에 관한 인식은 계약의 성립을 위한 요건이 아니라고 해야 함…(민법 제560조 내지 제564조 참조)이다.

(iv) 출원 의뢰서의 양도증서에 X가 서명한 점 등에 비추어 보면, 본건 발명의 특허를 받을 권리에 대하여 X와 Y사이에 X가 Y에게 이것을 양도하는 취지의

계약이 성립한 것이라고 인정하는 것이 상당하다. 따라서 이와 같은 X와 Y 사이의 개별의 양도계약에 근거하여도 본건 발명에 대한 특허를 받을 권리는 Y에 승계된 것이라고 인정할 수 있다.

　　(v) X는 민법 제90조(공서양속 위반)를 주장하지만, 종업원 등은 대가의 부족액을 청구할 수 있는 것에 한하며, … 당해 계약 등에 의한 특허를 받을 권리 등의 사용자 등에게 승계의 효과를 다툴 수는 없다. X는 상당한 대가의 지불의무의 이행 지체에 의한 양도계약 해제를 주장하지만, '직무발명에 대해 사용자 등이 특허를 받을 권리 내지 특허권을 승계할 수 있는 것은, … 특허법 제35조에 의해 사용자 등에 주어진 법정의 권리'이고, '같은 조의 효과로서 이러한 권리가 사용자 등에 승계된 후에는… 채무 불이행에 의한 계약 해제 등을 이유로 권리의 승계의 효과를 뒤집는 것은 특허법이 예정하고 있지 않은 것으로서 허용되지 않는다.'

Ⅲ. 해　설

　　1. 일본의 직무발명 제도(특허법 제35조)에서 직무발명은 당연히 사용자 등에 귀속하는 것은 아니고, 발명을 한 종업원 등에 귀속하며 사용자 등은 '계약, 근무규칙 그 이외의 정함[2004년 개정에 의해 '규정'이라고 개정]'에 의하여 당해 종업원 등으로부터 직무발명을 승계할 수 있다. 본 판결은 특허법 제35조의 취지나 법적 성질에 대한 해석론을 전제로 본건 발명을 직무발명으로 인정한 후, (1) Y의 사규는 특허법 제35조의 '근무규칙 그 이외의 정함'에 해당한다, (2) 발명 완성 전에 종업원과 Y사이에 묵시적인 정지 조건부 양도계약이 성립하고 있거나, (3) X와 Y사이에서 개별의 양도계약이 성립하고 있다는 중첩적인 사실인정을 하고, 특허법 제35조에 근거한 본건 발명에 대한 특허를 받을 권리의 Y로의 승계를 긍정했다. 또한, 본 판결은 2004년 개정 전의 특허법 제35조를 전제로 하고 있지만, 그 판단은 개정법 하에서도 기본적으로 타당하다고 생각된다.

　　2. 직무발명에 해당하기 위해서는 ① 종업원 등이, ② 그 성질상 당해 사용자 등의 업무범위에 속하고, ③ 그 발명을 하는 것에 이른 행위가 그 사용자 등에 있어서 종업원 등의 현재 또는 과거의 직무에 속하는 것이 필요하다. ③의 '직무'인지 아닌지는 당해 종업원의 지위, 급여, 직종, 당해 발명의 완성과정에서 사용자의 기여 정도 등을 종합적으로 감안하여 개별적이고 구체적으로 결정되고(中

山信弘 '特許法'[2010] 57頁), 제반 사정으로부터 당해 종업원 등이 당해 발명을 완성시키는 것이 일반적으로 예정 내지 기대되고 있으면 충분하다고 해석되고 있다. 예를 들면, 기술부문 담당이사가 발명에 관한 기술의 개발에 노력할 의무를 갖고 있었다고 인정될 경우에는 당해 고안에 관한 구체적인 명령 내지 지시를 받지 않았다고 하더라도 직무고안에 해당한다(最判 昭和 43. 12. 13. 民集22卷13号 2972頁[석회질소로 사건—본서 30사건], 또한 직무발명 해당성이 부정된 판결례로서는 시장개발, 판매기획, 관계회사의 경영조언 등을 직무로 하고 있었던 이사가 한 욕조에 관한 고안에 대해 東京高判 昭和 44. 5. 6. 判夕237号 305頁[법랑제화풍욕조 항소사건] 등이 있다).

　　본건에서는 X가 회사 사장의 업무명령에 반하여 계속한 연구과정에서 발명한 것으로서 직무 해당성이 쟁점이 되었지만, 개발 중지를 명령한 후에도 근무시간 중에 회사의 물적·인적자원 이용이 허용되고 있었다고 하는 사실 관계로 보면, (상당한 대가의 산정에 있어서 사용자의 공헌의 판단에 있어서 당해 사실이 고려된다고 하여도 직무 해당성의 판단에 있어서는) 당해 업무명령은 무의미한 것이 되고, X가 본건 발명을 하는 것이 일반적으로 예정되고 기대되고 있었다고 평가할 수 있게 되기 때문에 본건 발명은 직무발명에 해당한다는 판단은 정당하다고 해석된다(小松一雄·本百選〈第3版〉74頁, 茶園成樹 '職務発明の成立要件としての職務該当性' 小野昌延先生喜寿記念 '知的財産法最高裁判例評釈大系 I'[2009] 82頁, 慶應義塾大学商法研究会 編著 '下級審商事判例評釈[平成 11年－15年]'[2010] 514頁[諏訪野大]).

　　3. 자유발명에 대하여 예약승계를 금지하는 특허법 제35조 제2항의 반대해석으로서 '계약, 근무규칙 그 이외의 정함'에 근거하는 직무발명에 관한 특허를 받을 권리의 사용자 예약승계가 가능하다고 해석되고 있다(中山·앞의 63頁 등). '근무규칙 그 이외의 정함'에 근거하는 승계에 대해 당해 규정을 사용자 등이 일방적으로 정하는 것은 오늘날의 판례·통설이고(最判 平成 15. 4. 22. 民集57卷4号 477頁[올림푸스 사건－본서 32사건], 竹田稔 '知的財産権侵害要論 特許·意匠·商標編第5版'[2007] 482頁 등), 실무에서도 사용자가 '직무발명 규정' 등으로 일방적으로 정하고 있는 사례가 많다. 특허법 제35조가 적용되기 위해서 당해 규정은 발명 완성 전에 존재하는 것이 필요한 것인지에 대해서는 필요설(中山·앞의 65頁, 小松一雄 '職務発明' 牧野利秋·飯村敏明 編 '新·裁判實務大系(4)知的財産訴訟法'[2001] 277頁, 增井和夫·田村善之 '特許判例ガイド[第3版]'[2005] 432頁, 福田親男 '職務発明', 西田美昭 外編 '民事訴訟と裁判実務(8)'[1998] 365頁 등)과 불필요설(特許庁 編 '工業所有権法(産業財産権法)逐条

解説[第18版]'[2010] 112頁, 太田大三 '職務発明規定の実務ハンドブック'[2005] 27頁)이 있고, 본 판결은 '근무규칙 그 이외의 정함'의 종업원 등에게 명시를 요구하고 있으므로, 필요설 편에 있는 것으로도 생각된다.

근무규칙 등의 규정을 종업원에게 명시하여야 할 것을 요구해야 할 것인지 아닌지에 대해서 조문상은 명확하지 않지만, 그러한 규정의 존재에 의해 종업원 등으로부터 일방적으로 직무발명의 승계가 가능하게 된다는 효과의 중대성을 감안해보면, 본 판결과 같이 종업원 등의 인식 가능성을 요구하는 것이 타당하다고 해석된다(增井・田村 앞의 433頁, 土田道夫 '職務発明のプロセス審査──労働法の観点から' 田村善之・山本敬三 編 '職務発明'[2005] 146頁. 中山・앞의 64頁은 '일방적으로 정해져 있더라도 종업원을 구속하는 것이고, 취업규칙의 예에 따라(노동기준법 제106조) 종업원에 대한 충분한 개시는 필요하다'고 함).

'계약'에 근거한 승계에 대하여 본 판결은 특허를 받을 권리가 사용자 등에 귀속하는 것으로서 사용자 등을 출원인으로 하여 특허출원을 하는 취급이 반복되고, 종업원 등에 있어서도 그러한 취급을 전제로 하여 행동을 취하고 있었는지 아닌지를 지표로 하며, 본건 발명이 이루어지기 전에 묵시의 정지 조건부 양도계약의 성립을 인정하는 동시에 본건 발명이 이루어지는 전후를 통한 상세한 사실인정을 한 뒤, X와 Y사이의 개별적 양도계약의 성립을 인정하고 있다. 묵시의 합의에 의한 예약승계에 대하여 東京高判 平成 6. 7. 20.(知的裁集26卷2号717頁[뉴런・신호복조장치 사건])은 '묵시의 의사를 추인할 수 있는 명백한 사정을 인정할 수 있을 경우는 별도로 하고… [직무발명에 의한] 특허를 받을 권리 또는 특허권을 회사에 귀속시키는 결과를 초래시키는 것이 종업원 등의 합리적 의사에 합치한다고 쉽게 추인할 수는 없다'고 하고 있다. 묵시의 합의의 성립이 인정되는지 아닌지는 처음부터 각각 사안마다의 판단으로 되지만, 특허법 제35조의 노동자 보호규정으로서의 성격 등을 감안하여 묵시의 합의 성립에는 신중한 사실인정이 요구된다.

또한, '계약'의 성립에 필요한 의사의 내용에 대하여 본 판결은 '직무발명에 대하여 특허를 받을 권리 또는 특허권을 사용자 등에 귀속시킨다고 하는 점에서 종업원 등과 사용자 등의 사이에 의사의 합치가 있으면 충분하다'고 하고, 마찬가지 이유로 X에 의한 심리유보 및 착오에 근거하는 양도 계약 무효의 주장을 배척하고 있다.

4. 또한, 본건은 2004. 1. 30. 1심 종국 판결되었고(判時 1852号 36頁), 2005. 1. 11. 항소심에서 화해가 성립되었다(判時 1879号 141頁).

참고 문헌
본문 중에 인용한 것

32. 근무규칙 등의 규정과 상당한 대가
—— 올림푸스 사건

最高裁 平成 15年(2003년) 4月 22日 第三小法廷判決
[平成 13年(受) 第1256호 : 補償金請求事件]
(民集 57卷 4号 477頁, 判時 1822호 39頁, 判タ 1121号 104頁) ◀재판소 Web

田中成志(다나까 시게시, 弁護士・弁理士) 著
이규홍(의정부지방법원 고양지원 부장판사, 법학박사) 譯

I. 사실의 개요

Y회사(피고, 피항소인겸 항소인, 상고인)의 종업원이었던 X(원고, 항소인겸 피항소인, 피상고인)는 발명의 명칭을 「픽업장치」로 하는 직무발명(이하 「본건발명」이라 한다)을 하였다.

Y회사는 「발명고안취급규정」(이하 「Y규정」이라 한다)을 정하여 두었는데, Y규정에는 종업원의 직무발명에 대하여 특허를 받을 수 있는 권리가 Y회사에 승계된다는 것, Y회사는 직무발명을 한 종업원에 대하여 공업소유권수입취득시보상 등의 보상을 행할 것, Y회사가 종업원의 직무발명에 대하여 제3자로부터 공업소유권수입을 계속적으로 수령한 경우에는 수령개시일부터 2년간을 대상으로 하고 상한액을 100만 엔으로 하는 1회 한정의 공업소유권수입취득시보상을 행할 것 등의 규정이 있다.

Y회사는 Y규정에 기하여 본건발명에 대한 특허를 받을 수 있는 권리를 X로부터 승계하여 이에 대한 특허출원을 하여 특허권을 취득하고, 이 특허권을 포함한 픽업장치에 관한 다수의 특허권 및 실용신안권에 대하여, 픽업장치의 제조회사 여러 곳으로부터 계속적으로 실시료를 수령하였다.

X는 본건발명에 대하여 특허를 받을 수 있는 권리를 Y회사에 승계한 것에 관하여, Y규정에 기하여 1978. 1. 5.에 출원보상으로서 3000엔, 1989. 3. 14. 등록보상으로서 8000엔, 1993. 10. 1. 공업소유권수입취득시보상으로서 20만 엔을 Y

회사로부터 수령하였다.

X는 Y회사에 대하여, 본건발명에 관하여 특허를 받을 수 있는 권리를 승계하게 한 것에 대하여 특허법 35조 3항에 기하여 상당한 대가의 지불을 구하고, 제1심(東京地判 1999. 4. 16. 判時 1690号 145頁) 및 원심(東京高判 2001. 5. 22. 判時 1753号 23頁)은 250만 엔이 상당한 대가라고 인정하여, X가 이미 수령한 상기금액을 뺀 228만 9000엔의 지급을 인용하였다. 이에 대하여 Y회사는 상고수리신청을 한 것이 본건이다.

Ⅱ. 판   지

상고기각.

（ⅰ） 특허법 35조에 의하면, 「사용자 등은, 직무발명에 대하여 특허를 받을 수 있는 권리 등을 사용자 등에게 승계시킬 의사를 종업원 등이 가지고 있는지 여부에 관계없이, 사용자 등이 미리 정한 근무규칙 기타 규정(이하 '근무규칙 등'이라 한다)에서, 특허를 받을 수 있는 권리 등이 사용자 등에게 승계된다는 취지의 조항을 두는 것이 가능하고, 또한 그 승계에 대하여 대가를 지급한다는 취지 및 대가의 액, 지급시기 등을 정하는 것도 방해되지 않는다고 할 수 있다. 그러나 아직 직무발명이 이루어지지 않고, 승계되어야 할 특허를 받을 수 있는 권리 등의 내용이나 가치가 구체화되기 전에, 미리 대가의 액을 확정적으로 정할 수 없는 것은 명백하므로, 위에서 말한 바와 같이 위 조항의 취지 및 규정내용에 비추어 보아도, 이것이 허용된다고 해석할 수는 없다. 환언하면 근무규칙 등에 정해진 대가는 이것이 특허법 35조 3항·4항 소정의 상당한 대가의 일부에 해당한다고 해석할 수 있음은 별론으로 하고, 그것이 바로 상당한 대가의 전부에 해당한다고 볼 수 없는 것이며, 그 대가의 액이 동조 4항의 취지·내용에 합치하여야 비로소 동조 3항·4항 소정의 상당한 대가에 해당한다고 해석할 수 있는 것이다. 따라서 근무규칙 등에 의하여 직무발명에 대하여 특허를 받을 수 있는 권리 등을 사용자 등에게 승계시킨 종업원 등은 당해 근무규칙 등에, 사용자 등이 종업원 등에 대하여 지급해야할 대가에 관한 조항이 있는 경우에도, 이에 따른 대가의 액이 동조 4항의 규정에 따라 정하여진 대가의 액을 만족하지 못하는 때에는, 동조 3항의 규정에 기하여 그 부족한 액에 상당한 대가의 지급을 구하는 것이 가능하다고 해석함이 상당하다.」

(ⅱ)「직무발명에 대한 특허를 받을 수 있는 권리 등을 사용자 등에 승계시 킨다는 취지를 정한 근무규칙 등이 있는 경우에는, 종업원 등은 당해 근무규칙 등에 의하여, 특허를 받을 수 있는 권리 등을 사용자에게 승계시킨 때에 상당한 대가의 지불을 받을 수 있는 권리를 취득한다(특허법 35조 3항). 대가의 액에 대하 여는 동조 4항이 규정하고 있으므로, 근무규칙 등에 의한 액이 4항에 의하여 산 정된 액을 만족시키지 못할 때는 4항에 의하여 산정된 액에 따라 수정되는 것이 지만, 대가의 지불시기에 대하여는 그와 같은 규정이 없다. 그런데 직무규칙 등 에 대가의 지급시기가 정하여져 있는 때에는, 근무규칙 등의 규정에 의한 지급시 기가 도래할 때까지의 사이에는, 상당한 대가의 지급을 받을 수 있는 권리의 행 사에 대하여 법률상의 장애가 있는 것으로서, 그 지급을 구할 수 없다. 그렇다면 근무규칙 등에 사용자 등이 종업원 등에 대하여 지불하여야 할 대가의 지불시기 에 관한 조항이 있는 경우에는 그 지불시기가 상당한 대가의 지불을 받을 수 있 는 권리의 소멸시효의 기산점이 된다고 해석하는 것이 상당하다.」

Ⅲ. 해   설

1. 본건 판결은, 특허법 35조에 의할 때, 사용자 등이 종업원 등이 행한 직무 발명을 사용자 등에 승계하게 하는 취지 혹은 그 승계에 대한 대가의 액과 지불 시기를 규정하여 두는 것이 가능한가에 대한 것이다. 직무발명은, 회사의 지시에 기초하여 회사의 설비를 사용하여, 많은 종업원의 협력을 얻어 발명이 이루어지 는 것이 통상으로 대가의 산정은 곤란하지만 사용자 등이 규정하는 근무규칙의 대가규정은, 대부분은 정액이고 금액도 적은 경우가 많았다. 직무발명의 대가청 구의 선구로 되는 것이 본건이다.

2. 특허법 35조 4항의 대가의 부족액 청구 가부
본건 판결은,「근무규칙 등에 의하여 직무발명에 대하여 특허를 받을 수 있 는 권리 등을 사용자 등에게 승계시킨 종업원 등은, 당해 근무규칙 등에 사용자 등이 종업원 등에 대하여 지급해야할 대가에 관한 조항이 있는 경우에도, 이에 따른 대가의 액이 동조 4항의 규정에 따라 정하여진 대가의 액을 만족하지 못하 는 때에는, 동조 3항의 규정에 기하여 그 부족한 액에 상당한 대가의 지급을 구 하는 것이 가능하다」고 판시하였다. 종래의 근무규칙에 정한 보상금만을 지급하는 것에 의한 보상을 하는 것으로 족하다고 한 많은 실무의 취급을, 특허법 35조에 반하는 것으로 부정한 것이다.

본건에서, 제1심 판결도 원심 판결도, 대가의 부족액의 청구를 인정하였는데, 그 이유는 모두 다르다.

제1심 판결은 「Y규정에 대하여는, Y회사가 일방적으로 정한… 것이므로, 개개의 양도의 대가액에 대하여 X가 이것에 구속될 이유가 없고」라고 판시하였다. 이에 대하여 종업원이 사용자의 제규칙 등을 준수한다는 취지의 서약서를 제출하였으므로, 종업원이 상당대가의 청구권을 포기한 것으로 보아야 하는 것은 아닌가 및 「소멸시효와의 관계는 Y규정에 있어서 지불시기의 규정이 구속력을 가지는지에 비추어 보면, 회사가 일방적으로 정하였기 때문에 구속되지 않는다고 단언하는 것인가의 검토를 요한다」(長谷川浩二, 後揭 292頁).

원심 판결은, 종업원 등이 「상당한 대가」의 지불을 받을 수 있는 「권리」를 취득하는 것으로서 이익보호를 도모하고, 사용자 등과 종업원 등과의 사이의 이해를 합리적으로 조정하려는 특허법 35조의 입법취지에 비추어 보면, 동조 3항, 4항을 강행규정으로 해석하여야 한다고 하고 있다.

본건 판결은 「아직 직무발명이 이루어지지 않고, 승계되어야 할 특허를 받을 수 있는 권리 등의 내용이나 가치가 구체화되기 전에, 미리 대가의 액을 확정적으로 정할 수 없는 것은 명백하므로, 위에서 말한 바와 같이 위 조항의 취지 및 규정내용에 비추어 보아도, 이것이 허용된다고 해석할 수는 없다」고 한다.

특허법 35조 3항은 「종업원 등은 계약, 근무규칙 그 밖의 규정에 따라 직무발명에 대하여 사용자 등에 특허를 받을 수 있는 권리 또는 특허권을 승계」한 때에는 「상당한 대가를 지불받을 권리를 가진다」고 하고 있으므로, 권리를 사용자에게 승계시킨 때는 「승계되어야 할 특허를 받을 수 있는 권리등의 내용과 가치가 구체화된」때이고, 그 때 보상금청구권이 발생하며(大阪高裁 1994. 5. 27. 判時 1532号 118頁) 대가의 산정기준시로 된다. 그러나 권리승계시에 대가를 산정하는 (동시에 소멸시효기간도 개시한다) 것은, 실무적으로 발명에 대하여 후의 실시료수입 등을 참조하는 것이 어려운 것이다. 東京高裁 2004. 4. 27.(判時 1872号 95頁)외 많은 판결이, 실적보상에 상응한 분할지불의 합리성을 인정하고 있다.

또한 본건은 2004년 법률 79호에 의한 특허법 35조의 개정 전의 사건이다. 현 특허법 35조 4항은, 근무규칙 등에 직무발명의 대가기준을 정한 때에는 그 대가의 결정을 위한 과정을 종합적으로 평가하여 불합리하다고 인정되지 않는 한 그 대가가 상당한 대가로서 인정될 수 있다.

3. 대가청구권의 소멸시효의 기산점

본건 판결은 「직무발명에 대한 특허를 받을 수 있는 권리 등을 사용자 등에 승계시킨다는 취지를 정한 근무규칙 등이 있는 경우에는, 종업원 등은 당해 근무규칙 등에 의하여, 특허를 받을 수 있는 권리 등을 사용자에게 승계시킨 때에 상당한 대가의 지불을 받을 수 있는 권리를 취득한다(특허법 35조 3항)」고 판시하고, 사용자가 특허를 받을 수 있는 권리를 승계한 때에 상당한 대가청구권이 발생하며, 그 때부터 소멸시효가 진행하는 것을 원칙으로 하고 있다(본건 판결 후 같은 취지의 것으로 東京地判 2004. 2. 24. 判時 1853호 38頁).

본건 판결판시에 의하면, 대가액에 대하여는, 근무규칙 등에 의한 액과 같은 항에 의하여 산정된 액을 만족하지 못하는 때 특허법 35조 4항에 의하여 산정된 액에 따라 수정되지만, 대가의 지불시기에 대하여는 그와 같은 규정이 없으므로 근무규칙 등의 규정이 있다면, 그 규정이 적용된다. 근무규칙 등에 사용자 등이 종업원 등에 대하여 지불하여야 할 대가의 지불시기에 관한 조항이 있는 경우에는 정해진 지불시기까지 사이는 상당한 대가의 지불을 받을 수 있는 권리의 행사에 대하여 법률상의 장해가 있는 것으로서, 그 지불을 구하는 것이 가능하지 않다고 하여야 하므로 그 지불시기가 상당한 대가의 지불을 받을 수 있는 권리의 소멸시효의 기산점이 된다.

근무규칙 등에서 출원시보상, 등록시보상 및 실적보상의 각각에 대하여 지불시기가 정하여져 있는 때에는, 각각의 시기가 각 보상의 소멸시효의 기산점이 된다. 실적보상에 대하여 정하여지지 않은 때는, 근무규칙 등에 보상의 최후의 지불시기가 실적보상의 부족액의 지불시기인 것으로 생각한다.

4. 대가청구권의 소멸시효기간

상당한 대가청구권의 소멸시효기간은 10년으로 해석하는 다수의 재판례가 있다.

대가청구권은, 근무규칙에 그 규정이 없는 때는 특허법 35조 3항에 의하여 인정되는 법정채권이므로, 시효기간이 10년으로 생각된다. 知財高判 2009. 6. 25.(判時 2084호 50頁)는 대가청구권은 사용자와 종업원과의 사이에 형평을 도모하는 견지에서 설계되어진 채권이란 점을 이유로 하고 있다.

이에 대하여 발명 대가의 영리성에 의하여 상사채권의 5년 단기소멸시효를 주장하는 입장과 노동기준법 제115조에 기초한 임금채권의 소멸시효기간이 2년 (퇴직수당에 대하여 5년)으로 정하여져 있는 것과의 균형을 생각하면 10년으로 하는 것의 합리성에 의문이라는 의견도 나오고 있다.

전기와 같이, 본건 판결은 대가액에 대하여는 근무규칙 등에 의한 액이 특허법 35조 4항에 의하여 산정된 액으로 수정되지만, 대가의 지불시기에 대하여는 근무규칙 등의 규정이 있다면 그 규정이 적용된다고 판시하였으므로, 대가청구권을 근무규칙 등에 기한 채권으로 해석할 여지도 있고(中山·小泉編, 後揭 新注解 529頁[飯塚·田中]), 대가청구권의 성질 등, 상사, 노동채권과의 관계는 검토를 요하는 문제이다. 본건 사안에서는 지불시기로부터 5년을 경과하지 아니하였으므로 판시사항으로 되는 것은 아니다.

〈참고문헌〉

1. 長谷川浩二 最判解民事編 平成15年度(上) 284頁
2. 中山信弘·小泉直樹編 『新·注解特許法(上)』(2011) 528頁 이하(35條 解說)(飯塚卓也·田中浩之)
3. 中山信弘 本百選〈第3版〉 72頁

33. 사용자가 얻을 수 있는 이익의 금전평가
—— 캐논(キヤノン) 직무발명 사건

知財高裁 平成 21年(2009년) 2月 26日 判決
[平成 19年(ネ) 第10021号 : 補償金請求控訴事件]
(判時 2053号 74頁, 判タ 1315号 198頁) ◀재판소 Web

島並 良(시마나미 료우, 神戸大学 教授) 著
유영선(대법원 재판연구관, 부장판사) 譯

Ⅰ. 사실의 개요

X(원고·피항소인 겸 항소인)는 Y사(캐논 주식회사-피고·항소인 겸 피항소인)를 퇴사한 직원이고, 본건 각 특허발명의 발명자이다. X는 Y에 대하여, 2004년 개정 전의 특허법 35조(이하「구35조」라고 한다) 3항, 4항에 기초해, X가 Y에게 승계시킨 본건 각 특허권의 상당 대가로서 적어도 451억 8000만 엔(円) 중 10억 엔의 지급을 구하였다.

원심(東京地判 平成 19. 1. 30. 判時 1971号 3頁)은, 본건 각 특허발명에 의해 Y가 얻은 이익액 11억 4653만 엔 남짓에서, 본건 각 특허발명에 관한 Y의 공헌도 97%를 곱한 액수를 뺀, 3439만 엔 남짓을 상당 대가액이라고 한 후, 이미 지급된 액수를 공제한 나머지 액수인 3352만 엔의 한도에서 청구를 인용함. 그리하여 Y는 X 청구의 기각을 구하며 항소를 제기하였고, 또한 X도 위 판결에 불복하여 항소를 제기하면서 상당 대가액을 증액하면서 청구를 확장하였다.

Ⅱ. 판 지

Y의 항소기각, X의 청구 일부인용.

「(1) 구35조 4항의 '그 발명에 의해 사용자 등이 얻을 수 있는 이익액'에 대해서는, 특허를 받을 권리는 장래 특허를 받을 수 있는지 없는지도 불확실한 권리이고, 그 발명에 의해 사용자 등이 장래 얻을 수 있는 독점적 실시에 의한 이익액 또는 제3자로부터의 실시료 수입에 의한 이익액을 그 승계시에 산정하는 것이 극히 곤란한 점에 비추어 보면, 당해 발명의 독점적 실시에 의한 이익을 얻은 후 또는 제3자에게 당해 발명의 실시허락을 하여 실시료 수입을 얻은 후의 시점에서 그 독점적 실시에 의한 이익 또는 실시료 수입액을 보고 그 법적 독점권에서 유래하는 이익액을 인정하는 것도 동조항의 문언해석으로서 허용된다.

(2) 사용자 등은 직무발명에 대해서 특허를 받을 권리 또는 특허권을 승계하지 않더라도 당해 발명에 대해서 동조 1항이 규정한 통상실시권을 가지는 것을 감안하면, 동조 4항에서 말하는 '그 발명에 의해 사용자 등이 얻을 수 있는 이익액'은, 자기실시의 경우는, 단순한 통상실시권(법정통상실시권)을 넘는 것을 승계함으로써 얻은 이익이라고 해석해야 한다. 그리고 특허를 받을 권리에 대해서는, 특허법 65조가 정한 보상금청구권 내지는 특허등록 후에 발생하는 법적 독점권에서 유래하는 독점적 실시의 이익 또는 제3자에 대한 실시허락에 의한 실시료 수입 등의 이익이라고 해석해야 한다.

(3) 여기서 말하는 '독점의 이익'이란 위와 같이, ① 특허권자가 스스로는 실시하지 않고 당해 특허발명의 실시를 타사(他社)에 허락하여 이로부터 실시료 수입을 얻고 있는 경우는 당해 실시료 수입이 이에 해당하고, 또한 ② 특허권자가 타사에 실시허락을 하지 않고 당해 특허발명을 독점적으로 실시하고 있는 경우(자기실시의 경우)는 타사에 대해 당해 특허발명의 실시를 금지시킴으로써 사용자가 올린 이익, 즉 타사에 대한 금지권의 효과로서 타사에 실시허락하고 있던 경우에 예상되는 매상고와 비교하여 이를 상회하는 매상고(이하, 매상의 차액을 '초과매상'이라고 한다)를 올린 데 기초한 이익(법정통상실시권에 의한 감액 후의 것, 이하 '초과이익'이라고 한다)이 이에 해당하는 것이다.」

다만, 특허권자가 당해 특허발명을 실시하면서 타사에 실시허락도 하고 있는 경우, 당해 특허발명의 실시에 대하여, 실시허락을 얻고 있지 아니한 타사를 상대로 특허권에 의한 금지권을 행사함으로써 초과이익이 생기고 있다고 보아야 하는지 어떤지는 사안에 따라 다르다고 말할 수 있다. 즉, ① 특허권자는 구35조 1항에 의해 자기실시분에 대해서는 당연히 무상으로 당해 특허발명을 실시할 수 있고(법정통상실시권), 그것을 초과하는 실시분에 대해서만 '초과이익'의 산정을 할 수 있는 것이며, 통상은 50~60% 정도의 감액을 해야 하는 것, ② 당해 특허발명이 타사에서 어느 정도 실시되고 있는가, 당해 특허발명의 대체기술 또는 경합기술로서 어떠한 것이 있고 그것들이 실시되고 있는가, ③ 특허권자가 당해 특허에 대해 유상 실시허락을 요구하는 자에게는 모두 합리적인 실시요율로 이를 허락하는 방침을 채용하고 있는가, 또는 특정 기업에만 실시허락을 하는 방침을 채용하고 있는가 등의 사정을 종합적으로 고려하여, 특허권자가 당해 특허권의 금지권에 의한 초과이익을 얻고 있는지 어떤지를 판단해야 한다.」

이상의 일반론을 본건에 적용한 결과, 본 판결은 상당 대가액을 5653만 엔(Y의 공헌도는 94%)이라고 하여 원심보다도 증액하여 인정하고, 거기에서 이미 지불한 액수를 공제하고 지연손해금을 가산한 6955만 엔 남짓에 대해 X의 청구를 인용하였다.

Ⅲ. 해 설

1. 특허법 35조 3항의 「상당 대가」의 액수는, 2004년 개정 전의 같은 조문 4항은 「그 발명에 의해 사용자 등이 얻을 수 있는 이익액」과 「그 발명이 이루어진 데 대하여 사용자 등이 공헌한 정도」를 「고려하여 정하지 않으면 안 된다」고 규정하고 있었다. 이에 응하여 현재의 실무는 [사용자 이익] × [종업원 공헌도]에 의하여 상당 대가액을 산정하는 것으로 거의 확립되어 있고, 이 기본 틀 자체는 사용자 기업의 재량적 판단이 존중받게 된 위 개정 후의 같은 조문 5항 아래에서도 변함이 없다. 본 판결은 그 기본 틀 가운데 사용자 이익의 산정방법에 관한 것이다.

2. 동조 3항에 의하면 상당대가청구권은 특허를 받을 권리의 승계 시에 발생하므로, 최소한 관념적으로는 사용자 이익도 권리승계 시에 정해지는 것이다. 현행법 5항(구법 4항)도 사용자가 「얻을 수 있는 이익」이라고 표현하고 「얻은 이익」이라고는 하고 있지 않다. 그러나 특허를 받을 권리의 승계시점에는 특허성의 유무를 비롯하여 발명의 가치를 산정하는 자료가 부족하고, 또한 실제로도 대가청구소송이 상당 시간 후에 제기되는 것이 통상이므로, 권리승계를 받은 사용자 기업이 특허발명을 타사에 실시허락(라이센스) 하거나 자기실시 하거나 하여 현실로 받은 이익(실적)을 바탕으로 사용자 이익은 사후적으로 산정되지 않을 수 없다. 본 판지 (1)은 이와 같은 사후적인 산정수법이 허용되는 취지를 설시한 것이다(같은 취지의 선례로서는, 大阪高判 平成 6. 5. 27. 判時 1532号 118頁[고센(ゴ-セン) 사건],

東京地判 平成 18. 1. 26. 判時 1943号 85頁[코니카 미놀타(コニカミノルタ) 사건] 등 다수).

상당대가청구권 제도는 사용자로부터 종업원으로 적정한 발명 인센티브 부여를 국가가 강제하는 성질을 가지는 것인 이상, 실적을 올린 발명에 대해서 보다 많은 보상을 인정하는 위의 산정방법은 타당하다. 또한 같은 취지에서, 근무규칙 등에 이와 같은 실적에 상응하는 보상제도가 채용된 경우에도 당해 합의는 당연히 유효하고, 그것이 경직적인 정액보상제도보다도 불합리하다(현행법 4항, 5항)고 인정되기 어려울 것이다.

3. 직무발명에 대해서 사용자는 권리를 승계하지 않더라도 무상의 법정통상실시권을 가지므로(특허법 35조 1항), 상당 대가 산정의 기초가 되는 사용자 이익은 특허발명의 실시 등에 의해 사용자가 얻는 이익 전부는 아니고, 법정통상실시권의 가치를 초과하여 특허의 독점권에 기초하는 이익(독점적 이익)에 한정된다고 해석되고 있다. 또한, 출원공개 후에는 보상금청구권(특허법 65조)이 발생하므로, 이 독점적 이익에는 특허등록 후의 이익뿐만 아니라 출원공개 후·특허등록 전의 실시료 수입과 독점적인 자기실시에 의한 이익도 포함된다(앞서 본 코니카 미놀타 사건 東京地判). 본 판결에서도 이러한 입장이 채용되어[본 판지(2)], 출원공개 시부터 사용자가 크로스 라이센스 계약에 의해 얻은 이익이 산정되고 있다. 다만, 출원 후에는 임시의 통상실시권 허락이 가능하게 되어 실무상으로도 출원 시로부터 특허를 받을 권리의 라이센스가 행해지고 있는 점을 고려하면, 더욱 시기를 소급하여 출원 후·출원공개 전에 대해서도 사용자의 독점적 이익을 관념할 수 있을 것으로 생각된다(島並, 참고문헌에 기재한 논문 49면).

4. 이상과 같이 사후적으로 출원(공개) 후의 독점적 이익을 사용자 이익으로 계산할 수 있다면 그 구체적인 내용은 무엇인가. 본 판지 (3)은, ① 특허발명을 타사에 실시허락만 하는 순수 타사실시의 경우, ② 자사에서만 실시하는 순수 자기실시의 경우, ③ 타사실시와 자기실시를 병용하는 혼합실시의 경우에 대해서, 각각 사용자 이익의 파악방법을 명확하게 한 것이다.

우선, ① 순수 타사실시의 경우에는 실시료 수입이 그 독점적 이익에 해당한다(선례로서는 東京地判 平成 16. 2. 24. 判時 1853号 38頁[아지노모토(味の素) 사건], 東京高判 平成 16. 4. 27. 判時 1872号 95頁[日立金屬 사건] 등). 실시료는 독점권(배타권)을 행사하지 않는다는 부작위 의무를 지우는 것에 대한 대상(代償)이고, 권리승계가 있고서 비로소 수수 가능하게 되는 이익이므로, 특허의 독점권에 기초하는 사용자 이익이라는 점에 다툼이 없다.

한편, ② 순수 자기실시의 경우 사용자 이익 산정방법에 대해서는 견해가 나뉘어 있는데, (i) 가령 타사에 실시허락을 하고 있다면 얻을 수 있을 것으로 생각되는 실시료 수입을 산정하는 입장(大阪地判 平成 6. 4. 28. 判時 1542号 115頁[象印 사건], 앞서 본 고센(ゴ-セン) 사건 大阪高判 등)과, (ii) 자기실시에 의한 현실의 매상 중 독점적 실시에 기초하는 초과매상에 의한 이익(초과이익)을 산정하는 입장(東京地判 平成 16. 1. 30. 判時 1852号 36頁[日亞化學 사건] 등)으로 대별할 수 있다. 본 판결은 후자를 채용한 취지를 명확히 하고 있으나 그 근거는 불명확하다. 이론적으로는, 시장으로부터 얻을 수 있는 독점적 이익의 총량은 실시주체와 관계없이 항상 일정하다는 것을 생각한다면, 전자가 타당할 것이다(島並, 참고문헌에 기재한 논문 48면).

나아가, ③ 혼합실시의 경우에는, 타사실시분에 대한 현실의 실시료 수입이 사용자 이익으로 되는 것은 당연하고, 덧붙여 자기실시분의 이익을 어떻게 고려할 것인지가 문제로 된다. 이 점에 대해서 본 판결은, 통상은 자기실시에 의한 전체 이익을 50~60% 감액한 것이 초과이익이고, 거기에서 나아가 타사에 의한 당해 특허발명과 대체·경합하는 기술의 실시비율과, 오픈 라이센스 정책 채용의 유무 등을 종합적으로 고려하여 결정된다고 하였다(知財高判 平成 21. 6. 25. 判時 2084号 50頁[형제(ブラザー) 공업 사건]도 같은 취지). 본 판결에서는 결국, 오픈 라이센스 정책을 채용하고 있는 점 등을 이유로 50~60%를 훨씬 상회하는 감액이 필요하다고 하고, 자기실시에 의한 매상의 1할만이 초과매상으로 인정되었다. 다만, 이 50~60%의 감액에서 출발한다고 하는 운용은 역시 이유가 전혀 붙어 있지 않아서 의문이 남는다(池下利男「職務發明相當對價算定いついて, 第三者にライヤンスを行っている場合の自己實施いおける獨占の利益いついて」, 知財ぷりずむ 8卷 88号 61頁, 岩瀬ひとみ·高木楓子「近時の職務發明對價訴訟の動向と論点」, 知財研フォーラム 85号 29頁). 여기서도 타사로부터의 현실의 실시료 수입에 자기실시분의 가상 실시료 수입을 부가한 것을 사용자의 독점적 이익으로 볼 수 있을 것이다(島並, 참고문헌에 기재한 논문 48면).

5. 본 판결은 상술한 바 이외에도, 포괄 크로스 라이센스 계약이 체결된 경우, 즉 실시료를 계약 당사자 쌍방이 서로 안 받기로 하거나, 나아가서는 가치가 낮은 다수의 발명도 포함하여 묶어서 서로 실시허락하고 부전(不戰) 협정을 맺고

있는 경우의 사용자 이익 산정방법이라는 곤란한 문제에 대해서도 선례를 제공하는 것이지만, 여기서는 부득이 생략한다.

어쨌든 상당대가청구소송에서의 사용자 이익에 대해서는 방대한 기록을 기초로 장대한 판결문이 작성되는 경향이 강하고, 그 산정은 당사자·법원 쌍방에게 매우 부담이 크다. 본 판결도 그 예외가 아니고 상세한 사실인정을 포함하나, 그렇더라도 여전히 결국은 50~60%의 감액이라고 하는 대강의 재량적 판단을 거치고 있다. 이것은 사용자 기업에 비하여 자력이 부족한 퇴직 종업원에게 불리한 상황을 초래하고, 실제 근래에 제기된 대가청구소송의 수는 감소 경향에 있다. 미국형의 계약 중시 노선으로 전환하지 않고 이대로 상당대가청구권(계약에의 개입) 제도를 유지한다면, 비송절차로의 이행, 나아가서는 독일 특허상표청의 종업원발명조정위원회와 같은 ADR의 병용도 검토되어야 할 것이다.

〈참고문헌〉

1. 島並良 「職務發明の承繼對價と使用者の利益 - 2009年に下された2つの知財高裁判決によせて」 ジュリ 1394号 46頁
2. 田村善之 「使用者が職務發明を自己實施している場合の『使用者が受けるべき利益の額』の算定手法について-實施許諾を併用している場合の處理」 知的財産法政策學研究 27号 1頁
3. 吉田廣志「職務發明關連訴訟における新たな動向 - 使用者が受けるべき利益を中心に」 知的財産法政策學研究 27号 31頁
4. 末吉瓦「職務發明に關する一論点(超過賣上げの割合)」片山英二先生還曆記念『知的財産法の新しい流れ』309頁

34. 상당한 대가의 산정에 있어서 무효이유의 참작
─── 브라더 공업 사건

知財高裁 平成 21年(2011년) 6月 25日 判決
[平成 19年(ネ) 第10056호 : 不当利得返還等請求控訴事件]
(判時 2084호 50頁) ◀裁判所 Web

山根崇邦(야마네 타카쿠니, 同志社大学 助教) 著
최종선(특허법원 판사) 譯

Ⅰ. 사실의 개요

Y(피고·항소인·피항소인)는 재봉용 미싱기계 등의 제조·판매 등을 주요 업무로 하는 회사이다.

X1(원고·피항소인·항소인) 및 X2(원고·피항소인·항소인)는, Y에 재직 중인 1986년부터 1987년까지, 단독 또는 다른 종업원과 공동으로, 라벨 라이터 등에 관한 발명·고안을 했다(이하 '본건 각 발명'이라 한다).

Y는 사내의 발명보상규정에 따라 본건 각 발명에 관해서 특허·실용신안등록을 받을 권리를 승계하고, 특허출원·실용신안등록출원을 하여, 특허·실용신안을 취득했다(이하 '본건 각 특허권'이라 한다). 본건 각 특허권은 4건의 국내 특허(제1발명, 제2발명, 제3발명, 제5발명), 1건의 유럽특허(해외특허1), 2건의 미국특허(해외특허2, 3), 1건의 실용신안(제3고안)으로 구성된다. Y는 X1 및 X2에 대하여 X들이 한 본건 각 발명에 대한 실적보상으로, X1에 대하여 20만 900엔, X2에 대하여 19만 9,300엔을 지불했다.

본건 소송은 X1 및 X2가 Y에 대하여 平成 16年 법률 제79호에 의해 개정되기 전의 특허법 35조 3항, 4항(이하 '구 35조 3항, 4항'이라 한다) 및 실용신안법 11조 3항에 기하여 Y에게 승계시킨 직무발명·고안의 상당 대가의 일부로서 각 2억 엔의 지불을 청구한 사안이다.

Y는 본건 각 특허권에는 제1발명과 제3고안을 제외하고 무효이유가 있기 때

문에, 대가청구의 기초가 되는 독점의 이익이 생기지 않는다고 주장했는데, 이것에 대하여 1심(東京地判 平成 19. 4. 18. 平17(ワ)11007호)은 3건의 특허에 관해 무효이유의 존재를 인정하면서도, Y에게는 사실상 제3자의 실시를 금지할 수 있다는 점에 의해 독점의 이익이 인정된다고 하여, 현재분의 상당대가의 청구에 있어서 X1에 대하여 2,183만 8,142엔을, X2에 대하여 1,520만 8,131엔을 인용했다. 장래분의 상당대가에 관해서는, X들의 청구를 각하했다. Y 및 X들이 함께 항소했다.

Ⅱ. 판　지

일부 변경, 일부 항소기각(상고기각, 상고불수리)

(ⅰ)「현실적으로 무효심결이 확정될 때까지는, 그 존속 중에, 당해 특허발명을 실시(허락 또는 금지)하는 권리를 전유할 수 있기(특허법 68조) 때문에, 가령 특허권에 무효사유가 있었다고 하더라도, 당해 특허권의 행사의 결과 발생하는 독점의 이익을 향유할 수 있는 것은 당연한 것으로서 허용되는 것이다. 따라서 특허법 구 35조 3항 및 4항의 취지가 종업원 등이 특허를 받을 수 있는 권리 등의 양도 시에 당해 권리를 취득한 사용자 등이 당해 발명의 실시를 독점하는 것에 의해 얻을 수 있으리라고 객관적으로 예상되는 이익 중 같은 조 4항 소정의 기준에 따라 정해지는 일정 범위의 금액에 관해서 이를 당해 발명을 한 종업원 등에게 확보할 수 있도록 한 것이라는 점에 비추어 보면, 당해 특허권을 실시해서 실제로 얻은 이익에 관해서, 특허권에 무효사유가 있다고 하여, 위 사용자 등이 얻어야 하는 발명의 독점실시에 따른 이익으로부터 특별히 제외해서, 그것을 사용자에게만 유보하게 하는 것을 정당화할 수 있는 이유는 없다고 해야 할 것이다. 따라서 직무발명보수의 대가액을 산정하는 경우에 있어서는, 사용자 등이 유효하게 존속하는 특허권을 실제로 실시해서 이익을 얻고 있는 경우에는, 무효사유가 존재해서 전혀 독점의 이익의 발생을 고려할 수 없는 것과 같은 지극히 예외적인 사정이 없는 한, 해당 이익에는 특허권에 기인한 위 이익이 포함된다고 추인해야 할 것이다. 유효한 특허권의 존재를 전제로 이것을 실시해왔던 사용자가 직무발명보상대가청구소송을 제기당함에 이르러서 처음으로 무효사유의 존재를 주장하여 당해 이익의 종업원에게의 배분을 면하고자 하는 것은, 앞서 본 특허법 구 35조 3항 및 4항의 취지뿐만 아니라 금반언의 견지에서도 도저히 용납될 수 있는 것이 아니다.」

(ⅱ)「무엇보다도, 특허권의 통상실시권설정 교섭(라이선스 교섭)을 하는 경우 등에 있어서는, 상대방으로부터 무효사유의 존재를 지적당하는 등 하여 실시료가 감액당하거나, 라이선스 교섭 자체가 거절당하는 일이 있을 수 있을 것이고, 따라서 독점의 이익을 산정하는 전제로서 가상실시요율을 결정하는 경우에 있어서는, 무효사유의 존부가 그 다과에 영향을 미치는 일이 있을 수 있다고 할 것이다.」「그러나, … 무효 사유의 유무에 관한 사정은 가상실시료율을 인정함에 있어 종합적으로 고려해야 할 제반 사정 중의 하나의 요소로 될 수 있다고 해도, 그 영향을 과대시할 수는 없다.」

Ⅲ. 해   설

1. 직무발명에 대하여 종업원이 사용자에게 특허를 받을 권리를 승계시킨 경우에, 종업원은 사용자에 대하여 상당대가의 지불청구권을 가지게 되는 것이다 (구 35조 3항). 그 상당대가액의 산정에 있어서는 사용자가 받아야 할 이익(이하 '독점이익'이라 한다)액을 기초로 하여 행해진다(같은 조 4항). 본건에서는, 사용자가 승계했던 직무발명에 무효이유가 있는 경우에, 그 점이 상당대가액(이미 지불한 보상금액을 초과한 추가 대가액)의 산정에 어떠한 영향을 미칠 것인가가 문제로 되었다.

2. 사용자의 독점이익의 의미에 있어서는, ① 법률상의 배타적 이익으로 제한된다고 하는 입장(田村善之「職務發明にかかる補償金請求訴訟における無效理由斟酌の可否について」知財管理 60卷 2号 172-174頁, 島並良「職務發明の承継対價と使用者の利益」ジュリ 1394号 50頁)과 ② 사실상의 배타적 이익도 포함된다고 하는 입장(吉田広志「職務發明に関する裁判例にみる論点の研究」田村善之・山本敬三編『職務發明』[2005] 84-86頁, 同「職務發明関連訴訟における新たな動向」知的財産法定策学研究 27号 33-34頁, 岾左隆「職務發明対價請求訴訟と特許無效理由」パテント 63卷 7号 72-73頁)이 대립하고 있다. 이 대립의 실익은 사용자가 승계했던 직무발명에 무효이유가 있는 경우에 대가청구소송의 귀추가 변할 수 있다는 점에 있다. 즉 ①설에 의하면, 사용자가 무효이유가 있는 직무발명을 실시해서 이익을 얻었다고 하더라도, 그것은 법률상의 이익으로 인정되지 않기 때문에, 독점이익의 발생이 부정되고, 상당대가의 청구도 기각되게 된다. 이에 반해, ②설에 의하면, 사용자가 사실상 배타적 이익을 얻고 있는 한 독점이익이 발생이 부정되는 것은 아니다. 무효이유의 존재는 대가 상당액을

판단하는 실제 고려요소(감액사유)로 되는 경우가 있음에 머무르게 되는 것이다.

본건의 Y는 ①설에 기하여 X의 대가청구는 인정되지 않는다고 주장했지만, 본 판결은 대가청구에 관계된 특허에 무효사유가 있다고 하더라도 그것만으로 바로 대가청구가 부정되는 것은 아니라고 하여 이것을 배척했다. 그리고 사용자가 당해 특허권을 실시해서 실제로 얻은 이익은 원칙적으로 독점이익에 포함된다고 하면서, ②설의 입장을 지지했다. 이러한 판단은, 종래의 재판례(東京高判 平成 13. 5. 22. 判時 1753号 23頁, 水戸地土浦支判 平成 15. 4. 10. 判時 1857号 120頁, 大阪地判 平成 18. 3. 23. 判時 1945号 112頁, 大阪地判 平成 19. 3. 27. 平16(ワ)11060号, 大阪地判 平成 19. 7. 26. 平18(ワ)7073号, 大阪地判 平成 21. 1. 27. 平18(ワ)7529号)를 답습한 것이고, 또한 最高裁가 본건의 상고를 기각한 것에도 비추어 본다면(最決 平成 23. 10. 24. 平21(オ)1701号), ②설의 입장이 실무상은 정착되었다고 해도 좋을 것이다.

3. 본 판결이 이와 같은 판단을 이끌어 냄에 있어서, 하나의 근거로 한 것이 직무발명의 상당대가 규정의 취지이다(판지(i)). ①설에 의하면, 상당대가 규정은 발명으로의 사전의 유인을 부여해서, 산업발달이라고 하는 법 목적을 실현하기 위하여 국가가 특별히 종업원에게 설정한 제도라고 했지만(田村・앞서 본 172頁, 島並良「職務發明対價請求権の法的性質(上)」特許研究 39号 27-29頁), 본 판결은 이것과는 다른 이해를 제시하고 있다. 본 판결에 의하면, 상당대가 규정은 사용자와 종업원 간의 사후적인 이익배분제도로써, 그 취지는 양자 간의 형평의 실현에 있다. 이러한 관점으로부터는, 대가청구권은 특허를 받을 권리 등의 승계계약(근무규칙에 의한 경우를 포함한다)대금에 관해서, 계약 후에 직무발명이 사용자에게 가져온 이익 상황에 비추어, 승계와 인과관계가 있는 범위에서 급부의 균형을 도모하기 위해서 종업원에게 인정된 권리라고 해석되는 것이다(島並・앞서 본 特許研究 23-27頁 참조).

①설의 이해에 따르더라도, 상당대가 규정의 제도를 합리적으로 설명하는 것이 가능한 것처럼 생각되지만, 본 판결은 사용자가 무효이유의 존재를 이유로 직무발명의 승계・실시에 의해 얻은 배타적 이익을 독점하는 것의 타당성에 의문을 보이고 있다(판지(i)). 무엇보다도, 이것에 대해서는 ①설로부터 특허요건을 흠결한 것이 명확하게 된 발명에 대해서 보호를 부여하는 것은 특허법의 제도취지에 비추어 정당화될 수 없다고 반론할 것이 예상된다(増井和夫・田村善之『特許判例ガイド[第3版]』[2005] 436-437頁, 島並・앞서 본 ジュリ 50頁). 이 문제는 특허법에 있어

서 무효이유의 자리매김에 관련된 어려운 문제이지만, 적어도 조문상은 대가청구권의 객체를 「특허발명」에 한정하고 있지 않는 점에 주의가 필요하다 할 것이다(吉田·앞서 본 『特許發明』 89-90頁).

판지(i)의 이유 부여로 보아, 무효심결이 확정되었다고 하더라도, 그 때까지 자기실시에 의해 얻은 배타적이익은 사용자의 독점이익으로서 참작된다고 할 것이다(특허제품의 판매완료 후에 무효심결이 확정된 사안으로서, 知財高判 平成 21. 11. 26. 判夕 133号 165頁).

한편으로, 본 판결은 무효이유의 존재에 의해 사용자의 독점이익이 생겨나지 않는 예외적인 경우가 있을 수 있다는 것을 인정하고 있다. 본 판결이 상정한 구체적 경우는 명백하지 않으나, 예를 들면 라이선스 교섭에 있어서 무효이유의 존재가 현저해서 당해 직무발명이 라이선스 대상으로부터 제외된 경우(判時 2084号 53頁 コメント欄)와, 무효이유의 존재가 명백해서 경업자에게도 알려져 있기 때문에, 특허권의 존재에도 관계없이 경업자가 그 사업 활동에 억제를 받았다고 인정되지 않는 것과 같은 경우(같은 취지, 앞서 본 大阪地判 平成 18. 3. 23., 앞서 본 大阪地判 平成 19. 7. 26., 대체기술의 존재도 지적한 앞서 본 大阪地判 平成 19. 3. 27., 판결에 의해 무효이유의 존재가 공표된 것으로 되어 장래분에 관해서 독점이익을 부정한 본건 심) 등을 생각할 수 있을 것이다.

4. 본 판결은 또한, 직무발명의 실시로부터 이익을 얻고 있던 사용자가 대가소송의 단계에서는 돌변해서 무효주장을 하여 자기의 독점이익을 부정하는 것은 금반언의 견지로부터 용인될 수 없는 것이라고도 기술하고 있다(판지(i)). 확실히, 사용자가 상당대가의 지불을 면하는 것만을 위하여 무효주장을 하는 것이라고 한다면, 신의에 반하는 주장이라고 평가되더라도 어쩔 수 없을 것이지만(吉田·앞서 본 法政策學研究 64-65頁, 帖佐·앞서 본 80-81頁), 본 설시는, 그와 같은 사정이 인정될 수 없는 경우까지 무효주장을 일률적으로 배척하는 취지라고는 해석되지 않는다.

실제로 본 판결에 의하면, 대가청구 자체의 가부가 아니라, 대가의 상당액의 다과의 조정에 있어서 특허의 무효이유를 고려하는 것은 허용된다는 것이다. 구체적으로는, 무효이유의 존재는 주로 자기 실시분의 독점이익의 산정에 있어서 가상실시료율을 감액하는 요소로 될 수 있다고 하고 있다(같은 입장을 취한 판결로서는, 水戸地土浦支判 平成 15. 4. 10., 앞서 본 知財高判 平成 21. 11. 26.). 무엇보다도, 판지(ⅱ)와 같이 무효이유의 존재를 과대시하여야 할 것은 아니라고 함으로써, 가상실시료율의 대폭적인 저감에는 신중한 태도를 보이고 있다. 예를 들면, 무효심결이 확정되었다는 사정을 인정하면서, 가상실시료율을 3%로부터 2%로 저감시키는 것에 그친 판결(앞서 본 知財高判 平成 21. 11. 26.) 등은, 이와 같은 논지를 체현하는 것이라고 말할 수 있을 것이다. 한편, 본 판결은 앞서 본 바와 같은 의견을 전개하면서, 구체적인 가상실시료율의 인정에 있어서는, 개별의 발명마다 판단하지는 않고, Y제품을 구성하는 전체의 발명을 라이선스에 제공한 경우의 가상실시료율을 인정하고 있다. 그 때문에 5%라는 가상실시료율의 인정에 본건 발명의 무효이유의 유무는 반영되고 있지 않다. 본 판결은, 그러한 개별사정을 발명 전체로 파악된 독점이익에 있어서 본건 발명의 기여도의 인정에 있어서 참작하고, 무효이유가 있는 제3발명의 기여도를 다른 것보다도 반감시키고 있다. 그러나 본 판결의 이와 같은 처리가 앞선 의견과의 관계에서 어떻게 위치지어질 수 있는 것인가는 명백하지 않다.

한편, 제3자 실시분에 관해서, 본 판결은 본건 각 발명의 라이선스의 기여도의 산정에 있어서 무효이유의 존부를 일응 지적하고 있지만, 그와 같은 사정은 결론에 영향을 주고 있지 않다. 본 판결은 무효이유가 있는 제3발명이 가처분신청의 근거로도 됐던 점을 중시하면서, 당해 발명의 기여도를 다른 것보다 높게 인정하고 있다. Y가 실제로 제3자로부터 라이선스 수입을 받고 있었던 것이라면, 본건 대가소송에서 처음으로 명백하게 된 무효이유를 근거로 굳이 실시료를 감액할 필요는 없다고 할 것이다.

5. 더구나, 본건에 있어서 Y는, 무효이유가 있는 특허권의 행사가 판례 및 제정법상(最判 平成 12. 4. 11. 民集 54卷 4号 1368頁, 特許 104조의3[1]) 엄격히 제한되고 있는 것에 비추어 보면, 대가소송이라고 하더라도 무효이유가 있는 특허권에 관

---

1) 第百四条の三(特許権者等の権利行使の制限)

1 特許権又は専用実施権の侵害に係る訴訟において,当該特許が特許無効審判により又は当該特許権の存続期間の延長登録が延長登録無効審判により無効にされるべきものと認められるときは,特許権者又は専用実施権者は,相手方に対しその権利を行使することができない°

제104조의3(특허권자 등의 권리행사의 제한)

1 특허권 또는 전용실시권의 침해에 관계되는 소송에 있어서, 해당 특허가 특허무효심판에 의해 또는 해당 특허권의 존속 기간의 연장등록이 연장등록무효심판에 의해 무효로 되어야 하는 것으로 인정될 때에는, 특허권자 또는 전용실시권자는 상대방에 대해 그 권리를 행사할 수 없다.

련된 대가청구권의 행사는 허용되지 않는 것이라고도 주장하였다. 확실히, 특허권침해소송과 대가소송에서 취급을 다르게 해서는 안 된다는 주장에도 일리가 있다. 그러나 소위 킬비항변과 특허법 104조의3의 항변은, 무효심결의 확정을 기다리지 않고, 무효이유가 있는 특허권의 배타적 효력으로부터 피의침해자(被疑侵害者)를 조기에 면책하기 위한 법리이고, 사용자와 종업원 간의 금전적 이익조정이 문제가 되는 대가소송의 경우와는 문제 상황을 달리하는 것이라고 할 것이다 (中野哲弘「控訴審からみた職務發明対價訴訟の実際」民事法情報 279号 14-15頁). Y의 주장을 배척한 본 판결의 판단은 타당하다고 생각된다.

〈참고문헌〉
본문 중에 게재한 것 이외에, 본 판결의 평석으로서,
1. 関根康男 知財管理 60巻 2号155頁,
2. 富澤孝 パテント 63巻 1号 69頁이 있다.

35. 외국에서 특허를 받을 권리에 대한 상당한 대가의 청구— 히다치 제작소 사건

最高裁 平成 18年(2006년) 10月 17日 第三小法廷判決
[平成 16年(受) 第781号 : 補償金請求事件]
(民集 60卷 8号 2853頁, 判時 1951号 35頁, 判夕 1225号 190頁) ◀재판소 Web

高杉 直(다까스기 나오시, 同志社大学 教授) 著
신혜은(충북대학교 법학전문대학원 교수) 譯

Ⅰ. 사실의 개요

일본에 주소를 둔 일본인 X(원고·피항소인 = 항소인·피상고인)는 일본법인 Y(피고·항소인 = 피항소인·상고인)의 일본에 주소를 둔 연구소에 근무할 당시 특허법(2004년 개정전, 이하 동일) 제35조 제1항의 「직무발명」에 해당하는 본건 발명을 하고, X·Y 사이에 본건 발명에 관한 특허를 받을 권리(외국에서 특허를 받을 권리를 포함)를 Y에게 양도하는 계약을 체결했다(본건 양도계약). Y는 본건 발명에 대해 일본, 미국, 영국, 프랑스 외 각 국가에서 특허권을 취득하고 복수의 기업과 실시허락계약을 체결하여 이익을 얻었다.

X는 Y를 퇴직한 후 본건발명에 관한 일본 및 외국에서 특허를 받을 권리의 양도에 대해 특허법 제35조 제3항 소정의 상당한 대가의 지불을 Y에게 구하면서 소를 제기하였다. 1심(東京地判 平成 14. 11. 29.)은 속지주의의 원칙에 비추어 각국의 특허법을 준거법으로 한 후 일본 특허법 제35조는 외국 특허를 받을 권리에는 적용되지 않는다고 했지만, 원심(東京高判 平成 16. 1. 29.)은 당사자의 묵시의사(법례 제7조 제1항)에 근거하여 외국특허를 받을 권리의 양도에 관한 합의를 포함하여 일본법에 의한다고 판시하고, 합계 1억 6,300만엔 정도의 지불을 구하는 한도로 X의 청구를 인용했다. 이에 Y가 상고수리신청을 하였다.

Ⅱ. 판 지

상고기각.

(i) ① 「외국특허를 받을 권리의 양도에 수반하여 양도인이 양수인에 대해 그 대가를 청구할 수 있는지 그 대가액은 어느 정도인지 등의 특허를 받을 권리의 양도대가에 관한 문제는 양도 당사자가 어떤 채권채무를 가지는지의 문제일 뿐 아니라 양도 당사자간에 있어서 양도의 원인관계인 계약 이외의 채권적 법률행위의 효력의 문제라고 해석되므로 그 준거법은 법례 제7조 제1항의 규정에 의해 제1차적으로는 당사자의 의사에 따라 결정된다고 해석함이 상당하다.」

② 「또한 양도의 대상이 되는 특허를 받을 권리가 제외국에서 어떻게 취급되고 어떠한 효력을 가지는지의 문제에 대해서는 양도당사자간에 있어서 양도의 원인관계의 문제와 구별하여 생각해야 하고 그 준거법은 특허권에 대한 속지주의원칙에 비추어 해당 특허를 받을 권리에 기초하여 특허권이 등록되는 국가의 법률이라고 해석함이 상당하다.」

③ 「본건에 있어서 Y와 X 사이에는 본건 양도계약의 성립 및 효력에 대해 그 준거법을 일본 법률로 한다는 취지의 묵시적 합의가 존재한다고 할 수 있으므로 X가 Y에 대해 외국에서 특허를 받을 권리를 포함하여 양도대가를 청구할 수 있는지의 여부 등 본건 양도계약에 근거한 특허를 받을 권리의 양도대가에 관한 문제에 대해서는 일본 법률이 준거법이 된다고 해야 한다.」

(ii) ① 「일본 특허법이 외국의 특허 또는 특허를 받을 권리에 대해 직접 규율하는 것은 아니라는 점은 명확하고(… 공업소유권의 보호에 관한 1883년 3월 20일의 파리조약 4조의2 참조), 특허법 제35조 제1항 및 제2항에서 말하는 '특허를 받을 권리'가 일본 특허를 받을 권리를 가리키는 것이라고 해석해야만 하는 점에 비추어 동조 제3항에서 말하는 '특허를 받을 권리'에 대해서만 외국특허를 받을 권리가 포함되는 것이라고 해석하는 것은 문리상 곤란하고, 외국특허를 받을 권리의 양도에 수반한 대가의 청구에 대해 동항 및 동조 제4항의 규정을 직접 적용할 수는 없다고 하지 않을 수 없다.」

② 「그러나 동조 제3항 및 제4항의 규정은, … 해당 발명을 한 종업원 등을 보호하고, 이로써 발명을 장려하고, 산업발전에 기여한다는 특허법의 목적을 실현하는 것을 취지로 하는 것이라고 해석함이 상당한 바, 해당 발명을 한 종업원 등으로부터 사용자 등에게로의 특허를 받을 권리의 승계에 대해, 양 당사자가 대

응한 입장에서 계약하는 것이 곤란하다는 점은 그 대상이 일본 특허를 받을 권리인 경우와 외국특허를 받을 권리인 경우에서 어떤 차이가 있는 것은 아니다. … 각국의 특허를 받을 권리는 사회적 사실로서는 실질적으로 하나로 평가되는 동일한 발명으로부터 생기는 것이라고 할 수 있다. 또한 해당 발명을 한 종업원 등으로부터 사용자 등에게로의 특허를 받을 권리의 승계에 대해서는, … 일본 특허를 받을 권리와 함께 외국 특허를 받을 권리가 포괄적으로 승계되는 일도 적지 않다. … 해당 발명을 한 종업원 등과 사용자 등 간의 해당 발명에 관한 법률관계를 일원적으로 처리하고자 하는 것이 당사자의 통상의 의사라고 해석된다. 그렇다면 동조 제3항 및 제4항의 규정에 대해서는 그 취지를 외국 특허를 받을 권리에도 미친다고 해야 하는 상황이 존재한다고 할 수 있다.」

(iii) 「따라서 각 외국 특허를 받을 권리의 양도에 수반한 대가청구에 대해서는 동조 제3항 및 제4항의 규정이 유추적용되고, X는 Y에 대해 각 외국 특허를 받을 권리양도에 대해서도 동조 제3항에 근거하여 동조 제4항 소정의 기준에 따라 정해지는 상당한 대가의 지불을 청구할 수 있다고 해야 한다.」

Ⅲ. 해　설

1. 본 판결의 의의와 평가

「외국」에서 특허를 받을 권리(이하, 「외국특허를 받을 권리」라 함)의 양도대가의 문제와 같이 여하한 외국적 요소를 포함하는 사법상의 문제는 해당 문제를 직접 규율하는 법규(절대적 강행법규)가 적용되는 경우를 제외하고 국제사법에 의해 지정되는 준거법을 적용하여 판단된다(각국법의 비교에 대해, 田村善之・山本敬三編『職務発明』[2005] 206頁[駒田泰土], 大友信秀・判評584号[判時1974号] 20頁 등 참조).

본 판결은 「법의 적용에 관한 통칙법」(평성 18년 법률 78호. 이하, 「통칙법」이라 함)의 시행 전 사안에 대해 당시의 국제사법의 주된 법원이었던 「법례」 하에서 ① 준거법의 결정에 관해 (판시(i)), 외국특허를 받을 권리의 양도대가 문제를 양도계약의 문제로 법적 성질을 결정하고, 법례 제7조 제1항(「법률행위의 성립 및 효력에 대해서는 당사자의 의사에 따라 어느 나라 법률에 의할 것인지를 정함」)에 의해 당사자가 (묵시적으로) 합의한 법인 일본법을 준거법으로 한 다음, ② 준거법의 적용에 관해 (판시(ii)) 「상당한 대가」의 지불을 인정하는 일본 특허법 제35조 제3항이 외국특허를 받을 권리를 대상으로 하고 있지 않지만 해당 권리에도 유추적용할 수 있다는 점을 명확히 했다.

2. 준거법의 결정
(1) 종래의 논의
외국특허를 받을 권리의 양도대가 문제에 대해, 종래, 일본 특허법 제35조 제3항을 직접 적용하는 설(직접적용설), 각 특허권의 등록국가법에 의하는 설(등록 국법설), 근로계약 내지 고용계약의 준거법에 의하는 설(노동관계설), 양도계약의 준거법에 의하는 설(양도계약설)이 대립해 왔다.

첫째, 직접적용설은 특허법 제35조 제3항을 국가의 강한 정책실현을 구하는 절대적 강행법규로 파악한 후, 직무발명의 활동중심지가 일본이라면 외국특허를 받을 권리에도 적용된다고 주장하나(陳一「特許法の国際的適用問題に関する考察」金沢 法学46巻2号82頁, 田村·山本編 앞의책 204頁[土田道夫],横溝大「職務発明を巡る国際的法適用 関系」知的財産法政策学研究18号211頁, 河野俊行「外國特許を受ける権利に対する特許法35条 の適用可能性について(1)」民商132巻4·5号 599頁 등 참조), ① 당해 규정이 절대적 강행 규정에 해당하는지 의문, ② 외국을 노무급부지로 하는 종업원으로부터의 청구가 인정되지 않는 불합리 등이 비판받는다.

둘째, 등록국법설(1심판결)은 특허를 받을 권리의 양도대가문제를 특허권의 성립·효력에 관한 문제 또는 그와 밀접한 관계를 갖는 문제로 파악한 후, 속지 주의원칙 내지 특허독립의 원칙 등에 근거하여 각국의 특허법에 의해야 한다고 주장(竹田和彦「職務発明の帰属と対価をめぐる問題」ひろば56巻2号44頁, 相澤英孝「職務発 明をめぐって」ジュリ 1265号5頁, 西谷祐子「職務発明と外國で特許を受ける権利について」 法学[東北大学] 69巻5号 760頁·769頁, 櫻田嘉章 平成 18年(2006년) 重判解[ジュリ 1332号 293 頁 등 참조)하나, ① 속지주의원칙의 근거가 불명, ② 각국의 특허를 받을 권리마 다 다원적으로 규율되는 불합리 등이 비판받는다.

셋째, 노동관계설은 직무발명의 문제를 사용자와 종업원의 고용관계의 문제 로 파악한 후, 종업원보호를 위해 노무급부지법 등을 준거법으로 해야 한다고 주 장(小泉植樹「特許法35条の適用範囲」民商128巻4·5号 574頁, 田村·山本編 앞의책 229頁[駒 田奏士],玉井克哉「大学における職務発明制度」知財管理 53巻3号 448頁, 田村善之「職務発明 に関する抵觸法上の課題」知的財産法政策学研究5号 8頁 등 참조)하나, ① 직무발명의 보 호대상은 발명자이고, 반드시 항상 노동자보호가 타당한 것은 아니고, ② (법례에 있어서는) 노동관계에 관한 명문의 국제사법규정이 없는 등이 비판받는다.

넷째, 양도계약설(원심판결)은 특허를 받을 권리의 양도대가문제를 양도계약의 문제로 파악한 후, 법례 제7조 제1항에 의해야한다고 주장하나, 당사자 자치의 원칙을 인정하면 근로자보호를 꾀할 수 없어 부당하다는 등의 비판이 있다. 무엇보다도 부당한 결과에 대해서는 국제사법상의 공서조항에 의해 대응할 수 있다는 반론이 있다(법례 제7조 제1항에 의한 고용계약의 준거법에의 대응으로서 茶園成樹 知財管理 53卷11号 1756頁 참조).

본 판결(판시(i)①)은 양도계약설을 지지한다는 점을 명확히 하고, 종래의 논쟁을 일단 매듭지었다.

(2) 통칙법 하에서의 해석

본 판결의 기본적 입장은 통칙법 하에서도 타당할 것이다. 통칙법에 의하면, 외국특허를 받을 권리의 양도대가에 대해서는 당사자가 당해 양도계약의 당시에 선택한 지역의 법에 의하나(제7조), 당사자에 의한 명시 또는 현실적인 준거법 선택이 없는 경우, 당사자의 가정적인 묵시의사를 탐구하지 않고 당해 양도계약의 가장 밀접한 관계지법에 의한다(제8조 제1항. 본건에서는 판시(i)③의 결론과 마찬가지로 일본법이 최밀접관계지법으로 인정될 것이다).

다만 통칙법에서는 근로자보호를 위한 「근로계약의 특례」(제12조)가 신설되었다는 점에 유의해야 한다. 동조에 의해 근로관계에 관한 명문의 국제사법규정 부존재라고 하는 근로관계설의 약점은 극복되었다. 외국특허를 받을 권리의 양도계약 모두가 「근로계약」에 해당하는 것은 아니지만 종업원과 사용자의 격차가 명백해서 종업원을 보호할 필요가 있는 사안에 대해서는 통칙법 제12조의 적용 내지 유추적용을 긍정해야 할 것이다(高桑昭 リマークス 2008(上)1 53頁, 横溝 앞의 논문 218면, 渡辺惺之 L&T38号17頁, 高杉直 ジュリ1370号 254頁 등 참조).

또한 양도대상인 특허를 받을 권리가 제외국에서 어떻게 취급되고, 어떤 효력을 가지는지의 문제는 통칙법 하에서도 당해 특허를 받을 권리에 근거하여 특허권이 등록되는 국가의 법에 의한다고 해석된다(판시(i)② 참조). 예컨대 어떠한 발명에 대해 특허를 받을 권리를 인정할 것인지, 특허를 받을 권리의 원시적 귀속자는 발명자인지 사용자인지, 특허를 받을 권리는 양도가능한지 등의 문제는 해당 특허가 등록되는 각국의 법이 준거법이 될 것이다.

3. 특허법 제35조 제3항의 해석 · 적용

「특허를 받을 권리」(특허법 제35조 제3항)에 「외국특허를 받을 권리」가 포함되는지 여부.

　배제설(=외국특허를 받을 권리를 포함하지 않음)은, ① 속지주의나 특허독립의 원칙, ② 특허법상의 문언의 일의적 해석 등을 근거(1심판결, 東京地判 平成 18. 9. 8. 判時1988号 106頁 등 참조)로 하나, 특허법 제35조의 적용이 없다고 하더라도 외국특허를 받을 권리를 어떻게 처리해야 하는지의 문제는 남는다. 포함설(=외국특허를 받을 권리를 포함)은, ① 특허법 제35조 제3항이 노동법상의 규정으로 속지주의가 타당하지 않고, ② 동조 제1항·제2항과 취지가 다른 제3항을 동일하게 해석하는 합리적 이유가 없다고 주장한다(원심판결, 東京地判 平成 18. 6. 8. 判時1966号 102頁 등 참조).

　본 판결은 배제설을 지지한 후(판시(ii)①), ① 종업원 등의 보호라고 하는 규정의 취지는 외국특허를 받을 권리에도 타당하다는 점, ② 기초가 되는 고용관계·발명도 단일한 것이란 점, ③ 당사자도 일원적 처리의 의사를 가지는 점을 이유로 유추적용을 긍정했다(판시(ii)②).

　또한 「외국」특허를 받을 권리라고 하는 「장소적 요소」는 국제사법적용의 전제로서 이미 고려하였고, 준거법(특허법 제35조 제3항)의 적용단계에서 재차 검토할 필요는 없다는 비판도 있으나(櫻田 앞의 논문 294면, 申美穗 Lexis判例速報8号 7頁, 橫溝 앞의 논문 215면, 高杉 앞의 논문 254면 등 참조) 장소적 요소를 기준으로 하여 적용범위를 한정하고 있는 실질법규에 대해서는 당해 규정의 해석에 의해 적용대상외의 사안에도 유추적용될 것인지 적용되지 않을 것인지를 판단하는 것이 준거법의 정확한 적용이고, 국제조화의 관점에서도 타당한 준거실질법의 해석적용일 것이다(神前楨 「法人の設立準據法とその適用範圍·外国会社規制」 須網陸夫·道垣內正人編 『国際ビジネスと法』[2009] 112頁 참조. 사견을 바로 잡는다). 판시(ii)②도 정당하다.

〈참고문헌〉

　본문 중에 게재된 것 외에, 中吉徹郎 曹時 61卷3号 1018頁, 島並良 L&T34号42頁, 宮脇正晴 知財管理 57卷10号 1659頁 등

V. 출원·심사

36. 선출원발명과의 동일성

最高裁 平成 5年(1993년) 3月 30日 第三小法廷判決
[平成 3年(行ッ) 第98号 : 審決取消請求事件]
(判時 1461호 150頁, 判タ 820호 194頁) ◀재판소 Web

岩坪 哲(이와쓰보 데쓰, 弁護士・弁理士・甲南大学 教授) 著
신혜은(충북대학교 법학전문대학원 교수) 譯

Ⅰ. 사실의 개요

(1) X(심판피청구인・원고・피상고인)는 발명의 명칭을 「수치제어통전가공장치」로 하는 특허권(특허 제732223호, 이하 해당 특허에 관한 발명을 「본건발명」)의 특허권자였다. Y(심판청구인・피고・상고인)는 본건 특허가 Y가 보유한 선출원발명에 관한 특허권(특허 제951754호)의 특허청구범위에 기재된 발명(이하, 「인용발명」)과 동일하다는 이유로, 특허법 제39조 제1항에 근거하여 본건 특허의 무효심판을 청구했다. 본건발명은 「단락사고가 있는 때에 가공재 또는 가공전극이 앞서 기재한 추적궤적을 역방향으로 찾아갈 수 있는」이라는 구성(이하, 「역방향 궤적의 구성」)을 갖는바, X는 무효심판에서, 인용발명에는 역방향궤적의 구성이 존재하지 않는다고 하여 본건발명과의 동일성을 다투었다. 심판관은 인용발명의 요지를 명확히 하기 위해 인용문헌의 특허청구범위, 발명의 상세한 설명을 검토하여 인용문헌의 실시예에 있어서도 역방향 궤적의 구성이 존재한다고 인정하고, 인용발명은 본건발명의 출원일 전에 출원된 것이라고 인정되므로 본건발명에 관한 특허는 특허법 제39조 제1항 규정에 위반하여 특허된 것이고, 특허법 제123조 제1항 제1호(당시)에 해당하여 무효라고 결론지었다.

(2) 원판결(東京高判 平成 3. 2. 27. 判時1425호114頁)은 특허법 제39조 제1항의 동일성 판단에 대해, 「선출원과 후출원의 특허청구범위에 기재된 사항을 대비해야하는 것이고, 선출원의 특허청구범위의 기재내용에 나타난 기술적 사상을 이해하기 위해 명세서의 발명의 상세한 설명란의 기재를 참작」할 수 있으나, 「명세서

의 발명의 상세한 설명란의 기재로부터라면 발명의 필수구성이라고 할 수 있는 사항일지라도 특허청구범위에 전혀 기재되어 있지 않은 사항을 기재가 있는 것으로 하는 것은 불가능하다」고 하고 인용발명에는 역방향궤적의 구성이 흠결되어 있다고 인정하여 원심결을 취소하였다.

(3) Y는 원판결에 불복하여 인용발명에도 역방향궤적의 구성이 실질적으로 기재되어 있다고 인정된다고 하면서 상고.

Ⅱ. 판 지

원판결 파기환송.

(i) 「원심이 확정한 바에 의하면, 선출원발명의 위 특허청구범위의 기재는 수차례 보정을 행한 것이고, 역방향궤적의 구성에 해당하는 문언은 앞서 기재한 특허청구범위의 기재로 보정되기 전에는 존재하고 있었지만 선출원발명에 관한 특허출원에 있어서 심판절차에서 『문언은 소망하는 동작을 기술한 것이라고 밖에 인정되지 않는다. 동작은 발명의 구성에 없어서는 안 될 사항에 해당하지 않는다』는 거절이유가 통지되어 선출원발명의 특허출원인은 역방향궤적의 구성에 해당하는 문언을 삭제하는 보정을 한 것이라 할 수 있다. 그에 따르면, 역방향궤적의 구성은 단순히 다른 구성으로부터 생기는 작용을 나타낸 것에 불과하고 따라서 또한 본건발명의 역방향궤적의 구성도 발명의 구성에 없어서는 안 되는 사항에는 해당하지 않는다고 인정될 여지가 있다고 할 수 있다. 그럼에도 불구하고 원심은 이 점에 대해 어떠한 설시도 하지 않고, 역방향궤적 구성의 문언 유무만을 들어 본건발명과 선출원발명의 동일성 유무를 판단한 것으로, 원판결에는 이 점에 대해 이유불비의 위법이 있다고 하지 않을 수 없다.」

(ii) 「선출원발명의 특허청구범위의 기재에 있는 『단락 시에는 앞서 기재한 테이프를 역방향으로 이동시키는 제어장치』의 구성은 역방향궤적의 구성을 포함하는 것이라는 점이 분명한바, 역방향궤적의 구성이 발명의 구성에 없어서는 아니되는 사항에 해당한다면, X의 본건발명은 역방향궤적의 구성만을 채택한 것이라고 하지 않으면 안 된다. 이 점에 더하여, 그 나머지 구성 전부에 있어서 본건발명은 선출원발명과 동일한 것이라고 한다면, 본건발명은 선출원발명의 구성에 보다 한정을 가한 것에 지나지 않게 된다. 그리고 X는 역방향궤적의 구성 이외의 구성에 있어서는 본건발명은 선출원발명과 전부 동일한 것으로 귀결된다고 한

본건심결의 인정을 다투지 않고, 또한 본건발명의 구성이 선출원발명의 구성에 포함된다고 하더라도 본건발명과 선출원발명의 동일성을 부정할 수 있는 특단의 사정에 대한 주장은 없으므로, 본건발명은 선출원발명에 포함되는 것으로 선출원발명과 동일한 발명이라고 해야 한다. 한편, 역방향궤적의 구성이 앞서 살핀 바와 같이 다른 구성으로부터 생기는 작용을 나타낸 것에 불과한 것이라고 한다면 본건발명이 선출원발명과 동일한 발명이라는 것은 말할 필요도 없다. 그리고 더 나아가 본건을 살핌에, 본건발명과 선출원발명의 대상이 되는 통전가공장치 중 특히 선상 전극을 사용하여 임의의 연속형상을 가공하는 태양의 것에 있어서는 선출원발명의 『단락 시에 앞서 기재한 테이프를 역방향으로 이동시키는 제어장치』라는 구성을 채택하면 가공전극은 추적궤적을 역방향으로 찾아가는 이외의 작용을 하는 것은 아니어서 선출원발명에 있어서도 역방향궤적의 구성이 포함되어 있는 것은 명확하다. 그와 같은 통전가공장치에 있어서는 본건발명과 선출원발명은 동일한 구성에 관한 것이라는 점은 의문의 여지가 없고, 결국 본건발명은 선출원발명에 포함되는 것이므로, 선출원발명과 동일한 발명이라고 하지 않을 수 없다.

원판결에는 특허법 제39조 제1항의 해석적용을 잘못한 위법이 있고, 그 위법이 원판결의 결론에 영향을 미친 것은 명확하다. 이 점의 위법을 말하는 논지는 이유가 있고, 원판결은 파기를 면할 수 없다. 본건발명이 선출원발명과 동일한 것이라고 한 본건 심결의 인정에 위법이 있다고 한 X의 주위적 심결취소사유는 이유없다.」

Ⅲ. 해   석

1. 동일한 발명에 대해 다른 날에 2 이상의 특허출원이 있는 때에는 가장 먼저 특허를 출원한 자 만이 그 발명에 대해 특허를 받을 수 있다(특허법 제39조 제1항). 이중특허(중복특허)의 방지 관점에서 1921년 특허법 제8조를 계승하여 1959년 현행 특허법 제정시에 만들어진 규정이다. 여기서 말하는 2 이상의 특허출원이란 특허를 부여해야 하는 상태에 있는 특허출원(즉 청구항에 기재된 특허결정된 특허출원)을 말하고, 그 밖에 거절이유를 가지는 출원은 중복특허문제를 일으키지 않으므로 제39조 제1항의 대상으로는 되지 않는다(特許庁編『工業所有權法(産業財産權法) 逐條解說[第18版]』[2010] 134頁).

중복특허배제의 취지는 1발명 1특허 원칙을 실현하는 것이다. 특허 존속기간 만료에 의해 독점기간이 종료한 경우에는 그 발명은 공중의 자유실시에 맡겨져야 하는 것이고(public domain), 동일한 발명이 중복하여 특허되는 사태를 회피함으로써 그와 같은 자유실시가 보장된다. 따라서, 제39조 제1항의 선후출원의 성부는 특허청구범위를 대비하여 행한다.

2. 특허법 제39조 제1항에 의해 후출원이 배제되는「동일한 발명」이란, 기술적 사상으로서의 동일발명으로(最判 昭和 50. 7. 10. 集民115号 275頁) 특허청구범위(청구항)에 기재된 발명의 요지가 중복되는 발명이다. 특허청구범위에 기재되지 않고 명세서에만 기재된 발명(인용발명)과 출원에 관한 발명(후출원)이 실질적으로 동일한 경우의 후출원 배제는 1970년법에 의해 도입된 소위 확대된 선출원(특허법 제29조의 2)에 의해 규율된다.

선출원발명(인용발명)과 후출원발명(본원발명)과의 동일성 대비는 기본적으로는 양자의 발명특정사항의 일치점 및 상이점의 인정에 의해 행하고, 상이점에 관한 후출원의 발명특정사항이 주지기술, 관용기술의 부가, 삭제, 전환 등을 실시한 것에 상당하고 또한 새로운 효과를 나타내는 것이 아닌 경우에 양자는 실질적으로 동일한 발명으로 취급된다(특허·실용신안 심사기준 제Ⅱ부 제4장 3.3.). 그 결과, 선출원발명(예컨대,「초산을 이용한 세정제」)이 본원발명(예컨대,「강산을 이용한 세정제」)의 하위개념에 속하는 경우에는 본조에 의해 후출원은 배제된다.

3. 이와 같이 선출원발명과의 동일성을 판단함에 있어서는 청구항에 기재된 발명끼리를 비교하고, 발명의 상세한 설명(명세서)에만 기재된 발명이 인용발명인 경우의 적용조문은 특허법 제39조 제1항이 아니라 제29조의 2이다.

여기서 본원발명에 대한 발명의 요지인정을 함에 있어서는, 최고재판소 제2소법정 1991년 3월 8일 판결(最二小判 平成 3. 3. 8. 民集45卷3号 123頁 - 본서 61사건)에서「특허법 제29조 제1항 및 제2항 소정의 특허요건, 즉 특허출원에 관한 발명의 신규성 및 진보성에 대해 심리함에 있어서는 그 발명을 동조 제1항 각호 소정의 발명과 대비하는 전제로서 특허출원에 관한 발명의 요지가 인정되지 않으면 안 되는바, 그 요지인정은 특단의 사정이 없는 한 출원서에 첨부한 명세서의 특허청구범위의 기재에 근거하여 이루어져야 한다. 특허청구범위에 기재된 기술적 의의가 일의적으로 명확하게 이해되지 않는다거나 또는 일견하여 그 기재가 오기라는 것이 명세서의 발명의 상세한 설명의 기재에 비추어 명확한 등의 특단의 사정이 있는 경우에 한해 명세서의 발명의 상세한 설명 기재를 참작하는 것이 허용됨에 지나지 않는다. 이러한 점은 특허청구범위에는 특허를 받고자 하는 발명의 구성에 없어서는 아니 되는 사항만을 기재해야 한다는 취지를 정하고 있는 특허법 제36조 제5항 제2호의 규정…으로 볼 때 명확하다」고 한 판시가 주목된다.

해당 「참작」의 의미에 대해 塩月秀平은 최고재판소 해설 민사편 1991년도 39면에서 「본 판결은, 발명의 요지를 인정하는 과정에서는 발명에 관한 기술내용을 명확하게 하기 위해 발명의 상세한 설명이나 도면의 기재로 눈을 돌릴 필요가 있으나, 기술내용을 이해한 후에 발명의 요지가 되는 기술적 사항을 확정하는 단계에서는 특허청구범위의 기재를 넘어 발명의 상세한 설명이나 도면에만 기재된 부분의 구성요소를 부가해서는 안 된다는 이론을 나타낸 것으로, 그 의미에 있어서, 발명의 상세한 설명의 기재를 참작하는 것이 가능하다는 것은 예외적인 경우에 한한다고 한 것이다」고 하고 있고, 청구항 기재외의 발명의 구성요소를 부가하여 인정할 수 있는 것은 보정·정정에 의해 그 사항이 특허청구범위(청구항)에 반영된 경우가 아니면 안 된다고 하고 있다.

본건의 원심에서도, 위 제39조 제1항의 취지 및 앞서 본 최고재판소 제2소법정 1991년 3월 8일 판결의 판시사항을 답습하여, 「선출원과 후출원의 특허청구범위에 기재된 사항을 대비해야만 하고, 선출원의 특허청구범위 기재내용에 나타난 기술적 사상을 이해하기 위해 명세서의 발명의 상세한 설명란의 기재를 참작할 수 있다」고 하여 「명세서의 발명의 상세한 설명란의 기재로부터는 발명의 필수구성으로 되어있는 사항이더라도 특허청구범위에 전혀 기재되어 있지 않은 사항을 기재가 있는 것으로 할 수는 없다」고 한 것이지만, 본 최고재판소 판결은 「역방향궤적의 구성」이 문자적 의미로 인용발명의 특허청구범위(청구항)에 기재되어 있는지 여부를 묻지 않고 발명의 실체(기술적 사상의 동일성)의 대비판단을 행한 것이라고 한다면 그 결론에는 이의를 찾을 수 없다(相田義明 본 판례백선 제3판 81면).

4. 다만, 본 판결 당시 그리고 앞서 본 최고재판소 제2소법정 1991년 3월 8일 판결 당시의 특허법 제36조 제5항은 특허청구범위에 「발명의 구성에 없어서는 아니되는 사항만」을 기재하지 않으면 안 되고, 발명의 구성으로부터 도출되는 작용적 기재를 원칙적으로는 부정해 온 것은 간과할 수 없다. 즉, 본 판결에서는 「역방향궤적의 구성은 단순히 다른 구성으로부터 생기는 작용을 나타낸 것에 지

나지 않고, 따라서 본건발명의 역방향궤적의 구성도 발명의 구성에 없어서는 안되는 사항에는 해당하지 않는다고 인정할 여지가 있다고 할 수 있다. 그런데 원심은 이 점에 대해 어떠한 설시도 하지 않은 채 역방향궤적 구성의 문언유무만을 들어 본건발명과 선출원발명의 동일성 유무를 판단한 것으로, 원심 판결에는 그 점에 대해 이유불비의 위법이 있다고 하지 않으면 안 된다」고 판시하고 있으나 (판시(i)), 작용적 또는 방법적 청구항의 허용필요성이 커진 결과 1994년 개정 특허법 제36조 제5항은 「출원인이 발명을 특정하기 위해 필요하다고 인정하는 사항 전부」를 기재하면 족한 것으로 하고 있다(熊谷健一 『逐条解説改正特許法』[1995] 178-179頁). 본건 사안이 현행법 제36조 하에서 취급된다면 「역궤적의 구성」이 작용적 기재라는 이유 하나로 원판결 파기의 결론은 도출되지 않았을 가능성이 있다. 오히려 인용발명에 관한 출원 최초 명세서의 어딘가에 본원발명의 기재가 있다면 거절이유가 되는 제29조의2에 의해 보다 유연한 대응이 이루어졌을 사안일 가능성도 있다.

5. 또한 현행 특허법 제36조 하의 출원에 대해 출원인이 인식한 발명의 목적, 작용효과의 기재여하에 관계없이 인용발명과의 객관적 동일성을 근거로 하여 무효심결을 유지한 것으로 東京高判 平成 16. 1. 29.(平14(行ケ)239号[재판소 Web])를 들 수 있다.

〈참고문헌〉

본문 중에 게재한 것 외에 본건의 판례비평으로 土肥一史 民商111卷1号 159頁, 田四郎 判評419号(判時1473号) 49頁, 荒垣恒輝 特許管理44卷8号 1117頁 각각 참조

37. 분할출원의 적부(適否)와 원출원의 명세서의 기재

知財高裁 平成 19年(2007년) 5月 30日 判決
[平成 18年(2006년)(ネ) 第10077호 : 特許權侵害差止請求控訴事件]
(判時 1986호 124頁, 判タ 1254호 298頁)

阿部正幸(아베마사유기, 横浜地裁 判事) 著
김종석(김앤장 법률사무소 변호사) 譯

Ⅰ. 사실의 개요

X(원고·항소인)는, 1992년 2월 19일 명칭을 '잉크젯 기록장치용 잉크탱크'로 하는 발명에 관하여 특허출원(이하 '본건 원출원'이라고 한다)을 하고, 2000년 12월 21일 원출원으로부터 분할출원(이하 '본건 분할출원'이라고 한다)을 하고, 분할출원에 대하여 설정등록을 받았다(이하 '본건 특허권'이라고 한다). 본건 특허권의 특허청구 범위 청구항 1은 「잉크를 수용하는 용기와, 잉크공급침이 삽통(挿通) 가능하고 위 용기의 바닥면 통상(筒狀)에 형성되어 잉크가 유입하는 잉크입출구와, 잉크입출구에 설치된 잉크공급침의 외주(外周)에 탄접(彈接)하는 잉크의 누출을 방지하는 환상(環狀)의 밀봉재와, 밀봉재의 잉크공급침의 삽통측을 막고 잉크입출구에 접착된 필름으로 이루어진 잉크젯 기록장치용 잉크탱크」(이하 '본건 발명1'이라고 한다)이고, 청구항 2는 「캐리지(carriage)[1]에 설치된 기록헤드에 연통(連通)하도록 앞쪽이 원추면으로 형성된 통동부(筒胴部)를 구비하고 요철에 의해 잉크를 보지(保持)할 수 있는 직경의 잉크공급공이 뚫려있는(穿設) 잉크공급침을 구비한 잉크젯식 기록장치에 착탈되어진 잉크탱크에 있어서, 잉크를 수용하는 용기와, 잉크공급침이 삽통 가능하고 위 용기의 바닥면에 통상에 형성되어 잉크가 유입하는 잉크입출구와, 잉크입출구에 설치된 잉크공급침의 외주에 탄접하는 잉크의 누출을 방지하는 환상의 밀봉재와, 밀봉재의 잉크공급침의 삽통측을 막고 잉크입출구에 접착된 필름

---

1) 인쇄 장치를 자동적으로 조절하기 위한 조절 기구. 종이의 페이지 단위 넘김, 한 줄 건너기, 몇 칸 건너기, 종이 내보내기 등의 기능이 있다.

으로 이루어진 잉크젯 기록장치용 잉크탱크」(이하 '본건 발명2'라고 한다)이다. 본건 원출원의 특허청구범위에는 「잉크입출구의 외연을 필름보다 외측에 돌출되도록」하는 구성요소가 기재되어 있지만, 본건 발명1, 2의 특허청구범위에는 위 구성요소의 기재가 없고, 본건 발명1, 2는 「잉크입출구의 외연을 필름보다 외측에 돌출되어 있지 않은」 구성을 포함하는 것으로 되어 있다.

X는, Y(피고, 피항소인)가 X에 의해 제조·판매한 잉크탱크가 사용된 후에 잉크가 재충전되는 등 하여 제품화된 것(이하 '피고제품'이라고 한다)을 수입하고 판매하는 행위가 본건 특허권을 침해한다는 이유로 침해행위의 금지 및 손해배상을 구하였다. 이에 대하여, Y는 본건 분할출원은 분할요건을 흠결한 부적법한 것이고, 그 출원일은 본건 원출원의 출원일에 소급되지 않고 실제의 출원일로 되기 때문에 본건 발명은 같은 날 이전에 반포된 간행물에 의해 신규성 또는 진보성을 결여하여 무효로 되어야한다는 것 등을 주장하였다.

원심(東京地判 平成 18. 10. 18. 判時 1976号 104頁)은 본건 발명1, 2에 있어서 「잉크입출구의 외연을 필름 보다 외측에 돌출시키지 않은」 구성이 원출원의 최초에 첨부된 명세서 또는 도면에 기재도 시사도 없고, 위 명세서 등에 기재된 사항으로부터 자명한 사항으로 인정할 수도 없으므로, 본건 분할출원은 1994년 개정 전의 특허법 44조 1항(이하 '구특허법 44조 1항'이라고 한다)의 분할요건(「2 이상의 발명을 포함하는 특허출원」으로부터 분할된 「새로운 특허출원」이 된 것)을 충족하고 있다고 인정할 수 없는 부적법한 것이어서 출원일의 소급은 인정되지 않고, 그 출원일은 실제의 출원일인 2000년 12월 21일로 되었다고 한 후, 본건 발명은 위 날짜보다도 앞선 1992년 9월 11일에 반포된 간행물에 기재된 발명과 동일하기 때문에 신규성을 결여하고, 본건 특허는 특허무효심판에 의해 무효로 될 것으로서 무효의 항변(특허법 104조의3)을 인정하고 X의 청구를 기각하였다. X는 이것에 불복하여 항소를 제기하였다.

Ⅱ. 판   지

항소기각.

(i) 구특허법 44조 1항은, 『특허출원인은 출원서에 첨부한 명세서 또는 도면에 대하여 보정할 수 있을 때 또는 기간 내에 한하여 2 이상의 발명을 포함하는 특허발명의 일부 또는 2 이상의 새로운 특허출원을 할 수 있다.』 같은 조 2항 본

문은『전항의 경우는, 새로운 특허출원은 원래의 특허출원 시에 한 것으로 간주한다』라고 규정하고 있다. 분할출원이 같은 조 2항 본문의 적용을 받기 위해서는 분할출원에 관계된 발명이 원출원의 출원서에 최초로 첨부한 명세서 또는 도면(원출원의 당초 명세서 등)에 기재되어 있는 것 또는 이것의 기재로부터 자명한 것이 필요하다.

　(ii) 본건 발명1, 2의 특허청구범위에는 '잉크입출구의 외연을 필름 보다 외측에 돌출시킨다'는 구성요건의 기재는 없다.

　그리고 본건 분할출원의 원래 출원인 본건 원출원의 당초 명세서 등(본건 명세서 등)에는『잉크탱크의 잉크입출구를 막는 부재』를『앞쪽이 뾰족하지 않은 잉크공급침이라도 관통할 수 있는 필름』으로 하는 잉크젯 기록장치용 잉크탱크에 관한 발명이 기재되어 있지만, 필름을 보호하기 위하여『잉크입출구의 외연을 필름 보다 외측에 돌출시킨다』라고 하는 구성이 불가결한 것으로서 기재되어 있는 점이 인정된다. 그러나, 본건 원출원의 당초 명세서 등에는 그 구성요건을 결여한 본건 발명1, 2에 대하여는 전혀 기재되어 있지 않고, 당초 명세서 등의 기재로부터 자명하다고 인정될 수도 없으므로, 본건 분할출원은 본건 원출원과의 관계에 있어서 구특허법 44조 1항의『2 이상의 발명을 포함하는 특허출원』으로부터 분할한『새로운 출원』에 해당하지 않는 부적법한 것이고, 본건 분할출원의 출원일은 본건 원출원시까지 소급하는 것은 아니며, 실제의 출원일인 2000년 12월 21일로 된다.

　(iii) 본건 원출원의 당초 명세서 등에 의하면,『잉크탱크의 잉크입출구를 막는 부재』를『앞쪽이 뾰족하지 않은 잉크공급침이라도 관통할 수 있는 필름』으로 하는 잉크탱크에 있어서,『잉크입출구의 외연을 필름보다 외측에 돌출시킨다고』하는 구성은 일련의 과제해결을 위해 필요불가결한 특징적인 구성인 것을 나타내고 있다. 즉, 본건 원출원의 당초 명세서 등은『잉크탱크의 잉크입출구를 막는 부재』를『앞쪽이 뾰족하지 않은 잉크공급침이라도 관통할 수 있는 필름』으로 하는 잉크탱크에 있어서,『잉크입출구의 외연을 필름보다 외측에 돌출시킨다』라고 하는 구성을 구비하지 않은 기술에는 과제가 남아 있다는 점을 명확히 제시하여 이것을 제외했다고 해석된다. 따라서 본건 원출원의 당초명세서 등의 어떤 부분을 참작하여도 위 구성을 필수의 구성요건으로 하지 않는 기술사상(상위개념된 기술사상)은 일체 개시되어 있지 않은 것으로 해석하는 것이 상당하다.

Ⅲ. 해 설

1. 분할출원(특허법 44조)은, 2 이상의 발명을 포함하는 특허출원의 일부를 새로운 특허출원으로서 출원할 수 있는 기회를 출원인에게 부여하고, 이 새로운 특허출원이 적법한 것이라면 새로운 특허출원에 원특허출원시에 출원된 것으로 효과를 인정하는 것이다.

특허출원에 2 이상의 발명이 포함된 경우로서, 특허청구범위 중에 2 이상의 발명이 기재된 경우와 특허청구범위에 기재된 발명과는 별개의 발명이 발명의 상세한 설명(한편, 2002년 특허법 개정전에는 특허청구범위가 명세서의 일부로 되어 있었으므로, 이하의 설명에서는 특허청구범위를 포함하지 않는다는 의미에서 '명세서'라고 하지 않고 발명의 상세한 설명이라는 용어를 사용하는 것이다)과 도면에 기재되어 있는 경우가 있다. 전자의 경우에는 1 발명 1 출원주의의 원칙(1987년 개정전의 특허법 38조 참조)하에서는 위 원칙에 위반하는 것이 되기 때문에 분할출원제도는 이것을 구제하는 역할을 다하고 있다. 또한 1987년의 특허법 개정이후는 기술적으로 밀접한 연관을 가진 발명의 단일성의 요건을 만족하는 2 이상의 발명에 있어서 하나의 출원서에 특허출원을 하는 것이 인정되지만(특허법 37조), 단일성의 요건을 만족하지 않는 출원에 있어서는 거절결정의 이유로 되기 때문에(특허법 제49조 4호·50조), 분할출원제도는 이것을 구제하는 역할을 다하고 있다.

후자의 경우에는, 원출원의 특허청구범위에 기재되어 있지 않고, 발명의 상세한 설명 또는 도면에 기재되어 있는 발명을 목적으로 하는 분할출원의 적부가 문제된다. 最一小判 昭和 55. 12. 18.(民集 34卷 7号 917頁)은「2 이상의 발명을 포함하는 특허출원을 2 이상의 출원으로 할 수 있다고」규정한 구특허법(1921년 법률 제96호) 9조 1항의「2 이상의 발명을 포함하는 특허출원」에 해당하는가 아닌가를 원출원의 특허청구범위의 기재에 한정하여 결정해야 하는가, 명세서의 발명의 상세한 설명 내지 도면의 기재내용도 포함하여 결정해야 하는지에 대하여, 원출원으로부터 분할해서 새로운 출원으로 할 수 있는 발명은 원출원의 출원서에 첨부한 명세서의 특허청구범위에 기재된 것에 한정되지 않고, 그를 요지로 하는 모든 기술적 사항이 그 발명에 속하는 기술분야에서 통상의 기술적 지식을 가진 자에 있어서 그것을 정확하게 이해하고, 또한 용이하게 실시할 수 있는 정도로 기재되어져 있다면 명세서의 발명의 상세한 설명 또는 출원서에 첨부한 도면에 기재되어 있는 것이라도 지장은 없다고 해석하는 것이 상당하다고 판시하였다. 그 후에 나타난 最二小判 昭和 56. 3. 13.(判時 1001号 41頁)은 분할출원에 관하여 규정한 1960년 개정전의 특허법 44조 1항에 있어서 「2 이상의 발명을 포함하는 특허출원」의 해석에 있어서도 같은 취지의 판시를 하고 있다. 위 최고재 판결의 취지는 분할출원의 취지를 1 발명 1 출원주의의 원칙에 반하는 경우의 구제수단에 한정하여 해석해야 할 이유는 없고, 특허권은 발명의 개시에 대한 대상(代償)이기 때문에 특허청구범위에 기재되어 있지 않은 사항이라도 개시되어 있는 것에 대하여는 분할을 인정해야 하는 것이라고 생각된다. 또한 통상의 기술자에게 자명한 사항은 비록 명확하게 기재되어 있지 않더라도 실질적으로 기재가 있는 것과 동일시 할 수 있다고 해석되고 있다(東京高判 昭和 53. 8. 30. 無体裁集 10卷 2号 420頁). 특허법 44조 1항은 분할출원의 시기적 요건에 대하여 여러 번 개정을 거치고 있지만 위의 실체적 요건의 내용은 구법 당시부터 변경되지 않았으므로 위 각 최고재판결에서 판시한 해석은 그 후의 개정후의 특허법 44조 1항에 있어서도 타당한 것이다. 특허청의 현재의 심사기준에 있어서도 분할출원의 취지에 있어서 특허출원이 발명의 단일성의 요건을 만족하지 않는 발명을 포함한 경우 또는 출원 당초에는 특허청구범위에 기재되어 있지 않지만, 명세서 또는 도면에 기재되어 있는 발명을 포함하는 경우, 그러한 발명도 출원에 의해 공개된 것이어서 공개의 대상(代償)으로서 일정기간 독점권을 부여하는 것이 특허제도의 취지로 보면 이러한 발명에 대하여도 가능한 한 보호해 주어야 한다. 이것이 출원의 분할의 규정을 둔 취지라고 설명되고 있다.

2. 본 판결은, 위 최고재판결의 해석을 전제로 본건 원출원의 당초 명세서 등에는 본건 분할출원에 관계된 「잉크입출구의 외연을 필름보다 외측에 돌출시킨다고」 하는 구성을 결여한 발명의 기재가 없으며 당초 명세서 등으로부터 자명하다고 인정할 수 없다는 것을 이유로 본건 분할출원을 부적법한 것으로 판시한 것이고, 분할출원의 적부에 있어서의 하나의 재판 사례를 더한 것이다.

한편, 본건의 원출원일은 1992년 2월 19일이지만, 1994년 1월 1일 이후의 출원에 있어서는 1993년 개정 특허법에 있어서 보정의 제한에 대하여 신규사항 추가의 금지가 규정됨으로써(특허법 17조의2 제3항), 개정전에는 요지변경에 해당하지 않음으로써 보정이 인정된 통상의 기술자에 자명한 사항이더라도 신규사항이라면 추가할 수 없게 되었다. 위 개정에 따라 보정절차에서 허용되지 않는 신규사항의 추가를 분할시에 인정하는 것은 위 개정의 취지를 몰각하게 되므로 분할시에 있어서도 신규사항의 추가의 금지의 제한이 적용되는 것으로 해석된다고 설명되고 있다(中山·後揭 187-188頁, 竹田監修·後揭 483頁). 특허청의 현재의 심사기준에 있어서도 분할 출원의 명세서, 특허청구범위 또는 도면에 기재된 사항이 원출원의 출원 당초의 명세서, 특허청구범위 또는 도면에 기재된 사항의 범위 내에 있는가 아닌가의 판단은 신규사항의 판단과 똑같이 행한다고 되어 있다.

〈참고문헌〉

1. 中山信弘, 特許法, 2010, 186-189頁
2. 中山信弘·小泉直樹編, 新·注解特許法(上), 2011, 682-694頁, 786-820頁
3. 竹田稔監修, 特許審査·審判の法理と課題, 2002, 455-483頁
4. 中島敏, 本百選, 第3版, 82頁
5. 田中成志, 平成 19年度 主要民事判例解說(別冊判夕 22号), 244頁

38. 보상금 지급청구를 위한 경고

最高裁 昭和 63年(1988년) 7月 19日 第3小法廷判決
[1986年(才) 第30号 · 第31号 : 模造品製造差止等請求事件]
(民集 42卷 6号 489頁, 判時 1291号 132号, 判タ 681号 117頁)

森 義之(모리 요시유키, 橫浜地裁 判事) 著
박성수(김앤장 변호사) 譯

Ⅰ. 사실의 개요

X1(원고 · 항소인 · 상고인)이 설립한 회사인 X2(원고 · 항소인 · 상고인)는 자동차의 뒷 부분 차체에 붙어 지면에 수직으로 어스하면서 달리는 벨트(이하 원고제품이라고 한다)를, "어스벨트"라고 하는 상표를 사용하여 판매하고 있었는바, Y1회사(피고 · 피항소인 · 피상고인)는, Y2회사(피고 · 피항소인 · 피상고인)에 의뢰하여, 같은 모양의 벨트(이하 피고제품이라 한다)를 제조하여, "엔들레스 어스벨트"라고 하는 상표를 사용하여 판매를 개시하였다. 이 사건은 X들이 Y들에 대하여 제1차적으로는 Y들의 행위가 1993년 개정 전의 부정경쟁방지법 제1조 제1항 제1호에 해당하는 것이라고 하며 피고제품의 제조 판매의 금지, 손해배상 등을 구하고, 제2차적으로 원고제품에 관련된 고안(이하 본건 고안이라고 한다)에 관하여 X1이 가지고 있는 실용신안권에 기하여 피고제품의 제조 판매의 금지를 구함과 동시에 X들과 Y들 사이에는 원고제품의 모조품을 제조 판매하지 않는다는 약정이 있음 등을 이유로 채무불이행 또는 불법행위에 의한 손해배상을 구하고, 제3차적으로는 본건 고안의 출원공개의 효과로서의 보상금의 지급을 구한 사안이다(제1심-仙台地判 1980. 12. 26. 民集 42권 6호 508면 참조, 항소심-仙台高判 1984. 3. 16. 전게 民集 549면 참조).

보상금의 지급청구에 관하여, 원 판결(추가 판결)(仙台高判 1984. 9. 30. 전게 民集 572면 참조)은 (1) 본건 고안의 실용신안등록청구의 범위는 출원공개 후에 보정되었고, (2) 보상금청구권 발생의 요건과의 관계에 있어서는, 출원공개 후 보정이 이루어진 경우에는 보정의 시점에 새로운 출원이 이루어진 것이라고 해석하는 것이 합당하며, (3) 본건에 있어서는 보정 후에 X들이 Y들에게 경고를 하였거나 또는 Y들이 악의의 상태에 있었던 것을 인정하기에 충분한 증거가 없다고 하여 청구를 기각하였다.

X들의 상고에 대하여 본 판결은 보상금청구를 기각한 원 판결(추가 판결)을 파기하고, 출원공개 후에 있어서 악의의 존부에 관하여 새로이 심리를 다하도록 하기 위하여 원심에 환송하였다.

Ⅱ. 판　지

일부 파기환송, 일부 기각.

"실용신안등록 출원인이 출원공개 후에 제3자에 대하여 실용신안등록출원에 관한 고안의 내용을 기재한 서면을 제시하여 경고 등을 하여, 제3자가 위 출원공개가 된 실용신안등록출원이 계속된 고안의 내용을 알게 된 후에, 보정에 의하여 등록청구범위가 보정된 경우에 있어서, 그 보정이 원래 등록청구범위를 확장, 변경하는 것이어서 제3자가 실시하고 있는 물품이 보정 전의 등록청구범위의 기재에 의하면 고안의 권리범위에 속하지 않는 것이었으나, 보정 후의 등록청구범위의 기재에 의하면 고안의 권리범위에 속하는 것으로 된 경우에 출원인이 제3자에 대하여 실용신안법 제13조의3에 기하여 보상금 지급청구를 하기 위하여서는 위 보정 후에 다시 출원인이 제3자에 대하여 동조 소정의 경고 등을 하여, 제3자가 보정 후의 등록청구범위의 내용을 아는 것이 필요하지만, 그 보정이 원출원서에 최초로 첨부된 명세서 또는 도면에 기재된 사항의 범위 내에 있어서 보정 전의 등록청구범위를 감축하는 것이어서 제3자가 실시하고 있는 물품이 보정의 전후를 통하여 고안의 기술적 범위에 속하는 경우에는, 위 보정 후에 다시 경고 등에 의하여 제3자가 보정 후의 등록청구범위의 내용을 알고 있음을 요하지 않는다고 해석하는 것이 상당하다. 제3자에 대한 돌연의 보상금 청구라고 하는 불의타를 주는 것을 방지하기 위하여 위 경고 내지 악의를 요건으로 하는 동조의 입법취지에 비추어 보면, 전자의 경우만 새로운 경고 내지 악의를 요구하면 족하고, 후자의 경우에는 다시 경고 내지 악의를 요구하지 않아도 제3자에 대하여 불의타를 주는 것으로는 되지 않는다."

Ⅲ. 해   설

1. 특허출원은 출원일로부터 1년 6월이 경과한 때에는, 출원공개된다(특허법 제64조 제1항). 특허출원인은 출원공개 후에 업으로서 그 발명을 실시한 자에 대하여, 보상금의 청구를 하는 것이 가능하다(특허법 제65조 제1항). 그러기 위하여서는 출원공개 후 특허출원이 계속된 발명의 내용을 기재한 서면을 제시하여 경고하였거나(경고), 또는 그 발명을 실시한 자가 출원공개된 특허출원이 계속된 발명이라는 것을 알고 있었다거나(악의)의 어느 한 경우의 요건이 충족될 것이 필요하며 (동조 제1항), 한편 현실로 행사하는 것이 가능한 것은 특허권의 설정등록이 된 후이다(동조 제2항). 보상금의 액은 그 발명이 특허발명인 경우에 그 실시에 대하여 받을 수 있는 금전의 액에 상당한 액이다(동조 제1항). 이 보상금청구권 제도는 출원공개되면, 타인이 모방하는 것이 가능하게 되어 특허출원인이 손해를 입을 염려가 있어서 보상을 할 필요가 있으나, 특허권으로서 성립하고 있는 것은 아니기 때문에, 특허권과 동일한 권리를 주는 것도 가능하지 않다고 하는 것으로부터 설정된 제도이다.

1994년의 개정에 의하여 출원공고제도가 폐지되기 전에는 출원공고가 되면, 가보호의 제도에 의하여, 특허권에 가까운 권리가 주어져, 보상금청구권은 출원공개로부터 출원공고까지의 사이에 발명을 실시한 자에 대한 청구권이었고(1994년 개정 전의 특허법 제65조의3 제1항), 그 행사에는 특허출원의 출원공고가 있을 것이 필요하였다(1994년 개정 전의 특허법 제65조의 3 제2항). 출원공고제도가 폐지된 현재에는 출원공개로부터 특허권의 설정등록까지의 사이에 발명을 실시한 자에 대한 청구권 제도로 되어서, 위와 같이 그 행사에는 특허권의 설정등록이 필요하다.

실용신안권은 1993년의 개정까지는 특허권과 동일하게 특허청에서 신규성, 진보성 등을 심사하여, 그들 요건이 인정되는 것만을 등록하는 제도이었다(1993년의 개정에 의하여 무심사주의가 되어 신규성, 진보성이라는 요건을 심사하지 않고 등록되는 것으로 되었다). 그 때문에 1993년의 개정 전에는 실용신안권에 관하여도 특허권과 같은 보상금청구권의 제도가 있었다(1993년 개정 전의 실용신안법 제13조의3).

이 사건은 1993년 개정 전의 실용신안권의 보상금청구권에 관한 사안이지만, 특허권에 관하여도 같이 생각할 수 있을 것이다.

2. 이 사건은, 실용신안등록 출원인이 출원공개 후에 제3자에 대하여 실용신

안등록출원이 계속된 고안의 내용을 기재한 서면을 제시하여 경고 등을 하여, 제 3자가 출원공개된 실용신안등록출원이 계속된 고안의 내용을 안 후에, 보정에 의하여 등록청구범위가 보정된 경우에, 출원인이 제3자에 대하여 보상금의 청구를 하기 위하여서는 보정 후에 다시 출원인이 제3자에 대하여 동조 소정의 경고 등을 하여, 제3자가 보정 후의 등록청구범위의 내용을 아는 것을 요하는지 어떤지가 문제로 된 것이다.

3. 보정 제도에 관하여는 현재에 이르기까지 개정에 의하여 대폭적인 변경이 있었으나, 보정이 가능한 범위에 관하여 보면, 1993년의 개정 전에 출원공고를 한다는 취지의 결정 등본의 송달 전에는 요지의 변경이 되지 않는 한 명세서 또는 도면을 보정하는 것이 가능하였다(1993년 개정 전의 특허법 제40조, 제41조, 제53조 제1항, 이들 규정은 실용신안법 제9조 제1항, 제13조에 의하여 실용신안등록출원에 준용되었다). 그것이 1993년의 개정에 의하여 명세서 또는 도면의 보정은 출원서에 최초로 첨부된 명세서 또는 도면에 기재된 사항의 범위 내에 있지 않으면 안 되는 것으로 되어, 신규사항의 추가가 인정되지 않게 되었다. 그래서 1994년의 개정에 의하여 출원공고제도가 폐지된 현재에는 특허한다는 취지의 사정의 등본의 송달 전에는 최초에 첨부된 명세서, 특허청구범위까지는 도면에 기재된 사항의 범위 내에 한하여 보정이 가능하게 되었다(특허법 제17조의2 제1항, 제3항). 또, 거절이유통지를 받은 후에 다시 거절이유통지를 받은 경우에 최후로 받은 거절이유통지에 지정된 기간 내에 하는 때에, 거절불복심판을 한 날로부터 30일 이내에 하는 때 등에 특청구범위에 관하여 보정을 하는 경우에는 청구항의 삭제, 특허청구범위의 감축, 오기의 정정, 명확하지 않은 기재의 석명을 목적으로 하는 것이 아니면 아니 된다(특허 제17조의2 제5항).

4. 이상과 같이, 보정은 특허청구범위(이하 특허청구범위에 관한 기재는 1993년 개정 전의 실용신안 등록청구범위에 관하여도 같다)를 감축하는 것에 한하지 않고, 특허청구범위를 확대, 변경하는 것도 가능하다. 이에 따라, 피고제품이 보정되기 전에는 특허청구범위에 포함되지 않는 것이었으나, 보정 후에는 포함된다고 하는 일이 발생할 수 있다. 본 판결은 이와 같은 경우에는 다시 경고 등을 하는 것이 필요하다고 하고 있다. 이에 대하여 보정이 특허청구범위를 감축하는 것이고, 피고제품이 보정의 전후를 통하여 발명의 권리범위에 속하는 때에는 다시 새로운

경고 등은 필요하지 않다고 하고 있다. 이 판결은 다수의 학설에 의하여 지지되고 있다(中山信弘, 特許法(2010) 204면, 吉藤幸朔(熊谷健 보정) 特許法概說 제13판(1998) 406면, 盛岡·夫·ひろば 41권 11호 60면, 澁谷達紀 判評 363호(判時 1303호) 61면, 各田政芳, 特許研究 7호 55면 등).

5. 이 판결은 특허청구범위를 확대, 변경하는 것이지만 피고제품이 보정의 전후를 통하여 특허청구범위에 속하는 것인 경우에 관하여 판시하고 있지 않다. 이 점에 관하여는 "새로운 경고는 불필요하다고 생각하는 바이지만, 과제로 남겨둔다"라고 하는 담당 조사관의 해설이 있고(水野武, 最高解 민사편 1988년도 277면), 또한 제3자가 자신의 제품이 특허청구범위에 속하는 것을 알고 있었기 때문에, 다시 경고는 불필요하다고 하는 설도 있다(澁谷, 전게 61면; 角田, 전게 55면). 그러나 이 판결 후에 내려진 名高屋 地判 1994. 2. 25.(日本知的財産協會 判例集 Ⅳ 平成 6年 판결 1782면) 내지 東京地判 1998. 4. 10.(日本知的財産協會 判例集 Ⅰ 平成 10年 判決 236면)은 특허청구범위를 변경한 경우에는 다시 경고 등이 필요하다고 하고 있다.

6. 이 판결에 반대하여 특허청구범위를 보정한 경우에는, 그것을 알리기 위하여, 언제나 다시 경고 등을 요한다고 하는 학설이 있다[土肥一史, 發明 86권 5호 96면; 土肥一史, 昭和63年度重判解 (ジュリ935호) 239면; 小池豊, "補償金請求をぐるめ問題點" 知的所有權をぐるめ損害賠償の實務 (別冊NBL33호) 119면; 中山信弘·小泉直樹 編,『新注解特許法(下)』(2011) 969면 (酒井宏明·寺崎直)]. 나아가 보정 전에는 특허청구범위에 기재된 발명은 이른바 전부 공지된 것이기 때문에 특허에 특허로 되지 않을 것이라고 생각하여 제3자가 특허청구범위에 속하는 제품을 제조판매하고 있다가 그 후 보정에 의하여 특허청구범위가 감축된 것과 같은 경우에는 보정된 후에 다시 경고를 요한다고 해석할 여지가 있다고 하는 설도 있다(內田敏彦, 特許管理 39권 10호 1263면).

보정이 되었다고 하는 것은 보정 전의 특허청구범위는 거절이유가 있는 경우가 많을 것이라고 생각되므로, 이 판결은 보정 전의 특허청구범위에 거절이유가 있다고 하는 것뿐으로, 다시 경고등을 필요로 하는 취지는 아니라고 생각된다. 무엇보다 보정이 특허청구범위를 감축하는 것이어서 피고제품이 보정의 전후를 통하여 발명의 권리범위에 속하는 것이었어도, 사안에 따라서는 예외적으로 다시 경고 등을 필요로 하는 경우가 전혀 없을까 하고 말하면, 보정 전의 특허청구범위에 관하여 누가 보더라도 무효라고 판단되는 것과 같은 경우 등, 남용적인 사례를 생각해볼 수 있어, 예외가 없다고도 말할 수 없는 것은 아닐까 하고 생각하게 된다.

〈참고문헌〉

본문 중에 인용된 것 외에, 森義之 "補償金支拂請求のための警告" 小野昌延先生喜壽記念, 知的財産法最高裁判例評釋大系[Ⅰ](2009) 389頁

39. 새로운 비교대상발명과 거절이유통지의 필요성

知財高裁 平成 21年(2009년) 9月 16日 判決
[平成 20年(行ケ) 第10433号 : 審決取消請求事件]
(판례집 미등재)

清水 節(시미즈 미사오, 德島地家裁 所長) 著
노갑식(부산지방법원 부장판사) 譯

Ⅰ. 사실의 개요

1. 본 사건은, 원고가 '내연기관의 배기가스 정화방법 및 정화장치'라는 명칭의 출원발명(본원발명)에 대하여 특허출원(평성 9년 特願339028호)을 한바, 거절결정을 받고 불복심판을 청구하였는데, 인용례(국제공개 제94/25143호 공보)에 기재된 비교대상발명(인용발명) 및 주지기술로부터 용이하게 발명할 수 있다고 하여 청구기각심결을 받고 피고(특허청장관)를 상대로 심결취소를 청구한 사안이다.

2. 출원발명은 내연기관의 운전 시 발생하는 배기가스 중의 질소산화물(NOx) 등을 연비에 큰 영향을 미치지 않고 정화하는 기술에 관한 것이지만, 명세서의 종래기술 기재 부분에는 '흡수'라는 표현을 사용하고, 출원발명에 관하여는 '흡착'을 사용하는 등으로, '흡착'과 '흡수'를 구별하여 기재하고 있다. 이에 대하여 비교대상발명에는 '흡착'이라는 표현은 있으나 '흡착'과 '흡수'를 구별하는 기재가 없다. 이와 같은 기재를 전제로 하여 본 판결은 거절결정과 심결에는 출원발명의 특허 청구범위에 있어서 '질소산화물을(질소산화물 정화촉매의) 표면에 흡착하는' 등의 기재에 관한 해석이 다른 것으로 판단하고 있다. 이 점에 관한 판결의 사실인정의 요지는 다음과 같다.

"거절결정은 '질소산화물을 표면에 흡착하는'에 관하여 내부로의 흡수와는 다른 표면에의 흡착이라는 원고의 해석을 수용한 다음에 '표면에의 흡착'이라는 상이점에 관하여는 비교대상발명 등을 포함하는 주지기술로부터 출원발명을 용이하게 발명할 수 있다고 판단하였다. 한편, 심결은 '질소산화물을 질소산화물 정화촉매의 표면에 흡착하고 있다'는 점을 출원발명과 비교대상발명과의 차이점으로 인정한 다음에 주지례 1 및 2를 구체적으로 지적하고, '질소산화물 정화촉매로서 질소산화물을 촉매표면에 흡착하는 것은 주지'라고 설시하고 있지만, 이것은 본 사건에 있어서 피고가 주장하는 대로 '표면에 흡착한다'고 함은 '촉매표면에 흡착함과 동시에, 더하여 촉매 내부까지 확산(흡수)하는' 경우를 포함하는 것, 즉 '흡착'과 '흡수'는 동시에 일어나는 현상이라는 전제에 선 판단으로 추단된다."

이상의 인정사실을 전제로 판결은 아래와 같이 판단하였다.

Ⅱ. 판   지

심결취소(확정).

'이와 같이 거절결정과 심결은, '표면에 흡착'하는 점에 관하여 동일한 해석을 하지 않고, 오히려 거절결정 및 심결 설시의 문언 등에 비추어보면, 거절결정은 이를 '표면에의 흡착'이라고 해석하고, 심결은 표면에의 흡착뿐만 아니라 '흡수'를 포함하는 현상이라고 해석함을 알 수 있다. 따라서 심결은 거절결정 이유와 다른 이유에 기초하여 판단하였다고 할 것이다.

… '표면에 흡착'하는 점은 바로 출원발명의 중요한 부분인바, … '표면에 흡착'이라는 점에 관하여 원고는 심판합의체와는 다른 해석을 하고, 출원발명이나 비교대상발명은 다른 전제에 서있는 것이기 때문에, 이것에 대하여, 심결이 거절결정 이유와 다른 이유에 기초하여, '표면에 흡착'이라는 점에 관하여 판단을 하고 있는 이상, 원고에게 의견을 진술할 기회를 주었어야 한다.

덧붙여 심결이 원고에게 위에서 본 바와 같은 의견을 진술할 기회를 부여하지 않았다고 하여도, 그 쌍방의 경우에 대하여 실질상 심리가 이루어지고, 원고가 필요한 의견을 진술하는 등의 특별한 사정이 있으면, 심결이 취한 조치는 실질상 위법성이 없다고 할 수 있지만 …, 본 사건에 있어서는 그와 같은 특별한 사정이 있음을 인정할 수 없다'.

'심결은 거절이유 통지에서 들지 않았던 주지기술(주지례 1 및 2)을 사용하고, 단지 그것이 주지기술이라고 하는 이유만으로 거절이유를 구성하고 있지 않음에도 특허법 29조 1, 2항에 정한 이른바 비교대상발명 중의 하나로 될 수 있다고 해석하고 있는 것 같다.

　… 피고 주장과 같이 주지기술 1 및 2가 저명한 발명으로서 주지라고 하여도 주지기술이라는 것만으로, 거절이유에 적시되어 있지 않음에도 특허법 29조 1, 2항의 비교대상발명으로 사용할 수 있다고 할 수 없음은 특허법 29조 1, 2항 및 50조의 해석상 명백하다. 확실히 거절이유에 적시되지 아니한 주지기술이라도 예외적으로 특허법 29조 2항의 용이추고성(容易想到性)의 판단에서 허용될 수 있지만, 그것은 거절이유를 구성하는 비교대상발명을 인정함에 있어서 미세한 수정이나, 용이성의 판단과정에서 보조적으로 사용하는 경우, 또는 당해 기술분야에서 주지성이 높은 기술의 이해 다음에 당연히 또는 암묵적으로 전제가 되는 지식으로서 사용하는 경우에 한정되는 것이고, 주지기술이기만 하면 거절이유에 적시되지 않고도 당연히 인용할 수 있는 것은 아니다. 피고가 주장하는 주지기술은 저명하고 많은 관계자에게 널리 알려져 있는 것으로 생각되지만, 본 사건의 용이추고성 판단절차에서 중요한 역할을 하는 것을 감안하면, 단순히 비교대상발명을 인정함에 있어서의 미세한 수정, 용이추고성의 판단 과정에서 보조적으로 사용하는 경우, 당연히 또는 암묵적으로 전제가 되는 지식으로서 사용하는 경우에 해당한다고 할 수 없기 때문에, 본 사건에 있어서 용이추고성을 긍정하는 판단요소로 된다고 할 수 없다'.

Ⅲ. 해　설

　1. 특허법 50조는, 심사관이 거절결정을 하고자 할 때에는 출원인에 대하여 거절이유를 통지하고 상당한 기간을 정해서 의견서를 제출할 기회를 주어야 한다고 규정하고, 이 거절이유통지를 받은 경우에는 정해진 기간 안에 보정을 할 수 있다(특허법 17조의2 제1항 1호). 이러한 규정의 취지는 거절결정을 할 즈음에 출원인에게 변명의 기회를 주지 않는 것은 가혹하고 심사결과에 응하여 특허 청구범위나 명세서 또는 도면의 변경을 일정한 한도 내에서 인정하는 것이 발명의 보호에 합치함은 물론 심사관의 판단에도 항상 과오가 없다고 할 수 없기 때문에 출원인에게 의견진술의 기회를 주는 한편, 이에 터잡아 심사관이 재검토하는 기회를 주는 것으로 풀이되고 있다[吉藤幸朔(雄谷健一 補訂) '特許法槪說 第13版'(1998), 419頁, 中山信弘・小泉直樹 編 '新注解特許法(上)'(2011), 914頁(酒井宏明・伊藤劍太), 特許廳 編 '工業所有權法(産業財産權法) 逐條解說 第18版'(2010), 190頁]. 이 입법취지는 거절결정불복심판에 있어서 심판관이 거절결정이유와 다른 이유를 발견한 경우에도 들어맞기 때문에 위 규정은 거절결정불복심판에 있어서도 준용되고(특허법 159조 2항),

정해진 기간 내에 보정도 할 수 있다.

그리고 거절이유로서는 거절결정의 근거로 된 구체적인 사실을 나타낼 필요가 있고, 실무상 출원된 발명의 진보성을 부정하는(특허법 29조 2항 해당) 거절이유 통지에는 근거로 되는 선행기술 등이 기재된 공보 등의 문헌이 인용되는 경우가 많고, 거기에 기재된 발명이 비교대상발명 등으로 호칭되는 것이 보통이다. 따라서 심사나 심판에서 심리결과, 거절결정을 유지하는 경우에 있어서도 진보성을 부정하는 근거로 되는 비교대상발명이 기재된 문헌이 달라지면, 바뀐 당해문헌을 표시한 거절이유를 통지할 필요가 있다.

2. 본 판결의 사안은 심사단계와 심판단계에서 다른 비교대상발명이 표시된 것은 아니고 위와 같이 출원발명의 특허 청구범위의 해석이 다른 것에 불과하기 때문에 바로 거절결정이유와 다른 거절이유를 발견한 경우에 해당하지 않는다고 하겠다. 그러나 이 해석의 차이는 발명의 중요한 부분으로 된 '질산산화물을 정화촉매에서 어떻게 정화하는가'라는 점에 관한 것에 있고, 게다가 심사단계에서는 '정화촉매 표면에의 흡착이 내부로의 흡수와 다르다'고 하는 원고의 견해를 받아들인 다음에 거절이유를 구성한 것에 대하여 심결은 원고의 견해와는 다른 '흡착과 흡수는 동시에 일어나는 현상이다'라는 견해에 입각하여 거절결정을 유지하였다. 본 판결은 그와 같은 전제사실이 있는 경우에는 심판단계에 있어서 청구인(출원인)에게 바뀐 의견을 진술할 기회를 주는(그 결과보정의 기회도 생긴다) 것이 필요하다고 판단한 것이다. 이 판단은 특허법 159조 등의 위 입법취지에 이어 출원인의 방어권을 중시하고 발명의 보호를 도모하는 것으로 평가할 수 있겠다.

3. 또한, 일반적으로 주지기술은 통상의 기술자에 있어서 현저한 사실로 일컬어지기 때문에 진보성을 부정하는 거절이유에 기재되지 않은 주지기술을 심결에서 판단요소로서 사용하는 것은 특허법 159조 등에 반하는 것이 아니고, 심결에 기재되지 아니한 주지기술을 심결취소소송에서 주장하는 것도 심결취소소송에 있어서 심리범위를 제한한 최고재판소 판결[最大判 昭和 51. 3. 10.{民集30卷2号 79頁(메리야스편직기사건 - 본서48사건)]]에 반하는 것은 아니라고 풀이되고 있다. 예를 들면, 最一小判 昭和 55. 1. 24 판결[民集34卷1号 80頁(식품포장용기사건)]은 실용신안등록무효심결취소소송사건에 있어서 심판절차에 표시되지 아니한 자료에 의하여 '통상의 기술자의 실용신안등록출원 당시의 기술상식'을 인정하고 그 고안의 의

의를 분명하게 하는 것은 위법하지 않다고 판시하고, 심결에 표시되지 아니한 주지기술을 심결취소소송에서 주장하고 무효이유를 보강하는 것은 허용된다고 하고, 이 판시는 특허권에 관한 거절결정불복심판 및 무효심판의 심결취소소송에도 타당한 것으로 풀이되고 있다(小酒禮, '最判解民事篇' 昭和55年度 49頁).

게다가 最三小判 昭和 59. 3. 13. 판결[判時1119号 135頁(모노아조 염료제법사건)]은 특허법 157조 2항 4호가 심결서에 이유를 기재하도록 하는 취지에 관하여, '심판관의 판단을 신중하게 하고 그 합리성을 담보하며 그 자의를 억제하여 심결의 공정을 보장하는 것, 당사자가 심결에 대한 취소소송을 제기할지 어떨지를 고려함에 편의를 주는 것, 심결의 적부에 관한 재판소의 심사대상을 명확하게 하는 것'이라고 판시하고, 통상의 기술자에 있어서 '기술상의 상식 또는 기술수준으로 되는 사실' 등의 현저한 사실에 관한 판단을 표시하는 경우 등의 특별한 사유가 없는 한, 심결의 판단근거를 구체적으로 명시하는 것이 중요하다고 판단하고 있다. 이 판결은 심결이유의 기재에 관한 것이지만, 그 판시는 거절이유에 있어서 기재하여야 할 사항에 관하여도 타당한 면이 있을 것이다.

4. 본 판결은, 거절이유에 적시되지 아니한 주지기술에 관하여 '예외적으로 특허법 29조 2항의 용이추고성을 판단할 때 허용되는 경우가 있다'고 한 다음에 그 예외적 경우를 '거절이유를 구성하는 비교대상발명을 인정함에 있어서 미세한 수정을 하거나, 용이성의 판단과정에서 보조적으로 사용하는 경우, 당해 기술분야에서 주지성이 높은 기술의 이해 다음에 당연히 또는 암묵적인 전제로 된 지식으로서 사용하는 경우에 한한다'고 판시하고 있다. 거절이유에 적시되지 아니한 기술사항을 주지기술로서 사용하는 심결 중에는, 그것이 통상의 기술자에 있어서 주지라고 일컬어지는 것이 미묘하지 않은 것은 아니지만, 본 판결은 당해기술이 통상의 기술자에 있어서 주지기술이라고 하고도, 심결에서 진보성 부정의 판단요소로서 사용이 허용되는 경우는 한정적이라고 판시하면서 상당히 제한적인 해석을 하고 있다. 이 판시도 위 2항에서와 마찬가지로 출원인의 방어권을 중시하고 발명의 보호를 도모하는 것으로 평가해본다.

〈참고문헌〉

본문 중에 언급된 문헌 외에

高林龍 標準特許法 第4版(2011) 236頁 以下

VI. 심판 · 판정

40. 통상실시권자의 무효심판청구

東京高裁 昭和 60年(1985년) 7月 30日 判決
[昭和 59年(行ケ) 第7号 : 審決取消請求事件]
(無体裁集 17卷 2号 344頁, 判夕 616号 181頁) ◀재판소 Web

酒迎明洋(사코우 아키히로, 弁護士) 著
설범식(서울중앙지방법원 부장판사) 譯

Ⅰ. 사실의 개요

X(원고)는, 의장에 관한 물품을 '수도꼭지 접속금구(蛇口接續金具)'로 하는 등록의장(이하 본건 등록의장이라 한다)의 의장권자이다. Y(피고)는 1982. 4. 26. X를 피청구인으로 하여 본건 등록의장에 대한 등록무효심판을 청구하였는바, 1983. 10. 31. 무효심결이 내려졌고, 이에 대하여 X는 심결취소소송을 제기하였다. Y는 무효심판청구 후인 1982. 7. 27. 본건 등록의장에 관계된 의장권의 전용실시권자로부터 통상실시권을 설정받고, 같은 해 11. 29. 그 등록을 완료하였는바, X는 위 심결취소소송에서 통상실시권자인 Y가 무효심판청구를 행하는 것은 신의칙에 반하여 허용될 수 없고, 위 심결에는 Y의 부쟁의무(不爭義務) 위반에 대하여 간과한 위법이 있다는 점 등을 취소사유로 주장하였다.

Ⅱ. 판   지

청구기각.

「전용실시권자로부터 통상실시권의 설정을 받은 자가 실시허락을 받은 등록의장에 대한 등록무효의 심판을 청구할 수 없다고 하게 되면, 무효사유를 포함한다고 판단되는 등록의장을 실시한 경우에도 실시료를 계속 지급해야만 하는 불이익을 받게 되고, 이것을 감수해야 할 합리적인 이유는 없으므로, 통상실시권자라도 위 무효심판을 청구하는 것은 특단의 사정이 없는 한, 신의칙에 반하는 것이 아니라고 해석함이 상당하다.」

Ⅲ. 해　설

1. 문제의 소재

특허권이나 의장권 등의 실시권자는 허락대상의 권리에 관계된 특허 내지 등록의장 등의 무효심판을 청구할 수 있는가. 실시허락을 받는 것이 당해 특허의 유효성을 인정한 것을 의미한다고 보면, 무효심판청구는 이에 반하기 때문에 실시권자의 무효심판청구의 청구인적격을 잃게 되는 것은 아닌가가 문제로 된다. 본 판결은 무효심판의 청구인에 대하여 명문의 규정이 없었던 2003년 개정 전의 의장법 하에서 통상실시권자에 의한 무효심판의 청구인적격을 인정한 재판례이다(그리고 본 판결은 등록의장 무효심판의 청구인적격에 관한 판단이지만, 문제는 특허법에 있어서 특허무효심판과 거의 같기 때문에, 이하에서는 특허법의 문제로서 논한다).

그러면 원칙적으로 '누구나' 무효심판을 청구할 수 있다는 취지의 명문이 규정된 2003년 개정 후의 특허법 하에서도 실시권자의 청구인적격은 문제로 될 수 있는가. 될 수 있다면 청구인적격이 인정되는지가 문제로 된다.

2. 현행법 하에서 본 판결의 의의

2003년 개정 전의 특허법에서는 특허무효심판의 청구인에 대한 명문의 규정이 없고, 재판례에 있어서는 무효심판을 청구하려면 '심판청구에 대하여 법률상 정당한 이익' 또는 '특허권을 무효로 하는 데 대하여 어떠한 이해관계' 등이 필요하다고 이해되었다[東京高判 昭和 41. 9. 27. 行集 17卷 9号 1119頁(密閉攪拌裝置), 東京高判 昭和 45. 2. 25. 無體裁集 2卷 1号 44頁(鹽化ビニル樹脂配合用安定劑兼滑劑の製造法), 東京高判 昭和 62. 6. 18. 判工 2333の11頁(掘削裝置), 東京高判 昭和 58. 9. 29. 判時 1105号 135頁(다만, 실용신안등록무효심판에 대한 판단), 東京高判 昭和 60. 11. 28. 無體裁集 17卷 3号 571頁(다만, 등록의장무효심판에 대한 판단)].

그렇지만, 2003년 법률 제47호에 의하여 특허부여 후의 이의신청제도가 폐지되었고, 동 제도가 담당하던 공중심사기능을 무효심판에 도입하여 특허무효심판은 원칙적으로 '누구나' 청구할 수 있게 되었다(특허법 123조 2항). 또한 동 개정에 의하여 공동출원요건 위반의 출원(특허법 123조 1항 2호, 38조) 및 모인출원(특허법 123조 1항 6호)이라는 권리귀속에 관계되는 사항을 무효이유로 하는 심판은 '이해관계인'만이 청구할 수 있다고 규정되었지만(특허법 123조 2항)[特許廳編, '工業所有權法(産業財産權法) 逐條解說(第18版)'(2010), 337-338頁. 348頁], 2011. 6. 18. 법률 제63호에 의하여, '당해 특허에 관계되는 발명에 대하여 특허를 받을 권리를 가지는 자'만이 청구할 수 있다고 개정되었다(시행일 2012. 4. 1.).

이에 따라 공동출원요건 위반과 모인출원을 이유로 하는 것 이외에는 '무효심판의 청구인이 이해관계인에 한하는 것이 아님'이 명확하게 되었지만[知財高裁 平成 21. 10. 13. 平21(行ケ)10130号(酸化チタン系熱放射性塗料)], '누구나' 무효심판을 청구할 수 있으면, 실시권자의 청구인적격도 이미 문제가 안 되는 것일까.

수요자 일반의 보호를 목적으로 하는 공익성에서 '누구나' 청구할 수 있다고 규정하고 있는[小野昌延編 '注解商標法(新版)(下)'(2005), 1161頁(勝部哲雄)] 상표권자의 출처의 혼동·품질오인행위에 기한 취소심판(상표법 51조 1항)에 대하여, 최고재판소 판결[昭和 61. 4. 22. 判時 1207号 114頁(ユ-ハイム)]은 화해금을 수령하고 등록이의신청을 취하한 결과 등록된 상표에 대하여 등록의 취소를 구하는 것은 신의칙에 반하여 허용되지 않는다고 판시하였다. 이론은 있지만(동 판결의 伊藤正己 재판관 반대의견 참조), 이 판결에서 보면 '누구나' 청구하는 것이 가능한 특허무효심판에 있어서도 신의칙위반을 근거로 하여 무효심판의 청구인적격이 부정되는 경우가 있을 수 있는 것이라고 생각된다[增井和夫·田村善之 '特許判例ガイド(第3版)'(2005) 261頁(田村善之), 中山信弘 '特許法'(2010), 235頁 注22 참조]. 그렇다면, 실시권자의 심판청구가 신의칙위반을 구성하고, 청구인적격이 부정되지 않을까라고 하는 점은 현행의 특허법 하에서도 문제로 될 수 있고, 이러한 한도에서 본 판결은 의의를 갖는다고 말할 수 있다.

3. 무효심판의 청구인적격

가. 실시권자의 청구인적격

실시권자는 허락의 대상인 권리의 유효성을 다툴 수 없다는 소위 부쟁의무를 신의칙상 부담하고 무효심판의 청구인적격이 부정되는가.

무효심판청구인이 '이해관계인 및 심사관'에 한정되었던 大正10年(1921년) 특허법 하에서의 東京高判(昭和 38. 1. 31. 行集 14卷 1号 95頁)은, "실시권자의 입장이 특허에 의한 독점이 존재하지 않고 누구라도 자유로 그 내용을 향수하는 것이 가능한 경우와 비교하여 심하게 불이익"하다고 하여, 특허권 통상실시권자의 무효심판 청구인적격을 긍정하였다. 본 판결은 해석에 의하여 구법과 같이 무효심판 청구에 이해관계가 필요하였던 2003년 개정 전의 특허법 하에서, 통상실시권자의 무효심판의 청구인적격을 긍정한 최초의 재판례이다(그 밖에 상표권의 전용실시권자에게 불사용취소심판의 청구인적격을 인정한 재판례로서 東京高判 昭和 54. 11. 21. 無体財集 11卷 2号 615頁). 학설도 실시권자라는 것만으로 부쟁의무가 있다고는 인정하지 않고 무효심판을 청구할 수 있다는 것이 통설이었다[吉藤幸朔(熊谷健一 補訂), '特許法槪說(第13版)'(1998), 599頁, 中山信弘, '工業所有權法(上) 特許法(第2版增補版)'(2000), 242頁, 田村善之, ジュリスト 919号 92頁, 仙元隆一郎, '特許法講義(第4版)'(2003), 369頁]. 이에 대하여 실시권자는 특허의 유효성을 묵인한 것으로 추정되어 무효심판청구는 신의칙상 허용되지 않는다는 견해도 있다[野口良光, '特許實施契約', 原增司判事退官記念 '工業所有權の基本的課題(下)'(1972), 1043頁. 그 밖에 光石士郎 '新訂特許法詳說'(1971), 536頁 참조. 또한 雨宮正彦, 特許管理 36卷 8号 996頁은, 실시권자는 무효심판청구를 한 경우에 허락자로부터 실시허락계약을 해약당할 수 있는 한도의 부쟁의무를 진다고 한다].

그러나 특허발명을 실시하려고 하는 권리자 이외의 자는 실시허락을 받을 것인지, 무효로 할 것인지의 선택지를 가지는데, 시간과 비용 등을 고려하면 모든 경우에 무효심판의 제기를 강제할 수는 없기 때문에, 실시허락을 받는 것은 당해 특허의 유효성을 인정한다는 것을 의미한다고 이해할 것은 아니다(中山, 앞의 책, 236頁). 또한 본 판결도 판시하는 바와 같이, 실시권자는 당해 특허발명을 무효로 함에 따라 실시료의 지불을 면할 수 있는 이익을 가진다. 실시료가 무상이더라도 권리존속기간 중에 계약이 만료할 가능성이 있는 경우와 허락범위에 제한이 있는 경우에는 역시 당해 특허를 무효로 할 이익이 있을 것이다. 무효심판청구에 이해관계가 불필요하게 된 2003년 개정 후에는 실시권자에게 무효심판의 청구인적격을 인정하는 이러한 논리는 보다 강하게 타당하다고 생각된다[田村善之, '知的財産法(第5版)'(2010), 297頁].

나. 실시허락계약에 부쟁의무조항이 있는 경우의 실시권자의 청구인적격

이에 대하여, 실시허락계약에 명문으로 부쟁의무가 정해져 있는 경우는 어떤가. 무효심판의 청구나 그 취하는 청구인 및 피청구인의 의사에 위임되어 있는 이상(특허법 123조 2항, 155조 1항), 무효심판을 청구하지 않는다는 취지의 합의를 하는 것은 가능하다고 함이 상당할 것이다. 공정거래위원회의 가이드라인은, 실

시허락자가 실시권자에 대하여 실시허락대상인 기술에 관계된 권리의 유효성에 대하여 다투지 않을 의무를 부과하는 행위는 기술의 이용에 관계된 제한행위로서 기본적으로 경쟁을 감쇄할 우려는 적다고 이해하면서도, 불공정한 거래방법에 해당하는 경우도 있을 수 있다고 한다[公正去來委員會 '知的財産の利用に關する獨占禁止法上の指針(2007. 9. 28. 제정, 2010. 1. 1. 개정)', 제4-4-(7)]. 기술자료의 개시를 요하는 실시허락계약에 의한 기술의 이용을 촉진하기 때문에, 부쟁의무조항은 직접적으로 공서양속에 반하는 것으로는 되지 않는다고 이해될 수 있다. 그렇지만 무효이유의 존재가 명백한 경우에는 당해 특허를 유지하면서 기술의 이용을 촉진할 필요도 없기 때문에 당해 부쟁의무조항은 무효로 되고, 청구인적격은 부정되지 않는다고 생각된다[田村, 앞의 '知的財産法', 297-298頁, 山上和則先生還曆記念 '判例ライセンス法'(2000), 429-430頁(茶園成樹), 그 밖에 仙元, 앞의 책, 369頁, 雨宮, 앞의 논문, 998頁 참조].

다. 그 밖에 무효심판의 청구인적격이 부정되는 경우

실시허락계약의 유무에 불구하고, 당사자 사이의 개별 구체적인 사정에 따라, 무효심판청구가 허용되지 않는 경우가 있는가. 특허권자와 사이에서 무효심판을 취하한다는 취지의 화해가 성립되어 있는 경우에는 심판청구의 이익을 잃을 것이다[東京高判 昭和 54. 11. 28. 判工 2333頁(自動製材機), 東京高判 昭和 55. 12. 23. 判工 2443の5の135頁(氣密パッキン), 東京高判 昭和 58. 3. 30. 判工 2443の5の138頁(自動制御裝置). 상표불사용취소심판에 대한 판단이지만 東京高判 昭和 60. 8. 15. 判工 2883の68頁](中山, 앞의 '特許法' 235頁, 仙元, 앞의 책, 369頁). 전술과 같이 무효심판의 청구나 그 취하가 청구인 및 피청구인의 의사에 위임되어 있는 이상, 이러한 화해계약도 유효한 것으로서 무효심판의 청구인적격을 잃게 한다고 이해된다(增井·田村, 앞의 '特許判例ガイド' 261頁(田村)].

그리고 심판을 청구하지 않는다는 취지 또는 심판청구를 취하한다는 취지의 합의가 없는 경우에도 무효심판청구가 신의칙에 반하여 허용되지 않는 경우가 있는가. 앞의 東京高判 昭和 62. 6. 18.(掘削裝置)은 "특허무효의 심판을 청구할 수 있는 이해관계의 유무를 판단하는 데에 청구인과 특허권자 사이에 존재하는 사법적 관계를 포함하는 법적 관계를 고려"한다고 하면서, 청구인과 (피청구인이 대표이사로 근무하는) 회사 사이에 발명 실시품의 제조판매계약에 기한 양자의 협력관계가 해소된 사안에서, 동 계약에 있어서 제조판매위탁처인 청구인의 무효심판의 청구인적격을 긍정하였다. 공중심사의 성격이 강한 2003년 개정 이후는 당사자 사이에 합의가 없는 경우에는 신의칙 위반에 의한 무효심판청구의 각하는 신중하여야 할 것으로 생각되지만, 앞의 최고재판소 판결 昭和 61. 4. 22.(ユ-ハイム)

은 당사자 사이의 명시적인 합의가 없는 사안에서 심판청구가 신의칙에 반하여 허용되지 않는다고 판단한다. 명문의 부쟁의무조항이나 취하의 합의가 없는 경우에서도 2003년 개정 후의 특허무효심판이 신의칙위반을 근거로 하여 부정되는 경우는 있을 것이다.

그 밖에 무효심판청구가 법령에 반하는 경우에는 공익성을 이유로 하여 무효심판청구를 인정할 이유는 없을 것이다. 東京高判 平成 4. 9. 16.[知的裁集 24卷 3号 992頁(止血用メタルクリップ)]은 이미 특허권자의 권리행사 대리업을 행한 변리사가 대리하여 행한 동일한 특허권에 대한 무효심판청구를 무효로 하였다.

〈참고문헌〉
본문 중에 인용한 것

41. 무효심판에서 모인(冒認)에 관한 주장증명책임

知財高裁 平成 21年(2009년) 6月 29日 判決
[平成 20年(行ケ) 第10427號 : 審決取消請求事件]
(判時 2104號 101頁)

時井 眞(토키이 신, 弁護士) 著
김동규(대법원 재판연구관) 譯

Ⅰ. 사실의 개요

Y(피고)는 「기판처리장치」 등 특허발명의 특허권자이다. X(심판청구인, 원고)는 위 특허가 발명자도 아니고 발명에 관한 특허를 받을 권리를 승계하지도 않은 사람에 의한 출원(모인출원)이라는 이유로 무효심판청구(특허법[1] 123조 1항 6호)를 하였으나, 특허청은 무효불성립심결을 하였다. 그 이유는 모인출원의 주장증명책임은 무효심판청구인인 X가 부담한다는 판단을 전제로 하여 무효심판청구인인 X가 제출한 증거 및 X가 주장하는 무효사유로는 이 사건 특허가 모인출원에 대하여 된 것이라고 할 수 없다는 것이다. 그에 대하여 X가 심결취소소송을 제기한 것이 이 사건이다.

Ⅱ. 판 지

심결을 취소한다(상고취하, 상고수리신청 불수리).

「특허법은, 29조 1항…과, 34조 1항…에서 명백하듯이, 특허권을 취득할 수 있는 자를 발명자와 그 승계인으로 한정하고 있다. 이처럼 소위 『발명자주의』를 채용한 특허제도하에서는 특허출원 당시 출원인이 이 요건을 갖추었다는 것을 스스로 주장·증명할 책임을 부담한다.」

「그런데 123조 1항…을 형식적으로 보면 『그 특허가 발명자 아닌 자…에 대

---

1) 일본 특허법을 의미한다. 이하 같다.

하여 된 경우』그 사실에 대하여 무효심판청구인이 주장증명책임을 부담하는 것으로 읽힐 여지가 없는 것은 아니지만, 이와 같은 규정의 모습은 어디까지나 위 조항의 입법기술적 이유에서 유래한 것이어서 위 규정이 29조 1항 등 소정의 발명자주의 원칙을 변경한 것으로 해석하는 것은 타당하지 아니하다. 따라서 모인출원(123조 1항 6호)을 이유로 청구된 특허무효심판에서 『특허출원이 그 특허에 관련된 발명의 발명자 자신 또는 발명자로부터 특허를 받을 권리를 승계한 자에 의하여 된 것』에 대한 주장증명책임은 특허권자가 부담한다고 해석하여야 한다.』

Ⅲ. 해   설

1. 심결취소소송에서의 증명책임

본 판결은 모인출원에서 주장증명책임은 특허권자에게 있다고 한다. 주장책임에 대해서는 본 판결이 「주장증명책임」이라는 단어를 일관하여 사용하고, 증명책임의 소재와 다른 것이라고 하지 아니하므로 지면 관계상 이에 관한 검토를 생략한다.

(1) 이론의 현황

심결취소소송의 증명책임에 관해서는 여러 견해가 있으나, 대별하면 ① 민사소송법의 법률요건분류설을 유추하는 견해와 ② 처분취소소송은 권리의무의 관계라기보다 공권력의 행사·복종 관계로서의 성격이 강하다는 점을 강조하여 행정소송 고유의 입장에서 출발하는 견해가 있다.

먼저 ①은 민사소송법의 법률요건분류설을 심결취소소송의 증명책임에도 유추하여 특허발명인 것, 실시가능요건, 서포트 요건[2] 등의 기재요건은 권리발생에 관한 사유로서 권리주장자가 증명책임을 부담하고, 신규성, 비용이추고성, 특허를 받지 못하는 발명, 선원의 존재, 확대된 선원은 권리의 장해·저지에 관한 사유로서 권리를 부정하거나 그 행사를 저지하고자 하는 자에게 증명책임이 있다는 것이다(竹田和彦, 『特許の知識[제8판]』 308頁; 松本重敏, 「特許審決取消訴訟における證明責任」 判タ 567號 58頁). 다만 두 개념 모두 평가개념이므로 증명책임은 이들의 기초가 되는 평가근거사실 단계에서 기능한다.

한편 ② 행정소송 고유의 입장에서 출발하는 견해는 국민의 자유를 제한하거나 의무를 부과하거나 하는 행정행위의 요건사실은 행정청 측에서 증명책임을

---

2) 발명의 상세한 설명으로 뒷받침될 것을 요구하는 요건

부담하고, 국민 측에 유리한 요건사실은 국민 측에 증명책임이 있다고 파악하는 입장을 심결취소소송에도 부연(敷衍)한다. 즉, 거절심결취소소송에서는 특허권 부여라는 자기 권리영역의 확장을 구하는 것이므로 원고인 출원인에게 증명책임이 있고, 특허무효심결 또는 불성립심결취소소송에서는 자기에게 부여된 특허권을 박탈하는 것이므로(원·피고 어느 쪽에 대해서나) 심판청구인에게 부담시켜야 한다고 한다(竹田稔 외, 『特許審決取消訴訟の實務』[1988] 59頁).

행정소송에서 증명책임론 일반으로서는 당사자의 공평, 사안의 성질, 사물에 관한 증명의 난이 등에 따라 개별 구체적으로 판단하여야 한다는 입장을 비롯하여 법률요건분류설의 유추설 외에도 여러 가지 학설이 주장되며, 법률요건분류설을 유추하는 견해가 행정소송 일반에서는 반드시 지배적인 견해가 아니라고 할 수 없는 상황이다(鹽野宏, 『行政法Ⅱ[第5版]』[2010] 165頁).

그러나 심결취소소송3)의 증명책임에 한해서 보면 다양한 견해가 존재하였으나 지금은 ① 법률요건분류설을 그대로 유추하는 견해가 다수를 점한다(竹田和彦, 前揭 308頁; 松本, 前揭 58頁; 村林隆一, 『知的財産高等裁判所と審決取消訴訟の實務』[2005] 158頁; 石原直樹, 「特許審決取消訴訟における立證責任」, 牧野利秋判事退官記念 『知的財産法と現代社會』[1999] 561頁 등).

그 이유가 분명한 것은 아니지만 ②의 입장은 행정처분을 분류하여 해석론을 도출한 점에서 효과 재량에 관한 전전(戰前)의 미노베(美濃部) 3원칙(인민의 권리를 제약하는 경우, 인민을 위해서 새로운 권리를 설정하는 경우, 직접 인민의 권리의무를 좌우하는 효과를 발생하지 않는 경우의 세 가지 유형으로 나누어 행정청의 효과 재량의 폭을 파악함. 美濃部達吉, 『行政裁判法』[1929] 152頁 이하)과 공통된 면이 있다. 그러나 행정법규에 따라 규제방법은 다종다양하며, 권리제한·권리부여라고 하는 대략적 분류만으로는 그 다양성에 대응할 수 없다는 비판(宮崎良夫, 『行政訴訟の法理論』[1984] 285頁)이 있으며, 이는 심결취소소송에도 타당할 것이다. 또한, 특허권 설정에 관한 행정행위가 행정행위 분류론에서는 「특허」가 아니라 「확인」이라는 점에서 부연(敷衍)하여 출원 당시에 특허청에 재량은 없고, 거절이유의 존재에 대해서 특허청이 증명책임을 부담한다는 견해도 같은 문제를 안고 있다(「확인」인가 「특허」인가 하는 분류가 현재에는 별 의미가 없다는 것에 관해서 藤田宙靖, 『行政法I(總論)[第4版改訂版]』[2005] 199頁).

한편 ①의 법률요건분류설은 권리의 발생·장해·소멸규정으로 분류하여 증

---

3) こと審決取消訴訟

명책임의 소재를 결정하는 견해의 총칭이며, 그 수정설을 포함하여 실로 여러 가지가 있다. 원래 법률요건분류설에는 두 가지가 있다고 한다. 법규 부적용의 원칙을 필수 전제로 하여 법규 규정의 방식이나 문언을 중시하는 Rosenberg의 입장(규범설)과 실체법의 배경에 있는 취지·실체적 원리까지 고려하는4) 입장이다 (松本博之,「證明責任の分配」, 鈴木忠一·三ケ月章 監修, 『新·實務民事訴訟講座(2)』[1981] 250-254頁. 또한, 후자의 입장이 이 명칭에 어울리는지 의문이지만 규범설과 구별하기 위하여 편의상 이하에서는「수정법률요건분류설」이라고 한다. 수정법률요건분류설도 여러 가지가 있는데, 본고에서는 후자 입장의 의미로 사용한다).

그 후 증거의 가까움, 증명의 난이, 사실의 존재·부존재 개연성의 세 가지 인자를 중시하는 반규범설(대표적 입장으로는 石田穰, 『民法と民事訴訟法の交錯』[1979] 50頁 이하. 다만 반규범설도 법규의 구조를 고려함)이 등장하여 1970년대에는 격심한 증명책임 논쟁이 있었지만, 반규범설은 법적 안정성을 해친다고 하는 비판을 중심으로 실무에서 정착되지 못하였고, 또한 순수한 규범설도 법문의 형식·구조에 큰 비중을 두어서 법문의 입법 취지를 간과하기 쉽다는 문제가 있어(村上博巳,「證明責任の分配論再說(上)」判タ 483號 16頁), 현재는 수정법률요건분류설이 다수가 되었다(반규범설에 대한 문제는 竜崎喜助,「證明責任の分配」竹下守夫·石川明 編集責任, 『講座 民事訴訟(5) 證據』[1983] 104頁 이하. 수정법률요건분류설의 대표적 입장은 이를 지지하는 다른 문헌의 소개도 포함한 高橋宏志, 『重點講義民事訴訟法(上)[第2版]』[2011] 539頁 이하 참조).

수정법률요건분류설은 각 특허요건의 배후에 있는 제도취지·특허정책 등을 아주 세세하게 증명책임의 소재에 반영시킬 수 있는 점에서 기능적이고, 심결취소소송의 증명책임 소재를 고려할 때에도 유효할 것이다. 특허권은 단순한 물권유사 권리에 그치지 아니하고 산업정책적 요소가 강한 권리라는 점에 비추어 보면(中山信弘,「知的財産法研究の回顧と將來への課題」, NBL 877號 6頁; 田村善之,「知的財産法政策學の試み」知的財産法政策學研究 20號 14頁), 수정법률요건분류설이 심결취소소송 등에는 더욱 타당할 것으로 생각된다. 또한, 이 입장이라면 예를 들어 실시가능요건이나 서포트 요건에 대해서도 공개대상설(公開代償說)처럼 특허법의 구조를 반영하여 권리발생요건에 해당하는 사실로 자리매김하는 것이 가능할 것이다(상세한 내용은 時井, 後揭 참조).

(2) 본 판결의 자리매김

먼저 ②의 입장에서는 본건은 무효심판에 대한 심결취소소송이므로 특허권

---

4) 讀み込む, 이하 같음.

을 박탈하는 처분으로서 무효심판청구인에게 증명책임이 있다고 한다. 따라서 본 판결은 이 입장에 입각한 것이 아니다.

한편 ①의 입장에서의 평가는 나뉜다. 본 판결이 특허법 123조 1항 6호의 문언이 형식적으로는 무효심판청구인에게 증명책임이 있는 것으로 읽힐 수 있지만, 어디까지나 이러한 규정은 입법 기술적 이유에 의한 것이어서 발명자주의를 변경한 것이 아니라고 판시한 점에 주의를 요한다. 이 판시는 법규의 문언·규정의 방식을 중시하는 순수한 규범설의 입장과는 조화되지 아니한다. 오히려 「발명자주의」를 중시한 본 판결은 법의 배경에 있는 취지·실질적 원리까지 고려하는 수정법률요건분류설과 정합한다고 할 것이다. 즉, 일본 특허법은 발명-출원이라는 프로세스를 거쳐 특허권을 취득하는 것을 특허정책의 기본으로 한다. 발명자주의(특허법 29조 1항 본문)와 선출원주의(특허법 39조)를 조합한 정책이다. 「발명자주의」라는 용어 자체는 범위가 상당히 넓은 개념이고, 특히 일본의 「발명자주의」의 실체[5]에 대해서는 여러 지적도 있으나(玉井克哉, 「特許法における發明者主義(1)」, 法協 111卷 11號 1661-1664頁이 상세함), 적어도 29조 1항 본문에 따라서 「발명을 한 자」가 「특허를 받을 수 있다」고 생각되며, 특허를 받으려면 무엇보다도 진정한 발명자 혹은 특허를 받을 권리의 승계자(이하, 통칭하여 「진정한 권리자」라고 함)일 것을 요한다는 것은 분명하다. 「발명자주의」의 반대인 출원자주의는 명확히 부정된다. 이처럼 「발명자주의」는 특허법상 기본적 정책·의사결정이며, 출원자가 진정한 권리자인지 아닌지가 진위불명인 상태에서 123조 1항 6호의 문언을 형식적으로 좇아서[6] 증명책임이 심판청구인에게 있다고 하여 바로 특허권을 유효하게 취급하는 것은 특허법의 취지에 정면으로 반하는 것이 된다고 할 것이다.

123조 1항 6호의 문언에 상관없이 「발명자주의」를 중시하여 증명책임의 소재를 도출한 본 판결은 바로 법의 배경에 있는 취지·실질적 원리까지 고려하는 수정법률요건분류설의 판시로 평가된다. 동시에 본 판결은 심결취소소송에서는 ①의 입장을 중시하는 다수 학설과도 부합한다고 할 수 있다.

또한, 2011년 특허법 개정에 따라 모인출원을 이유로 하는 무효심판은 이해관계인(구법)에서 「특허를 받을 권리를 가진 자」에 한하여 청구할 수 있는 것으로 되었다(123조 2항 단서). 이 경우 청구인적격과 본안에서 증명하여야 할 사실이 중첩되는데, 진위불명의 경우는 심판 계속의 전제가 되는 청구인적격이 부정되는

---

5) 内實
6) 從い

결과, 본안의 모인출원에 대한 증명책임을 논할 실익이 일부 상실되었다.

2. 심결취소소송과 침해소송(무효항변)에서 동일사항에 대한 증명책임의 소 재가 다른지 여부

본 판결에서 직접 판시한 문제는 아니지만, 심결취소소송에서 본 판결처럼 모인출원의 유무에 대하여 특허권자에게 증명책임이 있다고 하면, 침해소송에서 (다른 무효항변과) 무효항변이라는 형식 면에서 동일한 모인출원이 문제가 된 경우 에 특허법 104조의3 규정은 마치 모든 무효사유에 대해서 피고인 피의침해자측 에 증명책임이 있는 것처럼 읽힐 수 있으므로(명칭도 무효의 「항변」임), 심결취소소 송과 반대로 피고 피의침해자 측에 증명책임이 있는 것이 되어 모인출원의 유무 라는 동일사항에 대해서 소송유형에 따라 증명책임의 소재가 달라지는 것이 아 니냐는 문제가 있다.

학설은 이를 그대로 수용하는 입장(平嶋龍太, 速報判例解說 7號[法セ增刊] 237頁), 또는 소송유형 등이 다르다는 점만으로는 증명책임의 소재가 달라지는 것이 정 당화될 수 없는 점 등을 이유로 무효항변의 형태로 모인출원을 다투는 경우에도 특허권자에게 증명책임이 있다고 하는 견해가 있다(岩坪哲, 「特許無効の抗辯に對する 訂正の位置づけ」, AIPPI 52卷 4號 203頁).

수정법률요건분류설에서는 소송유형이 다르더라도 각 특허요건의 배경에 있 는 기본정책 · 의사결정에 차이가 없어서 소송유형의 차이에 따라 증명책임이 움 직이는 것은 아니라고 생각하게 될 것이다. 게다가 2011년 특허법 개정에 따라 재심의 소 등에서는 주장의 제한(104조의4)이 신설되어 침해소송에서 무효항변이 배척된 후에는 무효심결이 확정되더라도 침해소송의 재심이 제한되는 것으로 여 겨졌다. 즉, 특허권 성립 후에 있어서의 특허권 유효성 판단에 대해서는 한 번도 특허청에 의한 무효 판단을 거치치 않고 침해소송에서의 판단이 그대로 분쟁 전 체의 최종적 결론으로 확정되는 상황이 생긴다. 이러한 재심의 제한은 무효항변 에 의한 무효주장과 무효심판에서의 무효주장 사이에 판단 방법이나 무효 주장 자의 절차보장에 전혀 차이가 없고 재판소에서의 무효판단이 특허청에 의한 무 효판단을 완전히 대체하는 것이 반드시 전제되어야 비로소 합리화된다. 이러한 개정법하에서 특정 특허요건에 관하여 무효항변과 무효심판에서의 증명책임의 소재가 달라진다고 하는 견해는 취할 수 없다고 생각되며, 앞으로 더 검토를 요 하는 논점이다.

또한, 심결취소소송에서 특허권자에게 증명책임이 있다고 해석되는 기재요건에 대해서도 같은 문제가 생긴다.

〈참고문헌〉
본문의 중괄호 기재 외에
1. 伊原友己, 「特許發明の技術的範圍の確定(廣すきるクレーム)」, 小松陽一郎先生還曆記念『最新判例知財法』[2008] 104頁 이하
2. 時井眞, 「冒認出願及び記載要件に關する證明責任をめぐる諸問題」, 知的財産法政策學研究 38號 게재 예정

42. 무효심결의 확정을 이유로 하는 재심의 가부(可否)

知財高裁 平成 20年(2008년) 7月 14日 判決
[平成 18年(ム) 第10002号 · 同19年(ム) 第10003号 : 特許権侵害差止再審請求事件]
(判時 2050号 137頁 判タ 1307号 295頁) ◀재판소 Web

田上麻衣子(다노우에 마이코, 東海大学 准教授) 著
장현진(의정부지방법원 고양지원 판사) 譯

Ⅰ. 사실의 개요

특허권자인 X(원고 · 피항소인 · 재심피고)는 Y(피고 · 항소인 · 재심원고)에 대하여 Y가 제조 · 판매하는 김 이물 제거기가 X가 가지고 있는 특허권의 청구항 1(본건 특허 1) 및 청구항 2(본건 특허 2)에 기재되어 있는 특허(이하, 양 특허를 합하여 「본건 특허」라고 함)에 관련된 발명의 구성요건을 충족하거나 또는 이와 균등하기 때문에 그 기술적 범위에 속한다고 주장하면서 Y 제품의 판매 금지 등 청구 소송을 제기하였다. 제1심에서는 균등을 적용하여 X의 금지 청구를 인용하였고, 항소심에서도 항소기각 판결을 하였다. Y는 항소심에서 X의 특허권에 무효 사유가 있다는 취지의 주장(권리남용의 항변[소위 「킬비 항변(キルビー抗弁)」])을 했지만, 동경고등재판소는 명확하게 무효라고 인정할 수 없다고 하여 이러한 주장을 배척하였다. 2001년 4월 11일 상고 불수리 결정에 의해 원판결이 확정되었다(자세한 내용은 본서 68사건 참조).

그 후 Y가 본건 특허에 관해 새로운 무효 사유에 의거하여 무효심판을 청구하였고 최종적으로 무효 심결이 확정되었다. 당해 무효 심결의 확정으로 인하여 본건 특허권은 처음부터 존재하지 않았던 것으로 간주되기 때문에(특허법 124조) Y는 지적재산고등재판소(知財高裁)에 재심의 소를 제기하였고 재심 개시 결정이 있었다.

X는 원판결에서 Y가 본건 특허의 무효를 주장한 것이 배척되었고, 원판결의 확정에 의해 본건 특허의 유효성 문제는 이미 결론이 났으며, 원판결에서 심리

판단된 무효 사유와 별개의 무효 사유라 하더라도 다시 문제를 삼을 수 없으므로, 본건 재심 청구는 신의칙에 반하며 권리 남용이라고 주장하였다.

Ⅱ. 판 지

인용 (원판결 취소, X의 청구 기각) (이후 상고 불수리에 의해 확정).

(i) X의 주장은 「결국 확정 판결의 기판력에 기한 차단효를 주장하는 것에 불과한데, 재심 개시 결정이 확정된 후 본안의 심리에서는 판결의 확정력 자체가 상실되었기 때문에 X의 … 주장은 그 전제가 잘못된 것이라 하지 않을 수 없다.」

(ii) 「특허권 침해소송을 심리하는 재판소는 킬비(キルビー) 판결 후에도 특허가 유효하다는 점을 전제로 하여 권리 남용 항변이 되는 무효 사유의 존재의 명백성을 판단하는 것으로 특허의 유효 무효 그 자체를 판단하는 것은 아니기 때문에, 킬비 판결의 법리에 의거하는 권리 남용 항변과 무효 심결의 확정에 따른 권리 소멸 항변은 별개의 법적 주장이라고 이해해야 한다. 따라서 원판결이 Y가 주장한 권리 남용 항변에 대해 판단한 것이라 하더라도 본건 특허의 유효성에 대하여 판단한 것이라고 할 수 없으며, 또한 원판결의 확정에 따라 본건 특허의 유효 무효 문제가 결론지어졌다고도 할 수 없다. 더불어 … Y가 전심 항소심에서 권리 남용의 항변으로서 주장한 무효 사유와 본건 특허를 무효로 한 무효 심결의 이유가 된 무효 사유는 다른 것이며, 게다가 원판결 당시 무효 심결의 무효 사유였던 공지 예의 존재를 Y가 인식하지 못했다는 점은 당사자 사이에 다툼이 없다는 점에서 보면, Y가 무효 심결의 확정에 따른 권리 소멸 항변을 하는 것이 무효 사유의 주장을 다시 문제 삼는 것이라고 인정되지 않는다.」

Ⅲ. 해 설

1. 재심을 둘러싼 문제점

킬비 사건(最三小判 平成 12. 4. 11.)에서는 침해소송을 심리하는 재판소가 특허에 무효 사유가 존재하는 것이 명확한지 여부에 대하여 판단할 수 있고, 해당 특허에 무효 사유가 존재하는 것이 명확한 경우 그 특허권에 의거하는 금지, 손해배상 등의 청구는 특별한 사정이 없는 한 권리 남용에 해당하여 인정되지 않는다고 판시하였다. 그리고 동 판결에 따라 신설된 특허법 104조의3에서는 특허권 침

해소송에서 해당 특허가 특허무효심판에 의해 무효로 처리되어야 한다고 인정되는 경우 특허권자는 상대방에게 그 권리를 행사할 수 없다고 규정하였다(2005년 4월 1일 시행)(킬비 사건 및 특허법 104조의3에 대해서는 본서 74사건을 참조). 그 결과 특허권 침해소송의 피고가 (1) 특허권 침해소송에서 「특허 무효의 항변」(특허법 104조의3)의, (2) 특허청에 특허무효심판 등의 청구라는 2가지 경로로 다투는 것이 가능하게 되었다(소위 「더블 트랙(ダブルトラック)」).

다른 한편, 특허법 125조는 특허무효심판에서 무효 심결이 확정된 경우 그 효과가 소급된다는 취지를 정하고 있다. 또 특허법 128조는 정정심판에서 정정인용 심결이 확정된 경우 그 효과가 소급된다는 취지를 정하고 있다(특허무효심판의 정정 청구에서도 준용[특허법 134조의2 5항(2011년 개정 후 동조 9항)]). 이 때문에 표1에 나타낸 것처럼 특허권 침해소송에서의 판결 확정 후 특허무효심판이나 정정심판에서 판결의 전제가 되는 특허권의 내용을 변경하는 심결이 확정한 경우는 「판결의 기초가 된 …행정처분이 이후 …행정처분에 의해 변경된 것」으로 하여 민사소송법 338조 1항 8호에서 정하는 재심 사유에 해당하고 재심을 청구할 수 있는지 여부가 문제가 된다.

2. 재심 사유 해당 여부를 둘러싼 문제점
(1) 재심 사유에 해당하는 것으로 보는 견해

입법 담당자는 침해소송 중 특허법 104조의3 1항의 규정에 의한 주장이 인정되지 않고 그 후 특허 무효 심결이 확정된 경우는 확정 판결의 기초가 된 행정처분(특허결정처분)에 변경이 생긴 것으로 민사소송법 338조 1항 8호의 재심 사유에 해당한다고 설명하고 있다(牧野利秋ほか, 「知的財産高等裁判所設置法及び裁判所法等の一部を改正する法律について」知財管理55巻4号 466頁[滝口尚良発言], 伊藤眞ほか 「司法制度改革における知的財産高訴訟の充実・迅速化を図るための法改正について(下)」判タ1162号 23項[坂口智康発言], 29頁[近藤昌昭発言], 31頁〔図〕)

학설도 입법 담당자와 동일한 해석이 유력하였다. 즉 침해소송의 청구인용 판결은 특허권의 유효한 존재를 기초로 하고 있고, 침해소송의 청구인용 판결 확정 후에 특허권이 무효 심결의 확정에 따라 무효로 처리된 경우 판결이 전제로 한 행정처분(특허결정처분)의 효력이 이후의 행정처분에 의해 소급적으로 상실된 경우에 해당하며, 민사소송법 338조 1항 8호의 재심 사유에 해당한다고 하였다(笠井正俊 「特許無効審判の結果と特許権侵害訴訟の再審事由」民訴雑誌54号42頁 牧野利秋「キ

ルビー最高裁判決その後」ジュリ1295号185頁　重富貴光　「特許権侵害争訟におけるダブル・ト
ラック現象と判決効─特許法104条の3及び最判平成20年4月24日を踏まえて」判タ1292号45頁).

(2) 재심 사유에 해당하지 않는 것으로 보는 견해

재심 사유에 해당한다는 견해에 대하여 특허법 104조의3의 입법 후에는 재
심을 제한하고자 하는 주장이 나왔다. 재심 사유에 해당하지 않는다고 보는 견해
로는, ① 특허부여처분(특허결정)이 판결의 「기초가 된」 행정처분이라고 할 수 없
다고 보는 견해, ② 민사소송법 338조 1항 단서를 유추 적용해야 한다는 견해, ③
민사소송법 338조 1항 단서의 취지에 비추어 재심청구 자체가 소송상 신의칙 위
반이라고 보는 견해 등이 있다.

①의 견해는, 「특허법 104조의3에 따르면 침해소송의 수소재판소가 무효심
판의 판단을 먼저(先取) 하는 형태로 무효 사유를 심사하는 이상 그 당부(当否)가
문제되는 특허결정 자체를 채택하여 판결할 수는 없기」 때문에 특허결정 처분은
판결의 「기초가 된다」고 할 수 없다고 본다(菱田雄郷「知財高裁設置後における知的財
産訴訟の理論的課題─民事手続法の視点から」ジュリ1293号 70頁).

②의 견해는, 침해소송에서 침해한 것으로 의심되는 당사자가 실제로 특허의
무효 사유를 항변으로 주장하거나 또는 무효 사유를 주장할 수 있는데도 이를 하
지 않은 경우 민사소송법 338조 1항 단서를 유추 적용하고 재심을 부정하는 것이
타당하다고 본다(三村量一「権利範囲の解釈と経済活動の自由」知財年報2007〔別册NBL120
号〕226頁).

③은 특허법 104조의3의 입법 후 제도적으로 무효 항변을 주장할 수 있게
된 이상 민사소송법 338조 1항 단서의 취지에 비추어 재심청구 자체가 소송상의
신의칙에 반하는 경우가 있다고 본다(高部眞規子「知的財産権訴訟 今後の課題(上)」
NBL859号 19頁).

3. 본 판결의 자리매김

본건은 특허권 침해 인용 판결의 확정 후 특허 무효 심결이 확정된 경우(표1
의 케이스 A)에 대하여 재심 사유에 해당하는지가 논점이 된 것으로 이론상 지적
된 더블 트랙의 문제가 현재화(顯在化)된 사례라고 할 수 있다. 본 판결에 앞선 재
심 개시 결정은 민사소송법 338조 1항 8호에 의거하여 재심을 인정하고 본 판결
은 원판결을 취소하였다. 단, 본건은 킬비 사건의 최고재판소 판결 후이면서 특
허법 104조3의 시행 전에 원판결이 확정된 사안으로 특허법 104조의3의 시행 후

동일한 사안에 대한 재심의 가부(可否)에 대해서는 상기와 같이 학설 등의 견해가
나뉘었다.

표 1 : 판단이 어긋난 케이스

	특허권 침해소송	심판
A	인용 판결 확정 (침해 긍정 · 특허 유효)	특허 무효 심결 확정 (특허 무효)
B	인용 판결 확정 (침해 긍정 · 특허 유효)	정정 인용 심결 확정 (정정에 의해 피고 제품이 특허의 기술적 범위 외에)
C	기각 판결 확정 (침해 부정 · 특허 무효)	정정 인용 심결 확정 (정정에 의해 피고 제품이 특허의 기술적 범위 내에)

특허권 침해소송에서 특허 무효의 항변이 인용되어 특허권자의 청구를 기각하는 판결이 확정된
후 특허무효심판에서 해당 특허권에 대한 유효심판(무효 불성립 심결)이 확정된 경우는, 「판결
의 기초가 된 행정처분이 이후의 행정처분에 의해 변경된 경우」에 해당하지 않아 재심 사유에는
해당하지 않는다고 생각된다(近藤昌昭 · 齋藤友嘉 『司法制度改革概説② 知的財産関係二法／労働
審判法』[2004] 62頁).

4. 2011년 특허법 개정 : 특허법 104조의4 신설

특허권 침해소송에서 피고(침해한 것으로 의심되는 당사자)는 특허법 104조의3
에 의거하여 특허 무효의 항변을 할 수 있고, 원고(특허권자)는 무효로 처리되어서
는 안 된다는 취지의 반론이나 정정에 의해 무효 사유를 해소할 수 있는 취지의
주장(정정의 재항변) 등을 할 수 있다. 이와 같이 당사자에게 특허권 침해소송에서
판결의 기초가 되는 특허의 유효성 및 그 범위에 대하여 주장 · 입증하는 충분한
기회와 권능이 부여되었는데도 불구하고, 판결 후의 무효심판 등의 결과에 따라
침해소송의 확정 판결이 재심에 의해 취소되고 손해배상금의 반환 등의 사태가
발생하는 것은 다시 분쟁을 문제 삼는 것이며, 침해소송의 분쟁 해결 기능이나
기업 경영의 안정성 등의 관점에서 봤을 때 문제가 있는 것은 아닌가 하는 지적
이 있었다.

이러한 지적과 법적 안정성 확보의 관점에서 2011년 특허법을 개정하여 침해소송의 판결 확정 후에 이와 다른 심결이 확정되어도 확정 판결은 영향을 받지 않는다는 취지의 규정이 신설되었다(平成 23年 法律63号).

신설된 특허법 104조의4는 특허권의 침해 등 소송의 종국 판결이 확정된 후 당해 특허를 무효로 하는 취지의 심결 등이 확정되었을 때는 당해 소송의 당사자가 종국 판결에 대한 재심의 소에서 위 심결이 확정된 것을 주장할 수 없다고 규정하고 재심을 제한하고 있다.

본 개정에 의해 주장이 제한되는 심결은, ① 특허를 무효로 하는 취지의 심결, ② 특허권의 존속기간의 연장 등록을 무효로 하는 취지의 심결, ③ 명세서 등을 정정해야 하는 취지의 심결로 법령(政令)에서 정하는 것이다(특허법 104조의4 각호) (③에 관련하는 개정에 관한 자세한 내용은 본서 76사건을 참조).

또 특허권 침해소송 등을 본안으로 하는 가압류 명령 사건·가처분 명령 사건의 채권자에 대한 손해배상 청구 등을 목적으로 하는 소송에 대해서도 마찬가지로 주장이 제한된다(特許 104条の4柱書).

본 개정에 의해 당사자는 특허권 침해소송에서 적시에 충분히 주장·입증해야 하며, 침해소송에서 충실히 심리될 것으로 기대된다.

(a) 특허권 침해소송의 금지청구인용 판결 확정 후 무효 심결이 확정된 경우(표1의 케이스 A) 및 (b) 정정인용 심결이 확정되었으면서 정정 후의 특허의 기술적 범위에 피고 제품이 포함되지 않은 경우(표1의 케이스 B)는 이번 개정에 의해 재심이 제한되지만, 당해 금지에 관해서는 「몇 사람이든 해당 발명을 실시하는 것이 가능하기 때문에 특허권 침해소송의 피고인 자라 하더라도 실시할 수 있어야 하며…금지는 해제되어야 한다(금지 판결에 의거하는 강제집행을 인정해서는 안 된다)」고 생각되는 점에 유의할 필요가 있다(産業構造審議会知的財産政策部会「特許制度に関する法制的な課題について」〔2001年〕 28頁).

〈참고문헌〉

본문 중에 기술한 참고문헌 이외에,

1. 高部眞規子 L&T53号20頁
2. 清水節 ジュリ1436号60頁

43. 오기의 정정의 의의— 페노티아진 유도체 제법 사건

最高裁 昭和 47年(1972년) 12月 14日 第1小法廷判決
[昭和 41年(行ッ) 第1号 : 審決取消請求事件]
(民集 26卷 10号 1888頁, 判時 692号 18頁①事件, 判タ 297号 220頁) ◀재판소 Web

小島喜一郎(고지마 키이찌로우, 東京経済大学 専任講師) 著
김병식(대법원 재판연구관) 譯

Ⅰ. 사실의 개요

X(원고·상고인)는 명칭을 「페노티아진 유도체의 제법」으로 하는 발명에 관한 특허권을 보유하고 있는바, 그 「특허청구범위」에 대하여 정정심판(특허 126조 1항)을 청구하고, 화학식 중 「A」에 관한 「A는 분기를 가지는 알킬렌기」의 기재는 「A는 분기를 가진 적 있는 알킬렌기」로 되어야 할 명백한 오기라고 진술하여, 그 정정을 구하였다.

이에 대하여 특허청은 오기의 정정에 해당하더라도 실질상 특허청구범위를 확장하는 것이다(1994년 개정 전 특허 126조 2항·현 특허 126조 6항)라고 하여, 청구를 기각하는 심결을 하였다.

X는 이에 불복하여 심결취소소송을 제기하고, 명세서의 「발명의 상세한 설명」의 항에 A는 「분기를 가진 적 있는 알킬렌(기)」로 되어 있는 것, 실시예에 주로 분기를 가지지 않는 알킬렌기가 나타나 있는 것을 근거로 하여 위 정정이 실질상 특허청구범위를 확장하는 것이 아니라고 주장하였다. 그러나 원심은 이 주장을 배척하고 청구를 기각하였다.

이것을 받고 X는 정정이 실질상 특허청구범위를 확장·변경하는 것인가 아닌가는 명세서의 기재 전체를 기준으로 판단하여야 하고, 거기에 기재된 범위를 넘지 않는 경우에는 특허청구범위의 정정을 허용하여야 한다고 주장하여, 상고하였다.

Ⅱ. 판　지

상고기각.

「특허청구범위는 … 대세적인 절대권인 특허권의 효력범위를 명확하게 하는 것이기 때문에 … 특허발명의 기술적 범위를 확정하기 위한 기준이 되는 것이고, …『실질상 특허청구범위를 확장하거나 변경하는 것』인가 아닌가의 판단은 원래 … 특허청구범위의 항의 기재를 기준으로 하여야만 하고, … 명세서 전체의 기재를 기준으로 하여야만 한다는 견해는 … 채택하기 어렵다….」

「정정의 심판이 확정된 때는 정정의 효과는 출원시에 소급하여 생기고(법[특허법] 128조), 게다가 정정된 명세서 또는 도면에 기초한 특허권의 효력은 당업자 기타 불특정 다수의 일반 제3자에 미치는 것이므로, 정정의 허부의 판단은 매우 신중하여야 한다….」

「X가 정정을 구하는『A는 분기를 가지는 알킬렌기』라는 기재는 특허청구범위의 항중 본건 특허발명의 구성에서 빠뜨릴 수 없는 사항의 하나에 속하는 것이고, … 특허청구범위의 항에 나타난 식 … 중『A는 분기를 가지는 알킬렌기』라는 기재는 그 자체로 극히 명료하며, 명세서 중의 다른 항의 기재 등을 참작하지 않으면 이해할 수 없는 성질의 것은 아니고, 또한 … 소기의 목적효과가 없어지는 것은 아니며, 당업자라면 누구라도 오기인 것을 깨닫고『A는 분기를 가진 적이 있는 알킬렌기』라는 취지로 이해하는 것이 당연하다고는 말할 수 없는 것이다. 이에 의하면 …『A는 분기를 가지는 알킬렌기』라는 기재는 X의 입장에서 보면 오기인 것이 명확하다고 하더라도 일반 제3자와의 관계에서 보면 도저히 이를 동일하게 논할 수는 없고, … 상세한 설명의 항 중에 그 취지가 표시된『A는 분기를 가지는 알킬렌기』와『A는 분기를 가지지 않는 알킬렌기』와의 양자 중, 전자만을 기재한 것이 본건 특허청구범위임이 틀림없다 ….」

「특허청구범위의『A는 분기를 가지는 알킬렌기』라는 기재를『A는 분기를 가진 적이 있는 알킬렌기』로 정정하는 것은 형식상 특허청구범위를 확장하는 것임은 물론, … 특허청구범위의 표시를 신뢰한 일반 제3자의 이익을 해하는 것이 되는 것이고, 실질상 특허청구범위를 확장하는 것이라고 말해야 하며, 법[특허법] …이 허용하지 않는 바라고 말할 수밖에 없다.」

Ⅲ. 해　설

특허법은, 특허권을 둘러싼 법적 안정성을 확보하기 위하여, 그 부여에 앞서서 특허심사를 행하게 하고(47조 1항), 특허출원에 하자가 있는 경우에는 특허권을 발생시키지 않게 하고 있다. 그러나 출원에는 다양한 물적·시간적 제약이 있고, 완전한 출원이 곤란한 것도 많다. 산업의 발달이라고 하는 목적(1조) 하에서 특허제도의 이용촉진을 지향하게 되면, 이러한 현실을 고려하게 되고, 출원에 이러한 하자를 치유하는 길을 마련하는 것이 불가결하게 된다. 여기서 특허법은 보정을 허용함(17조 1항)과 동시에 거절이유통지제도의 도입(50조) 등을 통하여 그 기회를 충분하게 확보하고 있다.

다만, 특허출원에 관계된 하자가 특허권의 발생 후에 판명되는 것도 있다. 특허법은 그 하자가 무효사유에 해당하는 경우 무효심판을 통하여 당해 특허권을 소멸시키고 있다(123조 1항). 여기서 출원에 있어서 다양한 제약과 함께 특허법의 목적을 염두에 두면, 특허권의 부여 후에 있어서도 무효사유를 내포한다고 하는 특허권의 하자를 치유하는 기회를 특허권자에 줄 필요가 인식되게 되고, 정정심판(126조)은 그를 위한 제도로서 자리매김하고 있다(特許廳編『工業所有權法(産業財産權法) 逐條解說[第18版]』[2010] 356頁[初版·1959年] 참조. 또한 특허실무상의 기능에 대해, 伊原友己「誤記訂正の意義」小野昌延先生喜壽記念『知的財産法最高裁判例評釋大系Ⅰ』[2009] 112頁·114頁 참조).

원래 특허권은 특허발명의 실시에 관한 절대적인 독점·배타적 효력을 가지므로(특허 68조), 특허권을 둘러싼 법적 안정성을 해치지 않도록 정정에 일정한 제한을 둘 필요가 있다. 그 하나가 정정이 실질상「특허청구범위」를 확장·변경하여서는 안 된다는 것이고(특허 126조 6항), 이 사건은 그 의미가 다투어지는 사건이다.

특허법상「특허청구범위」는 특허발명의 기술적 범위의 기초가 되는 것이므로(70조 1항), 그 확장·변경은 특허발명의 기술적 범위의 확장·변경을 가져온다. 그 때문에「특허청구범위」의 정정을 쓸데없이 허용하는 것은, 사회에 불측의 손해를 끼치는 등, 기업활동을 저해할 우려가 있다고 말할 수 있다. 산업의 발달에의 기여라고 하는 특허법의 목적(1조)에 비추어 보면, 이와 같은 사태의 발생을 예방할 필요가 인식된다. 정정에 관련된 위 제한규정의 취지는 이러한 요청에 부응하는 바에 있다고 한다.

본건 정정은「특허청구범위」기재의 화학식 중「A」로서「분기를 가지지 않는 알킬렌기」를 새롭게 추가하는 것이고, 이를 허용하는 것은 본건 특허발명의 기술적 범위를 확대하는 것이 된다. 따라서 위 제한규정의 취지에 비추어 본건 정정은 허용되지 않는다고 해석하는 것이 바람직하다. 이 점은 본 판결도 강조하는 바이고, 같은 날 선고된 最一小判 昭和 47. 12. 14.(民集 26卷 10号 1909頁)도 같은 입장을 채용하고 있음을 명확하게 하였다.

이에 대하여 X는 상고이유 중에서, 본건 정정이 「특허청구범위」를 형식적으로 확장하는 것이지만, 실질상 「특허청구범위」를 확장하지 않는다는 취지로 주장한다. 이는 「특허청구범위」에 구애되지 않고 명세서를 참작하여 특허발명의 기술적 범위를 확정하여야 한다는 취지로 판시한 最高裁判例(最二小判 昭和 37. 12. 7. 民集 16卷 12号 2321頁, 最三小判 昭和 39. 8. 4. 民集 18卷 7号 1319頁[본서 60 사건] 등)를 근거로 하여, 명세서에 기재된 발명을 추가하는 취지의 「특허청구범위」의 정정은 특허발명의 기술적 범위를 확장하는 것으로 되지 않고, 특허발명의 기술적 범위를 둘러싼 법적 안정성을 손상하는 것으로는 되지 않는다는 이해에 뿌리를 두고 있다고 말할 수 있다(大場正成·判評 173号[判時 703号] 26頁·29頁 참조).

이와 같은 이해하에서는 명세서를 통하여 공개한 발명을 특허발명의 기술적 범위에 포함시킬 충분한 기회를 특허권자에게 부여하는 것이 된다. 따라서 발명 공개의 대가로서 특허권을 부여한다고 하는 특허법의 기본틀 하에서 특허권을 둘러싼 법적 안정성을 확보하는 것보다도 특허권자의 보호를 우선해야 한다는 입장에서는, X의 주장에 어느 정도 타당성이 있는 것으로 판단될 수 있다(馬瀬文夫·民商 69卷 2号 354頁·364頁 참조).

그러나 「특허청구범위」가 특허발명(출원발명)을 특정하기 위해서 필요한 사항의 모든 것을 특허권자(출원인)의 책임으로 기재한 서면인 점(특허 36조 5항)에 주목하면, 이러한 이해는 「특허청구범위」에 관련하여 특허권자(출원인)가 발생시킨 문제로부터 특허권자를 구제하는 한편, 법적 안정성을 손상시키는 것에 수반하는 불이익을 일반의 제3자에게 부담시키는 것을 의미하고 있어, 그 정당성에 의문이 생긴다.

X 주장의 근거라고 보이는 最高裁判例는 모두 구체적 결론에서 특허발명의 기술적 범위를 「특허청구범위」의 기재보다 감축시킨 판결이고 법적안정성을 해하는 것에 의한 불이익을 일반의 제3자에게 지우는 것으로 이어지는 것은 아님을 고려하면, X 주장의 근거가 될 수 없다. 현재에는 특허발명의 기술적 범위의 확장을 허용하는 最高裁判決(最三小判 平成 10. 2. 24. 民集 52卷 1号 113頁[본서 66 사

진)도 나타나 있지만, 예외적인 경우에 한정하는 취지가 명시되어 있어서, X의 주장을 허용하는 근거로 하기는 곤란하다.

또한 특허심사의 대상으로 된 출원발명의 요지의 인정은 「특허청구범위」만에 기초하는 것이 원칙으로 되어 있다(最二小判 平成 3. 3. 8. 民集 45卷 3号 123頁[본서 61 사건]). 그렇다면 X의 주장을 허용하는 것은 특허심사의 대상으로 되지 않은 발명에 특허권의 행사를 허용하는 것이 되고, 특허심사실무와의 정합성을 결하는 것이 된다. 오히려 이와 같은 특허심사실무 및 이를 전제로 한 특허출원이 이루어지고 있는 점을 고려하면, 「특허청구범위」의 기술에 대하여 특허권자(출원인)가 책임을 지고 있는 점을 염두에 두고, 본 판결이 말하는 바와 같이 특허권에 관계된 법적 안정성을 해하고 일반 제3자에 불측의 불이익을 지우지 않는 범위에서 정정을 허용하여야 한다는 결론이 도출된다(특허제도상 「특허청구범위」의 기재 내용에 관하여는 특허권자의 책임이 중시하여야만 한다는 것에 대해, 졸고 「特許發明の技術的範圍と『特許請求の範圍』との關係についての分析と檢討」 東京都立大學法學會雜誌 45卷 1号 221 頁 참조).

이 점은 재판소도 인식하고 있는 것이라고 보이고, 현재도 정정의 가부는 본 판결이 보여 준 방향성을 따라 행하여지고 있다(정정에 관한 재판례에 대한 분석을 행한 비교적 근년의 것으로는, 時井眞 「特許請求の範圍における誤記の訂正の限界」 知的財産法政策學研究 24号[2009] 149頁 참조).

〈참고문헌〉

본문에 게재된 것 외에, 본건 및 같은 날 선고한 最一小判 昭和 47. 12. 14.(民集 26 卷 10号 1909頁)에 관한 평석으로는 이하의 것이 있다.

1. 清英利亮 本百選 〈第3版〉 92頁
2. 佐藤義彦 民商 69卷 1号 127頁
3. 田倉整ほか パテント 26卷 7号 14頁
4. 中山信弘 法協 91卷 3号 552頁
5. 同 法協 91卷 3号 558頁
6. 播磨良承 判タ 297号 107頁

44. 제외클레임과 정정 가능 여부── 솔더 레지스트 사건

知財高裁 平成 20年(2008년) 5月 30日 判決
[平成 18年(行ケ) 第10563号 : 審決取消請求事件]
(判時 2009号 47頁, 判夕 1290号 224頁) ◀ 재판소 Web

南条雅裕(난조 마사히로, 弁理士) 著
윤경애(법무법인 율촌 변리사) 譯

Ⅰ. 사실의 개요

(1) X(원고)는 Y(피고)가 보유하는 특허 제2133267호(이하, 「본건 특허」라고 함)의 특허청구범위 제1항 및 제22항에 기재된 발명에 대해 무효심판청구(무효 2005-80204호)를 한 바, 특허청은 본건 특허를 무효로 하는 취지의 심결(이하, 「전 심결」이라고 함)을 하였다. 그래서, Y가 동 심결의 취소를 요구하는 소송(이하, 「전소」라고 함)을 제기하였는데, 이후 Y가 정정심판청구를 함으로써 지적재산 고등법원은 전 심결을 취소하는 취지의 결정을 하고 전소는 종료되었다.

그 후, 특허청은 현행 특허법 134조의3 제5항에 의해 청구된 것으로 간주된 Y의 청구에 관한 정정(이하, 「본건 정정」이라고 함)을 인정한 후, 무효심판청구는 성립되지 않는다는 심결(이하, 「심결」이라고 함)을 하였다.

이러한 심결에 대해, X가 그 취소를 요구하여 지적재산 고등법원에 제기한 것이 본건 소송이다.

(2) 심결이 인정한 정정에는 이른바 「제외클레임」으로 하는 정정이 포함되어 있었다. 예를 들면, 청구항 1에 대해서는, 심결이 인정한 정정 후의 발명은 다음과 같고(밑줄 친 부분이 정정 부분임), 4개 성분의 조합으로 특정되는 조성물로부터 보다 좁은 4개 성분의 조합으로 특정되는 조성물을 제외하게 되는 정정이 행해졌다.

「(A)…, (B)…, (C)… 및 (D)…를 함유하여 이루어지는 감광성 열경화성 수지 조성물.

단, (A)…와 (B)…와 (C)…와 (D)…를 함유하여 이루어지는 감광성 열경화성

수지 조성물을 제외한다.」

이러한 정정은, 본질적으로 1994년 개정 전 특허법 29조의2에 따른 무효 이유를 회피하기 위해 선원 명세서의 실시예 2에 개시된 조성물을 클레임에서 제외하는 목적으로 행해진 것인데, 본건 특허의 특허 명세서에는 제외 부분에 관한 기재는 일절 존재하지 않는다.

그래서, 이러한 정정이 동법 134조 2항 단서의「명세서 또는 도면에 기재한 사항의 범위 내에서」하는 것이라고 할 수 있는지가 본건 소송의 최대 쟁점이 되었다. 또, 본건 소송은 이른바 대합의에 의해 심리되었다.

Ⅱ. 판 지

청구 기각(정정을 인정하고, 청구는 성립되지 않는다는 취지의 심결을 유지).

(ⅰ)「명세서 또는 도면에 기재한 사항의 범위 내」의 의의

「특허법의 취지에 입각하면, 1994년 개정 전 특허법 17조2항에서 말하는『명세서 또는 도면에 기재한 사항의 범위 내에서』라는 문장에 대해서는 다음과 같이 이해해야 한다.

즉,『명세서 또는 도면에 기재한 사항』이란 기술적 사상의 고도의 창작인 발명에 대해 특허권에 따른 독점을 얻는 전제로서 제3자에게 개시되는 것이므로 여기서 말하는『사항』이란 명세서 또는 도면에 의해 개시된 발명에 관한 기술적 사항인 것이 전제가 되는 바,『명세서 또는 도면에 기재한 사항』이란, 당업자에 의해 명세서 또는 도면의 모든 기재를 종합함으로써 도출되는 기술적 사항이며, 보정이 이와 같이 하여 도출되는 기술적 사항과의 관계에 있어서 새로운 기술적 사항을 도입하지 않는 것일 때에는 해당 보정은『명세서 또는 도면에 기재한 사항의 범위 내에서』하는 것이라고 할 수 있다.

그리고, 〔정정에 관해서도〕동법 134조 2항 단서에서의 동일한 문장에 대해서도 동일하게 이해해야 한다.」

(ⅱ) 제외클레임으로 하는 정정에 대한 적용

「〔특허법 29조의 2〕에 해당하는 것을 이유로서, …특허가 무효가 되는 것을 회피하기 위해 무효심판의 피청구인이 특허청구범위의 기재에 대해『단, …을 제외한다』등의 소극적 표현(이른바『제외클레임』)에 의해 특허 출원에 관한 발명 중에서 선원발명과 동일한 부분을 제외하는 정정을 청구하는 경우가 있다.

　　이러한 경우, 특허권자는 특허 출원시에 선원발명의 존재를 인식하지 못하였기 때문에, 해당 특허 출원에 관한 명세서 또는 도면에는 선원발명에 대한 구체적인 기재가 존재하지 않는 것이 통상적인데, 명세서 또는 도면에 구체적으로 기재되지 않은 사항을 정정 사항으로 하는 정정에 대해서도…, 명세서 또는 도면의 기재에 의해 개시된 기술적 사항에 대해 새로운 기술적 사항을 도입하지 않는 것이라고 인정되는 한, 『명세서 또는 도면에 기재한 사항의 범위 내에서』 하는 정정이라고 해야 한다.」

　　(iii) 본건에의 적용

　　「본건 각 정정에 의한 정정 후의 발명에 대해서도, …사용하는 희석제에 난용성으로 미립상의 에폭시 수지를 열경화성 성분으로서 이용한 것을 최대 특징으로 하고, 이러한 에폭시 수지 입자를 감광성 프리폴리머가 감싸는 상태가 되기 때문에 감광성 프리폴리머의 용해성을 저하시키지 않고, 에폭시 수지와 경화제의 반응성도 낮기 때문에 현상성을 저하시키지 않으며, 노광부도 현상액에 침범되기 어려워짐과 동시에 조성물의 저장 수명도 길어지는 효과를 얻는 것으로 인정되며, 인용발명의 내용으로 되어 있는 특정 조합을 제외함으로써 본건 명세서에 기재된 본건 정정 전의 각 발명에 관한 기술적 사항에 어떠한 변경을 일으키는 것이라고는 할 수 없기 때문에, 본건 각 정정이 본건 명세서에 개시된 기술적 사항에 새로운 기술적 사항을 부가한 것이 아님은 명백하고, 본건 각 정정은 당업자에 의해 본건 명세서의 모든 기재를 종합함으로써 도출되는 기술적 사항과의 관계에 있어서 새로운 기술적 사항을 도입하지 않는 것임이 명백하다고 할 수 있다.」

Ⅲ. 해　설

　　1. 본 판결에서는, 직접적으로는 명세서 또는 도면에 근거가 없는 제외클레임으로 하는 정정이 「명세서 또는 도면에 기재한 사항의 범위 내에서」 하는 것이라고 할 수 있는지가 주요 쟁점이다.

　　제외클레임이란, 본건 정정과 같이 전체적인 클레임 범위를 규정하면서 거기에서 부분을 제외하는 형식으로 기재된 클레임이다. 일반적으로 제외하는 부분은 특정의 구체예일 수도 있고 특정의 범위일 수도 있다.

　　애당초 보정이나 정정은 「명세서 또는 도면에 기재한 사항의 범위 내에서」 해야 하는 바, 보정이나 정정을 할 때는 명세서 또는 도면에 명시 또는 묵시적으로 어떠한 단서가 있고, 이에 기초하여 본 요건이 충족되는 것이 통상적이다.

그러나, 제외클레임으로 하는 보정이나 정정은 종종 새로(보정의 경우는 출원 후에, 정정의 경우는 특허 부여 후에) 발견된 인용발명의 내용을 핀 포인트로 클레임에서 제외하는 것을 계획하는 경우가 많고(특히, 확대선출원 [특허 29조의2]이나 선출원 [특허 39조] 등의 「중복만」을 제외하면 문제가 해소되는 경우), 그 경우, 명세서 또는 도면에 제외하는 부분에 관한 기재가 일절 존재하지 않는 것이 통례이다. 그 때문에, 이러한 제외클레임으로 하는 보정이나 정정이 애당초 「명세서 또는 도면에 기재한 사항의 범위 내에서」 하는 것이라고 할 수 있는지, 또한 이를 위한 논리는 어디에 있는지가 논의의 대상이었다.

이 점에 관해, 특허청의 심사 기준은 선행 기술과 중복됨으로써 신규성(특허 29조1항3호), 확대선출원(특허 29조의2), 선출원(특허 39조)을 잃어버릴 우려가 있는 경우에 「중복만」을 제외하는 보정을 하는 경우 등 한정된 장면을 들고, 이러한 경우에 「예외적으로 당초 명세서 등에 기재한 사항의 범위 내에서 하는 것으로 취급한다」라고 되어 있고, 또한 이를 위해서는 「선행 기술과 기술적 사상으로서는 현저히 달라 본래 진보성을 갖는 발명이지만, 가끔 선행 기술과 중복되는 것과 같은 경우」이어야 한다고 하였다. 종래의 심사·심판 실무는 이들을 이른바 「요건」으로서 채택하였다(예를 들면, 특허청 이의 결정 2007. 4. 27.[이의 2003-71424] 참조. 또한, 지적재산 고등법원 2006. 6. 20. 평17(행ケ) 10608호는 심사 기준의 정당성을 유보하면서도 판결의 전제로서 수용하여 중복이 제외되지 않은 것 및 인용발명과 기술적 사상으로서는 현저히 달라 본래 진보성을 갖는 취지의 주장·입증이 없는 것을 이유로 「제외클레임」을 부적법하다고 되어 있다. 또, 비교법적으로는 심사 기준의 하나의 본보기가 되었다고도 하는 유럽 특허청의 확대 심판부 결정(G1/03, G2/03)은 거의 같은 내용을 규정하고 있으며, 여기서도 「요건」으로 되어 있다).

2. 본 판결은, (명세서 또는 도면에 근거가 없는) 제외클레임으로 하는 보정·정정에 한정된 논의를 하는 것이 아니라 보정·정정 전반에 관해 일반적인 규범을 새로 정립하였다(종종 대합의 기준이라고 불림). 즉, 본 판결은, 보정·정정이 「당업자에 의해 명세서 또는 도면의 모든 기재를 종합함으로써 도출되는 기술적 사항과의 관계에 있어서 새로운 기술적 사항을 도입하지 않는 것일 때」는 해당 보정·정정은 「『명세서 또는 도면에 기재한 사항의 범위 내에서』 하는 것」이라고 판시하였다(판결의 취지(ⅰ)).

게다가 본 판결은, 특허법 29조의2의 규정의 적용을 회피하기 위해 제외클레임으로 하는 정정을 하는 경우에 대해 제외해야 할 내용에 대한 구체적인 기재가 명세서 또는 도면에 존재하지 않는 것이 통상적이라고 하면서, 이러한 경우에도 대합의 기준으로 판단해야 한다고 하며(판결의 취지(ⅱ)), 「예외적」인 취급을 상정하는 심사 기준은 그 한도에서 특허법의 해석에 적합하지 않다고 하였다.

3. 대합의 기준의 「새로운 기술적 사항의 도입」은 이후 중요한 지표가 되겠지만, 이 내실은 본 판결로부터는 반드시 명백하다고는 할 수 없다. 이후 재판예의 축적이 기대된다.

특히, 제외클레임으로 하는 보정·정정에 관해 얘기하면, 대합의 기준 하에서는 보다 완만하게 보정·정정이 인정될 수 있다는 지적이 있다(무엇보다도 특허청은 본 판결을 받고 2010년 6월 1일에 보정에 관해 심사 기준의 개정을 실행하였는데, 동 개정의 공표시에 대합의 판결의 문장과의 정합성은 취하지만, 현행 심사 기준에 기초한 심사 실무는 변경되지 않는다는 주석을 부여하고 있다).

특히, 제외클레임으로 하는 보정·정정에 관해서는, 본 판결에 있어서 판결의 취지(ⅲ)에서 보여지는 바와 같이 제외하기 전의 클레임과 제외한 후의 클레임에서 「최대 특징」이나 「효과」가 동일한 것을 이유로 기술적 사항에 변경을 일으키지 않는다고 하여 새로운 기술적 사항을 도입하지 않았다고 하지만, 제외클레임의 큰 집합에서 작은 부분을 제외한다는 성격상, 특징점이나 효과에 변경이 생기지 않는 것이 오히려 통상적이기 때문에, 종래의 (요건으로서 채택된) 심사 기준에 기초한 심사·심판 실무보다도 완만하게 제외클레임으로 하는 보정·정정이 허용되는 것이 아닌지의 지적은 정당할 것이다(L&T 40호 89페이지의 익명 코멘트, 츠바키 유타카 「보정·정정에 관한 내용적 제한이 완화된 사례(『제외클레임 사건』이후)」 지적재산관리 59권 2호 211페이지).

또한, 대합의 기준은 판단 기초를 「명세서 또는 도면의 모든 기재를 종합함으로써 도출되는 기술적 사항」에 두는 것에 대해, 심사 기준은 「중복만」을 제외하고 있는지 본래 진보성을 갖는지 등의 선행 기술과의 관계를 문제시하고 있으며, 대합의 기준이 심사 기준을 도출한다고는 하기 어렵다(이 점에 관련하여, 본 판결은 심사 기준의 기재는 허용되는 경우를 들고 있는 것에 불과하며, 「요건」이 아니라고 한다. 그러면, 종래의 심사·심판 실무는 수정이 불가피한 것이다).

이러한 논점은, 확대선출원(특허 29조의2)이나 선출원(특허 39조)에 관해서는 출원인·특허권자로서도 「중복만」을 넘어 제외하는 인센티브가 없는 이상 문제가 되기 어렵지만, 진보성(특허 29조2항)의 확립을 위해 「중복만」을 넘은 마진을 취한 제외하는 클레임을 계획하는 경우에 첨예화될 것이다(이러한 보정·정정은 심사 기준의 기재를 「요건」으로서 채택하는 한 허용되지 않지만, 대합의 기준으로부터는 반드시 차단되지 않도록 반영한다).

　　이 점, 제외하는 클레임으로 하는 보정에 의해 「새로운 기술[적] 사항을 도입하지 않는다고 주장하여 특허 등록을 얻었어도, 나중에 제외한 것에 의한 기술적 의의를 주장하자마자 그 보정·정정은 역으로 보정·정정 요건을 만족하지 않게 되고, …결과적으로는 지금까지의 실무에 의한 경우와 바뀌지 않는다고 생각된다」는 견해도 있다(아이타 요시아키 「『제외클레임』의 지적재산 고등법원 대합의 판결에 대해」 특기간 252호 102페이지). 이는, 요컨대 진보성에 영향을 주는 제외클레임으로 하는 보정·정정은 「새로운 기술적 사항을 도입」하여 허용되지 않는다고 하여 대합의 기준과 정합적으로 심사 기준의 기재를 설명하고자 하는 우수한 시도라고 할 수 있다. 그러나, 특정 인례에 대해 마진을 취한 제외하는 클레임으로 하면서도 제외한 후의 클레임의 특징점이나 효과가 제외하기 전의 그것과 전혀 바뀌지 않고, 그러나, 그 결과, (효과가 아니라) 구성의 면에서 특정 인례와의 관계에 있어서 거리가 생기게 되고 진보성이 인정되는 것도 상정되며, 또한 애당초 제외하는 클레임이 아닌 통상의 보정·정정의 경우에는 보정·정정 후의 클레임에 대해 기술적 의의를 주장하는 것은 오히려 보통인 것이라는 앞뒤 문제도 있고, 상기 견해에도 한계는 있을 것이다.

　　4. 또, 본건에서는 제외하는 클레임에 의해 제외되는 부분에 관해 일부에 등록상표가 이용되어 있고(제외되는 (D)성분이 「TEPIC: 닛산 화학(주) 제품, 등록상표」라고 되어 있음), 여러 가지 TEPIC가 존재하기 때문에 「특허청구범위의 감축」에 해당하는지, 특히 이를 논하는 전제로서 정정 후의 클레임이 기술적으로 명확하다고 할 수 있는지도 쟁점이 되었다. 본 판결은, 본건 정정이 이루어진 경위에 감안하여 본건 정정에서의 「TEPIC」은 선원 명세서의 실시예 2에 기재된 「TEPIC」를 가리키는 것으로 인정된다고 하여 특허청의 종래 실무관행에 비추어보아 본건 정정이 부적법하다고는 할 수 없다고 하였다.

　　〈참고문헌〉
　　본문 중에 언급한 것 외에, 졸고 「試練に立つ除くクレームとする補正の適法性要件」知的財産法政策学研究 34号 57頁

45. 복수의 청구항에 관한 정정청구
── 발광다이오드모듈 사건

最高裁 平成 20年(2008년) 7月 10日 第1小法廷判決
[平成 19年(行ヒ) 第318호 : 特許取消決定取消請求事件]
(民集 62巻 7号 1905頁, 判時 2019호 88頁, 判タ 1279호 110頁)

松田一弘(마츠다 가즈히로, 京都大学 教授) 著
윤태식(의정부지방법원 부장판사) 譯

Ⅰ. 사실의 개요

(1) X(원고·상고인)가 특허권자이고 발명의 명칭을 「발광다이오드모듈 및 발광다이오드광원(光源)」으로 하는 특허(청구항 수 4)의 모든 청구항에 대하여 특허이의신청이 제기되고, X는 취소이유통지에 응답하여 정정청구를 하였다(구 특허법 120조의4 2항). 정정은 청구항만을 대상으로 하고 명세서는 정정하지 않았다. 정정청구 전후를 통하여 청구항은 모두 독립청구항이었다.

특허청은, 당해 정정을 일체불가분으로 하여 취급하고, 정정청구된 청구항1 내지 4 중 청구항2에 관한 「정정사항 b」가 정정요건에 적합하지 않다는 이유로 그 나머지 정정사항에 대하여 판단할 것 없이 「정정사항 b」를 포함한 본 건 정정이 인정되지 않는다고 한 다음, 정정청구 전의 청구항1 내지 4에 관한 특허를 취소한다는 취지의 결정을 하였다.

(2) X는, 취소청구소송을 제기하여 개선다항제 하에서는 정정의 허부는 청구항마다 판단되어야 한다는 취지로 주장하였다. 원심(知財高判 平成 19. 6. 29.)은 「복수 개소에 걸쳐 정정할 것을 구하는 정정심판청구 또는 정정청구에서, 그 정정이 특허청구범위에 실질적 영향을 미치는 것인 경우…에는, …복수 정정 개소의 전부에 대해 일체로서 허용할 수 있는지, 허용할 수 없는지의 심결 또는 결정을 하여야 하고, 일부 정정을 허용하는 것이 청구인에게 실익이 있는 경우라도, 그 개소에 대하여만 정정을 허용하는 심결 또는 결정을 할 수 없다고 해석하는

것이 상당하다(앞서 본 최고재판결〔最判 昭和 55. 5. 1. 民集 34巻 3号 431頁〕 참조). 그리고 이 논리는, X가 주장하는 개선다항제 하에서도 똑같이 타당하다고 하여야 한다」라고 판시하여 X의 청구를 기각하였다. X는 상고수리신청을 하였다.

Ⅱ. 판   지

일부 파기자판 (원판결 중 청구항1에 관한 특허취소결정에 관한 부분을 파기).

「〔구 특허법 120조의4 제2항 규정에 기한 정정청구는〕 특허이의신청사건에서 부수적 절차이고, 독립한 심판절차인 정정심판청구와는 특허법상 위치부여를 달리하는 것이다.」

「정정청구 중에서도, 본건 정정같이 특허청구신청이 되어 있는 청구항에 대해 특허청구범위의 감축을 목적으로 하는 것에 대하여는, 이른바 독립특허요건이 요구되지 않는 (구 특허법 120조의4 3항, 구 특허법 126조 4항) 등, 정정심판절차와는 다른 취급이 예정되어 있고, 정정심판청구와 같이 신규출원에 준하는 실질을 가진다고 할 수 없다. 그리고 특허이의신청이 되어 있는 청구항에 대하여 특허청구범위의 감축을 목적으로 하는 정정청구는, 청구항마다 신청할 수 있는 특허이의에 대한 방어수단으로서의 실질을 가지는 것이므로, 이와 같은 정정청구를 하는 특허권자는, 각 청구항마다 개별로 정정을 구하는 것으로 이해하는 것이 상당하고, 또 이와 같은 각 청구항마다 개별의 정정이 인정되지 않으면 특허이의사건에서 공격방어의 균형을 현저히 결하게 된다.」

「〔원심인용의 1980년 최고재판소 판결은〕 복수 청구항을 관념할 수 없는 실용신안등록청구범위 중에 복수 정정사항이 포함되어 있는 정정심판청구에 관한 판단이고, …본건과 같이, 복수 청구항의 각각에 대하여 정정사항이 존재하는 정정청구에서, 청구항마다 정정의 허부를 개별적으로 판단하여야 하는가라는 장면에까지 그 취지가 미치는 것은 아니다.」

「복수 청구항에 관한 정정청구가 있는 경우, 특허이의신청이 되어 있는 청구항에 대한 특허청구범위의 감축을 목적으로 하는 정정에 대하여는, 정정의 대상으로 되어 있는 청구항마다 개별적으로 그 허부를 판단하여야 하고, 일부의 청구항에 관한 정정사항이 정정 요건에 적합하지 않는 것만을 이유로 하여, 다른 청구항에 관한 정정사항을 포함한 정정 전부를 인정하지 않는다고 하는 것은 허용되지 않는다고 하여야 한다.」

Ⅲ. 해　설

1. 처음에

(1) 특허법은 하나의 특허출원에 대하여 하나의 행정처분으로서의 특허결정 등이 행해져 하나의 특허권이 발생한다는 기본구조를 전제로 하고 있고, 복수의 청구항을 포함한 특허출원이더라도 그 전체가 일체불가분적인 것으로 취급된다. 그러므로 예를 들면, 특허출원절차에서 복수의 청구항을 대상으로 하는 보정이 행해지고, 보정 후의 청구항의 일부에만 거절이유가 있는 경우에도 출원전체가 거절된다. 이것을 회피하기 위하여 분할출원을 이용할 수 있다.

한편, 특허법은, 복수의 청구항에 관한 특허 내지 특허권의 일체불가분의 취급을 관철하는 것이 적당하지 않다고 생각되는 일정한 경우에는, 명문의 규정을 두어 청구항마다 가분의 취급을 인정하는 취지의 예외규정을 두고 있다(123조, 185조). 정정심판, 무효심판, 이의신청에서의 정정청구에 있어서는 명문의 규정이 없어 종전에는 일체불가분으로서 취급되어 왔다. 이 취급에 의하면 정정의 대상으로 된 복수의 청구항의 일부에 정정요건위반이 있으면, 정정요건을 충족하는 다른 청구항도 함께 정정을 인정할 수 없는 것으로 된다. 다만 1993년법·1994년법 개정에 의한 정정심판청구의 시기적 제한이나 부여 후 이의의 도입 전에는, 또다시 정정청구를 하거나 심판청구시의 보정에 의해 함께 해소되는 것이 제도상 가능하게 되었다.

(2) 1987년 개정 전에는 소위 단항제가 채용되어 있었지만 일정 조건하에서 복수의 발명의 병합출원이 인정되어 있어서 복수의 특허청구범위(발명)에 관한 정정의 일체 판단 가부의 문제가 내재되어 있었다.

원심판결에서 인용된 1980년 최고재판소 판결은 「복수의 정정 개소 중…일부의 정정을 허용하는 것이 청구인에게 실익이 없는 것이 아닌 경우라도 그 개소에 대하여만 정정을 허용하는 심결을 할 수 없다」라는 가분 판단을 부정하여 종전의 취급을 수긍하였다.

(3) 1987년 개정으로 소위 개선다항제가 도입되어 복수의 청구항을 포함하고 있는 특허가 일반적으로 되었는바, 앞서 본 1980년 최고재판소 판결의 사안은 병합출원제도가 존재하지 않는 실용신안등록에 관한 것이었기 때문에 그 사정범위가 개선다항제 하의 특허에서 복수의 청구항에 관하여 정정이 행해진 경우에 미치는지가 정정심판청구의 시기적 제한 등의 도입 후 다시 초점을 받게 되었다. 원심은, 동경고재의 전통적인 입장에 서서 일체불가분의 취급은 「개선다항제하

에서도 똑같이 타당하다」고 결론을 내렸지만, 같은 고재의 판결 일부에는 정정의 허부는 청구항마다 판단하여야 한다는 것도 존재하였다(예를 들면, 東京高裁 平成 14. 10. 31. 判タ1110号 102頁).

2. 본 판결에 대하여

(1) 본 판결은, ① 1980년 최고재판소 판결의 사정범위는 개선다항제하의 특허에서 복수의 청구항에 관한 정정에는 미치지 않는 점 및 ② 청구항마다 취소청구를 할 수 있는 특허이의신청에서 공격방어의 균형의 관점 등에 의해, 특허청구범위 감축을 목적으로 하는 정정은 정정의 대상으로 되어 있는 청구항마다 개별적으로 그 허부를 판단하여야 한다는 것을 최고재판소로서 처음으로 명확히 한 것으로 실무상 중요한 의의가 있다.

정정의 허부를 청구항마다 개별적으로 판단하는 것에 의해 공격방어의 균형을 유지한다는 본 판결의 취지 및 결론에 대하여 많은 평석, 논문에서 타당하다고 평가되고 있는 한편, 본 판결의 판시사항 중 정정심판에 있어서는 일체불가분의 취급이 예정되어 있다는 등의 방론 부분에 대하여 의문이 나타나고 있다(후게 참고문헌 ② 내지 ⑥ 외 참조).

판지에 의하면, 예를 들면 특허권침해소송에서 104조의3의 항변이 행해진 사안에서 특허권자가 먼저 정정심판을 청구한 경우에는 일체불가분으로 피의침해자가 먼저 무효심판을 청구하여 당해 절차 중에 정정청구가 행해진 경우에는 가분으로 판단되어 정정의 취급에 일관성이 없게 된다.

(2) 특허이의신청은 2003년 개정으로 무효심판제도에 통합되는 형태로 폐지되었지만, 본 판결의 취지는 특허무효심판에서의 정정청구에도 타당하다고 이해된다. 본 판결을 받아 특허청은 특허무효심판에서의 정정허부판단을 청구항마다 하도록 운용을 바꾸었다. 정정허부가 가분으로 결정된다고 하면 복수의 청구항의 일부에 대하여만 심결취소소송이 제기된 경우 잔여 청구항에 관한 정정이 출소기간의 경과와 함께 확정되는지 여부의 문제가 있다. 근시에서의 재판례(예를 들면, 知財高決 平成 19. 6. 20. 判タ1263号 327頁)는 청구항마다 부분확정되는 것으로 되어 특허청은 심결이 부분 확정된다고 취급하기 시작하였다.

한편 정정심판에서의 정정에 대하여는 종전대로 일체불가분의 취급이 계속되고 있다.

(3) 정정의 청구항마다 나누어 판단하는 것은 특허권자의 보호를 두텁게 하

는 한편, 제3자의 감시부담이 증대한다는 측면을 가진다.

특허권은 절대적 배타독점권이므로 그 권리내용은 항상 제3자에게 명확히 할 것이 요구된다. 특허법은 권리의 공시수단으로서 특허원부를 준비함과 함께 정정인용이 확정되어 권리의 객체가 변경되는 때에는 정정의 내용을 특허공보에 게재한다는 취지로 규정하고 있다(193조 2항 7호). 정정의 허부가 청구항마다 판단되어 심결이 부분 확정되면, 부분 확정된 내용은 지체 없이 공시되어야 한다. 그러나 종전에는 정정은 무효청구된 모든 청구항에 대하여 심결이 확정된 때에 확정된다고 해석하였던 적도 있었고, 부분 확정정보를 지체 없이 수집, 공시하는 제도설계가 되어 있지 않았다(예를 들면 취소청구가 제기된 때는 법원으로부터 특허청에 그 취지가 통지되지만 [2011년 개정 전의 180조], 당해 통지에는 소의 대상으로 된 청구항의 정보가 포함되어 있지 않다).

또한, 설령 부분 확정된 청구항이 지체 없이 공시되더라도 본건 사안과 같이 정정이 독립항만을 대상으로 하는 단순한 경우는 별론, 복잡한 사안(예를 들면, (1) 독립항·종속항·명세서 모두에 걸친 정정이 행해지고, (2) 심결이 일부의 청구항에 대하여 부분 확정되어, (3) 심결의 나머지 청구항에 관한 부분을 취소하는 판결이 확정되고, (4) 심판에서 다시 심리되는 등의 경위가 있는 사안)에서는, ① 독립항과 종속항이 확정시기가 다른 별개의 명세서에 각각 기재되어 있기도 하고, ② 복수의 청구항에 관련된 명세서의 어느 특정의 기재(예를 들면, 단락)가 하나의 표현이 아니고 청구항마다 다른 표현으로 존재하는 등의 상황이 발생할 수 있다. 이것은 「명세서 등의 일관성 결여」, 「명세서의 다발(束)의 발생」이라고 불린다.

이와 같은 경우, 제3자는 사안에 따라 확정경위를 확인하면서 같은 청구항에 대하여 복수의 명세서 등을 구분하여 읽어야 한다. 「제3자의 감시부담의 증대라는 관점으로부터 일반인들에게 참기 어려운 불편을 강요하게 된다」라는 지적도 있다(뒤 참고문헌 ① 참조). 입법적 조치가 요망되는 상황이라고 할 수 있다.

3. 특허법 개정

(1) 본 판결 후 산업구조심의회(지적재산정책부회 특허제도소위원회)에 의해 명세서 등의 일람성의 확보에 배려하면서 특허무효심판·정정심판에서의 정정의 허부판단 및 심결확정을 청구항마다 할 것을 전제로 하는 제도정비를 위한 법개정을 하여야 한다는 취지의 보고가 있게 되어 이것에 따른 법개정이 행해졌다(2011년 법률 63호, 2012. 4. 1. 시행). 그 개요는 다음과 같다.

① 정정심판에서 정정은 청구항마다 청구할 수 있다. 다만 하나의 청구항의 기재를 다른 청구항이 인용하는 관계에 있는 청구항(일군의 청구항)에 대하여는 일군의 청구항마다 하여야 한다(126조). ② 특허무효심판이 청구항마다 청구되는 경우는 청구항마다 정정청구를 하여야 하고 청구항 중에 일군의 청구항이 있는 경우에는 당해 일군의 청구항마다 정정청구를 하여야 한다(134조의2). ③ 다른 청구항을 인용하는 청구항의 기재를 당해 다른 청구항의 기재를 인용하지 않는 것으로 할 수 있다 (126조 1항 4호, 134조의2 1항 4호). ④ 명세서 또는 도면의 정정을 하는 경우에 청구항마다 정정청구를 하려고 하는 때에는 당해 정정에 관계된 모든 청구항에 대하여 하여야 한다(126조 4항, 134조의2 9항). ⑤ 심결은 원칙적으로 청구항마다 확정하고 일군의 청구항마다 행해지는 정정은 일군의 청구항마다 확정한다(167조의2). ⑥ 청구항마다 행해진 특허무효심판의 심결취소소송이 제기된 때는 법원은 당해 청구항의 특정에 필요한 서류를 특허청장관에게 송부한다(180조, 182조 2호).

(2) 본 개정법의 시행 후는 정정심판, 무효심판의 어느 경우라도 일군의 청구항을 제외하고 원칙으로 청구항마다 정정의 허부가 판단되고 함께 문제가 해소된다. 일군의 관계에 있는 청구항도 인용관계를 해소하는 정정에 의해 당해 문제를 해소할 수 있게 된다. 또 확정된 청구항(또는 일군의 청구항)마다 부분확정공보가 발행되어 제3자의 감시부담이 경감된다(다만 일람성의 결여나 명세서의 다발의 문제는 완전히 해소되지 않는다).

한편 인용관계의 해소(종속항의 독립항화)는 사안에 따라서는 청구항 수의 증가에 의한 특허료의 증액이나 청구항이 쓸데없이 길어지게 되는 결과를 초래하게 된다. 본 개정 후의 제도는 일본 독자의 것으로 되었다. 어떻게 이용, 운용될지 주목된다.

〈참고문헌〉

1. 宮坂昌利, 曹時 62卷 11号 3028頁

2. 三村量一, 知的財産法政策學研究 22号 1頁

3. 熊谷建一, AIPPI 54卷 3号 114頁

4. 眞壽田順啓, 判評 605号 (判時 2039号) 32頁

5. 田中昌利, 特許研究 48号 71頁

6. 吉田和彦, 法の支配 154号 85頁

7. 山﨑由紀子, 知的財産法政策學研究 32号 249頁 외

46. 특허법 제167조의 효력이 미치는 범위

最高裁 平成 12年(2000년) 1月 27日 第1小法廷判決
[平成 7年(行ツ) 第105号 : 審決取消請求事件]
(民集 54卷 1号 69頁, 判時 1700号 3頁, 判タ 1024号 165頁)

宮脇正晴(미야와끼 마사하루, 立命館大学 教授) 著
최승재(김앤장 법률사무소 변호사) 譯

Ⅰ. 사실의 개요

X 등 2명(원고·피상고인) 및 소외 A는 Y(피고·상고인)가 소유한 특허권에 대하여 각각 특허무효심판을 청구하였고, 그 병합 심리에서 무효이유로서 동일한 사실을 주장하였고, 동일한 증거를 제출하였다. 이들 각 심판 청구는 성립하지 않는다는 취지의 심결이 내려졌고, X 등은 심결취소소송(본건소송)을 제기하였으나 A는 심결취소소송을 제기하지 않고, A에 대한 심결은 확정되었다.

원심판결(東京高判 平成 7. 2. 8. 民集54卷 1号 253頁 참조)은 X 등의 청구를 인용하고, 상기(X 등의 청구) 심결을 취소하는 판결을 내렸다. 원심판결의 변론종결시까지 A청구와 관련한 상기심결의 확정 등록은 이루어지지 않았으나 원심판결은 「…확정심결의 등록이 되었다 하더라도 X 등이 특허법 제167조 규정에 기초하여, 소급하여 본건심판청구의 이익을 상실하는 것이라고 해석하고, 나아가 본건소송에 대하여 소의 이익을 결여한 것이라고 해석할 수는 없다」고 부언(附言)하였다. 이에 대하여 Y는 상고하였다. Y는 상고 제1이유로 원판결에는 특허법 제167조(2011년 개정전의 것. 아래의 〈판지〉부분에서도 동일하다.)의 해석적용을 그르친 위법이 있다는 취지의 주장을 하였다.

Ⅱ. 판　　지

상고기각.

(ⅰ)「특허법 제167조…의 취지는 어떤 특허에 대하여 무효심판청구가 성립하지 않는다는 취지의 심결(이하「청구불성립심결」이라 한다.)이 확정되고 그 취지의 등록이 이루어진 때에는 그 등록 후에 새롭게 기존의 무효심판청구와 동일한 사실 및 동일한 증거에 기초한 무효심판청구를 하는 것은 허용되지 않는 것인데, 이를 초과하여 확정된 청구불성립심결의 등록에 따라 그 시점에 이미 계속 중인 무효심판청구가 부적법한 것이 된다고 해석할 것은 아니다.」

(ⅱ)「동일한 특허에 대하여 여러 명이 무효심판청구를 하는 것은 금지되어 있지 않고, 특허를 무효로 하는 것에 대하여 이익을 갖는 자는 언제든지 당해특허에 대하여 무효심판청구를 할 수 있는 것이고, 이 특허를 무효로 하는 것의 이익은 무효심판청구를 하는 자가 각자 갖는 고유한 이익이다. 그러나 어떤 특허의 무효심판청구에 대하여 청구불성립심결이 확정되고 그 등록이 이루어진 경우에는, 그 이후에 추가로 동일한 사실 및 동일한 증거에 기초한 무효심판청구의 반복을 허용하는 것은 특허권의 안정을 해치고 발명의 보호, 이용이라는 특허법의 목적에도 반하게 된다. 따라서 특허법 167조는 무효심판청구를 하는 자의 고유한 이익과 특허권의 안정이라는 이익의 조정을 위하여 동조에서 정한 경우에 한정하여…무효심판청구를 하는 권리를 제한한 것이기 때문에 이 규정이 적용되는 경우를 확장하여 해석할 것은 아니고 문언의 의미(文理)에 따라 해석하는 것이 상당하다.

만일 확정된 청구불성립심결의 등록에 의하여, 기존에 계속 중인 동일한 사실 및 동일한 증거에 기초한 무효심판청구가 부적법하게 된다고 해석하면, 복수의 무효심판청구사건이 계속된 경우에 일부 청구인이 청구불성립심결에 대한 불복신청을 하지 않은 경우에, 이에 의하여 다른 청구인이 자기의 고유한 이익을 위하여 수행해온 그때까지의 절차를 무위로 만들고, 그 이익을 상실시키는 것이 되어 불합리하다고 할 것이다.

(ⅲ)「이 견해에 반하는 대심원의 판례(大審院 大正8年(オ) 第811号 同 9年3月19日 判決 · 民錄26輯 371頁)는 변경한다.」

Ⅲ. 해   설

1. 본 판결의 의의

2011년 개정 전의 특허법 제167조(이하 「구 특허법 제167조」라고 한다)는 「누구라도 특허무효심판 또는 연장등록무효심판의 확정심결의 등록이 있었던 때에는 동일한 사실 및 동일한 증거에 기초하여 그 심판을 청구하는 것이 불가능하다」고 규정하고 있었다. 이 규정은 다음과 같은 상황을 염두에 둔 것이다. 즉, 특허권자 甲이 소유한 특허권에 대하여 乙이 무효심판청구를 하고 그 청구에 대하여 불성립 심결이 확정된 경우에 丙이 상기 乙의 청구와 동일한 사실 및 동일한 증거에 기초한 무효심판청구를 하는 상황이다. 이와 같은 상황에 있어서 丙의 심판청구가 부적법하게 되는 판단 기준시가 언제인지에 대하여, 구 특허법 제167조의 문언만으로는 명백하지 않아, 심판청구시설(丙의 심판청구 개시시점에 이미 乙의 무효심판청구 확정심결의 등록이 있는 경우에만 부적법하다고 보는 견해), 심결시설(丙의 심판청구에 대한 심결이 이루어지는 시점까지 乙의 무효심판청구의 확정심결 등록이 있다면 丙의 당해청구의 속행은 부적법하다고 보는 견해), 심결확정시설(丙의 심판청구에 대하여 심결이 확정하는 시점까지 乙의 무효심판청구 확정심결의 등록이 이루어지면 丙의 당해청구의 속행은 부적법하다고 보는 견해)의 3가지 견해가 대립하였다(상세한 설명은 牧野利秋 「無效審判の確定審決の第3者效の廢止」 特許硏究 52号 19-20頁).

일찍이 대심원은 당시의 특허법인 167조에 해당하는 규정을 해석함에 있어, 심결시설의 견해를 취하고 있었다(大判 大正9年3月19日 民錄26卷1025頁). 大判 昭和 17. 11. 10.(民集21卷 1025頁)은 특허권자에 기존의 답변을 반복시키는 번거로움의 회피, 동일한 사실·증거에 기초한 복수의(모순된) 확정심결의 발생을 방지하여 확정심결의 권위를 유지하는 것이라는 2가지를 심결시설의 근거로 들고 있다.

이에 반해 본판결은 심판청구시설의 견해를 취하여 위의 大判 大正 9年 3月 19日을 변경하였다. 본판결은 구 특허법 제167조의 취지로서 「특허권의 안정」을 꼽는 한편 「무효심판청구를 하는 자의 고유한 이익」도 배려해야 한다고 하여, 양자의 형량결과 상기 3개 견해 중 가장 무효심판청구인의 불이익이 적은 견해를 채택하였다.

2. 2011년 개정에 의한 제3자효의 폐지

이처럼 본판결은 구 특허법 제167조의 범위 내에서 그 적용범위를 최대한

한정하여 무효심결 확정 등록시에 이미(동일사실 · 증거에 기초한) 무효심판청구를 한 자의 이익을 보호한 것이라고 평가할 수 있으나, 동 조항이 제3자효를 갖는 이상, 확정심결의 등록 이후에 제3자가(동일한 사실 · 증거에 기초한) 무효심판을 청구하는 이익이 보호되지 않는다. 이 점을 문제시 하여 동조항의 제3자효에 대해서 헌법 제32조에서 보장하는 국민의 재판을 받을 권리를 부당하게 제한하는 것이라는 비평이 유력하게 주장되었다(涌川叡一,「オーストリア特許法における一事不再理規定の廢止」同「特許訴訟節次論考」[1991] 115頁. 君嶋祐子,「特許無效とその手續(2)」, 法學研究[慶應義塾大學] 69卷3号 60頁).

이런 상황 속에 산업구조심의회에서 구 특허법 제167조와 관련한 문제가 검토되었고, 그 결과 구 특허법 제167조는「제3자의 절차보장 문제」및「공익상의 문제」가 있다고 결론내려졌다. 전자의 문제에 대해서는 동 심의회의 보고서는 다음과 같이 서술하고 있다(産業構造審議會知的財産政策部會 平成23年2月報告「特許制度に關する法制的な課題ついて」40頁).

「무효심판은 직권으로 심리하는 것인데, 청구인 주장의 능란함과 서투름에 따라 심결의 결론이 바뀔 가능성을 부정할 수 없고, 특허가 유효하다는 취지의 심결이 이미 확정된 것만을 이유로 당해심판에 관여하지 않은 제3자에 대하여도 동일한 사실 및 동일한 증거에 기초하여 그 특권의 유효성에 대하여 심판에서 다툴 권리가 제한되고…, 나아가 그 심판의 심결의 당부를 재판에서 다툴 권리가 제한되는 것은 불합리하다.

민사소송에서 판결의 결과는 당사자에게만 미치는 것이 원칙이나 이를 제3자에게 확장하는 경우에는 확장해야 할 강한 필요성과 소송에 참가하지 않은 제3자에 대한 절차보장이 요구되는데, 특허법의 경우에 심결확정의 효과를 제3자에게 미치게 할 필요성이 반드시 크다고 할 수는 없으며, 또한 절차보장도 …충분하다고는 할 수 없어 확장의 타당성이 인정되지 않는다.」

후자의 경우는 어떤 특허에 대해서 무효심판청구 불성립심결이 확정된 후에는 침해소송에서 당해심판과 동일한 사실 · 증거에 기초하여 무효의 항변(특허법 제104조의 3)이 인정되는 경우에도 실질적으로 이용할 수 없는 특허를 대세적으로 무효로 하는 것은 제167조에 의해 봉쇄되어 있다는 점이 문제점이다(위 글의 같은 41면).

이와 같은 문제 때문에 구 특허법 제167조가 규정하는 무효심판의 확정심결의 효력 중, 제3자효에 대해서는 폐지해야 한다고 동 심의회는 결론지었고, 이를 근거로 입안된 2011년 특허법 개정에 의하여 제167조의 규정에서 제3자효가 폐지되게 되었다.

2011년 개정 후의 제167조에서는 확정심결의 효력이 미치는 범위는 「당사자 및 참가인」에 한정되게 되었다. 또한 「당사자 및 참가인」은 등록이 없이도 심결의 확정을 알 수 있기 때문에 구 특허법 제167조가 규정한 확정심결의 「등록」요건은 삭제되었다. 이 개정에 의하여 제3자의 절차보장이 충분히 이루어지게 되었고, 무효심판제도의 공익보호기능이 강화되었다고 평가할 수 있다. 개정 후 제167조의 의의는 동일당사자 사이에 심판의 반복을 방지하고, 1회의 심판으로 청구인에게 주장·입증을 다하게 하여 분쟁의 1회적해결을 촉진시킨다는 점에 있다.

3. 2011년 개정법과 본판결

동일한 사실·증거에 기초한 무효심판청구가 부적법하다고 판단하는 판단기준시점의 문제는 개정 후의 제167조에서도 발생할 수 있으나, 심판청구시설의 견해를 취하는 본판결의 결론은 현행규정의 해석으로 계속 유지되어야 하는가.

본판결의 상기판시(ⅱ)는 「동일한 특허에 대해서도 복수의 사람이 무효심판청구를 하는」 경우를 염두에 둔 것이라는 점이 명백하고, 따라서 본판결에서 말하는 「무효심판청구를 하는 자의 고유한 이익」이란 제3자가 심판청구를 할 이익을 가리키는 것이다. 즉, 본판결은 제3자의 불이익을 최소한으로 하기 위하여 심판청구시설을 취하고 있는 것이기 때문에 제3자효가 폐지된 현행법에서는 본판결의 취지는 더 이상 타당하지 않은 것으로 보인다. 동일한 당사자에 의한 심판의 반복을 방지하고 분쟁의 1회적해결을 촉진시킨다는 현행 제167조의 의의를 귀감으로 삼아 그 적용범위를 본판결의 입장보다도 넓게 해석해야 한다.

또한 제167조에서 말하는 「동일한 사실 및 동일한 증거」요건에 대해서는 제3자효를 규정하고 있던 구 특허법 제167조에서 이 요건을 완화하여 해석하면 제3자에 의한 무효심판청구보다 넓게 제한하게 되는 문제가 있었으나, 현행규정에서는 그러한 문제를 이유로 엄격하게 해석할 필요는 없다. 실무상, 동일인이 기존의 무효심판청구와 완전히 동일한 사실·증거에 기초하여 심판청구를 하는 것은 생각하기 어렵고 다른 증거를 부가하는 등 제167조의 적용을 배제하는 것이 통상적인 것으로 생각되기 때문에(牧野, 앞의 논문, 28면) 그러한 경우에 「동일한 사실 및 동일한 증거」의 요건을 엄격하게 해석하면 제167조의 기능은 한정적인 것이 되어버린다. 따라서 현행 규정에서는 이 요건에 대해서도 심판의 반복 방지라는 관점에서 구법(舊法)보다 완화하여 해석해야 한다고 생각한다. 주된 근거가 되는 인용례(主引例)가 공통된 경우에 부수적인 인용례(副引例)를 추가하는 정도로는 개정 후의 제167조에 해당한다고 해석하는 견해가 있는데(高部眞規子,「平成23年特許法改正後の裁判實務」L&T 53号 28頁), 타당한 견해이다.

〈참고문헌〉
본문 중에 언급된 것 외에
1. 長澤幸男, 法曹 55卷3号 199頁
2. 飯島步,「特許無效審判における一事不再理」知的財産法政策學硏究16号 247頁
3. 牧野利秋, 本百選〈第3版〉98頁

47. 판정의 법적 성질

最高裁 昭和 43年(1968년) 4月 18日 第1小法廷判決
[昭和 42年(行ツ) 第47号, 登實用新案の技術的範圍についての判定に対する
行政不服審査法による異議申立についての裁決取消請求事件]
(民集 22卷 4号 936頁, 判時 521号 46頁, 判タ 223号 159頁)

齋藤 誠(사이토우 마코토, 東京大学 教授) 著

박성수(김앤장 변호사) 譯

Ⅰ. 사실의 개요

소외 회사 A는 특허청에 대하여 소외 회사 B를 피청구인으로 하여 자기들의 확인대상고안 도면과 그 설명서에 나타나는 가열팽윤장치가 B가 가진 실용신안 등록의 기술적 범위에 속하지 않는다는 취지의 판정을 청구하였으나, 특허청은 A의 신청을 기각하고, B의 실용신안등록의 범위에 속한다는 취지의 판정을 하였다. A는 당해 판정에 관하여 Y(특허청장관, 피고, 피항소인, 피상고인)에 대하여 행정불복심사법에 의한 이의신청을 하였으나, Y는 이의의 신청을 동법의 심사청구로 해석한 후 판정은 동법 제4조 제1항의 '행정청의 처분'에 해당하지 않는다고 하여 청구를 부적법각하 하는 재결을 하였다.

A는 그 후 회사정리절차개시결정을 받아 X(원고, 항소인, 상고인)가 관재인에 선임되었고, X는 Y를 상대로 위 재결의 취소를 구하는 소를 제기하였다. 제1심(東京地裁 1966. 4. 26. 行集 17권 4호 432면)은 "판정은 제도적으로는 특허권자와 제3자 사이에 존재하는 구체적인 분쟁의 해결을 목적으로 하는 것이지(만) … 판정의 결론이 당사자를 구속하여 당사자 사이의 권리의무가 그것에 의해 확정되는 취지의 규정은 만들어져 있지 아니하다. 권리의무를 확정하는 것은 법원의 재판

이외에는 있을 수 (없다) … 판정에 의한 분쟁의 해결은 … 사실상 행하여지는 것에 불과하다"라고 하여 판정을 "특허청의 단순한 견해의 표명이고, 감정적(鑑定的)인 성질을 가짐에 그치(며) … 국민의 권리의무 또는 법률상의 지위에 직접적인 영향을 미치는 것이 아니다"라고 위치지우며 X의 청구를 기각하였다. 제2심(東京高判 1967. 2. 28. 判夕 207호 148면 참조)도 법적 구속력이 없는 판정에 불복신청을 인정하지 않는 것은 헌법 제76조 제2항 위반이 아니라는 취지를 부가한 이외에 제1심과 같은 이유로 항소를 기각하였다. X가 상고.

Ⅱ. 판　지

상고기각.

(ⅰ) "행정청의 행위이었어도, 성질상 위와 같은 법적 효과(국민의 권리의무에 직접관계되고 그 위법 또는 부당한 행위에 의해 국민의 법률상의 이익에 영향을 주는)를 갖지 않는 행위는 행정불복심사의 대상으로 될 수 없다."

(ⅱ) "판정은 특허 등에 관계된 전문적인 지식경험을 가진 3명의 심판관이 공정한 심리를 거쳐 행하는 것이지만, 본래 특허발명 또는 실용신안의 기술적 범위를 명확하게 하는 확인적 행위이어서 새로이 특허권이나 실용신안권을 설정하거나 설정된 그것들의 권리에 변경을 가하는 것이 아니고, 또 법이 구특허법(1921년 법률 제96호) 제84조 제1항 제2호 소정의 특허권의 범위확인심판 … 의 심결에 관하여 두고 있던 것과 같은 판정에 법적 효과를 주는 것을 전제로 하는 규정을 두고 있지 않은 것이고, 다른 한편 소론이 드는 바와 같이 판정의 결과가 특허권 등의 침해를 이유로 하는 금지청구나 손해배상청구 등의 소송에 있어서 사실상 존중되는 것이 있다고 하여도, 그것은 소송에 대하여 기판력을 미치게 하는 것이 아니라 그리하여 증거자료로 될 수 있게 함에 지나지 않는다. 게다가 판정에 의하여 불이익을 입은 자가 반증을 들어 그 내용을 다투는 것이 가능하여, 법원도 또한 그것과 다른 사실인정을 하는 것을 방해받지 않는 것이라고 생각함에 이르게 되면 그것은 특허청의 단순한 의견의 표명이어서, 결국 감정적인 성질을 가지는 것에 그친다."

(ⅲ) "동조(행정불복심사법 제2조 제1항)에서 말하는 사실행위란 '공권력의 행사에 해당하는 사실상의 행위', 즉 의사표시에 의하여 행정청의 처분에 유사한 법적 효과를 초래하는 권력적인 사실상의 행위를 가리키는 것이지만, 판정이 이것

에 해당하지 않는 것은 다언을 요하지 않는다."

(ⅳ) "그렇다면 특허법 제71조 소정의 판정은 행정불복심사의 대상으로서의 행정청의 처분 그 밖의 공권력의 행사에 해당하는 행위에 해당하지 않고, 따라서 실용신안법 제26조에 의하여 위 특허법의 규정을 준용하게 된 본건 판정도 행정불복심사의 대상으로 될 수 … 없다."

Ⅲ. 해   설

1. 권리범위 확인심판으로부터 판정으로

본건의 쟁점은 특허법 제71조(실용신안법 제26조로 준용, 의장법에서는 제25조에 규정) 소정의 특허청에 의한 특허발명의 기술적 범위에 관한 판정이 행정쟁송의 대상으로 되는 행정처분(내지 공권력의 행사로서의 사실행위)에 해당하는지 아닌지였다.

판정제도는 판지 (ⅱ)가 언급하는 1921년 특허법에 있어서 권리범위확인심판(이하 확인심판이라고 약칭한다)에 대신하여 1959년 특허법에 신설된 제도이다. 권리범위확인심판의 법적 효과의 유무에 관하여도 학설에 있어서 다툼이 있었다(말미에 기재된 본건 평석, 해설 참조).

확인심판제도의 성질과 그 판정제도에의 이행에 관하여 일관하는 설명의 하나는 판지와 같이 확인심판의 법적 효과를 인정한 위에 이하와 같은 이론구성으로 보인다. 즉, 확인심판은 특허청이라고 하는 행정기관이 "특허권의 효력이 미치는 범위를 공권적으로 확정하는 것이고, 한편 그 심결이 확정되면 일사부재리의 원칙이 적용되는 것으로 된다. … 심결이 확정되는 때에는 대세적인 효력을 발생하는 것으로 되어, 특허권침해사건 등에 있어서 법원의 인정도 구속하는 결과로 되(고) … 행정권이 사법권에 간섭하는 것으로 하여 문제가 된(다)." 그래서 "법률상 하등의 구속력을 갖지 않는 특허청의 공적 감정의견을 표시"하는 판정제도가 설치되게 되었다(馬①7-8면, 216면 이하).

그것은 2차 대전 전의 심판제도에 관하여, 심판에 있어서 특허국 심판관을 특별재판소로 해석하는 것도 가능하였다는 것에 대하여(大淵, ②135면, 380면 참조), 일본 헌법에 일원적인 사법시스템이 도입된 것에 대응한 설명이기도 하다(제1심 판결의 인용부분도 그와 같은 말투를 시사한다). 그러나 현행 헌법하에서도 행정기관에 의한 법적 효과를 가진 사권(私權)에 관한 결정(공권적, 확정적)에 대하여 사실문제도 포함할 수 있는 사법심사의 루트가 열려 있다면, 사법권에의 위헌적인 "간섭"

으로는 되지 않는다고 해석될 수 있다(齊藤③④ 참조). 그 입장으로부터는 법적 효과를 가지게 할 것이지 아닌지는 입법정책의 레벨에서 선택의 문제라고 하는 것이 된다.

2. 판정의 행정쟁송 대상성

(1) 정부 원안 단계에서 "해석"이라는 문언이었던 점이라든가, 확인심판과의 관계규정이 이동(異同)을 포함하여 우선은 판지 (ⅱ)와 같은 법적효과가 없는 제도로서의 설계가 의도되었던 것 같아 보인다. 그러나 참의원의 심의에 있어서 판정이라고 하는 말이 채용된 것뿐 아니라 심사관을 3명으로 법정하는 등 "절차를 신중하게 하여 특허청이 하는 판단에 권위를 갖게 하고자 한다"(제31회 참의원 상공위원회 회의록 18호 3면) 수정이 행하여져, 아울러 국회심의에서의 정부위원 답변에는 판정이 행정처분으로서 특허법 제177조(당시)의 소원, 그리하여 행정소송의 대상으로 되는 것이 분명히 말하여져 있다(제31회 국회 중의원 동위원회 회의록 37호 3-6면)는 것을 어떻게 볼 것인가의 문제가 남는다.

(2) 그래서 입법경위로부터는 일단 떨어져, 행정불복심사의 대상으로 되는지 어떤지에 관하여 명문의 규정이 없는 경우 "행정쟁송이 일반원칙에 따라 해결하는 것 외에는 없다"(판지 (ⅰ)에 선행하는 설시)라고 하는 판결의, 일반원칙에 집착하는 방법에 관하여 행정법이론의 관점으로 분석할 필요가 있다.

① 행정불복심사의 대상에 관하여, 국민의 권리의무에 "직접"관계하는 "법적효과"의 유무를 지표로 하는 판지 (ⅰ)의 일반론은 행정소송의 대상과 공통으로 오늘에 따르는 판례의 베이스 라인이다. 그래서 대상성을 기초로 하는 "법적효과"에 의한 구체적 내용은, 행정소송에 있어서 처분성(행정불복심사의 대상과 같은 판단의 틀을 이용하는 것이 통설 판례이다)에 관한 판례에 의하면 "새로운 국민의 권리의무를 형성하거나, 혹은 그 범위를 확인하는"[最判 1964. 1. 24. 民集 18권 1호 113면 (家賃臺帳 작성, 등재행위에 관하여 처분성을 부정, 행정판례백선 Ⅰ (제4판) 68 사건] 내지 "직접 국민의 권리의무를 형성하거나 또는 그 범위를 확정하는"[最判 1964. 10. 29. 民集 18권 8호 1809면 (쓰레기 소각장설치행위에 관하여 처분성을 부정, 행정판례백선 Ⅱ 제4판 193 사건)] 것이다.

② 권리의무의 범위를 확인 내지 확정하는 것도 쟁송대상성을 기초로 하는 법적 효과로서 판례가 들고 있는 것, 따라서 권리의무관계 뿐 아니라 사실관계의 구속적 확정도 행정처분의 법적 효과로 하는(특허법 분야에 응용에 관하여 齊藤④, 興

津⑤참조) 것이라면, 본건 판지 (ⅱ)의 "기술적 범위를 명확하게 하는 확인행위이어서 … 변경을 가하는 것이 아니고"라고 말하는 言明은 처분성 부정의 근거로서는 오해의 소지가 있다.

같은 것으로는 1959년 법하에서 제기된 권리범위확인의 소를 부적법각하로 한 最高裁 1971. 7. 20. 판결(民集 26권 6호 1210면)의 판정에 관한 기술도 해당된다. "(본건소송)이 목적으로 하는 것은 어떤 의장이 미적 인상의 점으로부터 판단하여 등록의장 … 의 범위에 들어가는지 아닌지 라고 하는 것이기 때문에 그 판단은 법률상의 판단이 아니라 사실상의 판단이고, 판단의 대상은 권리 또는 법률관계가 아니라 … 그것은 등록의장 … 의 범위의 판정권한이 행정관청인 특허청에 주어지고 있다(의장법 제25조)는 것으로 그 판정의 결과에 관하여 불복신청의 길이 열려져 있지 않다는 것으로부터 이미 맡겨져 있다."

행정관청에 사실관계에 관하여 법적 구속력을 가진 확정, 확인의 권한을 부여할 것인가 어떤가와, 사실문제의 확정, 확인이 민사소송의 대상인가 어떤가는 별개의 문제이다.

③ 결국, 쟁송대상성을 부정하는 논거는 판지 (ⅱ) 후반부분, 즉 법적 효과를 전제로 하는 규정이 아니라, 판정의 판단내용이 반증을 들어 다툴 수 있어 법원을 구속하지 않는{실질적 확정력(=기판력)을 갖지 않는다} 것에 구하여진다. 다른 소송에 있어서 사실상의 존중에 그치는 점의 지적도 포함되어, 그 점에 관하여 본 판결이 의거한 것은, 해난원인 심판의 취소소송을 부적법하다고 한 最高裁 1961. 3. 15. 대법정 판결(民集 15권 3호 467면)이다(행정청에 의한 법률요건사실의 확정이 항고소송의 대상으로 하는 소수의견 내지 可部, 본건해설도 참조).

행정처분의 지표로서의 법적 효과, 규율에 관하여 반증에 의하여 뒤집을 수 있는 "공적인 증거력"을 그에 포함하지 않고(전기 1964년 最高裁 판결 등) 또 한편, 권리의무에 대하여 사실상의 영향이라고 하는 요소(영향의 예로서 판정이 있었던 것을 이유의 하나로 하여 사정변경에 의하여 금지가처분을 취소한 판결로서 나고야고재 금척지법 1967. 6. 14. 下民集 18권 5.6호 676면이 있다)를 감안하지 않는 것이 종래 판례의 준칙이다.

④ 행정불복심사법상의 사실행위에 관하여도 "사람의 收容" 등의 예시로부터 하면 본래는 "물리작용"을 조정한 것이고, 권고, 공표 등의 "정신작용"이 포섭되는 것으로서도 판례의 준칙에 의하면 ①③과 같은 "법적효과" 기준에 의한 대상성이 판단된다(판지 (ⅲ) 전게 행정판례백선 Ⅰ, 제4판, 68 사건 해설 참조).

그러나 최근의 판례는 처분성을 근거로 삼는 법적효과에 관하여 유연하게 해석하여 넓히는 경향이다[最判 2005. 4. 14. 民集 59권 3호 491면(등록면허세의 과오납금 환부를 둘러싼 거부총지에 관하여 긍정, 조세판례백선 제5판 88사건); 最判 2005. 7. 15. 民集 59권 6호 1661면. (의료법 제30조의7에 의해 병원개설중지권고에 관하여 긍정, 행정판례백선 Ⅱ 제5판 167사건); 最大判 2008. 9. 10. 民集 62권 8호 2029면(토지구획정리사업의 계획결정 에 관하여 긍정, 平成20年度重判解 ジュリ 1376호) 행정법 4사건 등]. 여기서는 판단에 이 르러 실효적인 권리구제를 도모한다고 하는 관점도 강조되고 있다.

그래서 실용신안법의 실용신안기술평가의 경우(제12조) 판정과는 달리 법제 도상 기술평가에 일정의 법적 효과가 결부되어 있다[침해자에 대하여 권리행사의 조 건으로서 평가서의 제시(제29조의2), 잘못된 권리행사를 한 경우의 면책(제29조의3)]. 따라 서 평가가 불가능한 것의 불이익을 '사실상의 불이익'으로 하고, 평가서의 제시도 "권리행사의 하나의 요건 … 에 지나지 않는다"라고 하는 처분성을 부정한 동경 고판 2000. 5. 17.[判工2期版 4933의6면(본서 103 사건)]은 행정처분으로서의 성질결정 에 요구되는 법적 효과에 관하여 판례의 동향으로부터도 문제가 있다.

3. 그 후의 판정제도

법적 효과가 없는 의견표명이라고 하는 본 판결에 나타난 판정의 성질론에 의하여 특허권의 권리범위를 계쟁 내용으로 하는 소송 루트는 판정절차가 개재 된 경우에도 침해소송 내지 무효심판을 둘러싼 소송인 것이 명확하게 되었다. 그 래서 그와 같은 독립적으로 기능을 발휘하는 틀에도 포섭되지 않고 판정제도에 행정의 인적 물적 자원을 투입하는 것의 의미가 의문으로 된다.

1999년 특허법 개정으로는 ① 재판소로부터 특허청에의 기술적 범위의 감정 촉탁제도가 신설됨과 동시에(제71조의 2), ② 분쟁해결에 이바지하는 것으로서 판 정제도의 이용가치를 높이는 증거조사 등에 관하여 심판절차를 준용하여 종래 정령으로 규정되고 있던 절차사항을 법 제71조 제3항으로 격상시키는 개정이 이 루어졌다.

또, 동조 제4항에 부적법한 판정청구에 대하여 각하결정에 불복신청이 가능 하지 않다는 취지로 규정되었으나, 이것은 판정 그것이 쟁송대상으로 되지 않는 다고 하는 본판결 내지 행정실무에 합치되도록 하는 규정이다(동 개정에 관하여 中 山 ⑥ 491면 이하, 松本 · 小池 ⑦ 782면 이하 참조).

그 후 이에 더하여 지적재산침해물품의 통관압수제도[水際取締制度]에 의하여 침해인정절차중 화물의 권리의 기술적 범위에 관하여 특허청장의견조회제도가 마련되었다(2005년 개정된 현행 관세법 제69조의 17).

판정, 의견조회, 실용신안기술평가 각각에서 처분성이 인정되지 않는 경우, 불이익한 상황과 행위와의 관련에 의하여서는, 당사자소송으로서의 확인소송(행정소송법 제4조)의 이용도 생각된다.

이와 같이 재판상의 해결을 직접 서포트하는 감정촉탁, 사실상의 분쟁해결기능을 약간 강화한 판정이라고 하는 양면 작전이 필요한 동시에 충분한 것인지 어떤지에 관하여는 의론이 계속되고 있다(産構審 보고서 ⑧ 85면 이하 참조).

<참고문헌>

1. 蕚優美 特許實體法論(1989년)
2. 大渕哲也 特許審決取消訴訟基本構造論(2003년)
3. 齊藤誠 "私人間紛爭に對する行政の權力的關與," 成田賴明先生 古稀祝賀論集, 政策實現と行政法(1998년)
4. 齊藤誠 "知的財産法のシステムにおける行政法理," 中山信弘先生還曆記念, 知的財産法の理論と現代的課題(2005)
5. 興津征雄 "特許付与, 無效審判, 侵害訴訟," パテント 64卷 10号

본건의 해설, 평석으로서 可部桓雄, 最判解民事篇(上) 昭和43年度 253頁, 三宅正雄, 民商 59卷 6号 1044頁, 豊崎光衛, 法協 86卷 8号 977頁, 中川淳, 본 百選(제2판) 56번 사건이 있다.

Ⅶ. 심결등 취소소송

48. 심결취소소송의 심리범위— 메리야스 편직기 사건

最高裁 昭和 51年 3月 10日 大法廷判決

[昭和 42年(行ツ) 審決取消請求事件]

(民集 30卷 2号 79頁, 判時 806号 13頁①事件, 判タ 334号 113頁) ◀재판소 Web

大渕哲也(오부치 데쓰야, 東京大学 教授) 著

김관식(한남대학교 법과대학 교수) 譯

Ⅰ. 사실의 개요

X(원고·피상고인)는 특허권자이고 Y등(피고·상고인)은 특허무효심판청구인들이다. 특허청은 무효심결을 하였는데 항고심판에서도 유지되었다. 본소는 동 항고심판심결의 취소소송이다.

Y등은 심판절차에서 무효원인으로써 공지사실 A 및 기타 공지사실의 주장 및 모인의 주장을 하였다. 심결에서는 공지사실 A의 존재를 인정하여 본건 특허발명은 공지공용에 해당한다고 판단하였는데, 그 밖의 주장에 대해서는 판단하지 않았다. 원 판결은 공지사실 A의 존재를 인정할 수 없고, 또 그 밖의 공지사실의 주장 및 모인의 주장 및 Y등이 원심에서 추가한 주장 모두는 아직 특허청에서 심리판단을 거치고 있지 않기 때문에 이것에 의하여 심결의 적부를 판단함에는 이유가 없다고 하여 특허청의 상기심결을 취소하였다. Y등이 상고.

Ⅱ. 판 지

(i) '법이 정한 특허에 관한 처분에 대한 불복제도 및 심판 절차의 구조와 성격에 비추어 볼 때에는, 특허무효의 항고심판 심결에 대한 취소의 소에 있어서 그 판단의 위법이 다투어지는 경우에는 전적으로 당해 심판 절차에서 현실적으로 다투어지고 또한 심리 판단된 특정한 무효원인에 관한 것만이 심리의 대상으로 되어야 하는 것이고, 그 이외의 무효원인에 대해서는 상기 소송에서 이를 심

결의 위법사유로써 주장하여 재판소의 판단을 구하는 것을 허용하지 않는다고 하는 것이 법의 취지이다'. (ii) '무효심판에서 판단의 대상으로 되어야 하는 무효 원인도 또한 구체적으로 특정된 것일 것을 요하고 예를 들어 동일하게 발명의 신 규성에 관한 것이라도, 특정한 공지사실과의 대비에 있어서의 무효의 주장과 타 공지사실과의 대비에 있어서의 무효의 주장은 각각 별개의 이유가 된다'. (iii) '심 결 취소소송에 있어서는 항고심판의 절차에서 심리 판단되지 않은 공지사실과의 대비에 있어서의 무효원인은 심결을 위법으로 하거나 또는 이것을 적법이라고 하는 이유로써 주장할 수 없다'.

Ⅲ. 해　　설

1. 본 판결의 대상 논점은 심결취소소송의 심리범위라고 하는 특허법 최대 난문의 하나이어서 50년에 한번이라는 대 개정으로도 일컬어지는 2011년(平成 23 년) 개정에서도 보류된 정도이다.

2. 본 판결은, 심결취소소송의 심리범위에 대하여, ① 심판에서 심리되고, 또 한 심결 중에서 "판단"된 무효이유·거절이유만이 심리범위로 되고, ② 그 무효 이유·거절이유는(무효이유·거절이유의 근거)법조문 각각 및 공지사실 각각으로 획 정된다고 요약할 수 있다. 구법(大正 10년, 1935년 법)사건 판결이지만 일반적으로 본 판결의 법리는 현행법하에 있어서도 타당하고 또한 무효심판 심결의 사안이 지만 거절심결에도 타당하다고 된다. 본 판결 이유의 근거는 여러 가지이지만, 모두 심리범위제한이라고 하는 결론을 도출함에 충분한 것이라고는 하기는 힘들 다. 따라서 일반적으로 그 근거로써는 '소송의 전 단계에서 전문 행정청에 의한 신중한 심리판단을 받을 이익'('전심판단 경유의 이익')을 해하지 않기 위한 것이라 고 해석되고 있다(문헌① 48-49면, 문헌② 342면).

3. 행정소송(취소소송)의 심리범위는, (a) 당해 취소소송의 소송물의 객관적 범위에 의하여 심리범위의 외연이 획정되는 것이 원칙이고, 그 후에 (b) 소송물 의 범위 내에서도 특별한 제출 내지 주장 제한이 긍정되는 한에 있어서는 심리범 위가 제한된다고 하는 것이 일반적인 이해이다(문헌② 151면). 그러므로 이러한 일 반이론을 충실하게 적용하는 한 오히려 심리범위 무제한설의 귀결이 당연히 도

출된다(본 백선〈제3판〉 107-108면[1])).

　　따라서 상기 '이익'을 해하지 않기 위한다는 이유를 들어 본 판결의 결론을 정당화하려고 하고 있다.

　　그러나 상기 '이익'에 의한 심리범위 제한의 실체는 요컨대 심판에서 심리 판단되지 않은 새로운 무효이유에 대하여 재판소가 완전히 새롭게 판단하는 것을 피하기 위하여, 심판을 환송하여 새로운 무효이유에 대하여 심리판단 시킨 후에 그 판단에 대하여 다시 심결에 관한 심결취소소송에서 재심사하고자 하는 것이어서, 통상의 의미에서의 행정처분(심결) 취소판결을 하기 위하여 전제로 되는 위법성 자체가 불명확하여 통상의 의미에서의 행정처분(심결)의 취소판결과는 완전히 상이한 '환송적' 취소판결이라고 하여야 할 것이라고 생각된다. '환송적' 취소판결 자체로 이론을 세우는 견해(田村善之『機能的知的財産權法の理論』[1996] 153- 154頁. 玉井克哉·判平452号[判時1573号] 61-62頁도 제2종의 CB 문제[아래 참조]의 문맥이지만 기본적으로는 동일)도 있지만 법적 근거가 전혀 나타나 있지 않아서, 실무에서는 상기 '이익'을 이유로 하는 것이라고 생각되는데 그 실체는 마찬가지의 것이라고 해석된다. 다만 법률구성의 점은 별도로 하여 이와 같은 '심리범위 제한'을 이유로 하는 분쟁 분단(分斷)이 진정으로 필요한지에 대해서는 본 판결 당시라면 몰라도, 심사관제도 등의 전문 기술적인 뒷받침 체제가 극히 고도로 충실해지고 있는 중이어서(심결취소재판소 정도로는 전문성이 없는 면이 있는 침해재판소조차도[분쟁의 분단 없이] 판단할 수 있게 되었다. 아래 7 참조), 근래에는 과도한 방파제라는 등의 비판도 일부 식자로부터 이루어지고 있다.

　　중요한 것은 실체가 상기와 같은 것이라면, 본 법리에 의한 취소판결의 구속력에 대해서도 신중한 재검토가 불가결하게 된다고 하는 점이다. 행정처분(심결)의 위법성의 존재가 대전제로 되는 본래적인 심결취소 판결과 달리, 행정처분(심결)의 위법성의 존재가 인정되고 있지 않음에도 불구하고 이루어지는 상기와 같은 비본래적 '환송적' 취소판결에 (사실상의 존중에 그치지 않고) 진정으로 구속력이 발생하는가라는 점을 처음으로 하여 본질적인 검토가 불가결할 것이다.

　　4. 또한 특허심결 취소소송이 법형식적으로는 행정처분 취소소송이어서 무효심판과 심결취소소송과는 심급관계에는 있지 않지만, 그 실질을 바라보면 무효심판과 심결취소소송은 각각 무효절차 제1심(민사소송으로서의 특허권 취소소송의 제

---

1) 참고로, 이는 번역서인 特許判例百選[제3판], 박영사, 2005의 325-326면에 해당한다.

1심)과 무효절차 제2심(동 소송의 제2심)으로 된다고 해석할 수 있고, 그렇다면 전혀 별개의 시점에서 민사소송 제2심의 실질로써 당연히(민소 302조 2항도 참조) 심리범위 무제한이 도출된다. 한편 이와 같이 법형식면(독립의 소[행정처분 취소소송])과 실질면(심결에 대한 상소[불복신청] 혹은 특허권 취소소송의 제2심)의 양면으로부터의 복안적(複眼的) 분석은 매우 유효하고, 이에 의하여 권리공유인 경우에 심결취소 소송의 단독제기의 가부라는 난제에 대해서도 용이하게 단독제소 가능의 결론이 도출될 수 있다(문헌③ 참조).

근래에는 유력한 식자에 의하여 자판을 할 수 없는 심결취소소송을 폐지하고 자판형의 제도(아마도 지방재판소를 제1심으로 하는 특허권 취소소송)를 도입하여야 한다는 의견도 주장되고 있다(아래의 특허청 Web 사이트 참조). 이것은 상기 실질 그대로를 법형식으로 하는 것이라고 말할 수 있고, 이 전제로써 현행제도에서는 본 법리에 기초하는 분쟁 분단에 의하여 무용한 심판·소송간의 사건의 왕복(캐치볼 [CB] 현상)이 불가피하므로, 이것을 회피하기 위해서는 상기 신제도에 의할 수밖에 없다는 발상이 있는 것 같다. 그렇지만 본래는 심판의 전문적 식견을 활용할 수 있다고 하는 의미에서 현행 심결취소 소송제도는 현실적으로 최상의 해법이고, 현행법을 올바르게 해석 적용하면 족할 뿐인 문제이고, 오히려 CB현상 등은 원래 있어야 하는 것은 아닌 것이다. 다만 본 판결을 포함하여 현행법을 올바르게 해석 적용할 수 없다면 심결취소 소송제도 및 이와 일체로 된 무효심판 제도를 부득이 포기할 수밖에 없게 될 것이다.

비본래적 취소판결에 의한 CB 현상에서는, 본 판결에 의한 제1종 CB 이외에, 最判 平成 11. 3. 9.(民集53卷3号 303頁 - 본서 49사건)에 의한 제2종 CB(클레임 감축 목적의 정정심결확정의 경우, 무효심결 취소소송에 있어서의 무효심결의 당연 취소), 또한 일치점·상이점에서의 오류 등과 같은 전제 문제의 오류만을 이유로 심결취소를 하는 것에 의한 제3종 CB가 있다. 이들 모두의 극복이 불가결하다.

5. 이상과 같이 무효와 거절에 공통되는 문제 이외에, 거절만에 관한 것으로써 청구항 등의 보정의 기회가 심결취소 소송단계에서는 봉쇄되어 있는 현행 법제(특허 17조1항)에 기인하는 심리범위 제한이 있다. 즉 새로운 거절이유의 제출을 심결취소 소송단계에서 인정하면, 청구항등의 보정으로 대항한다는 출원인의 절차적인 기회의 보장을 해한다는 이유에 의한 심리범위 제한이다. 한편 종전에는 무효심판의 심결취소 소송에 대해서는 정정(심판)의 기회제한이 특별히 없었기 때문에 동일한 문

제는 없었는데, 2003년(平成 15년) 개정·2011년(平成 23년) 개정과 점차 기회제한이 엄격하게 되어 온 점 때문에, 이점이 문제로 된다(상세는 문헌③ 참조). 다만 청구항 등의 보정·정정의 기회 제한에 기초한 심리범위 제한은 심리범위 제한이라는 귀결의 점에서는 공통되는 것이고, 본 판결과는 전혀 다른 차원의 문제이다.

6. 상기와 같은 분쟁의 분단은, CB현상에 의한 심각한 절차지연의 폐해 이외에도 분쟁 전체의 일체적인 처리를 해한다는 점 자체로도 문제이다. 또한 본 법리의 실제 적용에 있어서 그 법적 근거가 판연(判然)하지 않다는 점과 더불어 여러 가지 곤란한 점이 생기는데(예, 最判 昭和 55. 1. 24. 民集34卷1号 80頁), 이러한 비본질적인 점에 귀중한 사법 에너지를 낭비하는 폐해도 크다(문헌② 416-417면). 또한 비교법적으로 보아도 특이하다(문헌②17-129면 참조).

7. 본 법리는 중요 판례 및 2004년(平成 16년) 및 2011년(平成 23년) 개정과의 실질적 부정합 때문에도 합리적 설명이 곤란하다. 킬비사건의 최고재판소 판결(最判 平成 12. 4. 11. 民集54卷4号 1368頁 - 본서 74사건)에 의한 킬비 항변에서는 무효이유 존재의 명백성이라는 한정의 부가는 있지만, 침해소송에 있어 무효이유의 존재가 인정되는 경우에는(특단의 사정이 없는 한) 무효이유 각각의 분쟁의 분단과 무효심판의 전치 등을 요구함도 없이 일거에 해결을 도모하고 있다. 반면에 보다 높은 관할 집중이 관련되어 있는 심결취소소송의 경우에는 무효이유의 존재가 명확한 경우를 포함하여, 무효이유 각각의 분쟁을 분단하지 않고서는 해결할 수 없다. 양자 사이의 실질적 부정합은 설명이 곤란한데(문헌② 418-421면), 현재는 2004년 개정의(명백성 요건을 수반하지 않는) 무효항변(특허104조의 3)의 도입 및 2011년 개정의 재심제한(특허 104조의 4)2)의 도입에 의하여 보다 한층 명확하게 되었

---

2) 일본 특허법 제104조의 4 (주장의 제한) 특허권 혹은 전용실시권의 침해 또는 제65조 제1항 혹은 제184조의 10 제1항에 규정하는 보상금 지급 청구에 관한 소송의 종국 판결이 확정된 뒤, 다음에 제시하는 심결이 확정된 때에는 당해 소송의 당사자였던 자는 당해 종국 판결에 대한 재심의 소(당해 소송을 본안으로 가압류 명령 사건 채권자에 대한 손해배상 청구를 목적으로 하는 소송 및 해당 소송을 본안으로 가처분 명령 사건 채권자에 대한 손해배상 및 부당이득 반환 청구를 목적으로 하는 소송을 포함)에서 해당 심결이 확정된 점을 주장할 수 없다.
  1. 당해 특허를 무효로 한다는 취지의 심결
  2. 당해 특허권 존속기간 연장 등록을 무효로 한다는 취지의 심결
  3. 당해 특허의 출원서에 첨부한 명세서, 특허청구의 범위 또는 도면의 정정을 하여야 한다는 취지의 심결로 정령에서 정하는 것

다. 동 개정 전에는 침해재판소의 판단은 심결취소재판소 등의 판단에 의해서 재심에 의하여 번복될 수 있다는 의미에서 특허무효에 대해서의 잠정적 판단권 밖에 가지고 있지 않았지만, 동 개정에 의하여 최종적 판단권한(확정판결에 대해서는 심결취소재판소 등의 판단에 의하여 번복가능성이 완전히 소멸하였다)을 보유하기에 이르렀기 때문이다. 이러한(침해)재판소의 고도의 판단이 본 법리와 같은 분쟁의 분단 없이 가능함에도, 오히려 보다 한층 고도의 전문성을 자랑하는 심결취소 재판소가 본 법리에 의한 분쟁의 분단 없이는 판단할 수 없다고 하는 점에서는, 합리적 설명이 전혀 불가능하다. 또한 상기 침해재판소와 심결취소재판소의 분쟁판단의 차이는 전자의 상대효와 후자의 절대효의 차이로 겨우 정당화가 시도되어 왔지만, 2011년 개정에 의하여 양자의 판단도 상기와 같이 각 대상 법률관계 각각에 독립하여 유효하게 존재하는 것으로 되었기 때문이므로 이러한 시도도 명확히 불가능하게 되었다.

8. 이상과 같이 본 법리의 극복은 시급한 것인데 종전에는 전혀 해소 불가능한 난제로 생각되었지만 근래에는 매우 유력한 논자에 의하여 심리범위 제한극복의 소견도 볼 수 있게 되었다(産業構造審議会 知的財産政策部会特許制度小委員会 第28, 29回 議事錄[특허청 Web 사이트] 참조). 향후의 진전도 기대된다.

〈참고문헌〉
1. 宍戸達德 最判解民事篇 昭和51年度 37頁
2. 大渕哲也 『特許審決取消訴訟基本構造論』[2003]
3. 大渕哲也 「審決取消訴訟の審理範囲等」曹時 게재예정

49. 정정심결의 확정과 무효심결취소소송의 귀추
—— 대경각형강관(大徑角形鋼管) 사건

最高裁 平成 11年(1999년) 3月 9日 判決

[平成 7年(行ツ) 第204호 : 審決取消請求事件]

(民集 53卷 3号 303頁, 判時 1671号 133頁, 判夕 999号 234頁) ◀재판소 Web

塚原朋一(츠카하라 토모카즈, 早稻田大学 教授) 著

설범식(서울중앙지방법원 부장판사) 譯

Ⅰ. 사실의 개요

X(원고, 상고인)는, '대경각형강관(大徑角形鋼管)의 제조방법'이라는 명칭의 발명의 특허권자이다. Y(피고, 피상고인)가 X의 특허에 대하여 무효심판을 청구하였고, 특허청은 본건 발명이 진보성을 흠결하였다고 하여 무효심결을 내렸다(1991. 7. 25.). X는 무효심결의 취소소송을 제기하고(1991. 9. 24.), 아울러 특허청구의 범위를 감축하는 정정심판을 청구하여(1991. 12. 17.), 정정을 인정하는 심결을 받아(1993. 10. 28.), 확정되었다. 원심인 동경고재는 정정심결의 확정에 의하여 본건 발명은 소급적으로 변경되었기 때문에 본건 심결은 결과적으로 발명의 요지인정에 잘못이 있는 것으로 되지만, 정정 후의 본건 발명도 본건 심결과 같은 인용례와 같은 취지의 이유에 의하여 동일한 결론에 달하기 때문에, 그러한 잘못은 본건 심결의 결론에 영향을 미치지 아니하였다고 하여, X의 심결취소청구를 기각하는 판결을 선고하였다(1995. 8. 3.). 그리고 본건은 1993년 법률 제26호에 의한 개정 전의 특허법이 적용된 사건이다.

Ⅱ. 판 지

파기자판.

① "심결취소소송에 있어서, 심판절차에서 심리 판단되지 아니한 공지사실과

의 대비에 있어서의 무효원인은 심결을 위법 또는 적법하다는 이유로 주장할 수 없다는 것이, 당원의 판례로 하는 바이다"(最高裁判所 大法廷 判決 昭和 51. 3. 10. 民集 30卷 2号 79頁 - 본서 48사건).

②"명세서의 특허청구범위가 정정심결에 의하여 감축된 경우에는 감축 후의 특허청구범위에 새로운 요건이 부가되기 때문에, 통상의 경우 정정 전의 명세서에 기초한 발명에 대하여 대비된 공지사실뿐만 아니라 그 밖의 공지사실과 대비하지 않으면 위 발명이 특허를 받을 수 있는지 여부를 판단을 할 수 없다. 그리고 이와 같은 심리판단을 특허청의 심판절차를 거치지 않고 심결취소소송이 계속하는 재판소에서 제1차적으로 행하여질 수는 없다고 해석하여야 할 것이므로, 정정 후의 명세서에 기초한 발명이 특허를 받을 수 있는지 여부는 당해 특허권에 대하여 내려진 무효심결을 취소한 다음, 다시 우선 특허청의 심판절차에 의하여 이를 심리 판단하여야 하는 것이다."

③"원래 정정 후의 명세서에 기초한 발명이 무효심결에서 대비된 것과 동일한 공지사실에 의하여 무효로 되어야 할 경우가 있을 수 없는 것은 아니고, 원심판결은 본건이 이와 같은 경우라는 점을 이유로 하지만, 본건에 있어서 정정심결이 내려지기 위해서는 1993년 법률 제26호에 의한 개정 전의 특허법(이하 '구법'이라 한다) 126조 3항에 의하여, 정정 후에 있어서 특허청구범위에 기재되어 있는 사항에 의하여 구성되는 발명이 특허출원 시에 독립하여 특허를 받을 수 있는 것이 아니면 안 되기 때문에, 정정 후의 명세서에 기초하는 발명이 무효심결에서 대비된 공지사실에 의하여 마찬가지로 무효로 되어야 할 것이라면, 정정심결은 위 규정에 반하는 것으로 되고, 그와 같은 경우에는 구법은 정정의 무효심판(129조)에 의하여 정정을 무효로 하고, 당해 특허권에 대하여 이미 내려진 무효심결에 대하여는 그 효력을 유지하는 것을 예정하고 있다고 말할 수 있다[현행법은 123조 1항 8호에서 126조 4항에 위반하여 정정심결이 내려진 것이 특허의 무효원인으로 된다는 취지로 규정하고 있기 때문에, 위와 같은 경우에는 이를 이유로 하여 다시 특허의 무효심판에 의하여 이를 무효로 하는 것을 예정하고 있다]."

④"따라서 무효심결의 취소를 구하는 소송의 계속 중에 당해 특허권에 대하여 특허청구범위의 감축을 목적으로 하는 정정심결이 확정된 경우에는 당해 무효심결을 취소하지 않으면 안 된다고 해석함이 상당하다."

Ⅲ. 해 설

1. 본 판결은 1993년 개정 전의 구법 하에서 무효심결취소소송의 계속 중에 특허청구의 범위의 감축을 목적으로 하는 정정심결이 확정된 경우에는 정정의 내용이 어떤지 상관없이, 예외 없이 당해 무효심결은 취소되지 않으면 안 된다고 하였다. 그리고 最高裁 平成 11. 4. 22.(判時 1675号 115頁) 판결은 1993년 개정 후의 특허법하에서도 같은 취지의 판시를 하였다(본 판결의 판시 ③의 말미 참조). 그후 2003년 법률 제47호에 의한 개정으로 무효심결취소소송의 제기 후의 정정심판청구가 제소 후 90일 이내로 제한되어, 본 판결이 전제로 한 위와 같은 문제는 대부분 없어졌다.

2. 본 판결은 그 기본적인 이유를 昭和 51年(1976년) 최고재판소 대법정 판결의 취지에서 구하고 있다. 이 최고재판소 판결은 특허무효의 심판에서 심리 판단되지 않은 공지사실과의 대비에서의 특허무효원인을 심결취소소송에서 새로이 주장하는 것은 허용되지 않는 것이고, 이와 다른 그 때까지의 최고재판소 판례를 변경한 것이다. 이 최고재판소 판결을 이론적으로 어떻게 이해하는가는 학설상 다툼이 있다. 실제로는 다툼이 전혀 없는 것은 아니지만(말미 기재의 문헌 참조), 知財高裁의 실무 추세로는 최고재판소 대법정 판결의 판지가 신규성이라고 하는 특수한 사안에 전제를 두고 있고, 그 판지를 넓게 또는 좁게 어느 쪽으로도 해석할 수 있어 최고재판소 대법정 판결의 사안에 있어서의 판지 자체에 반대의견을 내세우는 재판례는 보이지 않는다.

본 판결에 의하여 파기된 원 판결도 최고재판소 대법정 판결의 판지에 대하여 이를 나름대로 이해한 다음, 본건의 사안에서는 당해 심결 후에 정정이 있더라도 종전의 인용례로 심리 판단하는 것이 가능하다고 해석한 것이다(진보성이 문제로 되어 있고. 그 심리 판단의 구체적 내용에서는 정정의 유무에 관계없으며, 심리 판단의 이유 과정이 동일하였는가는 분명하지 않다). 무효심결을 받은 특허권자가 어느 정도의 정정(심판)청구를 할 것인가는 극히 중대한 판단사항이고, 그 정정의 방식은 무효심결을 받기 전에는 소규모로 하더라도, 무효심결을 받은 후에는 사실상 최후의 정정 기회여서, 청구하는 정정의 내용도 인용례를 확실히 확인하여 정정요건이 아슬아슬할 정도로 과감히 하는 것도 있다. 그 때문에 대부분은 정정의 전후로 사용되어야 할 인용례가 다르거나 인용례가 다르지 않다 해도 특허무효의 판단 이유에 기본적인 변경을 수반하는 경우가 있다. 따라서 본 판결이 "감축 후의 특허청구의 범위에 새로운 요건이 부가되어 있기 때문에 통상의 경우 정정 전의 명세서에 근거한 발명에 대하여 대비된 공지사실만이 아니라, 그 밖의 공지사실과의 대비를 행하지 않으면 위 발명이 특허를 받을 수 있는지 여부의 판단을 할 수 없다"고 서술하고 있는 바와 같이, 실제로 새로운 공지사실(인용발명)이 필요하게 되는 경우도 적지 않다. 따라서 그와 같은 경우에는 다시 특허청에서의 심판절차를 거칠 필요가 명백하고, 이러한 경우에 심결취소소송에서 무효심판청구인인 피고가 새로운 공지사실을 추가하는 것은 상기 최고재판소 대법정 판결의 취지에 완전히 저촉되기 때문에 재판소로서는 이를 인정할 수 없다(이 점은 본건의 원 판결도 동일한 견해이고, 실무상으로도 이설이 없다).

그러나, 원 판결이 밝히고 있는 바와 같이 재판관의 이해에는, 새로운 공지사실을 이용하는 것이 불필요하고, 더군다나 정정에 의하여 감축되었다고는 하더라도 극히 미미한 감축이어서 새로운 공지사실이 불필요할 뿐만 아니라, 먼저 내려진 심결의 이유를 그대로 이용하여 먼저 내려진 심결을 수긍할 수 있는 것은 아닌가라고 하는 점도 있다. 2003년 개정법이 시행된 전후로는 심결취소소송이 급증하여 재판소와 특허청에 다수의 사건이 계속되어 있었고 재판소와 특허청이 분쟁의 일회적인 해결을 지향하는 측면도 있어서 당연취소론을 선명하게 한 본 판결에 대하여 실무에서는 일부 불협화음이 나오기 시작하였다.

3. 본 판결은 이와 같은 예외적인 경우에도 정정심결이 내려지기 위해서는 구법 126조 3항에 의하여 정정 후의 발명이 독립특허요건을 갖추어야 하기 때문에 정정 후의 발명이 무효심결로 무효로 되어야 할 것이라면 정정심결은 동 규정에 위반하고 있는 것으로 되고, 그와 같은 경우에는 구법은 정정의 무효심판(129조)에 의하여 정정을 무효로 하고, 이미 내려진 무효심결의 효력을 유지할 것을 예정하고 있는 것이라고 하여, 결국 무효심결의 취소를 구하는 소송의 계속 중에 정정심결이 확정된 경우에는 당해 무효심결을 예외 없이 취소하지 않으면 안 되는 것으로 하고 있다.

본 판결은 무효심결취소소송의 계속 중에 정정심결이 확정된 경우에는 당해 심결은 예외 없이 취소되는 실질적인 이유로서 상기 ②를, 절차상의 이유로서 상기 ③을 들고 있지만, ②의 이유는 판결문에도 있듯이 통상의 경우의 현상을 서술한 것에 지나지 않고, 예외 없이 원 판결이 파기되는 근거가 되지는 않는다. ②

의 이유는 정정이 극히 사소한 것이어서 새로운 공지사실도 불필요하다면, 용이
상도성(容易想到性)의 심결 이유도 그대로 이용할 수 있는 경우를 설명하는 근거
로서는 박약하다(大淵, 뒤의 논문 참조).

4. 이러한 이유도 있어 그 후 최고재판소는 특허이의에 의하여 특허를 취소
하여야 한다는 취지의 결정의 취소청구를 기각한 원 판결에 대한 상고수리신청
으로 상고심 계속 중에 정정심결이 확정된 경우에 대하여, 最高裁 平成 15. 10.
31.(判夕 1138号 76頁) 판결에서 민사소송법 325조 2항, 338조 1항 8호에 기하여,
"원 판결의 기초로 된 행정처분이 후에 행정처분에 의하여 변경된 것으로서 원
판결에는 민사소송법 338조 1항 8호에 규정하는 재심의 사유가 있다. 그리고 이
경우에 원 판결에는 판결에 영향을 미친 것이 명백한 법령의 위반이 있는 것이라
고 함이 마땅하다"고 하여 본 판결과 동일한 결론을 도출하고 있다.

게다가 最高裁 平成 17. 10. 18.(判夕 1197号 114頁) 판결에서는 무효심결취소
소송의 동종 사안에서 상기 최고재판소 판결과 같은 이유 구성을 채용하여, 원
판결을 파기하고 심결을 취소한 다음, 그럼에도 사실심인 동경고등재판소에 환송
하여 심결을 취소할 것인지 여부의 인정판단을 시킬 여지는 없다고 하여 심결을
스스로 취소하고 있다. 사안으로서는 평성 15년(2003년) 개정법의 시행 전의 것이
기는 하지만, 당시 지적재산고등재판소로서는 2003년 개정법의 시행 하이고 개
정 후의 특허법 181조 2항의 운용방식에 대하여 검토 중이어서, 최고재판소의 새
로운 판례를 어떻게 받아들일 것인가가 논의되었다(判夕의 무기명에 의한 코멘트에는
2003년 개정 후의 규정에는 적용이 없는 판례라고 단정되어 있다).

그러나 그 후 심결취소소송의 신건 접수건수가 감소되고, 그 원인이 심리의
정체나 장기화가 아니라 재판소가 특허침해소송과 심결취소소송에서 특허를 무
효라고 판단하는 비율이 높은 것에 있다는 비판을 받게 되고, 재판소의 심리는
특허무효를 향하여 지나치게 서두른다고 하는 지적 등도 있었기 때문에 심결취
소소송의 일회적인 해결의 지향과 신속화 방향의 운용은 잠잠해지고, 심리를 신
중하고 충실하게 진행하는 방향으로 나아갔다. 이러한 이유도 있어 특허법 181조
2항의 운용도 정정심판청구가 있으면 원칙적으로 파기환송하는 방향으로 진행되
어, 본 판결과 같은 최고재판소 판례가 등장하는 장면은 거의 없어졌다.

5. 그리고 평성 23년(2011년) 법률 제63호(2012. 4. 1. 시행)에 따라 다시 개정

이 이루어져, 심판절차의 구조 내에서 정정청구의 기회를 부여하기 위하여 심결예고제도가 신설되고 그 대상(代償)으로서 무효심결취소소송의 제기 후에는 정정심판청구가 일률적으로 금지되었기 때문에, 매우 특이한 사실관계(청구인을 달리하는 복수의 무효심판청구가 시간을 달리하여 신청되어 각각으로 진행한 경우 등)를 상정하지 않는 한, 무효심결소송의 제기 후에 정정심결이 확정된다고 하는 사태는 일어날 수 없게 되었다. 이 때문에 본 판결이 판시한 법리의 의의는 기본적으로 역사적인 의의를 가지는 데 지나지 않는 정도로 되었다(정정에 대한 특허법제는 요즘 시기를 제한하는 방향으로만 진행되어 왔지만, 장기적으로 보면 정정기간의 완화에의 귀환이 있을 수 없는 것도 아닐 것이다).

〈참고문헌〉

1. 大渕哲也, 本 百選(第3版) 110頁

2. 大渕哲也, 特許訴訟・審判制度の現狀と今後の課題, ジュリスト 1326号 34頁

3. 大渕哲也, 特許法等の解釋論・立法論における轉機, 中山信弘先生還曆記念, 知的財産法の理論と現代的課題(2005) 2頁 이하

4. 高林龍, 平成17年度(2005) 重判解(ジュリスト 1313号) 286頁

5. 長沢幸男, 最判解 民事編 平成11年度(1999)(上) 166頁

50. 정정심결의 확정과 상고심계속중인 무효심결취소소송의 귀추── 질화갈륨[1] 사건

最高裁 平成 15年(2003년) 10月 31日 第2小法廷判決
[平成 14年(行ヒ) 第200号 : 特許取消決定取消請求事件]
(判時 1841号 143頁, 判夕 1138号 76頁) ◀재판소 Web

柴田義明(시바타 요시아키, 最高裁 調査官) 著
박민정(김앤장 변호사) 譯

Ⅰ. 사실의 개요

X등(원고, 상고인)은 발명의 명칭을 「질화갈륨계 화합물 반도체 발광소자」로 하는 특허권(이하 「본건 특허」라고 한다)의 특허권자이다. 본건 특허에 대하여 특허이의 신청이 되어 1999년 10월 1일 특허취소결정이 되었다. X등은 위 결정의 취소를 구하는 본건 소송을 제기하였고, 2002년 4월 24일 동경고등재판소에서 X등의 청구를 기각하는 판결(원판결)이 선고되었으며, X등은 같은 해 5월 15일 상고 및 상고수리신청을 하였다.

한편, X등은 2002년 7월 11일 특허청구범위의 감축 등을 목적으로 하는 정정심판청구를 하였는데 같은 해 9월 2일 정정을 인정하는 심결이 되었으며, 위 심결은 그 무렵 확정되었다. X는 정정심결이 확정되었으므로 원판결의 파기를 구하는 취지의 신청서[2]를 최고재판소에 제출하였다.

Ⅱ. 판 지

파기환송.

「특허를 취소하여야 한다는 결정의 취소청구를 기각한 원판결에 대하여 상

---

1) Gallium(화학 기호 : Ga)
2) 원문에는 '上申書'라고 기재되어 있다.

고 또는 상고수리신청을 하였고, 상고심계속중에 당해 특허에 관한 특허출원서에 첨부된 명세서를 정정한다는 취지의 심결이 확정되어 특허청구범위가 감축된 경우에는, 원판결의 기초가 된 행정처분이 후의 행정처분에 의해 변경된 것으로서, 원판결에는 민소법 338조 1항 8호가 규정하고 있는 재심사유가 있다. 그리고 그 경우에는 원판결에는 판결에 영향을 미친 것이 분명한 법령의 위반이 있다고 하여야 한다.」

Ⅲ. 해 설

1. 특허이의제도와 특허무효제도

본 판결은 실용신안등록무효제도에 관한 最判 昭和 60. 5. 28.(判時1160号 143頁)을 인용하면서, 당해 쟁점에 관하여 특허이의제도에 있어서도 실용신안등록제도(및 그것과 같은 취지의 특허무효제도)에 관한 판례가 타당함을 판시한 것으로서, 본 판결의 의의는 우선 이 점에 있다. 다만, 특허이의제도는 2003년 특허법개정에 의해 폐지되어 그 점에 있어서의 판례로서의 의의는 현단계에서는 적어졌다. 그러나 특허무효제도(실용신안등록무효제도)는 현재에도 존재하는 것이므로, 이하 특허무효제도에 관한 판례를 소개하면서 위 점 이외의 본 판결의 의의를 설명하기로 한다.

2. 특허무효제도에 관한 판례

정정심결

정정심결이 확정된 경우에는 처음부터 정정 후의 내용으로 특허된 것으로 간주된다(특허 128조). 그리고 특허무효심결취소소송에 관한 고등재판소(심결취소소송 재판에 있어서 유일한 사실심. 현재는 지재고재(知財高裁). 특허 178조 1항, 지적재산고등재판소설치법 2조)의 청구기각판결 후(정확하게는, 고재(高裁)의 「구두변론종결 후」, 이하 같다)에 당해 특허에 관하여 정정을 인정하는 심결(특허청구의 범위를 감축하는 것)이 확정된 경우 당해 고등재판소 판결은 정정 전의 특허를 기초로 하여 된 것이며 동 판결의 기초가 된 행정처분은 결과적으로 그 후의 행정처분에 의해 변경된 것이라고 말할 수 있다. 그러면 고재판결에는 민소법 338조 1항 8호에 규정한 사유가 존재한다고 말할 수 있다.

무효심결취소소송이 상고심에 계속중의 정정심결의 확정

앞서 본 最判 昭和 60. 5. 28.은, 실용신안등록무효심결의 심결취소소송에 대하여 청구기각판결이 내려지고, 그 판결의 상고심계속중에 실용신안에 관한 정정심결이 확정된 경우, 그 정정심결의 확정을 상고의 이유로 하는 것이 가능하다고 하여 원판결을 파기하고 사건을 원심으로 환송하였다. 그리고 특허무효심판제도에 있어서도 같은 취지의 판결이 있었다(最判 平成 3. 3. 19. 民集45卷3号 209頁, 生野考司『最高裁民事破棄判決等の実情(6)』判時1714号 31頁 등).

다만, 위 판결은 어느 것이나 상고이유로서의 「법령위반」이었던 구 민소법하에서의 것이므로(구 민소 394조), 최고재판소에서의 상고이유를 헌법위반 및 한정된 절대적 상고이유(민소 312조 2항, 법령위배는 포함되지 않는다)로 제한하고 상고수리신청제도를 마련하여 상고심의 부담경감을 도모하는 제도개혁이 이루어진 현행 민소법하에서의 취급을 보여준 최고재판소의 판결은 본판결까지 없었다.

이 점에 관하여는 재심사유는 현행 민소법에 있어서도 상고이유가 된다고 하는 견해(新堂幸司『新民事訴訟法〔第5版〕』[2011] 914頁, 伊藤眞『民事訴訟法〔第3版4訂版〕[2010] 666頁 등)가 주장되는 한편, 상고에 의하지 않고 재심의 소를 제기해야 한다는 견해(上野泰男『上告』法教208号 37頁) 등도 있다(그 논의의 상황은 山本弘『上訴審手続の現状と展望』ジュリ1317号 119頁, 加波眞一『上告理由としての再審事由に関する判例の動向』摂南法學35号 1頁, 高橋宏志『民事上告について (4)』法教358号 113頁 등).

본건에서는 상고 및 상고수리신청이 되어 있는 바, 상고사건에 있어서는 상고이유에 해당하지 않는 것이 분명하다고 하여 상고기각이 결정되고, 상고수리신청 사건에 대하여 수리결정이 되어 본 판결에 이르렀다는 것이다(長谷川·후게 69頁).

본 판결은 「원판결에는 판결에 영향을 미친 것이 명확한 법령위반이 있다고 말할 수 있다」고 하면서 민소법 325조 2항에 의해 파기하고, 본건의 민소법 338조 1항 8호에 규정된 사유의 존재는 절대적 상고이유(민소 312조 2항)가 되지 않는 점, 그것은 수리신청의 이유로는 되며 수리 시 원판결을 파기할 수 있는 점을 판시한 것이라고 말할 수 있다. 이 점에서 이 판결의 제2의 의의가 있다. 한편 이 점에 관하여 「판단유탈」에 의한 법령위반이 있다고 하며 직권으로 파기한 最判 平成 11. 6. 29.(判時1684号 59頁)가 있다. 또한 본 판결은 파기환송을 하였으나 본판결 후 특허권에 관한 같은 태양의 사안에서 원판결을 파기하고 심결을 취소하는 취지의 자판을 한 最判 平成 17. 10. 18.(判時1914号 123頁)이 있다.

위 「재심사유」가 주장되는 경우 최고재판소는 반드시 판결에 그에 대한 판단을 해야 하는지(상고수리신청의 수리 및 소위 직권파기에 있어서의 최고재판소의 재량의 문제), 원고는 최고재판소에 대하여는 동 사유를 주장하지 않고 별도로 재심의 소를 제기하여 이를 주장할 수 있는지(재심의 보충성[민소 338조 1항 단서]의 문제), 최고재판소에 대해 원고가 동사유를 주장했지만 이 점에 관한 판단을 보여주는 판결을 최고재판소가 하지 않은 경우에는 재심의 소에서 동 사유를 주장할 수 있는지(상동) 등의 문제가 있으나, 본 판결은 이것들을 직접 판시하지는 않았다. 최고재판소는 법령위반의 중대성, 명백성, 신청을 받아들임에 따른 부담 정도 등의 제반 사정을 고려하여 수리·불수리 등을 판단한다고 할 수 있으나(長谷川·후게 72頁 등), 적어도 무효심결취소소송의 청구기각판결이 상고심에 계속중에 정정심결이 확정된 것과 같은 경우에는 최고재판소가 이를 받아들여 판단하는 것이 상당한 경우가 대부분일 것이다. 또한 상고심에서 제도적으로 위「재심사유」에 대한 판단이 보장되어 있다고는 말할 수 없는 점을 전제로 한다면 원칙적으로 별도 재심의 소에서 동사유를 주장할 수 있다고 하지 않을 수 없다고 생각되지만, 적어도 최고재판소에서 동사유에 관한 주장을 배척한 후 상고를 기각하는 판결이 선고된 경우에는 재심의 소에서 동사유의 주장을 별도로 인정하는 것은 상당하지 아니할 것이다.

　심결취소소송이 고등재판소에 계속중의 정정심결의 확정
　본 판결은 고등판결 후의 정정심결의 확정을 문제로 한 것인 반면, 심결취소소송이 고재에 계속중에 정정심결이 확정된 경우에는 最判 平成 11. 3. 9.(民集53卷3号303頁 - 본서49사건)는 소위 당연취소설을 제시한 것으로 여겨진다. 이 점에 관한 상세한 내용은 49사건의 해설에 맡기지만, 무효심결취소소송이 고등재판소에서 심리판단중에 정정심결이 확정된 경우와 상고심계속중에 정정심결이 확정된 경우(고등판결이 기초한 행정처분의 변경이 문제로 된다)와는 다르다. 또한, 심결취소소송이 고등재판소에 계속중에 정정이 확정된 경우에 심결을 취소하지 않아도 되는 경우가 있다고 하는 설을 채택하였다고 해도, 법률심인 상고심으로서 어떠한 심리가 가능한가의 관점도 필요할 것이다.

3. 특허법개정
　앞서 서술한 바와 같이 본 판결이 직접 문제로 한 특허이의제도는 2003년 특허법개정에 의해 폐지된 외에, 특허무효제도에 있어서도 1993년, 2003년 및 2011년 특허법개정에 의해 무효심결취소소송이 상고심에 계속중에 정정심결이 확정

되는 경우는 대부분의 경우에 피할 수 있게 되었다. 즉, 2011년 특허법개정은 심결예고제도를 마련하는 한편, 심결취소소송제기 후에는 일률적으로 정정심판의 청구를 할 수 없는 것으로 하여(특허 126조 2항), 무효심판제도에 있어 본 판결이 다루는 사태가 발생하는 것은 기본적으로는 거의 없어졌다고 생각된다(이 문제에 관하여 2011년보다 전의 특허법개정에 관하여는, 高林龍「無效審判の審決と訂正判決の確定の先後をめぐる 諸問題」 紋谷暢男敎授古稀記念 『知的財産權法と競爭法の現代的展開』[2006] 294頁 等). 다만, 무효심결취소소송이 상고심에 계속중에 별개의 무효심판청구에서 정정이 확정된다면, 같은 문제가 발생하는 것일까?

4. 재심사유의 주장의 제한

2011년 특허법개정에 의해 특허권침해소송의 「판결확정 후」에 무효심결, 정정심결 등이 확정된 경우, 당사자였던 사람은 재심의 소에서 상기 심결확정 사실을 주장할 수 없게 되었다(특허 104조의 4). 이에 따라, 침해소송의 분쟁해결기능이 대폭 강화되었다. 무효심결취소소송의 판결확정 후에 정정심결이 확정된 경우의 규정은 마련되지 않았지만, 무효심결이 확정되면 계속중인 정정심판의 청구는 부적법하게 되고(最判 昭和 59. 4. 24. 民集38卷6号 653頁), 또한 새로운 정정심판청구를 할 수 없는 점(특허 126조 8항 단서)을 고려하면, 원래 무효심결취소소송에서 청구기각 「판결의 확정 후」에 정정심결되는 경우는 없다.

상기 침해소송에 있어 고등재판소의 판결 후 소송이 최고재판소에 계속중에 무효심결, 정정심결 등이 확정되는 사태가 생길 수 있지만, 2011년 특허법개정에 있어서도 이와 같은 사태에 대한 직접적인 규정은 마련되지 않았다. 상기가 재심사유로 되는 경우 제도적으로는 최고재판소는 그 주장에 부응하여 상고수리신청을 수리하여 법령위반을 이유로 원판결을 파기할 수 있는 등 본 판결에서 제시된 부분이 타당하게 된다. 다만 最判 平成 20. 4. 24.(民集62卷5号 1262頁 - 본서76사건)처럼 특허권침해에 관련된 분쟁의 해결을 부당하게 지연시키는 주장은 허용되지 않는다. 소송이 상고심에 계속중에는 아직 확정판결에 대한 신뢰가 생기지 않았다는 점 및 판결확정 후에는 재심사유의 주장이 제한되는 점을 감안하면서도, 침해소송에 있어서는 무효, 정정의 확정 전이더라도 소위 무효항변, 정정의 재항변을 주장할 수 있었던 점 등도 근거로서 분쟁해결기능을 충실하게 하기 위하여 상기의 주장제한이 된 취지를 토대로 무효심결의 확정 등의 주장의 가부를 판단하게 될 것이다. 이에 대하여 무효심결취소소송의 청구기각판결의 상고심계속중에 정정이 확정되는 사태가 발생한 경우(극히 드물지만)에는 무효심결취소소송에 있어서는 무효심판절차에서의 정정청구는 별론으로 하고 별개의 정정심판의 정정의 내용을 그 확정 전에 주장할 수 없는 점, 침해소송에서의 요청과 특허무효심판제도에서의 요청에는 다른 점이 있는 점 등으로 정정확정의 주장이 분쟁의 해결을 부당하게 지연시키는 등의 이유에 의해 허용되지 않는다고 하는 경우는 한정된다고 생각된다.

〈참고문헌〉
본문 중에 언급한 문헌 이외에
1. 高林龍 平成 15年度重判解(ジュリ 1269号) 266頁
2. 長谷川浩二 L&T23号 68頁
3. 安達栄司 NBL805号 87頁

51. 공유자의 1인이 제기하는 무효심결취소소송의 허용 여부

最高裁 平成 14年(2002년) 2月 22日 第二小法廷判決

[平成 13年(行ヒ) 第142号 : 審決取消請求事件] ◀裁判所 Web

(民集 56卷 2号 348頁, 判時 1779号 81頁, 判夕 1087号 89頁①事件)

青木大也(아오키 히로야, 大阪大学 特任講師) 著

김철환[법무법인(유) 율촌 변호사] 譯

Ⅰ. 사실의 개요

X사(원고·상고인)와 소외 A사는 본건 상표권을 공유하고 있다. Y사(피고·피상고인)는 X사 및 A사를 피청구인으로 하여 본건 등록상표에 관련된 상표등록에 대하여 무효심판을 청구하였다가 이 청구가 인용되어 무효심결이 있었다. 이에 대해 X사는 단독으로 동경고등재판소에 소를 제기하면서 위 심결의 취소를 구하였다.

원심(東京高判 2001年 2月 26日 民集56卷2号 358頁 참조)은 공유에 관련된 상표권에 대하여 그 무효심결의 취소를 구하는 소는 공유자 전원이 가지는 1개의 권리의 존부를 결정하는 것으로서 공유자 사이에 합일적으로 확정할 필요가 있으므로 고유 필요적 공동소송이라고 판단하여, X사 단독으로서의 위 소를 각하하였다.

X사 상고.

Ⅱ. 판 지

파기 환송.

(i) 상표법 56조 1항이 준용하는 특허법 132조 3항은 「공유자가 가지게 되는 1개의 상표권을 취득함에 대하여 공유자 전원의 의사의 합치를 요구한 것이다. 이에 대해 일단 상표권의 설정 등록이 된 후에는 상표권의 공유자는 지분의 양도

나 전용 사용권의 설정 등의 처분에 대해서는 다른 공유자의 동의를 필요로 하지 만, 다른 공유자의 동의를 얻지 않고 등록상표를 사용할 수 있다(상표법 35조가 준용하는 특허법 73조). 그런데, 상표 등록의 무효 심결이 되었을 경우, 이것에 대한 취소소송을 제기함이 없이 제소기간을 경과한 때에는, 상표권이 처음부터 존재하지 않았던 것이 되고, 등록상표를 배타적으로 사용할 권리는 소급적으로 소멸하는 것으로 되어 있다(상표법 46조의 2). 따라서 위 취소 소송의 제기는 상표권의 소멸을 막는 보존 행위에 해당하기 때문에 상표권의 공유자의 1명이 단독으로도 할 수 있는 것으로 해석된다. 그리고 상표권의 공유자 1인이 단독으로 위 취소 소송을 제기할 수 있다고 하더라도 소 제기를 하지 않았던 공유자의 권리를 해하는 것은 없다.」

   (ii) 「상표권의 설정 등록으로부터 장기간 경과한 후에 다른 공유자가 소재 불명 등의 사태에 빠지는 경우나, 또는 공유에 관계되는 상표권에 대한 공유자 각각의 이익이나 관심의 상황이 다른 것이라면, 소송 제기에 대해 다른 공유자의 협력을 얻을 수 없는 경우 등도 생각할 수 있는데, 이와 같은 경우 공유와 관련되는 상표 등록의 무효 심결에 대한 취소 소송이 고유 필요적 공동 소송이라고 해석하여 공유자의 1인이 단독으로 제기한 소가 부적법하다고 하면, 제소기간의 만료와 동시에 무효 심결이 확정되고 상표권은 처음부터 존재하지 않았던 것이 되어, 부당한 결과가 된다고 하지 않을 수 없다.」

   (iii) 이상과 같이 해석하더라도 「그 소송에서 청구인용의 판결이 확정된 경우에는 그 취소의 효력은 다른 공유자에게도 미쳐(행정사건소송법 32조 1항), 다시 특허청에서 공유자 전원과의 관계에서 심판 절차가 행하여지게 된다(상표법 63조 2항이 준용하는 특허법 181조 2항). 다른 한편 그 소송에서 청구기각의 판결이 확정된 경우에는 다른 공유자의 제소기간의 만료에 의해 무효 심결이 확정되어 권리는 처음부터 존재하지 않았던 것으로 간주되게 된다(상표법 46조의 2). 어느 경우에도, 합일 확정의 요청에 반하는 사태는 생기지 않는다. 더구나 각 공유자가 공동으로 또는 각각 별개로 취소 소송을 제기한 경우에는 이러한 소송은 유사 필요적 공동 소송에 해당하는 것으로 해석되어야 하는 것이기 때문에 병합으로 심리 판단되게 되어 합일 확정의 요청은 충족된다.」

Ⅲ. 해   설

1. 문제의 소재

상표등록 무효심판이 청구되어 무효심결이 확정되면 상표권은 소멸한다(상표 46조의 2). 이것을 피하기 위해 상표권자는 무효심결 취소소송을 제기하게 된다(상표법 63조 1항). 본 건에서 문제가 된 것은 무효심결에 관계되는 상표권이 공유에 관련된 경우 그 공유자의 1인이 단독으로 무효심결 취소소송을 제기할 수 있는가 라고 하는 점에 있다. 이 점에 대해서는 명문의 규정이 없기 때문에 다른 심결 취소소송의 경우를 포함하여 종전부터 다툼이 있었다. 본 판결은 무효심결 취소소송에 대해서 공유자의 1인에 의한 소송제기를 인정하였다는 점에서 중요한 의미를 가진다. 또한 본 건은 상표법에 관한 사례이지만, 이 문제는 특허법, 실용신안법, 의장법에 대해서도 공통된다고 생각되기 때문에 이하에서는 구별하지 않고 논한다.

2. 종래의 판례 학설의 흐름

(1) 이 문제에 대해서는 종전부터 거절심결 취소소송과 관련하여 판례의 축적이 있었다(모두 실용신안에 관한 것이지만, 最判 昭和 55. 1. 18. 判時956号 50頁, 最判 平成 7. 3. 7. 民集49卷3号 944頁〔본서 52번 사건〕. 또한 항고심판 제도 하의 것으로서, 最判 昭和 36. 8. 31. 民集15卷7号 3040頁). 이러한 판례에서는 모두 공유자 사이에 있어서 심결의 결과가 합일적으로 확정될 필요가 있기 때문에, 거절심결 취소소송은 고유 필요적 공동소송에 해당한다고 하여, 공유자의 1인에 의한 소송제기는 인정되지 않았다(이것을 지지하는 것으로서, 高林龍・最判解民事篇 平成7年度(上) 343頁, 玉井克哉・特許研究21号 83頁 등. 이하 고유 필요적 공동 소송설이라고 부른다. 또한 이 입장에 따르면서도, 민소법 40조 1항〔구민소법 62조 1항〕준용〔유추적용〕에 의해, 상소와 같이 공유자의 1인에 의한 소송제기를 인정하자는 견해로서 小室直人 「심판절차와 심결취소소송절차의 관계-공유인 경우의 당사자 적격을 중심으로 하여」石惠淳平 先生 馬瀬文夫 先生 還暦記念『工業所有權法の諸問題』[1972] 302頁 등. 그러나 심판과 소송의 관계를 속심적인 것으로 이해한다는 점에서 비판이 있다〔中山信弘『特許法』[2010] 267頁〕, 이 점에서 村林隆 知財管理52卷10号 1539頁은 비판을 감안하여 준용을 주장한다).

(2) 이것에 대해 학설에서는 공유자의 1인에 의한 소송제기를 보존행위(민252조 단서・264조)로서 인정하는 견해가 유력하였다(中山信弘「特許を受ける權利の共有者

の一人により審決取消訴訟の適格性」田倉整 先生 古稀記念『知的財産をめぐる諸問題』〔1986〕
556頁, 瀧川叡一・知財管理46巻5号 815頁, 古沢博・平成7年度重判解〔ジュリ1091号〕231頁,
潮海久雄・法協114巻3号 351頁 등. 이하 보존행위설이라고 부른다). 그 이유로서 고유 필
요적 공동 소송설을 전제로 하면, 공유자의 누군가 1명이라도 소송을 제기하지
않으면 다른 공유자는 취소 소송에 의한 구제를 얻지 못하고, 너무나 가혹하게
된다고 하는 사정을 들고 있다.

3. 본 판결의 내용

(1) 이상과 같은 논의 상황 중에서, 본 판결에서는, 우선 판지(i)에 관하여,
최고재판소는 공유자의 1인에 의한 무효심결 취소소송의 제기는 다른 공유자에
게 불이익을 주지 않고 보존행위로서 인정된다는 취지로 판시하고(일반적으로 공
유자의 1인에 의한 소송제기도 보존행위가 되는 것이 있다. 공유 부동산과 관련되는 등기말
소 청구에 대하여, 最判 昭和 31. 5. 10. 民集10巻5号 487頁 등. 高部眞規子・最判解民事篇 平
成14年度(上) 214頁 이하도 참조. 다만 전게 最判 昭和 55. 1. 18.은 보존 행위설을 부정한
다), 다음으로 판지(ii)에 관하여, 종전의 학설과 같이, 고유 필요적 공동 소송설이
부적당하다고 하고, 다른 공유자의 협력을 얻을 수 없는 경우에 입는 공유자의
불이익을 지적하여, 실질적 이유를 보이고 있다.

(2) 한편, 보존 행위설에 서서 단독으로의 소송 제기를 인정하는 경우 문제
가 되는 것은 공유자 사이에 있어서의 심결의 합일확정의 요청이다(中山・前揚「特
許法」268頁). 본 판결에서는 판지(iii)에 대하여, ① 청구인용의 경우는 그 효과가
행소법 32조 1 항에 의해 공유자 전원에 미치고, 심판이 재개되며(특허 181조 2항),
② 청구기각의 경우는 다른 공유자의 제소기간 만료에 의해 무효 심결이 확정한
다고 생각하는 것에서, 고유 필요적 공동 소송의 구성에 근거하지 않는 합일 확
정의 요청을 만족시키려 하고 있다. ①에 대해서는 행소법 32조 1항이 이해가 공
통되는 공유자에게 적용되는 것이 예정되어 있지 않다는 비판도 있으나(高林・前
揚 353頁, 玉井・前揚 74頁), 적용의 여지를 인정하는 견해도 유력하다(高部・前揚 222
頁, 君嶋祐子・本 百選〈第3版〉115頁. 제3자효를 넓게 인정하는 塩野宏「行政法 Ⅱ 行政救濟
法〔第5版〕」〔2010〕184頁 등도 참조). 또한 ②에 대해서는, 통상은 공유자의 1인에 대
한 청구기각판결의 확정 전에 다른 공유자의 제소기간(30일)이 경과할 것이다(특
허 178조 3항). 또한 심결 송달의 실수 등에 의해 공유자의 1인에 대한 청구기각
판결이 확정된 후에 다른 공유자가 소송 제기하는 경우가 있을 수 있으나(玉井・

前揭 75頁), 그 경우 후발의 공유자에게 청구기각판결의 기판력은 미치지 않기 때문에(민소 115조 1항), 판결내용 자체는 불일치가 될 수 있다. 그러나 후발 소송의 청구인용판결과 관련되는 제3자효가 패소 공유자에게 미친다고 하면 심결의 결과에 있어서의 불일치는 생기지 않는다고 생각할 수 있다(高部・前揭 224頁, 潮海・前揭 350頁, 小野昌延 先生 喜壽 記念『知的財産法最高裁判例評釋大系(1)特許・實用新案法』[2009] 539頁 注19〔橫山久芳〕). 또한 같은 시기에 개별적으로 소송계속이 된 경우에는 본 판결은 그것들을 유사 필요적 공동 소송으로서 병합심리하는 것으로 불일치를 막는다고 한다.

4. 본 판결의 사정(射程)과 향후

(1) 본 판결 후에는, 最判 平成 14. 2. 28.(判時1779号 87頁 ②事件)이 본 건과 같은 사안에 관하여 같은 취지의 판단을 보이고, 다시 最判 平成 14. 3. 25.(民集 56卷3号 574頁)에 있어서는 특허이의신청에 근거한 특허 취소결정에 대한 취소소송의 경우에도 본 건 판단이 미치는 것으로 되었다. 특허이의신청제도와 무효심판제도는 제도 취지 등은 반드시 같지는 않지만 그 효과는 권리 성립 후에 있어서 권리자의 의사에 근거하지 않고 권리의 소급적 소멸이라고 하는 점에서 공통된다(高部・前揭 304頁. 또한 특허이의신청제도는 무효심판제도에 흡수되는 형태로 폐지되었다). 그러나 본 건을 포함한 3개의 판례에 있어서도, 종전의 거절심결 취소소송에 있어서의 판례와는 사안을 달리한다고 여겨지고 있어, 판례 변경은 되어 있지 않다(판지(ⅰ)(ⅱ)에 있어서도 권리 성립 전후의 상황의 차이에 대하여 언급하고 있다. 高部・前揭 226頁 참조).

이러한 구별에 대해서는 지지하는 견해도 있으나(高部・前揭 226頁, 권리화의 단계에서는 고비마다 공유자 간의 의사의 합치가 요구되는 것을 지적하는 才原慶道「特許を受ける權利等の共有者による審決取消訴訟」知的財産法政策學研究 7号 134頁), 학설의 상당수는 이것들을 구별하지 않고 모두 같이 공유자의 1인에 의한 소송 제기를 인정한다(中山・前揭「特許法」270頁, 君嶋・前揭 115頁, 橫山・前揭 536頁, 盛岡一夫・發明 100卷3号93頁 등). 확실히 무효심결 취소소송의 경우, 권리자가 수동적이고 떨어지는 불똥을 털어 버리기 위해서라고도 말할 수 있으나(高部・前揭 226頁), 거절심결 취소소송의 경우에도 공유에 관련되는 권리의 소멸을 저지하는 점에서는 공통되어(中山・前揭「特許法」270頁), 보존 행위라고 이해할 수 있다. 또 판지(ⅱ)의 장기간 경과한 후의 부적당한 경우에도 정도의 차이에 지나지 않을 것이다(小野昌延 先生 喜壽 記念『知的財

産法最高裁判例評釋大系(2)意匠法・商標法・不正競爭防止法』[2009] 470頁〔福田あや子〕). 이 구별을 정당화할 수 있을 만큼 특허법 132조 3항의 취지가 중요하다고도 생각하기 어렵고(君嶋・前揭 115頁), 구별은 곤란하다고 생각된다.

　　(2) 또 최고재판소는 다른 심결 취소소송에 관해서는 판단하고 있지 않다. 특히 연장 등록과 관련되는 거절심결 취소소송(특허 67조의3 1항・121조)이나, 정정 심판과 관련되는 청구 불성립 심결에 대한 취소소송(특허 126조)에 대해서는 특허권 성립 후의 심판 절차가 문제가 되는 한편, 공유자 전원으로의 심판청구가 요구된다(특허 132조 3항). 이것들에 본 건과 前揭 最判 平成 7. 3. 7.의 어느 취지가 미치는가의 문제는 남는다(高部眞規子「實務詳說特許關係訴訟」[2011] 275頁, 橫山久芳 平成14年度 重判解〔ジュリ 1246号〕 249頁).

　　(3) 기술의 진보에 의해, 향후 공동발명의 사안은 더욱더 대규모화하고 권리의 공유자 사이의 이해관계도 복잡화될 것이다. 공유자의 1인에 의한 소송 제기의 가능 여부도 그와 같은 경우에서의 이해조정의 일예이다. 본 건과 종전의 판례의 정합성 여하를 포함하여 향후 동향이 주목된다.

　　〈참고문헌〉
　　본문 중에 언급한 것

52. 거절심결취소소송과 고유 필요적 공동소송

最高裁 平成 7年(1995년) 3月 7日 第3小法廷判決
[平成 6年(行ツ) 第83号 : 審決取消請求事件]
(民集 49巻 3号 944頁, 判時 1527号 145頁, 判タ 876号 147頁)

泉 克幸(이즈미 카쓰유키, 京都女子大学 教授) 著
강춘원(특허청 특허심사기획과장) 譯

Ⅰ. 사실의 개요

X(원고·피상고인)는 명칭을 '자기 치료기'로 하는 고안(이하, '본원 고안')에 대한 실용신안등록을 받을 권리를 A(소외)와 공유하고 있었다. 1983. 11. 18. X는 A와 공동으로 실용신안등록 출원을 하였지만, 1986. 9. 5. 거절결정을 받았기 때문에 1986. 11. 13. A와 공동으로 심판을 청구하였는데, 특허청은 이 청구를 1986년 심판 제22565호 사건으로 심리한 결과, 진보성이 없다는 이유로 1992. 6. 18. 청구가 성립되지 않는다는 취지의 심결을 하였다(이하, '본건 심결').

A는 심판 계속 중인 1988. 12. 20. 사원총회의 결의에 의해 해산하였고, 1990. 1. 31. 청산을 완료하여 그러한 취지의 등기를 마쳤다. 그 상태에서 X는 단독으로 본건 심결의 취소를 구하는 소를 Y(특허청장 – 피고·상고인)에 대하여 제기하였다. Y는 본건과 같은 거절결정불복심판 불성립의 심결취소소송(이하, '거절심결취소소송')은 실용신안등록을 받을 권리를 가지는 사람 전원에 대하여 합일적으로 확정하여야 하는 것이기 때문에 공유자 전원만이 제기할 수 있는 것이므로, X의 소는 원고적격이 결여된 것으로서 부적법하다고 주장하였다.

원심(東京高判 平成 6. 1. 27. 判時1502号 137頁)은 X의 원고적격을 인정하고 본건 소를 적법하다고 하였다. 또한, 본건 심결은 본원 고안과 인용예에 대한 기술적 해석을 잘못하였다고 판단하여 본건 심결을 취소하였다. Y가 상고.

Ⅱ. 판　　　지

파기자판. 소 각하.

실용신안등록을 받을 권리의 공유자가 그 공유와 관련된 권리를 목적으로 하는 실용신안등록 출원의 거절결정을 받아 공동으로 심판을 청구하고, 청구가 성립하지 않는 취지의 심결을 받았을 경우에 위 공유자가 제기하는 심결취소소송은 공유자 전원이 제기하는 것을 필요로 하는 이른바 고유 필요적 공동소송으로 해석해야 하는 것이다(最高裁 昭和 52年(行ツ)第28号 同55年1月18日 第二小法廷判決・裁判集民事129号 43頁 참조). 왜냐하면, 위 소송에서 심결의 위법성 유무의 판단은 공유자 전원이 갖는 하나의 권리의 성립 여부를 결정하는 것으로서 위 심결을 취소할지 여부는 공유자 전원에 대해 합일적으로 확정할 필요가 있기 때문이다. 실용신안법이 실용신안등록을 받을 권리의 공유자가 그 공유와 관련된 권리에 대하여 심판을 청구할 때는 공유자 전원이 공동으로 청구해야 한다고 하고 있는(같은 법 제41조에서 준용하는 특허법 제132조 제3항) 것도 위와 같은 취지에 나온 것이라고 하여야 하는 것이다.

Ⅲ. 해　　　설

1. 특허법은 특허를 받을 권리가 공유와 관련되는 경우, 출원 및 거절결정 불복심판에 대해서는 공유자 전원이 공동으로 하여야 할 것을 규정하고 있다(특허법 제38조・제132조 제3항). 그 취지는 하나의 발명에 대하여 성립할 권리는 총체로서밖에 생성 또는 소멸할 수 없는 성질을 가지고 있어 특허를 받을 권리의 일부가 권리화되고 다른 일부가 권리화되지 않는 상황은 상정할 수 없기 때문이라고 설명되고 있다(高林龍 標準特許法[第4版][2011] 73頁). 한편, 특허법은 거절심결 취소소송의 원고적격에 관해서는 같은 규정을 두지 않았고, 그 때문에 거절심결 취소소송도 공유자 전원이 공동으로 제기해야 하는 것인지(즉, 고유 필요적 공동소송에 해당되는 것인가), 또는 각 공유자가 단독으로 할 수 있는 것인지에 대해서는 오로지 해석에 맡길 수밖에 없다.

본 판결은 실용신안법에 관한 것이지만, 실용신안법이 준용하는 특허법을 비롯해 같은 문제가 존재하는 의장법이나 상표법에 대해서도 판결의 사고방식은 미치는 것이고, 또한 논의도 산업재산권법 전체의 문제로 같이 볼 경우가 많다

(다만, 1993년[平成 5年]개정에 의해 실용신안법은 무심사 등록주의를 도입했기 때문에, 현재는 본건과 같은 문제는 실용신안법의 분야에서는 생기지 않는다). 이하, 본 판결을 기본으로 거절심결 취소소송은 고유 필요적 공동소송인가 라는 테마에 대하여 주로 특허법의 문제로서 해설한다.

2. 판례의 주류는 특허를 받을 권리가 공유와 관련되는 경우, 거절심결 취소소송을 고유 필요적 공동소송이라고 이해하고, 공유자 단독의 소송 제기를 적법하지 않은 것이라고 파악해 왔다(이 사고방식은 '고유 필요적 공동소송설' 또는 '각하설'이라고 불린다). 최고재판소의 판례로서는 구 실용신안법(大正 10年 법률 제97호)의 사례이지만, 最判 昭和 36. 8. 31.(民集15卷7号 2040頁)이 있다. 이에 대하여 東京高判 昭和 50. 4. 24.(無体裁集7卷1号 97頁)에서는 이른바 '보존 행위설'(후술)에 입각해 공유자 한 사람에 대하여 원고적격을 인정하였다(원고의 청구는 기각. 이 판결은 상고되지 않고 확정되었다). 그러나 그 후 본 판결에서도 인용되는 最判 昭和 55. 1. 18.(判時956号 50頁)에서 최고재판소가 거절심결 취소소송은 고유 필요적 공동소송이라는 사고방식을 재차 분명히 한 것으로 이 문제에 대한 재판소의 태도는 결정되었다고 대체로 파악되고 있었다(위 最判은 東京高判이 채용한 보존 행위설을 부정하고 있다).

그런데, 3에서 말하는 것처럼 고유 필요적 공동소송설에 대해서 학설의 대부분이 비판적인 태도를 취하기도 해서인지 본건 원심은 다시 보존 행위설을 채용해 X의 청구를 인용하였다. 그러나 본 판결은 원심의 판단을 뒤집어 최고재판소로서 고유 필요적 공동소송설을 채용하는 사고방식을 재차 확인한 것이어서 본 판결의 의의는 이 점에 있다.

3. 판례와는 대립하는 태도로 고유 필요적 공동소송설을 채택한 학설은 비교적 소수이다(본 판결을 지지하는 것으로서 高林龍 最判解民事篇 平成7年度(上) 343頁, 玉井克哉 特許研究21号 67頁, 小岩井雅行 '権利の共有と共同訴訟' パテント 50卷2号 91頁). 고유 필요적 공동소송설은 심결의 합일 확정의 필요성이라고 하는 극히 중요한 요청을 확실히 달성할 수가 있어 본 판결의 판지도 고유 필요적 공동소송설을 채용하는 이유가 이 점에 있다는 취지를 명확하게 기술하고 있다. 그렇지만, 그 설을 채용하면 공유자의 한사람이 소송 제기에 반대하는 경우나 공유자의 일부가 파산하거나 소송의 기력을 잃었을 경우, 또는 심결 후에 다른 공유자로부터 지분을

양도 받아도 그 등록이 시간에 대지 못하고 30일의 제소기한(특허법 제178조 제3항)이 지나버리는 경우 등에 있어서는 특허를 받을 권리나 특허권이 소멸하게 되므로, 이것은 다른 공유자에게 너무나 가혹하고 과도하게 절차적 이론에 너무 치우치고 있어 특허가 가지는 재산법적인 측면을 경시하고 있다는 문제가 지적되고 있다(中山信弘. 特許法[2010] 267頁·269頁 등).

거절심결 취소소송을 고유 필요적 공동소송이라고 하면서 고유 필요적 공동소송설이 가지는 부당성을 회피하는 해석으로는 심판절차와 소송절차의 사이에 실질적 연속관계를 긍정하고 거절심결 취소소송의 정의를 소송절차에 있어서의 상소의 제기와 유사한 것이라고 파악하여 구 민사소송법 제62조 제1항(현 제40조 제1항)을 준용하여 공유자 한 사람의 제소를 인정하려고 하는 사고방식(민소법 제62조 준용설)이 있어, 일찍이 유력하게 주창되고 있었다(小室直人 '審判手続と審決取消訴訟手続の関係' 石黒浮平先生·馬瀬文夫先生還暦記念 '工業所有権法の諸問題'[1972] 293頁, 木川統一郎·本百選〈第1版〉108頁). 그렇지만, 大審院에의 상고가 항고심판의 속심으로 자리매김 되고 있던 구 특허법(大正 10년 법률 제96호)의 시대에는 구 민사소송법 제62조의 유사 적용도 가능했지만, 현행법 아래에서 심결취소소송은 심판의 속심이 아니어서 구 민사소송법 제62조의 준용의 여지는 없다는 비판 때문에 현재 이 설을 지지하는 사람은 적다. 그 때문에 현재 학설의 상당수는 거절결정을 유지하는 심결은 특허 등록을 받을 권리의 실현을 저해한다고 하는 의미로 방해 행위이며, 공유자 일부의 사람이 이러한 방해 행위를 배제하기 위하여 당해 심결의 취소 소송을 제기하는 것은 특허를 받을 권리의 보존 행위(민법 제252조 단서)로서 가능하다는 사고방식(보존 행위 또는 유사 필요적 공동소송설)을 제창한다(村松俊夫·本百選〈第1版〉114頁, 吉井参也·本百選〈第2版〉124頁, 横山久芳·本百選〈第3版〉116頁, 古沢博·平成7年度重判解 [ジュリ1091号] 229頁, 瀧川叡一 '特許訴訟手続論考'[1991] 27頁, 同·知財管理 46巻5号811頁, 仁木弘明 '判例を中心とした必要的共同審判と必要的共同訴訟についての一考察' 特許管理 31巻3号231頁, 潮海久雄·法協 114巻3号339頁, 吉田和彦·NBL 595号43頁, 中山·앞의 268頁 등).

4. 보존 행위설을 채용하여 단독으로 거절심결 취소소송의 제기를 인정했을 경우, 그 사람과 다른 공유자와의 사이에 권리 부여에 대한 판단이 구구하게 갈라져 합일 확정의 요청이 달성되지 않는 것이 아닐까 라는 문제점이 있다. 이 점에 관하여 본건 원심은 대체로 이하와 같이 말하면서 그러한 문제가 생기지 않는

것을 분명히 하고 있다. 공유자의 일부가 제기한 거절심결 취소소송에서 청구가
기각되어 이것이 확정된 경우에 심결은 확정된다. 반대로, 청구가 인용되어 이것
이 확정된 경우에 심결취소소송의 효과는 다른 공유자에도 미치는(행정사건소송법
제32조 제1항) 것이므로, 절차는 심판청구 단계로 돌아가 다른 공유자도 포함해 심
리가 계속 진행된다. 따라서 공유자의 일부의 사람에게 원고적격을 긍정해도, 공
유자 사이에 권리 부여의 가부에 대한 판단이 구구하게 될 것은 없다. 또한, 공유
자가 따로 심결취소소송을 제기했을 경우에는 합일 확정의 요청에 의해 유사 필
요적 공동소송이 되는 것으로 해석해야 하므로, 판단의 통일은 담보되고 있다(이
러한 사고방식에 대해 潮海 · 앞의 347頁 이하, 中山 · 앞의 269頁 등 참조).

　　원심의 위와 같은 사고방식에 대하여 거절심결 취소소송을 제기한 원고가
승소했을 경우, 행정사건소송법 제32조 제1항에 의해 다른 공유자에게도 판결의
효력이 생긴다고 하지만, 같은 조에서 말하는 '제3자'란 취소소송의 원고와 이해
관계를 달리하는 사람을 가리키는 것이 일반적이고, 특허법상의 공유자와 같이
이해관계를 공통으로 하는 사람을 포함하는 것은 적절하지 않고, 반대로 원고가
패소했을 경우에 대한 판결효과의 설명이 없다는 비판이 있다(玉井 · 앞의 74頁. 高
林 · 앞의 最判解 353頁 이하도 같은 난점을 지적한다). 보존 행위설에 이러한 이론상의
무리가 있는 것은 부정할 수 없지만, 고유 필요적 공동소송설을 채용했을 경우에
발생하는 앞서 살펴본 불합리를 해소하는 것을 최우선으로 하는 사고방식이다.
한편, 고유 필요적 공동소송설은 이론 정합성을 중시하고, 또한 각 공유자 단독
으로 소송 제기를 인정하지 않는 것으로부터 발생하는 불합리의 정도 또는 심각
도는 그만큼 높지 않다고 평가하는(玉井 · 앞의 76頁 이하) 점에 특징이 있다.

　　5. 본건 판결이 나온 후, 최고재판소는 상표 등록의 무효심결 취소소송에 대
해서는 상표권의 공유자의 한사람이 단독으로 제기할 수가 있다는 판단을 내렸
다(最判 平成 14. 2. 22. 民集56卷2号 348頁[ETNIES사건 - 본서 51사건], 最判 平成 14. 2. 28.
判時1779号 81頁②事件[水沢우동 사건]). 또한, 특허이의신청 제기에 근거한 특허취소
결정에 대해서도 특허권 공유자의 한 사람이 단독으로 한 취소소송의 제기를 인
정하였다(最判 平成 14. 3. 25. 民集56卷3号 574頁[빠징고장치 사건]. 이하, 이러한 3개의 판
결을 모아서 '평성 14년 판결'이라 한다). 평성 14년 판결은 모두 보존 행위설을 채용
하고 있지만, 본건 판결과는 사안을 달리한다고 하여(그 이유에 대해 자세하게는 高
部眞規子 · 曹時 55卷5号 1605頁) 판례 변경을 하지 않았기 때문에 거절심결 취소소송

에 대하여 최고재판소는 여전히 고유 필요적 공동소송설을 취하고 있는 것이 된다.

학설은 평성 14년 판결에 대해 대체로 호의적으로 평가하고 있지만(다만, 村林隆一・知財管理 52巻10号 1535頁은 평성 14년 판결의 결론에는 찬성하지만, 이론 구성에는 반대하여 민사소송법 제62조 준용설을 지지한다), 대부분의 학설은 거절심결 취소소송(결정계)과 무효심결 취소소송(당사자계) 등을 같은 위치에서 논의해 오고 있어 양자를 구별하여 전자는 고유 필요적 공동소송설, 후자는 보존 행위설을 채택한 판례의 사고방식에는 의문이 제기되고 있다(横山久芳 '拒絶審決取消訴訟と国有必要的共同訴訟' 小野昌延先生喜寿記念 '知的財産法最高裁判例評釈大系 Ⅰ'[2009] 536頁, 池田辰夫 '知的財産権訴訟の訴訟法問題―共同権利者の一部の者による提訴と多数当事者訴訟論' 阪大法学 53巻1号 22頁). 이제 다시 한번 거절심결 취소소송의 사례가 계속되었을 때 최고재판소가 계속 고유 필요적 공동소송설을 유지할지가 흥미로운 점이다(이 점에 관하여 평성 14년 판결의 출현 후에도 본건 판결은 유지되어야 한다는 생각[才原慶道 '特許を受ける権利等の共有者による審決取消訴訟' 知的財産法政策学研究 7号 135頁]이 나오는 한편, 최고재판소는 평성 14년 판결을 할 때에 본건 판결에 대한 판례 변경을 명시했어야 하는 것은 아니었을까 하는 의견[田倉整 '登録商標の共有者の一人からの単独提訴―動き始めた判例理論' 発明 99巻6号 100頁]도 보여진다).

〈참고문헌〉

본문중에 언급한 것 외에 中山信弘 '特許を受ける権利の共有者の一人による審決取消訴訟の適格性' 田倉整先生古稀記念 知的財財産をめぐる諸問題[1996] 549頁

53. 공동무효심판청구인의 일부의 자가 제기한 심결 취소소송의 허부

最高裁 平成 12年(2000년) 2月 18日 第二小法廷判決
[平成 8年(行ツ) 第158号 : 審決取消請求事件]
(判時 1703号 159頁)

才原慶道(사이하라 요시미치, 小樽商科大学 准教授) 著
김기영(서울남부지방법원 부장판사) 譯

Ⅰ. 사실의 개요

X 등(원고·피상고인) 및 소외 2사는, Y 등(피고·상고인)의 본건 특허에 대하여 공동으로 무효심판을 청구하였으나, 청구불성립의 심결이 되었고, X 등만이 심결취소소송을 제기하였다. 원심결은 본건 소가 적법한 것을 전제로 본건 특허는 무효로 되어야 하는 것이라 하며 심결을 취소하였다. 이에 Y 등은 상고하여, 진보성에 관한 원판결의 판단을 다툼과 함께, 복수의 자가 특허법 132조 1항에 기초하여 공동으로 무효심판을 청구하고 그에 대하여 청구불성립심결이 된 경우, 심결취소소송은 심판청구인 전원이 공동하여 제기하지 않으면 안 된다고 해석하여야 하기 때문에, 원판결은 본건 소를 각하하였어야 한다고 주장하였다.

Ⅱ. 판 지

상고기각.

"이러한 경우 심결의 취소를 구하는 소는 무효심판청구를 한 자 전원이 공동으로 제기할 것을 요하는 것으로 해석할 이유는 없으므로, 본건 소송은 적법하다."

Ⅲ. 해　　설

1. 청구인 또는 피청구인 복수의 심판

특허법이 정하는 심판(제6장)은 당사자 대립 구조를 채택하는가 아닌가에 따라, 거절결정불복심판(121조) 등의 소위 결정계와, 무효심판(123조) 등의 소위 당사자계로 크게 나뉜다. 그리고 경우에 따라서 청구인이 복수로 되는 경우와, 피청구인이 복수로 되는 경우가 있다.

예를 들어, 결정계에서는, ① 특허를 받을 권리의 공유자(예를 들어, 공동발명자)가 공동으로 한 출원에 대해서 거절결정(특허법 49조)을 받은 경우에 거절결정불복심판을 청구하는 경우이다. 특허를 받을 권리가 공유인 때에는 전공유자에 의한 공동출원이 요구되고(특허법 38조), 심판청구에 있어서도 전원의 공동이 요구되고 있다(특허법 132조 3항).

당사자계에서는, 우선 ② 동일 특허권에 관하여 복수의 자가 공동으로 무효심판을 청구하는(특허법 132조 1항) 경우이다. 무엇보다 무효심판은 일부의 무효이유를 제외하고 개인도 청구할 수 있고(특허법 123조 2항), 한 사람이 청구하는 것도 당연히 가능하기 때문에, 같은 시기에 동일 특허권에 관하여 복수의 자가 각각 단독으로 청구하는 것도 허용되고, 그와 같은 경우에 심리의 병합이 강제되는 것은 아니다(특허법 154조 1항 참조). 다음으로 ③ 공유인 특허권에 관하여 무효심판을 청구하는 경우에는 전공유자를 피청구인으로 하지 않으면 안 되는 것으로 되어 있다(특허법 132조 2항).

그리고 특허법은 ①②③의 어느 경우에도 공동청구인 또는 공동피청구인의 1인에 중단·중지사유가 생기면 전원에 관하여 심판절차가 중단·중지하는 것을 규정하여(132조 4항. 단 24조, 민사소송법 124조 2항), 절차진행의 통일을 도모하고 있다. 따라서 이러한 심판에서는 심리의 분리도 허용되지 않는 것으로 된다(특허법 154조 2항 참조) (또 민사소송에 관하여서 이지만, 필요적공동소송에 있어서 공동소송인의 1인에 생긴 중단·중지사유의 해소가 지연될 염려가 있는 경우에 탄력적인 취급을 인정하는 견해로서, 高橋宏志, '重點講義 民事訴訟法(下)[補訂第2版], 2010, 226頁). 그래서 ①③은 고유필요적공동심판(①에 관하여, 中山信弘, '特許法', 2010, 228頁), ②는 유사필요적공동심판(中山, 위 책, 232頁, 266頁)으로 불려지는 것이다(特許廳 編, '工業所有權法(産業財産權法) 逐條解說[제18판], 2010, 374頁은, ①③, ②에 관하여 각각 민사소송법에서 말하는 고유필요적공동소송 또는 유사필요적공동소송에 해당한다고 설명한다).

2. 특허를 받을 권리 또는 특허권이 공유인 경우

심판청구에 대한 응답인 심결(특허법 157조)에 불복이 있는 당사자 등은 동경고등재판소의 특별지부인 지재고등재판소에 심결취소소송을 제기할 수 있다(특허법 제178조, 지재고재법 제2조). 이때 ①②에서는 청구불성립심결에 대하여, ③에서는 무효심결에 대하여, 심결취소소송을 제기함에 있어서, 공동청구인 또는 공동피청구인이 공동으로 제기하지 않으면 안 되는 것인가, 즉 이러한 심결취소소송은 고유필요적공동소송에 해당하는 것인가, 그럼에도 일부의 자가 제소하는 것도 가능한가가 문제로 된다.

①에 관하여는 실용신안 사안이지만 最判 平成 7. 3. 7.(民集 49卷 3号 944頁 - 본서 52 사건)이 청구불성립심결취소 "소송에 있어서 심결의 위법성 유무의 판단은 … 공유자 전원에 관하여 합일확정할 필요가 있다"고 해서, 最判 昭和 36. 8. 31.(民集 15卷 7号 2040頁), 最判 昭和 55. 1. 18.(判時 956号 50頁)에 이어서 고유필요적공동소송이라고 하였다.

③에 관하여는 상표사안이지만 最判 平成 14. 2. 22.(民集 56卷 2号 348頁 - 본서 51 사건)이 무효심결 "취소소송의 제기는 상표권의 소멸을 막는 보존행위에 해당한다"고 하여, 단독으로 제소하는 것을 인정하고, "각 공유자가 공동으로 또는 각별로 취소소송을 제기한 경우에는, 이러한 소송은 유사필요적공동소송에 해당한다고 하여야 하기 때문에 병합하여 심리판단 하는 것으로 된다"고 하였다(最判 平成 14. 2. 28. 判時 1779号 81頁 ②사건이 같은 취지. 특허취소결정취소소송에 관하여 最判 平成 14. 3. 25. 民集 56卷 3号 574頁도 같은 취지). 이러한 판결의 문장만으로는 반드시 분명하지는 않지만, 최고재판소는 유사필요적공동소송을, 각별로 제소된 경우에는 회사법 837조와 같이 병합이 강제되는 것으로 이해하고 있는 것 같다(예를 들어 선거의 효력에 관한 소송을 유사필요적공동소송에 해당하지 않는다고 판시하였다, 最大判 平成 10. 9. 2. 民集 52卷 6号 1373頁에 관하여 西川知一郎, 最判解民事篇, 平成 10年度(下) 751-752頁은, 그 이유로서 판결의 효력의 저촉이라고 하는 문제가 생기지 않는다고 말하는 외에, 별소금지를 규정한 명문의 규정이 없다는 것을 든다. 또 주주대표소송에 있어서 공동소송인의 일부의 자가 상소한 경우 상소하지 않은 자의 지위에 관하여 판시하였다, 最判 平成 12. 7. 7. 民集 54卷 6号 1767頁에 관한 豊澤佳弘, 最判解民事篇, 平成12年度(下) 618頁은 "유사필요적공동소송이라하면 공동소송인의 각자가 독립하여 당사자적격을 갖지만, 복수의 자가 당사자로 되어 소송이 계속된 경우에는, 합일확정의 필요상 반드시 공동소송의 형태를 취하지 않으면 안 되는 것이고, 공동소송인의 1인에 대한 판결의 효력이 다른 공동소송인에

미치기 때문에 판결이 구구하게 되는 것이 허용되지 않는 경우가 이에 해당하게 된다"고 한다. 한편 유사필요적공동소송의 정의에 복수소송의 병합강제를 포함시키는 것에 의문을 던지는 것으로서, 高橋, 앞의 책, 225頁 注(4)).

3. 공동제소의 논거의 타당성

따라서 ②를 다루는 것이 본 건이다. 본 판결에 앞서 이루어진 最判 平成 12. 1. 27.(民集 54卷 1号 69頁 - 본서 46 사건)은, 각각 청구된 무효심판이 병합되어 1통의 심결서에 의해 청구불성립의 심결이 된 경우에, 청구인의 일부의 자가 심결취소소송을 제기하는 것도 가능한 것을 전제로(長譯幸男, 最判解民事篇 平成 12年度 (上) 51頁. 같은 "倂合審判及び共同審判の手續構造とその審決取消訴訟における原告適格," 秋吉稔弘先生喜壽記念 '知的財産權 - その形成と保護' 2002, 242頁 참조), 평성 23년(2011년) 개정 전의 167조(이하 '구 167조'라 한다)의 효력이 미치는 범위에 관하여 판시한다. 그런데 무효심판청구가 공동으로 된 경우에는 그와 달리 취급 하는가 아닌가가 문제로 된다. 본 판결은 공동청구인의 일부의 자에 의한 제소를 인정하였다(그 결과 공동으로 심결취소소송을 제기한 공동청구인의 일부의 자에 의한 소의 취하도 인정되는 것으로 된다(東京高判 平成 14. 7. 18. 平13(行ケ)79号]) (즉, 長譯, 위 秋吉喜壽 254頁은 이 소송은 통상공동소송이라고 한다).

심결취소소송의 공동제기를 주장하는 Y 등의 상고이유의 논거는, 이것을 정리하면, 공동으로 청구한 무효심판의 청구인 사이에 당해 특허의 유효 · 무효라고 하는 결론이 달라지는 것은 허용되지 않고, 따라서, 134조 4항도 절차진행의 통일을 도모하고 있기 때문에, 심결의 귀추가 달라질 가능성이 생기는 것으로 되는, 일부의 자에 의한 제소를 인정하여야 하는 것은 아니고, 또 일부의 자에 의한 제소를 인정한다 하여도, 제소하지 않는 자와의 관계에서는 심결이 확정되는 것으로 되어 제소한 자에도 구 167조의 효력이 미치는 결과, 심결취소소송의 이익을 잃기 때문에, 일부의 자에 의한 제소를 인정할 수는 없다고 하는 것이다.

후자의 논거에 관하여는 앞의 最判 平成 12. 1. 27.이 구 167조는 청구불성립심결 확정등록 후에 새로이 동일한 사실 및 증거에 기초한 무효심판청구를 허용하지 않는 것이라고 판시하여 이를 부정한다. 그 후 평성 23년(2011년) 개정 후의 167조는 제3자효를 배제하였다(특히 같은 개정법 시행 전에 등록된 것에 관하여는 구 167조가 적용된다[같은 개정법 부칙 2조 22항]). 전자의 논거에 관하여는 같은 최고재판소 판결은 판결문상은 1통의 심결서에 의해 이루어진 심결의 합일확정의 요부에 관하여 다루지 않았지만, 심결취소소송을 제기하지 않은 소외 회사와의 관계에서는 청구불성립심결이 확정된 것을 인정하고 있고(長譯, 앞의 最判解 46頁도 참조), 그 조사관해설도 "당초부터 공동으로 심판청구가 된 경우는 심판절차의 통일이 요청되는 것이지만, 심결의 합일확정이 필요하다고까지는 할 수 없는 것이기 때문에, 당초 별개로 청구된 복수의 심판이 병합된 경우도 마찬가지로 심결의 합일확정을 요하는 것은 아니라고 해석하여야 한다"고 서술하고 있다(長譯, 앞의 最判解 45頁). 무효심판이 공동으로 청구된 경우도 포함하여 최고재판소는 심결의 합일확정의 철저를 추구하고 있지 않다고 할 수 있다. 따라서 실질적으로 보아도 무효심판을 공동으로 청구하였다는 것이 심결취소소송의 단독제기를 허용하지 않는 것이라는 결론을 도출하는 것까지의 이유로는 되기 어려울 것이다.

4. 청구불성립심결취소 후의 처리와 最判 平成 14.(2002년) 2. 22.

심결취소소송에 있어서 청구불성립심결이 취소된 때에는 심판청구가 공동으로 되었다 하여도 취소소송을 제기한 청구인에 관하여만 무효심판의 심리가 재개되는 것으로 된다(東京高判 平成 15. 10. 16. 平13(行ケ) 356호). 그러나 이러한 취급은 "상표권의 공유자의 1인이 단독으로 무효심결의 취소소송을 제기하는 것이 가능하다고 해석하여도, 그 소송에서 청구인용의 판결이 확정된 경우에는 그 취소의 효력은 다른 공유자에게도 미친다(행정사건소송법 32조 1항), 또 특허청에서 공유자 전원과의 관계에서 심판절차가 이루어지는 것으로 된다(상표법 63조 2항이 준용하는 특허법 181조 2항[현행법 5항])"고 판시한 앞의 最判 平成 14. 2. 22.과 표면적으로는 어긋나는 것이 된다.

이 차이는 심결의 합일확정 필요성의 존부에 의한 것일 것이다. 공동청구인의 일부의 자가 제소한 취소소송에 있어서 청구불성립심결이 취소되고, 재개된 심판에 있어서 무효심결이 되고 그것이 확정된 경우에는 특허권 자체가 소급적으로 소멸해버리기 때문에(125조 본문), 취소소송을 제기하지 않은 공동청구인과의 관계에서 확정청구불성립심결이 존재하여도 각별의 청구인에 의한 무효심판에 관하여 위 最判 平成 12. 1. 27.이 말하는 것과 같이 "심결의 모순, 저촉에 의해 법적 상태에 혼란이 생기는 것은 아니다"라는 것에 대해서, ③의 경우에 특허권의 공유자 사이에 있어서 동일한 무효심결에 관하여 어느 한쪽이 유지되고, 다른 한쪽이 취소된다고 하는 상태는 특허의 유효·무효라고 하는 판단이 공유자 사이에 있어서 구구하게 될지 모르는 이상, 용인할 수가 없는 것이기 때문이다.

마찬가지로 ①의 경우에도 특허를 받을 권리의 공유자 사이에 있어서 동일한 거절결정불복심판청구불성립심결에 관하여 어느 한 쪽이 유지되고 다른 한쪽이 취소된다고 하는 상태는 용인할 수가 없다. 결국 ①, ③의 경우에는 특허를 받을 권리 또는 특허권의 공유자 사이에서 심결이 합일확정 되는 것이 통상적으로 요청됨에 대해, ②의 경우에는 무효심판의 공동청구인 사이에 심결이 합일확정되는 것이 반드시 요청되는 것은 아니라고 할 것이다. 이와 같은 차이가 있음에도 불구하고, 특허법 132조 4항에 의해 같은 규율에 따르게 하는 것이 입법론으로서 타당한 것인가는 묻지 않으면 안 될 것이다(그러한 경우에도 같은 항과 같은 제약을 붙이는 것에 의문을 제기하는 견해로서 三宅正雄, '特許爭訟雜感[改訂版]', 1976, 111頁). 또 전자의 심판을 고유필요적공동소송에 상당한다고 할 수 있지만, 심결의 합일확정이 반드시 요청되지 않는 후자의 심판을 유사필요적공동소송에 상당한다고 할 수는 없다고 생각한다(공동심판이라고 하는 말을, 각별로 청구된 심판이 병합된 경우도 포함하여 사용하고는 있지만, "공동심판은 합일확정을 요구하는 것은 아니고, 민사소송에 있어서 유사필요적공동소송에 유사한 관계에 있다고는 할 수 없다"고 분명히 말하는 것으로서, 위 東京高判 平成 14. 7. 18.이 있다).

〈참고문헌〉
　　본문 중에 든 것 외에, 본 판결의 평석으로, 永井紀昭, 本 百選〈第3版〉 118頁

54. 심결취소판결의 구속력이 미치는 범위(1)

最高裁 平成 4年 4月 28日 第3小法廷判決
[昭和 63年(行ツ) 第10号 : 審決取消請求事件]
(民集 46권 4호 245면, 判時 1419호 93면, 判タ 784호 178면) ◀재판소 Web

塩月秀平(시오쓰키 슈헤이, 知財高裁 判事) 著
박정희[법무법인(유) 태평양 변호사] 譯

Ⅰ. 사실의 개요

특허권자인 Y회사(피고, 상고인)의 "고속선회(旋回)식 배럴연마기" 특허발명에 관하여 X회사(원고, 피상고인)가 무효심판을 청구하였다. 특허청은 昭和 54. 4.에 진보성이 없다는(특허법 제29조 제2항에 해당) 이유로 특허를 무효로 하는 제1차 심결을 하였다. Y가 제기한 제1차 취소소송에서, 東京高裁는 昭和 58. 6. "심결은 각 인용례의 기술내용의 인정을 잘못하여 이 사건 발명과 각 인용례의 상이점을 잘못 인정함에 따른 위법"이 있다고 하여, 제1차 심결을 취소하는 제1차 판결을 하였다. 제1차 판결의 확정에 따라 특허청은 재도(再度)의 심리에 의하여, 昭和 60. 2. X의 무효심판청구를 불성립으로 하는 제2차 심결을 하였다. 이번에는 심판청구인인 X가 이 심결에 대하여 제2차 취소소송을 제기하였던바, 원심 東京高判 昭和 62. 10. 8.(民集 46권 4호 269면 참조)은, X가 제2차 소송에서 새로이 제출한 증거에 관하여 "당사자가 재도의 심결에서 인정판단 한 논점에 관련된 것이지만, 그 인정판단에서 심구, 설시되지 않는 사항으로서 그 인정판단을 부정하는 방향의 사실을 뒷받침하는 증거를 제출한 경우에는, 재판소가 그 증거에 의한 사실인정에 기초하여 재도의 심결의 인정판단을 위법하다고 하는 것은 허용되어야 하고, 취소판결의 구속력의 법리는 이를 방해하지 않는다"라는 취지의 판단을 한 다음, "제2인용례 기재의 배럴 내의 매스의 거동 및 연마량, 공작물의 연마 후의 표면 거칠기가 Y발명과 비교하여 실질적으로 차이가 없는 점은, X가 재도의 심결취소소송인 본소에 이르러 제출한 앞의 서증에 의해 뒷받침되고, 게다가 이 점에 관하여는 제2차 심결의 인정판단에서 구체적으로 심구, 설시되지 않은 이상 제2차 심결의 인정판단을 잘못이라고 하는 것은 아무런 방해가 되지 않는다고 할 것이다"라고 하여, "Y발명은 통상의 기술자가 제1 내지 제3인용례 기재의 것으로부터 용이하게 도출할 수 있다"고 인정판단 하여 제2차 심결을 취소하였다.

특허권자 Y가 상고.

Ⅱ. 판   지

파기자판(X의 청구기각).

"재도의 심결취소소송에서는 심판관이 당해 취소판결의 주문의 원인이 된 이유를 포함하여 구속력을 받게 되는 이상, 그 구속력에 따라 된 재도의 심결에 대하여 관계 당사자가 이것을 위법이라고 비난하는 것은, 확정된 취소판결의 판단 자체를 위법이라고 비난하는 것에 다름이 아니고, 재도의 심결의 위법(취소)사유라고 할 수도 없다." "특정의 인용례로부터 당해 발명을 특허출원 전에 통상의 기술자가 용이하게 발명할 수 있다고 할 수 없다는 이유로, 심결의 인정판단을 잘못이라고 하여 심결이 취소되어 확정된 경우에는, 재도의 심판절차에 당해 판결의 구속력이 미치는 결과, 심판관이 동일 인용례로부터 당해 발명을 특허출원 전에 통상의 기술자가 용이하게 발명할 수 있다고 인정판단 하는 것은 허용되지 않고, 따라서 재도의 심결취소소송에서 취소판결의 구속력에 따라 된 재도의 심결의 인정판단이 잘못이라며(동일 인용례로부터 당해 발명을 특허출원 전에 통상의 기술자가 용이하게 발명할 수 있다) 이를 뒷받침하기 위하여 새로운 증명을 하고 나아가 재판소가 이것을 채용하여 취소판결의 구속력에 따라 된 재도의 심결을 위법이라고 하는 것이 허용되지 않는 것은 명백하다."

Ⅲ. 해   설

1. 심결취소소송에서의 구속력

행정사건소송법 제33조 제1항 소정의 취소판결의 구속력은 기판력이 아니라 취소소송에 의한 권리구제의 실효성을 기하기 위하여 실정법이 특히 인정한 특수한 효력이라고 하는 특수효력설이 통설이다[南博方·高橋滋 編, 條解行政事件訴訟法 (제3판, 2006) 548면(東亞由美)]. 특허권, 상표권 등의 무효심판청구, 거절결정불복의

심판청구사건에서 된 심결의 취소소송에서 심결을 취소하는 판결이 확정된 경우
에는, 특허법 제181조 제5항에 따라 당해 심판사건에 관하여 다시 심리하고, 재
도의 심결에 이르게 된다. 심결취소소송도 행정사건소송법의 적용을 받으므로,
재도의 심리 내지 심결에는 동법 제33조 제1항에 의해 취소판결의 구속력이 미
친다. 이 구속력은 판결 주문이 도출되는 데 필요한 사실인정 및 법률판단에 미
치고, 심판관으로서는 이 취소판결의 인정판단에 저촉되는 인정판단이 허용되지
않는다. 그 결과로서 취소판결의 구속력에 따라서 한 심결은 그 범위 내에서 적
법하고, 재도의 심결취소소송에서도 이것을 위법이라고 할 수 없다. 이 사건 판
결이 법리로서 설시하는 바도, 이 법규로부터 도출된 해석에 따른 것이고, 새로
이 법리를 보이는 것은 아니다.

통상의 행정처분의 취소소송에서는 재도의 소송이 제기 되어 재도의 처분이
취소판결의 구속력에 따른 것인가의 문제로 되는 것은 예외적이다(일반 행정처분
의 취소소송에서 구속력이 기능하는 장면에 저촉되는 것으로서, 原田尙彦, "取消判決の拘束
力," ジュリ 925호 210면. 최근의 사례소개로서 村上, 後揭). 그러나 특허무효심판 또는
거절결정불복심판이라는 통상의 행정청의 처분과는 다른 태양의 절차를 전심절
차로 하는 심결취소소송에서는, 한정된 심리구조에서 오는 특수성이 있다. 즉 最
大判 昭和 51. 3. 10.(民集 30권 2호 79면 - 본서 48사건)에 의해, 심결취소소송에서의
심리범위가 심판에서 심리 내지 심결이 판단한 범위에 한정된다는 판례이론이
보이고, 심결취소소송이 이 법리에 따라 움직이는 것의 영향으로 재도의 심판에
서 제1차 소송에서는 할 수 없었던 새로운 주장·증명을 한 결과, 제1차 판결이
제1차 심결을 취소하였음에도 제1차 심결과 동일한 결론의 제2차 심결이 나오는
경우가 있고, 나아가 제1차 판결이 판시한 방향에 따라서 한 제2차 심결을 다시
취소하는 제2차 판결이 나오는 경우가 드물지 않다. 여기에서 구속력이 어디까지
미치는가의 문제가 자주 발생한다.

2. 구속력의 범위
판결의 결론을 도출한 사실에 기초한 판단부분이 구속력이 미치는 범위이고,
그 이외의 사항에는 구속력이 미치지 않는다. 그것에 이르는 주요사실에 관하여
구속력이 생기고, 간접사실에는 구속력이 생기지 않는다고도 설명된다[園部逸夫
編, 注解行政事件訴訟法(1989) 429면(村上敬一)]. 그렇다고는 하여도 그 구별을 개개의
사안에 적용시키기는 어렵다. 그것은 진보성 판단에서 비교된 종래기술인 인용

례 기재 발명과 Y 발명 사이의 상이점 인정의 간과 등이 주요사실에 해당하는가 간접사실에 해당하는가에 관하여 주된 견해가 없는 것에 기인한다. 상이점, 일치점의 인정이라는 것은 법률요건사실이 아니고 실무가 만들어낸 진보성 판단의 수법에 지나지 않으므로, 일치점, 상이점이 주요사실에 해당하는 것은 아니다. 예를 들면, 다음에 설명하는 바와 같이 판결이 상이점을 간과한 것만을 들어 심결을 취소하였다면, 상이점 간과의 점만이 판결의 결론을 도출한 사실이고, 거기에 구속력이 생긴다. 상이점의 존부는 실체법상은 간접사실이므로, 실체법상의 해석으로 보면 간접사실에 지나지 않는 부분의 인정판단에도 구속력을 인정하는 경우가 있는 것으로 된다.

구속력의 범위 확정을 고려할 때에는 중요한 것은 오히려 제1차 판결이 어떠한 인식을 가지고 있는가의 시점(視点)이다. 그 인식은 제1차 소송에서 행한 심리를 근거로 하여 이해되어야 하므로, 구속력의 범위는 심결취소소송의 심리의 실제에도 의거한다. 특허무효심판청구에 대한 심결에서는, 발명의 구성 각각에 관하여 공지발명 등과 비교하여, 일치점・상이점의 인정, 상이점의 용이추고성이 인정판단 되고, 발명의 신규성・진보성 판단의 결론이 도출되고 있는 것이 실무의 전형이다. 예를 들면, 사안에 따라 다르고, 심결취소소송실무에 변화가 보이지만, 일치점의 인정에 잘못(상이점의 간과)이 있는 경우에 다음 단계(간과된 상이점한 구성의 용이도출성의 유무)의 심리가 필요하게 되며, 이 심리에 전문관청의 선행판단이 필요하다고 생각되는 경우에는 그 단계에서 바로 심결이 취소될 수가 있다. 이와 같은 심결취소소송의 방식의 당부는 별론으로 하고(塩月秀平, "審決取消訴訟における審理の範囲," パテント 64권 15호 120면), 제1차 판결의 판단이 심결이 한 일치점의 인정의 잘못에만 있다고 한다면, 제1차 판결은 발명의 신규성・진보성의 유무에 관하여 결론을 나타내고 있는 것은 아니다. 구속력은 일치점의 인정의 잘못의 점에만 있다.

3. 이 사건에의 적용

제1차 판결은, 제1인용예(名古屋工業試驗所報告), 제2인용예(미국 특허명세서) 및 제3인용예(미국 특허명세서)의 각 기술내용이 Y발명의 구성부분과 같다고 한 심결의 인정판단이 잘못이라고 결론 부분에서 설시하면서 "Y발명은 내면원통형의 보올 밀(ボールミル)에 관한 기재가 있는 갑 제7호증(名古屋工業試驗所의 다른 報告) 및 제1인용례, 내면장방형의 선회배럴에 관한 기재가 있는 제2인용례, 내면단면다각

형의 배럴에 관한 기재가 있는 제3인용례로부터 통상의 기술자가 용이하게 발명할 수가 있다고 한 심결은, 각 인용례의 기술내용 인정을 잘못하여 Y발명과 각 인용례의 상이점을 잘못 인정함에 기초한 것이어서 위법하다. 따라서 제1차 심결의 취소를 구하는 원고의 본소 청구는 정당하여 인용한다"라고 판단을 하였다[東京高判 昭和 58. 6. 23. 特許廳審判部 編 參考審判決集(8) 287면]. 거기에는 제1차 심결에 발명의 구성의 추고용이성 판단의 전제에 잘못이 있는 것에 그쳐서, 제1차 판결이 적극적으로 Y발명의 진보성을 인정한 것이라고 이해할 수는 없다. 제2차 소송에서는 무효심판청구의 대상으로 된 발명의 진보성 판단의 간접사실인 작용효과가 없는 것의 유력한 실험결과가 새로이 제출되었음에도 불구하고, 본 판결은 진보성을 부정할 수 없다고 한 제2차 심결이 잘못이라고 한 원 판결(제2차 판결)의 판단에는 구속력에 관한 법령의 해석적용에 잘못이 있다고 하였다.

玉井, 後揭 法協 1946면은 제1차 판결에 의해 취소판결의 구속력이 생기는 것은, 제1 판결이 현실로 인정한 구체적인 사실, 제2인용례 발명은 Y발명과 비교하여 "작용효과가 현저히 열악한 것," 따라서 양자는 "동일"하지 않은 것, 또한 제3인용례 발명과 Y발명의 작용을 제1차 심결이 들고 있는 증거만으로 본질적으로 같다고 인정하면 안 된다는 것 만에 한한다고 이해해야 한다고 하고 있다. 제1차 판결이 인용예와 비교하여 Y발명에 관하여 인정한 구체적 사실은 대략 이상의 점이지만, 본 판결은 이것보다도 넓은 구속력의 범위를 인정하고 있다.

본 판결이 원 판결과 판단을 달리하여 파기한 것은 제1차 판결이 심결을 취소한 판단의 결론 부분이 어디에 있는가의 인식의 차이에 기인한다고 생각된다. 진보성의 유무의 인정에 잘못이 있다고 하여 심결을 취소한 판결은 진보성의 유무에 관하여 심결과는 반대의 결론에 이른 것이라는 이해가 본 판결의 입장이다. 이에 대하여 원 판결은 제1차 판결에서는 Y발명의 진보성에 관하여 까지는 결론 짓지 않았다는 이해 아래에 구속력의 범위를 한정한 것이라고 생각된다. 본 판결의 입장이 취소소송의 심리 및 판결이 본래 이상으로 해야 할 자세이고, 知財高裁의 소송실무에도 그와 같은 심리상의 노력이 있다고는 하지만(塩月, 前揭), 실제 심결취소소송의 심리 및 판단수법에는, 당사자의 대응이 전제로 되는 점에서, 모든 사안에서 그와 같이 관철되는 것은 아니다. 구속력의 범위를 확정할 때에는 제1차 심결취소판결의 이유와 그것이 의거하고 있는 제1차 심결취소소송에서 심리된 범위를 주의 깊게 분석하지 않으면 안 된다.

〈참고문헌〉

1. 高林龍, 最判解 民事篇 平成 4年 145頁

2. 同, 金判增刊 1236号 114頁

3. 玉井克哉, 法協 110卷 12号 1931頁

4. 同, パテント 62卷 5号 73頁

5. 村上裕章 "取消訴訟における審理の範圍と判決の拘束力," 田村善之 編著, 新世代 知的財産法政策學の創成(2008) 223頁

6. 清水節・加藤志麻子 "審決取消訴訟の第2次取消訴訟と第1次取消判決の拘束力," 牧野利秋ほか編, 知的財産法の理論と實務(2)(2007) 362頁

55. 심결취소판결의 구속력이 미치는 범위(2)
── 동력타취장치(動力舵取裝置) 사건

東京高裁 平成 16年(2004년) 6月 24日 判決
[平成 15年(行ケ) 第163号 : 審決取消請求事件]
(판례집 미등재) ◀재판소 Web

小島 立(고지마 류, 九州大学 准教授) 著
윤태식(의정부지방법원 부장판사) 譯

I. 사실의 개요

　X(원고)는 발명의 명칭을 「동력타취장치」(動力舵取裝置)로 하는 발명(이하 「본건발명」이라고 한다)에 관한 특허(이하 「본건특허」라고 한다)의 특허권을 가지고 있다. 본건특허에 대하여 특허이의신청이 되어 X가 정정청구를 하였는데 특허청은 정정을 인정하고 본건특허를 유지하는 취지의 이의신청을 받아들이는 결정을 하고 위 결정은 확정되었다.

　그 후 Y1(피고) 및 Y2(피고) 각각으로부터 특허무효심판이 청구되고 특허청은 이들 신청을 병합하여 심리한 결과 「본건특허 청구항1 발명에 대하여 특허를 무효로 한다」라는 심결(이하 「특허무효심결」이라 한다)을 하였다. X는 특허무효심결에 대하여 그 취소를 구하는 소를 동경고등재판소에 제기하였는데 위 재판소는 특허무효심결을 취소하는 판결(이하 「심결취소판결」이라 한다)을 하고 위 판결은 확정되었다.

　그 후 특허청은 다시 심리를 하여 「본건특허 청구항1 발명에 대하여 특허를 무효로 한다」라는 심결(이하 「본건심결」이라 한다)을 하였다.

　본건심결은 본건발명이 인용례1에 기재된 인용발명1 및 인용례2에 기재된 인용발명2에 기하여 통상의 기술자가 쉽게 발명할 수 있는 것이므로 본건특허는 특허법 29조 2항의 규정에 위반하여 된 것이고 같은 법 123조 1항 2호에 해당하여 무효로 하여야 한다고 하였다.

X는 본건심결은 심결취소판결의 구속력에 위반한 것이라는 이유에 기하여 위법하여 취소되어야 한다고 주장하였다(X는 본평역에서 든 취소사유1 외에 취소사유 2~8까지 주장하였지만 본고에서 논하여야 하는 내용과의 균형상 그것들에 대하여는 언급하지 않는다).

Ⅱ. 판   지

청구기각.

「심결취소판결은 인용발명2의 제1의 조타(操舵)샤프트 및 제2의 조타샤프트가 본건발명의 상부축 및 하부축에 대응하지 않는 점과 인용발명2의 제1, 제2의 조타샤프트를 본건발명의 타륜축(舵輪軸) 같이 동축(同軸)구성으로 하는 것을 쉽게 상도할 수 없다는 점의 두 가지 점을 구체적인 이유로 하여 특허무효심결을 취소한 것이라고 인정되기 때문에 이상의 판시에 관하여 행정사건소송법 제33조 제1항 소정의 소위 구속력이 작용하는 것으로 인정된다.

이것에 대하여 본건심결은 인용발명2가 인용발명1의 타륜축의 모터, 토르크센서를 차실내부에 배치하는 것의 동기부여로 되고 동축(同軸)구성의 타륜축의 차실내부분에 모터 등을 배설하는 것의 착상이 존재한다고 인정된다 …과 함께 타륜축을 차실외부에 배설된 락피니온식 타취(舵取)기구에 유니버설조인트를 개재하여 연결하는 구성이 개시되어 있는 점이 인정된다… 것이기 때문에 심결취소판결의 전기 구속력에 반하는 것이 아님이 명백하다.」

「취소판결의 구속력은 판결주문을 이끌어 내는 것에 필요한 사실인정 및 법률판단에 미치는 것에 대하여 발생하는 것인바(最高裁判所 平成 4年 3月 28日 第3小法廷判決, 民集 46卷 4号 245頁 참조), 심결취소판결은 일반적으로 인용례2(및 인용례1)에 기하여 진보성 판단을 하는 것을 부정하는 것이 아니고 앞서 본 바와 같이 인용발명2에 관한 상기의 구체적인 이유에 기하여 특허무효심결을 취소하는 것이므로 구속력도 그 부분에 한하여 발생하는 것이 명백하다.」

「…인용발명2의 제1의 조타샤프트 및 제2의 조타샤프트가 본건발명의 상부축 및 하부축에 대응하지 않는 점과 인용발명2의 제1, 제2의 조타샤프트를 본건발명의 타륜축과 같이 동축(同軸)구성으로 하는 것은 쉽게 상도할 수 없는 점의 두 가지 점을 구체적인 이유로 하여 특허무효심결을 취소한 것이고, X주장과 같이 보다 일반적으로 충격에너지 흡수기구와 모터 전동장치를 하나의 축상에 설계하고 차실 내에 배설(配設)하는 것이 통상의 기술자에게 있어 용이한가 여부에 대하여 판단하는 것이 아닌 것은 명백하다(심결취소판결의 판단에서 타륜축을 차실내에 배설하는 것에 관한 기재는 없다).

Ⅲ. 해   설

1. 본판결은 특허심결취소소송에서 취소판결의 구속력이 미치는 범위에 대하여 판시한 재판례의 하나이다. 근시 이 문제에 대하여 다투어지는 재판례가 증가하고 있고 본판결은 그 검토에 일정한 시사를 준다.

2. 취소판결의 구속력에 대하여 행정사건소송법 제33조 제1항은 「처분 또는 재결을 취소하는 판결은 그 사건에 대하여 처분 또는 재결을 한 행정청 기타 관계 행정청을 구속한다」라고 규정한다. 본고에서 위 규정의 성질론에 깊이 들어가는 것은 피하지만(상세는 塩野宏, 『行政法 Ⅱ』〔第5版〕[2010] 186頁, 興津征雄, 『違法是正と判決效』[2010]), 행정처분의 효과를 취소하는 것만으로는 분쟁해결에 도움이 되지 않는 일이 있고 그와 같은 경우에 취소판결의 실효성을 담보하는 데에 취소판결의 구속력의 의의를 찾을 수 있다(塩野, 前揭 186頁).

특허법 제181조 제2항은 「심판관은 전항의 규정에 의한 심결…의 취소판결…이 확정된 때는 나아가 심리를 하여 심결…을 하지 않으면 안 된다」라고 규정하고 있고, 여기서 취소판결의 구속력 문제가 부상한다(동 규정은 다른 산업재산권법에도 준용되고 있지만, 본고에서는 특허법에서 심결취소판결의 구속력으로 좁혀 논의를 진행한다).

특허법에서 취소판결의 구속력에 대하여 판시한 최고재판소 판결로서는 最判 平成 4. 4. 28.(民集 46卷 4号 245頁 〔고속선회식바렐연마법사건 - 본서 54사건〕)(이하 「1992년 최고재판소 판결」이라 한다)이 있고, 1992년 최고재판소 판결은 「〔심결취소판결〕의 구속력은 판결주문을 이끌어 낼 수 있는 데에 필요한 사실인정 및 법률판단에 미친다」라고 하였다.

3. 1992년 최고재판소 판결의 상술한 설시에는 이론이 없다고 생각되지만, 특허법 문맥에는 심결취소소송에서 심리범위 제한과의 관계에 유의할 필요가 있다. 통상의 취소소송에서는 소송물은 행정처분의 위법성 일반이라고 해석되어

심리범위에 대하여도 원칙적으로 제한이 가하여 있지 않다(상세는 大淵哲也『特許審決取消訴訟基本構造論』[2003] 151頁 이하). 그러나 특허심결취소소송에서는 最大判 昭和 51. 3. 10.(民集 30卷 2号 79頁〔메리야스편기사건―본서48사건〕)(이하「1976년 최고재판소 대법정 판결」이라 한다)이「심결에 대한 취소의 소에서 그 판단의 위법이 다투어지는 경우에는 오로지 당해 심판절차에서 현실로 다투어지고 심리판단된 특정의 무효원인에 관한 것만이 심리대상으로 된다」라고 설시하고, 심결취소소송에서 심리범위를 제한하는 취지를 명확히 하고 있다.

다만 심결취소소송에서 항상 새로운 증거 제출이 봉쇄되는 것은 아니고 最判 昭和 55. 1. 24.(民集 34卷 1号 80頁〔식품포장용기구조사건〕)(이하「1980년 최고재판소 판결」이라 한다)는「심판절차에서 심리판단된 간행물기재의 고안과의 대비에서 무효원인의 존부를 인정하여 심결의 적법, 위법을 판단함에 있어 심판절차에 나타나지 않았던 자료에 기하여 위 고안이 속하는 기술분야에서 통상의 지식을 가지는 자(이하「통상의 기술자」라고 한다)의 실용신안등록출원 당시에서의 기술상식을 인정하고 이것에 의해 위 고안이 가지는 의의를 명확히 한 다음에 무효원인의 존부를 인정하였더라도 이 점으로부터 심판절차에서 심리판단하지 않았던 간행물기재의 고안과의 대비에서 무효원인의 존부를 인정하여 심결의 적법, 위법을 판단한 것이라고 할 수 없다」라고 하여 이미 심판에 제출된 증거를 보강하는 새로운 증거 제출을 인정하는 견해를 표명했다(中山信弘,『特許法』[2010] 276頁. 심결취소소송의 심리범위에 대한 상세는 大淵哲也,「審決取消訴訟(1)」法敎338号 119頁을 참조).

4. 본건심결에서는 보조인용례인 인용발명2가 주인용례인 인용발명1의 동기부여로서 고려되었다. 그러나 인용발명2가 심결취소판결에서 주인용례로서 심리판단되었기 때문에 본건심결에서 인용발명2를 주인용례인 인용발명1의 보조인용례로서 이용하는 것에 대하여 심결취소판결의 구속력이 미치는 것은 아닐까라는 점이 쟁점으로 된다. 이하에서는 1976년 최고재판소 대법정 판결 및 1980년 최고재판소 판결을 토대로 하면서 취소판결의 구속력에 대하여 검토한다.

1992년 최고재판소 판결의 조사관해설(高林龍, 最判解民事篇 平成 4年度 145頁)은 위 판결에 대하여 구속력을 넓게 해석하는 취지로 파악하고 있는 것 같다(1992년 최고재판소 판결의 해석에 대하여는 玉井克哉, 法協 110卷 12号 1938頁 이하를 참조). 구속력을 넓게 이해하는 견해에 의하면, 1976년 최고재판소 대법정 판결에 의하여 특허심결취소소송의 심리범위가 한정되어 있는 중에 있었고 특정한 인용례로부터

발명의 진보성 판단이라는 논점에 대하여 설령 심판절차에서는 심리가 충분히 행해지지 않았던 경우이더라도 심결취소소송의 장면에서 1980년 최고재판소 판결이 판시하는 범위 내에서 새로운 증거를 제출하고 주장을 보강하는 것에 의해 진보성 유무에 대하여 최종적 판단을 표시하는 것이 소송경제에 합치하는 것으로 될 것이다(高林龍,「拘束力の範圍」金判 1236号 120頁). 1992년 최고재판소 판결 당시의 상황에 더하여 현재에서는 특허권침해소송에서 재판소가 특허무효에 관한 판단을 할 수 있다는 취지를 표명한 最判 平成 12. 4. 11.(民集 54卷 4号 1368頁〔キルビー事件 - 본서 74사건〕)이 나옴과 함께 그 후 침해소송에서 권리행사제한의 항변(특허법 제104조의3)이 인정되기에 이르고 있다. 소위「분쟁의 일회적 해결」을 지향하는 방향으로 기울어진 것이라면 분쟁의 반복을 인정하는 것은 바람직하지 않고 취소판결의 구속력을 넓게 긍정하고 있은 가치판단에도 일리가 있다(高林, 前揭 金判 120頁).

　　그러나 지적재산고등재판소(이하「지재고재」라고 한다)의 심결취소소송실무를 고려하면 사정은 간단하지 않다. 심결에서는 예를 들면 발명의 진보성 판단을 하는 경우 당해 발명과 인용발명을 대비하여 일치점 및 상위점을 인정한 다음에 그 진보성 검토를 하는 것이 통상인데, 그 심결취소소송에서는 취소사유로서 심결이 행한 일치점 및 상위점의 인정에 오인 또는 간과가 있다는 취지가 주장되는 일이 많고, 판결에서도 일치점의 오인과 상위점의 간과만을 이유로 하여 심결을 취소하는 경우가 적지 않다(清水節・加藤志麻子,「審決取消訴訟の第2次取消訴訟と第1次取消訴訟の拘束力」牧野利秋 外 編,『知的財産法の理論と實務(2)』[2007] 372頁). 현재 상황에서 구속력을 넓게 이해하는 것이라면 심결에서 당해 오인 또는 간과가 인정된다고 하더라도 그것이 새로운 증거 제출이 허용되는 공지기술에 의해 보강되었는지 여부를 심리검토하지 않으면 심결의 취소판결을 할 수 없는 것으로 되지만 항상 그와 같은 심리방법이 채용되고 있는 것은 아니다(清水・加藤, 前揭 373頁). 현재 상황에서 넓게 구속력을 인정한다고 한다면 지재고재에서는 소송에서 심리판단될 수 있는 사실 및 증거에 대하여 폭넓게 파악하는 것이 요구되지만 그것은 소송수행에서 지재고재에 과도한 부담을 주는 것은 아닐까라는 걱정도 볼 수 있다(玉井克哉,「審決取消判決の拘束力」パテント 62卷 5号 78頁 이하).

　　또 취소판결의 구속력이 문제로 되는 유형으로는 거절결정불복심판청구기각심결의 취소판결, 무효심결의 취소판결 및 무효심판청구기각심결의 취소판결의 3종류가 존재하고, 이해관계자에게 주는 영향은 각각의 경우에 따라 다르다(玉井,

前揭 パテント 76頁). 특히 종래는 무효심판청구기각심결에서는 특허법 제167조가 정하는 일사부재리효가 제3자에게도 확장되었기 때문에 이해관계자에게 주는 영향이 컸다(2011년의 특허법 개정에 의하여 제3자에 대한 일사부재리효가 폐지되었기 때문에 이 문제는 이전에 비하여 현재화되지 않게 되었다).

이와 같이 취소판결의 대상인 심결(행정처분)의 위법사유 내지 취소사유가 반드시 명확하지 않았던 상황(大渕哲也,「審決取消訴訟(2)」 法敎 339号 125頁) 하에서는 구속력의 범위에 대한 일반적인 이론구축이 어려웠다는 점은 부정할 수 없다(塩月秀平,「第2次審決取消訴訟からみた第2次審決取消判決の拘束力」 秋吉稔弘先生 喜壽記念『知的財産權その形成と保護』[2002] 120頁).

5. 본판결은 무효심결 취소판결의 구속력이 다투어진 유형의 사안이다. 특허무효심결에서 출원대상과 주인용례인 인용발명2와의 일치점 및 상위점이 바르게 인정되는 것이라면 보조인용례인 인용발명1을 적용하여 그 상위를 메울 수 있는지 여부가 심결취소소송에서 판단대상으로 되게 되었는데 애초 일치점 및 상위점이 바르게 인정되지 않은 경우에는 보조인용례인 인용발명1에 대하여 거의 고려할 여지가 없고 특허무효심결(전건무효심결)을 취소하여야 한다는 판단에 이르는 것을 생각할 수 있다(玉井, 前揭 パテント 80頁). 본판결의 문제는 지재고재에서 심결취소소송실무를 전제로 하는 경우에 취소판결의 구속력을 넓게 인정하여야 하는지, 그리고 설령 그와 같이 이해하는 경우에 심결취소소송에서 적절한 소송수행이 가능한지라는 점으로 귀착된다.

6. 취소판결의 구속력 문제는 특허심판 및 심결취소소송은 물론, 침해소송을 포함한 특허소송전체의 제도설계와 관련되어 있다. 특허소송에서는 크게 나누어 「조기해결(구제) 지향」과 「재심사지향」의 2가지의 대립하는 기본적 사고방법이 있음을 알 수 있다(村上裕章,「取消訴訟における審理範圍と判決の拘束力」 同『行政訴訟の基礎理論』[2007] 292頁). 근시 1976년 최고재판소 대법정 판결이 판시한 심결취소소송에서 심리범위제한 그 자체에 대하여도 엄한 비판이 존재한다(상세는 大渕, 前揭 法敎 338号 119頁 이하 참조). 다만 설령 1976년 최고재판소 대법정 판결을 전제로 논의를 진행하더라도 일단 심결취소소송의 심리범위에 제한을 설정한 이상은 그 범위 내에서 최대한 「분쟁의 일회적 해결」을 도모하여야 한다고 하는 사고방법과 1976년 최고재판소 대법정 판결의 취지를 적극적으로 받아들여 일의적

으로 전문관청인 특허청의 판단을 억제하여야 한다는 전혀 다른 사고방법이 존재하는 것은 피할 수 없다. 궁극적으로는 권리행사제한의 항변(특허법 104조의3)을 인정하기에 이른 침해소송을 포함하여 특허제도 전체에 비추어 심결취소소송에 대하여 전술한 「조기해결지향」과 「재심사지향」의 2가지의 극 사이의 어디에서 균형을 잡아야 하는가라는 결정으로 된다. 본판결은 그와 같은 발본적인 이론구축이 시급한 현상을 단적으로 나타내고 있다.

⟨참고문헌⟩
본문 중에 열거한 것

VIII. 특허권의 효력

56. 방법의 발명에 관한 특허권 효력의 범위
—— 생리활성물질측정법 사건

最高裁 平成 11年(1999년) 7月 16日 第2小法廷判決
[平成 10年(オ) 第604호 : 特許権侵害予防請求事件]
(民集 53巻 6号 957頁, 判時 1686号 104頁, 判タ 1010号 245頁)

川田篤(가와다 아쓰시, 弁護士·弁理士) 著
최승재(김앤장 법률사무소 변호사) 譯

Ⅰ. 사실의 개요

X(원고·항소인·피상고인)은 선발(先發)의약품으로 칼리클레인(kallikrein)양물질 (樣物質)의 생성을 방해하여 진통작용을 일으키는 동물조직에서 뽑은 추출액(백신 바이러스접종 집토끼 염증피부추출액)을 유효성분으로 하는 주사액(노이로트로핀[1] 특호) 의 제조판매를 하였다. 1953년에 약사법상의 의약품 제조승인, 1976년에 건강보험법상의 약가기준이 등재되었다. 1987년이 되어 본건발명 「생리활성물질측정방법」(특허 제1725747호)를 당해유효성분의 확인시험(칼리클레인 양물질(樣物質)생산저해 활성 확인시험)에 사용하기 위하여 제조승인 일부변경신청을 하였고, 1992년 5월에 승인을 받았다.

본건발명의 특허청구범위의 제1항은 「동물혈장, 혈액응고 제Ⅻ인자활성화제, 전해질, 피검물질로 이루어진 용액을 혼합반응시키고, 그 반응에서 칼리클레인의 생성을 정지시키기 위하여 생성한 칼리클레인활성에는 실질적으로 무영향으로 활성형혈액응고 제Ⅻ인자 활성만을 특이하게 저해하는 저해제를 칼리클레인 생성과 반응시간 사이에 실질적으로 직선적인 관계가 성립하는 시간 내에 첨가하여 생성시킨 칼리클레인을 정량하는 것을 특징으로 하는 피검물질 칼리클레인 생성저해능(生成沮害能) 측정방법」이고, 그 기재로 판단하면 단순한 「방법의 발

---

[1] 노이로트로핀은 백신바이러스를 접종한 집토끼의 피부조직에서 추출한 물질로 진통작용이 있음.

명」이라 할 수 있다.

Y(피고·피항소인·상고인)은 후발의약품으로서 선발의약품과 동일한 추출액을 유효성분으로 하는 주사액(로즈모르겐주사)의 제조승인 및 약가기준수재를 받아 1992년 10월, 그 판매를 시작하였다. Y는 제조승인 시에 행정지도에 따라서 유효성분의 확인방법에 선발의약품과 동일한 본건발명 방법을 채용하였다(다만, X의 항소제기후, 본건발명과는 다른 방법을 채용하기 위하여 제조승인 일부변경신청을 하였고, 본판결 선고 전인 1999년 4월에 승인을 받았다).

X는 Y의 후발명의약품의 판매에 앞서서 1992년 8월, Y가 그 제품에 본건발명이 사용되었다고 주장하며 그 제조판매를 금지하고, 약가기준 등재신청 취소 등을 구하는 소를 제기하였다.

제1심(大阪地判 平成 7年 6月 29日 民集53卷6号 1008頁 참조)은 본건발명을 사용하였다는 입증이 없다는 이유로 청구를 기각하였다.

항소심(大阪高判 平成 9年 11月 18日 知的裁集29卷4号 1066頁 참조)은 본건발명의 사용을 인정하였다. 그리고 본건발명은 「방법의 발명」이면서 후발 「의약품의 제조공정에 필연적으로 포함되는 다른 제조작업과 불즉불리(不卽不離)의 관계로 이용되고 있음」을 실질적으로 인정하여, 「물건을 생산하는 방법의 발명」과 동일한 효력이 인정된다는 이유로 제조판매를 금지시키고, 약가기준 등재취소를 명하였다.

Ⅱ. 판   지

본판결은 본건발명은 단순한 「방법의 발명」에 지나지 않고, 「물건을 생산하는 방법의 발명」과 동일시할 수 없다고 보아 원판결을 파기자판하고, 항소를 기각하였다(제1심판결확정).

즉, 본판결은 「방법의 발명과 물건을 생산하는 방법의 발명은 명문상 분명히 구별되어 주어진 특허의 효력도 명확히 달라야 하므로, 방법의 발명과 물건을 생산하는 방법의 발명을 동일시할 수는 없고, 방법의 발명에 관한 특허권에 물건을 생산하는 방법의 발명에 관한 특허권과 동일한 효력을 인정하는 것도 불가능하다. 그리고 당해발명이 이 중 어느 것에 해당하는지는 우선 원서에 첨부한 명세서의 특허청구의 범위의 기재에 기초하여 판정해야 한다(동법 제70조 제1항 참조)」고 판시하였다.

본건에 대하여 「특허청구의 범위 제1항에는 칼리클레인 생성저해능의 측정방법이 기재되어 있기 때문에 본건발명이 물건을 생산하는 방법의 발명이 아니고 방법의 발명이라는 점이 명백하다. 본건발명이 Y의약품의 제조공정에 포함되어 있다고 하여도 본건발명을 물건을 생산하는 방법의 발명이라고는 할 수 없고, 본건 특허권에 물건을 생산하는 방법의 발명과 동일한 효력을 인정할 근거도 찾아보기 어렵다」고 하였다.

Ⅲ. 해   설

본판결은 단순한 「방법의 발명」과 「물건을 생산하는 방법의 발명」의 구별은 「특허청구의 범위의 기재에 기초하여 판정해야 한다」고 한다. 특허청구의 범위의 기재에 의하여 발명이 특정되기 때문에(특허법 제36조 제5항 1문) 정당한 판시라 할 수 있다. 다만, 본판결은 「물건의 발명」, 「방법의 발명」 및 「물건을 생산하는 방법의 발명」(특허법 제2조 제3항 1호~3호)의 의의에 대하여는 판시하지 않았다. 그러나 발명의 종류에 따라 특허권의 효력이 미치는 범위가 크게 달라진다.(특허법 제68조·제101조·제175조 제2항) 그 구별은 특허청구범위 기재에 기초한다고 하더라도 그 의의를 명확하게 할 필요가 있다. 따라서 발명의 종류의 의의를 검토한 이후에 본판결을 해석하고자 한다. 또한 판결의 폐기제거청구에 관한 판시에 대해서는 본서 80사건의 해설을 참조하기 바란다.

1. 「물건의 발명」과 「방법의 발명」

특허법에는「물건의 발명」과 「방법의 발명」의 정의가 없지만, 그 「실시」에 해당하는 행위의 정의가 있다.(특허법 제2조 제3항 1호·2호) 「방법의 발명」일반에 대해서는 「사용」만을 정의하고 있으나 「물건의 발명」에 대해서는 「사용」이외에도 「생산」, 「양도」 등을 정의한다. 이러한 차이로부터 「생산」이나 「양도」의 가능성에 따라 「물건」과 「방법」을 구분하는 방식도 있다(特許廳總務部 總務課制度改正審議室編『平成14年改正産業財産權法の解說』[2002] 14頁). 그러나 「물건」에 발명이 화체되어 있기 때문에 「생산」이나 「양도」가 가능한 것이고, 순환논법이라고 할 수 있다. 「물건」 및 「방법」의 적극적인 정의가 필요하다.

우선 특허법의 「물건」은 주로 「유체물」(민법 제85조)이다. 그러나 무체물에 기술적 사상이 구체적으로 표현된 경우에는 그것을 「물건」에 포함시켜, 특허법의 보호를 부여할 필요가 있다. 실제로 2002년 개정(평성 14년 법률24호) 시에는 「물건」

에 「프로그램 등」이라는 무체물도 포함됨을 명확히 하였다.(특허법 제2조 제3항 1호 괄호 4항) 무체물도 「양도」가 가능한 것은 「법률상의 배타적 지배 가능성」(我妻榮, 『新訂民法總則』[1965] 202頁)이 있기 때문이다. 따라서 특허법의 「물건」이란 유체물에 한정되지 않고, 광의로 「법률상의 배타적 지배 가능성」이 있는 대상을 말한다고 해석된다.

다음으로 「방법」은, 「방법의 발명」 일반에 대하여는 「사용」만이 「실시」에 해당한다(특허 제2조 제3항 2호). 즉, 「방법」의 기술적 사상은 「사용」에서 처음으로 인식이 가능하다. 그리고 「사용」에는 필연적으로 「시간」의 경과가 수반된다. 예를 들어 동경고등법원 1957년(昭和 32年) 5월 21일(行集8卷8号1463頁[방사작용을 차단하는 방법사건])은 「방법이란 일정한 목적을 향한 계열적으로 연관 있는 수개의 행위 또는 현상에 따라 성립하는 것으로서, 필연적으로 시간의 흐름이라는 경시(経時)적인 요소를 포함한다」고 한다. 다만 「경시적」 요소가 있으면 수개의 행위 등이 없다 하더라도 「방법」이라 할 수 있다(吉藤幸朔[熊谷健一 補訂]『特許法槪說』[第13版][1998] 66-67頁). 예를 들어 「물건」의 단순한 「사용」은 「물건」과 기술적 사상으로서는 「동일」하다고 하여도 경시적 요소에 의한 「물건」 자체와는 구별된다. 따라서 특허법의 「방법」이란 「경시적 요소」가 있는 대상을 말한다고 해석된다.

그렇다면 「물건의 발명」이란 (제법한정발명(product by process claim) 등 경시적 요소가 포함되어 있더라도) 기술적 사상이 구체적으로 표현되어 대상자체에 「법률상 배타적 지배가능성」이 있으면 족하며, 「방법의 발명」은(방법에 사용된 「물건」이 구성에 포함되더라도), 그 대상 자체에 「경시적 요소」가 있는 것이라고 말할 수 있다.

2. 「방법의 발명」과 「물건을 생산하는 방법의 발명」

특허법에는 「방법의 발명」과 「물건을 생산하는 방법의 발명」의 정의는 없으나, 특허법 제2조 제3항 제3호는 「방법의 발명」중에 특히 「물건을 생산하는 방법의 발명」에 대하여 「실시」에 해당하는 행위로서 「전호(2호)에서 예를 든 행위(방법의 사용) 외에 「그 방법에 의하여 생산한 물건의 사용, 양도 등, 수출 또는 수입 또는 양도 등의 신청을 하는 행위」도 규정하고 있다. 그 결과 그 특허권의 효력(특허 제68조)은 「물건의 발명」에 관련된 것과 동일한 범위에 미친다. 그 의의를 넓게 해석한다면 제3자의 자유가 과도하게 제약될 우려가 있다.

또한 1959년의 특허법 제정시에는 「화학방법에 따라 제조되어야 하는 물질의 발명」은 특허를 받을 수 없었고(당시 특허법 제32조 제3호), 그 「물건을 생산하는

방법의 발명」에 대하여만 특허를 받을 수 있었다. 그래서 화학물에도 특허권의
효력을 넓힌 것이라고 보기도 한다(竹田和彦, 『特許の知識[第8版]』[2006] 64頁). 그러나
1975년 개정(소화 50년 법률46호)에 의하여 화학물질의 발명도 특허를 받을 수 있
게 되어 그 의의를 넓게 해석할 필요성도 사라졌다.

　따라서 「물건을 생산하는 방법의 발명」이란 「방법의 발명」중에서 「물건」의
생산을 수반하는 것이 명백한 것을 말한다고 한정적으로 해석해야 한다. 예를 들
어 발명의 상세한 설명에 기재해야 하는 원재료, 처리공정 및 생산물(特許廳 「特
許・實用新案審査基準」第1部 第1章 3.2.1(4)②)이 특허청구의 범위의 기재만으로도 이
해될 수 있는 등에 한정되어야 할 것이다. 또한 오사카지방법원 판결 2004년 4월
27일(平成 15年(ワ)860号[점검구의 덮개를 잇는 방법과 그 방법이 사용된 이음장치사건])은
「방법」에 따라 생산되는 「물건」의 「독립성」을 요구하는데, 그 「법률상의 배타적
지배의 가능성」을 요구하는 취지라고 할 수 있다.

　그 이외에는 단순한 「방법의 발명」이라고 해석된다. 예를 들어 동경지방법
원 2004년 8월 17일(判時1873号 153頁[절삭 오바레이(overlay) 공법사건 - 본서81사건])은
특허청구의 범위의 기재에서 「물건의 생산을 수반하는 것이라고 할 수 없는」 것
은 단순한 「방법의 발명」에 지나지 않는다.

3. 방법의 종류 판정의 기초

　본판결이 특허청구의 범위의 기재에 기초하여 「방법의 발명」과 「물건을 생
산하는 방법의 발명」과의 구별을 판정해야 한다고 한 것은 정당하다. 특허는 특
허청구의 범위에 「특정」된 발명(특허법 제36조 제5항 1문)에 대해 이루어진다. 기술
적 범위가 특허청구의 범위의 기재에 기초하여 규정되는 것도(특허법 제70조 제1항)
그 귀결에 지나지 않는다. 발명의 종류의 구별도 판시와 같이 특허청구의 범위의
기재에 기초해야 하는 것은 당연하다.

　그런데 본판결은 「물건의 발명」과 「방법의 발명」의 구별 판정의 기초에 대
해서는 판시하지 않고 있다. 그러나 본판결의 취지로부터 미루어보아 특허청구
의 범위의 기재에 기초해야 한다(知財高判 平成 19年 9月 20日 平18(行ケ)10494号[홀로
그래픽・그레이 사건]).

　또한 본판결은 발명의 종류를 판정하는 때에 명세서의 기재 및 도면을 고려
해야 하는지에 대해서는 판시하지 않고 있다. 이 점에 대해서 본판결의 조사관의
해설은 명세서의 기재 등을 고려해야 한다고 한다(高部眞規子, 最判解民事編 平成11

年度(下) 513頁). 타당하다고 본다. 특허청구범위의 기재는 명세서의 발명의 상세한 설명의 기재에 그 기초를 둔다(특허법 제36조 제6항 제1호). 그 용어 해석에 명세서 기재 등을 고려해야 하는 것도 그 귀결이라 할 수 있다. 동일하게 특허청구범위의 기재에 기초하여 발명의 종류를 판정하는 때에도 명세서 기재 등을 고려해야 한다.

다만 명세서 기재 등을 고려하면서 발명의 실체적인 내용에 따라 판정하는 경우(織田季明·石川義雄『增訂新特許法詳解』[1972] 74頁)에 특허청구의 범위에 의한 한계가 존재한다. 예를 들어 특허청구의 범위의 기재로부터 발명의 종류가 일의적으로 명확하다면 리파제사건 상고심판결(最判 平成 3年 3月 8日 民集45卷3号 123頁 - 본서61사건)의 취지로 미루어보아, 명세서 기재 등에 기초한 실체적인 내용을 우선하여 다른 발명의 종류를 인정하는 것은 허용되지 않는다.

또한 발명의 종류를 선택하는 것은 특허를 받고자 하는 발명을 특정해야 하는 출원인이다. 그러나 그 선택이 심사과정에서 존중된다 하더라도 그것만으로 발명의 종류가 객관적으로 정해지는 것은 아니다. 예를 들어 선택된 발명의 종류가 불명확한 경우(特許廳「特許·實用新案審査基準」第1部 第1章 2.2.2.3(3)), 기재요건 (특허법 제36조 4항 1호, 6항1호·2호)을 충족시키지 못하는 때에는 보정이 되어야 한다. 만일 특허가 된다 하여도 무효이유가 내재되게 된다.

4. 「방법의 발명」을 「물건을 생산하는 방법의 발명」과 동일시 할 수 있는가

원심판결은 본건발명이 「다른 제조작업과 불측불리의 관계로 이용되고」, 「물건을 생산하는 방법의 발명」과 동일시된다는 이유로 특허권의 효력을 확장하였다.

그러나 본건발명은 「생산물」(예를 들어 「흡광도가 표준액 이하의 추출액」)을 특허청구하는 것도 아니고 명백하게 단순한 「방법의 발명」이다. 이러한 것을 개별 사정에 따라 「물건을 생산하는 방법의 발명」과 동일시하는 것은 특허청구의 범위에서 발명을 일반적으로 특정해야 한다는 특허법의 취지에 정면으로 저촉된다.

따라서 본건 특허권에 「물건을 생산하는 방법의 발명과 동일한 효력을 인정할 근거도 찾기 어렵다」는 이유로 이를 부정한 본판결의 판시는 매우 타당하다.

또한 본건은 행정지도에 의하여 후발의약품의 유효성분의 확인방법에 선발의약품에 사용예정인 본건발명이 채용된 것에서 기인한다. 이 선발의약품과의 이익조정이라는 약사(藥事)행정상의 문제에 대해서는 본건의 평석(松居祥二·AIPPI 44卷10号 558, 田倉整·發明97卷 101頁)을 참조하길 바란다.

〈참고문헌〉

본문에서 게기된 것 외에 논설은

1. 山田康生 「物の發明と方法の發明」 特許管理19卷11号 909頁

2. 島宗正見 「物の發明」, 原增司判事退官記念 『工業所有權の基本的課題(上)』[1971] 127頁

3. 加藤公延 「物の發明と方法の發明の分類基準についての批判的考察」パテント56卷 5号 4頁

본건에 대한 평석으로

1. 吉田和彦 NBL 701号 63頁

2. 橫山久芳 法協118卷112号 1911頁

3. 秋吉捻弘先生喜壽記念 『知的財産權 その形成と保護』[2002] 378頁 이하[田中成志] (간행순)

57. 리사이클 제품과 특허권의 소진── 잉크탱크 사건

最高裁 平成 19年(2007년) 11月 8日 第一小法廷判決
[平成 18年(受) 第826号 : 特許權侵害差止請求事件]
(民集 61卷 8号 2989頁, 判時 1990号 3頁, 判夕 1258号 62頁) ◀재판소 Web

橫山久芳(요코야마 히사요시, 学習院大学 敎授) 著
이규홍(의정부지방법원 고양지원 부장판사, 법학박사) 譯

Ⅰ. 사실의 개요

X(원고, 항소인, 피상고인)는 잉크젯트프린터용 잉크탱크의 발명(이하 본건발명)에 관하여 특허권을 갖는 자인데, 본건발명의 실시품인 잉크탱크(이하 X제품)를 제조, 판매하고 있다. Y(피고, 피항소인, 상고인)는 본건발명의 기술적 범위에 속하는 잉크탱크(이하 Y제품)를 소외 A로부터 수입하여 일본에서 판매하고 있다. Y제품은 잉크소비로 사용 완료된 X제품을 이용하여 그 내부를 세정하고, 새롭게 잉크를 주입하는 등의 공정을 거쳐 제품화된 리사이클제품이다.

X가 Y에 대하여 본건특허권에 기초한 Y제품의 수입, 판매 등의 금지 및 폐기를 청구하였다. 제1심(東京地判 2004. 12. 8. 判時 1889号 110頁)은 X의 청구를 기각하였는데 원심(知財高判 2006. 1. 31. 判時 1922号 30頁)은 원판결을 취소하고, X의 청구를 인용하였으므로 Y가 상고수리신청을 하여 수리되었다.

Ⅱ. 판　지

상고기각.

「특허권자 또는 특허권자로부터 허락을 받은 실시권자(이하, 양자를 함께 「특허권자등」이라고 한다)가 일본에서 특허제품을 양도한 경우 당해특허제품에 관해 특허권은 그 목적을 달성하였던 것으로 되므로 소진(消盡)되어, 이미 특허권의 효력은 당해특허제품의 사용, 양도 등(특허법 2조 3항 1호에 말하는 사용, 양도 등, 수출 또는 수입 또는 양도 등의 청약을 말한다. 이하 같다)에는 미치지 않아 특허권자가 당해 특허제품에 대해서 특허권을 행사하는 것은 허락되지 않는다고 해석하는 것이 상당하다. 이 경우 특허제품에 대해서 양도를 행하는 때마다 매번 특허권자의 허락을 요구한다고 하면, 시장에서 특허제품의 원활한 유통이 방해되고, 되돌려 특허권자의 이익을 해치며, 나아가서는 특허법 1조 소정의 특허법의 목적에도 반하는 것으로 되는 한편, 특허권자는 특허발명의 공개의 대가를 확보하는 기회를 이미 보장받고 있는 것이라고 할 수 있는데 특허권자로부터 양도된 특허제품에 대하여 특허권자가 그 유통과정에서 2중의 이익을 얻는 것을 인정할 필요성은 존재하지 않는 것이다(…最高裁 1997. 7. 1. 제3소법정 판결 참조.)」

「그렇지만, 특허권의 소진에 의하여 특허권의 행사가 제한되는 대상이 되는 것은 어디까지나 특허권자등이 일본에서 양도한 특허제품 그것에 한하는 것이기 때문에, 특허권자등이 일본에서 양도한 특허제품에 대해서 가공이나 부재료가 교환되고, 그에 따라 당해특허제품과 동일성이 사라지게 특허제품이 새롭게 제조된 것으로 인정될 때 특허권자는 그 특허제품에 대하여 특허권을 행사하는 것이 허락된다고 해야 한다. 그리고 위에서 말한 특허제품의 새로운 제조에 해당되는지 어떤지에 대해서는, 당해특허제품의 속성, 특허발명의 내용, 가공 및 부재료 교환의 태양 외에, 거래 실정 등도 종합 고려해 판단하는 것이 상당하고, 당해특허제품의 속성으로서는 제품의 기능, 구조 및 재질, 용도, 내용(耐用) 기간, 사용태양이, 가공 및 부재료의 교환의 태양으로서는, 가공 등이 이루어진 때의 당해제품의 상태, 가공의 내용 및 정도, 교환된 부재료의 내용 기간, 당해 부재료의 특허제품 중에서의 기술적 기능 및 경제적 가치가 고려대상이 된다고 하여야 할 것이다.

이상과 같이 설명한 후에 본 판결은 Y제품의 제품화의 공정에서 가공 등의 태양에 관하여 단순히 소모품인 잉크를 보충하고 있는 것에만 그치지 않은 잉크탱크본체를 잉크의 보충이 가능하도록 변형한 것이고, 또 본건발명의 본질적부분에 관련된 구성을 흠결함에 이른 상태로 사용 완료된 X제품에 대하여 이를 다시 충족하고 본건발명의 작용효과를 새롭게 발휘하도록 하는 것이라고 설시하고, 그외에 거래의 실정 등도 종합적으로 고려하면, Y제품은 가공전의 X제품과 동일성이 없는 특허제품으로 새롭게 제조된 것이라고 인정하여 특허권침해의 성립을 긍정하였다(여전히 본건에는 X가 국외에서 판매한 X제품을 처음부터 제품화한 Y제품의 수입, 판매 등에 대하여도 침해의 성립 여부가 다투어지고 있는데, 본 판결은 같은 해석에 의하여 침해를 긍정하고 있다. 일본의 특허권자가 국외에 양도한 특허제품의 수입, 판매 등의 가부에 대하여는 본서 101사건을 참조).

Ⅲ. 해　설

1. 특허법은, 특허권자가 업으로서 한 특허발명을 실시할 권리를 전유한다고 규정하고(68조), 물의 발명의 실시행위로서, 물의 양도·사용 등을 정의하고 있다 (2조 3항 1호). 그 때문에 조문상으로는 특허권의 침해를 구성하는 물품의 양도· 사용 등에 한하지 않고, 특허권자 등이 적법하게 양도한 제품에 대하여도, 그 양 도·사용 등에 대하여 특허권자가 권리행사를 할 수 있는 것으로도 해석할 수 있 다. 그러나 종래부터 특허권자 등이 적법하게 특허제품을 양도한 경우에는 그 제 품의 취득자는 특허권자로부터 권리행사를 받지 않고 그 제품을 자유롭게 양 도·사용 등을 할 수 있다고 하는 것이 판례·학설상 인정되어 왔다. 이는 특허 제품의 원활한 유통·이용의 확보를 목적으로 한 것으로 강학상 소진론(消盡論)으 로 불리고 있다. 이때까지 최고재도 본서 101사건에서, 방론으로 소진론을 인정 하여 왔는데 본 판결은 이를 정면으로 긍정한 점에 중요한 의의가 있는 것이다.

2. 소진론은, 원래 특허제품이 양도시의 품질·성능을 유지한 채 양도·사용 되는 것을 염두에 두고 논의된 것이었다. 그러므로 특허제품이 고장 나거나 부재 료가 마모된 경우에 제품을 가공하거나 부재료를 교환하여 제품의 실시행위를 계속하는 경우에도 소진론이 적용되는가라는 점은 반드시 명확한 것은 아니었 다. 특허제품의 원활한 유통·이용 확보라는 소진론의 취지에 비추어보면, 수선 과 수리 등 일정한 범위에서는 특허제품에 대한 가공과 부재료 교환을 자유롭게 행하는 것이 인정되어야 할 것이다. 그렇다고 해도 특허권자등이 양도한 특허제 품에 대하여 가공과 부재료 교환이 그 규모·태양을 묻지 않고 무한정으로 행하 여지고, 실시행위가 무제한으로 계속된다면 신규특허제품에 대한 수요가 대폭 감 소하고, 특허권자가 특허제품의 판매를 통하여 발명의 대가를 적절하게 취득하지 못하게 되며 발명에의 인센티브가 불충분한 것으로 된다(예를 들면, 폐재료로서 제 거된 복수의 특허제품에서 사용가능한 부품을 그러모아서 특허제품을 재생하는 행위 등을 소 진론에 의하여 적법한 것으로 해석하여야 하는 것은 아니지 않을까). 그래서 특허권자등 이 양도한 특허제품에 대하여 가공·부재료 교환을 하고 제품이 실시된 경우에 는 발명의 보호와 이용의 균형을 고려한 채(1조) 소진론의 적용범위를 한정할 필

요가 생긴다. 이 문제는 특히 근래 리사이클 시장의 발달에 수반하여, 어느 범위에서 특허제품을 리사이클 하면 특허권침해로 되는가라는 형태로 논의되어지는 것이 많다. 본 판결은 이 문제에 정면에서 맞붙은, 소진의 적부에 관한 구체적인 판단기준을 시사한 점에서 중요한 의의가 있는 것이다.

3. 본 판결은 소진에 의한 특허권의 행사가 제한되는 것이 특허권자등이 양도한 특허제품 그 자체에 한하는 것이므로, 특허제품에의 가공과 부재료 교환에 의하여 당해특허제품과 동일성을 흠결한 특허제품이 새롭게 「제조」된 것으로 인정되는 때에는 특허권자는 그 특허제품에 대하여 특허권을 행사하는 것이 허용된다는 판단을 보여 주었다. 이는 이하와 같은 소진론의 취지해석에 기초한 판단이다.

물건의 발명에 관한 특허권자는 특허제품의 양도를 통하여, 특허제품마다 발명의 대가를 회수한다. 소진론이라는 것은 특허권자가 제품의 양도를 통하여 발명의 대가를 취득하는 기회가 보장된 특허제품에 관하여, 당해제품의 원활한 유통·이용을 확보하는 견지에서 이후 당해제품의 양도·사용 등에 대하여 특허권자의 권리행사를 부정하는 법리인 점에서, 특허권자등이 양도에 의하여 발명의 대가를 취득하는 기회가 보장되는 제품과는 다른 별개의 제품에 대하여 소진론이 적용되는 것은 아니다(특허권의 소진이라고 해도 특허제품의 양도에 의하여 권리자체가 소멸하는 것은 아니다). 그런데 특허권자등이 양도한 특허제품을 취득한 자가 당해제품과는 별개인, 처음부터 새롭게 특허제품을 창조한 경우에는 특허권자는 그 새롭게 제조된 제품에 대하여 당연히 권리행사를 하는 것이 가능하다. 본 판결은 그 점을 전제로 하여 특허권자등이 양도한 제품을 취득한 자가 당해제품 바로 그것에 가공과 부재료 교환을 행한 경우에도 그 가공·부재료 교환의 태양·정도에 비추어 가공·부재료 교환후의 제품이 단순히 원제품을 보수·수리한 레벨에 그치지 않고 실질적으로 새롭게 「제조」한 것이라고 평가될 수 있는 경우에는 특허권자의 권리행사를 인정하여야 하는 것으로 판단하고 있다.

더욱 종래의 재판례·학설은 특허발명의 실시태양(특허법 2조 3항 1호) 중, 「생산」은 소진되지 않는다는 점을 전제로, 특허제품 가공과 부재료 교환행위가 「생산」에 해당하는가 아닌가에 의하여 소진의 적부를 결정하는 견해가 유력하였다 (大阪地判 1989. 4. 24. 判時 1315号 120頁[製砂機ハンマ-事件], 東京高判 2001. 11. 29. 判時 1779号 89頁[アシクロビル事件抗訴審] 등 참조. 본건 제1심도 그러한 입장을 취한다). 그러

나 본 판결에 의하면, 가공·부재료 교환 행위자체가 발명의 실시태양으로서의 「생산」에 해당하는가 어떤가를 묻지 않고 가공·부재료 교환 후의 제품이 원제품과 동일성을 흠결하는 새롭게 「제조」된 제품으로 법적으로 평가될 수 있는가 어떤가를 검토하면 된다는 것이다(이 점은 본 판결에서 말하는 「제조」의 의의를 특허법상의 「생산」개념과 같은 것으로 해석할 필요가 없다는 것을 의미한다. 橫山久芳·判評 602호 [判時2030호] 24頁, 中吉徹郎·曹時 62卷 4号 1005頁, 吉田和彦·法の支配 150号 77頁 참조. 가공·부재료교환 행위 자체가 특허법상의 「생산」행위에 해당하지 않아도, 가공·부재료교환 후의 제품이 원제품과 동일성을 흠결한 새롭게 「제조」된 제품으로 법적으로 평가가 될 수 있는 한, 가공·부재료 교환 후의 제품에는 소진론이 적용되지 않아 당해제품의 양도, 사용 등은 특허권침해로 된다).

　　4. 본 판결은 특허제품의 가공과 부재료교환이 특허제품의 새로운 「제조」에 해당하는가 어떤가에 대하여 당해특허제품의 속성, 특허발명의 내용, 가공 및 부재료의 교환의 태양 외에, 거래의 실정 등도 종합 고려해 판단하여야 한다고 하였다. 특허제품은 특허발명을 제품으로서 구체화한 것인데 특허발명의 실시품으로서의 성격과 유통·거래의 대상이 되는 경제재로서의 성격을 가지는, 각각이 특허제품의 상품가치를 형성하는 것이라는 점에서 본 판결은 특허제품에 대하여 가공·부재료 교환의 태양·정도를 기술적, 경제적, 거래적인 관점에서 복합적, 상관적으로 관찰하고 「제조」해당성을 판단하여야 한다고 한 것이다.

　　구체적으로는 예를 들어, 일단 상실된 특허발명의 기능과 작용효과를 회복시키기 위하여 특허제품 중 특허발명의 본질적 부분을 구성하는 부재료를 가공·교환하였다고 하는 경우에는 특허발명의 내용·가치를 새롭게 제품에 구현화한 것으로 되므로 기술적 관점에서 볼 때 「제조」라고 평가할 수 있는 사정이 존재한다고 말할 수 있을 것이다. 또 특허제품의 대부분의 부재료를 가공·교환하고, 또는 특허제품이 그 본래의 내용연수를 경과하고, 효용을 상실한 후에 가공·교환을 실시한 제품을 재생한 경우에는 제품의 경제재로서의 가치를 재현 내지 회복하는 것으로 되므로 경제적 관점에서 볼 때 「제조」라고 평가할 수 있는 사정이 존재한다고 말할 수 있을 것이다. 나아가 거래시장에서 당해특허제품이 완전히 소비된 제품으로서 취급되고, 부재료의 자유로운 가공·교환이 일반적으로 상정되고 있지 않은 경우에는 사용 완료된 특허제품에 가공·교환을 실시하고 재이용 가능하게 하는 것은 거래적 관점에서 볼 때, 「제조」라고 평가할 수 있는 사정이 존재하는 것이라고 말할 수 있을 것이다. 한편, 특허제품 중, 특허발명상 중요성을 가지지 않는 부재료를 가공·교환한 것에 지나지 않는 경우에는, 기술적 관점에서 볼 때 「제조」라고 평가하는 것은 곤란하고, 또 제품본체에 비하여 경제적 가치가 부족한 소모 부재료가 교환된 것에 지나지 않는 경우는 경제적, 거래적 관점에서 볼 때 「제조」라고 평가하는 것이 곤란할 것이다.

   5. 이상과 같이, 본 판결에 의하면 「제조」해당성의 판단은 복수의 관점을 거친 종합판단에 의한 것이므로, 어느 관점을 중시하는가에 의하여 결론이 나뉘는 경우도 있다. 예를 들어, 특허발명의 본질적 부분을 구성하는 부재료가 가공·교환된 경우에도 당해부재료가 제품전체에서 볼 때 경미한 가치만을 가지는 경우에는 경제적, 거래적 관점을 중시하면 「제조」해당성이 부정될 수도 있을 수 있다(愛知靖之·速報判例解說 2号[法セ增刊] 267頁, 平野和宏·知財ぷりずむ 65号 21頁, 横山·전게 25頁, 中吉·전게 1004頁 등 참조). 역으로 가공·교환된 부재료가 소모부재료이었어도 해당부재료가 제품전체에서 점하는 경제적 가치가 큰 경우와 특허발명의 본질적 부분을 구성하는 부재료인 경우에는, 경제적 내지 기술적 관점을 중시하면 「제조」해당성이 긍정되는 것도 있을 수 있다(田村善之「修理や部品の取替えと特許權侵害の成否」知的財産法政策學研究 6号 45頁, 横山·전게 25頁, 小泉直樹·民商 138卷 6号 775頁 등 참조).
   본 판결이 이와 같은 종합고려에 의한 판단방법을 채용한 이유는 특허권자의 보호와 특허제품의 원활한 유통·이용의 균형 도모라는 소진론의 취지에 따라 개별사안마다 유연하게 특허권자의 권리행사의 가부를 판단하여야 한다고 생각하는 것일 것이다(이점, 본건 원심은 특허발명의 본질적 부분을 구성하는 부재료가 가공·교환된 경우에는 직접 소진의 적용을 부정하는 해석을 설시하고 있다. 그러나 이러한 해석 아래에서는 가공·교환된 부재료가 제품본체에 비하여 아주 경미한 부재료인 경우에도 특허발명의 본질적 부분을 구성하는 부재료인 한 가공·교환 후의 제품에 대하여 특허권자가 항시 권리행사를 할 수 있는 것으로 되어 특허제품의 유통·이용을 과도하게 해하는 결과로 될 수 있다). 이후 이러한 종류의 사안에 관한 재판례가 축적되고, 「제조」해당성의 구체적 판단방법이 명확화 되는 것을 희망한다.

   〈참고문헌〉
   본문 중에 게시한 것 이외에, 본 판결의 해석으로서, 角田政芳·知的財産法研究 48

卷 2号 1頁, 田村善之・NBL 877号 12頁, 878号 22頁, 前田健・法協 126卷 8号 1700頁, 中山信弘編『知的財産權研究Ⅴ』[2008] 259頁 이하[林いづみ], 牧山皓一・パテント 61卷 1号 9頁, 來栖和則・パテント 61卷 5号 39頁, 木村直人・立命館法政論集 7号 129頁, 五味由典・國士舘法學 40号 118頁, 倉內義朗・知財管理 58卷 8号 1087頁, 渋谷達紀・公正去來 694号 28頁

58. 후발의약품과 시험·연구── 췌장질환 치료제 사건

最高裁 平成 11年(1999년) 4月 16日 第2小法廷判決
[平成 11年(受) 第153号 : 医薬品販売差止請求事件]
(民集 53卷 4号 627頁, 判時 1675号 37頁, 判タ 1002号 83頁)

片山英二(카타야미 에이지, 弁護士·弁理士) 著
강춘원(특허청 특허심사기획과장) 譯

I. 사실의 개요

(1) X(원고·공소인·상고인)는 발명의 명칭이 '구아니디노 안식향산 유도체 및 구아니디노 안식향산 유도체를 함유하는 항 플라스민제와 췌장질환 치료제'인 특허권(본건 특허권)을 가지고 그 실시품인 췌장질환 치료제(X제제)를 제조 판매하고 있었지만, 본건 특허권은 1996. 1. 21. 존속기간이 만료하였다. Y(피고·비공소인·피상고인)는 본건 특허권의 존속기간 중에 X제제와 동일한 유효 성분을 가지는 이른바 후발의약품인 췌장질환 치료제(Y제제)에 대하여 약사법 소정의 제조승인을 받기 위하여 Y제제를 제조하고 필요한 시험을 실시한 후에 제조승인 신청을 하였고, 본건 특허권의 존속기간 만료 후인 1996. 3. 15. 제조 승인을 취득하고, 그 후 Y제제의 제조 판매를 개시하였다. 약사법(같은 법 시행규칙 및 이에 기초한 통지)은 후발의약품의 제조승인 신청에는 ① 규격 및 시험 방법에 관한 자료 ② 가속 시험에 관한 자료 ③ 생물학적 동등성에 관한 자료 등의 자료를 첨부하는 것이 필요하다고 규정하고 있다. 당시 이러한 시험이나 제조승인을 받기까지는 일반적으로 2년 6개월이 소요되었다.

(2) X는 Y에 대해 약사법 소정의 후발의약품의 제조승인 신청에 필요한 각종 시험과 이 시험에 이용하기 위한 Y제제의 제조를 본건 특허권의 존속기간 중에 Y가 수행하였던 것이 본건 특허권을 침해한 것이라고 하면서 ① 특허권에 근거하여 또는 불법행위에 근거하여 존속기간 만료시점부터 2년 6개월까지 Y제제의 판매 금지를 요구하는 것과 동시에 ② 불법행위에 근거한 손해배상으로서 존

속기간 만료시점부터 2년 6개월까지의 사이의 실시료 상당액을 청구하였다(②는 항소심에서 추가). 이에 대하여 Y는 자기의 행위는 특허법 제69조 제1항의 '시험 또는 연구'에 해당되어 본건 특허권의 침해에 해당하지 않는다고 주장하였다.

(3) 1심 판결(京都地判 平成 9. 5. 15. 民集53卷4号 670頁 참조)은 특허기간이 만료되었다는 것을 이유로 X의 청구를 기각하였고, 2심 판결(大阪高判 平成 10. 5. 13. 同 民集 725頁 참조)은 Y의 행위는 특허법 제69조 제1항의 '시험 또는 연구를 위한 특허발명의 실시'에 해당한다고 하여 X의 청구를 모두 기각하였다. X는 이에 상고하였고 최고재판소는 상고를 수리하여 다음과 같이 판시하였다.

Ⅱ. 판　　지

상고기각.

특허권의 존속기간 만료 후에 특허발명과 관련된 의약품과 유효성분 등이 동일한 의약품(이하, '후발의약품'이라 한다)을 제조하여 판매하는 것을 목적으로 하고 그 제조에 대한 약사법 제14조 소정의 승인신청을 하기 위하여 특허권의 존속기간 중에 특허발명의 기술적 범위에 속하는 화학물질 또는 의약품을 생산하고, 이것을 사용하여 위 신청서에 첨부하여야 할 자료를 얻는데 필요한 시험을 실시하는 것은 특허법 제69조 제1항에 말하는 '시험 또는 연구를 위한 특허발명의 실시'에 해당하고 특허권의 침해는 되지 않는다.

특허제도는 발명을 공개한 사람에 대하여 일정한 기간 그 이용에 대한 독점적 권리를 부여하는 것에 의하여 발명을 장려함과 함께 제3자에 대해서도 이 공개된 발명을 이용할 기회를 주어 산업의 발달에 기여하고자 하는 것이다. 이러한 점에 비추어 보면 특허권의 존속기간이 만료한 후에는 누구라도 자유롭게 그 발명을 이용할 수가 있고, 이에 따라 사회 일반에게 넓게 이익이 되도록 하는 것이 특허제도의 근간 중의 하나라고 할 수 있다.

약사법은 의약품의 제조에 대한 안전성 등을 확보하기 위하여 사전에 후생장관의 승인을 얻어야만 할 것으로 하고 있지만, 그 승인을 신청하려면 각종 시험을 실시하고, 시험성적에 관한 자료 등을 신청서에 첨부하여야 한다고 되어 있다. … 만약, 특허법상 위와 같은 시험이 특허법 제69조 제1항에 말하는 '시험'에 해당하지 않는다고 해석하여 특허권 존속기간 중에는 생산 등을 할 수 없다고 한다면 특허권의 존속기간이 만료한 후에도 다시 상당한 기간 동안 제3자가 당해

발명을 자유롭게 이용할 수 없는 결과가 된다. 이 결과는 앞에서 말한 특허제도
의 근간에 반하는 것이라고 하여야 할 것이다.

　　한편, 제3자가 특허권 존속기간 중에 약사법에 근거하는 제조승인 신청을 위
한 시험에 필요한 범위를 넘어 그 기간 만료 후에 양도할 후발의약품을 생산하거
나 또는 그 성분으로 하기 위한 특허발명과 관련된 화학물질을 생산·사용하는
것은 특허권을 침해하는 것으로서 허용되지 않는다고 해석하여야 할 것이다. 따
라서 그렇게 해석하는 한, 특허권자에게는 특허권 존속기간 중의 특허발명의 독
점적 실시에 의한 이익은 확보된다.

Ⅲ. 해　　설

　　1. 이른바 후발의약품의 제조승인 신청을 위한 각종 시험과 그에 수반되는
제제의 제조를 특허기간 중에 실시하는 것이 허용되어야 하는지 여부에 대해서
는 다수의 소송이 제소되어 의약품 업계가 둘로 나뉘어 다투었지만, 본 판결은
그러한 문제에 대하여 최고재판소로서 매듭을 지은 것이고, 또한 특허법 제69조
제1항의 '시험 또는 연구를 위한 특허발명의 실시'에 대해 최고재판소로서 최초
의 판단을 내린 판결이다.

　　2. 특허법 제69조 제1항의 '시험 또는 연구'에 관한 하급심 판례로서는 농약
에 관한 사안에 대하여 東京地裁 昭和 62. 7. 10.(判タ655号 233頁[제초제 사건])이 있
었지만, 그 판결은 제초제의 판매를 목적으로 하는 농약등록을 받기 위한 약효
등의 시험은 기술의 진보를 목적으로 하는 것은 아니고, 특허법 제69조 제1항에
서 말하는 '시험 또는 연구'에 해당되지 않는다고 하였다. 그 후 후발의약품의 제
조승인 신청에 관한 사안에 있어서 같은 법 제69조 제1항에 해당되지 않는다고
한 名古屋地決 平成 8. 3. 6.(判工2期版2229の52頁), 大阪地決 平成 9. 2. 7.(判時
1614号 124頁)(다만, 실질적 위법성이 없다고 하여 각하)이 있었지만, 그 후 東京地裁 判
決(平成 9. 7. 18. 判タ947号 151頁), 東京高裁 判決(平成 10. 3. 31. 判時1631号 3頁, 平成
10. 9. 24. 判時1668号 126頁), 大阪地裁 判決(平成 10. 4. 16. 判タ998号 232頁), 본건의 2
심인 오사카 고등재판소 판결이 연달아 특허법 제69조 제1항에 해당한다고 하여
특허권자의 청구를 기각하였으며, 그 후 많은 하급심판에서 동일한 판단이 계속
되었다.

3. 한편, 학설은 이와 같은 후발의약품의 승인신청을 위한 실시는 특허법 제69조 제1항의 '시험 또는 연구'에 해당되지 않는다고 하는 부정설이 다수설이라고 할 수 있을 것이다. '시험 또는 연구'에 대하여 논의한 染野의 논문(染野啓子 '試驗・硏究における特許發明の實施(I)(II)' AIPPI 33卷3号 2頁)은 특허법의 목적이 발명의 장려에 있기 때문에 발명을 촉진해 기술의 진보를 가져오는 시험・연구를 저해하는 것은 법의 목적에 반하는 것이라는 점을 들어 시험・연구의 허용 범위를 기술의 진보를 목적으로 하는 것(특허성 조사, 기능 조사, 개량・발전을 목적으로 하는 시험)에 한정하고, 경제적 조사를 위한 시험・연구는 그것에 해당되지 않고, 또한 후발의약품의 제조승인을 위한 시험은 허용되는 시험형태에 포함되지 않는다고 하였다(선발 의약품과 동등한 것을 확인하기 위해서 행해지는 것으로부터 기술의 진보를 목적으로 하지 않고 시장 관련적 목적을 가지는 시험이라 한다). 마찬가지로 부정설을 취한다고 생각되는 것으로서 中山信弘 '特許法'[2010] (304頁), 田村善之 '特許權の存續期間と特許法69条1頁の試驗・硏究(上)(下)'(NBL 634号 17頁, 636号 40頁), 玉井克哉 '『試驗・硏究のための發明の實施』をめぐって'(パテント 51卷9号 3頁), 淸水尙人 '医藥品の臨床試驗と特許法69条1項に規定される『試驗又は硏究』との関係'(知財管理 46卷1号 23頁)를 들 수 있다.

한편, 시험・연구에 해당하여 특허침해가 되지 않는다고 하는 긍정설로서는 設樂隆一 '試驗又は硏究のための實施と特許權侵害行爲'(牧野利秋・飯村敏明編 '新・裁判實務大系(4) 知的財産関係訴訟法[2001] 205頁), 草間攻 '医藥品の特許期間滿了前に行う後發品についての臨床試驗と特許權侵害の問題'(知財管理 47卷2号 209頁), 松居祥二 '後發醫藥品の製造承認を目的とする試驗・硏究と特許法第69條1項の關係'(AIPPI 42卷12号 10頁)가 있다. 또한, 淸水幸雄・辻田芳幸, '特許法69條1項における試驗又は硏究の理論的根據と著作權法'(田倉整先生古稀記念 '知的財産をめぐる諸問題'[1996] 141頁)은 특허법 제69조 제1항은 특허권자와 일반 공공의 조화를 어떻게 할 것 인지를 입법적으로 해결한 것이기 때문에 기술의 진보를 반드시 직접적으로 도모할 필요는 없다고 한다(土肥一史 '發明を實施した醫藥品を特許權の存續期間滿了後, 製造・販賣するための臨床試驗と發明の實施である事業の準備行爲' 發明 94卷12号 86頁도 기술을 다음 단계로 진보시킬 수 있는 것에 한정하는 것에 의문을 제기한다).

4. 본 판결은 후발의약품에 대하여 약사법 제14조 소정의 승인신청에 필요한 시험이 특허법 제69조 제1항에 해당된다고 하는 판단을 내렸다. 그 이유로서

'특허제도의 근간'으로서 일정 기간의 독점권이 부여되고, 반대로 이러한 일정기간이 종료한 후에는 누구나 자유롭게 발명을 이용할 수 있어야 한다는 점, 후발의약품의 시험이 특허법 69조 제1항의 시험에 해당되지 않는다고 한다면 독점기간을 연장하는 것과 같은 결과가 되어 특허제도의 근간에 반하게 되는 점을 들었다. 본 판결에서는 특허법 제69조 제1항에 대하여 적극적인 정의라든지 해석 등은 논의되지 않았다. 오히려 그 조항을 특허권자에게 독점권의 부여와 제3자 또는 공공의 이익 사이의 이해 조정을 도모하는 것으로 파악한 결과로부터 결론이 도출되고 있다(덧붙여, 高部眞規子 · ジュリ 1162号 135頁은 본 판결이 '기술의 진보'요건에 대해서는 언급하고 있지 않기 때문에 본 판결은 그 요건이 필요하다고 해석하고 있지는 않다고 한다). 그런 이유로 본 판결에 의해 후발의약품의 승인신청을 위한 시험에 대해서는 실무상 해결을 보았지만, 특허법 제69조 제1항의 '시험 또는 연구'에 대한 일반적 해석의 문제에 대해서는 본판결 후에 더 활발하게 논의되고 있다. 최근에는 특히 의약 분야에서 특허된 단백질 등을 리서치 툴로써 제조하거나 화합물의 스크리닝에 이용하는 것은 특허법 제69조 제1항에 의하여 허용된다는 논의도 이루어지고 있어 향후의 학설 · 판례의 전개가 주목된다.

〈참고문헌〉

본문 중에 언급된 것 이외에

1. 高部眞規子 最判解民事篇平成11年度(上) 326頁
2. 青木高 '後発医薬品製造承認を得るための 「試験」を特許権存続期間中に行うのは 侵害行為にならないか'大場正成先生喜寿記念'特許侵害裁判の潮流'[2002] 557頁
3. 辰巳直彦 民商122巻日号 832頁
4. 井関涼子 同志社法学51巻6号 1025頁
5. 岩田弘 パテント52巻11号 20頁
6. 内藤義三 パテント52巻11号 31頁 · 12号 23頁
7. 小野信夫 パテント52巻12号 13頁
8. 角田政芳 平成11年度重判解(シユリ1179号) 269頁
9. 佐長功 '特許法69条1項の『試験又は研究』とリサーチツール特許に関する一考察' L&T38巻 137頁
10. 中山信弘 · 小泉直樹編 '新 · 解特許法(上)[2011] 1040頁[北原潤一]

59. 특허권 존속기간의 연장── 방출제어조성물 사건

最高裁 平成 23年(2011년) 4月 28日 第一小法廷 判決
[平成 21年 (行ヒ) 第326号 : 審決取消請求事件]
(民集 65卷 3号 1654頁, 判時 2115号 32頁, 判タ 1348学 102頁) ◀재판소 Web

井関涼子(이세키 료오코, 同志社大学 教授) 著
박태일(대법원 재판연구관) 譯

Ⅰ. 사실의 개요

　　X(원고·피상고인)는 발명의 명칭을 「방출제어조성물」로 하는 특허의 특허권자이고, 본건 발명의 실시에는 약사법에 의한 의약품제조승인(본건 처분)이 필요하였으므로, 특허권의 존속기간연장등록출원을 하였다. 그런데 본건 처분 전에 유효성분과 효능·효과가 각각 동일한 의약품(선행 의약품)에 대하여 X와 아무런 관계없는 사람에게 제조승인(선행 처분)이 내려져 있었다. 선행 의약품이 본건 발명의 기술적 범위에 포함되지 않는다는 점에는 다툼이 없다.

　　특허청은 X의 연장등록출원에 대해 그 특허발명의 실시에 정령(政令, 시행규칙)에서 정한 처분을 받는 것이 필요하였다고는 인정되지 않는다(일본 특허법 67조의3 1항 1호)[1]고 하여 거절결정[2]을 하고, 이에 대한 불복심판에 대해서도 다음의

---

[1] 일본 특허법 제67조(존속기간)
　① 특허권의 존속기간은 특허출원일부터 20년으로써 종료한다.
　② 특허권의 존속기간은 그 특허발명의 실시에 관하여 안전성의 확보 등을 목적으로 하는 법률의 규정에 따른 허가 그 밖의 처분으로 당해 처분의 목적, 절차 등으로 보아 당해 처분을 적확하게 하려면 상당한 기간을 필요로 하는 것으로서 정령으로 정하는 것을 받을 필요가 있기 때문에 그 특허발명의 실시를 할 수 없는 기간이 있는 때에는 5년을 한도로 하여 연장등록의 출원에 의하여 연장할 수 있다.
　제67조의3
　① 심사관은 특허권 존속기간연장등록의 출원이 다음 각 호의 어느 하나에 해당하는 때에는 그 출원에 관하여 거절한다는 취지의 사정을 하여야 한다.
　1. 그 특허발명의 실시에 제67조 제2항의 정령으로 정한 처분을 받는 것이 필요하였다고는 인정되지 아니하는 때
[2] 원문에는 '拒絕査定'이나 우리 특허법상 용어에 따라 '거절결정'으로 고쳐 번역한다.

이유에 의해 청구불성립 심결을 하였다. 즉 존속기간이 연장된 특허권의 효력은 정령에서 정한 처분의 대상으로 된 물(物, 그 처분에서 그 물이 사용되는 특정한 용도가 정하여져 있는 경우에는 당해 용도로 사용되는 그 물)에 대해서만 미친다고 규정되어 있으므로(특허법 68조의2),3) 특허법은 처분대상물과 용도마다 연장등록을 하는 제도를 채용하였다고 해석된다. 그리고 약사법상 의약품 품목의 특정을 위해서 요구되는 각 요소 가운데 신약을 특징짓는 것은 「유효성분」과 「효능·효과」인 것이 많으므로 특허법 68조의2에서 말하는 「물」은 「유효성분」을, 「용도」는 「효능·효과」를 의미하는 것으로 입법되었다고 해석함으로써 「물」과 「용도」의 범위가 명확하게 된다. 본건에서는 유효성분(물)과 효능·효과(용도)가 동일한 의약품에 대하여 본건 처분 이전에 이미 승인을 받은 것이므로 당해 의약품의 제형 등의 변경의 필요상 새롭게 처분을 받을 필요가 있었다고 하더라도 본건 처분은 특허발명의 실시에 필요로 한 것이었다고는 할 수 없다.

X는 이 심결에 대하여 취소소송을 제기한바, 知財高裁(知財高判 平成 21. 5. 29. 平20(行ケ)10460号)는 다음과 같이 판시하여 심결을 취소하였다.

먼저, 선행 처분을 이유로 하여 존속기간이 연장된 특허권의 효력이 어떠한 범위까지 미치는가라는 점은 특허발명의 실시에 정령에서 정한 처분을 받는 것이 필요하였는가 아닌가의 점과 통상 직접적으로 관계있는 사항은 아니다. 존속기간연장등록제도는 특허발명을 실시할 의사 및 능력이 있음에도 여전히 특허발명을 실시할 수 없었던 특허권자에게 정령에서 정한 처분을 받음으로써 금지가 해제된 특허발명의 실시행위에 관하여 당해 처분을 받기 위해 필요하였던 기간은 특허권의 존속기간을 연장하는 방법에 의하여 특허발명을 실시할 수 없었던 불이익을 해소하고자 하는 제도이다. 그러므로 특허법 67조의3 1항 1호에 의하여 연장등록출원을 거절하기 위해서는 ① 정령에서 정한 처분을 받은 것에 의하여는 금지가 해제되었다고 할 수 없을 것, 또는 ② 「정령에서 정한 처분을 받음으로써 금지가 해제된 행위」가 「그 특허발명의 실시에 해당하는 행위」에 포함되지 않을 것을 논증할 필요가 있다. 본건에서는 선행 처분에 의해 금지가 해제된 선

---

3) 일본 특허법 제68조의2(존속기간이 연장된 경우 특허권의 효력)
　　특허권의 존속기간이 연장된 경우(제67조의2 제5항의 규정에 따라 연장된 것으로 보는 경우를 포함한다)의 당해 특허권의 효력은 그 연장등록의 이유가 된 제67조 제2항의 정령으로 정한 처분의 대상이 된 물(그 처분에서 그 물이 사용되는 특정한 용도가 정하여져 있는 경우에는 당해 용도로 사용되는 그 물)에 관한 당해 특허발명의 실시 이외의 행위에는 미치지 아니한다.

행 의약품의 제조행위 등은 본건 발명의 실시행위에 해당하지 않으므로, 선행 처분의 존재는 본건 발명의 실시에 관하여 정령에서 정한 처분을 받을 것이 필요하였다는 점을 부정하는 이유로 되지 않는다. 또 심결이 선행 처분을 이유로 하여 특허권의 존속기간이 연장된 경우 당해 특허권의 효력은 처분의 대상으로 된 품목과는 관계없이 「유효성분(물)」, 「효능·효과(용도)」를 동일하게 하는 의약품에 미친다고 본 점에도 특허법 68조의2의 해석상 잘못이 있다. 존속기간연장등록제도는 특허권자가 소정의 법률 규정에 의하여 그 특허발명의 실시를 방해받음으로써 발생한 불이익을 해소하게 하는 제도이므로, 그러한 불이익의 해소를 초과하여 특허권자를 유리하게 취급하는 것은 제도의 취지에 반하기 때문에 특허법 68조의2가 연장된 특허권의 효력을 제한한 것이다. 의약품의 경우 약사법 소정의 승인 품목을 구성하는 요소 가운데 의약품으로서의 객관적인 「물」 그 자체의 구성을 특정하는 것은 의약품의 「성분」「분량」「구조」이므로 이러한 요소 및 당해 의약품의 「용도」에 의하여 특정된 「물」에 대해서 당해 특허발명의 실시에 관하여만 연장된 특허권의 효력이 미친다. 원래 그 균등물이나 실질적으로 동일하다고 평가되는 물은 포함한다. 따라서 의약품에 대하여는 특허법 68조의2에서 말하는 「물」은 「유효성분」을, 「용도」는 「효능·효과」를 의미한다고 하는 특허청의 해석은 문리상의 근거를 결하여 채용할 수 없다.

Ⅱ. 판   지

상고기각.

존속기간연장등록출원의 이유로 된 제조판매승인(후행 처분)에 앞서서 그 대상으로 된 의약품(후행 의약품)과 유효성분과 효능 및 효과를 동일하게 가지는 선행 의약품에 대하여 선행 처분이 내려져 있는 경우에도 선행 의약품이 연장등록출원된 특허권의 어느 청구항 발명의 기술적 범위에도 속하지 않을 때에는, 선행 처분이 내려져 있는 점을 근거로 하여 당해 특허권의 특허발명의 실시에 후행 처분을 받는 것이 필요하지 아니하였다고 인정할 수는 없다. 존속기간연장제도는 정령에서 정한 처분을 받기 위해서 특허발명을 실시하지 못했던 기간을 회복하는 것을 목적으로 하는바, 후행 의약품과 유효성분, 효능 및 효과를 동일하게 가지는 선행 의약품이 연장등록출원된 특허권의 어느 청구항 발명의 기술적 범위에도 속하지 않는 이상, 선행 의약품에 대해서 선행 처분이 내려져 있었다는 이유로 후행 의약품을 특허발명의 실시로 하는 특허발명[4]은 물론 위 특허권의 어느 청구항 발명도 실시하는 것이 가능하였다고는 말할 수 없기 때문이다. 선행 의약품이 연장등록출원된 특허권의 어느 청구항 발명의 기술적 범위에도 속하지 않는 때에는, 선행 처분에 의하여 존속기간이 연장될 수 있었던 특허권의 효력이 미치는 범위(특허법 68조의2)를 어떻게 해석하더라도 위 결론에 영향이 없다.

Ⅲ. 해   설

1. 특허권의 존속기간연장제도는, 의약품 등에 대해 약사법 등에 의한 제조승인을 받는 것까지 상당한 기간을 요하는바, 그 기간 특허권자는 의약품의 특허발명을 실시하지 못하여 특허권의 효력 중 스스로 특허발명을 실시할 수 있다고 하는 측면에서의 존속기간이 침식당하기 때문에 그 침식된 기간을 회복하는 것이다. 존속기간연장등록의 요건은, 특허발명의 실시에 정령에서 정한 처분을 받을 것이 필요하여 특허발명을 실시하지 못한 기간이 있었던 때에 5년을 한도로 하여 연장할 수 있도록 하는 내용으로 특허법 67조 2항에서 규정하고, 이에 따라 연장등록출원의 거절이유가 특허법 67조의3 1항 1호에서 그 특허발명의 실시에 정령에서 정한 처분을 받은 것이 필요하였다고는 인정되지 아니하는 때로 정해져 있다. 그러나 이 「특허발명의 실시」의 구체적인 의미에 대하여는 여러 해석이 가능하고 본건에서 쟁점도 이 점에 관한 것이다. 즉 연장등록출원의 이유로 된 처분에 선행하는 처분이 있었던 때에 이를 이유로 하여 당해 「특허발명의 실시」에 후행 처분을 받을 것이 필요하지는 않았다고 되는 것은 어떤 경우일까라는 문제이다.

종전의 특허청 실무 및 재판례에서는 선행 처분의 대상으로 된 의약품과, 유효성분과 효능·효과가 동일한 의약품에 대한 후행 처분을 이유로 한 존속기간연장등록은 받을 수 없다고 해석하여왔다(東京高判 平成 10. 3. 5. 判時 1650号 137頁, 東京高判 平成 12. 2. 10. 判時 1719号 133頁, 知財高判 平成 17. 10. 11. 平17(行ケ)10345号, 知財高判 平成 19. 7. 19. 判時 1980号 133頁 등). 특허청의 해석은, 존속기간연장제도는 신약개발의 인센티브가 상실되지 않도록 창설된 것이어서 존속기간연장의 요건으로서 특허법 67조 2항이 규정한, 정령에서 정한 처분을 받을 필요가 있는 「특

---

4) 후행 의약품의 제조판매 등이 특허발명의 실시로 되는 특정 청구항 발명을 의미하는 것으로 보인다.

허발명의 실시」란 새로운 유효성분이나 효능·효과를 가지는 신약의 제조판매 등에 한정되고, 이 때문에 약사법의 승인처분을 받을 필요가 있었던 경우에 존속 기간연장이 인정된다고 해온 것이다. 그러나 최근 들어 유효성분이나 효능·효과 외에 특징을 가지는, 예를 들면 Drug Delivery System(DDS)에 관한 의약발명 이 특허받을 수 있게 되었는데 특허청의 해석에 따르면 이러한 특허권에 대하여 는 연장등록을 인정하지 않는 경우가 발생하므로, 발명의 종류에 의하여 법적 근 거도 없이 특허권의 보호를 달리하는 것으로 되어 불합리하다고 학설은 비판하 고 있다. 본래 특허청 해석의 근거는 입안 담당자인 특허청 직원에 의한 해설(新 原浩朗 編著『改正特許法解説』[1987] 97頁)뿐이고, 조문의 문언이나 입법경위로부터는 도출될 수 없는 것이었다.

그러던 중 원심판결은 특허청 및 재판례의 20년 이상 계속되어온 위 해석을 뒤집어 심결을 취소하였고, 본 最高裁판결은 원심판결의 판단을 유지한 것이다.

2. 본 판결의 요점은, 특허청의 「존속기간연장제도의 목적은 신약의 보호이 고, 그 때문에 유효성분과 효능·효과라고 하는 관점에서 처분의 요부를 결정한 다」라고 하는 견해를 부정하고, 존속기간연장제도의 취지는 「신약보호」나 「유효 성분과 효능·효과」와는 관계가 없고 정령에서 정한 처분을 받느라 특허발명을 실시하지 못한 기간을 회복하는 것이라는 점을 명확하게 한 점에 있다. 법률 조 문이나 입법취지를 벗어난 특허청의 독자적인 운용을 배척하고, 연장등록출원의 거절이유의 해석의 출발점을 명확하게 한 점에 중요한 의의를 가지고 있다.

最高裁 조사관 해설(山田·뒤에서 드는 참고문헌)은, 본건 거절이유는 ① 당해 처분을 받은 것에 의하여는 특허발명의 실시 불가능 상태가 해제되었다고는 말 할 수 없을 것 또는 ② 당해 처분을 받은 것에 의하여 실시할 수 있게 된 행위가 그 특허발명의 실시에 해당하지 않을 것으로 분석할 수 있다고 하는 원심판결의 판시사항[5]을 채용하고 있다. 그리고 본 판결은 선행 의약품이 연장등록출원된 특허권의 어느 청구항 발명의 기술적 범위에도 속하지 않는 경우라고 하는 본건 사안의 해결에 필요한 범위에 대하여만 판단을 설시한 것으로 기술하고 있다. 특

---

5) 앞서 본 원심의 판시 내용 중 "특허법 67조의3 1항 1호에 의하여 연장등록출원을 거절하기 위해서는 ① 정령에서 정한 처분을 받은 것에 의하여는 금지가 해제되었다고 할 수 없을 것, 또는 ② 「정령에서 정한 처분을 받음으로써 금지가 해제된 행위」가 「그 특허발명의 실 시에 해당하는 행위」에 포함되지 않을 것을 논증할 필요가 있다"고 한 부분을 가리키는 것 으로 보인다.

허법 67조의3 1항 1호에서 말하는 「특허발명의 실시」의 의미나 선행 의약품이 연장등록출원된 특허권의 어느 청구항 발명의 기술적 범위에 속하는 경우에 대하여는, 학설상 논의가 충분히 성숙되어 있지 않고 제도 개정을 위한 검토도 이루어지고 있는 상황인 점을 감안해 판단하지 아니하였으므로, 본건 거절이유의 전체상(全体像)을 나타내는 것은 아니라고 하고 있다. 본건 사안에서는 선행 의약품은 출원6)된 「특허발명의 실시」와는 관계가 없어 「특허발명의 실시」를 어떻게 해석하더라도 거절이유에 해당하지 않는다는 점은 분명하다고 할 것이다. 본 판결의 반대해석에 따라 선행 의약품이 출원된 특허권의 어느 청구항 발명의 기술적 범위에 속하는 경우에는 출원이 거절된다는 점이 드러난다고 해석할 수는 없다.

　본 판결을 계기로 이 점에 관한 특허청심사기준은 産業構造審議会知的財産政策部会에서 2011년 12월 현재 개정작업중이다. 그러나 현재 중지되어 있는 연장등록출원 심사의 조기재개를 우선으로 하고 본건 최고재판결과의 배치를 해소하며 케이스에 관계없이 일관된 취급이 가능할 것 및 현재 운용으로부터의 괴리가 크지 않을 것을 목표로 하여 작업이 진행되고 있어, 본 판결 및 이에 따른 심사기준개정에 의하더라도 연장등록제도에 관한 많은 문제는 해결되지 않을 것이고, 이후의 논의나 재판례의 축적이 요망된다.

　3. 금후의 과제는 본건 거절이유의 「특허발명의 실시」의 의미를 명확하게 하는 것이다. 이는 이론적으로는 가장 좁게 해석하면 출원이유인 처분을 받은 의약품에 대한 특허발명의 실시로, 가장 넓게 해석하면 당해 특허권의 어느 청구항에 속하는 발명의 실시로 생각할 수 있다. 그러나 후자는 하나의 특허권에 1회의 연장등록밖에 인정되지 않는다는 것을 의미하여, 이러한 해석은 원심판결이 상론하고 있는 바와 같이 입법경위나 개선 다항제의 취지에 비추어 채용할 수 없다고 할 것이다. 당해 의약품이 그 기술적 범위에 속하는 청구항 발명의 실시로 파악되는 경우는, 기술적 범위가 넓은 청구항에서는 동일한 청구항에 속하더라도 성질이 크게 다른 의약품에 대하여 후행 처분을 이유로 하는 연장등록이 인정되지 않게 되어 특허발명의 보호에 흠결이 생기는 케이스가 생길 수 있다. 처분을 받은 의약품에 대한 특허발명의 실시임을 고려하면 처분마다에 연장등록이 인정되어야 한다. 연장기간은 5년을 초과할 수 없으므로 동일한 특허권에 대하여 연장등록이 반복되더라도 무한정으로 존속기간이 연장된다는 우려는 없다.

---

6) '존속기간연장등록출원'을 말한다.

　　다만 여기서 본건 거절이유와 연장등록 후 특허권의 효력의 범위를 관련지
울 것인가라는 점이 문제로 된다. 연장등록 후 특허권의 효력이 미치는 범위가
중복되는 연장등록이 인정된다면, 나중의 (연장)등록에 의한 연장기간이 앞선 (연
장)등록보다 길어지는 경우에 후발 의약품 메이커의 입장에서 볼 때 법적안정성
을 흠결하는 것으로 되므로, 이러한 중복이 발생하지 않도록 하기 위해서는 특허
법 68조의2에 따라 연장 후의 특허권의 효력이 미치는 범위마다에 연장등록을
인정하는 것이 타당하다고 생각된다. 이렇게 해석하면 처분마다의 연장등록을
원칙으로 하면서 선행 처분에 의하여 연장된 특허권의 효력이 미치는 범위에 대
하여는 연장을 인정하지 않거나, 선행 의약품이 동일한 청구항 발명의 실시에 해
당하는 경우는 거절하는 것을 원칙으로 하면서 선행 처분에 의한 연장 후의 특허
권의 효력이 미치지 않는 범위에 대하여는 연장을 인정하는 등의 조정이 필요하
다고 할 것이다.

〈참고문헌〉

1. 井関涼子 AIPPI 56巻 9号 12頁

2. 山田真紀 L&T 53巻 63頁

3. 土肥一史 「特許権の存続期間の延長制度と医薬品の製造承認」 AIPPI 51巻 11号 2頁

4. 井関涼子 「特許権の存続期間延長登録と薬師法上の製造承認」 同志社法学 331号 83頁

5. 平嶋竜太 「特許権存続期間延長制度に係る規定の合理的解釈」 L&T 46号 45頁

6. 三枝英二 知財管理 60巻 1号 5頁

7. 古澤康治 知的財産法政策学研究 27巻 221頁

8. 吉田広志 平成21年度重要判解 (ジュリ 1398号) 304頁

9. 井関涼子 知財管理 60巻 6号 963頁

IX. 특허권 침해등

[1] 청구항 해석(발명의 요지인정 포함)

60. 공지부분의 제외── 액체연료 연소장치 사건

最高裁 昭和 39年(1964년) 8月 4日 第3小法廷判決
[昭和 37年(オ) 第871号 : 審決取消請求事件]
(民集 18卷 7号 1319頁, 判時 387号 20頁, 判タ 166号 120頁)

東海林 保(쇼지 다모쓰, 知財高裁 判事) 著
강춘원(특허청 특허심사기획과장) 譯

Ⅰ. 사실의 개요

X(원고·피상고인)는 액체연료 연소장치에 관한 등록 실용신안의 권리자이다. 그 실용신안등록 청구의 범위는 '통풍관내에 삽입 통과한 급유관에게 상부에 받침접시, 하부에 방사상으로 설치한 날개(羽根)를 구비한 회전체를 받침접시가 통풍관 밖에 위치하도록 가변적으로 끼워진(遊嵌) 액체연료 연소장치의 구조'에 관한 것이었다. 한편 Y(피고·상고인)는 X의 등록 실용신안과 같은 구조이지만 그 연료배출구 및 안내접시가 회전하는 구조를 갖는 회전식 중유연소 장치(이하 '확인대상고안'이라 한다)를 스스로 고안하였기 때문에 확인대상고안이 X의 등록 실용신안의 권리범위에 속하지 않는다는 것의 확인을 구하기 위해 특허청에 권리범위 확인심판을 청구하였다(구 실용신안법 제22조 제1항 제2호). 이에 대하여 특허청의 초심은 Y의 청구가 성립되지 않는다는 취지로 심결하였기 때문에 Y가 항고하였는데, 항고심은 본건 고안은 출원 전 공지되어 있었던 사실을 포함하는 것이므로, 본건 고안의 요지는 공지사실을 포함하지 않는 회전하지 않는 연료배출구 및 회전하지 않는 안내접시에 한정된다는 이유로 원심결을 파기하였다. 이에 대하여 X가 동경고등재판소에 심결취소 소송을 제기하였는 바(제1심-東京高判 昭和 37. 4. 26. 行集13卷4号 638頁), 동경고등재판소는 '본건 고안의 신규성에 문제가 있다고

하여도 심판에 의해서 무효가 확정되어 있지 않은 이상, 이를 무효인 것으로 취급하는 것은 허용되지 않는다', '고안의 필수요건은 그 고안의 설명서에 해당 고안을 구성하는 데 없어서는 아니 되는 사항으로 기재되어야 한다는 것을 지적하면서 그것이 신규한 것인지 공지된 것인지는 이를 묻지 아니 한다'라고 판시하여, 항고심의 심결을 취소하였다. Y는 원판결이 본건 등록실용신안의 요지 인정을 그르친 위법이 있다는 이유로 상고하였다.

Ⅱ. 판   지

파기 환송.

(i) 출원 당시 이미 공지 공용된 고안을 포함하는 실용신안에 대하여 그 권리범위를 확정하는 것에 있어서 그러한 공지 공용된 부분을 제외하고 새로운 고안의 취지를 밝혀야 한다(昭和 37年 12月 7日 第2小法廷判決, 民集16卷12号 2321頁 참조).

(ii) X의 권리에 속하는 등록 실용신안(이하, '본건 실용신안'이라 한다)인 '액체연료 연소장치'의 설명서 중 '등록 청구의 범위'의 항에는 회전하지 않는 연료배출구(6) 및 회전하지 않는 안내접시(5)의 기재가 없고, 또한 '실용신안의 성질, 작용 및 효과의 요령'의 항의 설명에 비추어 보아도 연료배출구(6) 및 안내접시(5)가 회전하지 않는 것을 고안의 요지로 한다는 취지의 기재가 없다고 하더라도, 위와 같은 '실용신안의 성질, 작용 및 효과의 요령'의 항 중에 '연료는 배출구(6)로부터 안내접시(5)를 타서 받침접시(4) 위로 적하해'라는 기재가 있고 그 도면에도 회전하지 않는 연료배출구(6) 및 회전하지 않는 안내접시(5)가 표시되어 있는 것은 원판결에서 인정하는 부분이다. 또한, 본건 실용신안은 강제송풍에 의해 받침접시(4)를 고속 회전시켜 그 원심력과 풍력에 의해 액체연료를 안개화시키는 것을 목적으로 하는 것이고, 회전접시 및 분유공을 회전시키고 회전접시에 소공을 설치해서 아래쪽에서 공기를 도입하는 연소기의 구조는 본건 실용신안의 출원 전 이미 특허 제106057호에 의해 공지되어 있었던 것은 기록에 비추어 명확하다. 따라서 본건 실용신안에서 연료배출구(6)와 안내접시(5)의 존재는 연료의 안개화에서 결여되어서는 아니 되는 구조상의 요건이고, 본건 고안의 요지의 일부를 이루는 것이며, 그 신규성은 상기 공지부분을 제외해서 특수한 고안이라고 해야 할 회전하지 않는 연료배출구(6) 및 회전하지 않는 안내접시(5)에 있는 것이라고 인정하는 것이 상당하다.

Ⅲ. 해   설

1. 본 판결의 판지(i) 부분은 실용신안등록 청구 또는 특허청구의 기술적 범위를 출원 당시 이미 존재한 공지사실을 제외(참작)해서 확정할 수 있을 것인가라는 문제에 대해 이것을 긍정하는 견해를 밝힌 것이고, 본 판결은 판지(ii)대로 공지사실을 제외한 결과, 실용신안등록 청구의 범위에는 기재가 없으나 실용신안의 성질, 작용 및 효과의 요령의 항에 기재된 회전하지 않는 연료배출구 및 회전하는 안내접시를 고안의 요지로 인정하고 연료배출구 및 안내접시가 회전하는 확인대상고안은 X의 등록 실용신안의 권리범위에 속하지 않다고 판단한 것이다. 본 판결은 본 판결이 인용한 最二小判 昭和 37. 12. 7.(民集16卷12号 2321頁. 이른바 '탄차토로탈선방지장치 사건'이하 '37년 판결'이라 한다)이 특허권의 권리범위 확인 심결의 심결취소 소송에서 특허청구범위의 '충분한 유동 간격'이라는 표현에 대해 공지기술을 참작하여 '차체와 차축과의 관계적 이동을 원활하면서도 용이하게 하는 정도'의 '상당한 크기'의 간격이라고 한정적으로 해석한 것과 같은 해석 방법(이하 '공지기술 제외 설'이라 한다)을 나타낸 것이다. 이러한 한정적 해석방법의 특징은 대상제품(피고 제품 등)과 관계없는 일반적인 공지기술을 참조해서 기술적 범위를 한정 해석하는 것이 아니라 대상제품을 포함하는 기술로서 공지기술이 존재하는 경우에 이것을 포함하지 않도록 기술적 범위를 한정하는 해석을 함으로써 대상제품이 권리범위에 속하는 것을 부정하는 것에 있지만(高林 · 뒤의 547頁), 양 판결의 해석 방법의 차이점은 37년 판결에서는 공지기술을 참작함으로써 특허청구범위에 기재되어 있는 용어를 단순히 한정적으로 좁게 이해하고 있음에 지나지 않는 반면에 본 판결은 실용신안등록 청구의 범위에 기재가 없는 사항을 부가한 뒤에 공지기술을 제외하고 기술적 범위를 인정한 점에 있다(高林 · 뒤의 547頁, 森 · 뒤의 164頁).

그리고 最二小判 昭和 49. 6. 8.(金判420号 2頁)이 일안 리플렉스 카메라용 조리개 작동 장치에 관한 특허권 침해 소송에서 37년 판결 및 본 판결을 인용한 뒤 '특정한 특허발명의 기술적 범위를 확정함에 있어서는 그 당시의 공지의 부분을 제외해서 신규 기술적 사상의 취지를 밝힐 수 있는 것이라고 해석하는 것이 상당하다'고 판시하여 침해 소송에 있어서도 공지기술 제외설을 답습했기 때문에 그 이후 이러한 한정해석의 방법은 특허의 무효를 판단할 수 없었던 당시의 특허권 등 침해소송에서 구체적 타당한 결론을 이끌어 내기 위한 해석방법으로서 사용되었다(예를 들면, 東京地判 平成 11. 6. 30. 判夕1025号277頁 참조).

2. 그런데 2004년 특허법 일부 개정(平成 16년 법률 제120호)에 의해 신설된 특허법 제104조의3에 의하여 특허권 등 침해 소송에 있어서도 항변으로서 특허의 무효이유를 주장할 수 있게 된(이하 '특허법 제104조의3의 항변'이라고 한다) 것과의 관계에서 본 판결이 보여준 공지기술 제외설과 같은 한정해석 방법의 위치 부여가 문제가 된다.

다시 말해, 특허법 제104조의3은 이른바 킬비 사건의 최고재판소 판결(最小判 平成 12. 4. 11. 民集54巻4号 1368頁 - 본서 74사건 참조)이 특허권 등 침해소송에서도 권리남용론으로서 특허의 무효이유를 판단할 수 있는 길을 연 것을 계기로 입법화된 것이다. 한편, 공지기술 제외설과 같은 한정해석 방법은 일본에서 특허청과 재판소 사이의 권한분배의 원칙, 즉 실용신안이나 특허의 유무효를 판단하는 것은 특허청이고, 재판소는 특허의 무효이유가 존재하는 경우에도 특허청의 무효 심결이 확정되지 않는 한, 특허의 당부 및 그 효력의 유무를 판단할 수는 없다고 하는 상기 킬비 사건의 최고재판소 판결이전의 전통적인 이해(킬비 사건 판결에 의해 변경된 大判 明治 37. 9. 15. 刑録10集 1679頁, 大判 大正 6. 4. 23. 民録23集 654頁)하에서 기술적 범위를 확정할 때 공지기술을 제외(참작)해서 한정해석 함으로써 대상 제품을 권리범위 밖으로 하여 특허의 당부 및 그 효력은 언급하지 않고 사안의 구체적 타당한 해결을 하기 위한 해석 방법으로서 발달해 온 것이다. 그래서 오늘날 특허법 제104의3 신설에 의해 특허권 등 침해소송에 있어서도 재판소가 특허의 무효이유를 판단할 수 있는 이상, 특허발명이 일부 공지기술을 포함하고 있기 때문에 발명 전체가 무효라고 평가되는 경우에는 단적으로 그 특허발명을 무효로 판단하면 족하기 때문에 이제는 공지기술 제외설과 같은 한정해석 방법은 특허법 제104조의3의 항변으로 해소되는 것일지 아니면 여전히 한정해석의 방법으로서 유효한 것인지가 문제가 된다.

이 점에 관하여 권리남용의 항변에 관한 것이지만, 공지기술 제외설과 같은 한정해석의 방법을 권리남용의 항변과는 구별하여 이러한 해석 방법은 권리남용의 항변과 함께 여전히 침해소송에 있어서 적용할 수 있는 해석 방법이라는 견해(牧野 · 뒤의 78頁)가 있는 한편, 본 판결과 같이 특허청구범위에 기재가 없는 사항을 참작하여 이것을 기술적 범위에서 제외시켜 권리행사를 저지하는 것은 본래적인 특허청구범위의 문언해석의 허용범위를 초월하는 것이기 때문에 특허청구범위의 문언해석이 아니라 권리남용의 하나의 경우로 파악해야 한다는 견해(高林·뒤의 554頁, 森·뒤의 166頁)가 있고, 또한 이제는 재판소가 클레임을 실질적으로 바꿔 쓰게 되는 공지기술 제외설이 유지되어서는 안 되고, 그러한 학설은 권리남용의 항변에 의해 완전히 흡수되어 무용하다는 견해(大淵·뒤의 2頁이하)도 유력하게 주장되고 있어, 이 논의는 특허법 제104조의3의 항변에도 그대로 해당되는 것이다.

　　확실히 위와 같은 무용론이 말하는 것처럼 적어도 본 판결과 같이 원래 실용신안등록 청구의 범위에 기재가 없는 '회전하지 않는 연료 배출구 및 회전하지 않는 안내접시'라는 사항을 새롭게 부가해서 클레임의 범위를 한정하는 공지기술 제외설은 해석론으로서는 무리가 있고, 이미 클레임 해석의 범위를 일탈하고 있다고 생각되므로, 이러한 경우는 단적으로 무효 이유가 있다고 하면 충분하고, 특허법 제104조의3의 항변에 흡수된다고 해석하는 것이 타당할 것이다.

　　그러나 소송절차에서의 공격과 방어의 관점에서 생각해보면, 피고가 특허법 제104조의3의 항변을 주장할 것인지 아닌지는 피고의 임의인 것이바, 예를 들어 기업전략으로서 피고 제품이 원고의 특허권의 기술적 범위에 속하지 않으면 충분하고 그 특허권을 무효라고 할 필요가 없을 경우 등이 있을 수 있기 때문에 청구원인을 배척할 수 있는 유효한 법 이론이 복수 존재할 경우에는 그 사안에 따라 입증하기 쉬운 주장을 선택하는 여지는 인정되어야 하고, 적어도 상기 37년 판결과 같은 한정해석의 방법까지 특허법 제104조의3의 항변에 흡수되어 전혀 무용한 이론이 되었다고 반드시 단언할 수는 없다고 할 수 있다(東海林·뒤의 31頁이하). 결국은 특허법 제104조의3의 신설에 의하여 공지기술 제외설과 같은 한정해석의 필요성은 상당히 저하되었다고 할 수 있지만 실무상은 여전히 한정해석의 방법이 다양해지고 있다는 지적도 있다(飯村·뒤의 64頁).

〈참고문헌〉

1. 高林龍 '特許侵害訴訟における信義則·権利の濫用' 曹時53巻3号 541頁
2. 森義之 '特許発明の技術的範囲の確定' 牧野利秋·飯村敏明編 '新·裁判実務大系 (4)'[2001] 164頁
3. 牧野利秋 '特許権侵害訴訟における差止請求及び損害賠償請求の要件事実' 牧野· 飯村編·同大系 78頁
4. 大渕哲也 'クレーム解釈と特許無効に関する一考察─公知部分除外説についての

検討'日本弁理士中央知的産研究所編'ク例レーム解釈論'[2005] 2頁

5. 東海林保'公知部分の除外—液体燃料燃焼装院事件'小野昌延先生喜寿記念'知的
財産法最高裁判例評釈大系 Ⅰ'[2009] 27頁

6. 飯村敏明'発明の要旨の認定と技術的範囲の解釈, さらに均等論の活用'パテント
64巻14号 57頁

61. 발명의 요지인정과 특허청구범위의 기재

── 리파아제 사건

最高裁 平成 3年(1991년) 3月 8日 第1小法廷判決
[昭和 62年(行ツ) 第3号 : 審決取消請求事件]
(民集 45卷 3号 123頁, 判時 1380号 131頁, 判タ 754号 141頁) ◀재판소 Web

吉田広志(요시다히로시, 北海道大学 准教授) 著
김동준(충남대학교 법학전문대학원 교수) 譯

Ⅰ. 사실의 개요

 X(출원인 · 원고 · 피상고인)는, 1973년 6월 19일 발명의 명칭을 '트리글리세리드 (triglyceride) 측정법'으로 하는 본건 특허출원(1973년 특허출원 제69109호)을 하였지만, 거절결정을 받자, 거절결정불복심판(1977년 심판 제10532호)을 청구하였다. 심결은, 특허법 29조 2항을 이유로 청구불성립으로 하였으므로(본건 거절심결) 본건 심결취소소송을 제기하였다.

 본건 특허출원의 특허청구범위에는, "리파아제를 사용하는 효소적 감화(鹸化)…에 의해 트리글리세리드를 측정하는 경우에, … 하는 것을 특징으로 하는 트리글리세리드 측정법"으로 기재되어 있고, 발명의 상세한 설명 중의 실시예에는 Ra 리파아제를 사용한 방법만이 개시(開示)되어 있다.

 東京高判 昭和 61. 10. 29.(民集 45卷 3号 145頁 참조)은, 발명의 상세한 설명을 참작하면 '리파아제'는 Ra 리파아제를 의미하는 것이므로, 요지인정을 잘못하여 진보성을 부정한 위법이 있다고 하여 본건 심결을 취소하였다.

 Y(특허청장-피고 · 상고인)는, 특허법 36조 4항(당시)에 의해 발명의 상세한 설명의 기재를 고려하여 요지인정하는 것은 허용되지 않는다고 주장하며 상고하였다.

Ⅱ. 판　　지

파기환송.

"특허출원에 관한 발명의 신규성 및 진보성에 대하여 심리함에 있어서는, … 특허출원에 관한 발명의 요지가 인정되어야 하는바, 이 요지인정은 특단의 사정이 없는 한, 출원서에 첨부한 명세서의 특허청구범위 기재에 기초하여 이루어져야 한다. 특허청구범위 기재의 기술적 의의가 일의적으로 명확하게 이해할 수 없거나, 혹은 일견하여 그 기재가 오기임이 명세서의 발명의 상세한 설명의 기재에 비추어 분명한 경우 등의 특단의 사정이 있는 경우에 한하여 명세서의 발명의 상세한 설명의 기재를 참작하는 것이 허용됨에 지나지 않는다."

"본원 발명의 특허청구범위의 기재에는 트리글리세리드(triglyceride)를 효소적으로 감화(鹸化, 비누화)할 때 사용하는 리파아제에 대하여 이것을 한정하는 취지의 기재는 없고, 위와 같은 특단의 사정도 인정되지 않으므로, 본원 발명의 특허청구범위에 기재된 리파아제가 Ra 리파아제에 한정된다고 해석할 수 없다. 원심은, … 기술적으로 뒷받침되고 있는 것은 Ra 리파아제를 사용한 것뿐이고, 본원 명세서에 기재된 실시예도 Ra 리파아제를 사용한 것만 개시하고 있다고 인정하고 있지만, 본원 발명의 측정법 기술분야에 있어서 Ra 리파아제 이외의 리파아제는 거의 사용되지 않는 것이 당업자의 일반적 기술상식으로 되어 있는 것은 아니므로 명세서의 발명의 상세한 설명에서 기술적으로 뒷받침되고 있는 것이 Ra 리파아제를 사용한 것만이라든지, 실시예가 Ra 리파아제를 사용한 것뿐이라는 이유만으로 특허청구범위에 기재된 리파아제를 Ra 리파아제로 한정하여 해석할 수 없다."

"본원 발명의 특허청구범위의 기재 중에 있는 리파아제는 Ra 리파아제를 의미하는 것이라고 하고, 본원 발명이 채용한 효소는 Ra 리파아제에 한정된 것이라고 해석한 원심의 판단에는, … 발명의 요지인정에 관한 법령의 해석적용을 잘못한 위법이 있…고, …원심판결은 파기를 면할 수 없다."

Ⅲ. 해　　설

1. 특허권은 배타권이지만 발명이라고 하는 추상적인 아이디어를 보호대상으로 하기 때문에 권리의 범위가 불명확하게 될 수밖에 없고, 다른 자에 대한 위

축효과가 커 자유로운 경제활동을 저해할 수밖에 없다고 하는 폐해가 있다. 그 때문에 법은 출원에 있어서 특허청구범위의 제출을 요구하여(특허 36조 2항) 심사범위의 명확화를 도모하며 배타적 범위는 이 특허청구범위의 기재에 기초하여 정해지는(특허 70조 1항) 것으로 하였다.

　2. 특허청구범위는 발명이라고 하는 추상적 아이디어를 언어화하고 있기 때문에 난해한 기술(記述)로 되므로, 어구의 의미를 해석하는 작업이 필요하게 된다. 특허요건의 심사에 있어서 이 해석작업을 '발명의 요지인정'이라고 부른다. 특허청구범위와 함께 제출된 명세서는 신규기술을 공중에 이용가능하게 하는 자료이지만 요지인정 시에는 특허청구범위의 어구를 해석하는 재료로서 이용된다.

　본 판결은 이러한 요지인정 시에 특허청구범위의 어구 그 자체는 광범위한 상위개념을 의미하지만 명세서를 참조하면 한정적인 하위개념으로 볼 수 있다고 하는 관계의 경우에 명세서의 기재를 참작하여 한정적으로 해석하여 특허요건을 충족한다고 생각해도 좋은지 여부가 다투어졌다.

　3. 판시는, "특허청구범위 기재의 기술적 의의가 일의적으로 명확하게 이해할 수 없거나, 혹은 일견하여 그 기재가 오기임이 명세서의 발명의 상세한 설명의 기재에 비추어 분명한 경우 등"의 사정이 있는 경우를 예외로 하여, 어구의 의미가 그 자체로서 명확한 경우는 명세서를 참조할 수 없다고 설시하고, '리파아제'를 Ra 리파아제 이외의 리파아제를 포함하는 상위개념으로 하여 요지인정하지 않은 원심을 파기하였다. Ra 리파아제 이외의 리파아제(P 리파아제)를 사용한 방법이 출원시에 공지되어 있다면 요지인정에 의해 특허성이 좌우되기 때문이다.

　특허청구범위 제도의 목적이 심사범위의 명확화에 있고, 그 결과로서 배타적 범위가 명확화되는 것에 있다고 하면, 특허청구범위 어구의 의미가 그 자체 명확한 경우는 요지인정의 장면에서는, 예를 들어 명세서에 있어서 그 어구가 한정적인 하위개념으로서 정의되어 있더라도 참작해서는 안 된다. 한정적으로 해석한 특허청구범위의 범위에서 심사를 하여 특허를 부여해 버리면, 특허청구범위가 실질적으로 신규성 등의 심사를 하지 않은 부분(여기에서는 Ra 리파아제 이외의 리파아제)을 포함해 버리기 때문이다.

　확실히, 예를 들어 침해의심물건이 Ra 리파아제 이외의 리파아제(P 리파아제)

였다고 가정한 경우, 중요한 것은 침해소송에서 P 리파아제에 배타권이 미치지 않는 것이라고 생각하면, 심사의 장면에서도 '리파아제'가 Ra 리파아제를 가리키는 것이라고 하는 점이 명세서로부터 명확하고 또한 그로 인해 특허요건을 충족한다고 하면, 특허청구범위의 문언상은 '리파아제'인 채로 특허되어도 좋다고 하는 입장도 있을 수 있을 것이다(원심은 이러한 사고에 가깝다고 생각된다).

이 경우 그대로 침해소송에 나아가도 특허청구범위의 '리파아제'는 Ra 리파아제를 가리키므로 침해의심물건 P 리파아제는 원래 배타적 범위에 포함되지 않는다. 하지만 이러한 입장을 취하면, 침해소송이 제기될 때마다 침해의심을 받는 자가 심사경과를 조사하여 실질적으로 심사가 행해진 부분(Ra 리파아제)을 밝혀내고 배타권의 범위를 판단하는 것으로 된다. 게다가 만일 제1의 침해소송에서 배타적 범위가 Ra 리파아제라고 해석되어도, 침해법원은 일원화되어 있지 않으므로 제2의 소송에서 침해의심을 받는 다른 자가 별도로 P 리파아제를 사용한 경우, 법원이 반드시 동일한 판단을 하는 것은 아니다. 따라서 제2의 소송 이후에도 당사자(침해의심을 받는 자)는 스스로의 판단으로 심사가 행해진 범위를 특정하고 법원의 판단을 기다리게 된다. 이것은 제3자의 예측가능성 저하를 초래한다.

이러한 폐해를 방지하기 위해 법은 특허청구범위 제도를 마련하여 심사범위의 명확화, 그 결과로서의 배타적 범위의 명확화를 도모하고, 개별의 소송당사자가 일일이 심사경과를 조사하지 않아도 배타적 범위를 인식할 수 있도록 함으로써 법적 예측가능성을 향상시키고 있다고 생각해야 할 것이다.

본 판결의 대상으로 된 출원에 있어서도 출원인은 보정(특허 17조)의 절차에 의해 리파아제를 Ra 리파아제로 한정하면 특허를 취득하는 것이 가능하였을 것이다. 그렇다면 심사를 거친 범위가 (보정 후의) 특허청구범위의 문언과 일치하고 후의 침해소송에 있어서 심사경과금반언의 법리 등을 이용하는 것 없이 배타권의 범위가 Ra 리파아제로 확정되게 된다. 확실히 심사경과금반언의 법리는 오늘날에는 일반화되고 있다. 하지만 침해소송의 장면에서 심사경과를 조사하여 배타적 범위를 확정한다고 하는 당사자 내지 법원의 부담은 적지 않다. 그러한 부담을 경감하기 위해서는 심사의 단계에서 출원인에 대하여 특허성이 인정되는 범위로 특허청구범위를 한정시키는 행동을 촉구 즉, 특허청구범위를 문언대로 해석하여 거절이유를 통지할 필요가 있다. 그 때문에 심사에 있어서는 특허청구범위의 문언을 한정적으로 해석해서는 안 되는 것이다.

따라서 판시는 정당하다.

판결 당시부터 판시에 대하여 비교적 호의적인 견해가 많았고(大瀨戶·後揭 242頁, 田村·後揭 223-224頁), 또한 기술적 범위의 해석 즉, 침해법원에 있어서 특허법 70조 1항의 해석에 대하여는 본 판결의 사정(射程)은 미치지 않는다고 하는 것이 대부분이었다(田村·後揭 243-244頁, 竹田和彦·後揭 126-127頁).

다만 본 판결은 어구의 정의나 개념의 상하관계·포함관계가 비교적 명확한 화학분야의 사안이다. 기계분야나 기능적인 기술(記述)의 경우는, 특허청구범위의 어구가 그 자체로는 바로 이해할 수 없는 것이 적지 않다고 생각되며, 그러한 경우에 본 판결이 어디까지 선례적 가치를 갖는지는 어려운 문제다. 하지만 적어도 어구의 의미가 비교적 명확하게 사용되고 있는 분야에서는 본 판결은 현재도 강한 의의를 갖고 있다고 생각해야 할 것이다. 다만, 본 판결이 이후의 하급심 재판례에 대하여 미친 영향 및 그 평가는 다양하다(자세한 내용은, 增井·田村, 後揭).

4. 그런데, 킬비(キルビー) 판결(最判 平成 12. 4. 11. - 본서 74 사건) 이후, 본 판결과 관련하여 새로운 견해가 나타나 있다. 그것은 권리의 유효성과 침해의 판단을 동시에 침해법원에서 행하는 것으로 된다고 하는, 본 판결 당시에는 전제로 되지 않은 사태에 기인한다.

예를 들면, 침해의심물건이 P 리파아제였다고 하고, 심사에 있어서 특허청구범위의 어구 '리파아제'가 Ra 리파아제로 한정해석되고 그대로 특허가 부여되었다고 한다(원심의 결론). 그 후 침해소송 중의 특허무효의 항변(특허 104조의3 1항)의 심리 중에 다시 요지인정이 되고, '리파아제'를 어구의 의미대로 넓게 리파아제 일반으로 해석하면(상기와 같이 P 리파아제의 존재에 의해) 무효이유가 존재하므로 특허무효의 항변이 인정된다. 다른 한편, 기술적 범위의 해석에 나아간 경우에는, 명세서가 참작되어 특허청구범위의 '리파아제'는 Ra 리파아제에 한정해석되고 침해의심물건 P 리파아제의 침해성이 부정되는 경우가 있다(어떻든지 비침해라고 하는 결론이 도출된다).

하지만 여기에서, 동일한 '리파아제'라는 용어를 요지인정과 기술적 범위의 해석에서 동일한 법원이 동일한 소송에서 다른 의미로 해석할 수 있는가 하는 의문이 생긴다. 이론적으로는 양자는 다른 것이라고는 할 수 있고, 너무 양면적임에 지나지 않다고 말할 수도 있다. 여기에서의 의문을 해결하는 방법으로 생각되는 것은 침해법원의 요지인정에서도 '리파아제'를 Ra 리파아제로 해석하여 심사와 일치시켜야 하는 것은 아닐까, 그렇기 위해서는 특허무효의 항변도입 후의 현

재는 본 판결로부터 벗어날 필요가 있는 것은 아닐까라고 하는 것이다(다만 기술
적 범위의 해석의 결과 침해의심물건 P 리파아제의 침해성이 부정되는 점에는 변함은 없다).

하지만 현실에서는 침해법원에 있어서는(상기예에 치환하면), '리파아제를 문언
그대로 리파아제 일반으로 해석하면 무효이유를 포함하는 것으로 되므로 리파아
제는 Ra 리파아제로 한정해석하지 않는 경우에는 특허가 유효라고는 할 수 없게
된다'고 하여, 기술적 범위를 한정적으로 해석한다고 하는, 매우 설득력 있는 방
법이 사용되고 있다(예를 들면, 東京地判 平成 16. 12. 28. 平 15(ワ)19733호 등 〔재판소
Web〕〔아이스크림 충전딸기(充塡苺)〕). 이 방법의 특징은 특허무효의 항변에 대하여
최종적인 결론을 도출하지 않고 비침해라는 결론을 도출한다고 하는 점에서 종
래의 실시예 한정해석에 가깝고, 침해법원에는 친숙한 방법이라 할 수 있다. 그
러한 의미에서는 온당한 방법이다.

〈참고문헌〉

1. 田村善之, 『知的財産法〔第5版〕』[2010]
2. 増井和夫・田村善之, 『特許判例ガイド〔第4版〕』[2012]
3. 竹田和彦, 『特許の知識〔第8版〕』[2006]
4. 竹田稔, 本百選〈第3版〉 138頁
5. 大瀬戸豪志, 平成3年度重判解 (ジュリ1002号) 241頁
6. 塩月秀平, 最判解民事篇平成3年度 28頁
7. 中山信弘・小泉直樹 編, 『新・注解特許法(上)』[2011] 1063-1074頁〔岩坪哲〕

62. 클레임 이외의 정정에 의한 클레임의 감축
── 클립 사건

最高裁 平成 3年(1991년) 3月 19日 第3小法廷判決
[昭和 62年(行ツ) 第109号 : 審決取消請求事件]
(民集 45卷 3号 209頁, 判時 1381号 108頁, 判夕 755号 101頁) ◀재판소 Web

辻居幸一(쓰지이 고우이찌, 弁護士・弁理士) 著
장현숙(특허청 반도체심사과장) 譯

Ⅰ. 사실의 개요

(1) X(원고・상고인)는 「클립」을 발명의 명칭으로 하는 특허 제950343호(이하 「본건 특허」라 한다)의 특허권자이다. Y(피고・피상고인)는 본건 특허에 대해 무효심판을 청구하였다.

본건 특허의 특허청구범위는 이하와 같다.

「목적물 O과 연계될 수 있도록 적합하게 결합된 복수가 일체로 고정된 부착구로 이루어진 클립에서, 해당 부착구의 각각이 목적물의 관통부분(2), 확대부분(4), 위 양 부분을 결합하는 위 관통부분(2)으로부터 신장된 가늘고 긴 영역의 부재(6)와 관통부분(2)을 서로 평행하게 간격을 두고 결합하는 절단될 수 있는 부재(8, 10)로 이루어진 클립에 있어서, 위 확대부분 사이에 개재되고 그것을 결합하는데 있어 용이하게 절단할 수 있는 고정부재(22)를 구비하고 있어, 위 고정부재는 위의 절단될 수 있는 부재보다 인접한 위 확대부분이 비틀림의 힘에 의해 서로 손으로 분리될 수 있을 정도로 충분히 약한 것을 특징으로 하는 클립.」

특허청은 해당 무효심판에 있어서, 접착제로 일체로 한다는 인용례에 의거하여, 본건 특허를 무효로 하는 심결을 하였다.

(2) X는 동경고재에 심결취소소송을 제기하고 동시에 특허청에 정정심판을 청구하였다. 정정의 내용은 특허청구범위의 기재는 정정하는 것이 없고, 발명의 상세한 설명에서 접착제에 관한 기재 및 접착제를 이용한 실시예의 도면을 삭제

하는 것이었다.

(3) 동경고재는 1987. 4. 30. X의 청구를 기각하여, 무효심결을 유지하는 취지의 판결을 하였다. 한편, 특허청은 심결취소소송의 구두변론종결 후인 1987. 3. 31. 정정을 인정하는 취지의 심결을 하였고, 이 심결등본은 1987. 5. 20. X에게 송달되었다.

(4) X는 상고심에서, 정정에 의해 접착제를 이용한 「고정부재」가 본건 특허발명에 포함되지 않게 되었고, 이에 따라 원판결 및 본건 무효심결의 기초가 되었던 본건 특허의 내용이 변경되었기 때문에, 원판결은 파기되어야 한다고 주장하였다.

Ⅱ. 판   지

파기환송.

「2. … 본건 특허에 대해서는, X의 정정심판청구에 의거하여 원심 구두변론 종결 후의 1987. 3. 31., 본건 명세서 및 도면으로부터 접착제층에 관한 제12도 및 제13도를 삭제하고, 그와 병행하여 발명의 상세한 설명의 우측도면에 관련된 설명부분을 삭제하는 취지의 정정이, 특허법 126조 1항 3호의 명료하지 아니한 기재의 석명으로 이해하는 심결을 하였고, 심결등본이 1987. 5. 20. X에게 송달되어, 이 심결이 확정되었다는 것을 알 수 있다. 이 심결에는 명료하지 않은 기재의 석명에 해당하는 것이라고 하여 X의 주장을 인정하는 취지의 기재가 있지만, X는 명료하지 않은 기재의 석명 또는 특허청구범위를 감축하는 것으로 하는 정정심판을 주장한 것이고 또 이 심결도 동조 1항 1호의 특허청구범위의 감축을 목적으로 하는 정정심판청구를 인정하기 위한 요건인 동조 3항에 규정한 정정 후의 특허청구범위에 기재되는 사항에 의해 구성된 발명이 특허출원의 때에 독립하여 특허를 받게 되는 것이 가능한지 여부에 대해서도 검토한 후, X의 본건 정정심판청구가 이 요건을 구비하고 있다는 취지의 판단을 내렸다.

원심은 본건 명세서의 접착제(접착층)에 관한 발명의 상세한 설명의 기재나 도면 등을 참작하여, 고정부재에 접착제(접착층)가 포함된다고 인정하는 판단을 한 것이고, 원심의 위 인정판단은 특허청구범위 기재 문언의 기술적 의의가 일의적으로 명확하지 않은 경우 발명의 요지를 인정하는 방법에 따른 것이어서 수긍할 수 있지만, 정정을 인용하는 심결의 확정에 의해, 특허청구범위의 기재 문언

자체가 정정되어진 것이 없기는 하나, 접착제(접착층)에 관한 기재가 명세서 및 도면에서 모두 삭제됨에 따라, 출원시로 소급하여 본건 명세서의 특허청구범위의 고정부재에 접착제(접착층)가 포함되는 것으로 해석하여 본건 발명의 요지를 인정할 여지는 없어졌다고 해석함이 상당하다.

3. 따라서 본건 특허에 대하여 정정을 인용하는 심결이 확정된 것에 의해, 본건 발명의 특허청구범위의 고정부재의 구성은 특허 출원시로 거슬러 올라가 접착제(접착층)를 포함하지 않는 것으로 감축되었다고 인정해야 하므로, 원판결의 기초로 된 행정처분은 이후의 행정처분에 의하여 변경되어진 것으로, 원판결에는 민소법 420조 1항 8호 소정의 사유가 존재한다고 하지 않을 수 없다. 이런 경우에 판결에 영향을 미치는 명확한 법령의 위배가 있기 때문에 원판결을 파기하고, 심리를 다하기 위해 사건을 원심에 되돌려 보내는 것이 상당하다(최고재판소 소화 58년(行ツ) 제124호 소화 60년 5월 28일 第三小法廷判決 · 裁判集民事 제145호 제73頁 참조).」

Ⅲ. 해   설

1. 머 리 말

본 판결은 발명의 요지 인정에 있어서, 특허청구범위의 기재 문언 자체는 정정되지 않았다고 하더라도, 발명의 상세한 설명 및 도면의 정정에 의해 특허청구범위의 감축이 발생하는 경우가 있다는 것을 인정한 것이다.

2. 발명의 요지 인정

(1) 발명의 요지 인정

발명의 신규성, 진보성 등의 특허 요건을 판단하기 위해서는 발명의 기술내용이 파악되고 확정되는 것이 필요한데, 이와 같은 발명의 기술내용을 파악 · 확정하는 것을 발명의 요지 인정이라 하고, 특허법에 규정되어져 있지 않지만 실무상 정착되어진 용어이다(知的財産裁判實務研究會編 『지적재산소송의 실무』[2010] 243頁, 相田義明 「발명의 신규성 · 진보성 · 동일성」 竹田稔監修 『특허심사 · 심판의 법리와 과제』 [2002] 185頁). 특허청구범위라는 것은 출원인이 청구항마다 특허받고자 하는 발명을 특정하는 데 필요로 하는 사항이 무엇인가를 결정하고 그 사항의 모든 것을 명확히 기재한 것이므로, 발명의 요지 인정은 특허청구범위의 기재에 기초하여 이루어져야만 한다(知的財産裁判實務研究會編·앞서 본 244頁).

한편, 발명의 요지 인정에 있어서는, 발명의 상세한 설명의 기재에 대해서도 참조해야 한다고 되어 있지만, 리파아제 판결(본서 61사건)에 의하면, 발명의 상세한 설명을 참작하는 경우는 「특단의 사정이 있는 경우」에 한한다(知的財産裁判實務研究會編·앞서 본 245頁).

(2) 특허발명의 기술적 범위의 해석과의 관계

발명의 요지의 인정은 특허발명의 기술적 범위와 차이가 나는 경우가 발생하는 것을 부정 못하지만, 양자는 기본적으로 발명의 실질적인 가치를 파악하려는 것이라는 점에서는 차이가 없다(知的財産裁判實務研究會編·앞서 본 250頁). 동일 소송에 있어서, 기술적 범위 확정의 경우(특허 제70조)와 특허무효 항변의 경우(특허 제104조의3)의 쌍방에서 클레임 해석이 문제가 되어, 전자에 있어서는 특허법 제70조 제2항에 따라 발명의 상세한 설명의 기재를 고려하여 특허청구범위에 기재된 용어의 의의를 해석하고, 후자에 있어서는 리파아제 판결에 따라 발명의 상세한 설명의 기재를 고려해서는 안 된다고 한다면, 문제가 있는 것이고, 통일적인 클레임의 해석을 강하게 요구하게 된다(高部眞規子『실무상세특허관계소송』[2011] 155頁, 飯村敏明「발명의 요지 인정과 기술적 범위의 해석, 또한 균등론의 활용」패턴트 64권 14호 57頁).

3. 정정심판

(1) 정정심판의 의의

특허권의 등록 후에, 무효이유를 포함하고 있는 것을 발견하거나 기재의 오기가 판명된 경우, 이런 하자가 있기 때문에 그 특허 전체가 일률적으로 무효되는 것은 특허권자에게 너무 가혹하다(中山信弘,『특허법』[2010] 241頁). 무효심판이 청구될 우려도 있어, 특허권자가 하자가 있는 부분을 자발적으로 제거하게 하는 제도이다(특허청편 『공업소유권법(산업재산권법) 축조해설[제18판]』[2010] 356頁). 정정심판은 특허권자의 구제를 위한 제도로 제3자와의 이익의 조화를 도모하지 않으면 안 된다(中山·앞서 본 241頁).

(2) 정정의 요건과 효과

정정이 가능한 사항은, 출원서에 첨부된 명세서, 특허청구범위 또는 도면의 범위 내에서(특허 126조 1항), ① 특허청구범위의 감축, ② 오기 또는 번역의 정정, ③ 명료하지 않은 기재의 석명에 한한다(특허법 126조 1항).

정정에 의해 제3자에게 불측의 불이익이 발생하지 않도록, 신규사항의 추가도 허락되지 않고, 실질적으로 특허청구의 범위를 확장하거나 또는 변경하는 것이어서는 안 된다(특허법 126조 6항). 또 상기 ①과 ②의 정정은, 정정 후의 발명이 독립적으로 특허 받을 수 있어야 할 것 즉, 특허성을 갖는 것이 요구되고 있다(특허법 126조 7항).

상기 ①의 「감축의 방법으로는 특허청구의 범위로부터 일정의 범위를 단적으로 제거하거나 한정요건을 부가하는 등 특허청구범위의 기재를 변경하는 것이 보통이다」(增井和夫·田村善之『특허판례 가이드[제3판]』[2005] 295頁). 정정을 인용하는 심결이 확정되면, 해당 정정의 효과는 출원시까지 소급된다(특허 128조).

(3) 무효심판과의 관계

본 판결 당시 무효심판과 정정심판은 연결되지 않아, 양 심판은 법적으로 별개의 독립적으로 진행하는 것으로 되었다. 1993년 특허법 개정에서, 정정무효심판제도는 폐지되어, 무효심판계속 중에는 정정청구만 가능하게 되었다(특허 126조 2항·134조의2 제1항)(中山·앞서 본 246頁).

4. 본 판결의 평가와 사정(射程)

본건에서 X는 상기 ① 또는 ③의 요건에 근거하여 정정심판을 청구했던바, 심결은 ③의 요건을 인정하고 ①의 요건에 대해서는 판단하지 않았으나, 독립특허요건을 충족시키고 있음을 인정하였다. 본 판결은 이와 같은 사실관계에서, 정정을 인용하는 심결의 확정에 의해, 특허청구범위의 감축이 있었다고 해석되는 것으로 판시했던 것이다. 「어디까지나, 확정된 정정인용 심결이 존재하였다라는 사실관계를 전제로 한 판단이다」고 말하는 견해도 있다(齊藤博·牧野利秋編『裁判實務大系(27) 知的財産關係訴訟法』[1997] 433頁).

最高裁調査官解說에는, 「특허청구범위의 고정부재의 기술적 의의는 일의적으로 명확하다고 말할 수 없다고 하고, 발명의 상세한 설명의 기재와 도면을 참조하여, … 원심의 발명 요지 인정의 방법을 수긍하는 것이 가능하다고 판시했던 본 판결이 발명의 요지 인정의 방법에 관해서 위 最二小判(필자주 : 리파아제 판결을 가리킴)과 동일한 입장을 채용하고 있다」고 설명되어 있다(高林龍·最判解民事編 1991년도 75頁). 본건은 리파아제 판결의 「특단의 사정이 있는 경우」에 해당한다는 설명으로서, 이것을 지지하는 견해도 있다(知的財産裁判實務研究會編·앞서 본 246頁, 高部·앞서 본 290頁, 中山·앞서 본 392頁).

또, 最高裁調査官解説에는,「특허청구범위의 기재의 기술적 의의가 일의적으로 명확하다고 할 수 없지만, 발명의 요지를 인정해야 하는 상황에서, 명세서의 발명의 상세한 설명의 기재와 도면의 참작이 허용된 경우에 그 이후에 위의 참작했던 발명의 상세한 설명의 기재와 도면이 정정되는 경우에서는, 종전의 발명의 요지를 인정한 것이 필연적으로 수정되는 경우가 있다는 것은, 오히려 당연할 것이다」라고 설명되어 있지만(高林·앞서 본 75頁), 의문이 있다. 상기 ①의 특허청구범위의 감축이 있다는 것을 명확하게 하기 위해서, 특허권자는 특허청구범위의 기재를 정정하는 것이 가능했던 것이고, 그럼에도 불구하고, 특허청구범위의 기재를 정정하지 않았다면, 많은 경우에는 특허청구범위의 감축은 없었다고 해석하는 것이 통상적이라 생각한다(吉原省三·本百選〈제3판〉141頁). 본건에 있어서, 특허청구범위의 기재를 정정하는 것에 의해 고정부재로부터 접착제(접착층)를 제거하는 것이 가능하지 않다고 말할 특별한 사정이 있었는지에 대한 여부가 명확하지 않다.

본 판결에는「특허청구범위의 감축이라면, 앞서의 명확성의 요구로부터 어떻게 감축한 것인지가 제3자에게 이해될 수 있도록, 특허청구범위를 정정해야 한다」고 하는 비판이 있다(小野昌延先生喜壽記念『知的財産法最高裁判例評釈大系[I] 특허·실용신안법』[2009] 460頁[吉原省三]). 마찬가지로, 본 판결에 의문을 보이는 견해도 적지 않다(梁野義信·民商 105권 3호 394頁, 荒垣恒輝·特許管理 42권 7호 929頁, 高林克巳「특허청구범위의 해석」判評 393호[판시 1394호] 44頁).

5. 본 판결 후의 경위

본건 특허에 있어서, 본 판결 후 2번의 정정무효심판청구(평성5년 특허법개정에 의해 폐지됨)가 있었는데, 모두 정정무효로 심결되어, 최종적으로는 무효가 확정되었다. 1회째의 정정무효심결의 심결취소소송에 있어서, 동경고재 평성 6. 10. 26.(知的裁集 26권 3호 1366頁)은「상고심 판결[필자주 : 본 판결을 가리킴]의 판단은 어디까지나 원 판결 후에 되어진 정정심결이 본건 정정을 특허청구범위의 감축을 목적으로 하는 것이라 하여 적법한 것으로 판단한 것이라고 해석되고, 이 정정심결이 상고심 판결의 시점에서 확정된 상태에 있었던 것을 전제로, 그렇게 한 이상, 원 판결의 기초가 되었던 행정처분은 후의 행정처분에 의해 변경되어진 것이어서, 원 판결에는 판결에 영향을 미친 명확한 법령의 위배가 있었던 것으로 한 것이다. 본건 정정무효심판은, … 정정심결의 판단에 구속될 이유가 없다」라고 판시되어, X의 청구를 기각했다.

약 18년간에 걸친 본건의 경위에 대해서는, 小川信一「클립 사건의 회고」(특허 뉴스 No. 10461)에 설명되어 있다.

⟨참고문헌⟩
본문 중에 언급한 문헌

63. 기능적 청구항의 해석── 자기매체리더 사건

東京地裁 平成 10年(1998년) 12月 22日 判決
[平成 8年(ワ) 第22124호 : 損害賠償請求事件]
(判時 1674호 152頁, 判タ 991호 230頁)

高林 龍(다카바야시 류, 早稻田大学 敎授) 著
김관식(한남대학교 법과대학 교수) 譯

Ⅰ. 사실의 개요

X(원고)는 고안의 명칭을 '자기매체리더'로 하는 실용신안권(昭和 57. 6. 11. 출원, 平成元. 6. 5. 출원공고, 平成 2. 1. 16. 설정등록, 등록번호 제1802476호)을 보유하고 있다(한편 본건은 실용신안의 사안이지만, 1993[平成5]년의 실용신안법 개정에 의하여 무심사주의가 채용되기 이전에 등록된 권리이어서 판례 검토상 특허법과의 차이는 각별히 중요한 것은 아니다. 그러므로 본고의 해설의 항에서는 특허의 경우를 중심으로 설명한다).

본건 고안은 예금통장 등에 점착되어 있는 자기기록띠의 판독 및 기록을 행하기 위한 장치에 관한 것으로, 고안인 점으로부터 알 수 있듯이 기술로서는 간단한 것이다. 즉 자기매체리더라는 것은 ATM 등에 삽입되어 소정의 위치에 놓인 자기기록띠에 자기헤드를 접촉하여 미끄러지게 하여 좌우로(홈 포지션으로부터 엔드 포지션까지) 이동시켜 정보를 판독하거나 기록하거나 하는 것으로서, 자기기록띠가 소정의 위치에 놓여질 때까지는 자기헤드는 기록띠에 접촉하지 않는 위치(하강위치)에 있고 자기기록띠가 소정의 위치에 고정되면 자기헤드를 상승시켜서 자기기록띠와 접촉하는 위치(접촉위치)로 하여 좌우로 이동시킨다. 자기헤드가 접촉위치에 있을 때에는 자기기록띠의 요철형상에 연동하여 자기헤드가 요동하면서 움직이게 할 필요가 있는데, 그 상태로 자기헤드를 하강위치로 이동하면 헤드가 경사진 채로 수납되어 다시 접촉위치로 상승시킬 때에 헤드를 수평상태로 하기 위한 시간적 손실 등이 있었다. 본건 고안은 이러한 종래기술의 결점을 해소하기 위한 것으로 자기헤드와 고정판(자기헤드를 좌우로 움직일 때에 이동하는 고정프레임 본체로 생각해도 좋다)과의 사이에, 하강위치에 있을 때에는 그 회동을 규제하고 자기헤드가 접촉위치에 있을 때에는 그 회동을 자유롭게 하는 '회동규제수단'을 설치하는 것을 특징으로 하는 자기매체리더이다.

본소는 Y(피고)가 제조판매하고 있는 Y장치가 본건 실용신안권을 침해하고 있다고 X가 손해배상을 청구한 것이다. Y장치도 자기헤드가 하강위치에 있을 때에는 그 회동이 규제되고 접촉위치에 있을 때에는 회동이 자유롭게 되어 있지만, Y는 본건 고안의 실용신안등록청구의 범위의 기재는 이른바 기능적 청구항이므로, 실용신안등록 청구범위의 문언만에 의거하여 기술적 범위를 해석해서는 아니된다는 등을 주장하여 다투었다.

Ⅱ. 판　　지

청구기각(확정).

'구성요건 … 중에서 "상기 자기헤드가 하강위치에 있을 때에는 상기 자기헤드의 회동을 규제하고"라는 기재는 "자기헤드가 홈 포지션 또는 엔드 포지션에서 정지하여도 자기헤드가 정상적인 자세에 있도록 하였다"라는 본건 고안의 목적 자체를 기재한 것에 지나지 않고 "회동규제수단"이라는 추상적인 문언에 의하여 본건 고안의 자기매체리더가 이루고자 하는 기능 또는 작용효과만을 표현하고 있는 것이어서 본건 고안의 목적 및 효과를 달성하기 위하여 필요한 구체적인 구성을 명확하게 하는 것은 아니라고 인정된다.

이와 같이 실용신안등록청구의 범위에 기재된 고안의 구성이 기능적·추상적인 표현으로 기재되어 있는 경우에 있어서, 당해 기능 내지 작용효과를 이룰 수 있는 구성이라면 모두 그 기술적 범위에 포함된다고 해석하면, 명세서에 개시되어 있지 않은 기술사상에 속하는 구성도 고안의 기술적 범위에 포함될 수 있는 것으로 되어 출원인이 고안한 범위를 넘어서 실용신안권에 의한 보호를 부여하는 결과로 될 것인데, 이러한 결과가 생기는 점은 실용신안권에 기초한 고안자의 독점권은 당해 고안을 공중에 대하여 개시하는 것의 대상(代償)으로서 부여되는 것이라는 실용신안법의 이념에 반하는 것으로 된다. 따라서 실용신안등록 청구범위가 상기와 같은 표현으로 기재되어 있는 경우에는 그 기재만에 의하여 고안의 기술적 범위를 명확하게 할 수 없고, 상기 기재에 추가하여 명세서의 고안의 상세한 설명의 기재를 참작하여, 그곳에 개시된 구체적인 구성에 나타나 있는 기술적 사상에 기초하여 당해 고안의 기술적 범위를 확정하여야 하는 것으로 해석하는 것이 합당하다. 다만 이것은 고안의 기술적 범위를 명세서에 기재된 구체적인 실시례에 한정하는 것은 아니고, 실시례로는 기재되어 있지 않더라도 명세서에 개시된 고안에 관한 기술의 내용으로부터 당해 고안이 속하는 기술 분야에 있어서 통상의 지식을 가지는 자(이하 '당업자'라 한다)가 실시할 수 있는 구성이라면 그 기술적 범위에 포함되는 것이라고 해석하여야 한다.'

'본건 고안의 구성요건 F의 "회동규제수단"에 관하여 본건 명세서에 개시되어 있는 구성에는, 유지판 및 자기헤드홀더 쌍방에 회동규제판을 설치하고 그 일방에 계합부(係合部)와 타방에 핀을 설치하는 구성 및 유지판 및 자기헤드홀더의 어느 일방에 설치된 회동고정판에 계합부를 설치하고 타방에 핀을 고정한다는 구성밖에 없고, 그 이외의 구성에 대한 구체적인 개시는 없으며 이것을 시사하는 표현도 없다. 따라서 본건 고안의 "회동규제수단"은 상기와 같이 본건 명세서에 개시된 구성 및 본건 명세서의 고안의 상세한 설명의 기재로부터 당업자가 실시할 수 있는 구성에 한정하여 해석하는 것이 타당하다.

이것에 반하여 Y장치의 "회동규제수단"의 구성은 … 자기헤드 …가 하강위치에 있을 때에 회동이 규제되고, 상승위치에 있을 때에 회동이 자유롭게 되는 점에서는 본건 고안의 구성요건 F의 문언에 형식상 해당한다…. 그런데 Y장치에 있어서는 자기헤드 … 가 하강위치에 있을 때에 자기헤드 …를 위치한 헤드브라켓에 설치된 각부 … 의 하단면과, 유지판 … 에 설치된 한쌍의 디스턴스 로드 … 와의 사이 간극이 협소한 점에 의하여 자기헤드 …의 회동이 규제된다는 구성을 취하고 있어 이것이 본건 명세서에 개시된 구성과 상이하다는 점은 명확하다. 또 Y장치의 상기 구성은 본건 명세서의 고안의 상세한 설명 난에 개시된 대로의 회동규제판 및 계합부와 핀을 설치한다는 구성과는 기술사상을 달리 하는 것이라고 해석되어 당업자가 본건 명세서의 고안의 상세한 설명의 기재에 기초하여 실시할 수 있는 구성이라고 할 수 없다.'

이상에 의하면 Y장치는 본건 고안의 구성요건 F를 충족하지 않아 그 기술적 범위에 포함되지 않는다고 하여야 한다.

Ⅲ. 해   설

1. 특허발명의 기술적 범위는 특허청구범위의 기재에 기초하여 정해져야 하

고(특허 70조1항), 그 때에는 명세서의 발명의 상세한 설명의 기재 및 도면을 참조하는 것이 원칙이다(동조 2항). 그러나 특허청구범위가 구체적인 구성이 아니라 그 구성이 이루는 기능으로써 추상적으로 기재되어 있는 경우(이러한 청구항은 '기능적 청구항'이라고 불린다)의 특허발명의 기술적 범위의 인정에 이르러서는 통상의 구조 청구항의 경우와 상이한 고려가 필요로 되는지가 문제로 된다. 본건은 이러한 점을 명확하게 한 판례의 하나이다.

원래 발명은 기술적 사상(특허 2조1항)이므로, 특허청구의 범위는 발명자가 완성한 구체적인 발명을 어느 정도 일반화·추상화하여 작성되는 것이 숙명이지만, 1994(平成 6)년 개정전의 특허법 36조는 명세서의 발명의 상세한 설명에는 발명의 목적, 구성 및 효과를 기재하고, 특허청구범위에는 발명의 상세한 설명에 기재된 발명의 구성에 없어서는 아니 되는 사항만을 기재하도록 규정하고 있었기 때문에, 구성을 구체적으로 기재하지 아니한 기능적 청구항이 허용될 여지는 제한되어 있었다. 그런데 1994(平成 6)년 개정에 의하여 명세서의 발명의 상세한 설명에는 그 발명에 속하는 기술 분야에서 통상의 지식을 가지는 자(당업자)가 용이하게 그 발명을 실시하는 것이 가능한 정도로 명확하고 충분하게 기재하여야 한다(특허 36조 4항 1호)라고만 규정한 뒤, 특허청구범위의 기재도 발명을 특정하기 위하여 필요하다고 인정되는 사항 모두를 기재할 것(동조 5항)과, 특허를 받고자 하는 발명이 발명의 상세한 설명에 기재된 것이고(동조 6항 1호), 또한 그 발명이 명확할 것(동항 2호. 이 요건은 '명확성 요건'으로 불린다) 등밖에 요구되지 않는 것으로 되었기 때문에, 출원심사 단계에서 기능적인 청구항 기재의 허용성이 넓게 되었다고 말하여 지고 있다.

그러나 현행법하에서도 전술한 바와 같이 특허청구범위에 기재된 특허를 받을 수 있도록 하는 발명은 발명의 상세한 설명에 기재된 것이라는 점이 요구되고 있기(특허 36조 4항 1호) 때문에, 발명의 상세한 설명에는 실시가능 요건만이 아니라 특허청구되어 있는 발명의 전체가 기재되어 있을 것도 요건(이 요건은 '기재요건' 혹은 '뒷받침요건'이라고 불린다)으로 되어 있어, 知財高判 平成 17. 11. 11. 判決(判時1911号 48頁[パラメーター事件] - 본서 21사건)은 이 점을 명확하게 하였다. 즉 기능적인 청구항의 기재가 허용되는 것은 발명의 상세한 설명 및 도면을 참조하는 것에 의하여 특허청구하고 있는 발명의 외연이 명확하게 되는 경우가 아니면 안 되기 때문에 발명의 상세한 설명에 있어 구체적인 실시례 등의 개시가 전혀 없거나 혹은 소수임에도 불구하고 특허청구범위가 추상적·기능적이어서 그 발명이

상세한 설명에서의 개시에 비하여 넓은 범위의 것까지 포함하게 되는 것과 같은 경우에는, 특허청구범위로서의 '명확성요건' 및 '기재요건'을 결하는 것으로 출원은 거절되는 것으로 된다. 또한 기능적인 청구항 기재라고 하더라도 요건을 충족하는 것으로써 권리가 성립한 경우에도, 추상적·기능적 청구항의 문언을 그대로 해석하는 것은 발명의 상세한 설명에서 개시된 발명의 범위를 초과하여 권리가 미치게 되는 것으로 될 것이다. 이것이 기능적 청구항에 있어서 기술적 범위 인정에 등장하는 문제이다.

2. 본 판결 이전에도 기능적 청구항의 해석방법을 언급한 하급심 판례는 많이 있다. 예를 들어 東京地判 昭和 52. 7. 22.(無体財集9巻2号 544頁[コインロッカー事件])은 기능적 청구항인 점을 이유로 기술적 범위를 명세서의 상세한 설명에 개시된 기재대로의 내용의 것으로 한정하여 인정하여야 한다고 하였는데, 東京高判 昭和 53. 12. 20.(判タ381号 165頁[ボールベアリング自動組立装置 事件])은 명세서에 개시된 하나의 실시례 장치에 있어서의 구체적인 구성, 작용만으로 한정하여야 하는 것은 아니지만, 명세서에 개시되어 있지 않은 기술적 사상까지를 포함하도록 해석하여야 하는 것은 아니라고 하여, 본 판결에 근사한 판단을 보여주고 있다(기능적 청구항의 해석에 관련된 판결례로는 靑柳昤子 「『抽象的·機能的に表現されたクレームの解釈』について」パテント64巻7号 65頁 이하에 상세하게 소개되어 있다).

미국 연방특허법 112조 6항에는 기능적 청구항은 명세서에 기재된 구조, 재료, 작용 및 그들과 등가(equivalent)한 범위로써 해석하여야 한다고 규정하고 있다. 미국법에서는 발명을 기술적 사상으로써 파악하는 것은 일반적이지는 않다(竹中俊子 「『発明の本質的部分』概念による侵害判断の適否」日本工業所有権法学会年報32号 144頁)는 것도 있어 발명을 추상화하여 기재한 기능적 청구항에 관해서는 특별한 해석규정을 설치할 필요가 있다고 말할 수 있다. 그러나 발명을 기술적 사상으로써 파악하는 것을 당연한 전체로 하는 우리나라에서는 미국 연방특허법 112조 6항과 같은 규정이 존재하지 않더라도 기능적 청구항에 관하여 이것과 유사한 해석방법을 채용할 수 있다(高林龍 『標準特許法[第4版]』[2011] 143頁 참조). 이 점을 상기 東京高判 昭和 53. 12. 20.은 판시하고 있는데, 본 판결은 보다 적극적으로 미국 연방특허법 112조 6항과 유사한 해석방법을 채용하여야 하는 이유를 기술한 점에서 주목된다.

또 발명을 기술적 사상으로 파악하는 점으로부터도 우리나라에서는 오히려 구조 청구항으로 불리는 것도 포함하여 정도의 차이가 있는 청구항은 모두 기능적 청구항이라 하여도 차이가 없기 때문에, 본 판결이 판시하는 청구항 해석 방법은 특허법 70조 1항 및 2항으로부터 도출되는 청구항의 일반적 해석 방법과 상이한 것은 아니라고도 할 수 있다.

〈참고문헌〉

본문 중에 게재된 것 이외에

1. 相田義明 「抽象的・機能的な表現を含むクレームの諸問題」 知財管理 51巻12号 1839頁

2. 設樂隆一 「機能的クレームの解釈について」 牧野利秋編 『知的財産法の理論と実務』[2007] 127頁

3. 大野聖二 「機能的クレームの日米比較」 片山英二先生 還暦記念 『知的財産法の新しい流れ』[2010] 115頁

64. 제법한정물건청구항의 해석

知財高裁 平成 24年(2012년) 1月 27日 判決
[平成 22年(ネ) 第10043号; 特許権侵害差止控訴事件]

設樂隆一(東京高裁 判事)·石神有吾(東京地裁 判事補) 著
신혜은(충북대학교 법학전문대학원 교수) 譯

I. 사실의 개요

본건은 발명의 명칭을 "플라바스타틴락톤 및 에피플라바스타틴을 실질적으로 함유하지 않는 플라바스타틴나트륨, 그리고 이를 함유하는 조성물"로 하는 특허권을 갖는 X(원고, 항소인)가 Y(피고, 피항소인)에 대해 Y제품은 X의 특허권을 침해하는 것이라고 하여 Y제품의 피고판매금지 및 재고물품의 폐기를 구한 사안이다.

본건 특허권의 특허청구범위 청구항1(본건 발명1)은 「다음 단계: a) 플라바스타틴의 농축유기용액을 형성하고, b) 그것의 암모늄염으로서 플라바스타틴을 침전하고, c) 재결정화에 의해 해당 암모늄염을 정제하고, d) 해당 암모늄염을 플라바스타틴나트륨으로 치환하고, 그리고 e) 플라바스타틴나트륨 단리하는 것을 포함하는 것으로 이루어지는 방법에 의해 제조되는, 플라바스타틴락톤의 혼입량이 0.5중량% 미만이고, 에피플라바의 혼입량이 0.2중량% 미만인 플라바스타틴나트륨」으로, 소위 제법한정물건청구항(이하, 'PBP 청구항'이라 함)이다.

1심은 PBP 청구항의 해석에 대해, 그 기술적 범위는 특단의 사정이 없는 한 해당 제조방법에 의해 제조된 물건으로 한정된다고 한 후, 특단의 사정은 인정되지 않고 Y제품이 본건 발명1에 기재된 제조방법에 의해 제조되었다고는 인정할 수 없다고 하여 X의 청구를 기각했기 때문에 X가 항소했다.

Ⅱ. 판 지

항소기각.

「특허발명의 기술적 범위를 확정함에 있어서는 '특허청구범위' 기재의 문언을 기준으로 해야 한다. 특허청구범위에 기재된 문언은 특허발명의 기술적 범위를 구체적으로 획정하는 것이라고 해석해야 하고, 만일 이를 부정하여 특허청구범위로서 기재되어 있는 특정의 '문언'이 발명의 기술적 범위를 한정하는 의미를 가지지 않는다고 해석하게 되면 특허공보에 기재된 '특허청구범위'의 기재에 따라 행동한 제3자의 신뢰를 저버리는 것으로 되어 법적 안정성을 해하는 결과가 된다.

그렇다면, 본건과 같이 '물건의 발명'에 관한 특허청구범위에 그 물건의 '제조방법'이 기재되어 있는 경우, 해당 발명의 기술적 범위는 해당 제조방법에 의해 제조된 물건에 한정되는 것으로 해석·확정해야 하고, 특허청구범위에 기재된 해당 제조방법을 초과하여 그 밖의 제조방법을 포함하는 것으로 해석·확정하는 것은 허용되지 않는 것이 원칙이다.

무엇보다, … 물건의 구조 또는 특성에 의해 직접적으로 특정하는 것이 출원시에 있어서 불가능 또는 곤란하다는 사정이 존재하는 때에는 발명을 장려하여 산업발전에 기여하는 것을 목적으로 하는 법1조 등의 취지에 비추어 그 물건의 제조방법에 의해 물건을 특정하는 것도 허용되고, 법 36조 6항 2호에도 반하지 않는 것으로 해석된다.

그리고 그와 같은 사정이 존재하는 경우에는 그 기술적 범위는 … 제조방법은 물건을 특정하는 목적으로 기재된 것으로서, 특허청구범위에 기재된 제조방법으로 한정되지 않고, '물건'일반에 미치는 것으로 해석된다…」

「물건의 특정을 직접적으로 그 구조 또는 특성에 의하는 것이 출원시에 있어서 불가능 또는 곤란하다는 사정이 존재하기 때문에 제조방법에 의해 이를 행하는」 청구항을 편의상 「진정 제법한정물건청구항」, 그와 같은 사정이 존재하지 않는 청구항을 편의상 「부진정 제법한정물건청구항」이라고 부르기로 하나, 「진정 제법한정물건청구항에 있어서는 해당 발명의 기술적 범위는 '특허청구범위에 기재된 제조방법으로 한정되지 않고, 동방법으로 제조된 물건과 동일한 물건'으로 해석되는데 반해, 부진정 제법한정물건청구항에 대해서는 해당 발명의 기술적 범위는 '특허청구범위에 기재된 제조방법에 의해 제조된 물건'으로 한정된다고 해석되게 된다.」「또한 특허침해소송에 있어서 입증책임분배라는 관점에서 말하자면 … 진정 제법한정물건청구항에 해당한다고 주장하는 자에 대해 '물건의 특정을 직접적으로 그 구조 또는 특성에 의하는 것이 출원시에 있어서 불가능 또는 곤란하다'는 것에 대한 입증책임을 부담시켜야 한다.」

「법104조의 3에 관한 항변의 성부를 판단하는 전제가 되는 발명의 요지는 … 특허무효심판청구절차에서 특허청(심판부)이 파악해야 하는 청구항의 구체적 내용과 동일하게 인정되어야 한다.

즉, … 제법한정물건청구항의 경우 발명의 요지인정에 대해서는 전술한 특허권침해소송에 있어서 특허발명의 기술적 범위의 인정방법의 경우와 동일한 이유로 ① 발명의 대상이 되는 물건의 구성을, 제조방법에 의하지 않고 물건의 구조 또는 특성에 의해 직접적으로 특정하는 것이 출원시에 있어서 불가능 또는 곤란하다는 사정이 존재하는 때에는, 그 발명의 요지는 특허청구범위에 기재된 제조방법으로 한정되지 않고 '물건' 일반에 미친다고 인정되어야 하지만(진정 제법한정 물건청구항), ② 상기①과 같은 사정이 존재하지 않는 때에는, 그 발명의 요지는 기재된 제조방법에 의해 제조된 물건으로 한정하여 인정되어야 한다(부진정 제법한정 물건청구항).」

Ⅲ. 해   설

1. PBP 청구항이란 물건의 발명에 있어서 특허청구범위에 그 물건의 제조방법이 기재되어 있는 것을 말한다. PBP 청구항은 평성 6년 특허법개정에 의해 특허법 36조(명세서 기재요건)가 개정됨으로써 허용성이 넓어졌다고 한다.

특허청구범위의 해석으로는, 침해의심품이 특허청구범위에 기재된 구성요건을 충족하는지를 판단하는 때의 기술적 범위의 인정(특허법70조 참조)의 경우와, 특허심사나 특허의 무효판단시의 발명의 요지인정의 경우가 있다.

본 판결은 PBP 청구항의 기술적 범위 및 발명의 요지는 모두 원칙적으로 특허청구범위에 기재된 제조방법에 의해 제조된 물건으로 한정되는 것으로 해석해야 하나, 물건의 특정을 직접적으로 그 구조 또는 특성에 의하는 것이 출원시에 불가능 또는 곤란하다는 사정이 존재하기 때문에 제조방법으로 이를 행한 경우에는(진정 PBP 청구항), 특허청구범위에 기재된 제조방법으로 한정하지 않고, 동방법에 의해 제조된 물건과 동일한 물건에 미치는 것으로 해석해야 한다는 것, 물건의 직접적 특정이 출원시에 불가능 또는 곤란하다는 사정은 진정 PBP 청구항에 해당한다고 주장하는 자가 입증책임을 부담해야 한다는 것을 명시한 지재고재 대합의판결이다. 본 판결은 이를 바탕으로 본건 발명1은 부진정 PBP 청구항이고, Y제품은 본건 발명1의 기술적 범위에 속하지 않는다고 인정하고, 또한 본건 특허에 대해 무효의 항변을 인정했다.

2. PBP 청구항의 기술적 범위의 해석에 대해서는, 크게, 특허청구범위에 기재된 제조방법으로 제조된 물건으로 한정하여 해석해야한다는 입장(이하, '제법한정설'이라 함)과, 제조방법은 물건의 특정을 위해 기재된 것이고 동방법에 의해 제조된 물건과 동일한 물건에까지 미친다는 입장(일반적으로 '물동일설'이라고 불리나, 본고에서는 '물특정설'이라 함)이 있고, 판례도 양설로 나뉘어져 있다(제법한정설의 입장에 선 것으로, 동경지방재판소 평성 14. 1. 28. 판시 1784호 133면 등, 물특정설의 입장에 선 것으로 동경고등재판소 평성 9. 7. 17. 판시 1628호 101면, 최고재판소 3소법정 평성 10. 11. 10.평10(才)1579호 등이 있다).

또한 종래의 특허청실무에서는 발명의 요지인정은 물특정설에 근거하여 운용되고 있고(심사기준 제II부 제2장 1.5.2(3)), 심결취소소송에 있어서 많은 판례도 마찬가지였다(동경고등재판소 평성 14. 6. 11. 판시 1805호 124면 등).

사고방식으로는 기술적 범위와 발명의 요지 모두 물특정설로 인정하는(A설), 기술적 범위와 발명의 요지 모두 제법한정설로 인정하는(B설), 원칙적으로 B설이나 물건의 특정을 직접기재하는 것이 불가능 내지 곤란하다는 특단의 사정이 있는 경우에 한해 A설로 하는(C설), 기술적 범위에 대해서는 제법한정설을, 발명의 요지에 대해서는 물특정설로 인정하는(D설) 등을 생각할 수 있다(학설에 대해서는 뒤에 기재된 문헌을 참조).

침해소송에 있어서는 본 판결이 설시한 바와 같이 특허청구범위가 특허권의 범위를 공시하는 기능이 있다는 점에서 제법한정설이 바람직하고(물특정설로는 특허권의 범위가 불명확해지는 단점이 있다), 특허발명의 신규성이나 진보성을 판단하는 때에 행하는 발명의 요지인정에 있어서는 물건의 발명인 이상 제법에 대해서는 물건을 특정하는 이상의 의미가 없다고 생각되어 물특정설이 바람직하다. 그러나 침해소송등에 있어서 동일한 특허발명에 관한 기술적 범위의 인정과 무효의 항변에 있어서의 발명의 요지인정은 기본적으로 동일한 것이어야 하고, 또한 바이오테크놀로지 분야, 혼합물·고분자·금속 등 화학분야 등에서는 물건의 특정

을 직접적으로 그 구조 또는 특성에 의하는 것이 출원시에 있어서 불가능 또는
곤란한 사정이 인정되는 경우가 있고(淺見節子「제법한정물건청구항 해석의 일미비교」
특허청구항 해석에 관한 조사연구II[2003] 1면), PBP 청구항이 필요한 특단의 사정도 존
재한다. 이를 고려해보면 본 판결과 같은 C설이나 A설밖에는 선택의 여지가 없
게 된다.

　　A설의 난점은 제법요건에 물건을 특정하는 이상의 의미가 없기 때문에 부진
정 PBP 청구항에 대해서도 침해소송의 기술적 범위의 인정에 있어서 확장해석이
이루어지는 것이나, 그 결과, 그 대부분에 있어서 무효의 항변이 인정되게 될 것
이다. C설의 난점은 부진정 PBP 청구항에 있어서 진보성 판단이 곤란해지는 점
이다. 즉 부진정 PBP 청구항의 전형례로서는 기존물질에 대해「① 수율의 향상,
제조의 용이화·고속화·경제화, ② 결정품질의 향상」등의 기술적 과제를 해결
한 제조방법을 조합한 것이 많으나(岡田吉美, 道祖土新吾, 제법한정물건청구항에 대한
고찰, 파텐트 64권15호, 86면), ①의 제법과 조합한 청구항에 대해 물특정설이라면
신규성조차 없는 것이 명확하나 제법한정설에서는 동일한 제법에 대한 공지문헌
이 없는 한 신규성은 인정된다. 또한 제법한정설에서는 ①과 같은 제조방법에만
진보성이 있는 물건의 발명에 대해 그 진보성을 어떻게 판단할지의 문제, 또한
②발명의 진보성을 어떻게 판단할 것인지의 문제가 남는다(이에 대한 자세한 것은
岡田吉美, 道祖土新吾의 앞의 논문 참조).

　　지금까지의 판례를 보는 한, 부진정 PBP 청구항에 관한 사례가 많고, 그것이
이 문제를 복잡하게 만드는 커다란 요인이라고 생각된다. 또한 부진정 PBP 청구
항에 대해서는 제조방법의 특허발명 외에 PBP 청구항의 물건의 발명을 특허로서
인정할 실익도 없다(어느 것도 침해소송에서는 상대방의 제조방법의 입증이 필요하게 되
고, 특허법2조3항의 실시규정으로 보더라도 그 권리내용에 차이가 없다). 그렇다고 한다
면, 본 판결을 계기로 하여 특허청의 상기 심사기준을 개정하여 물건의 특정을
직접 기재하는 것이 불가능 내지 곤란하다는 특단의 사정이 있는 경우에만 PBP
청구항을 특허하는 것으로 실무를 바꾸는 것도 사태의 해결방법 중 하나라고 생
각된다.

〈참고문헌〉

1. 高木龍,『統合的クレーム解釋論の拘縮』, 中山信弘先生 還甲祈念,『지적재산권법
　　의 이론과 현대적 과제』, 2005, 186頁

2. 嶋末和秀,『프로덕트 바이 프로세스 클레임의 해석에 대해서』, 牧野利秋외 편,『지적재산권의 이론과 실무(1)』, 2007, 138頁

3. 三枝英二,『일본의 판결례로부터 보는 프로덕트 바이 프로세스 클레임의 특허성 및 기술적 범위』, 村林降一先生 稀壽祈念,『지적재산권침해소송의 오늘날의 과제』, 2011, 78頁

4. 南條雅裕,『프로덕트 바이 프로세스 클레임의 권리해석』, パテント, 55卷 5号 21頁

65. 인터넷 관련 발명과 청구항 해석에 의한 침해 주체의 인정

知財高裁 平成 22年(2010년) 3月 24日 判決
[平成 20年(ネ) 第10085号 : 特許権侵害差止等請求控訴事件]
(判タ 1358호 184頁) ◀재판소 Web

水谷直樹(미즈타니 나오키, 弁護士·弁理士·東京工業大学 客員教授) 著
김관식(한남대학교 법과대학 교수) 譯

I. 사실의 개요

X(원고·항소인)는 '인터넷 서버의 액세스 관리 및 모니터 시스템' 발명의 특허권자인데, 그 특허청구의 범위를 구성요건 별로 나누어 설명하면 아래와 같다 (다만 최초의 청구항을 수정한 후의 것임).

"A 인터넷으로 구성되는 컴퓨터네트워크를 개재한 클라이언트로부터 서버 시스템으로의 정보 페이지에 대한 액세스를 제공하는 방법으로서,

B 상기 클라이언트에 대하여 하나의 목표 URL에 대응하는 서술자[記述子]를 제공하는 단계와,

C 디렉토리 서버가, 상기 서술자를 상기 디렉토리 서버에 존재하는 번역 데이터베이스를 이용하여 상기 URL에 매핑하는 단계와,

D 상기 디렉토리 서버가, REDIRECT 커맨드 중의 상기 URL를 상기 클라이언트에 반송하는 단계와,

E 상기 클라이언트에게 상기 URL를 이용하여 정보를 자동적으로 요구하도록 하는 단계와,

F 상기 URL에 의하여 식별된 페이지를 상기 클라이언트 측에서 표시하는 단계를,

G 구비한 정보 페이지에 대한 액세스방법."

Y(피고·피항소인)는 아래의 서비스, 즉 인터넷에 접속된 PC의 유저에 대하여

해당 PC(클라이언트 PC)의 웹 브라우저 화면상에 표시된 주소란에, 검색하고자 하는 대상 웹 사이트에 관한 임의의 문자를 입력하는 것에 의하여, 목적으로 하는 웹페이지의 URL(또는 IP주소)을 취득하는 것을 가능하게 하는 서비스를 제공하고 있었다.

X는, Y가 상기 서비스를 제공하는 것이, X의 상기 특허(이하 '본건 특허'라고 하고, 해당 특허에 관한 발명을 '본건 특허발명'이라고 한다)를 침해한다고 하여, 소송을 제기하였는데, 제1심인 동경지방법원에서는 특허권에 무효 사유가 존재한다고 하여 청구를 기각하였다.

여기서 X가 지재고등법원에 항소한 것이 본 사건이다.

지재고등법원은, Y가 제공하는 상기 서비스가 본건 특허발명의 기술적 범위에 객관적으로 속하는 것은 인정하였는데(한편, 무효 사유의 존재에 관해서는 이를 부정함), 침해 주체가 Y인지, Y가 제공하는 서비스를 이용하는 사용자인지가 쟁점으로 부상하였다.

Ⅱ. 판   지

"(1) 우선, Y가 본건 특허권의 침해주체인지 여부에 관하여 검토한다.

본건 특허와 관련되는 발명의 명칭은 '인터넷 서버의 액세스 관리 및 모니터 시스템'으로 되어 있고 … 본건 발명과 관련되는 특허청구의 범위의 기재로부터, 본건 발명에 있어서의 '액세스'가 '인터넷으로 구성되는 네트워크를 개재한 클라이언트'에 의한 '서버 시스템의 정보페이지'에 대한 것이라는 점이 명백한 이상, 구성요건 B 내지 F에 규정되는 각 단계는, 본건 발명에 있어서 제공되는 '액세스'가 구비할 단계를 특정하는 것이라고 해석되므로, 이러한 본건 발명의 실시 주체는, 상기와 같은 '액세스를 제공하는 방법'의 실시 주체이며, Y방법을 제공하여 Y 서비스를 실시하는 Y로 해석하는 것이 타당하다.

(2) 이 점에 대하여, Y는 Y방법을 사용하고 있는 것은 PC의 유저로서 Y가 아니기 때문에 Y는 본건 발명의 실시 주체는 아니라고 하여, 본건 특허권을 침해하고 있지 않다고 주장하는데, 그 주장은 요컨대 "액세스"는 클라이언트(유저의 PC)에 의해서 행해지는 행위이기 때문에 본건 발명의 실시 주체는 인터넷으로 이루어지는 네트워크의 유저인 클라이언트이고 Y가 아니라고 하는 취지로 해석된다.

그런데 상기와 같이 본건 발명은 '액세스'의 발명이 아니라 "액세스를 제공하는 방법"의 발명이고, 구체적으로 클라이언트에 의한 액세스가 없으면 본건 발명과 관련되는 특허권을 침해할 수 없는 것은 아니다. 또 본건 발명에 관한 '액세스를 제공하는 방법'이 제공되고 있는 한, 클라이언트는 Y 방법으로써 제공되는 액세스 방법의 범위 내에서 목적의 정보 페이지에 액세스할 수 있는데 그치는 것으로, 클라이언트의 주체적 행위에 의하여 클라이언트에 의한 개별의 액세스가 본건 발명의 기술적 범위에 속하는 것이 되거나 안 되거나 하는 것은 아니므로, 클라이언트의 개별 행위를 기다려 최초로 "액세스를 제공하는 방법"의 발명인 본건 발명의 실시 행위가 완성된다고 해석하여야 하는 것도 아니다.

그렇다면, Y에 의한 '액세스를 제공하는 방법'이 본건 발명의 기술적 범위에 속하는 것인 이상, Y에 의한 Y방법의 제공 행위가 본건 발명의 실시 행위라고 평가되어야 할 것이다."

Ⅲ. 해   설

1. 본 사건에서는 서비스의 제공방법에 관한 발명의 특허침해에 있어서, 침해주체가 서비스제공자인지, 서비스 이용자인지가 다투어졌다.

본건 특허는 방법의 발명에 관한 것이므로, 그 실시형식은 '사용'이라는 것으로 되는데(특허법 2조 3항 2호), 그 사용을 서비스제공자, 서비스이용자의 어느 쪽인지 혹은 쌍방이 행하고 있는지가 쟁점으로 되었다.

이 점과 관련하여, 상기에서 인용한 본건 특허의 특허청구의 범위를 검토하면, 구성요건 C, D에는 서비스 제공자 측의 서버에서의 처리에 대하여 규정되어 있고, 구성요건 B, E, F에는 서비스 이용자 측의 클라이언트 PC에서의 처리에 대하여 규정하고 있다.

이 때문에 본건 특허발명에 대하여, 구성요건 C, D에 대해서는 서버측에서의 충족이 문제로 되고, 구성요건 B, E, F에 대해서는 클라이언트 PC측에서의 충족이 문제로 될 수 있다. 이 경우에, 이러한 구성요건의 충족이 서버, 클라이언트 PC의 쌍방에서 인정되는 경우에는 서버 측의 운영자와 클라이언트 PC 측의 조작자 사이에서의 특허발명의 공동실시, 다시 말하면 공동 직접침해의 성립이 문제가 된다고도 생각하지 않을 수 없다.

본건 판결은, 이 점에 관하여 상기 인용과 같이 본건 특허발명이 '액세스'의 발명이 아니라, '액세스를 제공하는 방법'의 발명이라는 전제에 선 다음, 서비스 이용자는 Y가 제공하는 액세스 방법의 범위 내에서 목적하는 정보 페이지에 액세스하는 것에 그치고 있다고 하여, 규범적 관점으로부터 침해주체는 서비스 이용자가 아니라 서비스 제공자라고 인정하였다.

본 사건의 경우와 같이 복수의 사람이 특허 침해 행위에 사실상 관여하고 있는 경우에, 법적 평가로서 누가 침해 주체로 인정되는지는 사실인정의 문제라고 할 수 있다.

2. 이 점에 관하여 선행하는 판례로서는, 제조 방법의 발명에 있어서 최종 공정을 제외하여 피고가 실시하고, 최종 공정만을 최종 공정 직전까지의 공정을 거친 중간 제품을 피고로부터 구입한 피고의 고객(제삼자)이 실시한 사안에서, 피고는 최종 공정을 해당 고객(제삼자)을 도구로서 사용하여 실시하였다고 인정한 다음, 피고의 단독 실시를 인정한 시계 문자판전착화상형성방법 사건 판결(東京地判 平成 13. 9. 20. 判時 1764号 112頁)이 있다.

또 물건(시스템)의 발명에 있어서, 특허청구의 범위가 발주 측 컴퓨터와 제조 측 컴퓨터를 규정하고 있는 경우에, 구성요건 충족성의 검토에 이르러서는, 발주 측 컴퓨터에 관한 구성요건과 제조 측 컴퓨터에 관한 구성요건을 각각의 독립주체가 충족하고 있다고 인정한 다음, 침해주체의 인정에 이르러 시스템 전체를 지배관리하고 있는 자가 침해주체에 해당한다고 하여 제초 측 컴퓨터의 운용주체가 단독의 침해주체라고 인정한 안경렌즈 공급시스템 사건 판결(東京地判 平成 19. 12. 14. 平16(ワ)25576号[재판소 Web])이 있다.

이러한 판결은, 모두 복수의 사람이 침해 행위에 사실상 관여하고 있는 경우에, 규범적 관점으로부터 단독인에 의한 침해를 인정하고 있는 것이다.

3. 이 점에 관하여 학설에서는 규범적 관점으로부터 단독인을 침해주체라고 평가하는 것이 가능한 경우에는 그와 같이 인정할 수 있다고 하는 견해와는 별도로, 복수의 사람이 침해 행위에 관여하고 있다고 하는 사실을 전제로 한 다음, 이러한 복수의 자에게 객관적 공동(복수의 사람이 담당하고 있는 행위의 내용을 서로 합하면, 특허청구범위가 규정하고 있는 모든 구성요건을 충족시킨다) 및 주관적 공동(복수의 사람을 구성하는 개개의 사람이, 자기 이외의 타인의 행위의 내용을 인식하고 있다)의 쌍방의 요건이 인정되는 경우에는 복수인에 의한 공동 침해, 즉 공동 직접 침해를 인정하고자 하는 견해가 있다. 한편 이러한 경우에는 복수인을 구성하는 개개의 사람

은, 특허 청구의 범위가 규정되어 있는 모든 구성요건을 단독으로 실시하고 있는 것은 아니기 때문에, 공동 직접 침해를 인정하기 위해서는 상기의 주관적 공동의 요건의 구비가 불가결하다고 생각할 수 있다. 즉 공동 직접침해의 경우에는 복수인을 구성하는 개개의 사람에게 자기가 직접 담당하고 있지 않는 구성요건에 대응하는 행위 부분도 포함한 행위 전체의 책임을 지게 하는 것으로 되지만, 주관적 공동의 존재가 인정되지 않는 경우에는, 귀책의 근거가 결여되는 것으로 되어 타당성[相當性]이 결여되는 것이라고 생각할 수 있다. 이 경우에, 주관적 공동의 요건이 결여되는 경우에는 이와는 별도로 규범적 관점으로부터의 단독침해의 성부에 대하여도 검토하고, 이것이 인정되면 단독인을 침해주체로서 인정하는 것으로 되고, 그렇지 않다면 간접침해와 일반 불법행위의 성부를 검토하는 것으로 되는 것이라고 생각할 수 있다.

4. 상기와 같이, 본 판결에서는 특허청구에 관한 발명의 내용에 주목하여, 발명의 내용이 '액세스를 제공하는 방법'에 관한 것이라고 하여 서비스제공자라고 하는 단독인을 침해주체로 인정하고 있다.

즉 본건 특허발명을 실시할 때, 서비스 이용자의 클라이언트 PC로부터 서비스 제공자의 서버에 액세스가 이루어지는 것이 전제가 되는데, 본 판결에서는 본건 특허 발명이 '액세스를 제공하는 방법'으로서 서비스 이용자는 제공되는 액세스 방법의 범위 내에서 서비스를 이용하는 것에 지나지 않기 때문이라는 점으로부터 규범적 관점으로부터 침해주체는 서비스 이용자가 아니라 서비스 제공자의 단독인이라고 인정하고 있는 것이다.

본 판결은 본건 특허 발명의 규정 내용에 주목한 다음 상기와 같이 인정하고 있는 것인데, 이것을 다른 관점으로부터 검토하는 경우에는, 서비스 이용자에게는 범용의 PC를 사용하는 것일 뿐인 일반 소비자가 포함되어 있는 것을 생각할 수 있기 때문에, 이러한 사람에 대하여 상기의 주관적 공동의 요건의 존재를 인정하는 것은 상당히 곤란하다고 생각할 수 있다. 이 때문에 이러한 경우에는 오히려 규범적 관점으로부터 단독의 침해주체를 인정할 수 있는지 아닌지를 검토하는 것이 추구될 수 있다고 생각될 수 있고, 본 판결은 이러한 관점으로부터도 긍정된다고도 생각할 수 있다.

환언하면, B to C 형식의 시스템이 제공하는 서비스를 전제로 한 특허 발명에 있어서 그 침해가 문제가 되었을 경우에, 공동 직접 침해의 성공 여부를 검토하면, C에 있어서는 일반 유저로서 사업자의 서버에 액세스하고 있을 뿐이므로, 사업자 서버측 시스템에 관한 인식이 없어 주관적 공동의 요건이 충족되지 않는 경우가 적지 않을 것으로 생각된다. 이 때문에 규범적 관점으로부터 침해주체를 B의 단독인라고 인정할 수 있는지 여부가 실무상 중요하게 되고, 이것이 인정되지 않는 경우에는 단순히 간접 침해의 성립 여부나 일반 불법행위의 성립 여부를 검토할 뿐으로 되는 것은 아닌가라고 생각할 수 있다.

다음으로 규범적 관점으로부터 단독의 침해주체를 인정한 상기 인용의 2건의 판결과 본 판결을 비교해 보면, 상기 2건의 판결에서는 주로 피고 측의 행위에 주목한 다음, 도구 이론 및 관리지배론을 적용하여 침해주체를 단독으로 인정하고 있다. 이것에 반하여 본 판결에서는 주로 특허청구의 범위의 규정 내용에 주목한 다음 동일한 인정(認定)을 이끌어 내고 있다.

이러한 점으로부터 보면 복수의 사람이 관여하는 경우에 침해주체의 인정에 관해서는, 특허청구에 관한 발명의 내용에 주목함과 함께 피고측의 행위 내용의 검토, 즉 규범적 관점으로부터 단독인에 의한 행위라고 인정할 수 있는지 혹은 복수인에 의한 공동 행위, 다시 말하면 공동 직접침해 행위를 인정할 수 있는지를 검토하고, 후자의 경우에는 특히 객관적 공동이나 주관적 공동의 존부를 검토하고 이러한 성립이 모두 부정되는 경우에는 간접침해나 일반 불법행위의 성립의 여지를 검토하는 것으로 된다고 생각할 수 있다.

<참고문헌>

1. 高部真規子 「国際化と複数主体による知的財産権の侵害」秋吉稔弘先生喜寿記念 『知的財産権その形成と保護』[2002]
2. 水谷直樹 「ビジネス方法特許の行使に伴い新たに生じてくる問題」ジュリ 1189号

66. 균등성립의 요건── 볼스플라인 사건

最高裁 平成 10年(1998년) 2月 24日 第三小法廷判決
[平成 6年(才) 第1083号 : 特許權侵害禁止等請求事件]
(民集 52卷 1号 113頁, 判時 1630号 32頁, 判タ 969号 105頁)

高部眞規子(타가베 마키코, 知財高裁 判事) 著
김철환[법무법인(유) 율촌 변호사] 譯

Ⅰ. 사실의 개요

(1) 본건은 "무한접동용볼스플라인축수"라는 명칭의 발명(본건 발명)에 관하여 특허권자인 X(원고, 항소인, 피상고인)가 Y(피고, 피항소인, 상고인)에 대하여 Y가 제조 판매하는 제품(피고제품)이 본건 발명의 구성요건을 모두 충족하든가 또는 이것과 균등한 것으로서 특허권침해를 이유로 한 손해배상을 청구한 사안이다.

(2) 제1심은 피고제품은 본건 발명의 기술적 범위에 속한다고 할 수 없다는 취지로 판단하여 X의 청구를 기각하였다.

(3) 원심은 구성요건 A 및 B에 관하여, 본건 발명과 피고제품의 구성은 다르다고 하면서, 구성요건 B에 관하여는 치환가능성 및 치환용이성이 있고, 구성요소 A의 차이에 관하여는 특단의 기술적 의의가 없다고 하여, 피고제품이 본건 발명의 기술적 범위에 속한다고 판단하여, 제1심을 취소하고 X의 청구를 인용하였다.

(4) Y로부터 상고. 상고이유는 균등론을 적용하여 특허권침해를 인정한 원심 판결에는 특허법의 해석 적용을 그르친 위법이 있다고 하는 것이다.

(5) 최고재판소는 다음과 같이 판시하고, 원심이 균등의 성립에 필요한 요건을 심리판단하고 있지 않다고 하여 원판결을 파기하고 원심으로 환송하였다.

Ⅱ. 판   지

"특허권침해소송에 있어서, 상대방이 제조 등을 하는 제품 또는 사용하는 방법(이하 "대상제품 등"이라 한다)이 특허발명의 기술적 범위에 속하는가 어떤가를 판단함에 있어서는 출원서에 첨부한 명세서의 특허청구범위의 기재에 기초하여 특허발명의 기술적 범위를 확정하지 않으면 안 되고(특허법 제70조 제1항 참조), 특허청구범위에 기재된 구성 중 대상제품 등과 다른 부분이 있는 경우에는 위 대상제품 등은 특허발명의 기술적 범위에 속한다고 할 수는 없다. 그러나 특허청구범위에 기재된 구성 중에 대상제품 등과 다른 부분이 있는 경우에도, (1) 위 부분이 특허발명의 본질적 부분은 아니고, (2) 위 부분을 대상제품 등의 것과 치환하더라도 특허발명의 목적을 달성하는 것이 가능하며 동일한 작용효과를 나타내는 것이고, (3) 위와 같이 치환하는 것이 당해 발명이 속하는 기술분야에서 통상의 지식을 가진 자(이하 "당업자"라 한다)가 대상제품 등의 제조 등의 시점에서 용이하게 생각할 수 있었던 것이며, (4) 대상제품 등이 특허발명의 특허출원시에 있어서 공지기술과 동일 또는 당업자가 이것으로부터 위 출원시에 용이하게 추고할 수 있는 것이 아니고, 한편 (5) 대상제품 등이 특허발명의 특허출원절차에서 특허청구범위로부터 의식적으로 제외된 것에 해당하는 등의 특단의 사정이 없는 때에는 위 대상제품 등은 특허청구범위에 기재된 구성과 균등한 것으로서, 특허발명의 기술적 범위에 속하는 것으로 해석하는 것이 상당하다."

Ⅲ. 해   설

1. 균등론의 위치 매김

본 판결은 소위 "균등론"을 인정하는 요건을 보인 최고재 판결이고, 특허권침해소송에서 가장 중요한 판례의 하나로서 저명한 사건이다.

일반적으로 특허권침해소송에 있어서는 피고가 제조판매하는 제품(대상제품)이 특허발명의 기술적 범위에 속하는가 아닌가가 문제로 되고, 특허발명의 기술적 범위는 출원서에 첨부된 명세서의 특허청구범위의 기재에 기초하여 정해지지 않으면 안 된다(특허법 제70조 제1항). 그러므로 특허청구범위에 기재된 구성 중에 대상제품과 다른 부분이 있는 경우에는 이 대상제품은 특허발명의 기술적 범위에 속한다고 할 수는 없는 것이 원칙이다. 문언해석에 의하면 특허청구범위에 기재된 구성과 다른 경우라도 일정한 요건을 만족하는 경우에는 예외적으로 이것과 균등하게 평가됨으로써 침해를 인정하는 사고방식이 "균등론"이다. 따라서 균등에 의한 침해는 특허청구범위에 기재된 대로의 구성을 가지는 "문언침해"의 원칙의 예외로서, 일정한 경우에는 특허발명의 실질적 가치가 제3자가 특허청구범위에 기재된 구성과 실질적으로 동일한 것으로서 용이하게 생각할 수 있는 기술에까지 확장하는 경우라고 할 수 있다.

"균등론"은 미국이나 독일에서도 판례법상 긍정되고 있고, 세계지적소유권기관의 소위 하모나이제이션조약(특허법조약초안)에 있어서도 균등물을 특허권침해로 하는 것이 규정되어 있다. 종전 일본의 학설 및 재판례는 균등론을 긍정하는 것이 많았던 것이고, 그 요건에 관하여는 여러 가지 견해가 제창되어 있었다.

2. 균등성립의 요건

본 판결은 타인의 제품 등이 명세서의 특허청구범위에 기재된 구성과 균등한 것으로서 특허발명의 기술적 범위에 속한다고 해석하여야 하는 경우에 관하여 5가지 요건을 들었다.

(1) 제1요건은 「상위점이 특허발명의 본질적 부분이 아닌 것」이다.

「특허발명의 본질적 부분」이란 특허청구범위에 기재된 특허발명의 구성 중에 특허발명 특유의 과제해결을 위한 수단의 기초가 되는 기술적 사상의 중핵적, 특징적인 부분을 말한다(知財高判 平成 21. 6. 29. 判時2077号123頁[中空ゴルフクラブ ヘッド事件中間判決], 東京地判 平成 13. 5. 22. 判タ1094号261頁[電話用線路保安コネクタ配線盤装置事件]). 특허발명과 대상제품의 상위점이 이러한 발명의 본질적 부분에 해당하지 않는다는 점은 과제의 해결에 있어서 대상제품이 특허발명과 동일한 해결수단을 이용한다는 점을 의미하는 것이다. 특허법이 보호하려고 하는 발명의 실질적 가치는 종래기술에서는 달성할 수 없었던 기술적 과제의 해결을 실현하기 위한 종래기술에 보이지 않는 특유의 기술적 사상에 기초한 해결수단을 구체적인 구성을 가지고 사회에 개시한 점에 있으므로, 대상제품이 상기와 같은 본질적 부분에 있어서 특허발명의 구성과 다르다면, 이미 특허발명의 실질적 가치는 미치지 않고, 균등침해를 인정하는 것은 안 된다.

또한 특허발명의 본질적 부분이 어떤가를 일반적, 추상적으로 인정하는 것은 반드시 용이한 것은 아니고, 명세서의 발명의 상세한 설명의 항에 기재되어 있는 종래기술의 문제점, 과제를 해결하기 위한 수단, 특허발명의 목적, 효과 등의 기재에 기초하여 판단되어야 할 것이다. 발명이 각 구성요건의 유기적인 결합에 의해 특정의 작용효과를 다하는 것이라는 것에 비추어, 특허발명의 본질적 부분인가 아닌가를 판단함에 있어서는 단지 특허청구범위에 기재된 구성의 일부를 형식적으로 취출할 것이 아니라 특허발명을 선행기술과 대비하여 과제의 해결수단에 있어서 특징적 원리를 확정한 위에, 대상제품이 갖춘 해결수단이 특허발명에 있어서의 해결수단의 원리와 실질적으로 동일한 원리에 속하는 것인가, 그러면서도 이것과는 다른 원리에 속하는 것인가 라고 하는 관점에서 판단하여야 한다고 하는 견해(과제해결원리추출설)가 다수이다.

(2) 제2요건은 「상위점을 치환하더라도 특허발명의 목적을 달성할 수 있고, 동일한 작용효과를 나타내는 점」이다.

종래의 학설에서 "치환가능성"이라고 설명되어 있던 요건에 상당한다. 작용효과의 동일성은, 특허발명이 종래기술의 문제점을 해결하여야 할 과제로서 해결한 것을, 대상제품도 해결하여 특허발명의 목적을 달성할 수 있고 동일한 작용효과를 나타내는 것을 의미하는 것이다. 작용효과가 동일하면 대상제품은 특허발명의 실시품과 실질적으로 동일한 것으로 평가할 수 있을 것이다.

(3) 제3요건은 「치환이 용이하다는 점」이다.

본 판결은 특허출원시에 장래의 모든 침해태양을 예상하여 명세서의 특허청구범위를 기재하는 것은 극히 곤란하고, 상대방이 그 일부를 출원 후 명백하게 된 물질 등으로 치환하는 것에 의해 특허권자의 권리행사를 면하는 것은 형평에 반하는 것으로써 판단기준시를 침해행위시로 하고 있다. 침해행위시를 판단의 기준시로 하는 것에 의해 시간의 경과와 함께 당업자의 기술레벨이 향상되고 그에 따라 균등하게 인정되는 경우가 증대하는 것이 된다. 당해 발명이 속하는 기술분야에서 통상의 지식을 가진 자가 침해의 시점에서 치환하는 것을 용이하게 생각하는 것이 가능하다는 것에 의해 명세서에 직접 기재되어 있지 않아도 이것과 동일시하는 것이 가능하게 된다.

(4) 제4요건은 「공지기술과의 동일성 또는 용이추고성이 없다는 점」으로서, 균등의 소극적 요건으로 위치되고 있다.

균등론을 적용하는 것에 의해 공지기술 및 그로부터 용이하게 생각하는 것이 가능한 것에 관하여서까지 보호범위로 포함하는 것은 타당하지 않고, 특허발명의 특허출원시에 공지였던 기술 및 당업자가 그로부터 위 출원시에 용이하게 추고할 수 있었던 기술에 관하여는 누구도 특허를 받을 수 없었던 것이 확실하기 때문에, 특허발명의 기술적 범위에 속하게 될 수는 없는 것을 이유로 한다. 이 사고방식은 특허권침해소송 일반에 있어서 공지기술의 항변 내지 자유기술의 항변에 관련되는 것이라고 할 수 있을 것이다.

(5) 제5요건은 「대상제품이 특허발명의 특허출원절차에서 특허청구범위로부터 의식적으로 제외된 것에 해당하는 등의 특단의 사정이 없는 점」이고, 균등의 소극적 요건으로 위치되고 있다.

특허출원절차에서 출원인이 특허청구범위로부터 의식적으로 제외하는 등 특허권자 측에서 일단 특허발명의 기술적 범위에 속하지 않는 것을 승인하였는가 또는 외형적으로 그와 같이 해석되는 것처럼 행동을 취한 것에 관하여, 특허권자가 후에 이것에 반하는 주장을 하는 것은 금반언의 법리에 비추어 허용되지 않는 것을 이유로 한다. 의식적 제외에 해당하는 것은 예컨대 특허청구범위를 보정, 정정으로 감축하여 제외시킨 발명이나, 출원과정이나 심판절차에서 제출한 서면에서 기술적 범위에 속하지 않는 것을 인정한 발명 등이 전형이다. 특허권침해소송 일반에서 포대금반언의 법리나 의식적 한정 등 출원경과의 참작에 관련되는 것이다.

더구나, 출원시에 그 존재가 알려져 있던 다른 재료를 포함하는 것과 같이 당초부터 상위개념에서 클레임을 기재하는 것이 가능하였음에도 불구하고 출원시에 그렇게 하지 않았다는 것이 제5요건에 해당하는가 아닌가에 관해서는, 견해가 나누어져 있다. 즉, 출원시에 용이하게 생각할 수 있는 구성을 특허청구범위에 포함하지 않았다고 하는 명세서의 불비만으로는 제5요건에 해당하지 않는다고 하는 소극설과, 당업자라면 출원 당초부터 특허청구범위에 포함하거나 또는 출원과정에서 보정에 의해 특허청구범위에 포함하는 것을 용이하게 상기할 수 있었음에도 불구하고 굳이 이것을 하지 않았다는 것도 제5요건에 해당한다고 하는 적극설이 있다. 재판례에 있어서도 의식적 제외라고 하기에는 출원절차에 있어서 당해 대상제품에 관한 구성이 특허청구범위에 포함되지 않는다는 것을 스스로 인정하고 보정이나 정정에 의해 당해 구성을 특허청구범위로부터 제외하는 등 당해 대상제품에 관한 구성을 명확히 인식하고 이것을 제외한 것으로 외형적으로 평가할 수 있는 행동이 취해지고 있다는 것을 요한다고 한 것(知財高判 平成 18. 9. 25. 平判17(ネ)10047호[椅子式マッサージ機事件 - 本書84事件])에 대하여, 당업자라면 당초부터 상위개념에 의해 특허청구범위를 기재하는 것이 용이하게 할 수 있었음에도 불구하고 대상을 한정하여 특허출원하고 대상을 한정하지 않은 당초의

청구항을 삭제하는 등을 한 것은 외형적으로는 의식적으로 제외한 것으로 해석되더라도 어쩔 수 없다고 한 것(知財高判 平成 21. 8. 25. 判タ 1319頁[切削方法事件事件])이 있다.

미국에서는 이 요건에 상당하는 심사경과금반언에 관하여, 보정의 시점에서 예기할 수 없었던 것까지도 방기(放棄)하였다고 할 수 없고, 특허권자는 보정에 의해 대상제품을 방기한 것은 아니라는 것을 증명하는 것에 의해 금반언의 추정을 번복할 수 있다는 것으로 되어 있다.

3. 본 판결은 일본의 최고재판소가 처음으로 균등성립의 요건을 명확히 보인 것이고, 제 외국의 동향과도 맞추어 특허권의 효력이 미치는 범위를 생각하는 데 있어서 중요한 의의를 가지는 것이라고 할 것이다. 본 판결이 든 5개의 요건에 관하여는 지금부터 재판례의 집적에 의해 더욱 명확하게 되고 있는 것으로 생각된다.

〈참고문헌〉
1. 三村量一 最判解民事篇 平成10年度(上) 112頁
2. 西田美昭 「侵害訴訟における均等の法理」 牧野利秋=飯村敏明編 『新・裁判實務大系(4) 知的財産關係訴訟法』(2001) 182頁
3. 中山信弘 平成10年度1重判解(ジュリ 1157号) 262頁

67. 균등요건의 입증책임— 부하장치 시스템 사건

東京地裁 平成 10年(1998년) 10月 7日 判決
[平成 3年(ワ) 第10687号 : 特許権侵害差止等請求事件]
(判時 1657号 122頁, 判タ 987号 255頁)

末吉 亘(쓰에요시 와타루 弁護士) 著
강춘원(특허청 특허심사기획과장) 譯

I. 사실의 개요

X(원고)는 '부하장치 시스템'(본건 발명 1) 및 '물 저항기'(본건 발명 2)에 관한 특허권(본건 특허권 1 및 2)을 가진 사람이다.

본건은 X가 Y(피고)에 의한 부하장치 시스템(확인대상발명 1 및 2)의 제조사용이 본건 특허권 1 및 2를 침해한다고 주장하면서 확인대상발명 1 및 2의 제조사용의 금지, 확인대상발명 2의 폐기 및 손해배상을 Y에게 요구한 것이다.

재판소는 먼저 확인대상발명 1은 본건 발명 1의 구성요건을 모두 충족하고 본건 발명 1의 기술적 범위에 속한다고 인정하여 약 206만 엔의 손해배상 및 확인대상발명 1의 제조사용의 금지를 인용하였다(이 손해 배상액의 인정에 관해서는 본서 86사건 참조). 한편, 확인대상발명 2에 대해서는 문언상의 침해를 부정하고, 본건 발명 1 및 2와의 균등론에 대하여 검토를 추가하여 판지와 같이 균등론에서의 입증책임에 관한 일반론을 전개한 뒤, 모두 균등론의 제3요건(용이상도성)을 충족하지 않는다는 이유로 균등침해에 대해서도 부정하였다.

II. 판   지

일부인용, 일부기각(항소).

(i) 특허청구범위에 기재된 구성 중에 상대방이 제조 등을 하는 제품(이하 '대상제품'이라 한다)과 다른 부분이 존재하는 경우에도 ① 위 부분이 특허발명의 본

질적 부분이 아니고, ② 위 부분을 대상제품의 해당 부분과 치환하여도 특허발명의 목적을 달할 수 있고 동일한 작용 효과를 이루는 것이며, ③ 위와 같이 치환하는 것이 당해 발명이 속하는 기술 분야에서 통상의 지식을 가진 자(이하 '당업자'라 한다)가 대상제품의 제조 등의 시점에서 용이하게 생각해 낼 수 있었던 것이고, ④ 대상제품이 특허발명의 특허 출원시의 공지기술과 동일하거나 당업자가 공지기술로부터 용이하게 생각해낼 수 있었던 것이 아니며, ⑤ 대상제품이 특허발명의 특허출원 절차에서 특허청구범위로부터 의식적으로 제외된 것에 해당하는 등의 특별한 사정도 없을 때에는 위 대상제품은 특허청구범위에 기재된 구성과 균등한 것으로서 특허발명의 기술적 범위에 속하는 것으로 해석하는 것이 상당하다(最高裁判所 平成 10年 2月 24日 判決(民集52卷1号113頁) 참조).

(ii) 특허발명의 구성과 대상제품의 대응하는 부분이 다르다고 하더라도 위와 같은 요건을 구비하는 경우에 대상제품이 특허청구범위에 기재된 구성과 균등한 것으로서 특허청구범위에 속한다고 하는 것은 예를 들면 물건의 양도, 대물변제 예약이라는 소유권 이전계약(예약)의 형식을 취하고 있는 것의 실질이 담보된 경우에는 법적으로도 양도담보, 가등기담보의 담보로서 취급하고, 혼인 신고가 없는 점에서 형식적으로는 혼인의 요건을 구비하지 않지만 그 이외는 부부로서의 실질을 구비한 남녀의 관계를 내연으로서 혼인에 준하는 법적 보호를 주는 것 등에 나타나는 법의 형식적 적용으로부터 생기는 불공정을 시정하기 위한 법의 실질주의라고도 해야 할 것에 근거를 두는 것이라고 해석하여야 한다. 즉, 특허발명의 특허청구범위에 기재된 구성과 대상제품의 대응부분이 특허발명의 본질적 부분이 아닌 부분에서 일부 다르다고 하더라도 기술적으로 같은 작용 효과를 나타내며 같은 목적을 달성하는 실질적으로 동일한 기술이고, 또한 특허청구 범위의 기재를 당업자가 기술적 지식을 가지고 읽어보면 대상제품의 당해 구성을 채용해도 동일한 작용 효과를 나타낸다는 것을 용이하게 이해할 수 있다고 하는 의미에서 실질적으로는 특허청구범위로서 기재되어 있다고 할 수 있는 것을 특허청구범위에 기재된 특허발명과 실질적으로 같은 것으로 법적으로 평가하고 특허발명의 기술적 범위에 속한다고 인정하는 것이다. 또한, ④ 및 ⑤의 요건을 충족하지 못하는 것은 법이 예정한 형식을 구비하지 않은 것을 실질적으로 착안하여 형식을 구비하는 것과 마찬가지로 법적 평가를 하는 것이 적절하지 않은 것이어서 제외되는 것이다. 대상제품이 특허청구범위에 기재된 구성과 균등한 것이라고 하는 규범적 평가와 위 ① 내지 ⑤의 각 사실과의 이른바 요건 사실론적인 설

명은 그대로 두고, 사항의 성질상 실질적 동일에 관련된 위 ① 내지 ③사실의 입증책임은 균등을 주장하는 자가 부담하고, 적용 제외 사유에 영향을 미치는 ④ 및 ⑤사실의 입증책임은 균등을 부정하는 자가 부담하는 것이라고 해석하는 것이 상당하다.

Ⅲ. 해   설

1. 본 판결의 의의

본건은 균등론에 관한 볼스프라인 사건의 최고재판소 판결(본서 66사건)을 전제로 하여 균등의 요건에 관계되는 입증책임의 분배에 대하여 처음으로 논한 판결이다. 그 결론은 균등의 요건 ① 내지 ⑤ 중 사항의 성질상 실질적 동일에 관계되는 ① 내지 ③ 사실의 입증책임은 균등을 주장하는 자가 부담하고 적용 제외 사유에 관계되는 ④ 및 ⑤ 사실의 입증책임은 균등을 부정하는 자가 부담하는 것으로 해석하는 것이 상당하다고 하는 것이다. 그렇지만, 본건은 이러한 입증책임에 관한 일반론을 구체적으로 적용해서 매듭지은 것은 아니어서 어디까지나 일반론에 머무르지만 재판 실무에 미치는 영향은 크다.

2. 재판례의 동향

본건 이후의 재판례를 검토해보면, 大阪地裁 평성 11. 5. 27.(判時1685号 103頁 [주사기 사건])은 본건을 그대로 답습하고 있다. 즉, '위의 각 요건 중, ① 내지 ③은 특허청구범위에 기재된 발명과 실질적으로 동일하다고 하기 위한 요건인 것인데 비하여 ④ 및 ⑤는 이것을 부정하기 위한 요건이라고 해야 할 것이므로, 그러한 요건을 기초로 하는 사실의 입증책임이라고 하는 의미에서 ① 내지 ③에 대해서는 균등을 주장하는 자가, ④ 및 ⑤에 대해서는 그것을 부정하는 자가 입증책임을 부담하는 것으로 해석하는 것이 상당하다'고 하면서 균등의 제4 및 제5 요건 충족성에 대해 각각 '본건 전체 증거에 의해서도 피고의 방법이 본건 장치 발명의 우선권 주장일 시점에 공지기술과 동일 또는 당업자가 그로부터 위 출원 시에 용이하게 생각해낼 수 있었다고 인정할 만한 증거는 없다' '본건 전체 증거에 의해서도 피고의 방법이 본건 특허발명의 출원 절차 중에 특허청구범위에서 의식적으로 제외된 것에 해당한다는 등의 특별한 사정이 있다고 인정할 만한 증거는 없다'고 하여 이 일반론을 구체적으로 적용하여 균등침해를 긍정하였다. 또한,

그 항소심 판결인 大阪高判 平成 13. 4. 19.(判工2期2311の500頁[주사기 사건 항소심])도 동일한 일반론 및 판단을 보이면서 원심을 지지하고 있다. 더욱이, 大阪地判 平成 12. 5. 23.(判工2期版5405の104頁[매직 힌지 사건]), 大阪高判 平成 19. 11. 27.(平16(ネ)2563号 등[선반 사건]), 知財高判 平成 23. 6. 23.(平22(ネ)10089号[食品の包み込み成形方法及びその裝置事件]) 등도 마찬가지로 일반론을 나타내고 있다.

이러한 판례들에 의하면, 균등의 요건에 관한 입증책임의 분배에 관한 판례의 동향은 대체로 본건 판결이 나타내는 것을 따르고 있다고 할 수 있다.

3. 학설의 개관

이 점에 대해서 학설을 개관하면 대체로 다음과 같다.

㈎ ① 내지 ⑤ 전부에 대하여 특허권자에게 주장·입증책임이 있다는 설.

㈏ ① 내지 ③은 특허권자에게 주장·입증책임이 있고, ④ 및 ⑤는 상대방에게 주장·입증책임이 있다는 설.

㈐ ① 내지 ④는 특허권자에게 주장·입증책임이 있고 ⑤는 상대방에게 주장·입증책임이 있다는 설.

㈑ ① 내지 ③은 특허권자에게 주장·입증책임이 있고 ④에 대해서는 상대방이 특허 출원시에 특정한 공지기술의 존재를 주장·입증해서 해당 공지기술과의 관계에서 ④가 충족되지 못한다는 것을 주장했을 때 특허권자는 ④의 충족을 입증하여야 하고, ⑤에 대해서는 상대방이 대상제품 등과 다른 부분이 특허출원 과정에서 보정 등에 의해 감축된 구성요건에 관련되는 것을 주장·입증하여야 한다는 설.

㈒ ① 내지 ④는 ㈑와 같으며 ⑤에 대해서는 상대방이 대상제품 등과 다른 부분이 특허출원 과정에서 보정 등에 의해 감축된 구성요건에 관련되는 것을 주장·입증했을 때, 특허권자가 해당 보정 등이 객관적으로 특허성을 유지하는 역할을 부담한 것이 아니라는 것을 주장·입증하여야 한다는 설.

㈓ ② 및 ③은 특허권자에게 주장·입증책임이 있고 ①, ④, ⑤는 상대방에게 주장·입증책임이 있다는 설.

입증책임의 일반적인 이해(어떤 사실이 존부불명의 경우에 당사자의 어느 한 쪽의 불이익으로 다루기 위한 제도)로 보아 주장책임과 입증책임을 분리하는 견해에는 이해하기 힘든 부분이 있다(다만, 입증의 필요, 간접 반증 등 실무적으로 더욱 검토해야 할 문제를 내포하고 있고, 또한 ⑤요건에 대해서는 그 이해에 관한 다툼이 견해의 차이에 반영되어 있는 것에 유의해야 한다).

또한, ④요건을 특허권자의 입증책임이라고 하는 설이나 ①요건을 상대방의 입증책임으로 하는 설에는 타당성에 의문이 있다. 역시 간결한 이유를 붙인 본건 판결의 결론(상기 ㈐설)이 실무적으로는 무난하다고 생각된다.

〈참고문헌〉

1. 田中成志'均等侵害について'牧野利秋ほか編'知的財産法の理論と実務(1)'[2007] 159頁

2. 飯田圭'均等論に関する最近の裁判例の傾向について'同書 177頁

3. 西田美昭'侵害訴訟における均等の法理'牧野利秋・飯付敏明編'新・裁判実務大系(4) 知的財産関係訴訟法'[2001] 182頁

4. 渋谷達紀'知的財産法関係の最高裁判例'牧野利秋判事退官記念'知的財産法と現代社会'[1999] 213頁

5. 設樂隆'ボールスプライン事件最高裁判決の均等論と今後の諸問題'同書 299頁

또한, 볼스프라인 사건 최고재판소 판결의 해설에서 본건에 참고가 되는 주요문헌은 다음과 같다.

6. 牧野利秋 特許研究26号 33頁

7. 中山信弘 平成10年度重判解(ジュリ1157号) 262頁

8. 三村最一 最判解民事篇平成10年度(上) 112頁

68. 균등성립긍정례(1)── 생해태의 이물분리제거장치 사건

東京高裁 平成 12年(2000년) 10月 26日 判決

[平成 12年(ネ) 第2147호 : 特許権侵害差止控訴事件]

(判時 1738号 97頁, 判夕 1059号 202頁) ◀ 재판소 Web

井上由里子(이노우에 유리코, 一橋大学 教授) 著

김동준(충남대학교 법학전문대학원 교수) 譯

I. 사실의 개요

(1) 생해태(生海苔) 혼합액의 이물(異物)분리제거장치에 관한 본건 특허권을 보유한 X(원고·피항소인)는, Y(피고·항소인)가 제조·판매하는 해태(海苔: 김) 이물(異物)제거기(Y제품)가 특허권을 침해하고 있다고 하여 제조·판매 행위의 금지 등을 구하였다.

(2) 본건 특허발명의 특허청구범위는, "통상(筒狀) 혼합액탱크의 저부(低部) 주단연(周端緣)에 환상고정판부[環狀枠板部]의 외주연(外周緣)을 연설(連設)하고[A], 이 환상고정판부의 내주연(內周緣) 내에 제1회전판을 대략 동일 평면(略面一)의 상태로 근소한 클리어런스를 개재하여 내감(內嵌)하며[B], 이 제1회전판을 축심(軸心)을 중심으로 하여 적절한 구동수단에 의해 회전가능하도록 함과 동시에[C], 전기(前記) 탱크의 바닥 모퉁이[底隅部]에 이물배출구를 설치한 것을 특징으로 하는[D], 생해태의 이물분리제거장치[E]"라고 하는 것이다.

명세서의 발명의 상세한 설명에 따르면, 주벽(周壁)에 필요한 수의 분리공(分離孔)을 설치한 분리드럼을 회전시키면서 생해태 혼합액을 투입하여 분리공에 걸린 이물을 분리·제거하는 종래기술에서는 분리공의 주연(周緣: 주변)에 이물이 축적되어 막힘이 발생한다고 하는 문제점이 있고, 이것을 해소하는 것이 본건 발명의 과제로 되어 있다. 본건 특허청구범위에 기재된 바와 같은 구성을 채용함에 따른 작용효과로서는, ① 회전판이 회전하면 비중이 큰 이물은 원심력에 의해 탱크의 외측에 모이게 되는 결과, 생해태만이 클리어런스를 통과하게 되고, 또한

② 회전판이 회전하고 있기 때문에 클리어런스에 이물이 가득 차기 어렵다고 설명되어 있다.

(3) Y제품과의 동일여부가 문제로 되었던 것은 상기 구성요건 B에 대한 것이다. 구성요건 B의 문언상, 외측으로부터 내측을 향하여 환상고정판부의 최내측 부분, 클리어런스, 회전판의 최외측부분의 순서로 부재가 조합되어 있다고 하는 구성을 채택하고 있는 것으로 읽을 수 있지만, Y제품은 환상고정판부와 회전판이 수직방향으로 서로 겹치는 등 부재의 위치관계가 달랐다. 이러한 점으로부터 제1심 판결(東京地判 平成 12. 3. 23. 判時 1738号 100頁 참조)은 Y제품의 문언침해를 부정하였지만, 볼스플라인 사건 최고재판결(最判 平成 10. 2. 24. - 본서 66사건)에서 판시된 균등침해의 요건(① 비본질적 부분, ② 치환가능성〔작용효과의 동일성〕, ③ 용이 상도성, ④ 비공지기술, ⑤ 의식적 제외 등의 특단의 사정의 부존재)을 음미하여, Y제품은 본건 특허발명과 균등이라고 하여 X의 청구를 인용하였기 때문에, Y가 항소. 항소심 판결에서는 제1심 판결의 판단이 유지되었으므로 〈판지〉에서는 제1심 판결의 판결이유의 주요 부분을 소개한다.

Ⅱ. 판   지

항소기각.

(i) 치환가능성

① 본건 명세서의 발명의 상세한 설명에 의거하여 해결과제와 작용효과를 인정한 다음, Y제품은 본건 특허발명과 동일한 작용효과를 나타내고 그 목적을 달성하고 있다고 하고, 또한 ② Y제품이 본건 특허발명의 특허청구범위에 기재된 구성을 채용한 경우에 볼 수 없는 작용효과가 있다고 하더라도 본건 특허발명의 작용효과를 나타내는 것에 더하여 이것에 부가된 작용효과가 있음에 불과하여 작용효과가 동일하다는 인정이 곤란한 것은 아니라고 하였다.

(ii) 비본질적 부분

①"명세서의 특허청구범위에 기재된 구성 중, 당해 특허발명 특유의 해결수단의 기초가 되는 기술적 사상의 중핵을 이루는 특징적 부분이 특허발명에 있어서 본질적 부분이라고 이해해야 하며, 대상제품이 그러한 본질적 부분에 있어서 특허발명의 구성과 다르면, 더 이상 특허발명의 실질적 가치는 미치지 않고 특허발명의 구성과 균등이라고 할 수 없다.""발명이 각 구성요건의 유기적인 결합에

의해 특정의 작용효과를 나타내는 것임에 비추어 보면, 대상제품과의 차이가 특허발명에 있어서 본질적 부분에 관한 것인지 여부를 판단함에 있어서는, 단지 특허청구범위에 기재된 구성의 일부를 형식적으로 추출하는 것이 아니라 특허발명을 선행기술과 대비하여 과제의 해결수단에 있어서 특징적 원리를 확정한 다음, 대상제품이 갖춘 해결수단이 특허발명에 있어서 해결수단의 원리와 실질적으로 동일한 원리에 속하는 것인가"라는 점으로부터 판단해야 한다.

② 구체적 적용으로서는, 명세서에 기재되어 있는 종래기술에 더하여, 출원시의 공지기술 및 선출원 특허발명의 구성을 검토한 다음, "출원당시의 기술수준에 비추어 보면, …탱크의 저부에 설치한 회전판을 구동수단에 의해 회전시키고, 원심력에 의해 해태보다 비중이 큰 이물을 탱크의 바닥 모퉁이…에 집결시키는 한편, 회전판과 환상고정판부 사이의 원주상(円周狀)의 클리어런스로부터 생해태를 탱크의 외부에 배출한다고 하는 구성을 채택한 것이, 종래기술에서 보이지 않는 본건 특허발명에 특유한 해결수단이고,"회전판이 환상고정판부에 '내감(內嵌め)'되어 있다고 하는 Y제품과 구성을 달리 하는 부분은, "이것을 다른 구성으로 치환하더라도 전체로서 본건 특허발명의 기술적 사상과 별개의 것으로 평가되는 것은 아니므로 본질적 부분에는 해당하지 않는다."

Ⅲ. 해   설

1. 특허청구범위란 출원인 스스로 독점을 구하는 기술의 범위를 문장의 형식으로 표현한 것으로 침해소송에 있어서는 특허권의 보호범위의 외연을 정하는 기준으로서 중요한 의의를 갖는다(특허 70조 1항). 하지만 장래의 침해태양을 전부 예측하여 완전한 특허청구범위를 작성하는 것은 용이하지 않다. 특허청구범위의 문언에 조금이라도 합치하지 않는 실시태양이 반드시 비침해로 되면, 손쉽게 권리가 우회됨으로써 연구개발에 대한 인센티브를 확보한다고 하는 특허법의 취지가 훼손된다. 따라서 법적 안정성의 요청과 권리의 적정한 보호의 요청의 조화를 도모하기 위해 문언침해에는 해당하지 않는 실시이더라도 일정한 요건을 충족한 경우에는 침해를 인정하고자 하는 법리가 생겼다. 이것이 '균등'의 법리이다.

최고재가 처음으로 균등의 법리를 정면으로 인정한 것은 1998년 볼스플라인 사건 판결이며(본서 66 사건), 균등의 판단기준으로서 전기(前記) 5개의 요건이 판시되었다. 본 판결은 위 최고재 판결 후 균등침해를 긍정한 초기의 사례이며, 비본질적 부분의 요건, 치환가능성(작용효과의 동일성) 요건의 판단은 균등 판단기준 적용의 한 사례로서 참고가 된다.

2. (1) 앞의 최고재 판결은, "특허청구범위에 기재된 구성 중 대상부분과 다른 부분이 특허발명의 본질적 부분은 아닐" 것을 균등판단의 제1요건으로 하고 있다. 최고재 판결의 문언을 그대로 읽으면 이 요건은 특허청구범위 각각의 구성이 본질적 부분과 비본질적 부분으로 나뉘는 것을 전제로 하고 있는 것처럼 볼수 있지만(西田美昭, "侵害訴訟における均等の法理," 牧野利秋・飯村敏明 編『新・裁判実務大系(4) 知的財産関係訴訟法』[2001] 192頁), 전체로서의 해결수단의 기초가 되는 해결원리 내지는 기술사상의 동일 여부를 묻는 것이라고 파악하는 것이 통설이다(三村量一, 曹時 53卷 6号 1674頁〔前揭最高裁判決の調査官解説〕). 종래 기술사상의 동일성 판단은 치환가능성의 요건에 포함된다고 하는 견해도 있었지만 치환가능성 요건의 검토에서는 작용효과라고 하는 결과에 초점이 맞추어진 것이 많고, 기술사상의 음미가 소홀하게 된다는 염려가 있었다. 최고재 판결이 치환가능성 요건과는 별개로 '비본질적 부분'의 요건을 정립한 것은 작용효과가 동일하더라도 해결수단의 기초가 되는 기술사상이 특허발명과 다르다면 더 이상 보호해 줄 수 없다는 점을 명확히 하기 위한 것이라고 한다. 이러한 취지로부터 보면 통설적 견해가 타당하고 본 판결의 판단도 이것에 따른 것이다.

(2) 조사관 해설에서는 '본질적 부분'의 특정은 명세서에 기재되어 있는 종래기술이나 과제, 작용효과를 기초로 하면서 명세서에 기재되어 있지 않은 공지기술 등도 참작하는 것으로 되어 있고(三村, 前揭 1685頁), 본 판결에서도 명세서에 기재되어 있지 않은 출원시의 공지기술이나 선출원에 관한 기술도 참조하여 과제해결을 위한 특유의 해결수단을 인정한다고 하는 방법이 채택되어 있다. 명세서 기재 외의 공지기술의 참작의 가부에 대하여는, 개척(pioneer)발명에 넓은 보호를 주기 위해 균등의 범위를 넓히는 방향으로 공지기술을 참작하는 것은 개시(開示)되어 있지 않은 기술사상을 보호하는 것으로 되어 타당하지 않다는 지적이 있지만(田村善之, "特許法における發明の'本質的部分'という發想の意義," 日本工業所有権法学会年報 32号 51頁), 본건과 같은 기계 분야의 발명에 관한 사안에서는 발명의 실질적 가치에 비추어 보면 보다 넓은 범위의 보호를 구할 수 있는 경우에도 발명의 가치에 상응하는 추상도(抽象度)로 클레임을 작성하는 것은 반드시 용이한 것은 아니라는 등의 사정으로부터, 추상도가 낮은 구체적 구성(본건에서는 '환상고정판부

의 내주연 내에 회전판이 내감되어 있다'고 하는 부재의 구체적 위치관계)을 특허청구범위에 기재하는 것도 많게 된다(松本直樹, "均等論," 第二東京弁護士会知的財産権法研究会編 『特許実務の最先端』[2004] 203頁). 그러한 사안에서는, '본질적 부분'의 파악 시에 명세서 기재 외의 공지기술 등에 보이는 구체적 구성을 참작하는 것은 균등의 범위를 필요 이상으로 넓히지 않도록 일정한 제한을 가하는 역할을 하고 있다고 이해된다.

3. (1) 앞의 최고재 판결은, 다른 부분으로 치환하더라도 "특허발명의 목적을 달성할 수 있고, 동일한 작용효과를 나타내는"것을 균등판단의 제2요건으로 하고 있다. '비본질적 부분'의 요건이 수단에 역점을 두는 것임에 비해, 치환가능성 요건은 목적, 작용효과라고 하는 결과에 역점이 있다. 조사관 해설에서는 치환가능성 요건의 판단은 비본질적 부분 요건의 판단에 앞서 이루어지는 것이 자연스럽고, 주로 명세서의 '발명의 상세한 설명'의 기재에 기초하여 어느 정도 개괄적으로 충족성 판단이 되어야 하는 것으로 되어 있으며(三村, 前揭 1676頁), 다수의 재판례와 마찬가지로, 본 판결도 이것에 따르고 있다.

(2) 부가적 작용효과에 관하여는, 대상제품이 특허발명의 작용효과를 나타내고 그 해결수단의 기초가 되는 기술사상의 범위에 포함되지만 개량을 하는 등 하여 별개의 작용효과를 부가하였다면 침해를 면하는 것이 가능하다고 하면, 균등의 법리를 인정한 취지를 망각한 결과로 되기 쉬우므로 치환가능성 요건의 충족을 인정한 판단은 타당한 것으로 생각된다. 한편 부가적 작용효과는 용이상도성 요건의 판단에도 영향을 미칠 가능성이 있지만, 본 판결은 본건 특허발명의 구성을 Y제품의 구성으로 변경하는 것은 "설계상의 미세한 점에 관한 변경에 불과하다"고 하여 용이상도성을 인정하고 있다.

4. 문언침해의 경우와 비교하여 실질적 판단이 요구되는 균등법리하에서는 독점권의 외연을 확정하는 것은 용이하지 않고, 기술의 실시에 일정한 위축효과가 생기는 것은 피할 수 없다. 균등법리를 인정하는 이상 어쩔 수 없는 것이지만 매우 치졸한 특허청구범위로 출원한 특허권자를 균등이라는 이름하에 보호하는 것은 적정한 범위의 특허청구범위를 작성하는 인센티브가 훼손되며 법적 안정성이 지나치게 훼손되게 된다. 심사절차 중의 보정에 의해 앞의 최고재 판결의 의식적 제외의 요건이 적용되어 균등침해가 부정되는 것을 고려하여, 아예 좁은 특

허청구범위로 출원한 특허권자에 대하여도 마찬가지다. 당해 기술분야의 당업자의 실정에 비추어 출원시에 명확하게 한정을 가한 클레임에 대하여는 의식적 제외를 이유로 하여 제5요건에 의해 구제를 부정해야 할 것이다. 좁은 특허청구범위로 출원된 본건에서는 보정을 거치지 않고 특허권이 성립되었지만 넓은 특허청구범위로 출원하고 있다면 보정을 면할 수 없고 균등침해는 인정되지 않았을 것이라는 지적도 있다(松本, 前揭 255頁). 기계 분야의 출원실무의 실태도 감안하여, 심사회피의 의도가 있었다고까지 평가되는지, 그렇지 않으면 선출원주의의 시간적 제약하에서 시인할 수 있는 특허청구범위였는지 여부를 검토할 필요가 있다. 이러한 판단은 기술분야에 따라서도, 개척발명인가 개량발명인가 하는 각각의 발명의 자리매김에 따라서도 달라질 것으로 생각되며, 정형화는 어렵지만, 재판례의 축적에 의해 일정한 유형화가 될 것으로 기대된다.

한편, 본 판결은 상고불수리결정에 의해 일단 확정되었지만, 그 후 Y에 의해 본건 특허발명에 관한 무효심판이 청구되어 본건 소송의 단계에서는 발견되지 않았던 공지기술에 기초한 진보성의 결여를 이유로 하는 무효심결이 확정되었기 때문에 재심의 소에 의해 본 판결은 취소되어(知財高判 平成 20. 7. 14. 判時 2050号 137頁 - 본서 42사건) 확정되었다.

〈참고문헌〉

飯田圭, "均等論に関する最近の裁判例の傾向について," 牧野利秋ほか編 『知的財産法の理論と実務(1)』[2007] 177頁

69. 균등성립긍정례(2)── 중공(中空)골프클럽헤드 사건
중간판결

知財高裁 平成 21年(2009년) 6月 29日 中間判決
[平成 21年(ネ) 第10006号 : 補償金等請求控訴事件]
(判時 2077号 123頁) ◀재판소 Web

大友信秀(오오토모 노부히데, 金沢大学 教授) 著
김동준(충남대학교 법학전문대학원 교수) 譯

Ⅰ. 사실의 개요

X(원고, 항소인)는 발명의 명칭을 '중공골프클럽헤드'(이하 '본건 발명'이라 한다)로 하는 특허권(이하, '본건 특허권'이라 한다)을 보유한 자이다. Y(피고, 피항소인)는 골프클럽(이하 'Y제품'이라 한다)을 제조·판매하고 있다. Y제품이 본건발명의 기술적 범위에 속한다고 하여 Y의 제조·판매행위에 대하여 X가 본건 특허권에 기초하여 보상금의 지급(일본 특허법 65조 1항) 및 손해배상(일본 민법 709조)을 구한 것이 본건 사안이다.

원판결(東京地判 平成 20. 12. 9.)은 Y제품이 본건 발명의 구성요건 (d)의 '봉합재'를 충족하지 않는다고 하여 문언침해의 성립을 부정하였다. 또한 본건 발명에 있어서 '봉합재'는 본질적 부분이므로 균등론의 제1요건을 만족하지 않는다고 하여 균등론에 의한 침해의 성립도 인정하지 않았다. 이에 대해 X가 항소하였다.

한편 본건은 쟁점 중 문언침해 및 균등침해의 성부와 더불어 진보성 결여의 유무에 대하여 판단한 중간판결이다.

Ⅱ. 판 지

Y제품은 본건 발명의 기술적 범위에 속한다. 본건 특허는 특허무효심판에 의해 무효로 될 것으로는 인정되지 않는다.

(ⅰ) 문언침해의 성부

"X가 구성요건 (d)에 대하여 단지 '부재' 등의 용어를 사용하지 않고, '봉합재'라는 용어를 선택한 이상, 그 내용은 단순한 '부재'와는 달리, 어떠한 한정을 하여 해석해야 할 것인바, 그 한정의 내용을 기술적 관점도 포함하여 해석하면, '봉합재'란 '금속제 외곽부재의 복수의(2 이상의) 관통공을 통하고 또한 적어도 2 부분에서 섬유강화플라스틱제 외곽부재와 접합(접착)하는 부재'라고 해석하는 것이 타당하다."

"다른 한편, Y제품의 구성 〈d〉에 있어서 '탄소섬유로 이루어진 짧고 작은(短小) 띠(帶片) 8'은 '금속제 외곽부재 1의 상면측의 FRP제 상부외곽부재 10과의 접합경계면 측과 그 반대면 측의 전기(前記) 금속제 외곽부재 1의 하면측의 FRP제 하부외곽부재 9와의 접합경계면 측과 하나의 관통공을 관통하여 상면측의 FRP제 상부외곽부재 10 및 하면측의 FRP제 하부외곽부재 9와 각 1 부분에서 접합한 탄소섬유'이며, 금속제 외곽부재에 마련된 1개의 관통공에 1회만 관통한 것으로, 금속제 외곽부재의 일측(접합경계면 측)과 타측(그 반대면 측)을 관통하는 복수의 관통공으로 복수회(2회 이상) 관통하지 않으며, 또한, 상면측의 FRP제 상부외곽부재 10과 1 부분에서 접합함에 그치고, 적어도 2 부분에서 섬유강화플라스틱제 외곽부재와 접합(접착)하는 것은 아니다. 그렇다면 Y제품의 구성 〈d〉에 있어서 '탄소섬유로 이루어진 짧고 작은(短小) 띠(帶片) 8'은 구성요건 (d)의 '봉합재'라는 요건('금속제 외곽부재의 복수의(2 이상의) 관통공을 통하고, 또한 적어도 2 부분에서 섬유강화플라스틱제 외곽부재와 접합(접착)하는 부재')을 충족하지 않는다. 따라서 Y제품은 본건 발명의 구성요건 (d)를 문언상 충족하지 않아 문언침해는 성립하지 않는다."

(ⅱ) 균등침해의 성부

① 치환가능성

"본건 발명의 구성요건 (d)에 있어서 '(섬유강화플라스틱제의) 봉합재'와 Y제품의 구성 〈d〉에 있어서 '(탄소섬유로 이루어진) 짧고 작은(短小) 띠(帶片) 8'은 목적, 작용효과(내지 과제해결원리)를 공통으로 하는 것이므로 치환가능성이 있다."

② 치환용이성

"본건 발명에 있어서도 Y제품에 있어서도 금속제 외곽부재에 마련된 관통공에 섬유강화플라스틱제의 부재를 통과하는 것은 공통되며, 금속제 외곽부재의 복수의 관통공에 복수회 관통하고, 적어도 2 부분에서 섬유강화플라스틱제 외곽부재와 접합(접착)하는 부재를, 하나의 관통공에서 1회만 관통하고 금속제 외곽부재의 상하에 있어서 상부섬유강화플라스틱제 외곽부재 및 하부섬유강화플라스틱제 외곽부재와 각 1 부분에서 접착하는 부재로 치환하는 것은 Y제품의 제조 시점에 있어서 당업자가 용이하게 생각할 수 있는 것으로 인정된다. 따라서 치환용이성은 인정된다."

③ 비본질적 부분인지 여부

"본건발명의 목적, 작용효과는, … 본건 명세서의 기재에 의하면, 금속재 외곽부재와 섬유강화플라스틱제 외곽부재와의 접합강도를 높이는 것에 있다. 특허청구범위 및 본건 명세서의 발명의 상세한 설명의 기재에 비추어 보면, 본건발명은 금속제 외곽부재의 접합부에 관통공을 설치하고, 관통공에 섬유강화플라스틱제의 부재를 관통시킴으로써 상기 목적을 달성하고자 하는 것이며, 본건 발명의 과제해결을 위해 중요한 부분은 '해당 관통공을 개재하여', '전기(前記) 금속제 외곽부재의 전기(前記) 섬유강화플라스틱제 외곽부재와의 접착경계면 측과 그 반대면 측에 관통하여 전기(前記) 섬유강화플라스틱제의 외곽부재와 전기(前記) 금속재의 외곽부재를 결합한다'는 구성에 있다고 인정된다.

본건 발명의 특허청구범위에는 접합시키는 부재에 대하여 '봉합재'로 표현되어 있다.

하지만 이미 상술한 바와 같이, ① 본건 발명의 과제해결을 위해 중요한 부분은, 구성요건 (d) 중의 '해당 관통공을 개재하여', '전기(前記) 금속제 외곽부재의 전기(前記) 섬유강화플라스틱제 외곽부재와의 접착경계면 측과 그 반대면 측에 관통하여 전기(前記) 섬유강화플라스틱제의 외곽부재와 전기(前記) 금속제의 외곽부재를 결합한다'는 구성부분에 있다는 점, ② 본건 발명의 '봉합재'라는 용어는 섬유강화플라스틱제의 부재를 금속제 외곽부재에 관통하는 형상 내지 태양으로부터 사용되는 것으로 통상의 의미와는 분명히 다르게 사용하고 있으므로 '봉합'이라는 용어의 의미를 중시하는 것은 타당하다고 할 수 없는 점, ③ 전기(前記)와 같이, '봉합재'의 의미는 기술적 관점을 고려하면, '금속제 외곽부재의 복수의(2 이상의) 관통공을 통하고 또한 적어도 2 부분에서 섬유강화플라스틱제 외곽부재와 접합(접착)하는 부재'로 해석되어야 하지만, 당해 요건 중 '하나의 관통공이 아닌 복수의 (2 이상의) 관통공에'라는 요건 부분, '적어도 2 부분에서 (접합(접착))한다'는 요건부분은 본건 발명의 특징을 이룰 정도로 중요한 부분이라고는 할 수 없는 점 등의 사정을 종합하면, '봉합재일 것'이란 본건 발명의 과제해결을 위한 수단의 기초가 되는 기술적 사상의 중핵적, 특징적인 부분이라고 볼 수 없다.

따라서 본건 발명에 있어서 관통공에 관통하는 부재가 봉합재일 것은 본건 발명의 본질적 부분이라고는 인정되지 않는다."

④ 대상제품의 용이추고성

"본건의 모든 증거에 의하더라도 Y제품이 본건 특허의 출원시에 있어서 공지기술과 동일 또는 당업자가 공지기술로부터 출원시에 용이하게 추고(推考)할 수 있는 것이라고는 인정되지 않는다."

⑤ 의식적 제외

"출원경과 및 그 과정에서 제출된 절차보정서나 의견서의 내용에 비추어, X가 본건 특허의 출원경과에 있어서 본건 발명의 '봉합재'를 하나의 관통공을 관통하고 금속제 외곽부재 상하의 FRP제 외곽부재와 각 1 부분에서 접착한 부재로 치환하는 구성을 의식적으로 제외하였다고 인정할 수 없다."

⑥ 균등의 성부

"이상에 의하면, Y제품은 본건 발명의 구성과 균등한 것으로 그 기술적 범위에 속한다."

Ⅲ. 해   설

1. 본 판결의 자리매김

본 판결은, 본 판결이 내려지기 전까지는 균등론에 의해 침해가 인정되는 것이 드물었던 가운데 이것을 인정한 판결로서 주목된다(그 후, 知財高判 平成 23. 3. 28. 平22(ネ)10014호, 知財高判 平成 23. 6. 23. 判時 2131号 109頁이 균등론에 의해 침해를 인정하였다). 또한, 균등론의 제1요건에 대하여 본 판결이 채용한 해석방법이 원심인 도쿄지재(東京地裁)의 그것과는 다르고, 제1요건의 해석방법이 균등론의 성부의 판단을 크게 가르는 것을 보인 점도 실무상 참고로 된다.

2. 균등론 제1요건의 해석

(1) 발명의 본질적 부분의 인정방법

본 판결에서는 '봉합재'가 본건 발명의 본질적 부분이라고는 할 수 없다고 하여, 균등침해를 인정하였지만, 원심은 반대로 이것을 본질적 부분이라고 인정하였기 때문에 균등침해를 부정하였다.

양자의 판단을 다르게 한 것은 제1요건에 대한 해석방법에 있다고 생각된다.

이 요건에 대하여는 크게 2개의 견해가 있는데, 하나는 이 요건의 '특허청구범위에 기재된 구성 중 대상제품 등과 다른 부분이 존재하는 경우라도, … 위 부분이 특허발명의 본질적 부분이 아닐 것'이라고 하는 내용을 그 문자가 의미하는 바대로 이해하는 것이다. 이에 따르면 특허청구범위의 구성요건과 침해의심대상 사이에 다른 부분이 특허발명에 있어 본질적 부분은 아니라고 하는 것을 의미하는 것이 된다. 본건에서는 원심의 사고가 이것에 보다 가까운 것이라고 할 수 있다. 이에 대해 다른 부분을 포함한 침해의심대상이 전체로서 특허발명의 기술적 사상의 범위 내에 있다는 것을 의미한다고 해석하는 견해가 있고, 균등침해의 요건을 최초로 판시한 볼스플라인 최고재 판결(본서 66사건)의 조사관 해설(三村量一·最判解民事篇平成10年度(上)112頁, 141頁)이 채용한 것은 이것이다. 본 판결의 해석은 이 후자의 해석을 의식한 것이라고 평가할 수 있다.

(2) 제2, 제3요건과의 관계

본 판결은, 균등침해의 판단에 있어서, 제2요건, 제3요건의 검토를 행한 다음 제1요건의 검토를 하였다. 본 판결 이전의 하급심 판결의 다수는 제2요건, 제3요건의 판단을 하지 않고, 제1요건만을 판단함으로써 침해성립을 부정하여 왔다. 이것은 제1요건의 판단만에 의해 균등판단이 가능한 것을 의미하고 있다. 이에 대해, 본 판결은 볼스플라인 최고재 판결의 조사관해설(三村·前揭 142-143頁)이 보인 바와 같이, 제2요건, 제3요건의 판단 후에 제1요건의 판단을 하였다.

본 판결의 특징은 제1요건의 해석방법이 원심과 다르다는 것에 있는 것이 아니라, 제2요건, 제3요건이라고 하는 구성요건의 형식적 판단을 하는 요건의 활용을 보다 중시한 점에 있다고 할 수 있다. 이것은 제1요건의 판단을 요건의 문언대로 하는 것이 아니라, 조사관해설이 보인 견해에 가까운 형태로 하고 있는 것으로부터도 엿볼 수 있다. 본 판결은 제1요건의 검토에 있어서 이 용어가 발명의 본질적 부분으로 되지 않도록 발명전체의 의미를 해석하는 것에 주력하고 있고, '봉합재'라는 용어의 실질적 해석으로부터는 떨어져 있고, 결과적으로 제2요건 및 제3요건의 중요성을 상대적으로 높였다고 할 수 있다.

(3) 문언침해판단시 특허청구범위 해석과의 관계

본건에서는 문언침해의 성부의 판단과 균등론의 제1요건의 판단의 양자에 있어서 '봉합재'라는 용어의 의미를 검토하고 있다. 특허청구범위 기재의 의미를 명확하게 하는 단계와 균등침해 판단의 단계는 그 위치가 다르다고 할 수 있지만, 판단되는 대상이 공통되며, 제1요건이 형식적 판단이 아니라 실질적으로 판단되는 것으로부터 보면 양 단계에 있어서의 판단대상과 그 내용을 명확히 구분하는 것은 곤란하다.

　본건에 있어서 원심과 본 판결의 제1요건 해석방법의 차이가 존재하고 있다는 점을 함께 고려하면, 제1요건은 법원이 결론을 어떻게 생각하느냐에 따라 어떻게라도 판단가능한, 법관에 있어 편리한 요건으로서 기능하게 된다. 이것에 의해 제2요건, 제3요건의 중요성도 상대적으로 낮게 되고, 바람직한 균등요건에 대한 의문이 제기될 수도 있을 것이다. 앞으로의 판결이 본 판결을 답습할 것인지 여부가 주목된다.

〈참고문헌〉

1. 北原潤一, AIPPI 54卷 12号 730頁

2. 近藤惠嗣, L&T 45号 80頁

3. 白木裕一, 知財管理 60卷 4号 601頁

4. 中山一郎, 速報判例解説 7号(法セ增刊) 251頁

5. 堀城之, パテント 63卷 12号 77頁

6. 森修一郎, "均等論の要件 '特許發明の本質的部分'について, 中空ゴルフクラブ ヘッド事件を題材に," パテント 63卷 10号 74頁

70. 균등성립부정례(1)—— 서방성(徐放性) Diclofenac Sodium 제제 사건

① 大阪地裁 平成 10年(1998년) 9月 17日 判決
　[平成 8年(1996년)(ワ) 第18927号 : 特許権侵害差止請求事件]
　(知的裁集 30巻 3号 570頁, 判時 1664号 122頁) ◀裁判所 Web
② 東京地裁 平成 11年(1999년) 1月 28日 判決
　[平成 8年(1996년)(ワ) 第14828号・第14833号 : 特許権侵害差止等請求事件]
　(判時 1664号 109頁, 判タ 994号 292頁) ◀裁判所 Web

嶋末 和秀(시마스에 카즈히데, 横浜地裁 判事) 著

조재신(전남대학교 교수) 譯

Ⅰ. 사실의 개요

X는 양 사건에 있어서의 원고로서 "서방성(徐放性) Diclofenac Sodium 제제"에 관한 특허권(본건 특허권)을 가지고 있다. 특허청구범위의 기재는 다음과 같다. "(A)속효성(速效性) Diclofenac Sodium 및 (B)Diclofenac Sodium에 용해 pH가 6~7 범위에 있는 Methacrylic산 — Methyl methacrylate copolymer, 용해 pH가 5.5인 Methacrylic산 — Ethylene acrylate copolymer 또는 용해 pH가 5~5.5 범위에 있는 Hydroxypropyl methylcellulose phthalate의 장용성(腸溶性) 피막을 실시한 지효성(遲效性) Diclofenac Sodium을, (A):(B)가 중량비로 4:6~3:7이 되도록 조합한 것을 특징으로 하는 서방성(徐放性) Diclofenac Sodium 제제." 한편, 본건 출원 당시, 장용성(腸溶性) 물질로서, 본건 명세서 기재의 비교예에 이용되고 있는 Cellulose acetate phthalate(CAP), 특허청구범위 기재의 3종류의 물질(Methacrylic산 - Methyl methacrylate copolymer, Methacrylic산 - Ethylene acrylate copolymer, Hidroxypropyl methyl-cellulose phthalate [HP]) 등이 존재하는 사실, 속효성(速效性)의 약제와 지효성(遲效性)의 약제를 혼합하여 서방성(徐放性) 제제를 얻는 사실, Diclofenac Sodium에 비수용성 피막을 실시하여 지효성(遲效性) Diclofenac Sodium을 얻는 사실은 모두

공지다. 또한, 특허청 심사관으로부터 특허법 제29조 제2항의 거절이유통지가 있은 후 특허청구의 범위가 상기와 같이 보정되어 있다.

　①사건 X는 Y1(피고)의 제조판매하는 서방성(徐放性) Diclofenac Sodium 제제(확인대상 의약품)에 있어서는 장용성(腸溶性) 피막으로 이용되고 있는 Hydroxy-propyl methylcellulose acetate succinate(AS)가 HP와 실질적으로 동일 또는 균등하다고 주장하며, 제조판매 등의 금지 등을 청구했다.

　②사건 X는 Y2(피고)의 제조판매하는 서방성(徐放性) Diclofenac Sodium 제제(피고 의약품)에 있어서는 AS와 비수용성의 Ethylene cellulose(EC)를 중합비 1 대 1로 이용한 장용성(腸溶性) 피막이 이용되고 있으나, 피고 의약품에 있어서 EC가 이용되고 있는 것은 침해의 성립에 관하여 고려할 필요가 없이, AS와 HP는 실질적으로 동일 또는 균등하다고 주장하며, 제조판매 등의 금지 등을 청구했다.

Ⅱ. 판　　지

　①사건 　　　청구기각

　"특허발명의 본질적 부분이란, 특허청구범위에 기재된 특허발명의 구성 중 해당 특허발명 특유의 작용효과를 발생시키기 위한 부분, 다시 말하면, 그 부분이 다른 구성으로 치환될 수 있는 것이라면, 전체로서 해당 특허발명의 기술적 사상과는 별개의 것으로 평가될 수 있는 부분을 말하며… 특허법이 보호하고자 하는 발명의 실질적인 가치는 공지기술에서는 달성할 수 없었던 목적을 달성하고, 공지기술에서는 발생시킬 수 없었던 특유의 작용효과를 발생시키는 기술적 사상을 구체적인 구성을 가지고 사회에 개시한 점에 있다." "특허청구범위에 기재된 구성 중, 해당 특허발명 특유의 작용효과를 발생시키는 기술적 사상의 핵심을 이루는 특징적 부분이 특허발명에 있어서 본질적인 부분으로 이해되어야 하며, 대상제품 등이 그러한 본질적인 부분에 있어 특허발명의 구성과 상이하다면, 더 이상 특허발명의 본질적 가치는 미치지 않고, 특허발명의 구성과 균등하다고는 말할 수 없다. 그리고 그 특허발명에 있어 본질적인 부분을 파악함에 있어서는 단순히 특허청구범위에 기재된 구성의 일부를 형식적으로 추출하는 것이 아니고, 해당 특허발명의 본질적 가치를 구현하는 구성이 무엇인지를 실질적으로 탐구하여 판단하여야 할 것이다." "공지기술에 더하여, 본 건 특허명세서 중에 … 기재되어 있는 것을 모두 고려하여 검토하면, 본 건 특허발명의 특징적 부분은

(1) Diclofenac Sodium의 피막물질로서 장용성(腸溶性) 물질인 3종류의 물질을 선정했다는 점 …에 있다고 할 것이고, 그 부분을 AS로 치환한 확인대상 의약품은 목적 달성을 위한 기술적 사상으로서의 동일성을 결여한 것이라고 할 수 있을 것이다.""본 건 특허발명에 있어서, HP를 AS로 치환하는 것에 대하여 당업자가 대상제품 등의 제조시에 용이하게 도달하는 것이 가능하였다고 하기 위해서는 확인대상 의약품의 제조, 판매 개시 시점에 당업자가 본 건 명세서의 기재 및 그 시점의 공지기술에 의해, 특단의 추가실험을 실시하지 않고 AS가 유효성분인 Diclofenac Sodium에 대하여 HP와 동일한 장용성(腸溶性) 효과를 나타내는 것이 용이하게 도달할 수 있었다라고 말할 수 있어야 한다.""CAP와 HP의 구조상 차이는 Hidroxypropyl기의 유무만이 아니고 … 본 건 명세서에는 HP를 Diclofenac Sodium의 피막으로서 이용한 경우에 양호한 서방(徐放)효과를 나타낼 작용속성에 대하여서는 어떠한 설명도 되어 있지 않고, 게다가 Hidroxypropyl기의 존재가 서방(徐放)효과에 어떠한 영향을 미치는 지에 대하여서는 어떠한 시사도 되어 있지 않다 … HP와 AS의 화학구조식은 Hidroxypropyl기를 가지는 점에서는 공통적이지만 치환기의 종류, 정량 차이가 다르기 때문에 이러한 상이점이 Diclofenac Sodium과의 관계에 있어서 어떠한 작용속성을 나타내는 지는 명확하지 않고, … Diclofenac Sodium의 피막으로 HP를 이용한 경우와 CAP를 이용한 경우의 서방(徐放)효과에 차이가 발생한다고 하는 본 건 특허발명의 개시를 접한 당업자가 Hidroxypropyl기를 가지는 AS를 Diclofenac Sodium의 피막으로 이용한 경우에도 HP와 동일한 서방(徐放)효과가 발생한다는 사실에 도달하는 것은 용이하다고 말할 수 없다."

②사건   청구기각

"HP를 대신하여 AS를 이용하여도 일정한 서방성(徐放性)을 가지는 장용성(腸溶性)피막을 실시한 지효성(遲效性) Diclofenac Sodium을 얻는 것이 가능하다고 인정되므로, 이것을 속효성(速效性) Diclofenac Sodium과 합하여 유효혈중농도를 일정 시간 지속하는 Diclofenac Sodium 제제를 얻는 것은 가능하다고 인정되며, 그 한도에서는 동일한 작용효과를 나타내는 것이 가능하기 때문에, 그 한도에 있어서 HP와 AS와의 사이에 치환 가능성을 긍정하는 것이 가능하다.""특허발명의 본질적인 부분이란 특허청구범위에 기재된 특허발명의 구성 중, 해당 특허발명 특유의 과제해결수단을 기초화하는 특징적인 부분, 다시 말하면, 그 부분이 다른 구성으로 치환될 수 있는 것이라면, 전체로서 해당 특허발명의 기술적 사상과는 별개의 것으로 평가될 수 있는 부분을 말하며…, 특허법이 보호하고자 하는 발명의 실질적인 가치는 종래기술에서는 달성할 수 없었던 기술적 과제의 해결을 실현하기 위한, 종래기술에 보이지 않는 특유의 기술적 사상에 근거한 해결수단을 구체적인 구성을 가지고 사회에 개시한 점에 있기 때문에, 명세서의 특허청구범위에 기재된 구성 중, 해당 특허발명 특유의 해결수단을 기초화하는 기술적 사상의 핵심을 이루는 특징적 부분이 특허발명에 있어서 본질적인 부분으로 이해되어야 하며, 대상제품 등이 그러한 본질적인 부분에 있어 특허발명의 구성과 상이하다면, 더이상 특허발명의 본질적 가치는 미치지 않고, 특허발명의 구성과 균등하다고는 말할 수 없다.… 대상제품과의 상이가 특허발명에 대한 본질적 부분과 관련된 것인지 여부를 판단함에 있어서는 단순히 특허청구범위에 기재된 구성의 일부를 형식적으로 추출하는 것이 아니고, 특허발명을 선행기술과 대비하여 과제의 해결수단에 대한 특징적 원리를 확정한 후에, 대상제품에 구비된 해결수단이 특허발명에 대한 해결수단의 원리와 실질적으로 동일한 원리에 속하는 것인지, 그렇지 않으면 그것과는 다른 원리에 속하는 것인지에 근거하여 판단하여야 할 것이다.""특허청구범위 및 발명의 상세한 설명의 기재에… 출원 당시의 공지기술을 종합하면, 본 건 특허발명은 (1) Diclofenac Sodium의 피막물질로서, …3종류의 물질을 선정한 점…에 있어서, 종래기술에는 없는 해결수단을 명백하게 했다는 점이 인정되고, 그것이 본 건 특허발명 특유의 해결수단을 기초화하는 기술적 사상의 핵심을 이루는 기술적 부분, 즉 본질적 부분이라고 할 수 있다. 그리고 그러한 점은, …심사경과, 그중에서도… 의견서의 기재 등에 의하여도 뒷받침이 된다.""장용성(腸溶性)물질 HP를 대신하여 장용성(腸溶性)물질에 AS를 이용하는 것은, …본 건 특허발명과 동일한 해결원리에 속한다고는 할 수 없다.""X는 특허출원 절차에 있어서, 본 건 특허발명의 기술적 범위를 지효성(遲效性) Diclofenac Sodium의 장용성(腸溶性)피막에 특허청구범위 기재의 3물질을 이용하는 것으로 한정한(즉, 3물질 이외의 장용성(腸溶性)피막을 이용한 것이 본 건 특허발명의 기술적 범위에 속하지 않는다는 것을 승인했는지, 적어도 그와 같이 해석될 수 있도록 행동을 취하였다.) 것으로 인정되고, …HP를 대신하여 상기의 3물질 이외의 AS를 이용하는 것에 대하여 균등 성립을 부정하는 특단의 사정이 있다고 할 것이다."

Ⅲ. 해   설

1. 서   두

본 건 각 판결은 모두 균등성립을 부정한 예이며, 제1요건(비본질적 부분성)을 부정한 점에서 공통적이지만, ①사건 판결에서는 제3요건(치환가능성)을 부정하고, ②사건 판결에서는 제2요건(작용효과의 동일성)을 긍정하면서도, 제5요건(의식적 제외 등 특단의 사정의 부존재)을 부정한 점에서 상이하다. 동일한 특허권을 대상으로 하고, 쟁점을 공통으로 하는 양 사건에 있어서, 상기와 같은 상이점이 있는 것은 재판소에 따른, 균등의 5요건, 특히 제5요건의 운용(本百選 〈第3版〉 76事件, 同78事件, 後揭①84〔本間崇発信〕, 同85頁〔筆者発信〕 참조)에 대하여 상이를 살펴볼 수 있어 흥미롭다.

2. 제1요건(비본질적 부분성)

제1요건에 대해서는 특허청구범위에 기재된 구성과 대상제품 등의 다른 부분이 특허발명의 본질적 부분이 아니라는 것을 의미한다고 해석하는 설(본질적 부분설)과, 치환된 부분을 포함하는 대상제품 등이 전체로서 특허발명의 기술적 사상의 범위내에 있다는 것을 의미한다고 해석하는 설(기술사상 동일설)이 있다(後揭②190頁). ①사건 판결은 본질적 부분설을 채용한 것이라고 하지만, "기술적 사상으로서의 동일성"이라는 문언도 사용되고 있어, 반드시 기술사상 동일성과 다르다는 입장이라고는 말할 수 없다. 그리고 ②사건 판결은 해결수단의 원리가 동일한지 여부를 중시하고 있어, 기술사상 동일설에 가깝다고 생각되지만, 상이점이 본질적 부분인지 아닌지를 판단하고 있으므로, 반드시 본질적 부분설을 부정하는 것은 아니다. 양 판결은 작용효과를 중시하는가(①사건 판결), 그렇지 않고 과제해결수단의 원리를 중시하는가(②사건 판결)라는 점에서, 뉘앙스가 다른 것처럼 보이기도 하지만, 모두 특허청구범위에 기재된 구성의 일부를 형식적으로 도출한 것이 아니고, 본 건 명세서의 기재 및 출원시의 공지기술을 참작하여 본질적 부분을 인정하고 있는 것 외에, 출원과정도 언급하고 있어, 양자의 상이는 단순히 표현상의 상이에 지나지 않는 것으로도 생각된다. 또한, 제1요건을 필요로 하는 이유는 제2요건 및 제3요건만을 요건으로 하면 균등이 성립되는 범위가 너무 광범위하게 되기 때문이라고도 말한다(後揭③142頁, 後揭①57頁〔三村量一発信〕). 제2요건은 완전하게 동일한 작용효과를 나타내는 것까지는 필요하지 않고, 대상

제품 등의 효과가 보다 크거나 또는 넓다고 하더라도(또는 보다 작거나 또는 좁다고 하더라도), 실질적으로 동일한 작용효과라면 만족된다고 생각된다(後揭②190頁). ②사건 판결은 제1요건의 판단에 앞서, 제2요건을 판단하여 그것을 긍정하고 있다.

3. 제3요건(치환용이성)

제3요건에 대해서는 기준시를 "대상제품의 제조 등의 시"로 하는 것이라는 의의가 있고 또한, "용이하게 도달하는 것이 가능했다"의 의미와 "해당 발명이 속하는 기술의 분야에 있어서 통상의 지식을 가진 자" 내지는 "당업자"의 의미에 대하여, 특허법 제29조 제2항에 대한 진보성이나 당업자와 다르게 논하지만, 여기서의 "당업자"란 특허법 제36조 제4항의 당업자이고, "용이하게 도달하는 것이 가능했다"라는 것은 "당업자라면 누구든지, 특허청구범위에 명기되어 있는 것과 동일하게 인식가능한 정도의 용이함"(東京地判 平成 10. 10. 7. 判時1657号 122頁―本書年67事件)으로 해석하는 것이 유력하다(後揭②190頁). ①사건 판결은 "특단의 추가 실험을 실시하는 일 없이"라고 서술하여, 명세서의 기재에 더하여 대상제품 등의 제조 등의 시점에 있어서 공지기술을 참작할 수 있는 것 등에는 특허법 제36조에 있어서 실시가능 요건에 준하는 기준을 판시하고 있다.

4. 제5요건(의식적 제외 등의 특단의 사정의 부존재)

東京地裁에서는 출원과정에서 특허청구범위가 감축된 이유에 관계없이 제5요건을 부정하는 판결이 적지 않다(東京地判 平成 11. 6. 29. 判タ1010号 280頁―本百選〈第3版〉78事件, 東京地判 平成 11. 6. 30. 判時1696号 149頁). ②사건 판결도 제5 요건에 대하여 판단하고 그것을 부정하고 있다. 이에 대하여, 大阪地判에서는 출원과정에서 특허청구범위가 축소된 경위가 있음에도 불구하고, 제5 요건을 긍정하여 균등을 인정한 판결이 복수 존재한다(大阪地判 平成 11. 5. 27. 判時1685号 103頁―本百選〈第3版〉76事件의 原審, 大阪地判 平成 12. 5. 23. 判工2期版5405의104頁). 또한, ①사건 판결은 제5요건을 판단하고 있지 않다(관련하여, X는 '보정은 특허법 제36조의 요건에 적합시키기 위한 것이라는 취지의 주장'을 하고 있다).

〈참고문헌〉

1. 牧野利秋監修, 本間崇編『座談会 特許クレーム解釈の論点をめぐって』[2003] 53頁
2. 西田美昭 "侵害訴訟における均等の法理"牧野利秋=飯村敏明編 『新・裁判実務大系(4)知的財産関係訴訟法』[2001] 182頁
3. 三村量一 最判解民事篇平成10年度 112頁

71. 균등성립부정례(2)── 절삭방법(切削方法) 사건

知財高裁 平成 21年(2009년) 8月 25日 判決
[平成 20年(ネ) 第10068호 : 特許權侵害差止控訴事件]
(判時 2059호 125頁, 判タ 1319호 246頁) ◀재판소 Web

愛知靖之(에치 야스유키, 京都大学 准教授) 著
유영선(대법원 재판연구관, 부장판사) 譯

Ⅰ. 사실의 개요

X(원고·항소인)는 발명의 명칭을 「절삭방법」으로 하는 발명에 대하여 특허권(이하, 「본건 특허권」이라고 하고, 그 특허청구범위의 청구항 3 발명을 「본건 발명」이라고 한다)을 가지고 있다. 본건 발명에 관한 절삭방법의 대상물은 「반도체 웨이퍼(ウェ-ハ)」이다. X는 Y(피고·피항소인)에 의한 싱귤레이션(シンギュレション)[1] 시스템 장치(이하, 「Y제품」이라고 한다)의 제조·판매가 본건 특허권을 침해하는 것으로 간주된다(특허법 101조 5호)고 주장하면서, 본건 특허권에 기초하여 Y 행위의 금지 및 불법행위에 기초한 손해배상의 지급을 구하였다. 한편, Y제품에 사용되고 있는 절삭방법(이하, 「Y방법」이라고 한다)의 대상물은 「반도체 패키지(パッケージ)」이다.

원심(東京地判 平成 20. 8. 28. 平19(ワ)19159호)은 본건 특허권의 침해가 성립하는지 여부에 대하여 판단하지 않고, 진보성 흠결로 무효로 되어야 하는 특허이므로 특허법 104조의3에 의해 본건 특허권을 행사할 수 없다고 하여 X의 청구를 기각하였다. 이에 대하여 X가 항소.

Ⅱ. 판   지

知財高裁는 진보성 흠결을 이유로 특허법 104조의3 항변을 인정했으나, 그

---

1) Singulation 공정: 여러 개의 반도체 칩이 하나의 PCB나 Lead Frame에서 제조되어 최종적으로 분리되어 완전한 제품의 형태를 이루게 되는 공정.

에 앞서 Y 방법이 본건 특허권의 기술적 범위에 속하는가 아닌가를 판단하여 문언침해 및 균등침해의 성립을 부정하고, 이에 근거하여 Y 제품의 제조·판매는 간접침해를 구성하지 않는다며 항소를 기각하였다. 균등침해에 관해서는 균등론 적용을 인정하기 위한 5요건 가운데 제4요건과 함께 이하와 같이 판시하여 제5요건의 충족을 부정하고 있다.

㉮ 본건 명세서의 발명의 상세한 설명에는 이하의 기재가 있다.

a. 발명이 속하는 기술분야로서,『본발명은 반도체 웨이퍼, 페라이트(フェライト)[2] 등의 피가공물을 정밀하게 절삭할 수 있는 정밀 절삭장치 및 이것을 이용한 절삭방법에 관한 것이다』… 라는 기재.

b. 발명의 실시 형태로서,『…다이싱(ダイシング) 장치[3](10)를 사용하여 피가공물을 절삭할 때 피가공물은 척(チャック)[4] 테이블(11)에 재치(載置)되어 흡인보지(吸引保持) 된다. 예를 들어, 반도체 웨이퍼를 다이싱(ダイシング)할 때에는…』…『…다이싱 장치(10)를 사용하여 피가공물, 예를 들어 도 2에 나타난 반도체 웨이퍼(14)를 절삭할 때는…』… 라는 기재.

c. 도면의 간단한 설명에서, 도 2에 대하여『절삭의 대상으로 되는 피가공물의 일례인 반도체 웨이퍼를 나타내는 평면도이다』라는 기재.

한편, 본건 특허권의 청구항 1 및 2의 절삭 대상물은 모두 다「둥근 형상의 반도체 웨이퍼」이다.

㉯ 본건 발명의 출원경위는 이하와 같다.

a. 본건 발명은 당초 청구항의 수를 4개로 하고, … 당초의 청구항 1에 관한 … 발명은 장치에 대한 발명이고 절삭 대상을 특별히 한정하는 것은 아니었다.

b. 청구항 3 발명은 당초 청구항 4로 하여 출원된 것인데, 당초부터 절삭 대상물에 대해서는 「반도체 웨이퍼」라고 기재되어 있었다.

c. 동 출원에 대해서는 인용발명 … 에 기초하여 용이하게 발명을 할 수 있다고 하여 거절이유가 통지되었다. 한편, 인용발명 … 에는 「실리콘 웨이퍼(シリコンウェーハー)와 압전(壓電)기판」 등의 절삭 방법이 개시되어 있다. … 당초의 청구항 1 발명은 인용발명 … 에 기초하여 용이하게 발명을 할 수 있다고 하여, 본

---

2) 페라이트(ferrite): 철·코발트·망간·마그네슘 등의 아철산염. 강자성체로 고주파 코일의 자심(磁心) 재료 등에 쓰임.

3) 다이싱(dicing) 장치: 원판 모양의 웨이퍼를 칩(chip) 형태로 자르는 장치.

4) 척(chuck): 공작물 장착용 공구.

건 특허출원에 대하여 거절결정이 되었다.

d. X는 거절결정 불복심판을 청구하고, 그 무렵 발명의 명칭을 '절삭방법'으로 바꾸고 당초의 청구항 1을 삭제하며 본건 발명에 관한 당초의 청구항 4를 청구항 3으로 바꾸는 보정을 하였다.

X는 거절결정 불복심판청구의 이유로서,『절삭 대상이 정방형 또는 장방형의 반도체 웨이퍼인 점 … 과 관련해서 … 독특한 작용효과를 나타내는 것이다. 가령, 절삭 대상이 부정형인 부품(ワ-ク)이라면 … 』라고 기재하고, 그 후 본건 발명에 관한 특허출원은 특허결정 되었다.

㈐ 위 ㈎항 인정의 본건 명세서의 기재에 비추어 보면, X는 피가공물, 즉 절삭 대상물로서 반도체 웨이퍼 외에 페라이트 등이 존재하는 것을 생각하고, 반도체 웨이퍼 이외의 절삭 대상물을 포함한 상위개념에 의해 특허청구범위를 기재하는 것이 용이하였음에도 불구하고, 본건 발명의 특허청구범위에는 굳이 이를 「반도체 웨이퍼」에 한정하는 기재를 한 것이라고 할 수 있다.

또한, 위 ㈏항 인정의 출원경위에 비추어 보더라도, X는 압전(壓電)기판 등의 절삭방법이 개시되어 있는 인용발명 … 과의 관계에서, 본건 발명의 절삭 대상물이 「정방형 또는 장방형의 반도체 웨이퍼」인 점을 서로 다른 점으로서 강조하고, 더구나 절삭 대상물을 반도체 웨이퍼에 한정하지 않은 당초의 청구항 1을 삭제하는 등 본건 발명에서는 의식적으로 「반도체 웨이퍼」에 한정한 것으로 평가할 수 있다.

이와 같이, 당업자라면 당초부터 「반도체 웨이퍼」 이외의 절삭 대상물을 포함한 상위개념에 의해 특허청구범위를 기재하는 것이 용이하였음에도 불구하고, X는 절삭 대상물을 「반도체 웨이퍼」에 한정하여 그것만을 대상으로 특허출원하고, 절삭 대상물을 반도체 웨이퍼에 한정하지 않은 당초의 청구항 1을 삭제하는 등의 행위를 한 것이므로, 외형적으로는 「반도체 웨이퍼」 이외의 절삭 대상물을 의식적으로 제외한 것으로 해석되어도 어쩔 수 없다고 말하지 않을 수 없다.

㈑ 그렇다면, Y 방법은 균등침해의 요건 중 최소한 … ⑤의 요건(제5요건 - 후술)을 결한 것이 명백하다.

Ⅲ. 해 설

1. 最判 平成 10. 2. 24.(民集 52卷 1号 113頁[볼스플라인(ボ-ルスプライン) - 본서 66

사건])은 균등론의 적용을 인정하기 위한 5개의 요건을 명확히 하였다. 본 판결은 그중 제5요건(대상 제품 등이 특허발명의 특허출원 절차에서 특허청구범위로부터 의식적으로 제외된 것에 해당하는 등의 특단의 사정이 없을 것)에 대해서 흥미로운 깊이 있는 판시를 한 다음 그 충족성을 부정하고 있다. 판례에서 균등론을 부정하기 위해 자주 사용되고 있는 것이 제1요건에 이어서 그 제5요건인데, 본건도 여기에 하나의 사례를 추가하는 것으로서 금후의 실무에서 참고가 될 것이라고 생각된다. 이하, 본 항에서는 이 제5요건에 관한 판시 부분만을 대상으로 해설을 부가한다(특허법 104조의3에 관한 판시 부분에 대해서는, 三山峻司先生・松村信夫先生還曆記念『最新知的財産判例集』[2011], 222-228頁(大友信秀)을 참조).

2. 본 판결은 제5요건을 부정하는 데에, 명세서의 기재를 바탕으로 출원시에 페라이트 등「반도체 웨이퍼」이외의 절삭 대상물이 존재하고, 또한 당업자라면 이를 청구항에 기재하는 것이 가능하였다는 점을 하나의 근거로 들고 있다.

판례・학설에서는 종래부터 출원 당초에 동효재(同効材)[5)](가 청구항에 기재되지 않았다고 하는 한 가지 사정을 들어 당해 동효재(同効材)에 대한 균등론 적용을 부정하는 것에 반대하는 입장이 우세하였다(대표적인 것으로는, 名古屋地判 平成 15. 2. 10. 判時 1880号 95頁[압류체 실린더(壓流體 シリンダ)], 名古屋高判 平成 17. 4. 27. 平15(ネ)277号 등(위 판결의 항소심), 知財高判 平成 18. 9. 25. 平17(ネ)10047号[에어마사지(エアマッサージ) 장치 - 본서 84 사건]. 設樂隆一「ボールスプライン事件最高裁判決の均等論と今後の諸問題」牧野利秋判事退官記念『知的財産法と現代社會』(1999) 314頁, 同「クレーム解釋手法の推移と展望」金判 1236号 56頁, 塩月秀平「技術的範圍と均等」앞서의 牧野判事退官記念 106頁, 布井要太郎「均等論の適用要件」知財管理 55巻 13号 2023頁, 田村善之「均等論における本質的部分の要件の意義 - 均等論は『真の發明』を救濟する制度か?」同『特許法の理論』(2009) 105-106頁, 110-112頁[初出, 知的財産法政策學研究 22号] 등). 전체의 출원에 대해 모든 침해태양을 예측한 완전한 청구항 작성을 출원인에게 요구할 수 없는 점, 또는 사회적으로 보더라도 너무나 큰 비용이 드는 점이 그 근거이다. 피의침해자 측이 청구항과 명세서를 본 다음 청구항의 간극을 찌른 실시형태를 선택할 수 있는 것과의 균형상, 출원 시에 존재하고 있었던 동효재(同効材)를 청구항에 기재하지 않았다고 하여 출원인・특허권자에 대한 보호를 피의침해자보다도 열후하게 해서는 안 된다고 말하는 것이다. 실제로 볼스플라인 최고재판소 판결의 5요건 중에

---

5) 동효재(同効材): 동일한 효과를 나타내는 재료.

이와 같은 케이스에서 균등을 부정하는 사고방식이 명시적으로 반영되어 있는 것은 아니다.

한편으로는, 출원 시에 존재하고 있던 동효재(同效材)에 대하여, 당업자라면 이를 청구항에 기재할 수 있었음에도 불구하고 출원인이 기재를 하지 않았던 경우에 균등론의 적용을 부정해야 한다고 말하는 입장도 유력해지고 있다(대표적으로는, 東京高判 平成 11. 6. 24. 平10(ネ)1861号[카트리지(カトーリッジ)], 知財高判 平成 17. 12. 28. 平17(ネ)10103号[시공면 부설 블록(ブロック)]. 三村量一・最判解民事篇 平成 10年度 (上) 156頁, 大野聖二「均等論における本質的部分及び意識的除外」知財管理 54巻 9号 1345頁, 愛知靖之 「出願時におけるクレームへの記載可能性と均等論」中山信弘先生還暦記念 『知的財産法の理論と現代的課題』(2005) 223-232頁, 高林龍『標準特許法(第4版)』(2011) 153-156頁. 中山信弘『特許法』(2010) 403頁도 이 입장에 호의적이다). 이들 입장도 모든 침해태양을 예측한 완벽한 청구항 작성을 요구하고 있는 것은 아니다. 가령 특정의 기술이 출원 시에 현실로 존재하고 있었다고 하더라도 당업자에게 치환용이성이 없고 이를 포함한 형태로 청구항을 기재할 수 없었던 경우에는, 그 기재를 하지 않은 출원인에 대하여 귀책성을 인정할 수 없다. 반대로, 당업자가 그 존재를 알 수 있고 치환 용이한 동효재(同效材)라면, 이것 역시 당업자인 출원인 자신이 청구항에 기재하는 것은 하등 불가능하지 않았던 것이다. 따라서 군이 기재를 하지 않았던 것이 외형적으로 청구항으로부터 당해 동효재(同效材)를 「의식적으로 제외하였다」고 평가되어 균등론의 적용이 부정되더라도 어쩔 수 없다. 혹은, 이 견해의 배후에는 기술적 범위 확정의 기초가 되는 청구항을 가능한 한 명확하게 하려고 하는 의도가 있는 것인지도 모른다.

한편, 출원 시에 청구항으로 기재가 가능하였다는 것만을 가지고 균등론을 부정해야 하는 것은 아니라고 주장하는 견해 중에도, 명세서 중에 특정의 기술에 한정되는 취지를 강조하는 기재가 있었던 경우(앞서의 카트리지 사건도 이 케이스에 해당한다)에는, 명세서의 기재에 기초하여 특정되는 기술사상을 피의 침해물건이 사용하고 있지 않다고 하여, 볼스플라인 사건 최고재판소 판결의 제1요건(본질적 부분)을 부정하여 균등론을 배척해야 한다고 주장하는 견해도 있다(田村, 앞의 논문, 123頁 注40).

3. 본 판결도 균등론을 부정하는 견해와 기본 사상을 같이하는 것으로 일단은 평가할 수 있다. 다만, 판지는 출원 시에 청구항으로의 기재 가능성이 있었다

는 점만을 가지고 제5요건을 부정하고 있는 것은 아니다. 진보성 결여를 이유로 하는 거절을 회피하기 위하여 절삭 대상물을 특정하고 있지 않았던 청구항 1을 삭제하는 것과 함께, 절삭 대상물을 반도체 웨이퍼로 함으로써 발명이 특유의 작용효과를 나타내는 취지를 주장하여 종래기술과의 다른 점을 강조하고, 그 결과로서 특허결정에 이르렀다고 하는 사정도 제5요건 배척의 근거가 되고 있다. 이것이야말로 의식적 제외(심사경과금반언)의 전형적인 케이스밖에 되지 않는다. 본 판결은 어디까지나 출원 시에 청구항의 기재 가능성과 심사경과금반언의 2가지 이유를 종합하여 제5요건 충족을 부정한 사례에 지나지 않는 것이다. 여기에서 본 판결의 특징을 찾아낼 수 있을 것이다.

〈참고문헌〉
본문 중에 기재된 것

72. 간접침해의 성부(1)── 제빵기 사건

大阪地裁 平成 12年 10月 24日 判決
[平成 8年(2000년)(ワ) 第12109호 : 特許權等侵害行爲差止請求事件]
(判タ 1081호 241頁) ◀재판소 Web

緒方延泰(오가타 노부야수, 弁護士) 著
우라옥(의정부지방법원 판사) 譯

Ⅰ. 사실의 개요

X(원고)는 제빵 방법에 관한 방법의 발명(본건 발명)에 대한 특허권(본건 특허권)을 가지고 있고, 그 특허청구의 범위는,「이스트균과 물과의 접촉을 피하면서, 물과, 소맥분, 유지 등의 빵 재료와 이스트균을 제빵 용기 내에 그 순서대로 넣어, 그대로 방치하고, 그 후 타이머에 의해 반죽, 발효, 굽기 등의 제빵 공정으로 이행하는 것을 특징으로 하는 제빵 방법」이다.

그런데, Y(피고)는, 빵 용기가 물과 빵 재료와 이스트균을 넣는 구조로 되어 있고, 또한 투입 후, 반죽(혼날, 섞어 반죽하는 것) 내지는 발효 등의 공정개시시각을 제어하는 타이머가 구비된 제빵기(Y제품)를, 일반소비자용으로 제조하고 있다. 즉, 취급설명서는 빵 용기에, 우선 물, 다음에 소맥분 및 유지 등의 빵 재료, 마지막으로 이스트균을 투입하라고 지시하고 있다. 또한 Y제품은 타이머기능을 사용하지 않아 산형 빵(볼록하게 산처럼 솟은 식빵, 잉글리쉬 브레드, 이하 '산형 빵'이라고만 한다)을 굽거나, 소성(높은 온도로 굽는 것을 말함, 이하 '소성'이라고만 한다)기능을 사용하지 않고 크로와쌍 등의 빵 반죽덩어리(생지)를 만들기 위해서만 사용하는 것도 가능하고, 취급설명서에도 그 취지를 기재하고 있다. 그리고 Y는, Y제품을 ① 일본에서 제조하고 일본에서 판매, ② 일본에서 제조하고, 미국에 수출(외국양도), ③ 중국에서 제조한 제품을 일본을 경유하지 않고 미국에 수출(일본불개재양도)하여왔다.

X는, 2002년(평성 14년) 개정 전의 특허법 101조 2호(현행 평성 18년 개정법의

101조 4호에 상당)에 기하여, Y제품은 본건 발명의 실시에[만] 사용하는 물건이라고 주장하고, 또한 간접침해는 직접침해의 존재를 전제로 하는 것은 아니라는 등도 주장하면서, 이에 기해 Y의 상기 ① 내지 ③의 행위는 전부 본건 특허권의 간접 침해를 구성하는 것으로서, Y에 대해 금지(Y제품의 제조, 판매, 수입의 금지 및 Y제품 및 반제품의 폐기청구) 및 손해배상을 청구했다.

반면, Y는 타이머기능을 사용하지 않는 방법이 있는 이상, Y제품은 본건 발명의 실시에[만] 사용하는 물건이라고 말할 수 없다고 주장하여 간접침해를 부정하고, 또한 간접침해는 직접침해의 존재를 전제로 하는 것인 고로, 외국양도 내지 일본을 개재하지 않고 양도된 Y제품에 대해서는 일본에서 본건 발명을 실시하지 않고 있는 이상, 간접침해가 성립할 여지는 없다고 주장하면서 다투었다.

Ⅱ. 판　지

일부 인용(일본국내용의 제품 등에 대해서만 제조, 판매의 금지 등을 인용).

(i) 「에만」요건의 해석

「특허법 제101조 제2호가, 특허권을 침해하는 것으로 보는 행위의 범위를, 그 발명의 실시 『에만』 사용하는 물건을 생산, 양도 등 하는 행위만으로 한정한 것은, … 그와 같은 성질을 가진 물건이라면, 그것이 생산, 양도 등 되는 경우에는 침해행위(실시행위)를 유발할 개연성이 지극히 높기 때문에, 그 생산, 양도 등을 규제하여도 특허권의 효력의 부당한 확장으로 되지 않는다는 취지에서 나온 것이라고 해석된다. 그래서 그와 같은 관점에서 보면, 그 발명의 실시 『에만』사용하는 물건이라는 것은, 당해 물건에 경제적, 상업적 또는 실용적인 다른 용도가 없는 것이 필요하다고 해석하는 것이 상당하다. 왜냐하면, 업(業)으로서 제조, 양도 등 되는 물건이 당해 발명의 침해행위(실시행위)를 유발할 개연성이 지극히 높다고 할 수 있는가 아닌가는, 그 물건의 경제적, 상업적 또는 실용적인 용도의 유무라고 하는 관점으로부터 판단하여야 하는 것이기 때문이다.」

(ii) 복수기능과 「에만」 요건

「어떤 물건이, 당해 특허발명을 실시하는 기능과 실시하지 않는 기능의 복수의 기능을 번갈아 사용하는 것이 가능한 구조로 되어 있어서, 당해 발명을 실시하지 않는 사용방법 자체가 존재하는 경우이어도, 당해 특허발명을 실시하지 않는 기능만을 계속 사용하기 때문에 당해 특허발명을 실시하는 기능은 전혀 사용하지 않는다고 하는 사용형태가, 당해 물건의 경제적, 상업적 또는 실용적인 사용형태로서 인정되지 않는 한, 당해 물건을 제조, 판매 등 하는 것에 의해서 침해행위(실시행위)가 유발될 개연성이 지극히 높은 것에 변화는 없다고 하여야 하기 때문에, 즉, 『그 발명의 실시에만 사용하는 물건』에 해당한다고 해석하는 것이 상당하다.」

(iii) 본건 사안에의 적용

「Y는, Y제품에 있어서, 타이머 기능 및 소성기능을 중요한 기능의 하나로 위치지우고 있다고 인정되고, 또 사용자인 일반소비자로부터 보아도, 제빵기라고 하는 물건의 성질상, 타이머 기능 및 소성기능이 있는 제빵기를, 타이머 기능이 없는 제빵기 및 소성기능이 없는 제빵기(반죽만들기 전용의 기기)와 비교한 경우, 그러한 기능의 존재가 수요자의 상품선택상의 중요한 고려요소로 되어, 고객흡인력의 중요한 원인으로 되어 있는 것은 용이하게 상상될 수 있는 것이다.

그렇다면, 그와 같은 타이머 기능 및 소성기능이 부가되어 있는 Y제품을 일부러 구입한 사용자가, 동제품을, 타이머 기능을 사용하지 않는 사용 및 소성기능을 사용하지 않는 사용방법에만 계속 사용한다는 것은, 실용적인 사용방법이라고 할 수 없고, 그 사용자가 타이머 기능을 사용하여 산형빵을 소성하는 기능을 이용하는 것에 의해, 본건 발명을 실시할 고도의 개연성이 존재한다고 인정된다. 따라서 Y제품에 본건 발명과의 관계에서 경제적, 상업적 또는 실용적인 다른 용도는 없다고 하여야 하고, Y제품은, 본건 발명의 실시에만 사용하는 물건이라고 인정된다.」

(iv) 간접침해조항에서 말하는 「실시」와 속지주의

「본래, 일본국외에 있어서, 일본에서 특허를 받은 발명의 기술적 범위에 속하는 방법을 사용하여 그 가치를 이용하여도, 일본의 특허권을 침해하는 것으로는 되지 않는다. 그것은, 일본에서의 특허권이, 일본의 주권이 미치는 일본국내에 있어서만 효력을 가짐에 지나지 않는 것에 동반하는 내재적인 제약에 의한 것이고, 그와 같은 견지에서, 특허법 제2조 제3항에서 말하는 『실시』는, 일본국 내에서의 것만을 의미하는 것이라고 해석하여야 한다. 그렇다면, 외국에서 사용되는 물건에 관해서까지 『그 발명의 실시에만 사용하는 물건』으로서 특허권의 효력을 확장하는 경우에는, 일본의 특허권자가, 본래 당해 특허권에 의해서 전혀 향수할 수 없는 것이, 외국에서의 실시에 의한 시장기회의 획득이라고 하는 이익까지도 향수할 수 있는 것으로 되어, 부당히 당해 특허권의 효력을 확장하는 것

으로 된다고 할 수밖에 없다… 따라서,『그 발명의 실시에만 사용하는 물건』에서
의『실시』는, 일본국 내에서의 것에 한한다고 해석하는 것이 상당하」다.

Ⅲ. 해 설

1. 간접침해의 의의

발명이나 창작이 사회에서 효용을 발휘하는 것은, 결국에는, 그 발명인 물건
이나 방법의「사용」혹은 저작물의「감상」에 의한 것일 것이다. 특허제도나 저작
권제도는 이러한「사용」내지「감상」에 의한 효용향수의 기회부여를 콘트롤하는
권한을 발명자 내지 창작자에게 부여하는 것에 있다고 해도 좋다. 다시 말해서,
최종수요자에 대한 효용향수기회부여의 당부를 결정하고, 또한 기회를 부여하는
경우의 대가수수를 발명자 내지 창작자에게 최종적으로 귀속시키기 위한 제도라
고 볼 수 있는 것이다. 따라서 발명 내지 창작에 관한 독점권은 이러한 목적에 합
치하는 권리로서 설계되어질 수 있다(따라서, 현행의 특허법 101조는「물」에 관한 행위
만을 대상으로 하고 있지만, 적어도 입법론으로서는 교조적으로「물」에 얽매일 필요는 없다).

그리고 사회에 있어서 효용을 발휘할 수 있는 완성형의 물, 방법이나 저작물
을 총칭해서「완성콘텐츠」라고 칭하자. 저작물의 경우, 통상, 완성콘텐츠는, 유통
과정에서 재차 완성콘텐츠의 형을 갖는 것은 아니고, 용이하게 완성콘텐츠로서
생성되어, 동일성을 잃지 않고 유통되어지는 것이 통례이다. 그러므로 저작권제
도는, 완성콘텐츠의 유통이 시대의 추이로서 비약적으로 용이성을 계속 증대시켜
가는 것에 부응하여, 상시 수정이 가하여지고 있다. 그러나 특허발명의 경우에
는, 특허청구의 범위에 의해 정의되어진 완성콘텐츠는 완성되기까지의 사이에 복
수의 당사자가 관여하고, 여러 개의 공정을 경유하는 것이 비교적 많다. 이것은,
말하자면 몇 갠 가의 수류가 수상에서 각각의 분지를 반복하면서, 상호합류해서,
최종적으로 완성콘텐츠에 상당하는 큰 수류를 만드는 상태에 비유할 수 있다. 직
접침해에 대한 금지라는 것은, 완성콘텐츠를 이루는 최종수류를 차단하는 것이
다. 그러나 이것만으로는 최종적인「사용」기회를 부여하는 콘트롤수단으로서는
무력하다고 하는 것이 사회적 사실이라면, 보다 상류의 수류를 차단할 수 있는
수단을 사용해야만 하지 않을까. 이러한 수단을 마련하는 것이 간접침해제도이
다. 그러나 이러한 경우, 상류의 수류를 차단한다면, 차단의 대상이 되는 수류가
그 하류에서 복수로 나누어져, 일방은 완성콘텐츠에 이르지만, 그 외의 수류에도

합류하고 있는 경우, 다른 효용향수의 기회를 차단하고 마는 가능성이 있다. 따라서 어떠한 범위의 상류과정까지를 차단할 수 있는가 하는 점에 조정이 필요하다. 특허법 101조는 1호·4호의 「에만」요건(전용품조항), 2호·5호의 요건(비전용품조항) 등에 있어, 그러한 조정을 기도하고 있다. 즉, 상류의 수류의 유사성(아날로지)에 있어서 명백하지만, 완성콘텐츠에 이르기까지 차단할 수 있는 수류의 수(제조, 판매 등, 권리침해메뉴의 저촉의 수)는 종의 계에 있어 차단기회를 여하히 설정하는가 하는 설계과정에 의해 결정되는 문제이다. 따라서 효용향수의 대가 수수 기회상실(손해)이라고 하는 황의 계와는 비례하지 않는다는 것에 주의해야 한다.

2. 종속설과 독립설

간접침해성립의 전제로서, 직접침해가 적어도 성립할 수 있는 것이 필요한 것인가 아닌가의 점에 관해, 필요하지 않다는 입장(독립설)(동경재재 소화 56. 2. 25. 판시1007호72면 등 참조)과 필요하다는 입장(종속설)(대판지판 평성 원. 4. 24. 판시1315호 120면 등 참조)이 있다고 말하여지지만, 어떠한 최종수요자에 대한 효용향수(사용)의 기회부여에 관한 콘트롤 권한을 특허권자에게 부여해야하는가 라는 관점에서 사안의 유형에 따라 간접침해의 당부를 판단하는 것이 적절하다고 하는 절충설이 유력하다(中山信弘『특허법』[2010] 324면). 본 재판례는 가정 내 사용의 사안으로서 직접침해의 성립 여지는 없는 유형이지만, 본판결은, 특허법 101조 4호에는 「그 방법의 사용」이라고만 하고 있고, 「업으로서의」는 아니라는 문언해석의 원용 하에, 간접침해의 성립을 인정하고 있다.

3. 전용품조항의 요건

특허법 101조 1호·4호는, 물의 발명에 관해서 물의 생산 「에만」사용하는 물, 내지 방법의 사용 「에만」사용하는 물의 제조 등을 간접침해라고 규정하고 있다(전용품조항). 전용품조항에 대해서는, 복수의 용도를 상정할 수 있는 물, 즉 하류가 실시 이외의 용도에도 분지하고 있는 물(복수기능사례)에의 적용범위가 문제로 된다. 본 판결은, 특히 최종수요자에 있어 효용이 높다고 생각되는 기능이 부가되어 있는 경우에, 이론적으로는 당해기능을 사용하지 아니하는 용법이 있다고 해도, 효용의 높은 점 등에 의해 일반적으로는 당해 기능이 사용될 개연성이 사실상 추정되는 것이기 때문에, 피고가 그것을 복멸하는 정도로 입증하지 않는 한, 경제적, 상업적 또는 실용적인 다른 용도 없이 「에만」에의 요건충족을 인정하는 것이라고 판단한 재판례이고, 타당한 평가이다(牧野利秋편『재판실무대계(9)』 [1985] 265면[松尾和子], 牧野利秋=飯村敏明편『신·재판실무대계(4)』[2001] 260면[杜下弘記], 田村善之 재판실무대계(『지적재산법[제5판]』[2010] 265면 등 참조).

4. 비전용품조항에 관한 검토

본 판결 후, 특허법 개정에 의해, 특허법 101조 2호·5호가 추가되어졌다(비전용품조항). 만약, 본건이 그 개정 후의 사건이라면, 원고가, 피고가 특허권의 존재를 알고 있었다는 것을 입증한다면, 동호에 의한 간접침해가 성립된다고 생각한다.

5. 속지주의와의 관계

본 판결은, 외국수출용의 제품에 대해서는, 간접침해의 성립을 부정했다. 특허권이 국내에 있어 최종수요자의 효용을 향수하는 기회를 콘트롤하는 권리라는 파악을 관철한다면, 이러한 결론도 있을 수 있지만, 그러나, 국내제품에 의한 직접침해의 성부에 대해서는 외국수출의 가능성 여하를 문제시하고 있지 않다는 것, 특허법 101조 3호·6호가 수출목적으로의 소지를 금지의 대상으로 하고 있다는 것을 고려하면, 적어도 현행법 하에 있어서는 밸런스를 흠결하고 있는 것으로 생각한다.

〈참고문헌〉
본문의 것 외
1. 中山信弘=小泉直樹編「新·注解特許法(下)」[2011] 1470頁[渡辺光]
2. 三村量一「非専用品型間接侵害の問題点」知的財産法政策学研究例判19号 85頁
3. 田村善之「多機能型間接侵害制度による本質的部分の保護の適選否」知的財産法政策学研究15号 167頁
4. 飯村敏明=設樂隆一 偏著「知的財産関係訴訟」[2008] 107頁[吉川泉]

73. 간접침해의 성부(2)— 一太郎 事件

知財高裁 平成 17年(2005년) 9月 30日 判決
[平成 17年(ネ) 第10040호 : 特許權侵害差止控訴事件]
(判時 1904호 47頁, 判タ 1188호 191頁) ◀재판소 Web

奧邨弘司(오쿠무라 코오지, 神奈川大學) 著
성창익(변호사) 譯

I. 사실의 개요

X(원고·피항소인)는 화면상의 제1 아이콘을 클릭한 후에 제2 아이콘을 클릭하면 제2 아이콘의 기능 설명이 표시되는 것을 특징으로 하는 정보처리장치에 관한 발명(본건 제1·2 발명)과, 위 특징에 대응하는 정보처리방법에 관한 발명(본건 제3 발명)으로 된 본건 발명에 관하여 특허권(본건 특허권)을 가지고 있다. 본건 발명은 키워드를 입력하지 않으면 기능 설명을 받을 수 없다고 하는 종래 기술의 과제 해결을 목적으로 하고 있었다.

한편, Y(피고·항소인)가 제조·판매하는 워드프로세서 등의 소프트웨어(Y제품)로는 화면상의 헬프모드 버튼을 클릭한 후 정보처리 버튼을 클릭하면 그 기능이 설명되도록 되어 있었다.

X가 Y에 의한 Y제품의 업으로서의 제조·양도 등, 양도 등의 청약은 본건 제1·2 발명에 관하여는 특허법 101조 2호의 간접침해에 해당하고 본건 제3 발명에 관하여는 같은 조 4호(현 5호)의 간접침해에 해당한다고 주장하여 위 행위 금지 및 Y제품의 폐기를 구한 것이 본건이다.

원심판결(東京地判 平成 17. 2. 1. 判時 1886호 21頁)은 Y의 위 행위는 X가 주장하는 간접침해에 해당하고, 또한 본건 특허에 관하여 진보성의 결여에 의한 무효이유가 존재한다는 점이 명백하지 않기 때문에 X의 청구는 권리남용에는 해당하지 않는다고 해서 X의 청구를 인용하였다. 이에 불복한 Y가 항소하였다.

Ⅱ. 판   지

지적재산고등재판소는 본건 제1 · 2 발명에 관하여 간접침해의 성립을 인정하는 한편, 본건 제3발명에 관하여는 간접침해의 성립을 부정하였다. 다만, 지재고재는 본건 특허는 진보성의 결여에 의하여 무효로 되어야 하므로 특허법 104조의3 1항에 따라 X는 특허권을 Y에 행사할 수 없다고 하여 원심판결을 취소하고 X의 청구를 기각하였다. 이하는 간접침해에 관한 부분의 판시이다.

(i) "우선 위 …와 같이, 'Y제품을 인스톨한 PC(개인용 컴퓨터)'는 본건 제1, 제2 발명의 구성요건을 충족하는 물건인바, Y제품은 위 PC의 생산에 사용되는 물건이다. 즉, Y제품의 인스톨에 의하여 헬프 기능을 포함한 프로그램 전체가 PC에 인스톨되어 본건 제1, 제2 발명의 구성요건을 충족하는 'Y제품을 인스톨한 PC'가 비로소 완성되는 것이기 때문에 Y제품을 인스톨하는 것은 위 PC의 생산에 해당하는 것이라고 하여야 한다."

"'Y제품을 인스톨한 PC'에서는 위와 같은 구성[해설자주: X가 과제 해결을 위하여 채택한 구성]은 Y제품을 인스톨하는 것에 의하여 비로소 실현되는 것이기 때문에, Y제품은 본건 제1, 제2 발명에 의한 과제 해결에 불가결한 물건에 해당한다고 하여야 한다.

또한, 특허법 101조 2호 소정의 '일본 국내에서 널리 일반에 유통되고 있는 물건'이라 함은 전형적으로는 나사, 못, 전구, 트랜지스터 등과 같은, 일본 국내에서 널리 보급되어 있는 일반적인 제품, 즉 특별주문품이 아니고, 다른 용도에도 쓸 수 있으며, 시장에서 일반적으로 입수 가능한 상태에 있는 규격품, 보급품을 의미하는 것이라고 해석함이 상당하다. 본건에서 Y제품을 헬프 기능을 포함한 형식으로 PC에 인스톨하면 반드시 본건 제1, 제2 발명의 구성요건을 충족하는 'Y제품을 인스톨한 PC'가 완성되는 것이고, Y제품은 본건 제1, 제2 발명의 구성을 가지는 물건의 생산에만 쓰는 부분을 포함하는 것이기 때문에, 위 호에서 말하는 '일본 국내에서 널리 일반에 유통되고 있는 물건'에 해당하지 않는다고 하여야 한다."

"이상에 의하면, Y가 업으로서 Y제품의 제조, 양도 등 또는 양도 등의 청약을 하는 행위에 관하여는 본건 제1, 제2발명에 관하여 특허법 101조 2호 소정의 간접침해가 성립한다고 하여야 한다."

(ii) "위 …와 같이, 'Y제품을 인스톨한 PC'에 관하여 이용자(유저)가 '一太郎

(이치타로)' 또는 '花子(하나코)'를 기동해서 별지 가호 물건목록 또는 나호 물건목록의 '기능' 기재란의 상태를 만들어낸 경우에는 방법발명인 본건 제3 발명의 구성요건을 충족하는 것이다. 그렇다면 'Y제품을 인스톨한 PC'는 그와 같은 방법에 의한 사용 이외에도 용도를 가지는 물건이라고는 하더라도 위 회[해설자주: 현 101조 5회]에서 말하는 '그 방법의 사용에 쓰는 물건 …이어서 그 발명에 의한 과제해결에 불가결한 물건'에 해당하는 물건이라고 하여야 하기 때문에 당해 PC에 관하여 생산, 양도 등 또는 양도 등의 청약을 하는 행위는 위 호 소정의 간접침해에 해당할 수 있는 것이라고 하여야 한다. 그렇지만 한편, 위 호는 그 물건 자체를 이용해서 특허발명에 관련된 방법을 실시할 수 있는 물건에 관하여 이를 생산, 양도 등을 하는 행위를 특허권침해로 보는 것이고, 그와 같은 물건의 생산에 쓰이는 물건을 제조, 양도 등을 하는 행위를 특허권침해로 보고 있는 것은 아니다. 본건에서 Y가 행하고 있는 행위는 당해 PC의 생산, 양도 등 또는 양도 등의 청약이 아니라, 당해 PC의 생산에 쓰이는 Y제품에 관한 제조, 양도 등 또는 양도 등의 청약에 지나지 않기 때문에 Y의 위 행위가 위 호 소정의 간접침해에 해당한다고는 할 수 없다."

Ⅲ. 해   설

1. 본건 발명이 출원된 1989년 당시는 프로그램 관련 발명에 관하여 프로그램 자체를 청구할 수는 없고, 또한 기록매체 청구항(1997년부터)조차 인정되고 있지 않았기 때문에 변칙적이기는 하지만 정보처리 '장치'나 '방법'에 관한 발명으로서 출원할 수밖에 없었다. 결과, 침해의심물건이 워드프로세서 전용기와 같이 하드웨어와 소프트웨어가 일체라면 또 몰라도, 본건의 Y제품과 같이 PC에 인스톨되는 프로그램제품으로서 제조·판매되면 직접침해는 성립하지 않게 된다(中山信弘 『特許法』[2010] 326頁 注11 참조).

이 점, 유저가 PC에 프로그램을 인스톨하는 것에 의하여 특허발명에 관련된 장치가 생산된다고 해석할 수 있다면 당해 프로그램의 제조·판매는 위 장치의 생산에 쓰는 물건의 (업으로서의) 생산·양도로서 간접침해(특허 101조 1호 또는 2호)가 성립할 여지가 생기게 된다(帖佐隆·発明102巻12号 95-96頁, 茶園成樹·ジュリ1316号 17-18頁 참조).

판지는 본건 제1·제2 발명의 구성요건을 충족하는 장치를 Y제품을 인스톨한 PC라고 파악한 다음, 위 인스톨을 (법인 등에 의한 경우를 염두에 두고, 업으로서의) 생산에 해당한다고 하였다. 생산이라는 말의 통상의 어감으로부터는 멀고 기교적인 느낌도 들지만, 범용정보처리장치인 PC는 프로그램이 인스톨되고 나서 비로소 특정 기능을 가지는 정보처리장치로 된다는 이해에 기한 판단일 것이다(茶園·前揭18頁, 山神淸和·知財管理56卷2号 196頁, 愛知靖之·L&T31号 68頁 참조).

2. 특허법 101조 1호의 간접침해는 특허발명에 관련된 '물건의 생산에만 쓰는 물건'에 적용이 한정된다. 이 점, Y제품을 PC에 인스톨하면 본건 제1·제2 발명이 대상으로 하는 기능 이외의 기능도 실현된다. 결과, 다기능이어서 '만'이 아니라고 하여 1호 간접침해는 성립하지 않을 가능성이 있다(帖佐·前揭 95-96頁, 中山·前揭 326-327頁 참조). 대하여, 2호의 간접침해는 '물건의 생산에 쓰는 물건'이라고 규정하고 '만'이라는 것을 요구하지 않기 때문에 본건에서는 2호 간접침해의 성립 여부가 다투어졌다(판지 (i) 관련).

하지만, 2호 간접침해는 그 성립범위를 한정하기 위하여 (간접)침해의심물건이 특허발명에 의한 과제 해결에 불가결한 물건(이하 불가결품)이라는 점과, 일본 국내에서 널리 일반에 유통되고 있는 물건(이하 일반유통품)이 아니라는 점을 요구한다.

불가결품에 관하여는, 발명의 특징 부분 또는 본질적 부분을 구현한 물건을 의미한다고 해석하는 '본질적 부분설'과, (간접)침해의심물건으로부터 문제가 되는 기능을 제거할 수 있는 경우를 불가결품으로 해석하는 '금지적격성설'이 대립하고 있다. 이 점, 양자를 상호보완적인 것으로 파악해서 중첩적으로 채택하는 '중첩해석설'이 있는데(吉田広志 「多機能型間接侵害についての問題提起－最近の裁判例を題材に」 知的財産法政策学研究8号 164-172頁 참조), 이용 국면에서의 예측가능성을 담보하면서, 침해 국면에서 유연한 금지를 가능케 한다는 점에서 뛰어나다고 생각한다. 판지의 입장은 불분명하나, 본건의 경우는 어느 설에 의하더라도 Y제품이 불가결품이라는 점에 변함이 없다고 할 수 있을 것이다.

그런데, Y제품은 국내에서 널리 일반에 유통되고 있기 때문에 문언적으로는 일반유통품에 해당할 것 같다(上山浩·NBL8号 207頁 참조). 그러나 입법담당자는 일반유통품에 관하여 나사, 못 등을 예로 들어, 특별주문품이 아니라 일반적으로 입수할 수 있는 규격품·보급품을 가리키는 것으로 설명한다(特許庁総務部総務課制度改正審議室編 『産業財産権法の解説 平成 14年 改正』[2002] 28頁 참조)(판지도 같은 취지).

일반유통품은 유통의 광협을 문제 삼는 것이 아니라 범용품을 의미한다고 하는 해석은 본 판결을 포함하여 널리 받아들여지고 있으나, 그것은 조문을 '널리 일반용으로 제공되는(될 수 있는) 물건'이라고 바꿔 읽는 것과 다름없어서(田村善之 「多機能型間接侵害制度による本質的部分の保護の適否—均等論との整合性」知的財産法政策学研究15号 212頁 참조), 입법적 수단의 필요성도 지적되고 있다(上山・前揭 8頁 참조).

　　나아가, 〈판지〉에서는 다루지 않았으나, 2호 간접침해는 주관적 요건도 요구한다. 그러나 금지청구와의 관계에서는 사실심의 구두변론종결 시에 요건이 만족되면 족하다고 일반적으로 해석되고 있어서(본 판결도 그 입장이다), 그 경우 소송 진행과 함께 악의로 되기 때문에 (옳고 그름은 별론으로 하고) 우선 문제로 되지는 않는다(吉田・前揭162-163頁, 田村・前揭 211頁 등 참조).

　　3. 프로그램이 인스톨된 PC를 사용하면 특허발명에 관련된 방법을 사용하는 것으로 된다고 보는 경우 당해 프로그램의 제조・판매는 위 방법의 사용에 쓰는 물건의 (업으로서의) 생산・양도로서 특허법 101조 5호(판결 당시는 4호. 2006년 개정에서 5호로)의 간접침해에 해당할까(판지 (ii) 관련. 현 4호가 적용되지 않는 이유는 위 2 참조).

　　판지는, Y제품이 인스톨된 PC는 본건 제3 발명의 구성요건을 충족하는 방법에 쓰는 물건이라고 하는 한편, Y제품은 그와 같은 물건을 생산하는 물건에 지나지 않는다고 해서 5호 간접침해의 성립을 부정하였다. 이른바 '간접의 간접침해'를 인정하면 침해의 범위가 확대될지도 모른다고 해서 판지에 찬동하는 견해도 있으나(山神・前揭 201頁, 中山・前揭 325頁 참조), Y제품 자체가 방법의 사용에 쓰는 물건이라는 지적이나, 프로그램 관련 발명에 관하여 방법특허밖에 가지고 있지 않은 자의 보호에 미흡하다고 하는 지적 등, 다양한 관점으로부터 판지는 비판받고 있다(上山・前揭 8頁, 愛知・前揭 69-70頁, 茶園・前揭 21-22頁, 上羽秀敏・パテント59卷4号 9-12頁 등 다수).

　　4. 본 판결은 프로그램 관련 발명에 관하여 장치나 방법에 관한 발명으로서 특허를 취득하고 있던 경우의 간접침해의 성립 여부에 관하여 판단한 것으로서의 의의가 있다. 하지만, 물건발명에 관하여는 특허무효로 결착되었기 때문에 2호 간접침해에 관한 설시는 엄밀하게 말하면 방론인 반면, 방법발명의 특허무효 판단은 '만약을 위한' 것이기 때문에 5호 간접침해에 관한 설시는 지재고재 대합

의(大合議) 판단으로서의 선례적 가치를 가진다는 취지의 지적이 있다(三村量一「判例の規範定立機能について」知財管理61卷9号 1309頁 참조).

〈참고문헌〉

본문 중에 언급한 것 외에,

1. 井上雅夫 判評556号(判時1918号) 35頁
2. 美勢克彦 平成17年度主要民事判例解説(判タ1215号) 186頁
3. 竹田稔 『知的財産権侵害要論 特許・意匠・商標編[第5版]』[2007] 238-273頁
4. 中山信弘・小泉直樹編 『新・注解特許法(下)』[2011] 1473-1497頁[渡辺光]

74. 무효이유가 존재하는 것이 명백한 특허권에 기초한 청구와 권리의 남용── 킬비(キルビ─) 사건

最高裁 平成 12年(2000년) 4月 11日 第三小法廷判決

[平成 20年(オ) 第364号 : 債務不存在確認請求 事件]

(民集 54卷 4号 1368頁, 判時 1710号 68頁, 判タ 1032号 120頁) ◀재판소 Web

中山一郎(나카야마 이치로우, 国学院大学 教授) 著

김철환[법무법인(유) 율촌 변호사] 譯

Ⅰ. 사실의 개요

본 건은 X(원고·피항소인·피상고인)에 의한 반도체장치의 제조 판매 행위가 자기가 가지는 특허권(본 건 특허권)의 침해에 해당한다고 주장하는 Y(피고·항소인·상고인)에 대하여 X가 본 건 특허권 침해에 의한 손해배상 청구권이 존재하지 않는 것의 확인을 청구한 사안이다.

발명의 명칭을 「반도체 장치」로 하는 본 건 특허권과 관련되는 발명(본 건 발명)은 킬비(キルビ─)특허로도 불려지며 원출원으로부터 분할 출원(본 건 출원)된 것이다. 또 원출원도 원원출원으로부터 분할 출원된 것이며, 원출원은 그 발명(원발명)의 진보성 결여를 이유로 거절결정이 확정되어 있다. 본 건 발명과 원발명은 실질적으로 동일한 것이다.

제1심(東京地判 平成 6. 8. 31. 判時10号 35頁)은 X의 청구를 인용하고, 원심(東京高判 平成 9. 9. 10. 知的裁集29卷3号 819頁)도 다음과 같이 판단하여 Y의 항소를 기각하였다. 본 건 출원은 분할출원으로서 부적법하기 때문에 원발명과 동일한 발명에 대해 원발명보다 늦게 출원된 것이어서, 본 건 특허는 특허법 39조 1항의 규정에 의해 거절되어야 할 출원에 근거한 것으로서 무효가 될 개연성이 극히 높고, 또 본 건 발명은 진보성이 부족한 원발명과 실질적으로 동일하기 때문에 본 건 특허에는 이 점에 있어서도 무효이유가 내재한다고 하지 않으면 안 되며, 이와 같이 무효로 될 개연성이 극히 높은 본 건 특허권에 근거하여 제3자에 대해 권리를 행사하는 것은 권리의 남용으로서 허용될 수 있는 것이 아니다.

Y가 상고.

Ⅱ. 판 지

상고기각.

「본 건 특허와 같이, 특허에 무효 이유가 존재하는 것이 분명한데 무효심판 청구가 된 경우에는, 무효심결의 확정에 의해 해당 특허가 무효로 될 것이 확실히 예견되는 경우에도 그 특허권에 근거한 금지 손해배상 등의 청구가 허용된다고 해석하는 것은 다음의 여러 가지 점에 비추어 볼 때 상당하지 않다.

(1) 이러한 특허권에 근거하여 해당 발명의 실시행위가 금지되고 이것에 대한 손해배상 등을 청구하는 것을 허용하는 것은 실질적으로 보아 특허권자에게 부당한 이익을 주고 위 발명을 실시하는 자에게 부당한 불이익을 주는 것으로서 형평의 이념에 반하는 결과가 된다. 또 (2) 분쟁은 가능한 한 단기간에 하나의 절차로 해결하는 것이 바람직한 것인데, 위와 같은 특허권에 근거한 침해 소송에 있어서 우선적으로 특허청에서의 무효심판을 경유하여 무효 심결이 확정되지 않으면 해당 특허에 무효 이유가 존재한다는 것을 가지고 특허권의 행사에 대한 방어 방법으로 하는 것이 허용되지 않는다고 하는 것은 특허의 대세적인 무효까지도 요구할 의사가 없는 당사자에게 무효 심판의 절차를 강요하는 것이 되고, 또한 소송 경제에도 반한다. 더구나 (3) 특허법 168조 2항은 특허에 무효 이유가 존재하는 것이 명확한데 앞에서 본 대로 무효로 되는 것이 확실히 예견되는 경우에 대해서까지 소송 절차를 중지해야 한다는 취지를 규정한 것으로 해석할 수는 없다.

따라서 특허의 무효 심결이 확정하기 이전에도 특허권 침해 소송을 심리하는 재판소는 특허에 무효이유가 존재하는 것이 분명한가 아닌가에 관하여 판단할 수 있다고 해석되고, 심리의 결과 해당 특허에 무효 이유가 존재하는 것이 분명한 때에는 그 특허권에 근거한 금지와 손해배상 등의 청구는 특별한 사정이 없는 한 권리의 남용에 해당하여 허용되지 않는다고 해석하는 것이 상당하다. 이와 같이 해석하더라도 특허제도의 취지에 반하는 것이라고 할 수 없다. 大審院 明治 36年(れ) 第2662号 同37年9月15日 判決・刑錄 10輯 1679頁, 大審院 大正 5年(オ) 第1033号 同6年4月23日 判決・民錄 23輯 654頁 그 외에 위 견해와 다른 대심원 판례는 이상과 저촉하는 한도에 있어서, 모두 이것을 변경해야 한다.」

「이상에 의하면, 본 건 특허에는 무효 이유가 존재하는 것이 분명하고, 정정 심판의 청구가 되고 있는 등 특단의 사정을 인정하기에 부족하기 때문에, 본 건 특허권에 근거한 손해배상 청구가 권리의 남용에 해당하므로 허용되지 않는다고 하여 X의 청구를 인용해야 한다고 한 원심의 판단은 정당한 것으로서 인정할 수 있다.」

Ⅲ. 해   설

1. 사권인 특허권은 행정처분인 특허 결정(특허 51조)과 설정 등록(특허 66조 1항)에 의해 발생한다. 한편, 특허를 무효로 하기 위해서는 전문적 지식 경험을 가지는 특허청의 무효 심판을 경유할 필요가 있고(특허 123조 1항), 재판소에 직접 특허의 무효를 청구할 수는 없다(특허 178조 6항). 그리고 특허권은 무효 심결이 확정되면 소급적으로 무효로 되지만(특허 125조), 무효 심결의 확정까지는 유효하게 존속한다.

이상을 전제로, 민사 소송인 침해 소송을 심리하는 재판소(침해 재판소)는 특허의 무효 이유에 대해 판단할 수 있는가. 본 판결에 의해 변경된 대심원 판례는 이 점을 소극적으로 해석하고 있었다. 그 근거는 행정처분(행정 행위)의 공정력 및 특허청과 재판소의 권한 분배론에 있다. 그러나 본 판결도 말하는 대로 특허에 무효 이유가 존재하는 경우에 금지, 손해배상 등의 청구를 인정하는 것은 형평에 반한다. 침해 재판소는 무효 심결의 확정까지 소송절차를 중지할 수도 있으나(특허 168조 2항), 무효 심판이 청구되어 있는 것으로는 한정하지 않고, 청구되어 있어도 심결의 확정이 장기화할 우려가 있다. 또한 공지 기술의 참작이나 제외 등에 의해 특허 발명의 기술적 범위를 한정적으로 해석하여 침해를 부정하는 일도 판례상 인정되어 왔으나(最判 昭和 37. 12. 7. 民集16卷12号 2321頁, 最判 昭和 39. 8. 4. 民集18卷7号 1319頁 - 본서 60번 사건), 전부 공지의 경우의 처리로는 부족한 것 외에 클레임 해석론으로서의 타당성이 문제된다. 거기에서 그 외에도 공지 기술(자유기술)의 항변, 당연 무효의 항변, 본 건 원심의 권리 남용론 등 타당한 결론을 얻기 위한 해석론이 모색되어 왔다.

2. 그와 같은 중에 본 판결은 대심원 판례를 변경하고, 무효 이유의 명백성을 이유로 한 권리 남용의 항변(「킬비(キルビー) 항변」이라고 불려진다)을 인정하였다. 여기서의 무효 이유의 명백성은 침해 소송에 한정되는 상대적 판단이고, 본 판결도 「특허권은 무효 심결의 확정까지는 적법하고 유효하게 존속하며 대세적으로 무효로 되는 것은 아니다」, 또한 「특허의 대세적인 무효까지도 요구할 의사가 없는 당사자」에게 무효 심판을 강요해서는 안 된다고 서술하고 있다. 이와 같이 특허권이 유효하게 존속하는 것을 전제로 한 본 판결은 행정 처분의 공정력 및 특허청과 재판소의 권한 분배론에서 유래하는 종래의 생각을 전면적으로 부정한 것은 아니고, 또 당연 무효의 항변과는 구별하고 있는 것으로 이해된다(高部眞規子・最判解民事篇 平成12年度(上) 435頁, 437頁, 439頁. 반대, 田村善之・平成12年度 重判解〔ジュリ1202号〕272頁). 또한 공정력의 내용을 처분자체유효존재부정금지효와 법효과부정금지효로 구별하고, 무효의 항변이란 전자를 부정해 특허 처분(특허 결정)을 무효로 한다는 것이 아니고 후자만을 부정해 특허권의 상대적 무효를 이끄는 것이라고 이해한 다음, 본 판결의 킬비(キルビ) 항변을 무효에 준하는 항변이라고 평가하는 견해도 있다(大渕哲也 「特許處分・特許權と特許無效の本質に關する基礎理論」 日本工業所有權法學會 年報 34号 63頁. 이 견해는 후술의 특허법 104조의3의 항변을 단적으로 무효의 항변이라고 부른다. 또 이 견해와는 다른 점도 있으나, 특허 결정과 설정 등록 각각의 공정력에 관하여 검토하여, 특허권의 존재를 부정하지 않으면 이러한 공정력에 반하는 것은 아니라고 하는 興津征雄 「特許付与・無效審判・侵害訴訟」パテント 64卷 10号 1頁도 참조).

3. 본 판결에 의하면, 권리 남용의 성립 여부는 무효 이유의 명백성이라고 하는 객관적 사정에 의해서 판단되고 주관적 사정은 고려되지 않는다. 또 본 판결은 무효 이유를 구별하지 않고 있기 때문에 어떠한 무효 이유에도 명백하면 권리 남용에 해당한다. 그리고 무효 이유의 명백성이란 본 판결에 의하면 무효 심결의 확정에 의해 무효가 「확실히 예견되는」 것인데, 이것은 명백성을 요구한 이유의 하나가 무효 심판 루트와 침해 소송 루트의 판단의 어긋남을 방지하는 점에 있었기 때문이다(高部・前揭 441頁). 다른 한편, 본 판결은 특별한 사정이 있으면 권리 남용에 해당하지 않는 것으로 구체적으로 정정에 의해 무효 이유를 회피할

수 있는 경우가 상정되고 있다(高部·前揭 442頁. 이 점을 둘러싼 문제에 대해서는 본 판결 후에 입법된 특허법 104조의3 아래에서의 본서 75번 사건 참조).

4. 平成 16年 개정은, 본 판결을 다시 한 걸음 더 발전시켜, 특허법 104조의3을 신설하였다. 무엇보다 동조는 무효 이유의 명백성을 요구하고 있지 않다. 그 이유는 입안자에 의하면 무효 이유가 명백한가 아닌가는 분명하지 않기 때문으로서, 명백성 요건으로 기대되었던 판단 불일치를 방지하는 기능은 신설된 168조 5항 및 6항 등에 맡길 수 있었다(近藤昌昭=齊藤友嘉 『知的財産關係立法·勞動審判法』 [2004] 58頁). 다만, 명백성 요건의 유무에 관계없이, 킬비 항변과 104조의 3의 사이에 실질적인 차이는 없다고 지적되고 있다. 이것은 재판소가 무효에 관하여 확신을 할 수 있다고 하는 의미에 있어서 양자에게 차이는 없고(中山信弘 『特許法』 [2010] 320頁 注1), 「무효로 되어야 할 것」이라는 104조의3의 문언은 판단 불일치의 회피라고 하는 의미에 있어서 명백성 요건과 같은 의미이거나(高部眞規子 「特許法 104條の3を考える」 知的財産法政策學研究 11号 132頁), 혹은 명백성 요건은 실질적으로 기능하지 않았다(淸水節 「無效の抗辯」 飯村敏明=設樂隆一 編著 「知的財産關係訴訟」 [2008] 127頁)는 등의 이유에 의한다. 또 본 판결이 특별한 사정으로서 상정하고 있던 정정의 가능성은 104조의3에서는 「해당 특허가 특허 무효 심판에 의해 무효로 되어야 할 것」의 판단에 있어서 고려된다(中山·前揭 321頁, 大渕哲也 「クレーム解釋と特許無效に關する一考察」 日本辨理士會中央知的財産研究所篇 「クレーム解釋論」 [2005] 40-45頁). 특허법 104조의3의 신설에 의해, 민법 1조 3항에 근거하는 일반적 권리 남용과 별개로, 본 판결의 킬비(キルビー) 항변은 발전적으로 해소된 것으로 이해될 수 있을 것이다(大渕哲也 「特許權侵害訴訟と特許無效(2)」 法敎 346号 119頁, 淸水·前揭 125-126頁).

5. 본 판결이 킬비(キルビー) 항변을 인정한 것은 그 이유로부터도 분명한 것처럼 분쟁의 일회적 해결을 중시했기 때문이지만, 본 판결과 특허법 104조의3의 입법에 의해, 특허의 무효는 무효 심판 루트와 침해 소송 루트의 2개의 루트로 판단되게 되었다(이른바 더블 트랙). 그 결과 양자의 판단 불일치에 의해 분쟁 해결이 복잡한 것이 되어, 平成 23年 개정은 더블 트랙을 유지하면서 특허법 104조의 4를 신설하여, 일정한 경우에 재심 주장을 제한하였다. 이것에 의해, 본 판결에 의해 예외적으로 인정된 침해 재판소에 있어서의 유효성 판단은 그 중요성을 더하게 된다. 이것은 본 판결이 목표로 한 분쟁의 1회적 해결의 방향성과는 합치하

지만, 반면에 특허청과 재판소의 권한 배분 혹은 역할 분담이라고 하는 견지에서 보면 논의의 여지를 남기고 있다고도 생각된다.

또한 클레임 해석과의 관계에서는, 본 판결과 특허법 104조의3에 의해, 침해 재판소는 무리한 한정 해석을 할 필요가 없어져, 적어도 침해를 부정하는 편법으로서의 공지 기술 제외설은 이미 불필요하게 되었다고 말할 수 있을 것이다(大渕・前掲 クレーム解釋と特許無效, 高部眞規子 「킬비(キルビー)判決 10年(上)」 金判 1338号 4-5頁, 高林龍『標準特許法〔第4版〕』[2011] 135頁). 그 외에도 본 판결과 最大判 昭和 51. 3. 10.(民集30卷2号 79頁 - 본서 48번 사건)에 의한 심결취소소송의 심리 범위의 제한과의 정합성이 문제가 되는 등 본 판결의 영향은 넓은 범위에 이르고 있다.

〈참고문헌〉

본문 중에 언급한 것 외에

1. 牧野利秋=毛利峰子 本百選 〈第3版〉 168頁

2. 大渕哲也 行政判例百選 I 〈第5版〉 130頁

3. 高部眞規子 「知的財産權訴訟 今後の課題(上)」 NBL 859号 14頁

4. 高林龍 「特許權侵害訴訟における信義則・權利濫用」 曹時 53卷 3号 541頁

5. 田村善之 『知的財産法〔第5版〕』[2010] 269頁

75. 특허법 제104조의3과 정정에 관한 재항변

東京地裁 平成 19年(2007년) 2月 27日 判決
[平成 15年 (ワ) 第16924号 : 損害賠償等請求事件]
(判タ 1253호 241頁) ◀裁判所 Web

平井昭光(히라이 아키미쓰, 弁護士・弁理士) 著
박원규(전주지방법원 부장판사) 譯

Ⅰ. 사실의 개요

본건은「다관절 반송장치와 그 제어 방법 및 반도체 제조장치」에 대하여 특허권을 가진 X(원고)가 Y(피고)에 의하여 제조·판매되는 기판 반송장치(피고 제품)가 상기 특허발명(본건 특허발명)의 기술적 범위에 속한다는 이유로 Y에 대하여 피고 제품의 제조 등의 금지와 손해배상금의 지급 등을 청구한 사안이다.

Y는 당초 X와 라이센스 계약 등을 체결하려고 교섭하였으나 그 교섭은 결렬되었다. 그 후 X는 특허청에 Y의 제품이 본건 특허발명의 기술적 범위에 속한다는 취지의 판정을 요구하였고, 특허청은 이를 인정하는 판정을 하였다. 이에 Y는 특허청에 본건 특허에 대한 무효심판을 청구하였고, 특허청 심판관은 X의 특허를 무효로 하는 심결을 하였다. X는 무효심결에 대하여 심결취소소송을 제기하였고, 이와 병행하여 특허청에 본건 특허 청구항을 정정하는 취지의 심결을 구했다. 지적재산 고등재판소는 특허청에 계속된 정정심판 청구를 받아들여 무효심결을 취소한 후 사건을 특허청에 환송했다. 그리고 X는 무효심결 취소 후 특허청에서 다시 진행된 무효심판에서 위 정정심판 청구와 같은 정정 청구를 하였다.

특허청은 위 정정 청구를 인용하기는 하였으나 여전히 본건 특허발명을 무효로 하는 심결을 했기 때문에 X는 지적재산 고등재판소에 다시 그 무효심결의 취소를 구하는 소를 제기하였다. 그 소송 계속 중에 X가 Y에 대하여 제기한 것이 본건이다.

본건에서는, 피고 제품이 본건 특허발명의 기술적 범위에 속하는지 여부와 본건 특허발명이 무효심판에 의해 무효로 되어야만 하는 것인지 여부 등이 쟁점으로 되었지만, 그와 동시에, 위 정정에 의하여 본건 특허발명의 무효사유가 해소되는지도 쟁점으로 되었다.

Ⅱ. 판 지

청구 일부인용.

「…에서 인정한 바에 따르면, 본건 특허발명 1은 비교대상발명 1 및 7로부터 용이하게 도출할 수 있는 발명이므로 무효사유를 갖는다.

그러나 본건 특허에 대해서는, 그에 대한 무효심판 사건에서 본건 정정 청구가 이루어졌고, 특허청은 그 심결에서 본건 정정 청구를 인용하면서 본건 정정 특허 1을 무효라고 판단했으며, X가 그 심결에 대해 심결취소소송을 제기했기 때문에 아직도 본건 정정은 확정되지 아니한 상태이다.

특허법 104조의3 1항에 규정된 『당해 특허가 특허 무효심판에 의해 무효로 되어야 하는 것이라고 인정될 때』라는 것은 해당 특허에 대한 정정심판 청구 또는 정정 청구가 이루어진 경우, 장래 그 정정이 받아들여지고 정정의 효력이 확정된 경우에 있어서도 당해 특허가 무효심판에 의해 무효로 되어야 하는 것이라고 인정되는지 여부에 따라 판단해야 한다.

그러므로 X는 정정 전 특허 청구항에 진보성 결여의 무효사유가 있는 경우, ① 당해 청구항에 대하여 정정심판 청구 또는 정정 청구를 하였다는 것, ② 당해 정정이 특허법 126조의 정정 요건을 충족한다는 것, ③ 당해 정정에 의하여 그 청구항에 대하여 항변으로 주장된 무효사유가 해소된다는 것(이러한 무효사유의 전형적인 예로는, 특허법 29조 소정의 신규성, 진보성, 같은 법 36조의 명세서 기재 요건 불비 등이 있음)과 ④ 피고 제품이 정정 후 청구항의 기술적 범위에 속한다는 것을 주장, 입증하여야 한다.」

Ⅲ. 해 설

1. 最判 平成 12. 4. 11.(民集 54卷 4号 1368頁[킬비사건] - 이 책 74 사건)은 「특허에 무효사유가 존재하는 것이 명백하여 무효심판이 청구되면 무효심결의 확정에 의해 해당 특허가 무효로 될 것이 확실히 예견되는 경우에도 그 특허권에 근거하여

제조 등의 금지청구와 손해배상청구가 허용된다고 보는 것은 …상당하지 아니하다」,「본건 특허에는 무효사유가 존재하는 것이 명백하고, 정정심판이 청구되어 있다는 등의 특별한 사정을 인정하기에 부족하기 때문에, 본건 특허권에 근거한 손해배상청구는 권리의 남용에 해당하여 허용되지 아니한다」라고 하여, 종래의 대심원 판례를 변경해, 침해소송을 담당한 재판소가 특허무효 사유의 존부에 대해 판단할 수 있다는 획기적인 판단을 하였다. 이 판결에 의하여 그때까지 특허침해소송에 있어서 특허무효의 사유가 밝혀졌을 경우에도 당해 특허 청구범위를 한정적으로 해석하는 등으로 방법으로 사건을 처리할 수밖에 없었던 재판소는 당해 특허권의 행사를 권리남용으로 처리할 수 있게 되어, 소송경제에 이바지하였을 뿐만 아니라 심결취소 소송을 포함한 통일적 분쟁해결이 가능해지게 되었다.

이러한 최고재판소의 킬비사건 판결 이후 많은 특허침해소송에 있어서 특허침해의 주장에 대응하는 방어의 일환으로서 그 주장의 기초가 된 특허에 무효사유가 존재함을 이유로 하는 권리남용의 항변이 주장되게 되었다(이 책 〈第3版〉 83 사건 참조). 이러한 권리남용의 항변은 특허청에 대한 무효심판 청구와 병행하여 이루어지기도 하였고, 이러한 무효심판 청구가 복수인 경우에는 무효사유도 복수로 존재하게 되어, 침해소송의 피고에 의하여 다양한 방어 방법으로 활용되었다.

한편, 이러한 권리남용의 항변에 대해서 특허권자는 그 항변의 성립 자체를 다투는 것 이외에도 최고재판소의 킬비사건 판결이 판시한 「정정심판이 청구되어 있다는 등의 특별한 사정」을 주장하게 된다. 구체적으로는 정정심판 청구 또는 정정 청구가 되어 있다는 것과 당해 정정의 내용을 주장·입증하게 된다(이 주장이 재항변인가[設樂 뒤의 책 37頁, 岩坪 뒤의 책 202頁], 권리남용 항변의 당부를 판단하는 사정으로서 재판관이 참작해야 할 사정인가[竹田 뒤의 책 326頁, 高林 뒤의 책 43頁], 예비적 청구원인인가에 대해서는 논의가 있다).

위와 같은 판례의 변경과 하급심 판결의 경향을 받아들이고, 또한 위 판례의 법리를 더욱 발전시켜 2004년 6월 재판소법 등의 일부를 개정하는 법률에 의하여, 킬비사건 판결의 무효사유 존재의 명백성 요건에 갈음하여 「당해 특허가 특허 무효심판에 의하여 무효로 되어야 하는 것이라고 인정되는 때는 특허권자 또는 전용실시권자는 상대방에 대하여 그 권리를 행사할 수 없다」라고 하는 특허법 104조의3 1항이 신설되었다.

2. 본판결은, 특허침해소송과 병행하여 무효심판이 청구되어 해당 심판에서 정정 청구가 이루어졌지만, 특허청이 해당 정정 청구를 인용하면서도 그와 같이 정정된 특허를 무효라고 판단했기 때문에, 특허권자가 그 특허무효 심결에 대해 심결취소소송을 제기한 사안이다. 즉, 본판결은 아직도 본건 정정이 확정되지 아니한 상태에 있는 경우에 있어서, 특허법 104조의3 1항의 「당해 특허가 특허 무효심판에 의해 무효로 되어야 하는 것이라고 인정되는 때」라는 규정과 관련하여 원고가 주장·입증해야 할 내용을 명확하게 하였다는 점에 의의가 있다고 할 수 있다.

본판결에 의하면, 원고는 ① 당해 청구항에 대하여 정정심판 청구 또는 정정 청구를 하였다는 것, ② 당해 정정이 특허법 126조의 정정 요건을 충족한다는 것, ③ 당해 정정에 의하여 그 청구항에 대하여 항변으로 주장된 무효사유가 해소된다는 것, ④ 피고 제품이 정정 후 청구항의 기술적 범위에 속한다는 것 등 4가지 요건에 대하여 모두 주장·입증해야 한다.

특허청은 침해소송의 계속 중 정정심판 청구가 이루어졌을 경우 및 무효심판 청구 사건에 대해 정정 청구가 이루어졌을 경우에는 조기에 심리하고 있기 때문에, 이러한 정정심판 청구 또는 정정 청구에 대한 특허청의 판단이 있은 후에 재판소가 침해소송에서 정정의 재항변에 대해 판단하는 것도 가능하다. 그렇지만 어떠한 사정에 의해서 정정에 대한 확정이 늦는 경우 상황에 따라 침해소송을 담당하는 재판소가 이러한 정정을 포함해서 판단할 수 있다고 판시한 것은 의의가 크다고 할 수 있다. 한편, 본건에 있어서 무효심결에 대한 심결취소소송의 판결은 2007년 9월 12일 선고되어(知財高裁 平18(行ケ) 10421号[裁判所 web]) 무효심결이 취소되었다.

3. 본판결에 의하면, 정정 전 특허 청구범위는 무효이지만, 정정이 이루어졌을 경우 무효사유가 회피된다고 판단되고 동시에 피고가 실시하는 제품 또는 방법이 정정 후 특허 청구범위의 기술적 범위에 속하는 경우에는 정정의 재항변이 성립하게 된다. 이러한 정정의 재항변이 성립하면 당해 특허는 특허법 104조의3 1항에 규정된 「무효로 되어야 하는 것」에 해당되지 아니하므로, 침해소송 담당 재판소는 무효심판이나 정정심판의 결론을 기다리지 않고서도 특허침해를 인정(이후 손해의 유무와 손해액 등에 대한 판단이 진행된다)하는 판결을 하는 것이 가능하게 된다(사례 1). 한편, 정정에 의해 무효사유를 회피하는 것이 가능하지만 피고

제품이 정정 후의 특허 청구의 범위의 기술적 범위에 속하지 않는다고 판단되는 경우에는 청구를 기각하게 된다(사례 2). 정정 그 자체가 인정되기 어려운 경우에 도 청구를 기각하게 된다(사례 3).

본판결은 위와 같은 4가지 요건을 적시했지만, 우선 제1 요건에 대해서는, 정정심판 청구 또는 정정 청구를 현실적으로 하는 것은 필요하지 않다고 보는 견 해도 있다. 最判 平成 20. 4. 24.(民集 62卷 5号 1262頁, 이 책 76 사건 참조)에서 泉德 治 재판관은 「원고는 정정심판을 청구하는 경우에는 무효부분을 배제할 수 있다 는 점을 주장·입증함으로써 정정심결이 현실적으로 확정됐을 경우와 마찬가지 의 법률효과를 방어방법으로 주장할 수 있다」라고 판시하여, 현실적인 정정심판 청구는 불필요하다고 하였다. 침해소송에서 피고가 현실적으로 무효심판을 청구 하지 않더라도 무효항변을 할 수 있는 것과의 균형을 생각하면 정정심판의 청구 가 불필요하다는 견해도 확실히 수긍이 가는 점이 있다(岩坪 뒤의 책 203頁, 松田 뒤 의 책 76頁).

다른 한편, 「소송상 공격방어의 대상이 되는 정정 후의 특허 청구범위를 일 의적으로 명확하게 할 필요가 있고, 또한 정정심판 청구 또는 정정 청구를 하지 않고 무효항변에 대한 재항변을 받아들이는 경우 당해 특허는 대외적으로는 정 정 전의 특허 청구범위인 채로 존재하게 되어 이러한 정정 전의 특허 청구범위와 소송상으로 주장되기만 한 정정이 이루어졌을 경우의 특허 청구범위와의 관계가 제삼자가 볼 때 복잡하게 된다는 것」을 이유로 현실적인 정정심판의 청구 또는 정정 청구가 필요하다는 견해도 있다(飯村·設樂, 뒤의 책 135頁).

그리고 제1 및 제2의 요건은 「적법한 정정심판 청구 또는 정정 청구」라는 하 나의 요건으로 묶는 것도 가능할 것이다(飯村·設樂 뒤의 책 135頁).

제4 요건은, 특허법 104조의3 1항보다는 「특별한 사정」을 재항변 사유로 삼 은 판례이론 쪽이 더욱 유연한 해석이 가능했다는 견해(高部 뒤의 책 138頁)에 대한 한 가지 답변이 되는 것이라고 하겠다. 즉, 특허법 104조의3 1항에 의하는 경우 에는 정정에 의해 무효사유를 회피하는 것은 가능하지만 피고 제품이 정정 후의 특허 청구범위의 기술적 범위에 속하지 아니하여(사례 2) 특허권의 행사를 허용할 수 없는 이유와 관련하여, 「정정이 확정되지 아니하여 변론종결시에 정정 전의 청구항이 그대로 존재하는 이상은 『당해 특허가 특허 무효심판에 의해 무효로 되어야 하는 것이라고 인정될 때』에 해당된다고 말하지 않을 수 없게 되어 문제 이다」라고 보는 견해가 있는데, 본판결에 의하면, 이러한 경우는 무효의 항변은 성립하지만 제4 요건이 충족되지 아니하여 재항변이 성립되지 않는 것임이 명확하게 된다(岩坪, 뒤의 글 202頁).

아무튼, 무효항변이 입법화됨으로써 침해소송을 담당하는 재판소의 「상대적」인 권리의 유효성에 대한 판단이 보다 명확하게 되었고, 그 상대적인 효력 판단 과정에서 정정의 재항변이 인정될 수 있게 되었다. 이와 같이 대세적인 권리의 유효성 판단과는 상이한 방법에 의한 신속한 분쟁해결의 가능성은 업계의 요구에도 부합하는 것이 될 것이다.

4. 이상과 같이, 본판결은 특허법 104조의3 1항의 신설을 받아들여 특허침해소송에 있어서 특허권자가 정정의 재항변으로서 주장·입증해야 할 범위를 명확하게 하였다는 점에서 의의를 갖는다.

〈참고문헌〉

1. 中山信弘·小泉直樹編 『新注解特許法(下)』[2011] 1821頁 以下[森崎博之]
2. 竹田念 『知的財産權侵害要論 特許, 意匠, 商標編[第5版]』[2007] 325頁 以下
3. 設樂隆一 「最近の特許權侵害訴訟について」, 判タ 1240号 33頁
4. 高林龍 判評 503号 (判時 1728號) 37頁
5. 飯村敏明·設樂隆一 編著, 『知的財産關係訴訟』[2008]
6. 高部眞規子 「特許法 104條の3を考える」知的財産法政策學研究 11號 123頁 以下
7. 松田一弘 「特許法 123條·104條の3の解釋運用等に關する一考察」パテント 63卷 2号 73頁
8. 岩坪哲 「特許無效の抗辯に對する訂正の位置」AIPPI 52卷 4号 196頁
9. 市川正巳 「東京地裁知財部から見た特許審査·審判」特技懇 239号 15頁

76. 특허법 제104조의3에 의거한 청구기각판결과 정정심결의 확정— 나이프 가공장치 사건

最高裁 平成 20年(2008년) 4月 24日 第一小法廷判決
[平成 18年(受) 第1772号 : 特許権に基づく製造販売差止等請求事件]
(民集 62巻 5号 1262頁, 判時 2068号 142頁, 判タ 1317号 130頁) ◀裁判所 Web

菱田雄郷(히시다유우규오, 東京大学 准教授) 著
홍정표(특허심판원 심판장) 譯

I. 사실의 개요

X(원고·항소인·상고인)는, 발명의 명칭을 「나이프의 가공장치」로 하는 특허권의 특허권자이다(이하 이 특허를 「본건 특허」, 이 특허권을 「본건 특허권」이라 한다). Y1(피고·피항소인·피상고인)은, 자동환곡 가공시스템(이하, 「본건 제품」)을 제조·판매하고 Y2(피고·피항소인·피상고인)는 Y1으로부터 본건 제품을 구입하여 판매하고 있다.

X는 2001년 9월 10일 본건 특허권에 근거하여, Y들에 대하여 본건 제품의 제조·판매의 금지와 손해배상을 구하는 본건 소송을 제기하고, 본건 제품은 원서에 첨부된 명세서(이하 「본건 명세서」)의 특허청구범위의 청구항 5(이하 「청구항5」)에 관한 발명(이하 「제5발명」)의 기술적 범위에 속한다는 취지를 주장했다(청구항1에 관한 주장은 후에 철회하였으므로 생략). 이에 대하여 Y들은, 제5발명에 대해서는 명백한 무효이유가 있다는 취지를 주장했다. 제1심 재판소는 킬비(Kilby)판결(最判 平成 12. 4. 11. 民集54卷4号 1368頁 - 本書74事件)을 인용하면서 Y들의 주장을 받아들이고 X의 청구를 모두 기각하였다.

X는 제1심 판결에 대하여 항소를 제기하였으나, 원재판소는 본건이 원심 계속중에 재판소법 등의 일부를 개정하는 법률(2004년 법률 제120호)이 시행되어, 특허법 104조의3의 규정[1]이 본건에 적용되어짐에 따라서, 제5발명에 관한 특허에

1) 일본 특허법 104조의3(특허권자등의 권리행사의 제한) 특허권 전용실시권의 침해에 관한 소

는 무효이유가 존재하는 것이 명백하며, 특허무효심판에 의해 무효되어야 할 것으로 인정되므로, X는 Y들에 대하여 본건 특허권을 행사할 수 없다는 취지로 판시하고 항소를 기각하였다. 또한, X는 항소 제기후 3차에 걸쳐 특허청구범위 감축을 목적으로 하는 정정심판청구를 하였으나, 취하를 반복하는 등, 본건의 원심 계속 중에 정정심결은 내려지지 않았다.

X는 상고 및 상고수리의 신청을 하는 것과 함께, 후에 취하되어진 제4차 정정심판청구를 거쳐, 특허청구범위의 감축 등을 목적으로 제5차 정정심판청구(이하「본건 정정심판청구」)를 하였다. 이와 관련하여 본건 명세서의 정정을 하는 것이 적절하다는 취지의 심결이 내려졌고, 상고수리신청 이유서의 제출기간 내에 동 심결이 확정되었다(이하 이 정정을「본건 정정」이라 하고, 이 정정심결을「본건 정정심결」이라 한다). 그래서 X는 원판결의 기초가 된 행정처분 이후의 행정처분에 의해 변경된 것으로서, 민사소송법 338조 1항 8호2)에 규정한 재심사유가 있다고 할 수 있으므로, 원판결은 판결에 영향을 미친 것이 명확한 법령위반이 있다고 주장하였다. 최고재판소는 상고를 수리하였다.

Ⅱ. 판　　지

상고기각.

(i)「원심은, 본건 정정 전의 특허청구범위의 기재에 의거하여, 제5발명에 관한 특허에는 특허법 29조 2항 위반의 무효이유가 존재한다는 취지의 판단을 하고, Y들의 동법 104조의3 1항의 규정에 의거한 주장을 인정하며 X의 청구를 기각한 것으로서, 원판결에 있어서는 본건 정정 후의 특허청구범위를 전제로 하는

송에 있어서, 당해 특허가 특허무효심판에 의해 무효로 되어야 하는 것으로 인정되는 때에는, 특허권자 또는 전용실시권자는 상대방에 대하여 그 권리를 행사할 수 없다.
　2. 전항의 규정에 의한 공격 또는 방어의 방법에 있어서, 이것이 심리를 부당하게 지연시키는 것을 목적으로 하여 제출된 것으로 인정되는 때에는, 재판소는 신청에 의해 또는 직권으로 각하의 결정을 할 수 있다.
2) 일본 민사소송법 338조(재심의사유) 아래 기재된 사유가 있는 경우에, 확정된 종국판결에 대해, 재심의 소에 의해 불복하는 것이 가능하다. 다만 당사자가 항소나 상고에 의해 그러한 사유를 주장하는 때, 또는 그것을 알고도 주장을 하지 아니한 때에는 그 한도에서 불복할 수 없다.
　8. 판결의 기초가 된 민사 또는 형사의 판결, 그 이외의 재판 또는 행정처분 이후의 재판 또는 행정처분에 의해 변경된 것

본건 특허에 관한 무효이유의 존부에 관해서 구체적인 검토가 이루어진 것은 아니다. 그래서, 본건 정정심결이 확정됨에 따라, 본건 특허는 당초부터 본건 정정 후의 특허청구범위에 의해 특허결정이 이루어졌다고 보아야 할 것이고(특허법 128조), … 본건 정정은 특허청구범위의 감축에 해당하는 것이므로, 이에 의해 상기 무효이유가 해소되었을 가능성이 없다고는 말할 수 없고, 상기 무효이유가 해소됨과 함께, 본건 정정 후의 특허청구범위를 전제로 하여 본건 제품이 그 기술적 범위에 속한다고 인정받는 경우는, X의 청구를 허용할 수 있는 것으로 생각할 수 있다. 그렇다면, 본건과 관련하여 민소법 338조 1항 8호 소정의 재심사유가 존재한다고 해석할 수 있는 여지가 있다고 할 만하다.」

(ii) 「특허법 104조의3 1항의 규정이, 특허권의 침해에 관한 소송(이하 「특허권 침해소송」이라 한다)에 있어서, 당해 특허가 특허무효심판에 의해 무효되어야 할 것으로 인정되어지는 것을 특허권 행사를 막는 사유로 규정하여, 당해 특허의 무효를 묻는 주장(이하 「무효주장」이라 한다)을 함에 있어서 특허무효 심판절차에 의한 무효심결의 확정을 기다리는 것이 필요하지 않은 것으로 하고 있는 것은, 특허권의 침해에 관한 분쟁을 가능한 한 특허권 침해소송의 절차내에서 해결하면서 신속하게 해결하는 것을 도모하는 것으로 해석된다. 그래서 동조 2항의 규정이, 동조 1항의 규정에 의한 공격방어 방법이 심리를 부당히 지연시키는 것을 목적으로 제출되었다고 인정되는 경우에는 재판소가 이를 각하할 수 있는 것으로 하고 있는 것은, 무효주장에 대해서 심리, 판단하는 것에 의해서 소송지연이 발생하는 것을 방지하기 위한 것으로 해석된다. 이러한 동조 2항의 규정의 취지에 비춰볼 때, 무효주장뿐만 아니라, 무효주장을 부정하거나 또는 뒤집는 주장(이하 「대항주장」이라 한다)도 각하대상이 되고, 특허청구범위의 감축을 목적으로 하는 정정을 이유로 하는 무효주장에 대한 대항주장도, 심리를 부당히 지연시키려는 목적으로 제출된 것으로 인정되어지면 각하된다고 해야 한다.」

(iii) 「X는 제1심에서도 Y들의 무효주장에 대하여 대항주장을 제출할 수 있었고, 상기특허법 104조의3 규정의 취지에 비추어 보면, 적어도 제1심 판결에 의해 상기 무효주장이 채용된 후의 원심의 심리에 있어서는, 특허청구범위의 감축을 목적으로 하는 정정을 이유로 하는 것을 포함해서 조기에 대항주장을 제출했어야만 했다고 해석된다. 그래서 본건 정정심결의 내용이나 X가 1년 이상 걸린 원심의 심리기간 중에 두 번에 걸쳐 정정심판 청구와 취하를 반복한 것으로 비추어 볼 때, X가 본건 정정심판 청구에 관한 대항주장을 원심의 구두변론 종결 전에

제출하지 않았던 것을 정당화할 이유를 어디에서도 찾을 수 없다. 따라서 X가 본건 정정심결이 확정되었다는 것을 이유로 원심 판결을 다투는 것은, 원심 심리중에 조기에 제출해야 했던 대항주장을 원판결 언도 후에 제출하는 것과 마찬가지로서, X와 Y들 사이의 본건 특허권의 침해에 관한 분쟁의 해결을 부당히 지연시키는 것이라고 아니할 수 없어, 상기 특허법 104조의3의 규정의 취지에 비추어볼 때 이것을 허용할 수 없다.」

Ⅲ. 해   설

1. 재심이유 해당성

X는, 본건 정정심결이 사실심 구두변론 종결 후에 확정된 것이 민사소송법 338조 1항 8호의 재심 사유에 해당한다는 취지를 주장한다. 사실심의 구두변론 종결 후에 발생한 사유는 원칙적으로 상고심에서 참작되어지지 않기 때문에(민사소송법 325조), 관련 주장이 상고심에서 참작되어질까 하는 문제가 있으나, 판결에는 원심의 구두변론 종결 후 동호의 재심 사유가 발생한 경우에, 판결에 영향을 미치는 것이 명확한 법령의 위반이 있었다는 것으로서 원판결을 파기한 경우가 있고(最判 平成 15. 10. 31. 判時1841号 143頁 등), 본 판결도 본건 정정심결 확정이 재심 사유에 해당하는 한, 관련 사유를 상고심에서 참작할 여지가 있다라는 것을 전제로 하였다고 생각된다.

다만, 특허권에 근거한 금지 또는 손해배상 청구소송(이하, 「침해소송」)의 기각판결이 확정된 후, 관련 소송의 기초가 된 특허청구범위를 감축하는 정정심결이 확정된 것이 민사소송법 338조 1항 8호의 재심 사유에 해당하는가 라는 점에 대한 생각은 나누어진다. 긍정설은 이 경우의 종국 판결은 정정 전의 특허결정이란 행정처분을 기초로 하는 바, 정정심판은 관련 행정처분을 소급적으로 변경하는 것이라는 것을 논거로 한다. 한편 부정설은 (a) 침해소송의 재판소는 독자적 입장에서 특허법 104조의3 1항의 항변을 심리할 수 있는 이상, 이 점에 대해서 판결의 기초에는 변경이 발생하지 않는다(笠井正俊「特許無効審判の結果と特許權侵害訴訟の再審事由」民事訴訟雜誌54巻 48頁), (b) 적시에 정정을 하는 것이 가능했었기 때문에 재심에 의해 구제할 이유가 없다(「審判制度に關する今後の諸課題の調査研究報告書」88頁以下[森義之執筆])라고 논한다. 또한 泉德治 재판관의 의견은 부정설(b)에 가깝지만, 법정의견은 재심사유 해당성에 관해서 단정을 피하고 있다.

2. 대항주장과 그의 제한

킬비 판결은 침해소송에 있어서 특허의 무효이유 존재가 명백하다는 것을 이유로 하는 권리남용의 항변을 제출하는 것을 인정하였다. 또한, 2004년의 특허법 개정에 의해 도입된 특허법 104조의3은 무효이유의 명백성을 요건에서 제외하고, 한편 권리남용이라는 일반조항을 개재(介在)하지 않고 특허가 특허무효심판에 의해 무효될 것으로 인정되는 것을 침해소송에 있어서의 항변(본 판결의 무효주장)으로 하는 것을 허용했다.

무효주장에 대하여 특허청구범위의 감축을 목적으로 하는 정정에 의해 무효이유를 제거하는 취지의 주장(본 판결의 대항주장)이 행해지는 경우가 있다. 실무는 킬비 판결 자체가 대항주장을 허용하고 있다는 이해를 전제로, 정정심결 확정을 요건으로 하지 않고 대항주장을 허용하고 있고, 2004년 개정도 관련 실무를 부정하는 것은 아닌 것으로 이해되고 있다(清水節「無效の抗辯 (特許法104조의3等)の適用と訂正の主張について」判夕1271号 32頁 以下). 본 판결도, 이러한 실무를 논리의 전제로 하고 있다.

재판소는, 소송을 부당히 지연시키는 것을 목적으로 하는 경우, 무효주장을 각하하는 것이 가능하나(특허법 104조의3 2항), 문제는 이런 취지가 대항주장에도 타당한지 여부이다. 본 판결은, 심리의 부당한 지연을 피한다는 취지는 대항주장에도 타당하다고 하는 이유로부터 이것을 긍정한 후에, 본건 사안에 비추어 X에 의한 본건 정정심결 확정의 주장은 대항주장을 원판결 언도 후에 제출한 것과 마찬가지여서 분쟁을 부당하게 지연시키는 것으로 하여 이것을 각하하였다. 심리의 지연회피를 강조하는 것이지만, 특허권자는 권리의 감축을 의미하는 정정에는 신중하지 않을 수 없다. 또한, 적절한 정정을 하기 위해서는 특허청의 반응을 볼 필요가 있기 때문에, 정정심판의 청구가 반복적으로 취하되어지는 경우도 있어서, 소송을 부당하게 지연시키는 목적의 인정은 신중해야만 했다는 평가도 많다(後揭①③⑦⑧).

3. X에 의한 재심 소송의 가부

본 판결이 특허법 104조의3 2항을 이유로 정정심결 확정의 주장을 배척한 이상, 가령 X가 나중에 재심의 소송을 제기하고, 정정심결 확정의 주장을 재심 사유로 주장하였다고 하여도, 이것을 배척하지 않으면 일관되지 않는다. 문제는 이 법률구성인데(처음 재심 사유 해당성을 부정하는 경우는 별론), 우선 재심의 보충성

에 비추어 보면, 재심이 허락되지 않는 것을 생각할 수 있다(後揭④. 또한 三村量一
「權利範圍解釋と經濟活動の自由」 知財年報2007[別冊NBL] 217頁以下, 高部眞規子 「侵害訴訟
判決確定後の審決の確定」 日本工業所有權法學會年報34号 195頁以下も 參照). 그 외에 정정
심결 확정이 형식적으로 민사소송법 338조 1항 8호에 해당하나, 본 판결을 전제
로 하는 한, 재심개시 결정이 내려졌다고 해도 X는 이어진 본안의 재심리에서 당
해 심결확정을 주장할 수 없어서, 당해 심결확정은 판결의 결론에 영향을 주는
것은 아니고, 재심사유는 결국 부정된다고 하는 의견도 가능할지도 모른다.

4. 평성23년 특허법 개정

2011년 개정에 의해 도입된 특허법 104조의4[3]는, 침해소송의 종결판결이 확
정된 후에, 정령[4]에서 규정한 정정심결이 확정되는 경우는, 당해 소송의 당사자
였던 자는, 당해 종국 판결에 대한 재심 소송에 있어서, 당해 심결이 확정된 것을
주장할 수 없다고 규정한다(무효심결이 확정된 경우에 있어서는 본서 42사건 참조). 그런
데 특허법시행령 13조의4에 의하면, 그 주장이 제한되는 정정심판은, (1) 침해소
송에서 원고 승소의 종국 판결이 확정된 경우는, 당해 정정이 당해 소송에 있어
서 입증되어진 사실 이외의 사실을 근거로 당해 특허가 특허무효심판에 의해 무
효가 되지 않도록 하기 위한 것인 심결, 또한 (2) 침해소송에서 원고 패소의 종국
판결이 확정된 경우에, 당해 정정이 당해 소송에 의해 입증된 사실에 근거하여
당해 특허가 특허무효심판에 의해 무효가 되지 않도록 하기 위한 것인 심결이다.
(1)은 침해소송에서 원고 유리로 판단된 무효이유 이외의 무효이유를 회피하기
위한 정정이 있은 후, 정정 후의 특허권의 기술적 범위에는 피고 제품과 피고 방
법이 속하지 않게 되었다는 주장에 의거한 피고에 의한 재심의 소송을, (2)는 침
해소송에서 인정된 무효이유는 정정심결 확정에 의해 제거되었다는 주장에 기초
하는 원고에 의한 재심의 소송을 제한하는 것이다(淸水節 「再審の訴えに關する特許法

---

3) 일본 특허법 제104조의4(주장의 제한) 특허권 또는 전용실시권의 침해 또는 65조 1항 또는
184조10의 1항에서 규정하는 보상금의 지급청구에 관한 소송의 종국판결이 확정된 뒤에,
다음에 기재한 심결이 확정된 때에는, 당해 소송의 당사자인 자는 당해 종국판결에 대한
재심의 소(…)에 있어서, 당해 심결이 확정된 것으로 주장할 수 없다.
　　1. 당해 특허를 무효로 한다는 취지의 심결.
　　2. 당해 특허권의 존속기간의 연장등록을 무효로 한다는 취지의 심결.
　　3. 당해 특허출원서에 첨부한 명세서, 특허청구범위 또는 도면의 정정을 한다는 취지의
　심결에 대하여 정령에서 정하는 것
　4) 우리나라의 대통령령에 해당한다.

改正」ジュリ1436호60頁 以下). 어느 것도 이러한 사정에 대해서는 침해소송에서 충분히 주장 입증할 수 있는 기회가 부여된 이상, 재심의 소에 의해 침해소송에서 확정된 판결을 번복하는 것은 타당하지 않다는 가치판단에 의거한 법률이다. 또한, 가령 본건 정정심결이 본건 소송의 청구기각판결 확정 후에 확정되었다고 하면 (2)에 해당하는 것이 된다.

그런데 특허법 104조의4는 정정심결의 주장 제한이라고 하는 규정 방법을 하고 있다. 재심사유 존부의 심리에서는 직권탐지주의가 타당하다는 이해(笠井正俊=越山和広編『新·コンメンタール民事訴訟法』[2010] 1109頁[林昭一])를 전제로 하는 한, 관련된 규정방법으로 충분한지는 문제가 될 여지가 있지만, 재심 개시 결정 확정 후의 본안 심리에 있어서 정정심결의 확정을 주장할 수 없는 이상, 결국은 판결에 영향을 미치지 않는다는 이유로 재심 사유를 부정하고, 기각결정을 하는 것으로 되지 않을까.

5. 평성23년 개정 후의 본 판결의 의의

특허법 104조의4는, 침해소송의 판결 확정 후에 무효심결과 정정심결이 확정된 경우에 대해서 규정하고 있고, 본건과 같이 침해소송의 판결 확정 전에 정정심결이 확정된 경우는 사정권 외이다. 따라서 이 경우에는 역시 본 판결이 의미를 지니고 있다.

〈참고문헌〉

본문 중에 언급한 문헌 이외에 본 판결의 해설·평석으로는,

① 岩坪哲·NBL888号 22頁, ② 高橋元弘·AIPPA53巻10号 12頁, ③ 吉田和彦·ひろば62巻2号 56頁, ④ 若林諒·L&T43号 109頁, ⑤ 重富貴光·判タ1292号 36頁, ⑥ 小島立·ジュリ1376号 303頁, ⑦ 鈴木將文·民商140巻3号 326頁, ⑧ 愛知靖之·速報判例解説4号[法セ增刊] 185頁, ⑨ 近藤岳·知的財産法政策學研究27号 187頁, ⑩ 和久田道雄·最判解民事篇平成20年度 248頁 등이 있다.

77. 무효심판에서의 한정적 주장과 포대금반언
── 연속벽체의 조성공법 제2사건

東京地裁 平成 13年 3月 30日 判決
[平成 12年(ワ) 第8204号 : 特許権侵害差止請求権不存在確認請求事件]
(判時 1753호 128면, 判タ 1059호 195면) ◀재판소 Web

田村善之(다무라 요시유키, 北海道大学 教授) 著
박정희[법무법인(유) 태평양 변호사] 譯

Ⅰ. 사실의 개요

이 사건 판결은 무효심판에서의 한정적 주장에 관하여 (포대, 包袋)금반언의 법리의 적용을 긍정한 판결이다.

이 사건에 관련된 분쟁은 피의침해자를 달리하지만 동일 특허권에 관한 별건의 선행소송인 東京地判 平成 12. 9. 27. 판결[判時 1735호 122면(연속벽체의 조성공법 제1사건)]에 실마리를 두고 있다. 선행소송인 이 사건 특허의 무효심판에서 특허권자가 이 사건 특허발명에 피고 실시에 관련된 공법에 해당하는 기술이 포함되지 않는다는 취지의 의견을 주장하여 이 사건 발명의 특징적 부분을 강조하였던 것이 문제로 되었다. 재판소는 "이 사건 소송을 제기한 후에 그 의견을 번복하여 … '피고 공법에 관련된 수단'이 … 포함된다고 주장하는 것은 금반언의 법리에 의해 허용되지 않는다고 해야 한다"고 판시하였다.

이에 따라 패한 특허권자가 무효심판에서 위의 한정적 주장을 철회하였다. 이와 같은 상황 아래 특허권자로부터 경고를 받은 측(선행소송의 피고와 같은 공법을 실시하고 있던)인 X가 원고로 되어 제기한 특허권침해금지청구권부존재확인소송이 이 사건이다. 특허권자인 Y(피고)는 계속 중인 무효심판절차에서 한 주장이나 심결에서 채용되지 않은 주장에 관하여는 포대금반언의 법리가 적용될 수 없다는 점과, 철회한 주장에 관하여도 마찬가지이어야 함을 주장하였다.

Ⅱ. 판　　지

청구인용(확정).

"소송의 당사자가 소송에서 무효심판절차 중에 한 주장과 완전히 모순되는 취지의 주장을 의도적으로 하는 것은 특단의 사정이 없는 한 소송에서의 신의칙의 원칙 내지 금반언의 취지에 비추어 보아 허용되지 않는다고 해야 한다. 무효심판절차는 특허권의 생성의 절차와는 다른 성질을 가지는 면도 있지만, 절차과정에서 출원인 등이 한 주장과 모순되는 주장을 침해소송에서 하는 것이 허용되지 않는다고 하는 신의성실의 원칙 내지 출원경과금반언의 원칙이 마찬가지로 타당하다고 이해해도 지장이 없다. 나아가 소송에서의 신의칙의 원칙 등의 적용에 있어서 무효심판절차 등에서 한 당사자의 주장이 최종적으로 심결 등에서 채용되는가 아닌가에 의해 좌우된다고 이해해야 하는 것도 아니다."

"무효심판절차에서의 의견의 철회 … 의 경위에 비추어 보면 그 철회는 이 사건에서의 … Y의 주장이 … [별건소송(제1사건)]과 같은 이유로 배척되는 것을 면하기 위하여 한 것이라고 생각하는 것이 자연스럽고, 무효심판절차에서 당사자에게 인정되는 수행권한(遂行權限)을 남용한 것이라고 말할 수도 있다(다만 철회가 무효심판절차상 효력을 가지는가 아닌가가 문제로 된다는 의미는 아니다). 그렇다면 Y가 무효심판절차에서 이 사건 특허권의 구성요건의 해석에 관하여 주장한 의견을 철회하는 취지의 서면을 제출한 후에도 당 재판소가 그 주장한 의견을 참작하여 이 사건 발명의 구성요소를 해석하는 것은 허용된다고 이해해야 한다."

Ⅲ. 해　　설

1. 포대금반언의 법리는 민사소송 일반에서의 신의칙이 특허소송에서 구체화된 것이라고 하는 견해가 많다. 그러나 最判 昭和 51. 9. 30. 판결[民集 30권 8호 799면; 新堂幸司, "訴訟物概念の役割," 同, 訴訟物と爭點效(下)(1991), 高橋宏志, 重点講義民事訴訟法(上)(제2판, 2011) 668~676면]이 내세운 일반 민사소송에서의 신의칙에 의한 새로운 주장 제한의 원칙은 분쟁의 경위, 다시 문제 삼기까지의 기간, 상대방의 신뢰의 유무 등 제반 사정을 고려한 다음에 발동되는 것이다[신의칙 적용의 부정례로서 最判 昭和 59. 1. 19. 判時 1105호 48면; 新堂幸司, 判批, 同, 判例民事手續法(1994); 大阪地判 平成 14. 9. 19. 平11(ワ)제10931호(재판소 Web)(生理活性物質測定法)]. 이에 대하여 특

허침해소송에서의 포대금반언의 법리의 특수성은 유형적 판단이라고 하는 것에서 구하여진다. 예를 들면 거절이유통지에 대하여 보정 등으로 한정을 한 사례에서는 거의 전형적으로 포대금반언의 법리가 타당하다고 생각된다[재판례의 경우 增井和夫·田村善之, 特許判例ガイド(제3판, 2005) 164~172면; 吉田擴志, "最近の裁判例にみる禁反言の硏究(1)(2·完),"知財管理 52권 2호, 3호]. 그런 연유로 일반적으로 신의칙이라는 설명이 주어지는 포대금반언의 법리이지만, 신의칙이라고 하여도 특허제도에 특유한 것이 아닌가라고 생각된다[大野聖二, "均等論と2つのエストッペル論(1)(2·完),"ペテント 49권 2호, 3호 참조].

2. 포대금반언의 법리의 존재의의는 권리성립요건을 판단하는 기관(제1차적으로 특허청, 제2차적으로 재판소)과 권리행사의 가부를 판단하는 기관이 분리되어 있는 특허제도의 특수성(일반 민사소송과 달리)에서 구할 수 있을 것이다. 이따금 절차가 분리되어 있기 때문에 각각의 절차에서 서로 모순되는 주장이 되고, 그 결과 모순된 판단이 내려진다고 하는 부조화를 억제하기 위하여 포대금반언의 법리가 존재하는 것이 아닌가 생각된다.

여기에서 서술하는 부조화는 권리성립요건을 판단하는 기관과 권리행사의 가부를 판단하는 기관이 모두 재판소인 저작권의 경우와 비교하면 충분히 이해될 수 있다. 저작권침해소송에서 재판소는 원고 저작물의 창작성이 피고 저작물에서 재생되어 있는가 아닌가를 판단한다[最判 平成 13. 6. 28. 民集 55권 4호 837면(江差追分 上告審); 田村善之, 著作權法槪說(제2판, 2001) 58~59면; 同, 法協 119권 7호 1430면]. 만약 저작권자가 보호범위(유사성)에 관하여 권리성립요건(창작성)에서 주장한 것과 다른 점에 관하여 창작성을 주장한다면 그것은 기본적으로 모순주장이라고 하여야만 할 것이다.

이에 대하여 특허권에서는 만일 포대금반언의 법리가 없다고 한다면, 위에서 서술한 바의 모순주장을 자유로이 할 수 있다고 할 것이다. 그러나 특허제도가 저작권과는 달리 권리의 성립요건을 판단하는 기관과 권리행사의 가부를 판단하는 기관을 분리한 것은 특허성립과정에서는 보호범위를 좁게 주장하면서 권리행사의 단계에서는 범위를 넓히는 모순된 주장을 허용하기 위한 것은 아니다. 특허의 경우 요건의 판단을 전부 재판소가 하지 않으면 안 된다면 재판소의 부담이 매우 증대되기 때문에, 일단 전문기관인 특허청이라는 곳에서 스크리닝을 하는 심사 제도를 만들어 권리의 성립요건을 판단하게 한 것이다. 한정적인 주장에 의해 심사의 대상에서 제외된 기술에 관하여 후의 침해소송에서 권리행사를 허용한다면 심사제도가 참탈될 수 있다[大野, 前揭(1) 11~13면, 同(2) 61~63면]. 그래서 일체적으로 판단하는 저작권 등에서는 특히 문제로 되지 않는 모순주장을 봉쇄하고, 모순판단을 방지하는 역할이 포대금반언에 기대되고 있는 것이다. 그 때문에 앞서 본 민사소송의 일반원칙과 비교하면 전형적으로 적용되는 것이라고 할 것이다.

3. 판단기관 분화의 조정원리로서 포대금반언의 법리를 위치 부여하는 입장에서는 그 적용의 유무를 결정함에 있어서 문제의 주장이 권리성립 전에 한 것인가, 그렇지 않으면 성립 후에 한 것인가는 크게 문제되지 않는다. 권리성립 후의 절차이기는 하지만 특허요건의 충족의 유무를 판단하는 기관과 권리범위를 판단하는 기관이 분화되어 있다는 관계는 무효심판(그와 관련된 심결취소소송을 포함)과 침해소송의 관계라고 하여 출원심사절차(그에 관련된 심결취소소송을 포함)와 침해소송의 관계와 달라질 것은 없다. 포대금반언의 법리는 무효심판절차에서의 특허권자의 한정적인 주장에서도 타당하다고 이해해야 한다.

다만 출원심사절차와 침해소송의 관계와 달리 무효심판과 침해소송은 무효심판 쪽이 선행하는 경우만이 아니라 침해소송이 먼저 종료되거나 혹은 양 절차가 동시 병행적으로 진행될 수가 있는 점에서 각별한 고려를 필요로 하는 경우가 있다.

먼저 침해소송이 선행하여 판결이 확정된 경우에 관하여. 특허권자가 침해소송에서는 클레임의 기술적 범위에 관하여 확인대상발명을 포함한다는 해석을 주장하고, 재판소에서 그것을 받아들여 특허권침해를 긍정하는 판결이 내려지게 되었다. 그 후의 무효심판절차에서 특허권자가 공지기술로 든 확인대상발명에 해당하는 기술이 인용례로 됨에 따라 신규성 등이 상실된다고 판단되는 것을 피하기 위하여 클레임의 기술적 범위에 확인대상발명이 포함되는 것은 아니라고 하는 주장을 하는 것이 허용될 수 있는가.

문제의 주장은 "포대"에 기초한 것이 아니고, 또한 기술적 범위를 한정하는 주장도 아니며, 오히려 그것을 확장하는 방향의 주장이지만, 만일 이와 같은 주장이 인정되어 특허무효가 회피되는 것으로 된다면 권리성립요건과 권리범위의 판단에서 괴리가 생기게 되는 것에 다름이 아니다. 포대금반언의 법리는 이 경우에도 타당하다고 이해해야 한다[吉田, 前揭(2) 329면]. 판단기관이 분화되어 있는 점에 수반한 왜곡을 시정하는 법리인 이상 당해 무효심판을 청구한 것이 침해소송에서의 피고인가 그것과 전혀 관계없는 제3자인가는 법리의 적용에 영향이 없다고 이해해야 한다.

이런 종류의 특허권자의 주장이 받아들여지지 않아 특허를 무효로 하는 심결이 확정된다면 앞선 침해소송에 관한 확정판결은 재심사유를 내포하는 것으로 된다(민사소송법 제338조 제1항 제8호). 판단기관 분화에 수반하여 서로 모순된 판단이 사실상 통용되고 있는 상태는 침해를 인정한 확정판결이 재심소송에 의해 취소됨으로써 해소될 수 있다.

다음으로 무효심판과 침해소송의 절차가 동시 병행적으로 진행되고 있는 경우에 관하여. 심결이나 판결이 확정되지 않은 이상 본고의 지금까지의 논의가 염두에 두고 있는 사례와 다른 점이 있다[이 점을 헤아린 것으로 吉田, 前揭(2) 324~326면]. 그러나 권리성립요건과 권리범위가 동일한 절차 내에서 판단되는 경우 예를 들면 특허침해소송 중에 당연무효 항변형의 권리남용의 문제(특허요건의 충족의 유무가 판단된다)와 기술적 범위의 문제가 동시에 심리되는 경우를 상정하여 보면 권리의 성립요건에 관한 클레임의 해석과 기술적 범위에 관한 클레임의 해석에서 특허권자가 서로 모순되는 주장을 하는 경우 아마 어느 것인가를 철회하도록 재판소에서 석명을 하게 될 것이어서, 어떻든 재판소가 서로 모순된 클레임 해석을 하여 침해 여부의 판단을 하게 되지는 않을 것이다. 권리성립요건을 판단하는 기관이 분화되어 무효심판절차가 마련되어 있는 것은 전문성, 법적인 안정성을 고려한 결과이지, 별도로 특허권자의 모순주장을 허용하기 위한 것은 아니다. 동시 병행적으로 진행되고 있는 양 절차에서 서로 모순되는 주장을 하는 것은 허용되지 않는다고 해석해야 할 것이다. 효과로서는 서로 모순되는 주장이 있는 경우 시기적으로 앞선 쪽의 주장을 철회하지 않는 한 시기적으로 늦은 쪽의 주장이 모순주장으로서 차단되는 것으로 취급하면 족할 것이다.

그러면 언제까지 철회를 인정해야 하는가. 이 사건 판결은 무효심판절차 쪽에서의 주장을 철회한다고 하더라도 권리남용 내지 신의칙에 의해 침해소송 쪽에서 모순주장을 하는 것은 허용되지 않는다고 이해하고 있는 것 같다. 그러나 동일 절차 내에서 권리성립요건과 권리범위의 판단이 되는 경우라면 시기적으로 뒤늦은 공격방어방법으로서 각하의 대상이 되지 않는 한(민사소송법 제157조 제1항), 철회를 하는 것이 허용되어야 한다. 판단기관을 분화한 것이 특별히 특허권자를 불리하게 취급하는 것을 목적으로 한 것은 아니다. 시기적으로 뒤늦은 것으로 각하되지 않는 한 철회는 가능하고, 철회에 의해 주장의 모순이 해소되는 경우에는 포대금반언의 법리도 적용되지 않는다고 해석해야 할 것이다. 거꾸로 말하면 심결이나 판결의 확정 등에 의해 철회가 허용되지 않는 경우에는 이미 모순주장을 이유로 하는 포대금반언의 법리를 회피할 수 없다고 생각한다.

〈참고문헌〉

1. 田村善之, "判斷機關分化の調整原理としての包袋禁反言の法理," 知的財産法政策學研究 創刊号

2. 愛知靖之, "審查經過禁反言の法理の再檢討," 日本功業所有權法學會年報 29号

3. 同, "審查經過禁反言の理論的根據と判斷梓組み(1)~(5, 完)," 法學論叢 155卷6号, 156卷1号, 2号, 157卷1号, 2号

78. 선사용권의 성립요건과 범위
—— Workingbeam식 가열로 사건

最高裁 昭和 61年(1986년) 10月 3日 第二小法廷判決
[昭和 61年(1986년)(才) 第454号 : 先使用権確認等請求本訴,
特許権・専用実施権に基づく差止・損害賠償請求反訴事件]
(民集 40卷 6号 1068頁, 判時 1219号 116頁, 判夕 627号 105頁) ◀裁判所 Web

山名 美加(야마나 미카, 関西大学 教授) 著
조재신(전남대학교 교수) 譯

Ⅰ. 사실의 개요

특수강, 공업로 등의 국내 메이커인 X(원고=반소피고・피항소인・피상고인)는 1966년 5월경, 소외(訴外) F사로부터 전도식의 Workingbeam식 가열로(A제품)의 문의를 받아 가열로 설계에 착수하고, 동년 8월 31일경 F사에 A제품의 원가견적서, 설계도면, 견적사양서를 제출하였다. X는 그것을 기초로 F사와 협의를 하고 구체적인 제조에 들어갈 예정이었으나, 결국, F사로부터의 수주는 하지 못하였다. 그러나 X는 해당 견적서 등을 그 후에도 정비보존하고, 1967년부터 1977년까지 그것에 기초하여 개발한 Workingbeam식 가열로의 입찰에 참여하였으며, 1969년 8월, 동년 10월, 1970년 1월, 동년 5월에 각각 전도식의 Workingbeam식 가열로에 대하여 입찰하여, 그중 1970년 3월, 동년 8월, 1977년 2월에 각각 수주를 받아 제조판매를 실시하였다. X가 제조판매하고 있는 제품(확인대상 제품)의 기본적인 구조는 A제품과 동일하고, 모두 본 건 특허발명의 기술적 범위에 속하는 것에 대해서는 당사자간에 다툼은 없으나, 특허청구범위에 관계없는 4가지 점(① Workingbeam을 구동하는 편심륜(偏心輪)과 편심축(偏心軸)의 부착구조, ② 편심륜(偏心輪)의 베어링 구조, ③ Workingbeam 지지평행형(支持平行桁)의 수평흔들림 방지구조, ④ 편심축(偏心軸) 구동방법)에 대해서는 상이하다.

한편, 미국 오하이오주의 회사인 Y1(피고 = 반소원고・항소인・상고인)은 로(炉)

의 내화실(耐火室)을 통하여 공작물을 운송하는 동형형(動桁型) 컨베이어에 관한 본 건 특허발명에 대하여 1968년 2월 26일 미국에 특허출원하고, 그것에 기초한 파리조약 우선권을 주장하여 동년 8월 26일 일본에 특허출원하여 1980년 5월 30일 일본에서 특허권의 설정등록을 완료하였다. Y2(피고 = 반소원고·항소인·상고인)는 본 건 특허발명의 전용실시권자이지만, 동사 중역A는 Y1의 의향을 받아들여, X가 출원공고 중인 Y1의 권리를 침해하고 있다는 취지를 2회에 걸쳐 경고하고, X의 본 건 가열로 제조판매의 중지를 요구하였다.

그것에 대하여, X는 선사용권이 있다고 주장하고, Y들의 침해청구권 부존재 확인 및 선사용권 존재확인을 청구함과 동시에, Y들이 영업비방행위(당시의 부정경쟁방지법 제1조 제1항 제6호 소정의 행위)를 하고 있다고 하여 허위사실의 진술유포 금지 등을 청구하였고, Y들은 X가 확인대상 제품을 제조판매하기 위한 선사용권의 성립요건을 충족하고 있지 않기 때문에, 반소로 확인대상 제품의 제조판매 금지, 확인대상 제품의 폐기, 손해배상 등을 요구하였다.

쟁점은 ① F사에 견적사양서 등을 제출한 X의 행위는 특허법 제79조의 선사용권의 성립요건인 "사업의 준비"에 해당된다고 말할 수 있는지 여부, ② 선사용권의 성립이 인정될 경우, 선사용권자가 실시형식 내지는 실시형태를 변경한 구조에까지 선사용권의 효력이 미치는지 여부이다.

제1심(名古屋地判 昭和 59. 2. 27. 無体裁集16卷1号 91頁)에서는 ①에 대하여서는 "시작(試作)이나 시험(試驗), 연구의 단계에서는 부족하고, 해당 발명을 완성하고, 그 발명을 실시 의도를 가지고 현실적으로 실행에 착수한 실적이 객관적으로 인정되면 그것으로 충분하다"라고 하여 X의 행위, 즉 F사로부터 주문을 받고 구체적 협의를 실시하였다면 최종 제작도면을 제작 가능한 단계까지 준비하였던 행위를 본 건 제품의 특수성도 고려하여 현실적으로 착수하였다고 말할 수 있다고 하였다. 그리고 ②에 대해서는 "반드시 현실적으로 실시하고 있는 구조에 한정하지 않고, 현재 실시 또는 준비해왔던 구조에 의해 객관적으로 표명되고 있는 발명의 범위까지 미치는 것"이라고 하여, 발명의 동일성을 손상하지 않는 범위에 대하여 실시해왔던 구조를 변경한 경우에도 선사용권의 효력은 미치는 것을 인정하였다. 제2심(名古屋高判 昭和 60. 12. 24. 無体裁集17卷3号 664頁)은 약간의 정정, 부가가 있는 논점에 대해서는 제1심과 같은 태도를 취하고 항소를 기각했다. 이에 대하여 Y들이 상고한 것이 본 건이다.

Ⅱ. 판   지

상고기각.

(ⅰ) 쟁점①에 대하여

"동법〔특허법〕 제79조에서 말하는 발명의 실시인 『사업의 준비』란, 특허출원과 관련된 발명의 내용을 알지 못하고 그것과 동일한 내용의 발명을 한 자 또는 그러한 자로부터 지득한 자가 그 발명에 대하여 아직 사업 실시의 단계에는 도달하지 못하였지만, 즉시 실시의 의도를 가지고 있고, 또한, 그 즉시 실시의 의도가 객관적으로 인식되는 형태, 정도에 있어서 표명되고 있는 것을 의미한다고 해석하는 것이 상당하다."

(ⅱ) 쟁점②에 대하여

"특허법 제79조…에서 말하는 『실시 또는 준비를 하고 있는 발명의 범위』란, 특허발명의 특허출원 시(우선권 주장일) 선사용권자가 현재 일본 국내에 있어서 실시 또는 준비를 해왔던 실시형식에 한정되는 것이 아니고, 그 실시형식에 구현되고 있는 기술적 사상, 즉 발명의 범위를 말하는 것이며, 따라서, 선사용권의 효력은 특허출원 시(우선권 주장일) 선사용권자가 현재 실시 또는 준비를 해왔던 실시형식뿐만 아니고, 그것에 구현된 발명과 동일성을 잃지 않는 범위 내에서 변경한 실시형식에도 미치는 것으로 해석하는 것이 상당하다.… 그리고 그 실시형식에 구현된 발명이 특허발명의 일부분밖에 상당하지 않을 경우, 선사용권의 효력은 해당 특허발명의 해당 일부분밖에 미치지 않는 것은 물론이고, 그 발명의 범위가 특허발명의 범위와 일치하는 경우 선사용권의 효력은 해당 특허발명의 전범위에 미치는 것이라고 말할 수 있을 것이다."

Ⅲ. 해   설

1. 본 판결의 의의

본 판결은 최고재판소가 특허법 제79조가 정하는 선사용권에 대하여 성립요건인 "발명의 완성," "사업의 실시·준비" 그리고 "실시형식의 변경·범위(선사용권의 범위)"에 대한 판단을 보여주는 최초의 사례라고 말할 수 있다. 특히, "사업의 준비," "선사용권의 범위"에 대하여서는 그때까지의 하급심에서의 판결이 나누어져 있었고, 또한 학설도 다양하였으나, 그런 중에서의 최고재판소의 판단은 큰 의의가 있다고 말할 수 있을 것이다.

2. 선사용권의 존재이유

특허법 하에서 선원주의에 입각하면, 타인의 특허출원 때에 그 발명을 실시하고 있거나, 준비를 하고 있는 자도 타인이 특허권을 취득하면 그 이후는 실시가 불가능하게 된다. 그러나 타인이 특허권을 취득했기 때문에 그 특허출원 전부터 현재까지 발명을 실시 또는 준비를 하고 있는 자에 대하여서도 특허권의 효력이 미친다고 하는 것은 공평에도 반하는 것이라 할 수 있다. 그래서, 선원주의 하에서 일정의 요건을 구비하였다면 통상실시권을 인정하여 선사용권자의 보호를 꾀하고자 하는 것이 선사용권이다(中山信弘『特許法』[2010] 457頁). 선사용권은 각 공업소유권법(특허법 제79조, 실용신안법 제26조, 상표법 제32조)에 규정되어 있다.

선사용권의 존재 이유에 대해서는 국민경제설(현재 선의로 실시 또는 준비하고 있는 발명을 폐지시키는 것은 국민경제적 관점으로부터 바람직하지 않다고 하는 설)로부터 설명하는 것이 많았지만, 현재는 공평설(특허권자와, 그 출원전에 이미 동일 발명을 실시 또는 준비하고 있던 자의 이익의 공평을 도모하고자 하는 설)이 유력하고, 본 판결도 동설에 입각한 것이다.

3. "사업의 준비"란

구특허법(大正10년(1921년) 법률96호) 제37조에서는 "사업설비를 가진자"라고 되어 있었지만, 현행법에서는 "사업설비"로부터 "사업준비"로 개정되었다. 여기서 선사용권의 성립요건을 어느 정도 완화시키려고 하는 의도가 있었다고 생각되지만(特許庁編『工業所有權法逐条解說〔改正増補8版〕』[1986] 204頁), 양자는 실질적인 차는 없다고 해석하는 견해도 있다(中山信弘編著『注解特許法(上)〔第3版〕』[2000] 848頁〔松本重敏 = 美勢克彦〕).

어떻든 현행법에서 말하는 "준비"란, 단순한 시험단계로서는 불충분하고, 적어도 준비가 객관적으로 인정될 수 있는 필요가 있으며, 단순히 머릿속에서 실시하려고 하였다든가, 실시에 필요한 기계 구입을 위한 은행에 자금 대출 신청 정도로는 사업의 준비에는 해당되지 않는다(特許庁編『工業所有權法(産業財産權法) 逐条解說〔第18版〕』[2010] 248-249頁). 본 판결 전에는 구체적인 배선도까지 완성하지 못한 설계도 단계에서는 준비라고 말할 수 없다고 한 판례(東京地裁 昭和 48. 5. 28. 判決取消集179頁)와 같이 선사용권의 성립요건을 엄격하게 보여준 판례가 있었다.

그러나 본 건에서 문제가 된 발명은 당시 한 대에 10억엔이나 하는 거대 플랜트 장치(가열로)이고, 협의로부터 수주, 납품까지 상당의 시간을 요하며, 개별 주문을 받아 처음으로 생산에 착수하는 것이었기 때문에, 그러한 가열로의 특수성이 고려되어져, 유연하게 준비에 해당되는지 여부가 판단되었다. 이 점은 타당한 판단이라고 말할 수 있을 것이다(또한, 본 판결 이후도 도면이나 시작품이 작성되어 있는 단계가 "사업의 준비"에 해당하는지 여부에 대해서의 판단은 나누어져 있지만, 개개의 판례마다 제반 사정이 공평의 견지로부터 고려되고 있다고 말할 수 있다. 板井典子 "先使用権の要件である『事業の準備』の認定" Patent62巻2号 59頁).

4. 실시형식의 변경·범위(선사용권의 범위)

선사용권자가 실시에 임하여 그 형식을 변경하고 있는 경우, 그 변경에까지 선사용권의 범위가 미치는지 여부에 대해서, 본 판결까지는 선사용권의 범위를 출원시의 실시형식에 한정하는 설(실시형식설, 동설을 채용하는 판례로서는 東京地裁 昭和 49. 4. 8. 無体裁集6巻1号 83頁)과, 출원시에 실시하고 있던 형식에 한정하지 않고 출원시에 선사용권자가 사실상 지배하고 있던 발명사상에까지 미치는 것으로 하고, 형식이 약간 변경되었다고 하더라도 동일의 발명사상의 범위내라면 선사용권의 범위에 있다고 보는 설(발명사상설, 동설을 채용하는 판례로서는 東京地裁 昭和 42. 7. 10. 下民集18巻7=8号 784頁)이 대립하였다(松尾和子 "先使用による実施権の認められる範囲" 馬瀬文夫先生古稀記念 『判例特許侵害法』[1983] 665頁). 전 설은 국민경제설, 후 설은 공평설에 기초한 것이나, 기술혁신이 현저한 현대에 있어서는 실시형식설을 관철하는 것은 오히려 선사용권 제도 자체를 형해화시킬 우려가 있으므로, 본 판결이 보인 발명사상설에 입각한 판단은 타당하다고 말할 수 있을 것이다.

그러나 본 판결에 있어서는 "A제품에 구현되고 있는 발명…의 범위는 본 건 특허발명의 범위와 일치하여야 할 것이므로, …선사용권의 효력은 본 건 특허발명의 전 범위에 미치는 것이고, 따라서, 확인대상 제품에도 미치는 것이다"라고 하여, A제품과의 구체적 비교없이 확인대상 제품에도 선사용권의 효력이 미치는 것이 인정된 점을 문제로 삼는 비판도 있다(中山信弘·法協105巻8号 1148-1149頁). 본 건에 있어서는 "A제품에 구현화된 발명이 특허발명과 일치"하고 있는 것이 전제로 되어 있었기 때문에 결론적으로는 문제는 없었다고 생각되지만, 현실적으로는 선 발명제품과 특허발명이 일치하는 사례는 많지 않다. 오히려, 본 건이 유일의 실시예를 그대로 특허청구범위로 한 특수사례라고 생각하면, 그 외의 경우("선 발

명제품과 특허발명이 일치하지 않는 경우")는 선사용제품과 확인대상 제품의 비교를 빠뜨릴 수 없다고 생각된다(古田応志 "先使用権の範囲に関する一考察" Patent56巻6号 64頁). "선사용권자가 실시하고 있던 발명·고안의 내용·범위는 통상, 선사용권자가 특허출원 시에 실시하였던 기술, 변경 후의 기술, 그것을 실시하기까지의 제 연구, 시험기록, 도면, 설명서, 제조공정 및 방식에 관한 자료, 시작품 등, 객관적으로 외부에 표시된 것으로부터 당시의 기술수준에 기초하여 판단되어지고"(松尾·前掲 672頁), 그 동일성을 잃지 않은 범위에 확인대상 제품이 포함되는지 여부로서 선사용권의 성립여부가 최종적으로 판단되어지는 것이라고 생각되지만, 선사용발명의 추출작업은 곤란한 작업이라는 것을 부정할 수 없고, 또한 동일성 판단에 있어서도 학설이 나누어져 있는 것으로부터, 이후의 판례 동향을 주목하고 싶다.

〈참고문헌〉
본문 중에 열거한 것 이외
1. 木棚照一 昭和62年度重判解(ジュリ910号) 241頁
2. 特許第2委員会第1小委員会 "先使用権に関する凡例研究"知的管理51巻9号 1417頁
3. 特許庁総務部技術調査部 "先使用権制度の円滑な活用に向けて-戦略的なノウハウの管理のために(上)(下)"知的ぷりずむ48号 139頁, 49号 146頁

79. 실시권자의 수족에 의한 선사용권의 주장
—— 地球儀型트랜지스터라디오 의장 사건

最高裁 昭和 44年(1969년) 10月 17日 第二小法定判決
[昭和 41年(行才) 第1360号 : 意匠権侵害排除, 損害賠償請求事件]
(民集 23卷 10号 1777頁, 判時 577号 74頁, 判夕 241号 81頁) ◀재판소 Web

田中昌利(다나카 마사토, 弁護士) 著
이회기(김앤장 법률사무소 변호사) 譯

Ⅰ. 사실의 개요

사안은 복잡하지만, 판시사항에 관련한 한도에서 정리하면, 항소심이 확정한 사실관계는 다음과 같다.

소외 A사의 대표자 B는 昭和 32년(1957년) 9월경, 東京芝浦전기주식회사(당시)에 의한 球型 라디오의 광고에 눈을 멈춰, 이것에 어느 정도의 변경을 가한 의장을 발안하였다. A사는 東芝와의 거래를 시도했으나 이루어지지 않았다. 그후, A사는 X₂사(원고, 항소인, 상고인)와 교섭하여, 소화 33년(1958년) 2월 1일, 地球儀型 트랜지스터 라디오 수신기(이하 '본건 라디오'라고 한다)의 제조판매에 관한 계약을 체결하였다.[1]

X₂사 는 이 약정에 따라, 동년 4월 11일경에는, 본건 라디오의 견본을 완성시켜, 동월 21일에는 견본을 A사에 송부하여, A사의 승인을 얻고 본격적인 제조에 착수하여, 동년 7월, 8월경 이후 다음해인 소화 34년(1959년) 3월경까지의 사이에, 견본과 동일한 물품을 A사에 납입하고, A사는 이것을 판매했다. 상기 견본의 의

---

1) 병제1호증이고, 그 내용은, 개괄하면 다음과 같다. (a) A사가 型을 X₂사에 제공하고, X₂사는 A사를 위해 본건라디오를 제작한다, (b) 본건 라디오의 의장에 관한 일체의 권리는 A사에 귀속한다, (c) X₂사 는 상기 의장 또는 地球儀型의 여하한 라디오도 다른 여하한 회사를 위해 제조해서는 안 된다, (d) 본건 라디오의 제조에 소요되는 금형대 2500달러는 반반하여 부담하며, 금형은 공유로 한다, (e) 만약에 상기 의장을 변경하는 것이 필요한 경우는 그 견본에 관하여 A사의 승인이 있을 때까지 X₂사는 생산을 개시해서는 안 된다.

장은, 당초의 A사가 보인 의장에 변경을 가한 것이지만, 기본적 구성에는 변함이 없는 것이었다.

　　X₁(원고, 항소인, 상고인)은, 상기 견본의 본건 라디오의 의장에 관하여, 소화 33년(1958년) 4월 18일 출원하여, 소화 34년(1959년) 2월 10일 등록을 받았다. X₁은 X₂사 에게 본건 의장권의 2분의 1 지분을 양도하였다(소화 35년(1960년) 8월 17일 등록). A사는 소화 34년(1959년) 4월경, X₂사 와 분쟁이 생겨, 그 거래를 멈추지 않을 수 없게 되었다. 그래서, A사는 소화 34년 5월 말경, X₁(피고, 피항소인, 피상고인)에게 본건 라디오의 주문을 발주하고, Y₁은, 이것을 승낙한 다음, Y₂사(피고, 피항소인, 피상고인)에게 주문하여, Y₂사가 본건 라디오의 제조를 하는 것으로 되었다. 그 즈음 A사, Y₁, Y₂사의 3자간의 계약에 있어서는, 그 대상으로 하는 라디오는 견본을 A사에게 제공하고, Y₁, Y₂사는, 모두 그대로의 것을 제작 납입해야 하는 것으로 하며, A사 이외의 자를 위해서 동종의 라디오를 제작 판매할 수 없고, A사로부터의 발주가 있는 경우에만 제작 납입을 해야 하는 것으로 정하여졌다. Y₂사는, 상기 약정하에 본건 라디오의 제조를 하여 이것을 Y₁에게 납입하였고, Y₁은 이것을 A사에게만 수출 납입하였다.

　　소화 35년, X 등은 Y 등에 대하여 본건 의장권의 침해라는 이유로 Y 등에 의한 본건 라디오의 제조 판매의 금지 및 손해배상 등을 청구하였다. 이것에 대하여, Y 등은 Y 등의 제조판매행위는 A사의 선사용권에 기한 정당한 것이라는 등으로 주장하여 다퉜다.

　　제1심(東京地判 昭和 36. 12. 23. 民集23권10호 1786면 참조) 및 제2심(東京高判 昭和 41. 9. 29. 同民集 1796면 참조)은, Y 등에 의한 선사용권의 주장을 인정하여, X 등의 청구를 기각하였고, 이에 X 등이 상고하였다.

Ⅱ. 판　지

　　最高裁는 원판결을 정당하다고 하여 상고를 기각하였다. 상고이유는 제6점에 미치나, 다음의 제2점의 판단이 판시사항으로 하여 채택되어 있다.

　　(i) 구의장법9조에서 말하는 "그 의장실시의 사업을 위한"이라고 함은, 당해 의장에 관한 실시권을 주장하는 자가 자기를 위하여 자기의 계산으로, 그 의장실시의 사업을 한다는 것을 의미하는 것임은, 소론대로이다. 그러나 그것은 단순히 그 자가 자기가 가진 사업설비를 사용하여 스스로 직접 위 의장에 관한 물

품의 제조, 판매 등의 사업을 하는 경우만을 가리키는 것은 아니고, 자기를 위해서만 위 의장에 관한 물품을 제조시켜 그 인도를 받고, 이것을 다른 곳에 판매하는 경우 등도 포함하는 것이라고 해석하는 것이 상당하다

(ⅱ) Y 등은 소외 A사의 주문에 기초하여, 오직 同社를 위해서만 본건 地球儀型 트랜지스타 라디오 수신기의 제조, 판매 내지 수출을 하는 것에 불과하고, 즉, Y 등은 위 A사의 기관적인 관계에 있어 동사가 가진 위 라디오수신기의 의장에 관한 선사용권을 행사하는 것에 불과하다라고 한 원심의 사실인정은 원판결거시의 증거관계에 비추어 수긍할 만하다. 따라서 위 사실관계 하에 있어서, Y 등이 한 위 라디오 수신기의 제조, 판매 내지 수출의 행위는 위 A사의 위 의장에 관해서의 선사용권 행사의 범위내에 속한다고 한 원심의 해석판단은 정당하다고 시인할 수 있다.

Ⅲ. 해 설

1. 본 판결의 선례적 가치

본판결은 구의장법(대정10년 법률 제98호) 9조의 "의장등록출원의 당시에 선의로 국내에서 그 의장실시의 사업을 하거나 사업설비를 가지는 자는 그 등록의장에 관한 사업의 목적의 의장범위 내에서 실시권을 가진다," 즉 선사용권을 인정할 수 있다고 하는 규정에 관한 것이다. 동취지의 규정은 구특허법(대정10년 법률 제96호) 37조 및 구실용신안법(동년 법률 제97호) 7조에도 존재했다. 이것들의 규정은, 약간의 수정을 거쳐 현행의장법(소화 34년 법률 제125호) 29조, 특허법(동년 법률 제121호) 79조, 실용신안법(동년 법률 제123호) 26조에 수계되어있는데, 실질적으로는 다르지 않다고 해도 좋으며, 본판결은 현행 특허법, 실용신안법 및 의장법에 있어서의 선사용권에 관하여도, 여전히 선례적 가치를 가진다고 말할 수 있다.[2]

2. 선사용권제도의 취지

선사용권의 이론적 근거에 관하여는 경제설(현존의 설비를 폐기시키는 것은 국민경제상 바람직하지 않다는 점에 근거를 구한다)과 공평설(타인의 출원전에 자본을 투하한 자의 사업을 폐지시키는 것은 공평의 이념에 반한다고 하는 점에 근거를 구한다)이 있고, 양설에는, 이론적으로는, 현존의 설비가 감실, 후폐(朽廢)한 후에도 선사용권은 존속하는가, 설비의 증설은 허용되는가라고 하는 점에서 결론을 달리할 가능성이

---

2) 후게 ①66면, ②1090면, ③20면, ④180면

지적되어 있다(후게②1091면). 다른 한편으론, 반드시 단일의 근거만을 생각할 필요는 없다고 하여, 공평설의 입장에 서 있으면서도, 국민경제적 고려도 애쓰고 있는 설이 있다(후게②1091면). 공평설이 통설로 보이지만, 그 근거는 논자에 따라 여러 가지 뉘앙스가 있다(후게③21면 참조). 본 판결의 판시로부터는 명확하지 않지만 후에 나온 最二昭判 昭和 61. 10. 3.(본서78사건)에서는, "선사용권제도의 취지가 주로 특허권자와 선사용권자와의 공평을 도모하는 것에 있다"고 하고 있어, 공평설을 채용하였다고 이해할 수 있는(후게③21면) 한편으로, 공평설의 관점에 중점을 두면서도 다른 요소의 고려에 함축을 갖게 하려는 것처럼도 이해할 수 있다(후게⑩163면).

3. 판시사항(ⅰ)—"의장실시의 사업을 하고"

전기 사실관계에 의하면, 본건 라디오의 의장은, A사의 대표자 B가 발안한 것이고, 소화 33년 2월 1일의 계약에 기해, A사는 사업설비를 가진 X₂에게 주문하여 자기를 위해서만 의장에 관한 본건 라디오를 제조시켜 그 인도를 받아 판매했지만, 그러한 가운데에 X₁이 본건 의장에 관하여 출원해서 등록을 받았다. 그 후, A사와 X₂사 사이의 상기 거래는 해소되고, A사는 다음으로 Y 등에게 주문하여, Y 등은 오직 A사를 위해서만 본건 라디오의 제조, 판매 내지 수출을 하였다. 이와 같이, 제조자가 X로부터 Y 등에게 바뀐 후, X 등이 의장권에 기하여 Y 등에게 본건 소송을 제기한 것이다.

Y 등은, A사에게 선사용권이 성립한다고 주장하여 그것을 채용하는 식으로 X 등에게 대항하였다. 거기에서 우선은 A사에 대하여, 선사용권의 성립요건의 충족성이 문제로 되었다. 결국, A사는 스스로 제조설비를 가지지 않고, 오직 X₂에 주문하여 제조를 시키고, 그 인도를 받아 판매한 것에 불과하기 때문에, X₁에 의한 의장등록출원시에 A사가 "의장실시의 사업을 하고"라는 것은, "당해 의장에 관하여서의 실시권을 주장하는 자가 자기를 위하여 자기의 계산에 있어서, 그 의장실시의 사업을 하는 것을 의미하는 것이다"라고 한 다음, "그것은 단순히 그 자가 자기가 가진 사업설비를 사용하여 오직 직접 위 의장에 관한 물품의 제조, 판매 등의 사업을 하는 경우만을 가리키는 것은 아니고, 더욱이 그 자가 사업설비를 가지는 타인에게 주문하여 자기를 위해서만 위 의장에 관한 물품을 제조시켜 그 인도를 받아 이것을 타에 판매하는 경우 등을 포함한다"고 판시하였다. 그리고 "A사는 X₁이 본건 의장의 등록출원을 하기 이전에 X₂를 개입시켜, 그 의장실시의 사

업을 하고 있는 자에 해당한다"고 한 원심의 해석판단을 정당하다고 했다.

본 판결에서 말하는 "자기를 위하여, 자기의 계산으로" 사업을 하는 것을 의미한다고 해석하는 것 자체에 특히 이론은 없을 것이다. 그러나, 현실의 비니니스에서는 제3자에게 제조를 위탁하는 것은 빈번하게 보이는 현상이다. 그 계약형태는 하청계약, 제조위탁계약, 제조물공급계약 등 여러 종류의 것이 있지만, "자기를 위하여, 자기의 계산으로"라고 하는 기준만으로는 실시의 사업을 행한다고 말할 수 있는가 아닌가를 명확하게 결정하는 것이 불가능하다. 본 판결이 "사업설비를 가진 타인에게 주문하여, 자기를 위해서만, 위 위장에 관한 물품을 제조시켜 그 인도를 받아 이것을 타에 판매하는 경우 등도 포함한다"고 하는 판단기준을 보여준 의의는 크다.

기준의 구체적인 적용으로서는, 당사자 및 제3자의 관계를 실질적, 전체적으로 고찰하여, 제3자를 자기의 기관, 보조자 또는 수족으로 사용하고 있다고 말할 수 있는가 어떤가라고 하는 것으로 될 것이다(동지, 후게②1091면, ③23면).

본 판결에서 남겨진 문제로서는, 제조하는 자가 스스로 다액의 설비투자를 하고 있는 것과 같은 경우에, 주문자만이 아니고 당해 제조자에게도 선사용권이 성립하는가 아닌가라고 하는 점이다. 본 판결은 그러한 제조자에게 선사용권의 성립을 부정하는 취지까지를 판시한 것은 아닐 것이다(후게①664면).

4. 판시사항(ⅱ)—"사업의 목적에 맞는 의장범위내"

A사에게 선사용권이 성립한다고 하여, 다음으로 선사용권의 행사의 범위가 문제로 되었다. 즉, Y등에 의한 본건 라디오의 제조 판매 등의 행위가 "사업의 목적에 맞는 의장범위내"라고 하여, A사가 가진 선사용권의 행사에 맞는가라는 것이다. 선사용권자는 의장권자와는 다르고, 그 실시를 제3자에게 허락할 수는 없다고 되어 있는(후게①664면, ②1092면) 것으로부터 이 문제로 된다.

이 점에 관하여, 본 판결은, "Y 등은, 소외 A사의 주문에 기초하여, 오직 동사를 위해서만 본건 지구의형 트랜지스타 라디오 수신기의 제조, 판매 내지 수출을 한 것에 지나지 않고, 즉, Y 등은 위 A사의 기관적 관계에서, 동사가 가진 위 라디오수신기의 의장에 관한 선사용권을 행사한 것에 지나지 않은 것이다"라고 하는 원심의 인정을 수긍할 수 있다고 하고, 그 사실관계를 전제로, "Y 등이 한 위 라디오 수신기의 제조, 판매 내지 수출의 행위는 위 A사의 위 의장에 관한 선사용권행사의 범위내에 속한다"고 한 원심의 해석판단을 시인하였다.

여기에서는, Y 등이 A사의 기관적 관계에서 동사가 가진 본건 라디오의 의장에 관한 선사용권을 행사한 것에 지나지 않는 것이 이유로서 들어져 있다. 본 판결의 상기 판시에 관해서는, 전술의 선사용권자는 실시를 제3자에게 허락할 수 없다라고 하는 것도 고려해서, 지나치게 넓은 확장해석은 허용되지 않는다고 하는 지적이 있다(후게①665면).

5. 그 외의 판시사항—"선의"

선사용권의 성립요건으로서, "선의"의 점도 다투어져, 본 판결은 "A사는 X₁이 본건의장의 등록출원을 한 당시, 위 의장의 고안이 자기에 귀속하는 것으로 믿고, 따라서, 그것이 타인에게 귀속하는 것을 모르고, X₂사를 개제시켜, 위 의장 실시의 사업을 하고 있던 것이다"고 한 원심의 인정을 지지하여, A사가 "선의로" 의장실시의 사업을 하고 있었다고 하는 원심의 해석판단을 시인하였다.

6. 현행법에서의 처리

본건은, 무릇 본건 의장 자체, X₁에 의한 모인출원의 의심이 농후하다. 실제로, Y 등은 소송의 중도까지 모인에 의한 의장권의 무효를 주장했다. 그러나, 당시는 그러한 항변은 허용되지 않았으므로, 선사용권이 주된 다툼으로 되었던 것으로 보인다. 현재(평성 16년의 법개정 후)라면, 의장법 41조(특허법104조의 3의 준용)의 권리행사제한의 항변에 의해, 선사용권의 문제에 관하여 판단할 것까지도 없이, X 등의 청구가 기각될 것은 아닌가라고 생각된다(동지, 후게③27면).

〈참고문헌〉

본 판결의 평석으로서, ① 奧村長生, 最判解民事編 昭和44年度(下), 655頁, ② 中山信弘, 法協87卷 11=12号 1088頁, ③ 小野昌延先生稀壽記念, "知的財産法最高裁判例評釋大系 II(2009)," 17頁 이하[熊倉禎男], ④ 熊倉禎男, 본 백선(제3판), 180면, ⑤ 松尾和子, 判タ244号89頁, ⑥ 仙元隆一郎, 民上63卷6号956頁,

선사용권에 관한 설명으로서, ⑦ 滿田重昭·松尾和子編, "注解意匠法"(2010), 427頁 이하[光石俊郎], ⑧ 中山信弘, "特許法(2010)," 457頁, ⑨ 中山信弘·小泉直樹編, "新注解特許法(上, 2011)," 1245頁 이하[森崎博之·岡田誠], ⑩ 飯村敏明·設樂隆一編著, "知的財産關係訴訟(2008)," 162頁 이하[東崎賢治], ⑪一場康宏, "先使用權について," 木野利秋外編, "知的財産法の理論と實務(I)"(2007), 226頁 등이 있다.

X. 침해에 대한 구제

80. 특허법 제100조 제2항에서 말하는 "침해의 예방 에 필요한 행위"의 의의── 생리활성물질 측정법 사건

最高裁 平成 11年(1999년) 7月 16日 第2小法廷判決
[平成 10年(オ) 第604号 特許権侵害予防請求事件]
(民集 53卷 6号 957頁, 判時 1686号 104頁, 判タ 1010号 245頁)

飯村敏明(이이무라 도시아키, 知財高裁 判事) 著
박성수(김앤장 변호사) 譯

Ⅰ. 사실의 개요

본건 사안은 본서 56번 사건과 동일하다. 사안의 상세는 동 사건을 참조하기 바란다. 여기서는 본 테마(특허법 제100조 제2항에 관계된 논점)와 관련된 부분만을 다룬다. X(원고, 항소인, 피상고인)는, 발명의 명칭을 "생리활성물질측정법"이라고 하는 칼리크레인(kalikrein, 혈장 중에 존재하며 다른 효소와 관련·반응하여 통증, 염증, 알레르기 반응의 원인물질을 유리시키는 작용을 가진다)의 생성저해성능의 측정법에 관한 특허권(본건 특허권)을 가지고, 동 방법을 이용하여 생체의 피부조직으로부터의 추출물(칼리크레인의 생성을 저해한다)을 유효성분으로 하는 제제(X의약품)의 제조, 판매를 하고 있다. 본 발명의 경위는 이하와 같다. X의약품의 유효성분은 그 성분내용이 불명이기 때문에 후생성은 행정지도에 의해 약사법 소정의 제조승인을 얻기 위하여 품질규격을 분류상 정하는 확인시험을 확립할 것을 요구하였다. X 는 후생성으로부터 지도된 기준을 만족시키기 위하여 본건 발명에 관계된 측정 방법을 개발하고 본건 특허권을 취득하였다. 즉, 본건 발명에 관계된 방법은 약 사행정상 칼리크레인의 생성을 저해하는 물질을 이용한 의약품에 관하여 그 품 질규격검정에 필요하다고 하는 점에 유용성이 있었다. 그 후 주식회사 Y(피고, 피항소인, 상고인)는 Y의약품(후발의약품)에 관하여 그 의약품 제조승인 등을 위한 확인시험을 실시하고 약사법 소정의 의약품 제조승인 등을 얻어 Y의약품의 제조, 판매를 개시하였다.

그러자 X는 Y에 대하여 Y의약품의 의약품 제조승인 등을 위하여 행하고 있는 확인시험 방법(Y방법)이 본건 발명의 기술적 범위에 속하여 본건 특허권을 침해하고 있다고 주장하며, ① Y의약품의 제조의 금지 내지 그것들의 선전광고의 금지, ② Y의약품의 폐기, ③ Y의약품에 관하여 건강보험법에 기하여 등재된 약가기준신청의 취하, ④ Y의약품에 관하여 약사법에 기하여 취득한 제조승인의 신청의 취하 내지 그 제조승인에 의하여 얻은 지위의 제3자에 대한 승계, 양도의 금지를 구하였다.

제1심은 Y가 X 주장의 방법을 실시하고 있다고 인정되지 않는 것으로 하여 X의 청구를 기각하였다. 원심(大阪 高裁 1997. 11. 18. 전게 知的裁集 29권 4호 1066면)은 Y가 이 사건 방법을 실시하며, 이 사건 방법은 X발명의 권리범위에 속한다고 판단한 후, ① Y의약품의 제조, 판매의 금지 내지 그것들의 선전광고의 금지, ② Y의약품의 폐기, ③ Y의약품에 관하여 건강보험법에 기한 약가기준신청의 취하를 구하는 부분의 청구를 인용하였다.

이에 대하여 Y는, 물건을 생산하는 방법의 발명이 아니라 확인시험방법에 지나지 않는 본건 특허권의 효력으로서 Y의약품의 제조, 판매 등의 금지, Y의약품의 폐기, Y의약품의 약가기준신청의 취하를 인정한 원판결은 특허법 제100조 제2항의 해석을 그르친 위법이 있다고 하여 상고하였다.

Ⅱ. 판　지

파기자판.

본 판결은 Y방법이 X특허를 침해하고 있다고 하는 원판결의 인정판단을 시인한 다음 아래와 같이 판단하였다.

（ⅰ） 원심판결 중의 Y의약품의 제조, 판매 등의 금지를 인정한 부분에 관하여, 본건 방법이 Y의약품의 제조공정에 삽입되어 있다고 하여도 본건 발명을 물건을 생산하는 방법의 발명이라고 할 수 없고, 본건 특허권에 물건을 생산하는 방법의 발병과 같은 효력을 인정할 근거도 발견하기 어렵다. "본건 방법은 본건 발명의 기술적 범위에 속하는 것이기 때문에 Y가 Y의약품의 제조공정에 있어서 본건 방법을 사용하는 것은 본건 특허권을 침해하는 행위에 해당한다. 따라서, X는 Y에 대하여 특허법 제100조 제1항에 의하여 Y방법의 사용의 금지를 청구하는 것이 가능하다. 그러나 본건 발명은 물건을 생산하는 방법의 발명이 아니기 때문

에 Y가 Y의약품의 제조공정에 있어서 본건 방법을 사용하여 품질규격의 검정을 위한 확인시험을 하고 있다 하여도 그 제조 내지 그 후의 판매를 본건 특허권을 침해하는 행위에 해당하는 것이라고 할 수는 없다"라고 하여 Y의약품의 제조 등의 금지를 구하는 청구를 인용하는 것은 가능하지 않다고 하였다.

　(ⅱ) 또, 원심판결 중의 Y의약품의 폐기, Y의약품의 약가기준 등재신청의 취하를 인정한 부분에 관하여, "특허법 제100조 제2항이 특허권자가 금지청구권을 행사하는 때 청구할 수 있는 침해를 예방함에 필요한 행위로서 침해 행위를 조성하는 물건 …의 폐기와 침해행위에 제공된 설비의 제거를 예시하고 있는 것으로부터 보면, 동항에서 말하는 '침해의 예방에 필요한 행위'라는 것은 특허발명의 내용, 현재 행하여지거나 또는 장래에 행하여질 염려가 있는 침해행위의 태양 내지 특허권자가 행사하는 금지청구권의 구체적 내용 등에 비추어 금지청구권의 행사를 실효있게 하는 것이어도, 동시에 그것이 금지청구권의 실현을 위하여 필요한 범위내의 것이라는 것을 요한다"고 하는 일반론을 설시한 다음 Y의약품의 폐기 내지 Y제제에 관한 약가기준 등재신청의 취하는 금지청구권의 실현을 위하여 필요한 범위를 넘는 것으로, 예방에 필요한 행위라고는 할 수 없다고 판단하였다.

Ⅲ. 해　설

　1. 특허법 제100조 제2항은 특허권자는 특허권침해의 정지 또는 예방을 청구하는 때에 ⓐ 침해행위를 조성하는 물건의 폐기, ⓑ 침해행위에 제공된 설비의 제거, ⓒ 그 밖에 침해의 예방에 필요한 행위를 청구하는 것이 가능하다는 취지를 규정한다. 특허법은 특허권자에게 특허발명의 실시에 관하여 배타적 권리, 요컨대 실시행위에 관하여 부작위청구권을 주고 있으나, 그뿐 아니라 침해행위의 예방을 위하여 필요한 범위에서 작위청구권을 인정하고 있다. 이와 같이 특허법 제100조 제2항이 장래의 침해를 예방하기 위하여 작위청구권을 인정한 목적은 ① 침해물품이나 침해설비가 침해자의 수중에 남아 있다면, 침해행위가 재개될 위험성이 있다는 것, ② 침해상태를 방치하여 두면, 특허권자를 불안정한 지위에 놓아둔다는 것, ③ 발명은 일단 침해되면 사후적으로 구제를 도모하는 것이 곤란하다는 것 등을 이유로 한 것이라고 해석된다(横山久芳, 法協 118권 12호 1911호 참조). 다른 한편, 작위청구권은 침해자에 대하여 물품의 폐기나 설비의 제거로 일단 불

가역적(不可逆的) 조치를 청구하는 권리이어서 침해자에 미치는 영향이 크다. 그와 같은 여러 사정에 비추어보면, 특허법 제100조 제2항의 작위청구권을 인정할 것인가 아닌가를 판단함에 있어서는 구체적인 사안의 내용에 준거하여 예방을 위한 작위청구권을 인용하지 않는 경우의 특허권자 측의 불이익과 그것을 인정한 경우의 침해자 측의 불이익을 비교교량하여 결론을 이끌어내야만 될 것이다. 이 점에 관하여 본 판결은 특허법 제100조 제2항 소정의 "침해의 예방에 필요한 행위"에 관하여 금지청구권의 행사를 실효 있게 하는 것이어도 동시에 그것이 금지청구권의 실현을 위하여 필요한 범위 내인 것을 요한다는 일반론을 설시한 위에 그 구체적인 기준으로서 ① 특허발명의 내용, ② 현재 행하여지거나 또는 장래에 행하여질 염려가 있는 침해행위의 태양, ③ 특허권자가 행사하는 금지청구권의 구체적 태양 등의 고려요소를 들고 있다. 그래서 구체적인 사안의 적용에 있어서는, "Y의약품의 폐기" 내지 "Y제제에 관하여 약가기준 등재신청의 취하"는 ①의 관점으로부터는 특허발명의 내용이 방법의 발명이라는 점, ②의 관점으로부터는 침해행위의 태양이 의약품의 품질규격의 검정을 위한 확인시험에 있어서 사용하기 위한 것이라는 점, ③의 관점으로부터는 금지청구권의 구체적인 내용이 당해방법의 사용의 금지를 청구할 수 있는 권리에 지나지 않는 것이라는 등의 이유를 들어 "침해의 예방에 필요한 행위"에 해당하지 않는다고 하였다.

2. 상기 ①과 ③의 고려요소는 어느 것도 당해 발명의 기술적 범위(배타적 권리의 범위)는 어떠한 것인가를 검토하는 것에 의하여 확정되는 사항이기 때문에, 고려하여야 할 내용은 공통된다. 또, ②의 고려요소도 당해 발명의 기술적 범위를 무시하고 결정될 수 없다고 하는 의미에서는 많은 사안에 있어서 ① 내지 ②의 고려요소는 대개 공통된다고 예상된다. 현재 본 판결의 사안에 관하여 결론을 이끌어낸 중요한 판단요소는 작위청구권을 구한 근거로 된 본건 발명이 단순한 방법의 발명에 지나지 않는다고 하는 점에 있는 것이라는 점이 분명하기 때문에, ① 내지 ③은 상호 관련된 요소인 것으로 생각된다. 따라서 본판결은 제100조 제2항의 작위청구권에 관하여 종래 자칫하면 느슨하게 인정하여 왔던 실무에 대하여 주의를 환기하고, "침해의 예방에 필요한 행위"라고 규정되어 있는 동항의 문언을 엄격하게 해석, 적용하여야만 한다고 경종을 울린 판결이라고 읽을 수 있을 것이다.

이상과 같이, 본 판결은 위 논점에 있어서 선례적인 의의를 가진다고 말할 수 있다. 또한, 본건 사안과 같이 단순히 단순방법의 발명에 관계된 특허권에 기하여 Y의약품의 폐기 등의 작위행위까지 청구하는 것이 특허권자와 침해자의 형평을 꾀하는 관점으로부터, 과도한 청구라고 평가되는 경우가 많다고 하는 것도 말할 수 있을 것이다. 그러나 한편으로 "침해의 예방에 필요한 행위"라고 하는 문언을 상당히 엄격하게 해석하여야만 한다면 특허권자의 권리의 실질을 약하게 한다고 하는 결과를 가져올 우려도 있다. 사안에 따라서는 특허권의 실효성을 확보하기 위하여 가지가지의 작위청구권을 인정할 여지를 남기는 방법이 타당한 결론을 이끌어내는 것이 가능한 점에 비추어보지 아니하여도, 본판결이 설시한 판단기준을 구체적인 사례에 적용하는 경우에 있어서는 어느 정도 유연한 해석을 하여야만 하는 경우도 있을 수 있을 것이다. 또, 거꾸로, 특허권자가 침해자에 대하여 구한 구체적 작위의 내용이 장래의 당해 특허권의 침해를 예방하기 위하여 필요한지를 판단함에 있어서는 당해 특허권의 실시와 관련이 없는 다른 용도가 존재하는지 아닌지의 점을 신중하게 검토하여 피고의 자유로운 영업활동을 지나치게 억제하는 일이 없도록 배려를 하여야만 할 것이라고 생각된다.

특허법 제100조 제2항과 같은 취지를 정한 규정으로서 실용신안법 제27조 제2항, 의장법 제37조 제2항, 상표법 제36조 제2항, 저작권법 제112조 제2항, 부정경쟁방지법 제3조 제2항 등이 있다. 본 판결의 취지는 이들 규정의 해석, 적용에 있어서도 타당할 것이다. 특히 부정경쟁방지법 가운데 "영업비밀을 사용하는 행위 등"과 "그 행위의 예방에 필요한 행위"의 관계는 "방법의 발명의 실시행위"와 "침해의 예방에 필요한 행위"의 관계와 같이 비교교량을 필요로 하는 경우가 많다. 이와 같은 사례의 해결에 있어서도 본판결은 중요한 의의를 가질 것이다.

〈참고문헌〉
1. 高部眞規子, 最判解民事篇 平成11年度 505頁
2. 田中成志, "方法の發明と物お生産する方法の發明," 永井紀昭ほか編, 秋吉捨弘先生喜壽記念論文集, 知的財産權 その形成と保護(2002) 378頁
3. 小橋馨, "方法の發明に關する特許權の效力の範圍-生理活性物質測定法事件," 小野昌延先生喜壽記念, 知的財産法最高裁判例評釋大系[Ⅰ](2009) 628頁

81. 교사·방조자에 대한 금지청구의 가부

—— 절삭오버레이공법 사건

東京地裁 平成 16年(2004년) 8月 17日 判決
[平成 16年(ワ) 第9208号 : 特許權侵害等禁止請求事件]
(判時 1873号 153頁, 判タ 1172号 302頁) ◀재판소 Web

前田陽一(마에다 요우이치, 立教大学 教授) 著
김태현(대구고등법원 고법판사) 譯

Ⅰ. 사실의 개요

X(원고)는 맨홀 등의 유지보수공사에 관한 기술개발이나 공사를 하는 회사이고, 본건 발명(포장의 표면을 일부 깎아 도로를 보수하는 '오버레이공법'에 관하여 맨홀틀의 철거 및 설치를 효율적으로 행하는 공정을 내용으로 하는 발명)의 특허권자이다. Y(피고)는 MR2AB공법(도로포장공사에 수반하는 맨홀 상부의 설치공사방법)을 개발하고 회원에게 그 공법 기술을 공개하여 팸플릿의 작성, 배포, 홈페이지 광고의 게재, 기술잡지에의 기고 등을 하고 있는 권리능력 없는 사단이고, Y의 회원이 MR2AB공법을 사용하고 있다.

본건은 X가 Y에 대하여 MR2AB공법이 본건 발명의 기술적 범위에 속하고 Y의 행위가 본건 특허권을 침해한다고 하여 그 특허권에 기하여 MR2AB공법의 실시제안과 팸플릿 배포의 금지, 홈페이지에서의 삭제 등을 청구하는 것이다.

X는 그 청구이유로서, Y의 MR2AB공법의 실시제안행위에 대하여, (1) 물건을 생산하는 방법의 발명에 해당하는 본건 발명에 의하여 생산된 물건의 양도 등의 신청에 해당하고, (2) MR2AB공법을 사용하는 Y 회원의 시공행위와 불가분 일체의 공동행위이며, (3) 회원의 실시행위를 교사·방조함에 의하여 회원과 공동불법행위가 성립한다는 등의 주장을 하였다.

Ⅱ. 판   지

본 판결은, (가) 본건 발명은 방법의 발명으로 물건을 생산하는 방법의 발명에는 해당하지 아니하는바, 본건 특허권의 침해에 해당하는 것은 본건 발명에 관계된 방법의 사용을 하는 행위 및 특허법 101조 3호·4호(현 4호·5호)에 해당하는 행위에 한하고, Y의 행위는 본건 특허권을 침해하는 것은 아니며, (나) 실제로 MR2AB공법을 시공하는 주체는 어디까지나 Y의 회원이고 Y가 스스로 MR2AB공법을 시공하는 주체라고는 말할 수는 없다고 하여, X의 위 (1), (2)의 주장을 배척하고, 위 (3)의 주장도 다음의 판시에 의하여 배척하여 X의 청구를 모두 기각하였다.

"특허법 100조 …에서 말하는 '특허권을 침해하는 자 또는 침해를 할 우려가 있는 자'란, 스스로 특허발명의 실시(특허법 2조 3항) 또는 같은 법 101조 소정의 행위를 행하는 자 또는 그 우려가 있는 자를 말하고, 그 외의 교사 또는 방조하는 자를 포함하지 아니한다고 해석하는 것이 상당하다. 그 이유는, ① 일본 민법상 불법행위에 기한 금지청구는 원칙적으로 인정되어 있지 않고, 특허권침해에 대한 금지는 특허권의 배타적 효력으로부터 특허법이 규정한 것인 점, ② 교사 또는 방조에 의한 불법행위책임은 스스로 권리침해를 하는 것은 아님에도 불구하고 피해자 보호의 관점에서 특히 이를 공동불법행위로 하여 손해배상책임(민법 719조 2항)을 부담하도록 한 것이고, 특허권의 배타적 효력으로부터 발생하는 금지청구권과는 제도의 목적을 달리하는 것인 점, ③ 교사 또는 방조의 행위태양에는 다양한 것이 있을 수 있는 것이어서 특허권침해의 교사 또는 방조행위의 금지를 인정하면 금지청구의 상대방이 무제한으로 확대되어 자유로운 경제활동을 저해하는 결과로 될지도 모르는 점, ④ 특허법 101조 소정의 간접침해 규정은 특허권침해 방조행위의 일부 유형에 대하여 침해행위로 간주하여 금지를 인정한 것인바, 방조행위 일반에 대하여 금지가 인정된다고 해석할 때에는 위 조항을 창설한 취지를 몰각하는 것으로 되기 때문이다.

그렇다면 Y의 위 행위가 본건 발명의 실시 및 특허법 101조 소정의 행위에 해당하지 않는 이상, 설령 Y의 행위가 회원의 시공행위를 교사 또는 방조하는 것이었다고 하여도 Y에 대하여 위 행위의 금지를 구하는 것은 허용되지 않는다고 할 수밖에 없다."

[또한 東京高判 平成 17. 2. 24. 平16(ネ)4518호(재판소 Web)는 X의 항소를 기각하였다 (위 괄호안의 판지를 그대로 인용하여 유지).]

Ⅲ. 해   설

1. 문제의 소재

특허법은 100조에서 특허권을 '침해하는 자 또는 침해할 우려가 있는 자'에 대한 금지청구를 인정함과 동시에, ① 昭和 34년 개정에서 추가된 현 101조 1호·4호에는 발명의 실시에'만 사용하는 물건'의 생산, 양도 등을 하는 행위에 대하여도, 또한 ② 平成 14년 개정에서 추가된 현행 같은 조 2호·5호에는 발명의 실시에 '사용하는 물건'(범용품을 제외)으로서 '그 발명에 의한 과제의 해결에 불가결한 것'이라는 사정을 알면서 생산, 양도 등을 하는 행위에 대하여도 각각 특허권을 '침해하는 것으로 간주한다'고 함으로써, 이러한 행위들에 대한 금지청구를 인정하고 있다.

위 ①, ②는 특허권을 직접 침해하는 행위에 대한 예비적·방조적 행위 가운데 일정한 유형에 대하여 금지를 명문으로 인정한 것인바, 직접침해를 교사·방조하는 행위로서 ①, ②에 해당하지 않는 행위에 대하여도 특허법 100조의 문언해석으로서 금지를 인정할 수 있는지 여부가 문제로 되어 왔다(교사자·방조자에 대한 손해배상의 청구에 대하여는 민법 719조 2항의 적용에 의하여 긍정되는 점에 이론이 없다).

2. 종래의 재판례·학설과의 관계

(1) 이 문제에 관한 선례로서, 大阪地判 昭和 36. 5. 4. 下民集 12卷 5号 937頁은 昭和 34年 개정법 하에서 다음과 같은 상세한 이유를 붙임에 의하여 부정설을 채택하였다.

즉, 본 판결의 판지 ①, ②와 같은 취지를 앞세움과 동시에(이하 이유 (a), (b)라 한다), (c) 교사자·방조자와 같이 '직접 특허방법의 실시에 관여하지 아니하는 것'은 '스스로는 특허권의 침해행위를 실행하는 것이 아니고', 타인의 특허방법 실시금지에 대하여 '지배적이고 직접적인 역할을 완수하는 지위에 있는 것도 아닌'이상, 금지의 '상대방이라고 말할 수 없다'고 논하고, 특허방법에의 사용을 예측하면서 '그 재료 또는 중간물질을 공급'하거나, '그 사용에 의한 특허방법의 실시를 권고 설명하는' 것 자체는 금지의 대상이 아니라는 취지로 판시하였다. 게다가 이는 '입법경위로부터도 수긍할 수 있다'고 하여, (d) 특허법 101조 2호(현 4호)는 공업소유권 제도개정심의회가 회신한, 특허물의 조성물건 등을 '그 특허권을 침해하는 목적으로써, 또는 주로 그 특허권 침해에 사용되는 것을 알면서 제작,

판매'등을 하는 행위를 특허권 침해로 보는 취지의 규정이 수정되어 입법된 것이고, 이것을 고려하여 특허법 101조를 통일적으로 본다면 '단순히 타인의 특허권의 실시에 사용될 수 있는 물건의 제조, 판매행위 자체'는 위와 같은 사정을 알면서 한 경우에도 특허권 침해나 그 우려 있는 행위에 해당하지 아니한다고 하였다.

(2) 그 후 다수의 학설도 昭和 36년 판결의 이유 (a), (b)와 같은 이유 외에, 특허법 101조(平成 14년 개정 전후를 통하여 방조 형태의 일부에 대하여만 금지를 인정하는 명문의 규정을 두어 왔다)의 반대해석이나, 금지의 범위가 지나치게 확대되어 경제활동이 저해될 우려 등의 이유에서 부정설을 취하였다[高部, 뒤의 글 169頁이 비교적 상세하게 논한다. 그 외, 中山信弘, 編著(松本重敏·安田有三), 注解 特許法(上)(第3版)(2000), 970頁; 井關涼子, 特許研究 33号, 49頁; 竹田稔 外編(小栗久典), ビジネス方法特許-その特許性と權利行使(2004), 417頁 이하; 三山峻司·松村信夫, 實務解說 知的財産權訴訟(第2版)(2005), 148頁; 增井和夫·田村善之, 特許判例ガイド(第3版)(2005), 181頁; 松村, 뒤의 글 1798頁 ; 大野, 뒤의 글 189頁(입법론으로서는 긍정적); 澁谷達紀, 知的財産權法講義(Ⅰ)(第2版)(2006), 284頁; 中山信弘, 特許法(2010), 328頁; 또한 富岡英次, "複數の者が共同して特許權侵害を行った場合の法律關係について," 牧野利秋 外編, 知的財産法の理論と實務 1(2007), 223頁 이하는, 교사·방조적인 행위의 상당수 사안은 공동 직접침해나 도구이론(東京地判 平成 13. 9. 20. 判時 1764号 112頁 참조) 등의 해석론으로 대응할 수 있지만, 그 외에는 입법을 기다릴 수밖에 없다고 하고 있다].

이에 대하여 민법 719조 2항의 취지(행위자를 교사·방조한 자를 공동행위자로 본다)에 비추어 교사·방조에 대한 금지를 인정하는 견해[竹田 稔, 知的財産權侵害要論(特許·意匠·商標編, 第5版)(2007), 385頁], 교사에 대하여 특허법 100조 2항의 해석으로 금지를 인정하는 견해[岩瀨, 뒤의 글 412頁], 교사·방조에 의하여 절대권인 특허권이 침해된 경우에는 피침해이익과 침해행위의 위법성 정도의 상관 판단에 의하여 일정한 경우에 금지를 인정하는 견해[松本重敏, 特許發明の保護範圍(新版)(2000), 251頁 이하] 등의 긍정설도 있지만, 소수설에 그친다.

(3) 본 판결의 설시 이유는 모두 昭和 36년 판결이나 그 후의 많은 학설이 논의하여 온 것이고, 선례나 다수설의 입장을 기본적으로 승계한 것이라고 말할 수 있다.

3. 약간의 검토
(1) 부정설은 교사자·방조자는 스스로 권리침해행위를 하는 자가 아닌(민법

719조 2항에 의하여 특히 손해배상책임이 확장되었다) 점을 이유의 하나로 드는 반면, 긍정설을 취하는 松本의 견해는 교사·방조라도 간접적으로 권리침해에 해당하는 경우가 있다는 이해를 전제로 하고 있다.

확실히 민법 기초자인 穂積陳重이나 전통적 통설[鳩山秀夫, 增訂 日本債權法各論 (下)(1924), 939頁; 我妻榮, 事務管理·不當利得·不法行爲(1937), 196頁; 加藤一郎, 不法行爲 (增補版)(1974), 211頁]은 스스로 직접 권리침해행위를 하지 않고 권리침해행위 자체의 공동성을 흠결한 교사자·방조자에게 책임을 확대하는 점에 민법 719조 2항의 창설규정으로서의 의의를 인정하고 있지만, 최근의 다수설[吉村良一, 不法行爲法 (第4版)(2010), 254頁 외에, 平井宜雄, 債權各論Ⅱ(1992), 194頁; 加藤雅信, 新民法大系Ⅴ(第2 版)(2005), 369頁; 前田陽一, 債權各論Ⅱ(第2版)(2010), 135頁; 潮見佳男, 不法行爲法Ⅱ(第2 版)(2011), 173頁 등]은 (민법 719조 2항은) 같은 조 1항에서도 커버되는 주의규정이라고 이해(이 점은 기초자인 梅謙次郎과 공통된다)하고 있고, 스스로 직접 권리침해행위를 하고 있는가, 간접적인 관여인가는 특별히 문제삼지 않고 교사·방조에도 의사적인 관여가 있는 점에서 공동행위로 볼 수 있다는 점을 전제로, 공동행위와 손해발생과의 인과관계 입증에 의한 개별적 인과관계의 입증완화 방향을 문제삼고 있다(상세한 것은, 前田陽一, "著作權の間接侵害," 著作權硏究 38号 게재 예정 참조).

교사·방조라도 민법 719조를 거론할 것까지도 없이 타인에 의한 직접적인 권리침해와의 상당인과관계가 인정되는 경우도 있다. 그 경우는 스스로 직접 권리침해를 하고 있지 않아도 권리침해를 하고 있는 것으로 되고[직접 침해자의 행위와의 사이에 상당인과관계가 있는 경우에는 민법 709조의 권리침해가 인정되는 점에 대하여, 最判 昭和 49. 3. 22. 民集 28卷 2号 347頁; 最判 昭和 62. 1. 22. 民集 41卷 1号 17頁 참조], 간접적 관여라도 물권 등 절대권을 침해하고(적어도 상당 정도) 그 정지나 제거를 해야 하는 관계에 있는 때에는 방해배제청구권의 상대방으로 되어야 할 것인바 [前田陽一, "物權的妨害排除請求權の相對方關する覺書," 淡路剛久先生古稀祝賀 "社會の發展と 權利の創造"(2012), 28頁], 본 판결의 ②와 같은 논의는 부정설의 '적극적인' 이유로 될 수 없다(불법행위에 기한 금지청구를 인정하는 민법의 유력설은 절대권에 이르지 못한 법익의 침해에도 금지청구를 인정하기 위한 논의이고, 침해와의 인과관계가 있는 점을 전제로 하고 있는 점에서, 민법 719조 2항을 근거로 특허권·저작권침해 교사·방조의 금지를 긍정하는 설에 무리가 있는 점은 확실하다).

(2) 위 민법이론에 비추어 보면, 특허법과는 달리 교사·방조 유형의 금지에 관한 명문이 없는 저작권법의 해석론으로서는 교사·방조와 직접적인 권리침해

와의 사이에 상당인과관계가 인정되는 경우의 일정 범위에 대하여 금지를 긍정하는 점에 특별히 지장은 없다[저작권 침해의 방조자에 대한 금지를 인정하면서도 특허법은 다르다고 한 大阪地判 平成 15. 2. 13. 判時 1842号 120頁 외의 긍정설로서는, 潮見佳男, "著作權侵害における'間接侵害'の法理," コピライト 557号, 12頁 이하; 大渕哲也, "著作權侵害に對する救濟(2)," 法敎 360号, 137頁 이하 참조. 부정설은, 高部眞規子, "著作權侵害の主體について," ジュリ 1306号, 126頁 이하, 知財高判 平成 22. 8. 4. 判時 2096号 133頁도 참조]. 이에 대하여 특허법에서는 방조 형태의 일부에만 금지를 인정하는 명문의 규정이 있기 때문에, 그 외의 경우에는 반대해석으로서 금지를 부정하는 것이 자연스러운 해석이라고 말할 수 있지만, 입법론으로서는 일정한 경우에 금지를 인정하더라도 민법 이론과의 관계에서 지장은 없다고 할 것이다.

〈참고문헌〉

1. 高部眞規子, "國際化と複數主體による知的財産權の侵害," 秋吉稔弘先生 喜壽記念 知的財産權その形成と保護(2002)

2. 中山信弘·小泉直樹 編(渡辺光), 新·注解特許法(下)(2011) 1502頁 이하

외에 본 판결의 해설류로는(공간순),

3. 島田邦雄 外, 商事法務 1720号 79頁

4. 岩瀨吉和, AIPPI 50卷 7号 401頁

5. 松村信夫, 知財管理 55卷 12号 1793頁, 大野聖二, 判タ 1215号 188頁

82. 변리사의 의견과 과실의 추정
—— 손가방봉투 손잡이 사건

大阪地裁 昭和 59年(1984년) 10月 30日 判決
[昭和 57年(ワ) 第7273號 : 實用新案權に基づく 禁止等請求事件,
同 昭和 58年(ワ)第722號 : 營業妨害禁止等請求事件]
(判夕 543号 263頁)

蘆立順美(아시다테 마사미, 東北大学 准教授) 著
김철환[법무법인(유) 율촌 변호사] 譯

I. 사실의 개요

　　X(원고, 반소피고)는 손가방봉투의 손잡이에 관한 고안(이하, 본건 고안)에 관하여 1973년 6월 출원, 1977년 10월 공고, 1978년 8월 등록된 실용신안권을 가지고 있다(이하, 본건 실용신안권). Y₁주식회사(피고, 반소원고)는 1982년 1월경부터 손가방봉투의 손잡이(이하, 확인대상제품)를 업으로서 제조, 양도, 대여하고 있었다. X는 확인대상제품이 본건 고안의 기술적 범위에 속한다고 주장하고, Y₁회사 및 Y₁회사의 대표이사인 Y₂(피고)에 대하여, 실용신안권의 침해에 기초하여 확인대상물건의 제조 등의 금지, 확인대상제품의 폐기 및 손해배상을 청구하였다(第7273號 사건).

　　Y₁회사는 반소로써, Y₁회사의 고객에 대하여 확인대상제품이 본건 실용신안을 침해한다고 통고한 X의 행위가 Y₁회사의 영업상의 신용을 해하는 부정경쟁행위(구 부정경쟁방지법 제1조 제1항 6호, 현행법 제2조 제1항 14호)에 해당한다고 하여 손해배상을 청구하였다(第722號 사건).

Ⅱ. 판　지

제7273호 사건에 관하여는 일부 인용. 제722호 사건에 관하여는 청구 기각.
「침해의 성부에 관하여 확인대상제품은 본건 고안의 기술적 범위에 속하고,
Y₁회사의 확인대상제품의 제조판매행위가 본건 실용신안권의 침해를 구성하는
것이 인정되었다. 침해행위에 대한 과실의 유무에 관하여, "Y₁회사는 확인대상제
품을 1982년 2월부터 1983년 10월까지 사이에 제조판매하였지만, Y₂는 그동안 Y₁
회사의 대표이사였고, Y₂는 본건 실용신안권의 존재를 알고 있었던 사실이 인정
되고, 위 사실에 확인대상제품은 위와 같이 본건 실용신안권을 침해하는 물건이
라는 점을 생각하면, Y₂는 확인대상제품을 제조판매하는 것이 본건 실용신안권을
침해한다는 것을 과실에 의해 알지 못하였다고 추인되고, Y₁회사대표자 겸 피고
Y₂ 본인신문결과에 의하면, Y₁회사는 변리사로부터 확인대상제품이 본건 실용신
안권에 저촉되지 않는다는 감정을 받았던 점은 인정되나, 위와 같이 확인대상제
품이 본건 실용신안권을 침해하는 이상 위의 사실도 위 인정을 좌우하는 것은 아
니고, 달리 위 인정을 번복할 만한 증거가 없다.」

Ⅲ. 해　설

1. 특허법 및 실용신안법은 손해배상청구권에 관한 규정을 가지고 있지 않기
때문에, 침해행위에 의해 입은 손해배상은 불법행위책임에 관하여 정하는 민법
제709조에 기하여 이루어진다. 그 때 권리자는 침해자의 고의 또는 과실의 입증
이 요구되나, 특허법은 타인의 특허권 등을 침해한 자는 그 침해행위에 관하여
과실이 있었던 것으로 추정한다는 규정을 가지고 있고(특허법 제103조), 본건에 있
어서 적용된 1993년 법률 제26호에 의해 개정되기 전의 실용신안법 제30조는 이
추정규정을 준용한다(의장법 제40조, 상표법 제39조에도 과실의 추정 규정을 두고 있다).
본건에서는 과실의 인정에 관하여 변리사로부터 비침해라는 감정을 받았다
고 하는 사실만으로는 과실의 추정을 번복하는 것이 아니라는 판단이 내려졌다.

2. 특허법 등에 있어서 과실의 추정규정이 마련된 목적은, 과실의 입증이 권
리자로서는 커다란 부담이기 때문에 입증책임을 전환하여 권리자의 보호를 도모
함에 있다고 한다(吉藤幸朔著[熊谷健一補訂] 『特許法槪說(第13版)』[1998] 469頁, 特許廳編

『工業所有權法(産業財産權法)逐條解說[第18版]』[2010] 293頁, 中山信弘 『特許法』[2010] 336頁.
中山信弘=小泉直樹편 『新·注解特許法(下)』[2011] 1767-1768頁[吉田和彦]도 참조).

분명히 현행법(昭和 34年法) 적용 이전의 재판례에서는 과실의 인정에 엄격한
태도를 보인 것이 존재하였다. 예컨대, 심판관에 의해서도 당해 특허의 유효·무
효의 판단을 달리하는 발명이고, 특별한 기능을 가지지 않는 피고가 원고 특허권
을 침해하는 것은 아니라고 믿는 것이 보통인 점(東京控判 大元. 10. 25. 新聞 828号
21頁), 피고 제품과 원고 제품의 외형의 일부가 다른 점, 당업자로서는 권리범위
에 속하는가 아닌가의 판단이 용이하지는 않은 점(東京控判 昭和 17. 7. 13. 新聞
4810号 15頁)을 이유로 하여 과실이 부정된 재판례가 존재한다. 또 특허공보에 발
명의 내용이 공시된 경우에는 침해에 관하여 일단 과실이 추정될 수 있다는 일반
론을 채용하면서도, 등록부터 당해 발명이 장기간 실시되고 있지 않았든가, 실시
되고 있었다고 하여도 가내공업의 정도에 지나지 않는 경우에는, 침해자는 당해
특허권의 내용을 알지 못하는 것이 일반적이라고 판단한 재판례나(東京地判 昭和
15. 3. 30. 新聞 4561号 3頁), 제조업자에 관하여는 과실을 추인하였으나 판매업자에
관하여는 적법한 제조물로 고지되어 매입하였다고 짐작되는 것을 이유로 과실을
부정한 재판례(大阪地判 昭和 9. 2. 24. 新聞 3708号 13頁), 출원시에 공지기술이었다
고 하는 사정 때문에 과실의 존재를 부정한 재판례도 존재한다(大判 明治 43. 10. 4.
刑錄 16輯 1599頁). 또 과실을 인정한 재판례에서도 원고 회사 및 피고의 업계, 제
관청에서의 명성지위, 원고 회사 및 피고의 선전 등의 규모, 원고의 특허발명의
실시 태양 등을 종합적으로 검토한 것이 있다(東京地判 昭和 38. 9. 21. 判タ 154号
138頁).

이러한 과실의 인정은 권리자에 상당한 입증부담을 과하고, 그 결과 손해배
상에 의한 구제를 곤란하게 할 위험이 있다. 그 때문에 구법하에서도 특허공보에
의해 공시가 있던 경우에는 과실의 추정을 인정한 재판례, 학설이 존재하였다(淸
瀨一郎, 特許法原理(1922) 130頁, 竹內賀久治, 特許法(1938) 337頁, 大判 大正 4. 6. 16. 刑錄
21輯 822頁, 大判 明治 37. 3. 11. 民錄 10輯 255頁(상고인의 특허발명의 내용이 게재된 특허
공보가, 피상고인이 특허공보를 열람한 때 흠결되어 있었다고 하더라도, 그 흠결을 간과하고,
내용을 보지 않는 것은 과실로 인정된다), 大阪控判 昭和 11. 9. 25. 新聞 4050号 15頁].

현행법 제103조는 후자의 견해를 입법화한 것으로 이해되고 있다(吉藤·熊谷,
前揭 470頁 注1, 光石土郎, 『特許法詳說(新版)』[1976] 322頁).

3. 그럼 왜 과실의 추정이 정당화되는 것일까. 그 근거로서는 (1) 발명 등의 내용이 특허공보 등에 의해 공시되고 있는 점, (2) 업으로서의 실시만이 권리침해에 해당한다고 되고 있기 때문에(특허법 제68조, 실용신안 제16조, 의장 제23조), 사업자에 대하여 조사의무를 과하여도 가혹하지 않은 점의 2가지 점을 들고 있다(吉藤・熊谷, 前揭 469~470頁, 光石・前揭 322頁, 特許廳編, 前揭逐條解說 293頁, 中山・前揭 336頁. (1)만을 드는 것으로서 田村善之『知的財産法[第5版]』[2010] 311頁, 高林龍『標準特許法[第4版]』269頁]. (1)의 근거로부터 공보가 미발행되었기 때문에 피고에게 권리내용의 인식을 구하는 것이 가혹한 경우에는 과실의 추정은 적용되지 않는다는 견해가 도출된다(大阪地判 昭和 47. 3. 29. 無體裁集 4卷 1号 137頁, 大阪地判 昭和 48. 11. 28. 判タ308号 278頁, 大阪高判 平成 6. 5. 27. 知的裁集 26卷 2号 447頁, 大阪地判 平成 14. 2. 26. 平11(ワ)12866号. 공보의 발행 이전이라도 추정규정의 적용을 인정한 것으로서, 名古屋地判 昭和 54. 12. 17. 無體裁集 11卷 2号 632頁이 존재하나, 이 사건은 발행 이전에 서면에 의해 의장등록증 사본이 피고에게 송부되고 있었다고 하는 사정이 있다. 또한 前揭 大阪地判 昭和 47. 3. 29.에서는 권리자가 침해자에 경고를 한 후에도 공보가 미발행되어 권리가 권리의 내용에 관하여 명시하지 않았던 경우에는 침해자가 일반적으로 기대되는 주의의무를 다하여 권리내용의 조사 노력을 한 것이라면 과실은 부정된다고 판단되고 있다).

다른 한편, 현행 실용신안법은 1993년 개정에 의해 등록 전 심사 폐지에 수반하여, 과실의 추정규정의 준용을 폐지하고 있다. 그 이유로써, 과실의 추정 규정의 배경에는 공시되고 있는 실용신안권이 특허청의 심사관에 의한 실체심사 과정에서 고안성을 인정받은 다음에 등록되어 있어 후일 이것들의 결여를 이유로 하여 무효로 될 개연성이 적다고 하는 전제가 있어(富岡英次,「實用新案權侵害についての過失の認定」齊藤博=牧野利秋編『裁判實務大系(27)知的財産關係訴訟法』(1997) 522頁), 등록만으로는 권리의 유효성이 담보되지 않는 경우 실시자에게 권리의 유효성까지도 조사할 의무를 부담시키는 것은 가혹하다는 이유를 들고 있다(熊谷健一「特許・實用新案制度の大改正」時の法令 1466号 39頁, 特許廳編『改正特許法・實用新案法解說』[1994(補訂) 99頁, 富岡・前揭 522~523頁). 따라서 과실의 추정을 인정하는 근거 (1)에는 당해 권리가 특허청의 심사라고 하는 행정상의 코스트를 걸쳐 유효성이 인정되고 있다는 전제가 포함되어 있다고 해석된다(高林・前揭 269頁).

4. 과실의 추정규정에 의해서, 불법행위의 과실에 있어서 일반적으로 요구되는, 침해에 관한 결과회피의무위반과 그 전제로서 예견의무가 추정되는 것으로

된다.

　우선 예견하여야 할 내용으로서는, ① 특허권 등의 존재와 ② 자기의 제품이나 방법이 당해 특허 등의 기술적 범위에 속한다는 것의 2가지 점이 요구되나(中山信弘, 編著 『注解特許法(上)(第3版)』[2000] 1132頁[靑柳晗子, 富岡·前揭 526頁]) 위 (1)의 근거에 의해 ①에 관해서의 추정이, (2)의 근거에 의해 ②에 관해서의 추정이 긍정될 것이다. 그리고 예견의무위반이 긍정됨에도 불구하고 어떤 조사 등을 한 것 없이 대상물건이 실시된 경우에는 결과회피의무위반이 긍정될 것이다.

　따라서 과실의 추정을 반증하기 위해서는 예견의무위반이 존재하지 않았던 것, 그렇지 않으면 결과회피의무위반이 존재하지 않았던 것을 입증할 필요가 있다. 전형적으로는 ①′ 당해 특허발명의 존재를 알지 못했던 것에 상당한 이유가 있었던 것, 및 ②′ 대상물건 또는 방법이 당해 특허발명의 기술적 범위에 속하지 않는다고 믿는 데 대해 상당한 이유가 있었던 것이 그 내용으로 되나(中山編著·前揭 1133頁[靑柳], 牧野利秋編 『特許·意匠·商標の基礎知識[第4版]』[2003] 200頁[末吉瓦]), 이것들에 한정되는 것은 아니고, 자기의 행위가 본건 특허권을 침해하지 않는다고 믿는 데 관하여 상당한 이유가 있는 경우의 일반이 포함된다(中山=小泉編·前揭 1769頁[吉田]. 大阪地判 平成 8. 2. 29. 判時 1573号 113頁도 참조).

　5. 본건은, 본건 실용신안권의 존재에 관하여 Y들의 인식이 인정되는 사안이었기 때문에 상기 ①′에 관하여는 문제로 되지 않고, 따라서 과실의 추정의 복멸에는 상기 ②′ 또는 Y들이 결과회피의무를 다한 것에 의해, 침해의 불성립을 믿는 데 대해 상당한 이유가 있었던 것이 입증되지 않으면 안 된다(더구나 정정 후의 특허청구범위에 관하여는 예견할 수 있었다고 주장된 재판례에서는 정정의 사실이 과실추정의 복멸을 근거 지우는 것은 아니라고 판단되고 있다. [大阪地判 平成 16. 7. 29. 平13(ワ) 3997号, 東京地判 平成 23. 2. 24. 平20(ワ)2944号, 知財高判 平成 22. 7. 20. 平19(ネ) 10032号]).

　재판례에서는 피고 제품이 실용신안권의 등록을 받은 것(東京高判 昭和 53. 10. 25. 判タ 383号 147頁), 피고 장치가 피고의 특허권의 실시품인 것(東京地判 平成 14. 6. 27. 平12(ワ) 14499号)은 상기 ②′에는 해당하지 않는다고 판단되고 있다. 또 권리자인 법인의 전 대표이사로부터 정당한 제품이라고 고지받았던 경우(前揭 大阪地判 平成 8. 2. 29.), 소외 A가 권리자라는 주장을 믿은 경우(名古屋高判 昭和 33. 7. 29. 判時 162号 16頁)에도 그러한 제3자의 의견을 수상하게 생각하여야 할 사정이 있다고 하여 과실을 인정하고 있다.

더욱이 원심에서 비침해라는 판단이 보여지고 있었다고 하는 사실(東京高判 平成 6. 1. 27. 平3(ネ) 2716号), 가처분신청사건에서 피고장치와 동일한 장치가 본건 발명의 기술적 범위에 속하지 않는다고 판단되고 있었다고 하는 사실(東京地判 昭和 59. 10. 31. 判夕543号 200頁)에 의해서도 무과실은 인정되지 않고 있고, 과실 추정의 복멸이 인정된 사례는 거의 없다.

본건에서는 변리사로부터 비침해라는 감정을 받았다고 하는 사실에 의해 과실의 추정이 번복되지 않는다는 판단이 내려졌다.

종래의 재판례에 있어서도 변리사 등으로부터 비침해라는 의견을 받았다고 하는 사실만으로는 주의의무를 다하였다고 인정되지 않고 있다(東京地判 昭和 38. 9. 21. 判夕 152号 177頁, 東京地判 昭和 47. 6. 26. 判夕 282号 267頁. 본건 후의 재판례로서, 大阪地判 平成 元. 8. 30. 特許管理別冊判例集 平成 元年 451頁, 東京地判 平成 14. 2. 25. 平 13(ワ)14954). 전문가와 상담을 하지 않은 경우에는 그 자체가 결과회피의무위반으로 평가될 것이나, 상담을 한 경우에도 본인의 조사지시의 부적당, 결론의 경신(輕信) 등에 관한 과실이 문제될 여지는 있으므로(中山編著 · 前揭 1135~1136頁[靑柳]), 변리사의 의견에 의해 과실의 추정이 반증되려면, 변리사의 의견을 받은 구체적 사정, 경위, 의견의 구체적 내용 등을 명백히 하여, 거기에 과실이 존재하지 않은 점의 입증이 요구될 것이다(前揭 東京地判 昭和 47. 6. 26. 참조). 본건에서는 변리사의 감정의 존재 이외에 피고가 행한 노력에 관한 입증이 없었기 때문에, 과실의 추정은 뒤집어지지 않는다는 결론은 타당하다고 생각된다.

무엇보다도 무과실의 입증에 엄격한 것을 요구하는 것에 대하여는 피고측에게 매우 큰 조사비용을 과하고, 더 나아가서는 기술의 이용을 과도하게 억제할 위험이 있다는 반론도 있을 것이다. 그러나 전문가의 부적절한 의견에 의해 피고가 받는 손해에 관하여는 당해 전문가에 대하여 채무불이행 또는 불법행위에 의해 손해배상의 가능성이 남아 있는 점 때문에도 침해행위에 의해 발생한 손해를 피고에게 부담시키는 것은 가혹하다고 할 수는 없다고 생각되고, 무과실의 입증을 엄격하게 요구하는 입장은 원칙으로서 시인할 수 있을 것이다.

따라서 전문가의 의견에 의해 과실의 추정을 복멸하기 위해서는 적어도 복수의 중립적 전문가가 비침해라고 판단하고 그것이 당시 의문을 남길 여지가 없었다고 하는 정도의 신용성이 필요하고(富岡 · 前揭 530頁), 추가로 피고가 그것에 대하여 충분한 조사와 검토하며, 생각될 수 있는 수단을 모두 다하였다는 것이 요구되어야 할 것으로 생각된다(피고에 대하여 생각될 수 있는 조사, 분석, 검토를 요구하는 재판례로서, 福岡地小倉支地 昭和 39. 10. 30. 判タ 173号 193頁, 大阪地判 昭和 43. 5. 20. 判タ 225号 209頁, 前揭 東京高判 昭和 53. 10. 25. 등 참조).

〈참고문헌〉
본문 중에 게재된 것

83. 경합품의 판매와 특허법 제102조 제1항[1])에 의한 손해액의 산정── 스미타말 사건

東京高裁 平成 11年(1999년) 6月 15日 判決
[平成 10年(ネ) 第2249号・同11年(ネ) 第1069号:
特許権侵害差止等請求控訴, 同 付帯控訴事件]
(判時 1697号 96頁)

岩倉正和(이와구라 마사카즈, 一橋大学 教授) 著
이숙연(서울고등법원 고법판사) 譯

Ⅰ. 사실의 개요

(1) X(원고·피항소인·부대항소인)는, 잠열축열식(潛熱蓄熱式) 전기마루 난방장치 등에 이용되는 축열재의 제조방법에 관한 특허발명(제2특허발명)의 특허권자이다. Y(피고·항소인·부대피항소인)는, 1993년 12월경부터 1995년 7월경까지, 축열재인 「히트뱅크 38」(피고 물건[2])을 제조하여 이를 설치해 넣은 동난방장치 「히트뱅크 시스템」을 판매하였다.

(2) X는, Y가 피고 물건을 제조한 방법이 제2특허발명 관련 특허권을 침해한다 하여, 손해배상청구를 하였다. 원심판결(東京地判 平成 9. 9. 17. 判時 1697号 104頁

---

1) 일본 특허법 제102조 (손해액의 추정 등) ① 특허권자 또는 전용실시권자가 고의 또는 과실에 의하여 자기의 특허권 또는 전용실시권을 침해한 자에 대하여 그 침해에 의하여 자기가 받은 손해의 배상을 청구하는 경우에 그 자가 그 침해행위를 조성한 물건을 양도한 때에는 그 양도한 물건의 수량(이하 이 항에서 「양도수량」이라 한다)에 특허권자 또는 전용실시권자가 그 침해행위가 없었다면 판매할 수 있었던 물건의 단위수량에 해당하는 이익액을 곱하여 얻은 금액을 특허권자 또는 전용실시권자의 실시의 능력에 상응하는 금액을 초과하지 아니하는 한도에서 특허권자 또는 전용실시권자가 받은 손해액으로 할 수 있다. 그러나 양도 수량의 전부 또는 일부에 상당하는 수량을 특허권자 또는 전용실시권자가 판매할 수 없는 사정이 있는 때에는 당해 사정에 상당하는 수량에 따른 금액을 공제한다.
2) 'イ号 物件'의 번역을 종래의 '가호 물건'이 아닌 '피고 물건' 혹은 '피고 실시 물건'으로 번역한다.

참조)은, Y에 의한 특허권 침해를 인정하여 1998년 법률 51호에 의한 개정 전의 특허법 102조 1항(현행 동조 2항)에 의해, Y가 침해행위에 의해 얻은 「이익」은 X가 입은 손해로 추정된다고 하여 손해배상을 명하였다. Y가 항소하고 X가 부대항소 하였다.

(3) 한편 X는, 피고 물건과 경합하는 축열재 「스미타말」을 설치해 넣은 같은 난방 시스템인 「스미타말 시스템」을 판매하여, 전국 각지에서 Y의 「히트뱅크 시스템」과 경합하여 수주 경쟁을 하고 있었으나, 「스미타말 시스템」에 이용되고 있는 축열재는 다른 발명의 실시품이며, X는 제2특허발명을 실시하고 있지 않았다.

(4) 항소심에서 Y는, 다시 특허권 침해를 다툼과 동시에, X가 제2특허발명을 실시하지 않았으므로, 현행 특허법 102조 2항3)의 적용은 없다는 등의 주장을 하였다. X는 청구(액)를 확장한 다음, 이에 더하여 예비적 주장1로 현행 특허법 102조 1항에 근거해, Y의 「히트뱅크 시스템」의 양도수량에 X의 「스미타말 시스템」의 단위 수량당 이익을 곱해 얻은 금액 가운데, 「스미타말」의 기여율을 60%로 한 손해금을, 또 예비적 주장2로 현행 특허법 102조 3항4)에 기하여, 실시료 상당 손해금으로서 통상 실시료의 3배를 청구하는 등의 주장을 추가하였다.

Ⅱ. 판　지

Y의 특허권 침해를 인정하고, 항소 기각.

또한, 부대항소를 거의 인용하고, 원판결 변경.

이하 X가 입은 손해에 대한 판시부분을 기재한다.

(i) 주위적 주장에 대하여

「특허권자가, 특허발명을 실시하고 있지 않는 경우에는, 특허법 102조 2항은 적용되지 않는다고 해석하여야 하는바, X에 대해 그 일실 이익의 배상을 청구하는 기간 중에 제조 판매하고 있던 물건이 제2특허발명의 실시품이 아닌 점은 X

---

3) 일본 특허법 102조 ② 특허권자 또는 전용실시권자가 고의 또는 과실에 의하여 자기의 특허권 또는 전용실시권을 침해한 자에 대하여 그 침해에 의하여 자기가 받은 손해의 배상을 청구하는 경우에 그 자가 그 침해행위에 의하여 이익을 받은 때에는 그 이익액은 특허권자 또는 전용실시권자가 받은 손해액으로 추정한다.

4) 일본 특허법 102조 ③ 특허권자 또는 전용실시권자는 고의 또는 과실에 의하여 자기의 특허권 또는 전용실시권을 침해한 자에 대하여 그 특허발명의 실시에 대하여 통상 받을 수 있는 금액에 상당하는 금액을 자기가 받은 손해액으로 그 배상을 청구할 수 있다.

도 인정하는 바이므로, X의 주위적 주장에 관련된 일실 이익의 주장은 이유 없다. …이하, 예비적 주장에 대하여 판단한다.」

(ii) 예비적 주장 1에 대하여

① 「X는 1993년 12월경부터 1995년 7월경에는, 피고 물건과 경합하는 『스미타말』을 설치해 넣은 …『스미타말 시스템』을 판매해, 전국 각지에서 Y의 『히트뱅크 시스템』과 경합해 수주경쟁을 하고 있었으므로, 위 스미타말 시스템은 Y의 제2특허발명의 침해행위가 없었다면 판매할 수 있었던 물건이다. …스미타말 시스템이 히트뱅크 시스템과 경합해 수주경쟁을 하고 있는 이상, 스미타말이 제2특허발명의 실시품이 아니라 해도, 그 점에 의해서 즉시 그 판매기회의 상실이 제2특허발명의 침해와 상당인과관계가 없다고 말할 수는 없다.」

② 「스미타말 시스템…의 1평방미터당 매상액으로부터, 이를 달성하기 위해 증가할 것으로 예상되는 비용을…공제한 액…이 스미타말 시스템의 1평방미터당 이익액으로 볼 수 있다.」

③ 「스미타말은 …시스템을 구성하는 한 요소에 지나지 않는다는 점이 인정되기 때문에, …시스템 전체에서 차지하는 스미타말 및 피고 물건의 기여도를 고려해야 하나, 잠열축열식 전기마루 난방장치라고 하는 성질상, 축열재가 기구상 및 상품가치의 구성상 필요 불가결한 중요한 요소인 점은 분명하므로, …시스템 전체에서 차지하는 스미타말의 기여율은, 적어도 60퍼센트로 보는 것이 상당하다.」

④ 「1993년 12월경부터 1995년 7월경에는, 잠열축열식 전기마루 난방시스템의 시장점유율은, X가 35퍼센트, Y가 35퍼센트, 그 외의 기업이 30퍼센트인 점, X의 스미타말 시스템은, 다른 기업의 제품과도 경합하고 있었던 점이 인정되며, 위 사실에 의하면, Y의 양도수량… 중 75분의 30(「65분의 30」의 오기라고 생각된다)에 상당하는 수량…에 대해서, Y의 제2특허권 침해행위가 없더라도, 다른 기업이 수주하여 X가 판매할 수 없었다고 하는 사정이 있었던 점도 인정된다.」

Ⅲ. 해　설

본건에는 많은 논점이 포함되고, 또 깊은 논의가 이루어지고 있는 조항이므로, 상세한 것은 언급한 참고 문헌 등에 맡기는 것으로 하고, 본고는 현행 특허법 102조 1항을 중심으로 간결하게 논점을 모으는 것으로 한다.

1. 1998년 특허법 개정에 의한 특허법 102조 1항의 신설취지

(1) 특허법 중에는 손해배상청구권의 기초가 되는 규정은 존재하지 않기 때문에, 특허권 침해에 대한 손해배상청구는, 민법 709조의 불법행위의 규정에 의해 기초가 부여되고 있다. 불법행위의 경우는, 침해자의 고의·과실, 인과관계 및 손해액에 있어서 입증책임을 원칙적으로 원고가 부담하지만, 특허권을 위시한 지적재산권 침해의 경우는 그 모든 점에 대하여 증명이 사실상 매우 곤란하기 때문에, 특허법은 과실 추정 규정(103조)과 손해액의 추정 및 간주 규정(102조)을 마련하였다(中山信弘 特許法[2010] 335頁, 통설로 여겨진다).

(2) 그런데도, 종래 102조의 실효성에 대해서는, ㈎ 일실이익의 배상은 인과관계의 증명이 곤란하고, ㈏ 현행 특허법 102조 2항(개정전 1항)의 침해자 이익의 추정도 권리자가 불실시한 경우는 적용되지 않는 것이어서(통설, 후술), ㈐ 많은 경우 동조 3항에 의해 적법하게 라이센스를 구한 사람과 거의 동액의 배상액수를 지불하면 충분하기 때문에, 소추되지 않을 가능성을 생각하면 특허권을 침해하는 것이 이득이 될 지도 모른다고 비판받고 있었지만, 본 개정에 의하여 일실이익액의 추정 규정을 1항으로 신설해, 상기 ㈎ (3항의 개정에 대해서는 ㈐)의 문제점에 대한 일정한 대책을 분명히 내세운 것으로 되어 있다(田村善之 損害賠償に関する特許法等の改正について 知財管理 49巻 3号 329頁). 입법 담당자는, 위 조항의 신설에 의해, 종래라면 인용되지 않았을 사안에 대해서도 상당 정도의 배상액이 인정될 수 있게 되어 손해배상액의 대폭적인 인상이 기대된다고 하였다(入野泰一 [特許法等の一部を改正する法律] ジュリ 1140号 71頁).

(3) 본 판결은, 종전의 경우 적은 손해배상액만 인정되었을 사안에 있어서, 특허법 102조 1항의 신설에 의해 고액의 손해배상이 인정된 사례이다(判時 1697号 97頁의 해설).

2. 102조 1항 적용의 요건

(1) 「침해행위가 없었다면 판매할 수 있었던 물건」이란, 침해품과 대체가능성이 있는 제품으로, 권리자가 판매할 예정이 있는 것이나, 완전한 대체성까지는 필요하지 않고, 침해품의 수요가 조금이라도 대항하는 성질의 것이면 충분하고(茶園成樹 [特許権侵害による損害賠償] ジュリ 1162号 49頁), 침해된 특허발명의 실시품일 필요는 없다(田村·앞서 본 문헌 331면)는 견해가 유력하고, 본 판결도 이 입장을 취한다(判늘(ii) ①). (덧붙여 최근의 재판례로서는 東京地判 平成 22. 2. 26. 平17(ワ) 26473号

「재판소 Web」참조). 일반적으로, 경합하는 제품이면 인과관계를 만족하는 경우가 있으므로, 이 점을 엄격하게 음미하게 되면 무엇을 위해 추정규정을 마련했는지 의의를 잃게 될 수도 있기 때문이다. 이 점에 대하여, 판례(본 판결도 동취지=판지(i)), 통설(반대・田村)이, 권리자가 침해된 특허발명을 실시하고 있지 않은 경우는, 얻을 수 있었던 이익을 상실하는 손해의 발생이 있을 수 없기 때문에, 적어도 스스로 실시하고 있지 않은 특허권자에게는, 특허법 102조 2항의 적용의 여지는 없다고 하는 것과(中山信弘・小泉直樹 編 [新・注解特許法(下)][2011] 1627頁[飯田圭]) 다르다.

이에 대하여, 東京地判 平成 14. 4. 25.(平13(ワ) 14954号(재판소 Web))은, 특허발명의 실시품이 아니라고 하면, 그러한 제품은 침해품과 성능・효용에 있어서 동일한 제품이라고 평가할 수 없고, 또한 권리자 이외의 제3자도 자유롭게 판매할 수 있는 것이기 때문에, 시장에 있어 침해품과 동등한 물건으로서 보완관계에 설 수 없고, 102조 1항 적용에는 침해된 특허권과 관련되는 특허발명의 실시품일 것을 요한다고 한다(동판결의 재판장인 三村量一 전 판사에 의한 「損害(1)-特許法 102条1項」 牧野利秋・飯村敏明 編 『新・裁判實務大系(4) 知的財產關係訴訟』[2001] 301頁도 같은 취지) (다만, 재판소는, 피고의 주장에 반하여 원고 제품은 본건 특허발명의 실시품이라고 인정하여, 본요건에 의하여 청구를 배제하지는 않았던 점에 유의).

(2)「단위 수량당 이익」의 의미에 있어서는, 권리자가 침해행위가 없었다면 판매할 수 있었던 제품의 매상액으로부터, 그 판매를 위해서 증가한다고 상정되는 비용을 공제한「한계 이익」이라고 하는 견해(茶園, 田村, 三村・각 앞서 본 문헌)와 한계 이익은 아니라고 하는 견해(安江邦治, [利益の額の推定規定における利益の額について] 淸永利亮・設樂隆一 編 [現代裁判法大系(26) 知的財產權][1999] 242頁)가 있지만, 본 판결은 전설을 채용했다(판지(ii) ②). 다만, 이익액의 산정에 있어서는, 공제되어야 할 경비 등에 대하여, 재판소가 변론의 전취지 및 증거 조사의 결과로부터 독자적으로 유연하게 상당액을 인정하고 있는 것이 최근 판결례의 경향으로 해석된다고 하는 지적(中山信弘 編著 [注解特許法〔第3版〕(上)] 1006頁[靑柳昤子])도 있다.

(3) 전체 제품의 일부가 침해에 해당할 때, 전체 제품의 판매가액에 기하여 이익액을 산정한 경우에는, 해당 특허발명의 전체 제품의 구매력에 대한 공헌의 정도(기여율)를 고려하여야 한다는 것이 다수설(中山・小泉 編 앞서 본 문헌 1588면[飯田])이며, 본 판결도 이에 따르고 있다(판지(ii) ③). 이에 대하여, 해당 특허발명을 실시한 제품이라는 점이, 어느 정도 수요자의 구매욕을 환기하여, 구입의 동기를 부여한 것인가라는 관점으로부터, 손해액이 한정되는 범위를 판단해야 한다라고

하여, 기여율의 개념을 사용하는 것은 잘못이라고 하는 견해(田村, 三村 앞서 본 문헌)도 있다.

(4) 청구액을 공제(감액)하는 102조 1항 단서에 있어서의 「판매할 수 없다고 하는 사정」이란, 침해자의 영업노력이나 시장 개발 노력에 따라서 처음으로 판매할 수 있었던 점, 시장에 침해품 이외의 대체품이나 경합품이 존재하는 점, 침해품 측이 저렴했다는 점, 침해품의 성능이 우수했다는 점 등으로 하는 것이 통설(中山 · 小泉 編 앞서 본 문헌 1588면[飯田])이며, 본 판결도 경쟁사 제품의 존재를 인정해 이 입장을 취한다(판지(ii) ④) (덧붙여 최근의 재판례로서는 知財高判 平成 18. 9. 25. 平17(ネ) 10047号[재판소 Web] 본서 84번 사건 참조). 이에 대하여, 앞서 본 東京地判 平成 14. 4. 25. 및 三村의 앞서 본 문헌은, 이러한 사정은 본항 단서에 해당하지 않는다고 하여, 시장에 있어 침해품과 권리자 제품이 보완관계에 있다고 하는 점을 전제로, 덧붙여 권리자가 시장 기회를 상실하였다고 평가할 수 없는 사정, 구체적으로는, 폭죽 · 인플루엔자 백신 · 생선식료품과 같이 권리자가 자기제품을 판매할 수 있는 기간이 한정되었던 것들이 이에 해당한다고 한다.

3. 특허권 침해에 따른 배상에 대한 해석론 재고의 필요성

이상, 주로 통설과 유력설을 대비시키는 형태로 본 판결 중 각 논점을 개관하였다. 마지막으로 지적해야 할 것은, 신설된 본조 1항을 전제로 한 「손해」개념은 종래 불법행위에서의 「매상감소에 의한 일실이익」과는 다른 것이어서(茶園 앞서 본 문헌 51면), 원래 특허권 침해의 배상제도에 있어서는 침해를 억제하는 어떠한 제도적 담보가 필요하고, 어느 정도 사실상의 제재기능을 가미해도 이치에 어긋나지 않으며, 최소한 침해에 대한 인센티브가 되지 않는 해석론이 필요하다고 지적되고 있다(中山 앞서 본 문헌 354면)라고 하는 점이다. 이러한 관점을 바탕으로, 증명된 실손해의 보전이라고 하는 관점을 고집하는 일 없이, 진정으로 적정한 배상액이 탐구되도록(中山 같은 355면) 재판소를 중심으로 향후 본조항의 진일보된 운용이 기대된다.

〈참고문헌〉

본문에서 열거한 것 외에

1. 鎌田薫, 「知的財産訴訟における損害賠償法理」 特許研究 17号 4頁
2. 鎌田薫, 「特許権侵害と損害賠償」 CIPICジャーナル 79号 1頁

84. 특허법 제102조 제1항 단서에 상당하는 수량 에의 제3항의 적용의 가부── 의자안마기 사건

知財高裁 平成 18年(2006년) 9月 25日 判決
[平成 17年(2005년)(木) 第10047호 : 特許權侵害差止等請求控訴事件]
(판례집 미등재)

金子敏哉(가네코 도시야, 明治大学 專任講師) 著
김종석(김앤장 법률사무소 변호사) 譯

Ⅰ. 사실의 개요

본건은, X(원고·피항소인)가 Y(피고·항소인)에 대하여 의자안마기에 관한 Y제 품의 제조판매행위가 X가 보유하는 본건 특허권 1~5를 침해한다고 하여 손해배 상 등을 청구한 사안이다.

제1심(東京地判 平成 15. 3. 26. 判時 1837호 101頁)은 Y제품에 대해서 본건 특허 권 1·5등을 침해하는 것으로 인정하고, 손해액을 특허법 102조 1항에 의해 약 15억 2000만엔[X제품의 단위수량당 이익(1만 6650엔) × 기여도(0.95) × Y제품의 판매대수 (9만 6054대)]으로 인정하였다. Y는 Y제품의 독자적인 특징·Y의 영업노력·경합 품의 존재 등으로부터 1항 단서의 사정(양도수량의 전부 또는 일부에 상당하는 수량을 특허권자 …가 판매할 수 없었다는 사정)이 존재한다고 주장하였다. 이 주장에 대하여 제1심에서는, X의 사업규모·과거의 판매실적 등의 제반 사정을 종합 고려한 다 음 1항 단서의 사정은 인정되지 않는다고 판시하였다.

제1심판결 후, 본건 특허권 1~4에 대하여는 무효심결이 확정되었고, 항소심 인 본 판결에서는 본건 특허권 5에 대해서만 침해가 인정되고 있다(본 판결의 균등 침해를 둘러싼 판단 등에 대하여는 飯田圭·AIPPI52卷 7호 454頁 이하 참조).

Y는 항소심에서 경합품의 존재 등 때문에 1항 단서를 적용해야 한다는 것 등을 다시 주장하였다. X측은 예비적으로 특허법 102조 3항에 의한 주장을 추가 하고 있다(후술의 판시 참조).

Ⅱ. 판   지

항소일부인용, 원판결변경.

특허법 102조 1항 단서에 의해서 Y제품의 양도수량 중에서 99%를 X가 판매하는 것이 가능하지 않았다고 하여, 결론적으로 약 1150만엔{X제품의 단위수량당 이익(1만 6650엔) × Y제품 1-4의 판매대수(합계 약 6만 9000대) × 0.01}을 손해액으로 하였다.

(i)「… 본건에는 ① 본건 발명 5의 기능은 Y 각 제품의 일부 동작방법을 선택한 경우에 비로소 발현하는 것인 점, ② 본건 발명 5에 관한 작용효과는 의자안마기의 작용으로서 부수적이고 그 효과도 한정된 것인 점, ③ Y제품의 팸플릿과 X제품의 팸플릿에 있어서도 본건 발명 5에 관한 작용은 거의 소개되어 있지 않은 점, ④ 본건 특허 5의 설정등록 당시 X의 시장점유율은 수% 밖에 되지 않고, 의자안마기의 시장에는 유력한 경업자가 존재한 점, ⑤ Y제품은 볼록한 구슬에 의한 마사지와 에어백에 의한 마사지를 병용하는 기능과 광센서에 의해 뜸자리를 자동검색하는 등 본건 발명 5와는 다른 특징적인 기능을 구비하고 있고, 이러한 기능을 중시하여 소비자는 Y제품을 선택하였다고 생각되는 점, ⑥ X제품은 에어백에 의한 안마 방식에 있고 그 시장경쟁력은 반드시 강한 것도 아니고, X의 제품판매력도 한정적인 점 등의 사정이 인정되었다.

이러한 사정을 종합적으로 고려한다면, Y 각 제품의 양도수량 가운데 X가 판매할 수 없었다고 인정되는 수량을 공제한 수량은, 어떠한 Y제품에 있어서도 위 양도수량의 1%로 인정되는 것이 상당하다.

(ii)「(1) X는 예비적으로, 특허법 102조 3항의 실시료상당액(제품당 5%)을 손해로서 주장하지만…(위 ①② 그 밖의 사정)을 종합하고 실시료상당액이 특허법 102조 1항에 기초하여 인정되어진 위 손해액을 초과한다고 인정할 수 있는 것은 아니다.

(2) 가령 X는, 경합품의 존재를 고려하고 특허법 102조 1항 단서를 적용하더라도 X에 의해 판매할 수 없는 분(99%)에 있어서는 특허법 102조 3항의 실시료상당액으로서 판매액의 5%를 손해로서 인정될 수 있다고 주장한다.

그러나 특허법 102조 1항은, 특허침해에 해당하는 실시행위가 되지 않았던 것을 전제로 일실이익을 산정하는 것에 비해, 특허법 102조 3항은 당해 특허발명의 실시에 대해 받을 수 있는 실시료 상당액을 손해로 한 것이므로, 저마다 전제가 다른 별개의 손해산정방법이라는 할 수 있고, 또한 특허권자에 의해 판매할 수 없는 분에 대하여까지 실시료상당액을 청구할 수 있다고 해석되고, 특허권자가 침해행위에 대한 손해배상으로서 본래 청구하는 일실이익의 범위를 초과하여 손해의 전보를 받는 것을 용인하는 것이기는 하지만, 이와 같이 특허권자의 일실이익을 초과한 손해의 전보를 인정해야 하는 합리적인 이유를 알기 어렵다.

Ⅲ. 해   설

1. 특허권자 스스로 실시하는 경우, 주위적으로 특허법 102조 1항에 기초하여 주장하고, 예비적으로 침해품의 매상 전체에 대하여 3항에 의한 실시료 상당액을 손해로서 주장하는 것 자체는 일반적으로 인정되고 있다(본건에서도 주장되고 있고, 判旨(ii)의 (1)에 있어서 3항에 의한 실시료 상당액은 1항에 의한 산정액을 상회하지 않는 것으로 판단되고 있다). 이에 대하여 최근 특허법 102조 1항과 3항과의 병용이 문제되고 있는데, 실시능력을 상회하는 수량 또는 1항 단서에 의해 공제된 수량에 한정하여 3항에 의한 손해액을 계산하고, 이것을 1항에 의해 손해액에 가산하는 것의 가부(可否)의 점이다. 본 판결은 그 병용을 명시적으로 부정하는 최초의 판결례이고 1항 단서의 인정과 함께 논의를 일으키고 있다.

2. 본 판결은 특허법 102조 1항 단서에 대하여 경합품과 피고의 영업노력 등이 고려되었다는 일반론을 제시하였으나(판결의 요지에는 언급하지 않음), 이 점은 판례·학설의 대세에 따른 것이다(本書 83 사건의 해설 참조). 본 판결의 특징은 결론으로서 Y제품 양도수량의 99%라고 하는 극히 높은 비율에 대하여 1항 단서의 사정이 인정된 점에 있다. 제1심의 판단과 다른 최대의 요인은 무효심결의 확정에 의해 항소심에서는 본건 특허권 5에 의해서만 침해가 인정되었다는 점에 있을 것이다(본건의 원판결을 東京地判 平成 14. 3. 19. 判時 1803号 78頁 등과 동종의 판단 틀에 선 것으로까지 이해하는(岩原將文·Lexis 判例速報 14号 123頁 참조) 것은 타당하지 않다). 본건 특허권 5에 관한 발명은 본건 특허1·3의 부분적인 개량발명이고, 그 작용효과는 제품 전체와의 관계에서 부수적이고 약간의 구매의 동기부여 밖에 되지 않는다는 점이 인정되었다(또한 본건 특허 5의 등록이전에 이미 X의 매상은 크게 감소하였고 등록시점에 점유율은 수%였다). 본 판결과 마찬가지로 99%를 공제한 재판례로서는 大阪地判 平成 19. 4. 19.{平17(ワ)12207号}가 있다. 위 판결도 침해에 관한 부분이 구매동기로 이어진 경우는 극히 미약하다는 것 등을 들고 있지만, 나

아가 가격차, 판매경로의 차이(권리자 제품의 소매가격은 2000엔 정도, 침해자 제품은 100엔 가게에서 판매되고 있다)도 중시하고 있다.

　　본 판결 및 위 大阪地判 平成 19. 4. 19.에서 인정의 구체적 근거는 명백하다고 말할 수 없다. 실질적으로는 침해품의 양도수량 거의 전체에 대하여 권리자는 판매할 수 없었지만(大友信秀・知財管理 59卷 1号 86頁, 田村善之「逸失利益の 推定覆滅後の相当実施料額賠償の可否」知的財産法 政策学研究 31号 5頁도 참조) 완전히 0이라고 말할 수 없기 때문에 1%라고 인정한 취지인 것처럼 추측된다.

　　3. (1) 본 판결 이전의 재판예는 특허법 102조 1항과 3항의 병용을 인정하였다{예컨대 東京高判 平成 11. 6. 15. 判時 1697号 96頁(본서 83사건), 大阪高判 平成 14. 4. 10. 平13(ネ) 257号 및 그 원심, 大阪地判 平成 17. 2. 10. 判時 1909号 78頁 등}. 또한 학설로도 병용을 긍정하는 견해가 유력하다{田村善之「損害賠償に 関する特許法等の改正について」知財管理 49卷 3号 335頁, 中山信弘編著「注解特許法(上)[第3版]」[2000] 1012頁[青柳昤子], 辰巳直彦・判評501号[判時 1721号] 49頁 등}. 다만 종전부터 일부의 견해에서 병용 부정설이 주장되었다{小池豊 「知的財産権侵害による損害賠償額算定の視点 - 平成10年改正特許法102条の運用をめぐって」 秋吉稔弘先生喜寿記念 「知的財産権 その 形成と保護」[2002] 312頁 이하, 尾崎英男 「特許を実施しない権利者製品の利益に基づく特許法102条1項の損害額の算定」大場正先生喜寿記念『特許侵害裁判の潮流』[2002] 623頁[다만 실시능력을 초과한 수량 부분에 한정한 병용을 긍정. 그 후의 尾崎英男 「特許法102条1項の諸論点」高林龍編「知的財産権侵害と損害賠償」[2011] 25頁은 전면적인 병용을 부정]}.

　　본 판결이후는 병용긍정설{飯田・前揭466頁 이하, 大友・前揭 87頁, 茶園成樹 「特許権侵害にする救済(1)」法教 348号 99頁, 中山信弘, 特許法,[2010] 344頁, 田村・前揭 逸失利益 8頁 등}과 부정설(村林隆一・知財ぷりずむ5卷58号 109頁 이하, 小松陽一郎・L&T37号 78頁 등)과의 논의가 나누어져 있는 상황이다{논의상황의 상세한 내용은, 中山信弘=小泉直樹編, 新・注解特許法(下), 2011, 1603頁 이하[飯田圭]}.

　　부정설 중에는 실시능력을 초과하는 경우와 1항 단서에 관한 일부의 사정에 있어서는 병용을 인정하는 절충적인 견해도 존재한다{古城春実「損害 特許法102条1項に基づく請求について」牧野利秋ほか編'知的財産法の理論と実務)(2) 特許法[Ⅱ]'[2007] 272頁 이하, 美勢克彦「特許法102条1項'被告の得た利益の額'及び1項と3項の関係について」高林編・前揭46頁 이하}.

　　본 판결후의 재판례에는, 위 大阪地判 平成 19. 4. 19.가 병용부정설의 입장에 있다. 또한 東京地判 平成 22. 2. 26.{平17(ワ)26473号}(피고의 영업능력, 경합품의 시장독점률을 고려하여 60%에 상당하는 분을 공제)은 특단의 사정이 있는 경우(예컨대 실시능력을 초과하는 수량분에의 3항의 적용)를 제외한 병용은 인정되지 않는 것이고, 東京地判 平成 22. 11. 18.{平19(ワ)507号}(경합품 등을 고려한 1항 단서에 의한 공제)은 1항 단서에 의해 공제된 수량에 한하여 병용이 인정되지 않는 것이라고 하고 있다. 다른 한편, 東京地判 平成 19. 12. 26.{平18(ワ)27454号}(피고의 판매망을 중시하여 7할에 대하여 공제)에는 부정경쟁방지법 5조 1항과 3항 1호의 병용이 인정되어지고 {한편 특허법 102조 2항과 3항에 대하여 東京地判 平成 19. 9. 19. 平17(ワ)1599号도 참조}, 재판관에 의해 논고에도 병용긍정설을 지지하는 문헌도 있다{市用正巳「損害1(特許法102条1項)」飯村敏明=設樂隆・編'知的財産関係訴訟'[2008] 215頁, 佐野信「損害2(特許法102条2項・3項)」238頁 이하}.

(2) 병용부정설의 기본적인 논거는 병용을 긍정하는 것은 '특허권자의 일실 이익을 초과한 손해의 전보'{판결의 취지 (ii)(2)}로 되기 때문에 타당하지 않다는 것이다.

부정설에 대한 긍정설의 비판으로서는, 권리자가 불실시의 경우와 인과관계가 전면적으로 부정된 경우에 3항에 기초한 청구가 가능한 점과의 불일치가 지적되고 있다(高橋司・知的財産法政策学研究13号 202頁, 田村・前揭 逸失利益 9頁등, 前揭 본서83사건에 관한 판시도 참조). 다만 이런 불일치는 결정적인 비판으로는 되지 않는다(小池豊「特許法102条の解釈に関する実務の方向」知財年報2007[別冊NBL120号] 284頁 이하. 위 東京地判 平成 22. 11. 18.의 원고 주장에 대한 응답도 참조). 본 판결을 포함한 부정설도 피고의 침해행위 전체에 대해서의 3항의 금액을 손해액으로 하는 주장은 용인하고 있다(해설의 처음부분 참조).

부정설과 긍정설의 대립의 근간은 특허권침해에 의한 손해와 1항·3항의 관계의 이해의 점에 있다(飯田・前揭 AIPPI466頁 이하 정리 참조. 田村・前揭 逸失利益 10頁 이하의 논술도 참조). 부정설은 권리자 제품의 매상감소에 의한 일실이익이야말로 손해이고, 이러한 3항을 병용하고 가산하는 것은 손해를 상회하는 배상을 명하는 것이 된다.

한편 긍정설의 입장에서는, 1항에 의해 산정된 손해액은 특허권의 침해에 의해 생긴 전손해(특허발명의 실시에 대한 수요의 충족) 중에서 권리자 제품의 매상감소에 따른 일실이익만을 평가하는 것으로 위치지울 수 있다. 1항 단서의 적용은 당해수량을 권리자가 판매할 수 없는 것을 보여줄 뿐이고, 그 이상의 손해가 없는 것을 의미하는 것은 아니다. 침해자제품의 구입에 의한 충족된 수요 중에서 권리자제품을 구입할 만한 수요에 관한 일실이익의 금액(1項)에 실시능력부족·경합품의 존재·가격차등을 이유로 침해가 없더라도 원고 제품을 구입하지 않았을 수요에 있어서 3항의 손해액(본래 지불되어야 할 실시료 상당액)을 계산하고 가산하고도 그 합계금액은 특허권침해에 의해 생긴 손해 전체를 초과하는 것은 아니다[中山=小泉編·前揭新注解 1609頁[飯田]을 참조. 다만 병용시의 3항의 산정에는 침해품의 양도수량 전체에 대하여 3항을 적용하는 경우와 대비하여 침해자제품 1단위당 실시료상당액이 낮게 되는 경우도 있다. 침해품과 정규품의 가격차에 관하여 金子敏哉·AIPPI55卷5号 12頁 이하 참조].

   (3) 다만 부정설 중에서는 특허법 102조 1항(특히 단서)을 단지 매상감소에 의한 일실이익에 한정되지 않고, 여러 사정을 고려하고 특허권침해에 의한 손해 전체로서의 '일실이익'을 산정하는 취지의 규정으로 이해하는 입장도 있을지도 모른다(高林龍「特許法第102条に基づく損害賠償について」특허 59卷1号 76頁 참조). 본 판결도 전술과 같이 1%가 충분하다고 인정되었기 때문에 1항과 3항의 병용을 부정하는 견해가 채용되었다고 생각된다. 그러나 특허법 102호 1항 단서의 문언으로부터 그러한 1항의 해석을 채용하는 것은 곤란할 것이다(佐野·前揭 239頁 참조).

〈참고문헌〉
본문 중에 게재된 것

85. 권리자에 의한 경합품의 판매와 특허법 제102조 제2항의 적용

東京地裁 平成 21年(2009년) 10月 8日 判決
[平成 19年(ワ) 第3493号 : 特許權侵害差止等請求事件]
(판례집 미등재) ◀재판소 Web

青柳晗子(아오야기 레이코, 弁護士) 著
박길채(특허법인 다래 변리사) 譯

Ⅰ. 사실의 개요

X(원고)는, 『경구투여용 흡착제 및 어지럼증 치료 또는 예방제와 간질환 치료 또는 예방제』에 관한 본건 특허권을 보유하고, 본건 특허권은 페놀 수지 또는 이온교환수지를 탄소원으로 하는 구상(球狀) 활성탄으로 이루어진 경구투여용 흡착제를 유효성분으로 하는 것을 구성요건으로 하는 어지럼증의 치료약에 관한 것인데, X가 제조판매하고 있는 X제품은 본건 특허권의 실시품은 아니다. Y(피고)는 페놀수지를 탄소원으로 하는 구상 활성탄으로 이루어진 경구투여용 흡착제를 유효성분으로 하는 어지럼증의 치료약인 Y제품을 제조판매하고 있고, Y제품은 본건 특허권을 침해하였다. X제품과 Y제품은 선발명 의약품과 후발명 의약품(개량발명)의 관계이다.

본건 소송의 손해배상청구에 있어서 X는 특허법 102조 2항[1]에 근거하여 Y

---

1) 특허법상 손해배상액의 산정에 관한 것으로, 관련된 일본 특허법 102조(손해의 액의 추정 등)는 다음과 같다.

　① 특허권자 또는 전용 실시권자가 고의 또는 과실에 의해 자기의 특허권 또는 전용 실시권을 침해한 사람에 대해 그 침해에 의해 자기가 받은 손해의 배상을 청구하는 경우에 있어서, 그 사람이 그 침해의 행위를 조성한 물건을 양도했을 때는, 그 양도한 것의 수량(이하 이 항에 대해 「양도 수량」이라고 한다.)에, 특허권자 또는 전용실시권자가 그 침해의 행위가 없었으면 판매할 수 있었던 것의 단위 수량당의 이익액을 곱해 얻은 액을, 특허권자 또는 전용실시권자의 실시의 능력에 상응한 액을 넘지 않는 한도에서, 특허권자 또는 전용실시권자가 받은 손해액으로 할 수 있다. 다만, 양도 수량의 전부 또는 일부에 상당하는 수

가 얻은 이익액은 X가 받은 손해액으로 추정하여야 한다고 주장하였다.

　이에 대해 Y는, X는 본건 특허발명을 실시하고 있지 않기 때문에, Y의 행위로 말미암아 본건 특허발명의 실시를 방해받아 입은 손해가 X에게 발생할 수 없다고 하고, 또한 Y제품과 X제품은 후발명 의약품과 선발명 의약품으로서 나누어지는 것이어서,[2] 상호 경합하지 아니하므로 본건에는 법 102조 2항은 적용되지 아니한다고 주장하였다. 또한 Y는 Y제품에서 본건 특허발명의 기여율이 낮고, 실질적으로는 없다(제로)고 주장하였다.

　본건 판결은, 법 102조 2항이 적용되는 것은 X가 본건 특허권을 실시하고 있을 경우에 한정될 이유는 없다고 하여, X제품과 Y제품이 시장에서 경합한 본건 사안에 대해서 법 102조 2항의 적용을 인정했다. 또한 Y의 주장을 받아들여 기여도 감액을 해야 한다고 인정할 수는 없다고 하여, 법 102조 2항에 의해 X의 손해액이라고 추정되는 Y의 이익 전액에 대해서 지불(支払)을 인용했다.

량을 특허권자 또는 전용실시권자가 판매할 수 없다고 하는 사정이 있을 때에는, 해당 사정에 상응하는 수량에 상응한 액을 공제하는 것으로 한다. 《추가》평성 10 법 51

　② 특허권자 또는 전용실시권자가 고의 또는 과실에 의해 자기의 특허권 또는 전용 실시권을 침해한 사람에 대해 그 침해에 의해 자기가 받은 손해의 배상을 청구하는 경우에 있어서, 그 사람이 그 침해의 행위에 의해 이익을 받고 있을 때는, 그 이익액은 특허권자 또는 전용실시권자가 받은 손해액이라고 추정한다.

　③ 특허권자 또는 전용실시권자는, 고의 또는 과실에 의해 자기의 특허권 또는 전용실시권을 침해한 사람에 대해, 그 특허 발명의 실시 대가로 받아야 할 금전액에 상당하는 액수의 금전을, 자기가 받은 손해액으로서 그 배상을 청구할 수 있다. 《개정》평성 10 법 51

　④ 전항의 규정은, 동항에 규정하는 금액을 넘는 손해의 배상의 청구를 막지 않는다. 이 경우에, 특허권 또는 전용실시권을 침해한 사람에게 고의 또는 중대한 과실이 없었던 때는 재판소는 손해의 배상의 액을 정하는 데 있어서, 이를 참작할 수 있다. 《개정》평성 10 법 51

　한편, 우리 특허법도 일본과 거의 같은데, 손해액의 산정에 관한 128조(손해액의 추청 등)의 1항 내지 4항은 일본 특허법의 대응 조문과 동일하고, 우리법은 아래의 5항을 추가로 갖고 있어, 판단의 재량권을 확대하고 있다.

　⑤ 법원은 특허권 또는 전용실시권의 침해에 관한 소송에 있어서 손해가 발생된 것은 인정되나 그 손해액을 입증하기 위하여 필요한 사실을 입증하는 것이 해당 사실의 성질상 극히 곤란한 경우에는 1항 내지 4항의 규정에 불구하고 변론 전체의 취지와 증거조사의 결과에 기초하여 상당한 손해액을 인정할 수 있다. 〈신설 2001. 2. 3〉

2) 원문은 "棲み分けており"로, 서로 나누어 살아서 영역을 침범하지 아니한다는 의미이다.

Ⅱ. 판   지

『Y는, X가 본건 발명을 실시하지 않고 있기 때문에, 특허법 102조 2항은 적용되지 않는다고 주장한다.

확실히, 동조항은 손해액의 추정규정이며, 손해의 발생까지도 추정하는 규정이 아니기 때문에, 침해행위에 의한 일실이익이 발생하는 것의 입증이 없는 한, 적용되지 않는 것이라고 해석된다. 다만 침해행위에 의한 일실이익이 발생하는 것은, 권리자가 해당 특허를 실시하는 경우에 한정된다고 할 이유는 없고, 제반 사정에 의해 침해행위가 없었다면 얻을 수 있었던 이익이 권리자에게 인정되는 것이라면, 동 조항이 적용된다고 해석되어야 한다.

그리고 변론의 전취지에 의하면, Y제품은 어지럼증 치료약(캡슐제 및 세립제)인 X제품의 후발명 의약품으로서 제조승인을 받아 판매되고 있는 것이고, Y제품이 제조판매되는 것으로 새로운 수요를 만들어 내는 것은 아니며, 어지럼증 치료약의 시장에 있어서 X제품과 경합하고, 점유율을 서로 다투는 관계에 있는 것으로, 구상 활성탄의 어지럼증 치료약에 있어서 X제품의 점유율이 높은 것이 인정되고, Y제품이 없었을 경우에 X제품이 아닌 다른 후발명 의약품이 판매될 것이라는 사정을 증명하는 증거도 없는 본건에 있어서는, Y에 의한 침해행위가 없었다면 얻을 수 있었을 것인 이익이 X에게 인정되는 것으로, 본건에는 특허법 102조 2항이 적용되는 것이라고 해석하는 것이 상당하다.』

『Y는 본건 특허와는 관련없는 제조 승인을 받았던 것에 기초하여 후발명 의약품으로서의 지위가 Y제품의 매상(판매)에 공헌하고 있는 것, 본건 특허를 침해하지 않게 사양을 변경해도 Y제품의 판매를 계속하는 것이 되는 것, X가 본건 특허를 실시하고 있지 않는 것, 본건 특허의 진보성이 지극히 낮고, 게다가 다른 대체기술도 존재하는 것 등을 주장하고, 기여도를 감안하여야 한다고 주장한다. 그렇지만, 사양 변경전 Y제품은, 그 전체가 본건 발명을 실시하고 있는 것인 점, 본건 발명을 실시함으로써 높은 선택 흡착성을 실현하고, X제품의 개량신약으로 제조 승인을 받아 제조판매하여 온 것이라고 생각할 수 있는 점 등을 감안하면, Y가 주장하는 사정을 고려하여 기여도 감액을 해야 한다고 인정할 수는 없다.』

Ⅲ. 해　설

1. 권리자가 민법 709조[3]만에 의해, 일실이익 상당손해의 배상을 청구하는 경우에는, 권리자는 침해행위와 '인과관계'가 있는 손해액을 주장입증할 필요가 있지만, 특허법 102조 2항은 침해자가 특허의 행위에 의해 받은 이익의 액을 입증하면, 해당 이익의 액을 권리자가 피해입은 손해의 액으로 추정하는 것으로, 침해행위와 손해액과의 사이의 인과관계의 주장입증을 요구하지 아니하는 점에 있어서, 권리자가 주장입증책임의 경감을 도모하는 규정이다.

본조 2항의 추정은, 침해행위와 인과관계가 있는 '손해의 액'을 추정하는 것이면서, '손해의 발생'까지 추정하는 것은 아니기 때문에, 권리자가 본조 2항의 적용을 (요)구하기 위해서는 ① 고의·과실(특허법 103조[4]에 의해 추정), ② 권리침해에 더하여, ③ 손해의 발생과 ④ 침해자가 침해의 행위에 의해 받은 이익의 액을 주장입증할 필요가 있다(④의 '이익의 액'에 대해서는 본서 86번 사건의 해설 참조).

상기 ③의 '손해의 발생'에 대해서는, 침해자가 침해행위에 의해 얻은 이익과 대비될 수 있는 이익을 권리자가 잃어버렸다고 하는 손해가 발생하고 있는 것을 필요로 하는 것으로 해석되고 있다[東京地判 平成 10年(1998년) 5月 29日, 判時 1663号, 129頁에 본조 2항의 추정에 관하여, 『상기 추정규정의 전제에는, 권리자와 경업관계에 있는 침해행위자가, 침해행위에 의거하여 판매수지 실적을 실질적으로 올리고 있는 이상, 권리자도 같은 판매수지실적을 올렸을 개연성이 있다는 추정을 인정하는[5] 사회적 사실의 인식이 있는 것이라고 인정된다』라고 한다].

매상이익 상실의 사실에 대해서는, 판례·통설은 권리자가 권리자 제품의 제조·판매행위를 하고 있었다는 사실을 입증하면, 판매에 의해 일실이익상실의 손해 발생의 사실상의 추정을 인정하고 있다.

상기의 본조 2항의 해석으로부터, 권리자 자신은 제조·판매 등의 행위자체를 하지 아니한 경우(예를 들면, 권리자가 특허관리를 주된 업무로 하는 회사, 사업활동을

---

3) 불법행위의 성립요건을 규정한 일본 민법 조항으로 "709조 (불법 행위에 의한 손해 배상) 고의 또는 과실에 의해 남의 권리 또는 법률상 보호되는 이익을 침해한 사람은, 이에 의해 발생된 손해를 배상할 책임을 진다"라고 규정하고 있다. 우리의 민법은 "750조 (불법행위의 내용) 고의 또는 과실로 인한 위법행위로 타인에게 손해를 가한 자는 그 손해를 배상할 책임이 있다"라고 규정하고 있다.

4) 일본 특허법 103조 (과실의 추정) 타인의 특허권 또는 전용실시권을 침해한 사람은 그 침해의 행위에 대해 과실이 있는 것으로 추정한다.(우리 특허법 130조와 동일)

5) 원문은 "裏付ける(뒷받침한다)"이다.

하지 않은 개인, 실시료 징수만을 하고 있던 회사 등의 경우)에는, 권리자에게는 제조·판매행위에 의한 일실이익이 있을 수 없기 때문에, 본조 2항은 적용되지 않는다.

　　또한, 권리자가 권리자 제품의 제조·판매 행위를 하고 있어도, 권리자 제품이 침해품과 경합·대체하는 제품이 아닌 경우는, 침해자가 침해행위를 하지 않았으면 권리자 제품을 판매할 수 있었다고 인정하지 못하기 때문에, 판례·통설은 권리자 제품이 침해품과 시장에 경합한 것을 본조 2항의 '손해의 발생'의 요건으로 해석하고 있다(후게 名古屋地判 平成 10年(1998년) 3月 6日, 大阪地判 平成 21年(2009년) 10月 29日 平19(ワ) 13513号 등).

　　2. 권리자가 권리자 제품의 제조판매를 하고 있어, 권리자 제품은 침해품과 시장에서 경합했지만, 권리자 제품이 피침해특허의 실시품은 아니었던 경우에, 본조 3항이 적용되는지 아닌지에 대해서는 의견이 나뉘고 있다.

　　종전의 다수의 판결례(東京高判 平成 11年(1999년 6월 15일 判時 1697号 96頁(본서 83번 사건), 전게 大阪地判 平成 21年(2009년) 10月 29日 등) 및 종전의 다수설(淸永利亮, '複數の侵害者', 牧野利秋編, '裁判實務大系(9)', 1985, 350頁, 후게 設樂 논문 등)은, 『권리자 제품이 피침해 특허권의 실시품이다』라는 것이, 본조 2항의 적용 요건이라고 해석하고 있다(이하, 'A설'이라 한다.). 그 이유로서 淸永 전게 판례는 『특허권 침해에 의한 손해는, 특허권자가 특허발명의 실시를 방해할 수 있는 것에 의해서 입는 손해를 의미한다』라고 말하고 있다.

　　이에 대해, 권리자 제품은 피침해특허의 실시품은 아니지만, 침해품과 경합·대체하는 제품일 때에는, 권리자는 침해자의 침해행위에 의하여 영향을 받은 손해의 발생이 있다고 말할 수 있기 때문에, 이러한 사정을 주장입증하는 것에 의해 본조 2항이 적용된다고 해석하는 유력설이 있다(후게 吉原, 筒井, 高松의 각 논문. 이하 'B설'이라 한다). 그 이유로서 高松 후게 논문은 『경업자가 해당 발명의 가치를 이용하지 못하는 경쟁환경하에서 경합품의 판매이익을 확보할 수 있는 것도, 특허권에 의한 법적 보호의 범위에 있는 이익으로 해석하여야 한다』라고 말하고 있다. 판결례에는 京都 지방법원 판결(平成 11年 9月 9日, 平8(ワ) 1597号)은, 『엄밀히 해당 특허발명 그 자체의 실시에 한정하여야 할 것은 아니다』라고 하여 B설에 입각한 판결을 보여주고 있다(名古屋地判 平成 10年 3月 6日 判タ 1003号 277頁, 名古屋 高金沢 支判 平成 12年 4月 12日 平9(ネ) 31号 등도 B에 입각하고 있다). 또한 오사카 지방법원 판결(平成 12年 2月 3日 平10(ワ) 11089号)은, 민법 709조의 적용에 대한 것이기는 하지만,『원고는, 본건 등록의장의 실시품의 대체품이라고도 할 수 있다.』원고가 보유한 실용신안의 실시품을 판매하고 있어, 피고침해행위에 의해『본래 얻을 수 있었음이 분명한 이익을 얻을 수 없었다고 하는 손해를 받았다는 것이 인정된다』라고 하고 있다.

사견으로서는, A설은 침해행위에 의한 '손해의 발생'을 지극히 협소하게 해석하는 것이어서 타당하지 않고, 102조 1항의 적용범위와의 균형을 취할 수 있는 B설이 타당하다고 본다. 따라서, 권리자가 피침해 특허 이외에 다수의 개량 특허를 보유하여 개량 특허를 실시한 권리자 제품과 침해품이 시장에서 경합하는 경우 등, 본조 2항의 추정에 합리성이 있다고 말할 수 있는 경우에는, 권리자 제품이 피침해 특허의 실시품이 아니더라도 본조 2항을 적용할 수 있다고 해석된다.

본건 판결은 본조 2항의 '손해의 발생'에 관하여,『침해행위에 의한 일실이익이 발생하는 것은, 권리자가 해당 특허를 실시하고 있는 경우로 한정된다고 할 이유는 없고, 제반의 사정에 의해, 침해행위가 없었으면 얻을 수 있었을 것이었던 이익이 권리자에게 인정되는 것이라면, 동 조항이 적용된다고 보아야 하는 것이다』라고 하여, B설에 입각한 판단을 보여주고 있다. 본건 판결이 예시하는6) 구체적인 사정의 상황하에서는 본조 2항의 추정에 합리성이 있다고 말할 수 있는 경업관계의 존재가 인정되는 것이기 때문에, 본건에 본조 2항의 적용을 인정한 본건 판결은 정당하다고 본다.

3. 본조 2항이 적용되어도, 본조 2항은 추정규정이기 때문에, 침해자측으로부터 추정을 뒤집는7) 주장입증이 가능하다. 그 경우 본조 2항의 추정을 뒤집는데에 대해서는, 평성 10년 특허법 개정에 의해 신설된 본조 1항 단서8)가 침해수량의 전부 또는 일부에 상당하는 수량을 권리자가 판매할 수 없는 사정이 있는 때에는 해당 수량분은 공제하는 것을 규정하고 있는 것으로부터, 본조 1항과의 균형상 본조 2항에 대해서도, 통상실시권자의 존재, 경업자의 존재, 이익에 기여한 다양한 요인 등에 의해 권리자가 침해자의 이익의 전부는 얻을 수 없었던 것

---

6) 원문은 "拳ける"이다.

7) 원문은 추정을 '뒤집어 없앤다'라는 개념으로 "覆滅"을 사용하고 있는데, '뒤집는다' 또는 '번복한다' 등으로 번역한다.

8) 단서규정 : "다만, 양도 수량의 전부 또는 일부에 상당하는 수량을 특허권자 또는 전용실시권자가 판매할 수 없다고 하는 사정이 있을 때에는, 해당 사정에 상당하는 수량에 상응한 액을 공제하는 것으로 한다."

과 얻을 수 없었던 비율을 침해자가 주장입증할 수 있었을 경우에는, 그 비율의 한도에 대해 추정이 번복(감액)된다고 하는 것이 타당하다고 본다〔東京地判 平成 11年 7月 16日 判時 1698号 13頁(본서 87번 사건), 전게 大阪地判 平成 21年 10月 29日 등. '추정을 뒤집는 사유'의 상세에 대해서는 본서 87번 사건 해설 참조〕. (추정)번복 사유의 존재 및 감액의 비율에 관하여 주장입증책임은 침해자가 부담하는 것이고, 본건 사안에 있어서 Y는 Y제품의 매상에는 다양한 기여 요인이 있다고 하여 추정의 번복(감액)을 주장하였지만, 본 판결은 Y의 주장입증을 반영한 기여도 감액(추정의 일부 번복)은 인정받지 못한다는 판단을 설시한 것이다.

〈참고문헌〉

1. 吉原省三, '複數の權利者', 牧野利秋 編, '裁判実務大系(9)', 1985, 366頁

2. 筒井豊, '推定規定の適用要件', 상게서 323頁

3. 設樂隆一, '侵害行爲により受けた利益', 상게서 330頁

4. 中山信弘; 小泉直樹 編, '新 注解 特許法(下)', 2011, 1609頁(飯田圭)

5. 古城春実, '損害賠償請求', 西田美昭外 編, '民事辯護と裁判実務(8)', 1998, 324頁

6. 高松宏之, '特許法102条 2項・3項', 牧野利秋; 飯村敏明 編, '新 裁判実務大系(4)', 2001, 307頁

7. 佐野信, '損害2 (特許法 102条 2項・3項)', 飯村敏明; 設樂隆一 編著, '知的財産關係訴訟', 2008, 216頁

8. 中山信弘 編著, '注解 特許法(上)', 第3版, 2000, 1013頁(靑柳聆子)

86. 특허법 제102조 제2항에서 말하는 "이익"의 의의

東京地裁 平成 10年(1998년) 10月 7日 判決
[平成 3年(ワ) 第10687호 : 特許權侵害差止等請求事件]
(判時 1657호 122頁, 判タ 987호 255頁)

三寸量一(미무라 료우이치, 弁護士) 著
박성수(김앤장 변호사) 譯

Ⅰ. 사실의 개요

X(원고)는, 발명의 명칭을 "부하장치 시스템"으로 하는 특허권(특허권 甲) 내지 발명의 명칭을 "수저항기(水抵抗器)"로 하는 특허권(특허권 乙)을 가진 기업이다. Y(피고)는 2종류의 부하장치 시스템(본건 장치 가, 나)을 제조하고, 그것들을 사용하여 발전설비의 부하시험업무를 행하였다. 그러자 X는 Y에 의한 본건 장치의 제조·사용이 X의 특허권을 침해하는 것이라고 주장하고 본건 각 장치의 제조·사용의 금지와 손해배상을 청구하였다.

본건 소송에 있어서 제1의 쟁점은 특허권 침해가 성립하느냐이다. 이 판결은 Y가 제조·사용하는 장치 가운데 이 사건 장치 ㈎호는 특허권 甲을 문언침해 하는 것으로 판단되었으나, 이 사건 장치 ㈏호는 이 사건 특허권 甲, 乙의 어느 것의 문언침해도 균등침해도 성립되지 아니 한다고 판단하였다(균등침해의 성부에 관한 이 사건 판결의 판단에 관하여서는 이 책 67번 사건을 참조하기 바란다).

제2쟁점은 Y가 이 사건 장치 ㈎호를 사용한 것에 따른 손해의 액이다. X는 현행 특허법 제102조 제2항(이 사건 판결 당시는 제102조 제1항. 이하 이 글에서는 이 판결을 인용하는 부분을 포함하여, 현행법에 있어서 조문인 제102조 제2항이라고 표기한다)에 기하여 Y가 이 사건 장치 ㈎호를 사용하여 행한 발전설비의 부하시험에 의하여 얻은 대가로 그 장치 내지 그 탑재차량의 사용일수의 감가상각비를 공제한 액을 X의 손해액이라고 주장하였다. 이에 대하여 Y는 X가 주장하는 감가상각비의 공제를 주장함과 함께 이에 더하여 사용일수에 해당하는 인건비도 공제되어야 한다고 주장하였다.

Ⅱ. 판   지

일부 인용, 일부 기각.

판결은, 우선 Y는 이 사건 장치 ㈎호를 사용하여 7번의 부하시험을 실시하되, 그 가운데 1번은 1일의 시험이었고 다른 6번은 2일에 걸친 시험이라는 점, 그 대가는 1일 시험의 경우는 22만엔, 2일 시험의 경우는 35만엔이라고 인정한 후, 다음과 같이 판시하였다.

특허법 제102조 제2항 소정의 "침해행위에 의한 이익을 받고 있는 때"에 있어서 "이익"이라는 것은, "특허권자가 현실적으로 특허권을 실시하고, 또한 설비투자나 종업원의 고용을 새로이 할 필요가 없는 상태에서 제조, 실시 등이 가능한 범위 내에서는 침해행위자의 제품의 매상액으로부터 그 제조, 실시 등을 위한 변동경비만을 공제한 액을 말하는 것이라고 해석하는 것이 상당하다." "앞서 본 7회 정도의 사용횟수라면 X는 설비투자나 종업원의 고용을 새로이 할 필요도 없는 상태로 특허권의 실시가 가능하였던 것이라고 인정된다. 따라서 Y가 주장하는 감가상각비는 위 변동경비에는 해당하지 않는 것이라고 말할 수밖에 없고, Y가 주장하는 인건비가 위 변동경비에는 해당하는 것을 인정하기에 충분한 증거는 없고 …, 그 밖의 변동경비의 구체적 존재 내지 그 액을 인정하기에 충분한 증거는 없고(X에 있어서도 Y에 있어서도 위 장치를 사용하기 위하여 종업원을 개별적으로 고용하고 있었다는 등의 사정은 인정되지 않는다), 그 밖에 변동경비의 구체적인 존재 내지 그 액을 인정하기에 충분한 증거는 없으나, 이 사건 장치 ㈎호를 적재한 자동차의 연료비 등의 변동경비가 요하게 되는 것은 법원에 현저하므로, 1일당 2만엔을 변동경비로서 공제되어야 한다고 인정한다.".

따라서 위 7번의 사용에 의하여 Y가 얻은 이익은 232만엔에서 26만엔을 공제한 206만엔이라고 인정되므로, 그것을 X의 손해액으로 추정한다.

Ⅲ. 해   설

1. 특허법 제102조 제2항의 취지

현행 특허법 제102조 제2항은 손해액의 입증에 관하여 권리자의 부담을 경감할 목적으로 1959년의 특허법 개정법에 의하여 동조 제1항으로 창설되었다가, 1998년 법률 제51호에 의한 특허법 개정(1999년 1월 1일 시행)에 의해 새로운 제102조 제1항이 창설됨에 따라 제2항으로 차례로 내려온 것이다(즉, 1998년 법률 제51호에 의하여 개정 내지 그 후의 법 개정에 의해 실용신안법, 의장법, 상표법, 부정경쟁방지법 내지 저작권법에 있어서도 손해액의 산정에 관하여 같은 규정을 두고 있다).

특허법 제102조 제2항은 위와 같이 손해액의 입증에 관한 권리자의 부담을 경감하는 목적으로 도입된 것이지만, 속되게 말하여 '침해자의 이익 토해내기 규정'이라고 불리는 것으로, 다분히 부당이득적인 사상을 배경으로 하는 것이다. 위 조항은 침해자의 이익을 가지고 권리자가 입은 손해액을 추정하는 뜻의 법률상의 사실추정을 정한 규정이어서, 침해자는 추정을 복멸하는 사실을 주장입증하는 것에 의하여 위 조항의 적용을 배제하는 것이 가능하다.

2. 특허법 제102조 제2항에서 말하는 '이익'의 의의

특허법 제102조 제2항에서 말하는 '이익'의 의의에 관하여 이 판결 무렵까지는 그것을 "순이익"이라고 해석하는 학설이 다수였고, 재판례에 있어서도, 침해자의 일반관리비(총인건비, 본사 사옥 내지 공장의 임료, 통신비, 교통비 등)라든지 설비투자비 등을 총매상액 중에서 침해품의 매상액의 비율에 상응하게 공제하는 것 등이 있었다.

그러던 가운데 이 판결은 특허법 제102조 제2항에서 말하는 '이익'의 의의를 침해품의 매상액으로부터 그 제조, 실시 등을 위하여 필요한 변동비용만을 공제하여, 이른바 '한계이익'으로 해석한 것이다. 이 판결은 특허법 제102조 제2항에서 말하는 '이익'을 위와 같이 해석하는 이유로서 '특허권자가 현실적으로 특허권을 실시하고 있고, 그 위에 설비투자나 종업원의 고용을 새로이 할 필요가 없는 상태에서 제조, 실시 등이 가능한 범위 내"라고 판시하고 있는 것, 그것은 1998년의 특허법 개정에 의하여 같은 조 제1항이 더하여진 위 상황에 있어서, 권리자측의 사정과의 대비로부터 같은 조 제2항의 '이익'을 한계이익으로 해석하는 것을 정당화하자고 시도한 것인데, 약간 이해하기 어려운 내용으로 되고 있다(즉, 이 판결은 X 자신이 손해배상청구에 있어서 손해액 계산에 실제로 공제하고 있는 이 사건 장치 내지 탑재차량의 감가상각비에 관하여 그 공제를 부정하고, 또 Y가 주장하고 있지 않은 탑재차량의 연료비를 공제하고 있으나, 변론주의와의 관계에서는 그 당부에 의문이 있다. 또, 이 판결은 권리자의 특허권실시를 전제하는 것으로 해석되지만 판결문을 보아서는 X에 의한 구체적인 실시행위는 인정되지 않는다).

그러나 1998년 특허법 개정에 의한 현행 제102조 제1항의 규정이 만들어진 후에 있어서는 같은 조 제1항의 이익에 관하여는, 권리자 측에 위와 같은 사정이 존재하는지 어떤지와 관계없이 침해품의 매상액으로부터 그 제조, 실시 등을 위하여 필요한 변동비용만을 공제한 한계이익이라고 해석되고 있다(이른바 침해자의 한계이익).

이것에 대하여, 특허법 제102조 제1항에서 말하는 '특허권자 또는 전용실시권자가 그 침해행위가 없었다면 판매하는 것이 가능하였던 물건의 단위 수량당 이익액'에 있어서 '이익'에 관하여서는 예상되는 권리자 제품의 매상액으로부터, 권리자에 있어서 특허제품의 개발비용이라든가 일반관리비를 공제할 수 없고, 침해품의 판매수와 같은 수의 권리자 제품을 추가적으로 제조 판매 등을 하기 위하여 필요불가결한 변동비용만을 공제한 금액(이른바 '권리자의 한계이익')이라고 해석되고 있다. 같은 조 제1항의 이익이 '판매하는 것이 가능하였던'이라고 하는 가정 아래에서의 가상의 이익액이라는 것에 대하여, 같은 조 제2항의 이익액은 어디까지나 침해자에 있어서 현실의 이익액이고, 그 점은 양자의 다른 점이다. 덧붙여서, 특허법 제102조 제1항, 제2항의 해석에 있어서 '한계이익'은 회계상의 개념과는 다른 것임에 주의가 필요하다.

3. 권리자에 의한 특허권 실시의 요부

특허법 제102조 제2항에 관하여서는 같은 항을 적용하는 전제로서 특허권자가 실제로 당해 특허권을 실시하고 있는 것이 필요한지 어떤지 하는 문제가 있다. 이 점에 관하여서는 특허권자 특허권을 실시하고 있는 것이 필요하다고 하는 것이 다수설이다. 그 이유로 삼는 것은 권리자가 특허권을 실시하고 있지 않은 경우에는 일반적으로 권리자의 일실이익을 관념할 수 없고, 추정규정의 적용의 전제를 흠결하는 것이라고 한다. 그러나 권리자에 의하여 특허권의 실시에 앞서 침해품이 시장에 있어서 높은 점유율을 점하게 된 탓으로 권리자가 자신의 실시를 포기하는 경우에도 권리자의 실시 행위가 없다는 것으로 곧바로 일실이익을 관념할 수 없다고 단정할 수는 없다고 생각 된다.

특허법 제102조 제1항에서 '침해 행위가 없었으면 판매할 수 있었던 물건'에 대해서는 특허권의 실시품인 것을 필요로 한다고 하여야 하지만(무엇보다, 이 점에 관하여 특허권의 실시품이 아니라도 시장에서 침해제품과 경쟁하는 제품이면 충분하다고 하는 견해가 다수이다), 같은 조 제2항의 적용에 대해서는 반드시 권리자가 특허권을 실시하는 것을 전제로 하는 것이 아니라 일실이익을 관념할 수 있는 한 같은 항에 따른 손해액을 청구할 수 있다고 해석하고 싶다(일실이익을 일반적으로 관념할 수 없는 상황인 것은 같은 항에 의한 추정을 복멸하는 사정으로 침해자가 항변으로 주장해야 한다). 또한, 같은 조 제1항에 대해 특허권의 실시품인 것을 요한다고 하는 입장을 취하면서, 같은 조 제2항의 적용을 전제로 특허권의 실시를 요구한다고 하는 견해가 있다고 하면, 그러한 견해는 극히 불합리할 것이다.

4. 기 여 분

일반적으로 제품에 여러 특허권이 실시되고 있거나 또는 특허권 이외의 권리(예를 들어, 디자인권 등)가 실시되고 있는 것이 일반적이다. 침해자가 제조·판매 등을 한 침해품에 관하여서도 소송의 대상이 되고 있는 원고의 특허 이외에 다른 특허권 등의 권리가 아울러 실시되는 경우에는 침해자가 침해품을 판매하는 등으로 얻은 이익액에 관하여, 원고의 특허권 이외의 권리가 실시되고 있음을 고려해야 할 필요가 있다. 실무상, 원고 특허의 "기여도"라는 개념이다. 기여도는 침해자가 침해제품 판매 등으로 얻은 이익액 중 소송의 대상이 있는 특허권에 해당하는 금액의 비율이지만, 제품 가운데 특허권의 실시 부분(부품 등)이 차지하는 원가 비율이 아니라 수요자의 제품 구매 결정에의 영향력, 바꾸어 말하면 해당 특허권이 수요자의 제품 구매에 대한 동기를 주는 정도에 따라 판단되어야 하는 것이다. 예를 들어, "저공해 엔진"을 자랑으로 삼는 자동차가 판매되고 있는 경우에는 저공해 엔진에 관한 특허권이 엔진 부분의 구조에만 관계되는 것이었다 해도, 기여도를 100%로 인정해야 한다.

5. 특허권의 공유자에 의한 손해 배상 청구

특허권의 공유자에 의한 손해 배상 청구의 경우에 있어서 특허법[1] 제102조의 적용에 있어서는 문제가 있다. 예를 들어, 특허권의 공유자 X1, X2는 특허권을 실시하고 있지만, X3은 실시하지 않고 있는 경우를 상정한다. 특허법 제102조 제2항의 적용의 전제로 특허권의 실시를 필요로 하지 않는다는 입장이라면 침해자의 이익을 가지고 지분 비율에 따라 안분한 금액을 각 공유자가 청구할 수 있다[X1, X2는 이 대신에 같은 조 제1항의 손해액(X1, X2의 각 판매량에 따른 안분액)을 주장

---

1) 역자주: 원문에는 특허권이라고 되어 있으나 특허법의 오타로 보임.

할 수도 있다). 이에 대하여 같은 조 제2항의 적용의 전제로 특허권의 실시를 필요로 한다는 입장이라면, 침해자의 이익액에서 우선, 같은 조 제3항의 손해액으로 X3이 청구할 수 있는 금액(안분 금액)을 공제하고, 잔액을 X1과 X2 사이에 안분하여 청구할 수 있다고 해석하는 것이 타당하다고 생각된다(실시품 판매에 의한 X1, X2의 각 이익액에 따라 안분하게 될 것이다).

6. 특허법 제102조 제1항 및 제2항의 관계

특허법 제102조 제1항과 제2항의 관계에 대해서는 제2항이 추정규정이기 때문에 제1항에 따라 산정한 손해액이 제2항에 따른 손해액을 밑도는 경우 제2항의 추정이 뒤집어져, 권리자는 제1항의 손해액의 한도에서만 배상을 청구할 수 있는지 어떤지 하는 문제가 있다. 권리자와 비교하여 침해자 쪽이 저렴하게 원자재를 구매하고 있다거나 효율적으로 제조 및 판매하고 있는 것과 같은 경우이다.

제2항은 특허권의 실시를 전제로 하지 않는다는 입장(특허권의 실시를 하지 않는 경우에도 일실이익을 관념할 수 있는 경우가 있음을 이유로 한다)에서는 특허권자가 특허권을 실시하고 제1항의 손해액을 청구할 수 있는 경우에도, 침해행위가 없었다면 제1항에 의한 손해액을 상회하는 금액의 이익을 얻고 있었을 것이라는 가능성을 관념할 수 있는 한, 제2항에 따른 손해액을 청구할 수 있다는 것이다. 이에 대해 제2항의 적용의 전제로 특허권의 실시를 필요로 한다는 입장을 취하는 경우에는 제2항의 추정이 복멸되어 제1항에 의한 손해액의 한도로 감액된다는 것이 될 것이다.

〈참고문헌〉
1. 知的財産裁判實務研究會 編, 『知的財産訴訟の實務』(2010) 73頁 이하(西理香)
2. 中山信弘, 『特許法』(2000) 346頁 이하
3. 高村龍, 『標準特許法(第4版)』(2011) 272頁 이하
4. 中山信弘=小泉直樹 編, 『新注解特許法(下)』(2011) 1609頁 이하(飯田圭)

87. 실용신안법 제29조 제2항에 의한 추정을 번복하는 사유── 악로탈출구 사건

東京地裁 平成 11年 7月 16日 判決
[平成 8年(ワ) 第6636호 : 実用新案権侵害差止等請求事件]
(判時 1698호 132頁, 判タ 1017호 245頁) ◀재판소 Web

古城春實(고죠 하루미, 弁護士) 著
박정희[법무법인(유) 태평양 변호사] 譯

Ⅰ. 사실의 개요

X(원고)는 눈길에서 타이어가 미끄러져 움직이지 못하는 경우 등에 사용하는 악로탈출구에 관한 2건의 고안(이하 '이 사건 고안'이라 한다)의 실용신안권을 가지고 있으면서, 이 사건 고안의 실시품(X기구)을 스스로 제조·판매하는 한편, 소외 A에게 통상실시권을 허락하여 A도 이 사건 고안의 실시품(A기구)을 제조·판매하고 있었다. Y1 및 Y2(피고)는 Y1이 제조한 악로탈출구(Y기구)를 각자 판매하고 있었다. X는 Y들의 행위가 이 사건 실용신안권의 침해에 해당한다면서 출원공개로부터 출원공고까지의 기간의 보상금을 청구하고, 또한 출원공고 후의 손해배상금으로서 실용신안법 제29조 제1항 및 제2항의 손해액을 선택적으로 주장하였다.

Ⅱ. 판　지

일부인용(Y들 항소, X 부대항소)

판결은, X기구는 주로 X계열의 가솔린 주유소에서 판매되고 소매가격이 1세트 당 3,500엔인 사실, A기구는 홈센타 등의 양판점에서 판매되고 소매가격이 2,000엔 이상이지만 X기구보다 가격이 낮은 사실, Y기구는 주로 홈센타 등의 양판점에서 판매되고, A기구 보다 가격이 더 낮은 사실 등을 인정한 다음, 우선 실용신안법 제29조 제1항에 관하여, "이상의 사실에 의하면, X기구와 A기구의 제조·판매비율이 대략 1 대 1이라고 할 수 없고, X기구의 수량을 많게 보아도, X 1(23,462세트)에 대하여 A 2(46,923세트)의 비율이라고 인정되며, 이 한도에서는 X가 X기구를 판매할 수 없었던 사정이 존재하는 것이 인정된다"라고 인정하여 손해 액을 산정하고, 이어서 동조 제2항의 손해액에 관하여 다음과 같이 판시하였다.

"앞에서 본 바와 같이 A기구가 존재하는 것을 고려하면, Y들이 판매한 Y기 구에 관하여 X가 그 전부를 판매할 수 있었다고는 인정할 수 없고, X기구와 A기 구의 판매비율은 X기구의 수량을 많게 보아도, X 1에 대하여 A 2의 비율이라고 인정되므로, 침해자이익에 기초한 손해액의 추정은 그 수량의 3분의 2에 관하여 는 A기구가 존재함에 따라 번복된다고 할 것이다.

그렇다면 X가 주장하는 Y1 및 Y2의 각 이익의 합계액은 53,497,063엔이어 서, 그 전부가 인정된다고 하여도 그 3분의 2에 관하여 추정이 번복되므로, 결국 그 금액의 3분의 1에 상당하는 17,832,354엔의 범위에서 손해액이 인정된다고 할 것이다.

그런데 … Y1에 대한 일실이익에 기초한 청구에 관하여는 그 금액을 넘는 손해액이 인정되므로, Y1에 대한 침해자이익에 기초한 청구에 관하여는, 그 이외 의 점에 관하여 판단할 필요가 없다"(Y2에 대한 청구에 관하여도 같은 취지로 판시).

Ⅲ. 해   설

1. 실용신안법 제29조는 실용신안권침해로 인한 손해액의 산정에 관하여, 침 해자가 침해행위로 인해 받은 이익[침해자이익(액)]을 권리자가 입은 손해액이라 고 추정하는 규정(제2항)을 두고 있다. 이 사건 판결은 권리자 X 이외에 통상실시 권자 A가 제조·판매하는 이 사건 고안 실시품(A기구)이 존재하는 것을 이유로, 제2항에 의한 손해액 추정의 일부 번복을 인정한 사례이다[다만, 이 사건 판결은 동 조 제1항에 기초한 산정액(제1항 단서에 따른 공제를 인정한 수량분에 관하여는 별도로 실시 료 5% 상당분을 산정하여 가산)과 제2항에 기초한 산정액을 비교하여 금액이 많은 전자의 손 해액으로 X의 청구를 인용하였지만, 항소심에서는 제1항의 손해액만이 쟁점으로 되어 제2항 에 관하여는 판단을 하지 않았다. 東京高判 平成 12. 4. 27. 주11(ネ) 4056호 등, 항소기각]. 침해자이익에 기초한 손해액 추정규정은, 특허법, 실용신안법, 의장법, 상표법 등 에 공통으로 있으므로, 아래에서는 특허법의 규정을 들어서 해설한다.

2. 특허권침해로 인한 손해배상청구는 민법 제709조의 불법행위로 인한 청구이지만, 특허법은 침해로 인한 손해액의 산정에 관하여 제102조에 특칙을 두고 있다. 이 규정은 昭和 34년에 제정된 현행 특허법에서 처음으로 둔 것인데, 그 후 平成 10년의 개정에 의해 침해품의 양도수량에 기초한 일실이익의 산정규정(제1항)이 신설되고, 구 제1항 등의 항수를 차례로 내려서 현행 규정으로 되었다. 특허법 등이 침해로 인한 손해액의 산정에 관하여 특별규정을 두고 있는 취지에 관하여는 침해행위로 인한 손해가 시장을 매개로 생기는 것이라는 점으로부터, 침해행위와 손해(액)의 인과관계를 증명하는 것이 일반적으로 곤란하고, 권리의 적절한 보호를 꾀하기 위해서는 권리자의 증명부담을 경감시켜 손해 증명을 용이하게 할 필요가 있기 때문이라고 설명되고 있다.

3. 특허법 제102조 제2항(실용신안법 제29조 제2항)은, 침해행위로 인해 침해자가 받은 이익액(전제사실)을 증명하면, 그 금액이 당해 침해행위로 인해 권리자가 입은 손해액이라고 추정하는(추정사실) 법률상의 사실추정을 정한 규정이다(당초, 공업소유권심의회에서는 침해자이익의 반환규정을 두는 것이 논의 되었으나 채택되지 않고, 손해배상제도의 틀 내에서 권리자의 증명책임을 경감하는 현행의 추정규정으로 되었다). 따라서 권리자는 침해행위로 인한 손해발생사실(손해의 발생은 제2항에서는 추정되지 않는다) 외에, 손해액에 관하여 추정의 전제사실인 침해자 이익액을 증명할 필요가 있는 한편, 그것들이 증명된 경우에도, 침해자는 추정사실의 부존재, 즉 침해로 인해 권리자가 실제로 입은 손해액이 침해자 이익액이 아닌 사실(전자가 후자보다 낮은 사실)을 증명하는 것에 의해 추정을 번복하여 제2항의 적용을 배제할 수가 있다. 다만, 제2항의 추정규정을 둔 이유가 침해행위와 인과관계가 있는 손해액의 증명이 곤란한 것에 있으므로, 침해자로서도 침해행위와 인관관계가 있는 손해액을 증명하는 것이 곤란하다. 그 때문인지 이 사건 판결보다 앞서서 특허·실용신안권침해사건에서 추정의 번복을 인정한 예는 거의 존재하지 않는다(권리가 공유인 경우나 침해품에 복수의 권리가 실시되어 있는 경우에 제2항에 따라 손해로 추정된 금액을 감액한 예는 있으나, 인과관계의 추정을 번복하였다라고 하기보다는 침해자이익을 누구에게 귀속시켜야 하는가를 고려한 것이라는 의미가 강하다).

그러나 제2항의 추정은 침해행위로 인해 침해자가 이익을 얻었다면 권리자도 그와 같은 금액 정도의 이익을 얻었을 가능성이 있는 것을 전제로(이것이 침해자 이익액을 손해액으로 추정하는 것을 정당화하는 근거가 된다), 증명책임의 적정한 분배를 통하여, 법원이 타당한 손해액을 산정할 수 있도록 한 규정이라고 이해되므로, 권리자가 침해자와 동등한 판매수량·이익을 실현할 수가 없다고 생각되는 사정이 있는 경우에, 추정의 번복을 일체 인정하지 않는 것은 타당하지 않다. 권리자가 침해자와 같은 정도의 이익을 올릴 수 있었다는 개연성을 부정하는 사정이 있는 경우에는 그 정도에 따라 추정의 양적 일부 번복을 인정해야 할 것이다[高松宏之 손해(2) - 특허법 제102조 제2항, 제3항, 牧野利秋·飯對敏明 編, 新裁判實務大系(4) 知的財産關係訴訟法(2001) 318면은, 제2항의 추정의 대상은 손해액이라는 양적인 것이므로, 법원은 적어도 침해자 이익액의 일부분은 특허권자가 얻을 수 없었다고 인정하는 것이 가능한 사안에서는 추정이 양적으로 일부 번복된다고 하는 것도 이론적으로 허용된다고 한다].

　　이 사건 판결은 특허·실용신안권침해사건에서 추정 번복을 인정한 예가 거의 존재하지 않는 가운데서 침해자이익을 산정하는 기초로 된 판매수량에 관하여 추정의 일부 번복을 인정한 점에서 새롭다.

　　4. 이 사건 판결은 구체적인 손해액의 산정에서, 우선 제1항의 일실이익에 관하여 Y기구 양도수량인 판매수량의 3분의 2에 대하여 "판매할 수 없었던 사정"을 인정하고, 그 다음에 제2항에 관하여도 같은 사정을 추정 번복사유로 인정하여 침해자 이익액의 3분의 2에 대하여 추정 번복을 인정하였다. 이것은 침해자 양도수량에 기초하여 일실이익액을 직접 산정하는 제1항에 관하여 양도수량의 일부에 "판매할 수 없었던 사정"을 인정한 경우에는, 제2항의 추정에 의한 일실이익에 관하여도 같은 비율로 추정 번복을 인정하는 것이 적절하다는 고려에 따른 것이다. 다만, 제1항 단서의 "판매할 수 없었던 사정"과 제2항의 추정 번복사유가 수량적인 인과관계의 일부를 부정하는 점에서 동질의 것이라고 생각하면, 제2항에서 추정한 손해액이 제1항의 산정액 보다도 많게 되는 것은 사실상 없다고 생각된다[침해자 이익액은 침해품의 매상액(판매수량)과 이익률(침해품의 단위당 이익액)이라는 요소로 이루어지는 바, 수량에 관하여 제1항과 같은 비율을 공제하고, 후자의 이익에 관하여는 침해자의 이익률이 권리자의 이익률을 초과하는 부분이 침해자 고유의 사업노력에 따른 것이라고 생각하면, 제2항 산정액이 제1항 산정액을 초과할 수 없게 된다].

　　이것을 더욱 밀고 나가면, 침해자 이익액이 제1항의 산정액을 초과하는 경우는 그 초과분에 관하여는 제2항의 추정이 번복된다는 생각도 있을 수 있다. 이와 같이 생각하면, 현행법 아래에서 제2항은 권리자에게 특별히 유리한 손해액 산정규정이라고는 할 수 없다는 느낌이 든다(다만, 실제로는 제2항의 산정액이 손해로 주장된 예가 여전히 많고, 그 이유로서 문서제출명령 등의 규정의 정비에 따라 침해자 이익액의 증명이 용이하게 된 점, 제2항의 청구에서는 권리자가 자신의 이익률 등을 밝히지 않아도 좋은 점 등이 들어지고 있다).

5. 그런데 이 사건 판결에서 추정의 일부 번복이 인정된 것은 X기구에 대한 관계에서 통상실시권자가 판매하는 이 사건 고안 실시품(A기구)이 경합품으로서 고려된 것에 기인한다(X, A, Y의 3종류의 제품은 서로 가격대, 판로 등이 다르지만, 그것들의 차이는 침해가 없었다면 판매할 수 있었던 수량을 A기구 2에 대하여 X기구 1이라고 한 인정에 반영되어 있다고 생각된다).

그렇다면 시장에서 침해품 이외의 비침해품의 경합품이 존재하는 경우 그것이 손해액의 산정에 어떻게 고려될 것인가. 이 점 제1항에 관하여는 경합품의 존재를 동항 단서의 "판매할 수 없었던 사정"이라고 인정하여, 구체적인 공제 수량의 결정에서 시장점유율(침해품을 제외하고 계산한, 권리자 제품과 그 이외의 경합품의 각 판매수량 내지 시장점유율의 비율)을 고려한 판결례가 몇 개 있다. 같은 판단방식이 제2항 추정의 일부 번복에 관하여도 채택될 수 있다.

6. 그렇다면 경합품의 존재 이외에, 판매수량에 관한 제1항의 추정을 번복하는 사유로서는 어떠한 것이 있을까. 자주 들어지는 것은, 특허권자와 침해자의 영업력이나 브랜드력의 차이, 영업활동지역이나 대상으로 하는 시장의 차이 등이다. 그러나 이들은 일반론으로서 제2항의 추정 번복 사유로 될 수 있는 것에 그치고, 추정 번복이 인정되지 않은 예도 많다[상표권침해나 부정경쟁사건 등에서는 영업력이나 브랜드력이 추정 번복사유로서 고려되기 쉽다. 이 사건 판결 후에 수량적인 추정의 일부 번복을 인정한 판결례로서는 東京地判 平成 19. 9. 19. 平17(ワ) 1599호(키 변환식 핀 텀플러 자물쇠 사건) 등]. 또한 제1항에 관하여는 권리자 제품의 시장경쟁력이나 제품판매력이 한정적인 사실 등을 종합적으로 고려하여 양도수량의 상당 부분에 관하여 제1항 단서의 사정을 인정한 예[99% 공제. 知財高判 平成 18. 9. 25. 平17(ネ) 10047호(의자식 마사지기 사건 - 본서 84사건)]나 가격대의 차이나 대체품의 존재를 이유로 7할을 공제한 예[大阪地判 平成 12. 12. 12. 平8(ワ) 1635호(복층타이어 사건 제1심), 大阪高判 平成 14. 4. 10. 平13(ネ) 257호 등(동 2심)] 등이 있고, 제2항의 추정 번복사유에 관하여도 일정한 참고로 될 것이다.

7. 특허발명이 제품의 일부에 실시되어 있는(제품의 일부가 침해부분이다) 경우
에는 다른 문제가 있다. 이와 같은 경우 '기여도'를 고려하는 것에 의해 제2항에
서 추정한 손해액을 감액하는 례가 증가하고 있으나, 기여도와 추정 번복의 관계
를 어떻게 볼 것인가에 관하여는 정설이 없다. 기여도를 이익에 대한 특허발명의
공헌의 정도라고 생각하면, 이것을 제2항의 추정에서 어떻게 고려하는가는 추정
의 기초로 되는 '이익'의 파악 방법의 문제로 되겠지만, 최근에는 기여도를 추정
번복의 한 장면이라고 인식하여, 제2항에서 말하는 침해자이익은 제품 전체의 이
익이라고 하면서(전액설), 그중 특허발명이 기여하지 않은 부분이 증명된 경우에
추정 번복을 인정하는 판단방식도 유력하다[예를 들면, 大阪地判 平成 16. 10. 25. 平
14(ワ) 13022호(파이프 벤더사건)은 침해품 판매로 인한 이익에 관하여 침해 부분이 기여하지
않은 정도(비기여도)가 추정 번복사유로 된다고 하여 20%의 공제를 인정하였다].

〈참고문헌〉

1. 中山信弘 編著, 注解特許法(上)(第3版, 2000) 972頁 이하(靑柳昤子)
2. 中山信弘 · 小泉直樹 編, 新 · 注解特許法(下)(2011) 1664頁 이하(飯田圭)
3. 榎戶道也, 本百選(第3版) 194頁
4. 佐野信, 損害2(特許法 第102条 第2項 · 第3項) 飯村敏明 · 設樂隆一 編著, 知的財
産關係訴訟(2008) 216頁

88. 특허법 제102조 제3항·상표법 제38조 제3항 과 손해불발생의 항변── 소승초밥 사건

最高裁 平成 9年(1997년) 3月 11日 第三小法廷判決
[平成 6年(オ) 第1102号 : 商標權侵害差止等請求事件]
(民集 51卷 3号 1055頁) ◀재판소 Web

小塚莊一郎(고즈까 소이치로, 学習院大学 教授) 著
신혜은(충북대학교 법학전문대학원 교수) 譯

Ⅰ. 사실의 개요

본건의 사실관계는 복잡하고, 논점도 여러 가지이나 표제의 사항과 관계있는 범위만을 설명한다.

X(원고·항소인·상고인)는 「小僧」이라는 한자로 세로쓰기한 상표(본건 상표)에 대해 1957년에 지정상품을 「타류에 속하지 않는 식료품 및 가미품」(구 제45류)으로 하는 등록을 받아 상표권(본건 상표권)을 가지고 있다. Y(피고·피항소인·피상고인)는 포장품으로서의 초밥(본건 상품)의 제조판매를 목적으로 하여 1972년에 설립된 주식회사이고, 주식회사 소승초밥본부(소외A)와 프랜차이즈 계약을 체결하고 그 가맹점(프랜차이지)이 됨과 아울러 자신도 시코쿠 지역에서의 프랜차이지로서 각 가맹점과의 사이에 프랜차이즈 계약을 체결하고 있다. 늦어도 1977년에는 A는 「소승초밥본부」 또는 「소승초밥」으로 약칭되고, A, Y를 필두로 하는 가맹점 및 Y 휘하 가맹점으로 형성된 기업그룹(프랜차이즈 체인)을 나타내는 명칭으로서 「소승초밥체인」이 사용되고 있었다. 그리고 「소승초밥」이란 명칭은 늦어도 1973년에는 A 또는 소승초밥체인을 나타내는 것으로서 널리 인식되어 있고, 본건 상품의 거래에서 「소승초밥」이라고 하면 일반 수요자 간에 A 또는 소승초밥체인의 약칭으로 통용되는 것으로 되어 있었다.

Y는 시코쿠 지역에서 1972년부터 「소승초밥」이라고 세로쓰기 내지 가로쓰기한 표장 9종(Y표장Ⅰ(1)~(9)), 로마자 표장 5종(「KOZO」로 기재한 것 2종[Y표장Ⅱ(1)·(3)]

과 「KOZO SUSHI」「KOZO ZUSHI」라고 기재한 것 3종[Y표장 II (2)·(4)·(5)] 및 「상투를 튼 머리에 띠를 두르고, 가슴을 천으로 감고, 기모노 위에는 윗옷을 걸치고 앞치마를 하고, 높은 게다를 신고 있는 인물이 앞치마 앞으로 양손을 모으고 예를 차리고 있는 모습을 정면으로 그린 도형으로 이루어진 표장」 6종(Y표장 III (1)~(6))을 본건 상품을 제조판매하고 있는 자신의 점포의 간판, 벽면, 그 사용하는 차량 등에 표시하여 사용함과 동시에 그 휘하 가맹점에도 마찬가지로 사용시키고 있다. 그중 Y표장 III (1)에 대해서는 A가 1976년에 지정상품을 「식육, 계란, 식용수산물, 야채, 과실, 가공식료품」(제32류)으로 하여 상표등록을 받았다.

X가 본건 상표권에 근거하여 Y표장의 사용금지 및 손해배상을 구하면서 제기한 것이 본건 소송이다. 1심(高知地判 平成 4. 3. 23. 民集 51卷 3号 1148頁 참조)·2심(高松高判 平成 6. 3. 28. 民集 51卷 3号 1222頁 참조)에서는 Y표장 II (1)·(3)의 사용금지에 한해 청구가 인용되고 다른 모든 청구는 기각되었다.

II. 판   지

상고기각.

Y표장 I 및 Y표장 II 2)·(4)·(5)의 사용은 상표법 제26조 제1항 제1호에 의해 본건 상표권의 효력을 피할 수 있고, 또한 Y표장 II (1)·(3)을 제외한 각 Y표장은 원래 본건 상표와 유사하지 않다고 하여 본건 상표권의 침해는 Y표장 II (1)·(3)의 사용에 대해서만 긍정된다고 한 후, 그에 의한 손해배상에 관해 이하와 같이 판시하였다.

「상표법 제38조 제2항 … 에 의하면, 상표권자는 손해의 발생에 대해 주장입증할 필요는 없고 권리침해의 사실과 통상 받을 수 있는 금액을 주장입증하면 족한 것이나 침해자는 손해의 발생이 있을 수 없다는 것을 항변으로서 주장입증하여 손해배상책임을 면할 수 있는 것으로 해석하는 것이 상당하다. 게다가 상표법 제38조 제2항은 동조 제1항과 함께 불법행위에 근거한 손해배상청구에 있어서 손해에 관한 피해자의 주장입증책임을 경감시키는 취지의 규정으로서 손해가 발생하지 않은 것이 명백한 경우에까지 침해자에게 손해배상의무가 있다고 하는 것은 불법행위법의 기본적인 틀을 넘어서는 것이라고 할 수 있을 뿐 아니라 동조 제2항의 해석으로 채용할 수 없기 때문이다.」

「상표권은 상표의 출처식별기능을 통하여 상표권자의 업무상 신용을 보호하는 것과 함께 상품의 유통질서를 유지함으로써 일반수요자의 보호를 도모하는 것에 그 본질이 있고, 특허권이나 실용신안권 등과 같이 그 자체가 재산적 가치를 가지는 것은 아니다. 따라서 등록상표에 유사한 표장을 제3자가 그 제조판매하는 상품에 붙여 상표로서 사용하는 경우라도 당해 등록상표에 고객흡인력이 전혀 인정되지 않고 등록상표에 유사한 표장을 사용하는 것이 제3자의 상품 매상에 전혀 기여하고 있지 않은 것이 명백한 때에는 얻을 수 있었던 이익으로서의 실시료상당액의 손해도 발생하지 않았다고 해야 한다.」

「Y의 본건 상품의 매상은 오로지 소승초밥체인의 저명성, 그 선전광고나 상품의 품질, Y표장Ⅰ(1) 내지 (9), Y표장Ⅲ(1) 내지 (6)의 고객흡인력 등에 의해 초래된 것으로서 Y표장Ⅱ(1)·(3)의 사용은 그것에 어떠한 기여도 하고 있지 않으므로 Y의 Y표장Ⅱ(1)·(3)의 사용에 의해 X가 판매하는 상품의 매상에 대해 손해가 발생했다고 인정할 수 없는 것은 물론 X에게는 본건 상표권에 대해 얻을 수 있었던 이익의 상실에 의한 손해도 생기지 않았다고 해야 한다.」

「따라서 본건에 있어서 상표법 제38조 제2항에 근거한 손해배상청구가 인정되지 않는다고 한 원심의 판단은 옳다고 할 수 있다.」

Ⅲ. 해   설

1. 특허법 제102조 제3항은 특허권이 침해된 경우에 특허권자(전용실시권이 설정되어 있는 경우는 전용실시권자. 이하 같다)가 「그 특허발명의 실시에 대해 받을 수 있는 금액에 상당하는 금전」을 손해액으로 하여 배상을 청구할 수 있다고 규정하고 있다. 이는 특허권자에게 주어지는 최저한의 배상액을 규정한 것이라고 설명되고, 특허권자가 피침해특허를 실시하고 있지 않은 등의 이유로 동조 제2항의 추정이 복멸되는 때에도 인정된다. 같은 취지의 규정은 상표법 제38조를 필두로 지식재산권법에 예외없이 규정되어 있다.

현행법이 1959년에 제정되기 이전부터 판례는 특허권자의 일실이익의 손해로서 「상당한 실시료」의 청구를 인정해 왔다. 따라서 「실시에 대해 통상 받을 수 있는 금액」의 배상청구를 인정하는 규정(당시 특허법 제102조 제2항)이 1959년법에 도입된 때에도 실무적으로는 큰 변경은 없다고 해석된 듯하다(品川澄雄, 본 판례백선 〈제1판〉 184면). 그러나 본항에 관한 그 후의 판례에는 자신의 계약실적 등을 제시하여 고액의 배상을 구하는 특허권자의 주장에 대해 2~4%를 기준율로 하는 국유특허권실시계약서의 실시료율을 참고하여 배척하는 일이 적지 않았기 때문에(東京高判 平成 9. 12. 18. 判時1642号 136頁, 大阪地判 昭和 59. 2. 28. 判タ536号 343頁 등) 결과적으로 배상액이 지나치게 낮아져 억지효과가 결여되었다는 비판이 나타나게 되었다. 그래서 피침해특허에 관한 과거의 실시료의 사례에 보다 강한 증거력을 인정할 목적으로 본 규정에서 1998년에 「통상」이라는 용어를 삭제하였다. 또한 동시에 제1항이 신설되었기 때문에 본항은 제3항으로 내려가게 되었다(상표법에 대해서도 마찬가지이고, 판시에서 말하는 동법 제38조 제2항은 현행법의 제3항에 해당한다).

    2. 본항의 성질에 대해서는 일본의 불법행위법이론이 책임의 성부·책임의 범위·손해의 금전적 평가의 3가지를 구별하는 것에 대응하여 손해발생 자체를 의제한 것으로 보는 견해(豊崎光衛「特許侵害訴訟」鈴木忠一·三ケ月章監修『実務民事訴訟講座(5)』[1969] 228頁)와 손해액의 법정에 지나지 않는다고 하는 설(吉原省三「特許侵害訴訟による損害賠償請求訴訟の要件事実」石黒淳先生追悼『無体財産權法の諸問題』[1980] 178頁)이 대립한다고 일컬어져 왔다. 후설에 의하면 손해발생은 규정이 적용되는 전제가 되므로 침해자에게는 손해의 발생을 다툴 여지가 인정된다. 다만 그 입장에 서더라도 규정의 형식상 특허권자는 실시료액을 주장하면 족하고 손해의 불발생은 항변으로 주장하지 않으면 안 된다.

    본 판결은 직접으로는 상표법 제38조에 관한 것이나, 「침해자는 손해의 발생이 있을 수 없다는 것을 항변으로 주장입증하여 손해배상책임을 면할 수 있다」고 하여 후설을 채용하였다. 무엇보다도 그 내용은 종래 설명해온 것과 같지 않다. 판시의 특징은, 첫째, 침해된 상표권 자체가 경제적 가치를 결한 것이라는 항변을 정면으로 인정한 것으로 이해된다는 점(吉原, 앞의 논문 189면은 특허권자가 전용실시권을 설정하고 있는 사례를 논하고 있으나 이는 현재에는 청구권자가 복수 존재하는 경우로서 논할 수 있는 문제이다) 둘째, 그 이유 중에 상표권과 특허권·실용신안권과의 차이점을 언급하는 점에 있다.

    침해된 권리에 가치가 없다는 주장을 안이하게 인정하면 본 항은 최저한의 배상액을 보증하는 기능을 잃어버리게 된다. 그래서 본 판결에 대한 평석에는 판시와 마찬가지로 상표권과 특허권과의 차이를 강조하여 판시는 특허법 제102조 제3항 등에 미치는 일반론을 논한 것은 아니라고 주장하는 것도 있다(田村, 후의 평석 336면).

3. 그러나 판시의 결론을 지지하는 직접적인 이유는 「등록상표에 유사한 표장을 사용하는 것이 제3자의 상품 매상에 전혀 기여하고 있지 않은 점이 명백한 때에는 얻을 수 있는 이익으로서의 실시료상당액의 손해도 발생하지 않는다」는 부분이다. 그리고 종래의 판례에도 상표법 제38조 제2항(현 제3항)의 「통상 받을 수 있는」 실시료액을 인정함에 있어서 상표권 침해가 매상에 어느 정도 기여했는지를 문제삼은 것이 없었던 것은 아니다(大阪地判 昭和 59. 12. 20. 無体裁集16卷3号 832頁, 名古屋高判 昭和 56. 7. 17. 判時1022号 69頁). 본건 상표(「소승」)와 Y가 한결같이 사용해 온 각 표장(「소승초밥」 등)이 비유사하다는 판시의 이해를 전제로 하면 Y에 의한 상표권침해는 가맹점 중 2개의 점포에서 인정되는 것에 불과하고 Y의 매상에 대한 그 기여도는 설령 있다고 하더라도 무시할 수 있을 만큼 작다고 하는 극단적인 사례였다. 그렇다면 본 판결도 종래의 판례와 전혀 단절되어 있는 것은 아니라고 할 수 있다.

그와 같이 이해하면 특허법 제102조 제3항에도 본 판결의 취지가 미치지 않는다고는 단정할 수 없다. 특허법에 있어서 실시료상당액의 산정시 피침해특허가 침해자의 매상에 기여한 정도는 고려되어야 할 사정 중 하나에 포함되므로(中山信弘 · 小泉直樹編 『新 · 註解特許法(下)』[2011] 1723면 이하[飯田圭] 참조), 기여의 정도가 작다면 인정되는 실시료상당액은 낮아진다(大阪地判 平成 13. 10. 18. 判工 2기판 2399의 296면, 東京地判 平成 19. 2. 15. 判時2039号 106頁 참조). 그렇다면 그 극단적인 사례로서 기여가 전혀 인정되지 않는다고 하는 경우도 이론적으로는 상정할 수 있을 것이다. 다만 상표권과 특허권과의 차이를 강조하는 판시에 비추어 보면 특허권 침해가 「매상에 전혀 기여하고 있지 않은 것」으로 되기 위한 사정은 본 판결과 마찬가지로는 되지 않는다(三村, 후에 게재한 해설 414-415면).

4. 본 판결 후에 1998년 개정(전술1)이 이루어진 결과 실시료상당액의 산정방법은 크게 변모하였다. 업계의 일반적인 장세(相場)이전에 피침해특허의 실시허락사례가 참조되게 되었고, 또한 특허발명의 기술적 가치나 특허권자에 의한 실시태양, 침해품에 있어서의 특허기술의 중요성이나 침해자의 노력 등 다양한 사정이 고려되게 되었다(상세한 것은 中山 · 小泉編, 앞의 책, 1708면 이하[飯田]). 결론적으로 10%에 가까운 요율의 실시료상당액을 인정한 판례도 많아졌다(田村善之 『特許法の理論』[2009] 388頁).

이와 같이 침해행위에 대한 억지효과의 증대를 의도한 개정은 일응 목적을

달성했다고도 할 수 있다. 무엇보다 이러한 변화는 개정을 계기로 당사자의 주장·입증내용이 정밀화했기 때문이라고도 일컬어진다(高嶋卓「損害3 特許法 102条 3項に基づく請求について」牧野利秋 등 편저『知識財産法の理論と実務(2)』[2007] 299면). 일본 판례가 손해배상제도의 목적은 억제가 아니라 손해의 전보에 있다고 하는 점을 극히 완고하게 고려하고 있다(最判 平成 9. 7. 11. 民集 51卷 6号 2573頁)는 점에는 변화가 없다. 그렇게 한 중에서는 본 항에서 말하는「손해」의 의의를 피침해특허에 대해 존재했다고 할 수 있는 수요로 파악하는 논의(田村善之『知的財産權と損害賠償』[新版][2004] 211면 이하)나 부차적으로는 예방적 내지 제도적 목적을 인정하고자하는 견해(飯塚卓也「改正特許法における実施料相当損害賠償規定の解釈に関する一試論(下)」NBL642号 23頁)는 재판실무로는 받아들이기 힘들다. 지식재산법에 그치지 않고 손해배상제도의 기능일반에 대해 새롭게 재고해 볼 필요가 있는 것은 아닐까(森田果·小塚莊一郎「不法行為法の目的」-「손해전보」는 주요한 제도목적인가」NBL 874호 10면).

〈참고문헌〉

본건의 평석·해설로서

1. 上原理子「類似判断の基準，実施料相当額の請求不発生の抗辯」小野昌延先生喜寿記念『知的財産法最高裁判例評釈大系[II] 意匠法·商標法·不正競争防止法』[2009] 426頁

2. 川越憲治「サニーフーヅ事件」フランチャイズ·システムの判例分析[新版][別冊NBL56号][2000] 216頁

3. 小池豊 商標·意匠·不正競争判例百選 76頁

4. 後藤晴男 特許研究25号 27頁

5. Haruo Goto, Nihon University Comparative Law, vol.16 p. 85

6. 渋谷達紀 民商118卷1号 71頁

7. 田村善之 法協116卷2号 322頁

8. 土肥一史 平成9年度重判解(ジュリ1135号) 259頁

9. 布井要太郎 知財管理48卷3号 363頁

10. 升田純 NBL647号 66頁

11. 三村量一 最判解民事篇平成9年度(上) 370頁

89. 공유특허를 둘러싼 손해액의 산정

知財高裁 平成 22年(2010년) 4月 28日 判決
[平成 21年(ネ) 第10028号 : 特許権侵害差止等請求控訴事件]
(판례집 미등재) ◀재판소 Web

飯田 圭(이다 케이, 弁護士) 著
최종선(특허법원 판사) 譯

Ⅰ. 사실의 개요

　　X(원고·항소인)는 소외 A와 명칭을 「철골주 건입(建入[1]) 조절 장치」라고 하는 발명(본건 발명)에 관한 특허권(본건 특허권)을 공유(각 지분 2분의 1)하고 있고, A는 본건 발명을 실시하고 있지 않지만, X는 본건 발명을 실시하고 있다. 한편, Y(피고·피항소인)는 철골주 건입 조절에 사용하는 Y제품을 업으로서 제조하고, 대여하고 있다.

　　그런데 X는 Y에 의한 Y제품의 제조, 대여를 본건 특허권의 침해행위라고 주장하면서, Y제품의 제조, 대여, 대여를 위한 전시 및 대여의 청약의 금지 및 Y제품의 회수 및 폐기를 구함과 동시에, 특허법 102조 2항[2])에 의해 Y제품을 대여하

---

1) 철골주 건입(建入)은 철골주를 세워서 수직으로 맞추는 것을 의미한다.
2) 第百二条 (損害の額の推定等)
　　2　特許権者又は専用実施権者が故意又は過失により自己の特許権又は専用実施権を侵害した者に対しその侵害により自己が受けた損害の賠償を請求する場合において,その者がその侵害の行為により利益を受けているときは゛その利益の額は゛特許権者又は専用実施権者が受けた損害の額と推定する゜
　　3　特許権者又は専用実施権者は゛故意又は過失により自己の特許権又は専用実施権を侵害した者に対し゛その特許発明の実施に対し受けるべき金銭の額に相当する額の金銭を,自己が受けた損害の額としてその賠償を請求することができる゜
　　제102조 (손해액의 추정 등)
　　2 특허권자 또는 전용실시권자가 고의 또는 과실에 의해 자기의 특허권 또는 전용 실시권을 침해한 사람에 대해 그 침해에 의해 자기가 받은 손해의 배상을 청구 하는 경우에 있어서, 그자가 그 침해행위에 의해 이익을 받고 있는 때에는, 그 이익의 액수는 특허권자 또는 전용실시권자가 받은 손해액으로 추정한다.

여 Y가 얻은 이익상당액의 손해 등의 배상을 구하였던바, 원심(東京地判 平成 21.
3. 5. 平 29(ワ)19469号[裁判所 Web])은 본건 발명의 진보성의 결여를 이유로 특허법
104조의3³)에 따라 X의 청구를 기각하였고, 이에 X가 항소하였다.

항소심에서, X는 「Y가 본건 특허권침해행위로 인하여 얻은 이익은 전부 X의
손해액으로 추정되어야 한다」라고 주장하고, Y는 「특허권의 공유자가 2분의 1의
지분 밖에 보유하고 있지 않는 것이라면, 특허권 공유의 성질상, 당해 특허권침
해에 의한 일실이익 중 2분의 1에 대해서 당해 특허권의 보호를 구할 수 있음에
지나지 않고, 그 액은 침해자가 얻은 이익액의 2분의 1로 추정되어야 한다」라고
주장했다.

또한, 원심판결 후, A는 본건 특허권의 공유지분권자로서 Y에 대해서 현재
및 장래 행사할 수 있는 손해배상청구권 등을 포함한 일체의 금전상의 청구권을
X에게 양도했다는 취지의 채권양도통지서를 발송했고, 그 통지서는 Y에게 도달
했다.

Ⅱ. 판   지

항소 일부 인용(원심판결 취소하고, 청구 일부 인용)

「특허권의 공유자는, 지분권과 상관없이 특허 발명 전부를 실시할 수 있는
것이기 때문에, 특허권의 침해행위에 의한 손해액도 특허권의 공유 몫에 비례하
는 것이 아니고, 실시한 정도에 비례하여 산정되어야 하는 것이다. 그리고 이것
은 손해액의 추정 규정인 특허법 102조 2항에 의한 경우도 마찬가지라고 할 수
있다.」

---

3 특허권자 또는 전용실시권자는, 고의 또는 과실에 의해 자기의 특허권 또는 전용실시권
을 침해한 사람에 대하여, 그 특허 발명의 실시에 대하여 통상 받을 수 있는 금전의 액수
에 상당하는 액의 금전을, 자기가 받은 손해의 액으로서 그 배상을 청구할 수 있다.

3) 第百四条の三 (特許権者等の権利行使の制限)
　1　特許権又は専用実施権の侵害に係る訴訟において,当該特許が特許無効審判により又は当該
特許権の存続期間の延長登録が延長登録無効審判により無効にされるべきものと認められると
きは,特許権者又は専用実施権者は,相手方に対しその権利を行使することができない。
　제104조의3 (특허권자 등의 권리행사의 제한)
　1　특허권 또는 전용실시권의 침해에 관계되는 소송에 있어서, 해당 특허가 특허무효심판
에 의해 또는 해당 특허권의 존속 기간의 연장등록이 연장등록무효심판에 의해 무효로 되
어야 하는 것으로 인정될 때에는, 특허권자 또는 전용실시권자는 상대방에 대해 그 권리를
행사할 수 없다.

「무엇보다도, 본건 특허권을 실시하지 않는 A도 Y에 대해서 실시료 상당액의 손해배상청구를 행할 수 있는 것이었지만(특허법 102조 3항), A는 그 손해배상청구권을 X에게 양도했고, 그 취지의 대항요건이 구비되어 있으며…, A로부터 Y에 대해서 본건 특허권 침해에 의한 손해배상청구가 행해지는 것은 이미 있을 수 없기 때문에, X가 본건 소송에 있어서 본건 특허권 침해에 의해 청구할 수 있는 손해액은, Y가 Y제품을 임대한 것에 의해 얻은 이익의 전액이 된다 할 것이다.」

Ⅲ. 해   설

1. 특허권 공유의 경우에, 공유자의 일방이 특허법 102조 2항(이하 '2항'이라 한다)에 의한 손해배상을 청구할 수 있는 때에, 2항에 의한 손해액의 산정상, 공유자의 타방의 손해액과의 관계를 어떻게 고려해야 할 것인가가 문제로 된다(역시, 특허권 공유의 경우에, 공유자의 일방이 특허법 102조 3항[이하 '3항'이라 한다]에 의해 손해배상을 청구할 때에, 공유자의 타방의 [특히 3항에 의한] 손해액과의 관계를 어떻게 고려해야 할 것인가에 관해서는, 재판례 및 학설상 지분비율에 따라야 한다는 것이 대다수이다(中山信弘·小泉直樹編『新·注解特許法(下)』[2011] 1741-1742頁[飯田圭] 참조).

2. 이 점에 관하여, 재판례상 타방의 손해액을 특히 검토하지 않고, 지분비율에 따른 것(大阪地判 平成 13. 9. 20. 判工2基版 2335の362頁[多機能レジャーシート])이 있다. 또한, 특히 2항에 의한 타방의 손해액과의 관계에서, ① 지분비율에 따른 것(大阪高判 昭和 57. 1. 28. 無体裁集 14巻 1号 41頁에 의해 받아들여진 大阪地判 昭和 55. 10. 31. 無体裁集 12巻 2号 632頁[子供乘物用タイヤの製造方法], 大阪地判 昭和 59. 2. 28. 判タ 536号 425頁[千鳥屋商標], 大阪地判 昭和 62. 11. 25. 無体裁集 19巻 3号 343頁[寄木模樣建材の製造法]) 및 ② 이익비율에 따른 것(東京地判 昭和 44. 12. 22. 無体裁集 1巻 396頁[折疊自在脚])이 있다. 더욱이, 특히 3항에 의한 타방의 실시료상당액과의 관계에서 ① 타방의 실시료 상당액을 지분비율로 함과 동시에 일방의 침해자 이익액에서의 추정 손해액도 지분비율로 한 것(東京地判 平成 17. 3. 10. 判時 1918号 67頁[トンネル断面のマキ-ング方法]) 및 ② 타방의 불실시를 인정하면서도, 일방의 침해자 이익액에서의 추정 손해액을 전액 인정하고, 타방의 실시료 상당액을 공제하지 않은 것(大阪地判 昭和 57. 8. 31. 判工2535の5の495の805頁[蚊遺線香燻し器])이 있는데, 본 판

결은 ③「실시의 정도에 비례」하는 것이라고 판단하면서, 타방이 일방에게 실시료 상당액의 손해배상청구권을 양도했던 것을 적시하면서, 일방의 침해자 이익액에서의 추정 손해액을 전액 인정했다. (또한, 위 재판례 중 지분비율에 따른 앞서 본 大判地判 昭和 55. 10. 31.[子供乘物用タイヤの製造方法], 앞서 본 大阪地判 平成 13. 9. 20.[多機能レジャーシート] 및 앞서 본 東京地判 平成 17. 3. 10.[トンネル断面のマキンーグ方法]은 비쟁점에 관해서 공유자들 자신의 주장에 그대로 의거한 것이고, 지분비율에 따른 앞서 본 大阪地判 昭和 62. 11. 25.[寄木模様建材の製造法]는 공유자의 타방이 실시하고 있는 사안에서 침해자 이익 전액인가 지분비율인가라는 쟁점에 관해서 침해자 이익 전액이라는 공유자의 일방의 주장을 배척하고 지분비율이라는 침해자의 주장을 채용한 것이며, 또한 이익비율에 따른 앞서 본 東京地判 昭和 44. 12. 22.[折畳自在脚]는 공유자의 타방이 실시하고 있는 사안에서 침해자 이익 전액인지 아닌지의 쟁점에 관해서 침해자 이익 전액이라는 공유자 일방의 주장을 배척한 것에 비해, 본 판결은 공유자의 타방이 실시하고 있지 않는 사안에서 침해자 이익 전액인가 지분비율인가라는 쟁점에 관해서 지분비율이라는 침해자의 주장을 배척하고, 「실시의 정도에 비례」하는 것이라고 하면서, 타방이 일방에게 실시료 상당 손해배상청구권을 양도한 것을 적시하고, 일방의 침해자 이익액에서의 추정 손해액을 전액 인정한 것이다.)

3. 한편, 학설상은 특히 2항에 의한 타방의 손해액과의 관계에 있어서, ① 지분비율에 따른다는 견해(吉原省三「共有者の一人による損害賠償請求と特許法102条1項」特許管理 40卷 5号 583頁, 中山信弘編著 『注解特許法[第三版](上)』[2000] 1101頁[靑柳昤子]), ② 이익비율에 따른다는 견해(馬瀬文夫「工業所有権侵害訴訟における損害賠償額算定の理論と実際」自由と正義 25卷 9号 18頁, 美勢克彦「損害(5)-複数の権利子」牧野利秋・飯村敏明編 『新・裁判実務大系(4) 知的財産関係訴訟法』[2001] 358-359頁, 仙元隆一郎『特許法講義』[第四版][2003] 252頁), ③ 밝혀진 경우에 한해서 이익비율에 따라, 밝혀지지 않은 경우에는 지분비율에 따른다는 견해(空田卓夫・平田克文「共有者の一人による損害賠償請求と特許法102条1項」中山信弘編著『知的財産権研究Ⅱ』[1991] 28頁, 新保克芳「権利者, 侵害子側が複数の場合の問題点」西田美昭ほか編 『民事弁護と裁判実務(8) 知的財産権』[1998] 344頁), ④ 밝혀진 경우 이익비율에 따라, 밝혀지지 않은 경우에는 사람 숫자에 따라 나눈다는 견해(增井和夫・田村善之 『特許判例ガイド[第三版]』[2005] 381-382頁[田村善之]), ⑤ 원칙적으로 이익비율에 따르지만, 당사자 간에 분쟁이 없다면 지분비율에 따라도 좋다는 견해(森義之「損害3(複数の侵害子・複数の権利者)」飯村敏明・設樂隆一編著『リーガル・プログレッシブ・シリーズ(3) 知的財産関係訴訟』[2008] 284頁), ⑥ 매상비율에 따른다

는 견해(中島敏 「複数權利者に対する損害賠償」東京辯護士會法律研究部無體財産権法部会編 『知的所有権おめぐる損害賠償の実務(別冊 NBL33号)』95頁, 島田康男 「商標権侵害に基づく損害賠償請求について」牧野利秋ほか編 『知的財産法の理論と実務(3) 商標法・不正競爭防止法』 [2007] 210頁) 및 ⑦ 실시수량비율에 따른다는 견해(吉井參也『特許侵害訴訟大要』[1990] 132頁)가 있다. 또한, 특히 3항에 의해 타방의 실시료 상당액과의 관계에 대해서, ① 타방의 실시료 상당액을 지분비율로 함과 동시에 일방의 침해자 이익액에서의 추정 손해액을 지분비율로 한다고 하는 견해(吉原・앞서 본 584頁, 中山編著・앞서 본 注解特許法 1101頁[靑柳]), ② 일방의 침해자 이익액에서의 추정 손해액으로부터 타방의 지분비율에 의해 실시료 상당액을 공제하는 것이 필요하다고 하는 견해 (中島・앞서 본 97頁, 茶園成樹 「特許権侵害に対する救濟(2)」法敎 349号 129頁, 金子敏哉・速報判例解説 8号[法セ增刊] 319頁, 高部眞規子 『実務詳説 特許関係訴訟』[2011] 208頁), ③ 원칙적으로 위 ② 입장과 같지만 일방에서만 침해된 수요를 만족한 경우에는 타방은 3항에 의한 손해배상을 청구할 수 없다는 견해(增井・田村・앞서 본 382頁[田村]) 및 ④ 「각 사안에 맞는 방법에 따라 합리적으로 인정할 수밖에 없다」라는 견해 (森・앞서 본 249頁)가 있다.

4. 이하 검토하면, 특허권 등의 공유자에 의한 자기의 지분권에 기한 손해배상청구(中山・小泉編・앞서 본 1738頁[飯田] 참조)에 있어서, 2항에 의한 침해자이익에서의 추정의 대상이 되는 지분권의 침해에 따라 공유자의 매상감소에 따른 일실이익액(中山・小泉編・앞서 본 1612-1514頁[飯田] 참조)은, 지분비와는 상관없이 지분권에 기초한 공유자의 실시의 정도에 비례하는 것이다. 그러므로 2항에 있어서 침해자 이익액에서의 추정에 의해 공유자의 손해액을 산정할 경우에도, 지분비율에 따르지 않고 본 판결과 같이 실시의 정도의 비율에 따르는 것이 상당하다 할 것이다.

또한, 2항이 일응의 경험칙 내지 논리칙의 존재를 전제로, 입증의 난이・당사자 간의 공평 등도 고려하여 규정된 것인 점(中山・小泉編・앞서 본 1613-1614頁[飯田] 참조)을 생각하면, 2항에 있어서 실시의 정도에 비례해서 침해자 이익액에서의 추정에 의해 공유자의 손해액을 산정할 경우에도, 기본적으로는 매상비율, 실시수량비율 및 사람수비율에 따르는 것보다도 이익비율에 따르는 편이 타당하다 할 것이다.

다만, 2항에 의한 추정의 일부 복멸을 인정하는 입장(中山・小泉編・앞서 본

1664-1668頁[飯田] 참조)에서는, 본 문제도 2항에 의한 추정의 일부 복멸의 문제로 하는 것이 상당하다고 해석하여, 그 때문에 기본적으로 침해자가 공유자의 존재 및 그 이익비를 주장·입증해야 하는 것이라고 해석할 것이다.

그렇다고는 하지만 본 문제를 2항에 따라 추정의 일부 복멸의 문제로 하면, 당사자, 특히 침해자의 주장입증에 따라, 공유자의 매상비, 실시수량비 또는 사람수는 판명되었지만 이익비는 판명되지 않은 경우에, 또는 당사자 사이에서 소정의 매상비율, 실시수량비율 또는 사람수비율에 따르는 것에 특별히 다툼이 없는 경우에, 매상비율, 실시수량비율 또는 사람수비율에 따르는 것도 그 한도에서 2항에 의한 추정의 일부 복멸로서 허용될 수 있을 것이다(이 점에 관하여, 增井·田村·앞서 본 381頁[田村]은,「공유자가 존재한다는 사실을 추정의 (일부) 복멸사실로서 파악한 다음에, 각 특허권자에게 일단은 인정되는 침해자 이익액의 추정이 공유자가 존재한다는 한도에서 복멸되고, 그 복멸은 사안마다 현출되어 있는 사정에 따른다」라고 한다. 또한, 金子·앞서 본 381頁도,「각 지분권자에 대하여 어느 정도의 복멸을 인정할 것인가…는 당해 소송의 사안, 당사자의 주장·입증에 따르는 것이 된다」라고 한다).

이상을 전제로, 3항에 의한 타방의 실시료 상당액과의 관계에 있어서는, 일방의 침해자 이익액에서의 추정 손해액을 지분비율로 해야 할 합리적 이유는 없다 할 것이다. 무엇보다도, 특허권 공유의 경우 침해자의 이익은 일방의 지분권의 침해만이 아니라, 타방의 지분권자의 침해에도 관계하는 것인 이상, 그 한도에서 2항에 따라 침해자 이익액에서의 일방의 손해액의 추정은 일부 복멸되어야 하기 때문에, 3항에 따른 타방의 (지분비율에 따른) 실시료 상당액을 2항에 따른 침해자 이익액에서의 일방의 손해액의 추정액으로부터 공제하는 것이 필요할 것이다. 다만, 2항이 문제가 되는 일방의 손해와 3항이 문제가 되는 타방의 손해는 다른 것인(中山·小泉編·앞서 본 1612-1614頁 및 1674-1676頁[飯田] 참조) 이상, 위 공제로서 족하고, 타방은 위 공제액을 3항에 의해 손해배상청구를 할 수 있을 것이다. 이 점에 관하여, 본 판결은 특히 타방이 일방에게 실시료 상당액의 손해배상청구권을 양도한 것을 적시한 뒤에, 일방의 침해자 이익액에서의 추정 손해액을 전액 인정했지만, 항소심에서 일방이 타방으로부터 양도를 받은 실시료 상당액의 손해배상청구를 구분하여 추가하지 않았으므로, 반드시 같은 취지의 견해에 따른 것이라고는 하기 어렵다. 오히려, 본 판결은 앞에서 본 大阪地判 昭和 57. 8. 31.(独遺線香燻し器)과 더불어, 일방의 2항에 의한 손해배상청구권과 타방의 3항에 따른 손해배상청구권이 3항에 따른 타방에 실시료 상당액의 한도에서 부진정연대채권의 관계에 있다는 사고방식을 전제로 하고 있는 것이라고 이해될 수 있을 것이다. 독점적 통상실시권자 등의 2항에 따른 손해배상청구권과 특허권자 등의 3항에 따른 손해배상청구권과의 관계에 있어서도, 동일한 방식으로 공제설과 부진정연대채권설이 대립할 수 있다(中山·小泉編·앞서 본 1745-1746頁[飯田] 참조).

〈참고문헌〉
본문 중에 게재한 것

90. 복수침해자와 손해액의 산정—번역사전 사건

東京地裁 平成 19年(2007년) 4月 24日 判決
[平成 17年(ワ) 第15327호·同 18年(ワ) 第26540호 : 損害賠償請求事件, 承繼參加申立事件]
(판례집 미등재) ◀裁判所 Web

林いづみ(하야시 이즈미, 弁護士) 著
강경태(서울고등법원 고법판사) 譯

I. 사실의 개요

(1) P(탈퇴원고)는, 렌즈부착필름유닛[1] 및 그 제조방법에 관한 특허권자인데, 본건 제소 후에, 상호변경 및 회사분할을 하여 X(승계참가인)에 대하여 당해 손해배상청구권을 양도하였다.

본 사건의 쟁점은, ① 촬영을 마친 렌즈부착필름유닛을 회수·수출하고, 필름을 새로 채워넣은 렌즈부착필름유닛(재생품)을 수입·판매한 행위의 특허권 침해 성부(특허소진론)와, ② 위와 같이 수입·판매를 한 Y1(피고) 및 Y1으로부터 위 제품을 매수하여 국내에 판매한 Y2(피고)에 대한 손해배상액의 산정이다. 쟁점 ①에 관하여는 본서 57사건 참조.

(2) 쟁점②에 관한 X의 주장

㉠ 특허법 102조 2항(주위적 주장)

P의 조사결과에 기초하여, Y1의 이익과 Y2의 이익 합계액 1억 2,010만 2,420엔(예비적으로, 제조원을 구분하여 계산한 5,821만 1,000엔)을 Y들에게 연대청구.

㉡ 특허법 102조 3항(예비적 주장)

P의 조사결과에 기초하여, 포괄적으로 계산한 1억 엔(= Y들 제품의 합계 매출액(단가 250엔×판매수량400만개) × 실시료율 10%), 또는 계산감정결과에 기초하여 계산한 Y1·Y2의 실시료율 상당액 중 최고액인 손해액(Y1에 대하여 계산된 6,202만 9,600

---

1) 원문은 "レンズ"付きフィルムユニット"로서, 카메라 렌즈가 부착된 필름이란 의미로서 '1회용카메라'와 같은 물품으로 보인다.

엔. 제조원을 구분하여 계산한 금액을 가정적 주장으로 2,944만 8,166엔)을 Y들에게 연대 청구.

(3) Y들은, Y들 제품에는 P 이외의 제3자 제품의 대체분이 포함되어 있다는 등을 주장. 또한, Y1은 Y2 외 다른 자에게도 Y들 제품을 판매하고 있다고 주장.

Ⅱ. 판　지

청구인용(확정).

(i) 침해성립(쟁점①)

"Y들 제품은, 일반소비자가 필름을 빛에 노출시키지 않고서는 교체하기 곤란한 구조이고, 촬영을 마치고 필름을 꺼낸 후에는 다시 이용할 수 없는 것이다." "따라서 Y들 제품은, 구성요건 A4 '촬영을 마치고 필름을 꺼낸 후에는 재사용할 수 없는 것처럼 되었다'를 충족하게 된다. 따라서 Y들 제품은, 본건 특허발명1의 기술적 범위에 속한다." 잉크카트리지 대합의체판결(본서 57사건의 원심판결)의 제2유형을 적용하여 Y들 제품의 제작행위는 본건 특허발명의 실시품 생산행위에 해당한다.

(ii) 손해액의 산정(쟁점②)

① 특허법 102조 2항(주위적 주장)

㉠ Y들 제품은 전부 P 제품의 대체품이고, 타사제품은 포함되지 않았다고 인정. P의 조사결과에는 없는 계산감정인의 계산감정서에 기초하여 Y들 제품의 양도수량, 매출액 및 공제비용(본 판결에서는 '공헌이익'(광의의 한계이익)이라 한다)을 산정(Y1의 이익 = Y1의 Y들제품 매출액 − [수입원가 + 개별고정비(판매원급여) + 변동경비]. Y2의 이익 = Y2의 Y들제품 매출액 − (매입원가 + 변동경비)).

㉡ 공동불법행위 성립의 범위

"Y2는 Y들 제품을 전부 Y1으로부터 매수하여 판매하였고, Y1의 이사가 Y2의 대표이사이며, 본 건 이전부터 Y1은 소외 A가 제조한 본 건 특허권1을 침해하는 제품을 수입하였고, Y2는 그 발매원으로서 판매하였다는 사정 등"에 비추어 볼 때, "Y1에 의해 수입·판매된 것 중 Y2에게 판매된 것과 관련된 행위 및 Y2에 의한 판매"에 대하여는 Y들의 공동불법행위성을 인정하고, Y2 이외의 자에게 판매한 것과 관련된 행위에 대하여는 Y들의 공동불법행위성을 부정하였다. "따라서 Y들은 X에 대하여 Y1에 의한 Y2에 대한 판매와 관련된 이익 및 Y2에 의한 판매와 관련된 이익의 한도에서 연대하여 손해배상의 책임을 지는 것이며, Y1에 의한 Y2 이외의 자에 대한 판매와 관련된 이익에 대하여는 Y1만이 손해배상책임을 진다."

② 특허법 102조 3항(예비적 주장)

"X의 예비적 주장은 가령 동조 2항에 의한 이익액에 따른 손해액이, 동조 3항에 의한 실시료 상당액의 손해액보다 적은 금액이라면, 동조 3항의 실시료 상당액을 청구할 수 있다는 취지이다(특허권자는 특허법 102조 각 항에 의한 손해 중 자기에게 유리한 것을 선택적으로 청구할 수 있다고 해석하여야 한다. 이와 같은 해석은, 동조 2항에 의한 이익액이 극히 적은 금액으로 되는 경우도 있고, 또 이익액이나 실시료 상당액은 모두 법원이 최종적으로 판단하는 것이며, 특허권자가 법원의 최종적인 판단을 정확하게 예측할 수 없는 점 및 특허권침해가 인정된 경우에는 손해를 입은 특허권자를 합리적으로 보호하여야 한다는 점을 고려하여 인정되어야 한다)."

③ 각 침해자의 손해액 산정

Y1에 대하여는, 특허법 102조 2항에 의한 손해액보다 동조 3항에 의한 손해액이 크므로 예비적 주장인 동조 3항에 의한 손해액을, Y2에 대하여는 특허법 102조 2항에 의한 손해액이 크므로 주위적 주장인 동조 2항에 의한 손해액을 산정한다.

④ Y들이 연대하여 지급하여야 할 손해액 산정

㉠ "특허권침해행위를 한 복수의 피고들 사이에 공동불법행위가 인정된 경우, 특허법 102조 2항에 의한 이익액으로 손해배상을 청구하면, 복수 피고의 손해액(이익액)을 합산한 손해액의 연대배상을 인정하여야 하고, 또 동조 3항에 의한 실시료 상당액으로 손해배상을 청구하면 통상 가장 고액으로 되는 최후의 판매액에 실시료를 곱한 실시료 상당액을 상한으로 한 손해액의 연대배상을 인정하여야 한다."

㉡ "본 건과 같이, Y1에 대하여는 실시료 상당액의 손해배상을 인정하고, Y2에 대하여는 이익액을 손해배상액으로 인정하며, Y2 판매분에 대하여만 공동불법행위를 인정하는 경우에는, 양자의 행위를 공동불법행위 일체로 보는 이상, 위두 가지 유형 중 가장 고액의 손해, 즉 본 건에 있어서는 쌍방의 이익액(손해액)을 합산한 손해액을 상한으로 하여, Y2 판매분(Y1의 이익액과 Y2의 이익액의 합계액) 162만 3,619엔에 대하여 연대책임을 인정한다. Y1만이 배상하여야 할 손해는 Y1에 의한 수입·판매와 관련된 손해액으로부터 Y2 판매분에 해당하는 Y1의 이익

액을 공제한 3,978만 8,482엔이다.

Ⅲ. 해   설

1. 본 판결은, 재생품의 특허소진 성부에 관하여 지재고재 대합의판결 직후
에 선고된 지재판결로서, 구체적인 피고 행위의 분석에 의한 소진론 판시 부분도
주목된다(소진론은 본서 57사건 참조). 또한, 교체 렌즈부착필름유닛의 수입·판매에
의한 특허권침해사건에 관하여는 미국에서도 일련의 판결례가 있고, 역시 쟁점은
소진론 및 손해론이다[최근의 것은 2010. 5. 27. CAFC 판결(FUJIFILM CO. v. BENUN
2009-1487)].

특허권자는 침해품을 발견한 경우 그 제조(수입)자(Y1)와 매수판매자(Y2) 등
복수의 침해자 각자에 대하여 금지청구, 손해배상청구 등의 권리행사를 할 수 있
다. 본 판결은 이러한 경우의 손해액 산정, 공동불법행위 및 이에 의한 부진정연
대채무의 성립범위에 관한 좋은 사례이다.

2. 특허법 102조는 특허권 등 침해에 의한 손해배상청구권에 관하여, 민법
709조[2]가 규정하는 요건 중 특허권 등 침해와의 사이에 인과관계가 있는 손해액
의 산정에 관한 특칙이다. 따라서 특허권자는 특허권침해에 기한 손해배상액에
관하여, 선택적, 가정적으로 주위적 주장, 예비적 주장으로서 특허법 102조 1항,
2항 및 3항이 정하는 각 계산방법에 의한 여러 손해액을 동시에 주장할 수 있다.
본 판결은 그 실질적인 이유도 설시하고 있다[판시(ⅱ)②괄호부분]. (특허법 102조 각
항에 의한 손해액의 산정에 대하여는 본서 83사건 ~ 89사건 참조).

3. 공동불법행위의 성립요건과 인정

"수인이 공동불법행위에 의해 타인에게 손해를 가한 때에는 각자가 연대하
여 그 손해를 배상할 책임을 진다"고 정한 민법 719조 1항 전단의 "공동불법행
위"의 성립요건으로서, 이전의 통설(我妻)·판례(最判 昭和 43. 4. 23. 民集22卷4号 964
頁)는 "객관적 관련 공동설"을 유지하고 있지만, 피해자구제(가해관계자 모두에게 전
부의 손해배상책임을 지게 하는가), 가해자 사이의 공평(손해발생에 기여가 적은 행위자에

---

2) 고의 또는 과실로 타인의 권리 또는 법률상 보호되는 이익을 침해한 자는 이에 의해 발생
한 손해를 배상할 책임을 진다.

게 가혹한가) 및 민법 719조 1항의 입법취지를 살펴야 한다는 등의 논의가 있고, 최근에는 ⓐ "공모"가 있는 경우에는 719조 1항 전단을 당연히 적용하고, ⓑ "행위에 관하여 공동의사"가 있는 경우에는 각자의 행위와 손해와의 사이에 인과관계가 있다고 보며, ⓒ 어느 쪽도 아니지만 "사회관념상 전체로서 하나의 행위라고 볼 수 있는 가해행위의 전 과정 중 일부에 참가한 경우"에는 당해 인과관계를 "추정"할 수 있다는 견해도 유력하다(民法判例百選Ⅱ〈제6판〉 85, 95사건 참조).

특허권 등 침해사건에 있어서는 본 건의 Y1과 Y2와 같이 수직적 유통관계에 있는 사안이 많은데, 판례는 단순한 매매관계를 넘는 관계, 예를 들어 ⓐ 공모관계, ⓑ 제조판매행위를 공동으로 한다는 의식, ⓒ 관련회사, 동족회사, ⓓ 대표자·대표이사 공통, ⓔ 제조(수입)와 판매, 제조원과 발매원 등의 역할분담, ⓕ 독점판매, 전량매수, 납입관계, ⓖ 제조위수탁, OEM관계 등의 존재를 인정하여 공동불법행위의 성립을 인정하고 있다(본건판시 (ⅱ)①ⓛ 참조). 東京高判 平成 14. 10. 31.(判時 1823号 109頁)은, 특허보증 하에서 全原末[3](특허침해품)의 계속적인 제조공급자와 제제(製劑)의 제조판매자에게 민법 719조 1항 전단 소정의 공동불법행위의 성립을 인정했다.

또한, 민법 719조 1항 전단 "각자가 연대하여"에서의 "연대"의 성질에 관하여 판례(最判 昭和 57. 3. 4. 判時1042号 87頁)·통설은 민법의 연대채무에 있어서 절대적 효력사유를 인정하지 않는 연대채무라는 의미에서 "부진정연대채무"라고 해석하고 있다.

4. 복수침해자 사이의 연대채무의 범위

복수침해자가 공동불법행위가 성립하는 범위에서 연대채무를 부담하는 손해액은 특허법 102조 각 항에 의한 청구에 따라 계산된다.

(1) Y1과 Y2의 각 손해배상액이 민법 709조만에 의하여 인정되는 경우 또는 특허법 102조 1항에 의하여 인정되는 경우에는, 양자의 각 손해배상채무의 중복범위에서 (부진정) 연대채무로 된다[中山信弘·小泉直樹編, 『新註解特許法(下)』 1748頁 (飯田圭)].

(2) Y1과 Y2의 각 손해배상액이 특허법 102조 2항에 의하여 인정되는 경우, 공동불법행위가 성립하는 범위인 Y1과 Y2의 이익액 합계액이 (부진정) 연대채무로 된다(본건판시 (ⅱ)④㉠전단).

---

3) '全原末'은 침해제품의 명칭으로 보인다.

(3) Y1과 Y2의 각 손해배상액이 특허법 102조 3항에 의하여 인정되는 경우, 공동불법행위가 성립하는 범위에서 통상 가장 고액이 되는, 최후의 판매액에 실시료율을 곱한 실시료 상당액을 상한으로 한 손해액이 (부진정) 연대채무로 된다(본건판시 (ii)④㉠후단). 또한, 특허권자가 실시료 상당액의 손해배상으로서 청구할 수 있는 금액의 총액한도는, 1개의 제품에 대하여 1회의 유통분으로 평가할 수 있는 금액이 한도라고 해석된다[中山信弘編著, 『註解特許法(上) 第3版』2000, 1110頁(靑柳昤子)]. 본 판결은 2항[(2)]과 달리 3항에 대하여는 Y1과 Y2 각 실시료 상당액을 합산(이중계산)하지 않았다.

(4) 본 판결은 Y1과 Y2의 각 손해배상액이 특허법 102조의 각 항에 의해 산정되는 경우에는, 양자 사이에 공동불법행위가 성립하는 범위(Y2 판매분)에서, 동조 3항에 의한 Y1의 손해배상책임과 동조 2항에 의한 Y2의 손해배상책임을 비교하여 "두 가지 유형 중 가장 고액인 손해액"이 되는 102조 2항에 의한 연대책임의 범위에서 부진정연대채무의 관계로 된다고 판단했다(판시(ii)④㉡).

(5) 복수침해자의 예로서는, 제조(수입) 판매자와 사용자 등 직접침해자와 간접침해자의 조합도 있다. 예를 들어, 원재료·부품 등의 공급자(A)와 완성품의 제조판매자 등(B)의 직접침해자가 존재하는 경우에, A에 대하여 특허법 101조 소정의 간접침해가 성립하는 경우에는 민법 719조 1항 전단 소정의 공동불법행위가 성립하는 것으로 된다. 또한, A에 대하여 간접침해가 성립하지 않는 경우에도, 민법 719조 2항 소정의 방조 성립을 긍정한 재판례도 있다[名古屋地判 平成 10. 3. 6.(判夕 1003号 277頁, 284-285頁) 등].

〈참고문헌〉
1. 田村善之, '特許發明の定義', 法敎 252号 13頁
2. 中山一郎, 速報判例解說 4号(法セ增刊) 205頁
3. 高石秀樹, AIPPI 53卷 12号 775頁
4. 酒迎明洋, 知的財産法政策学研究 24号 373頁

91. 가처분사건에 있어서 비밀유지명령의 신청
── 액정모니터 사건

最高裁 平成 21年(2009년) 1月 27日 第3小法廷決定
[平成 20年(許) 第36号 : 秘密保持命令申立て却下決定に對する
抗告棄却決定に對する許可抗告事件]
(民集 63卷 1号 271頁, 判時 2035号 127頁, 判夕 1292号 154頁)

槍山敬士(스기야마 케이지, 弁護士) 著
노갑식(부산지방법원 부장판사) 譯

Ⅰ. 사실의 개요

본 사건의 기본사건은 채권자 A가 채무자 X에 대하여 액정 TV 및 모니터 수입, 판매 등이 A의 특허권을 침해한다고 주장하고, 그 금지를 구한 특허권가처분명령신청사건이다.

본 사건은 X가 기본사건에서 준비서면 제출을 예정하고 있는바, 그 서면의 특정정보가 자기가 보유하는 영업비밀에 해당한다고 주장하고, 특허법 105조의4 제1항에 기하여 기본사건에 있어서 A의 소송대리인 및 소송복대리인인 변호사들 및 보좌인인 변리사를 상대방(名宛人)으로 하여 당해정보에 관하여 비밀유지명령(秘密保持命令)을 신청한 사안이다.

1심은 "임시의 지위를 정하는 가처분명령은 본안판결이 확정되기까지 사이에 본안의 청구내용을 잠정적으로 실현할 수 있도록 하는 것이어서 채무자에게 중대한 영향을 줄 염려가 있고, 또한 임시의 지위를 정하는 가처분명령은 원칙적으로 구두변론 또는 채무자가 입회할 수 있는 심문기일을 거치지 않으면 발령할 수 없다(민사보전법 23조 4항 본문). 그러나 한편, '그 기일을 거침으로써 가처분명령신청의 목적을 달성하는 것이 어려운 사정'이 있는 때에는 구두변론 또는 채무자가 입회할 수 있는 심문기일을 열지 않아도 좋다는 것(민사보전법 23조 4항 단서), 보전해야 할 권리 또는 권리관계 및 보전의 필요성의 입증은 소명으로 충분하지만(민사보전법 13조 2항), 소명의 즉시성의 요청에서(민사보전법 7조가 준용하는 민소법 188조), 임시의 지위를 정하는 가처분명령신청사건에서 구두변론을 여는 경우에도 증거조사기일을 정하여 행하는 증인신문, 문서제출명령의 신청, 조사촉탁의 신청, 송부촉탁의 신청 등은 허가될 수 없는 것으로 해석되는 점에 비추어 보면, 특허침해금지 등 청구소송을 본안으로 하는 임시의 지위를 정하는 가처분명령의 발령에 관한 절차가 특허권 침해에 관한 소송과 동일시되는 절차라고 할 수 없다"는 등의 이유로 가처분사건은 특허법 105조의4 제1항의 "특허권 또는 전용실시권의 침해에 관한 소송"에 해당하지 않는다고 판단하여 신청을 각하하는 결정을 하였다(東京地決 平成 20. 4. 14.).

이에 대하여 X는 즉시항고를 하였는데(특허법 105조의4 제5항), 원심은 "위 법문은 '특허권 또는 전용실시권의 침해에 관한 소송'이라고 하는 표현을 사용하고 있고, 여기에 민사보전법이라고 하는 민사소송법과는 별개의 절차법에서 운영되는 가처분절차를 포함한다고 보는 것은 법의 적용을 받는 국민의 입장에서 보면, 상당한 어려움이 따른다고 생각된다는 것, 덧붙여 민사보전법이 적용되는 민사보전절차에 있어서는 소송과 같이 공개법정에서 심리되는 것이 필수요건은 아니고(임의적 구두변론, 민사보전법 3조), 비공개로 심리되는 것이 통례이며, 또한 본 사건과 같은 임시의 지위를 구하는 가처분사건으로서 중대한 사안이라도 채무자심문절차를 거치는 것은 절대적인 조건이 아니고, 가처분 신청의 목적을 이룰 수 없는 특별한 사정이 있는 때에는 채무자를 심문하는 일 없이 가처분 명령을 발령할 수 있다는 것(민사보전법 23조 4항), 가처분에서의 증거방법 및 심증의 정도는 소명이고(민사보전법 13조), 재판소는 즉시 조사할 수 있는 증거조사만을 할 수 있다는 것(민사보전법 7조, 민소법 188조), 가처분명령은 잠정적인 명령을 전제로 재판소는 채권자에게 담보를 제공하도록 명령하는 것을 통례로 하고 있는 것 등의, 본안소송과는 다른 사정이 있다"는 것을 주된 이유로서 항고기각결정을 하였다(知財高決 平成 20. 7. 7.).

이에 대하여 X는 항고허가를 신청하였는데(민소법 337조) 지재고등재판소가 이를 허가함으로써 최고재판소의 본 결정이 나게 되었다.

Ⅱ. 결정요지

원결정파기, 1심 결정을 취소하고 동경지방재판소에 환송

특허권 또는 전용실시권의 침해에 관한 소송에 있어서 제출 예정인 준비서면이나 증거의 내용에 영업비밀이 포함되는 경우에는 해당 영업비밀을 보유하는 당사자가 상대방 당사자에 의하여 그 영업비밀이 소송수행 이외의 목적으로 사용되거나 제3자에게 개시(開示)됨으로써 그 영업비밀에 기초한 사업활동에 지장을 일으키는 것을 염려하여 해당 영업비밀을 소송에 현출하는 것을 꺼려 충분한 주장·입증을 다할 수 없는 사태가 생길 수 있다. 특허법이 비밀유지 명령제도(특허법 105조의4 내지 105조의6, 200조의2, 201조)를 만들고, 형벌에 의한 제재를 동반하는 비밀유지명령에 의하여 해당 영업비밀을 해당 소송수행 이외의 목적으로 사용하거나 다른 사람에게 개시하는 것을 금지할 수 있다고 하는 취지는 앞에서 본 바와 같은 사태를 피하기 위한 것으로 풀이된다.

특허권 또는 전용실시권의 침해금지를 구하는 가처분사건은 가처분명령 필요성의 유무라고 하는 본안 소송과는 다른 쟁점이 있지만 그 외의 점에서는 본안 소송과 쟁점을 공통으로 하는 것이기 때문에 해당 영업비밀을 보유하는 당사자에 대하여 앞에서 본 것과 같은 사태가 생길 수 있음은 본안 소송의 경우와 다를 바 없고, 비밀유지명령제도가 이를 용인하고 있다고 할 수 없다. 그리고 위 가처분 사건에 있어서 비밀유지명령신청을 할 수 있는 것으로 보더라도 신속한 처리가 요구되는 등의 가처분사건의 성질에 반한다고 할 수 없다.

특허법에 있어서 "소송"이라고 하는 문언이 본안 소송뿐만 아니라 민사보전 사건을 포함하는 의미로 사용되는 경우도 있고(특허법 54조 2항, 168조 2항), 앞에서 본 바와 같은 비밀유지명령제도의 취지에 비추어 보면, 특허권 또는 전용실시권의 침해금지를 구하는 가처분사건은 특허법 105조의4 제1항 본문에 규정된 "특허권 또는 전용실시권의 침해에 관한 소송"에 해당하고, 위 가처분 사건에 있어서도 비밀유지명령신청을 하는 것이 허용된다고 봄이 상당하다.

Ⅲ. 해   설

1. 비밀유지명령의 규정(특허법 105조의4 이하)은 2004년의 법개정으로 도입된 규정이다. 이 규정이 이용되는 경우는 몇 가지가 생각되어지지만[高部眞規子 '秘密保持命令とインカメラ手續', 牧野利秋ほか編 '知的財産法の理論と實務 2'(2007) 81頁 參照], 전형적으로는 피고가 침해가 아님을 입증을 하고 싶어도 이를 위한 주장서면이나 증거에 비밀정보가 포함되어 있고, 그 누설을 피하고 싶다는 일종의 딜레마에

빠진 경우이다. 본 규정이 도입되기 이전에는 인 카메라(In Camera) 절차에 의하여 재판소가 당해정보가 비밀정보에 해당하는지 아닌지를 판단할 뿐이었다(당해 정보에 의하면 특허권침해로 되는 경우에 피고가 그것을 비밀로 할 정당한 이익이 없기 때문에 문서제출명령에 응하지 않으면 안 된다). 만약 당해정보에 의하면 특허권침해로는 되지 않는 경우, 그 정보는 비밀로 유지되어야 하는 것으로 됨(문서제출명령에 응하지 않아도 좋다)과 동시에 재판소는 사실상 침해가 아니라는 심증을 얻은 것으로 된다. 원고 측으로서는 균등론 주장을 포함하여 당해정보의 내용을 안 다음에 주장·입증을 전개하고 싶을 수도 있는데(당해정보는 비밀정보이기 때문에), 이유도 표시되지 아니한 채로 청구가 기각되는 것으로 되어 불만이 남아있는 상태이었다.

이와 같은 상황을 조정하기 위하여 미국의 protective order 등을 참고로 하여 비밀유지명령 규정이 도입되었다. 그 취지는 일정한 정보를 상대방관계자[당사자, 법인의 대표자, 대리인, 사용인, 종업원, 소송대리인, 보좌인(특허 105조)]들 중 수명자로 한정된 사람에 대하여만 개시함과 동시에 그 사람들에게 당해정보를 소송수행 이외의 목적으로 사용하거나 제3자에 개시하는 것을 금지하는 명령을 내린다는 것이다. 이와 같이 하여 비밀유지와 심리의 충실을 조화시키는 것이 본제도의 목적이다. 이 점에 관하여는 본 결정은 물론 원심, 1심도 이론이 없다.

2. 특허법 105조의4 제1항의 '특허권 또는 전용실시권의 침해에 관한 소송'에 가처분사건이 포함되는지 어떤지가 본 사건의 쟁점으로 되지만, 본안과 가처분의 관계를 어떻게 파악하는가가 실질적 논점으로 된다.

그래서 먼저, 일반적으로 가처분이란 어떤 절차를 말하는 것인가? 특허권침해가처분은 민사보전법에 정한 세 가지 보전처분(가압류, 계쟁물에 관한 가처분, 임시의 지위를 정하는 가처분) 중 최후의 것에 해당한다. 민사보전이란, 말할 것도 없이, '민사소송 본안의 권리실현을 보전하기 위한' 절차이다(민사보전법 1조). 민사보전제도는 약식소송이지만, '그것이 소송이고 법(정의)의 실현에 관한 것인 이상, 말할 것도 없이 적정, 공평, 신속, 경제의 요청이 충족되어야 한다. 그러나 신속의 요청과 적정·공평의 요청이 충돌하는 때에는 후자에 대하여 전자를 우선시키지 않으면 아니 된다. 신속의 요청은 약식소송에 있어서 지상명령이고, 신속성은 약식소송의 생명인 것이다. 적정·공평을 열위에 두는 것은 약식소송의 기본구조상에서도(결국 약식소송에는 본안소송 내지 사후절차가 예정되어 있어 적정·공평의 요청은 본안소송 내지 사후절차에서 최종적으로 보증되는 체계로 되어 있다) 시인되고 있다고 말해진다'[竹下守夫·鈴木正裕編 '民事保全法の基本構造'(1995) 17頁 松浦馨].

3. 일반론은 위에서 본 바와 같이 보전처분에 있어서도 위에서 본 3종류일 것이고 그 커버영역은 민사사건의 광범한 범위에 미치는 것이기 때문에 분야, 사안의 유형에 더하여 개별사건의 사실관계에 의하여 사실인정의 쉽고 어려움이나 필요성의 강약도 가지각색이다.

특허권침해가처분은 위 3종류의 보전처분 중, 임시의 지위를 정하는 가처분에 해당하고 '다툼이 있는 권리관계에 관하여 채권자에게 발생하는 현저한 손해 또는 급박한 위험을 피하기 위하여 이것을 필요로 하는 때에 발할 수 있다'(민사보전법 23조 2항)는 것이고, 잠정적인 권리가 실현되는 것으로서 만족적가처분이라고 말해진다. 즉 금지가 됨으로써 채무자의 재고 등은 그 사이에 진부화(陳腐化)할 것이고, 시장에서의 수요가 채권자의 제품으로 가득차고, 게다가 채권자의 기술 등이 사실상 표준화하게 될 것이기 때문에 시간요소가 중요하고 사후적인 회복이 곤란하게 된다고 일컬어진다.

또한 특허권침해사건에서는 무효의 항변(특허법 104조의3)도, 침해의 성부도, 그 판단이 어려운 경우가 많다.

이와 같이 특허권침해가처분사건에 있어서는 영향이 지대하거나(사후절차에 의한 회복 곤란성) 판단 자체의 곤란성(따라서 졸속으로 되면 적정·공평의 요청이 손상받기 쉽다) 때문에 '적정·공평의 요청은 본안소송 내지 사후절차에서 최종적으로 보증되는 체계로 되어 있다'(前記 松浦 論文)고 말하기는 어렵다.

실무에 있어서도 특허권침해가처분사건의 절차는 본안과 마찬가지로 시간을 들여서 신중하게 심리되고 있다고 한다. 본안과 가처분이 동시에 제기되어 같은 날에 심리되는 경우도 많다(服部誠 '特許權侵害と假處分', 牧野ほか編 前揭 '理論と實務 2' 132頁).

4. 본 사건의 판단은 실질적으로 결국 '보전처분절차에도 특허법 105조의4 제1항이 나타낸 것과 같은 상황, 즉 상대방이 방어를 위하여 자기의 비밀유지를 요하는 영업비밀 등의 개시를 요하는 상황이 절차적으로 발생하는가의 점에 다다를 것이다'(河野正憲 '特許權又は專用實施權の侵害差止めを求める 假處分事件と秘密保持命令' 判タ 1326号 63頁, 67頁)라고 하는 지적은 전적으로 옳다고 생각된다. 그리고 결론적으로도 그 지적대로 원심이나 1심이 제기한 바와 같이 본안과 가처분의

차이가 있다고 하여도 이들 차이 때문에 같은 법조를 적용할 수 없다는 논리는 성립되지 않는다. 오히려 앞에서 말한 특허권침해가처분의 특질에서 본안사건과 마찬가지 상황, 즉 비밀을 유지하면서 심리를 충실하게 하는 것이 필요하다. 따라서 판결의 취지에 찬성한다.

5. 더구나 비밀유지의 관계에서 민소법 92조의 열람제한은 제3자에 대한 규정이기 때문에 당사자, 대리인 등은 관계없다고 생각되어지지만, 이들도 사법상의 비밀유지의무를 부담하고, 개시하면 부정경쟁방지법위반이 된다고 하는 견해도 있으며[秋山幹男ほか 'コンメンタール民事訴訟法 Ⅱ 第2版'(2006) 235頁], 따라서 일반 소송관계인의 의식이나 재판소에 의한 열람제한범위의 운용과는 어긋남이 있다고 생각한다.

〈참고문헌〉

본문 중에 인용된 것 외에,

1. 牧野利秋 '知的財産權訴訟寸考'(2002) 3-114頁
2. 三村量一・山田知司 '知的財産權訴訟における 秘密保持命令の 運營について'判 タ1170号 4頁
3. 中山信弘・小泉直樹編 '新注解特許法(下)'(2011) 1876頁 以下(大野聖二・井上義隆) (本件については, 1886頁 以下)
4. 土肥一史 '平成21年度重判解'(ジュリ1398号) 302頁

XI. 특허권의 이용

92. 통상실시권의 법적성질과 대항요건

最高裁 昭和 48年(1973년) 4月 20日 第二小法廷判決
[昭和 47年(才) 第395호 : 特許権の通常実施権設定登録等請求事件]
(民集 27卷 3호 580頁, 判時 704호 49頁, 判夕 295호 258頁)

栗田 昌裕(구리타 마사히로, 龍谷大 准教授) 著
김동규(대법원 재판연구관) 譯

Ⅰ. 사실의 개요

　　X회사(원고, 피항소인, 피상고인)는 직렬한 흄(hume)관을 단계적으로 분할 추진하는 공법[중압(中押)공법]을 실시하여 온 토목건축업자이다. Y(피고, 항소인, 상고인)는 X와 경업관계에 있는 토목건축업자 A회사의 대표자이다. Y는 1956. 6. 30. 추도관 압발공법(墜道管押拔工法) 특허를 출원하였고 1958. 6. 21. 그 출원공고가 되었다. 그에 대하여 X는 같은 해 8. 11. Y의 발명은 X가 실시하여 온 위 공법과 기술사상 및 실시형태가 동일하여 신규성이 없다며 특허이의를 제기하였다. 그 이의절차 진행 중 다음 해인 1959. 3. 28. X·Y 간에 합의가 성립하였다. 그 내용은 Y는 X에게 위 공법에 관한 발명에 대하여 특허등록결정이 있을 때에는 그 특허권의 통상실시권을 허락하고, X는 Y에 대한 위 이의신청을 취하한다는 것이었다. 그 결과 1959. 4. 9. 특허등록결정이 되었고, 같은 해 5. 14. Y를 권리자로 하는 특허권등록이 이루어졌다. 이에 따라 X는 본건 특허권에 관한 통상실시권을 가지게 되었다. 그런데 1964. 9. 4. Y는 X에 대하여 위 계약에는 X가 소정의 경업금지의무를 위반한 때에는 해제할 수 있다는 특약이 부가되어 있다고 하면서 해제의 의사표시를 하였다. 그래서 X는 Y에 대하여 주위적 청구로서 본건 계약에 기한 통상실시권의 확인과 통상실시권의 설정등록절차를, 예비적 청구로서 선사용에 의한 통상실시권의 확인을 구하는 소를 제기하였다.

　　X의 주장은 본건 통상실시권은 거절결정의 위험을 인식한 Y의 적극적 간청에 의하여 설정되어 무조건적이고 전면적인 실시의 허락을 내용으로 하는 것이

므로 명시적·특약이 없어도 묵시적으로 등록의무가 설정된 것으로 해석하여야 한다는 것이다. 그에 대하여 Y는 위 해제 특약 외에 통상실시권은 채권적 권리에 불과하고 등록도 효력요건이 아니라 대항요건이므로 특약이 없는 한 통상실시권의 허락에 의하여 특허권자가 당연히 등록의무를 부담하는 것은 아니라고 주장하였다.

제1심판결(神戶地尼崎支判 昭和 42년 11월 24일 民集27卷3號 586頁 참조)은 묵시의 등록의무 특약을 인정하여 X의 주위적 청구를 인용하였다. Y 항소. 원심판결(大阪高判 昭和 46년 12월 23일 前揭 民集 592頁 참조)은 「특허권에 관하여 허락에 의한 통상실시권의 설정을 취득한 것은 특약에 의한 등록금지나 그 밖에 특별한 사정이 없는 한 …특허권자에 대하여 위 권리의 설정등록을 청구할 수 있는 것으로 해석하여야 하고, 이러한 논리는 허락에 의한 통상실시권이 채권적 권리이며 등록이 대항요건인 점에 의하여 좌우되는 것은 아니」라고 하여 항소를 기각하였다. Y 상고.

한편 해제 특약의 존재는 제1심, 원심 모두 이를 부정하였다.

Ⅱ. 판　지

일부파기환송(설정등록절차 청구 부분).

본 판결은 해제 특약의 존재에 관해서는 원심의 인정이 정당하다고 하였다. 이하 등록의무에 관한 판시 부분을 소개한다.

「특허권자로부터 허락에 의한 통상실시권의 설정을 받더라도 그 설정등록을 하는 취지의 약정이 존재하지 않는 한, 실시권자는 특허권자에 대하여 위 권리의 설정등록절차를 청구할 수 없다고 해석함이 상당하다.」

그 이유는 「특허권의 허락에 의한 통상실시권은 전용실시권과 달리 실시계약의 체결에만 의하여 성립하는 것이고, 그 성립에 설정등록이 필요한 것은 아니며, 다만 설정등록을 마친 통상실시권은 『그 특허권 혹은 전용실시권, 또는 그 특허권에 대한 전용실시권을 그 후에 취득한 자에 대해서도 그 효력이 발생한다』(특허법[1]) 99조 1항 참조)는 것으로서 일종의 배타적 성격을 가지게 되는 것에 지나지 않는다. 그리고 통상실시권은 실시계약에서 정하여진 범위 내에서 성립하는 것이며, 허락자는 통상실시권을 설정할 때 이것에 내용적, 장소적, 시간적 제약을 부가할 수 있음은 물론이고 동시에 같은 내용의 통상실시권을 여러 사람에게 허

---

1) 일본 특허법을 의미한다. 이하 같다.

여할 수도 있으며, 또한 실시계약에 특단의 정함이 존재하지 않는 한 실시권을 설정한 후에도 스스로 당해 특허발명을 실시할 수 있다」.

「이를 실시권자 측에서 보면, 허락에 의하여 통상실시권의 설정을 받은 자는 실시계약에 의하여 정해진 범위 내에서 당해 특허발명을 실시할 수 있지만 그 실시권을 전유한다고 할 수는 없으며 단지 특허권자에 대하여 위 실시를 용인할 것을 청구할 권리를 가지는 데 지나지 않는다고 말할 수 있다.」

「허락에 의한 통상실시권이 이러한 권리인 이상 당연히 위 기재와 같은 배타적 성격을 가진다고 말할 수 없고, 또한 위 성격을 가지지 않으면 그 목적을 달성할 수 없는 것은 아니므로 실시계약 당시 통상실시권에 위 성격을 부여하고 소정의 등록을 할지 여부는 관계당사자 간에 자유롭게 정할 수 있다고 해석하는 것이 상당하며, 따라서 실시권자가 당연히 특허권자에 대하여 통상실시권에 관한 설정등록절차를 이행할 것을 요구할 수는 없으며 이를 요구할 수 있는 것은 그런 취지의 특약이 있는 경우에 한한다고 할 수 있다」. 「이러한 특약이 존재하는 것을 확정하지 않은 채 Y의 설정등록의무를 인정한 원심판결에는 법령해석에 관한 잘못이 있」다는 것이다.

Ⅲ. 해 설

1. 2011년 개정전 특허법에서는 등록이 통상실시권의 대항요건이어서 미등록 통상실시권은 특허권 등을 그 후에 취득한 자에 대해서 효력을 주장할 수 없었다(구 99조 1항). 그런데 허락에 의한 통상실시권의 설정등록에는 허락자의 협력이 필요하기 때문에(特許登 18조, 19조), 실시권자가 허락자에 대하여 설정등록절차의 협력을 청구할 수 있는 것은 어떤 경우인지가 다투어져 왔다. 본 판결은 통상실시권은 「실시를 용인할 것」을 청구할 권리에 지나지 않기 때문에 그러한 취지의 특약이 없는 한 허락자에게 설정등록의무는 인정될 수 없다고 하여, 그 문제에 관한 판례의 입장을 명확히 한 것이다. 한편 본건은 구 특허법(大正 10년 법률 96호)하에 설정된 허락에 의한 실시권(구 특허 48조 1항)에 관한 것이지만, 이것은 현행법의 시행시에 허락에 의한 통상실시권이 된 것으로 간주되었다(特許施 12조).

2. 본 판결의 주된 판시사항은 허락에 의한 통상실시권의 법적 성질과 등록청구권의 존부의 두 가지 점이다. 그래서 이 점에 대한 2011년 개정 전의 논의상

황을 개관한다.

(1) 통상실시권의 법적 성질에 대해서는 이를 채권적 권리로 구성하는 견해 (채권적 구성)가 통설이지만, 물권적 권리로 구성하는 견해(물권적 구성)도 있다.

물권적 구성을 채택한 견해는 통상실시권의 본질을 「특허발명이라고 하는 무체재산을 직접 지배하여 이익을 얻을 권리」이자 일종의 「물권(유사의 권리)」이 라고 하고 그로부터 등록청구권을 도출하였으나 일반화되지 못하였다(佐藤義彦, 法時 46卷 1號 111頁).

(2) 채권적 구성을 채택한 견해는 등록청구권이 통상실시권의 내용에 포함되 는지에 관하여 입장이 나뉘어 있다.

① 첫째로, 통상실시권의 내용으로서 등록청구권을 당연히 인정하는 견해가 있다. 그중 하나는 당사자 간의 이익형량이나 정책목적에서 등록청구권을 기초 지으려 하는 것이다. 그 이유로서는 예를 들어 통상실시권을 「특허발명의 완전한 실시를 청구할 권리」로 이해하지 않으면 실시권자의 보호에 부족하다는 것(小島 庸和, 金判 391號 5頁), 등록청구권을 인정하지 않으면 허락자가 특허권 등의 양도 에 의하여 실시권자에게 타격을 주는 것을 인정하는 것이 되어 공정을 결한다는 것(豊崎光衛, 法協 91卷 10號 1542頁; 同『工業所有權法[新版·增補]』[1980] 310頁), 「실시권 자의 권리를 안전하게 한다는 목적」에서 입법정책상 등록청구권을 인정하여야 한다는 것(永田大二郎『技術援助契約』[1962] 218頁) 등이 주장되고 있다. 또 하나는 당 사자의 「통상의 의사」를 근거로 하는 것이다. 예를 들어 실시계약을 하면서 등록 의무를 부담하지 않는다는 것은 「일반의 의사해석」으로서 합리적이지 않다는 것 이 이유이다(本間崇, 「實施權」, 中川善之助·兼子一 監修『實務法律體系(10)』[1972] 445頁).

② 두 번째로, 통상실시권의 내용으로서 등록청구권을 인정하지 않는 견해가 있다. 이러한 견해에서는 등록청구권의 존부는 실시허락계약의 해석에 의하게 된다. 이 입장에는 결론만 제시한 것도 있지만, 이론적으로는 통상실시권의 내용 이해에 따라서 이하의 두 가지로 크게 구분할 수 있을 것이다.

ⓐ 하나는 통상실시권자에게 허락자에 대하여 특허발명의 실시에 일반적으 로 필요한 일체의 행위를 청구할 권리를 인정하면서도 등록청구권은 여기에 포 함되지 않는다고 하는 견해가 있다(大隈健一郎, 「技術提携」, 石井照久 외 編『經營法學 全集(11)』[1967] 42頁, 80頁; 夢優美,『全訂新工業所有權法解說』[1968] 193頁; 同, 本百選〈第1 版〉161頁; 染野義信, 「特許實施契約」『契約法大系(6)』[1963] 380頁, 381頁; 三宅正雄·田創整, 『工業所有權法槪論』[1971] 129頁). 그 이유는, 반드시 명확한 것은 아니지만, 등록은

대항요건에 불과하므로 특허발명의 실시에 일반적으로 필요한 행위가 아니라고 이해하기 때문인 것으로 생각된다(蔓, 前揭 解說 194頁; 同, 前揭 百選 161頁).

ⓑ 다른 하나는 통상실시권을 「특허권자에 대하여 금지청구권과 손해배상청구권을 행사하지 못하게 하는 부작위청구권」으로만 이해하는 견해가 있다(中山信弘, 『特許法』[2010] 426頁; 同, 「通常實施權と登錄請求權」, 日本工業所有權法學會年報 2號 33頁; 田創整, 判夕 301號 73頁; 松本重敏, 判評 180號[判時724號] 30頁; 川口冨男, 曹時 26卷 4號 750頁; 齊藤博, 本百選〈第3版〉203頁; 雨宮定直, 「特許法上の通常實施權の許諾と登錄手續義務」, 山上和則先生還曆紀念 『判例ライセンス法』[2000] 240頁). 이 견해가 통설이다. 그 대표적인 이유는 모든 통상실시권의 공통항으로 추출되는 최소한도의 내용은 위 부작위청구권이라는 것이다. 그 이외의 내용은 등록청구권의 존부를 포함하여 실시허락계약의 내용이며, 통상실시권의 성질은 아니라는 것이다. 한편 계약의 해석에 의하여야 할 것을 강조하는 견해도 이와 같은 이해를 전제하는 것으로 생각된다(播磨良承, 民商 69卷 6號 115頁; 柳原敏夫, 法律實務研究 3號 199頁).

ⓒ 이들 견해에서 등록청구권의 존부는 실시허락계약의 해석에 의하여 결정되는 것이다. 명시적 특약이 있으면 등록청구권이 인정된다는 데에는 이론이 없다. 묵시적 특약에 대해서는 다툼이 있어도 「당해 계약을 합리적으로 해석한 결과 등록청구권도 계약 내용으로 하여야 할 것이 타당하다고 생각되는 경우에는 등록청구권을 부정할 이유가 없다」라는 견해가 유력하다(中山, 前揭 年報 33頁). 더 나아가 「국가에 대한 등록의무」의 측면을 지적하여 「당사자의 의사해석으로서 등록청구권을 넓게 인정」하여야 한다는 견해도 있다(松本, 前揭 30頁).

(3) 원심판결은 통상실시권을 「채권적 권리」라고 하면서 등록청구권을 당연히 인정하였다. 이와 같이 해석한 근거가 분명하지 아니하나, 이는 (2)①에 상당한 견해라고 말할 수 있을 것이다.

이에 대하여 제1심판결은 통상실시권이 채권적 권리이며 등록이 대항요건에 불과하므로 등록청구권은 당연히 인정되지 않는다고 한다. 이는 (2)②에 상당한 견해라고 할 것이다. 위 판결은 묵시적 특약을 인정하여 등록청구권을 긍정하였으나, 등록청구권의 근거를 특약에서 구한 점에서 오히려 (2)②의 입장을 따른 것이라고 말할 수 있다.

본 판결은 통상실시권을 「단순히 특허권자에 대하여… 실시를 용인할 것을 청구할 권리」로 자리매김하여 (2)②ⓑ에 친화적인 입장을 채택한 것으로 평가될 수 있다. 「그러한 취지의 특약이 있는 경우에 한」하여 등록청구권이 인정된다고 하는 것도 (2)②ⓑ 입장에 따른 것이며, 법률구성으로서는 오히려 제1심판결과 연속성이 있다. 한편 여기서 말하는 특약은 명시적일 것까지 요구되는 것은 아니어서, 본건 사실관계하에서도 묵시적 특약이 인정될 가능성은 있다고 할 수 있을 것이다.

3. 2011년 개정은 당연대항제도를 도입하여 통상실시권자는 통상실시권의 존재를 증명하면 그 효력을 제3자에게도 대항할 수 있게 되었다(특허 99조). 이에 따라 통상실시권의 등록제도는 폐지되었다(특허 27조 1항 2호, 3호 참조). 그 때문에 본 판결의 판시사항 중 등록청구권에만 관한 부분은 실무적 의의를 상실하였다고 할 것이다. 다만 통상실시권의 법적 성질에 관한 부분은 여전히 의의를 상실하지 않았다. 예를 들어 등록제도의 폐지에 따라 통상실시권의 이전 등에 관해서 등록을 제3자 대항요건이라고 할 수 없게 되었다. 이 점에 관해서 동 개정에 앞서 공표된 산업구조심의회 지적재산정책부회 특허제도소위원회 보고서 「특허제도에 관한 법제적 과제에 대하여」(특허청 Web 사이트)는 통상실시권이 「특허권자에 대한, 금지청구권 등을 행사하지 않는다는 부작위청구권을 중핵으로 하는 권리이며, 민법상 지명채권에 해당한다」는 점에서 민법상 지명채권 양도에 관한 일반규정, 판례, 해석에 따라 처리하여야 할 것으로 하고 있다. 게다가 현행법에서 통상실시권은 당연히 「일종의 배타적 성격」을 가지는 것이 된다. 그 때문에 어떠한 합의가 있으면 통상실시권을 설정한 것으로 평가할 수 있는가, 어떤 법률관계가 당연대항의 결과로서 승계되는 것인가라고 하는 문제가 중요하게 된다. 본 판결은 개정전 법 상황을 전제로 한 것이지만 통상실시권의 법적 성질을 분명히 한 선례로서 이런 문제에도 시사를 주는 것이라고 생각된다.

〈참고문헌〉
본문 중에 게재된 것 외에는 평성 23년 개정의 당연대항제도를 논한 것으로서,
1. 加藤幹之 외, 「〈座談會〉 改正特許法の課題」, L&T 53號 4頁 이하
2. 中山信弘 외, 「〈座談會〉 特許法改正の意義と課題」, ジュリ 1436號 16頁 이하
3. 飯田圭, 「當然對抗制度」, ジュリ 1436號 54頁; 飯塚卓也, 「當然對抗制度」, ジュリ 1437號 73頁

한편 본 개정에 대해서는 특허청 Web 사이트에 자료 등이 공개되어 있으며 다수 해설이 있다.

93. 라이선스 계약에 의한 제한 위반과 특허권 침해의 성립 여부── 육묘포트 사건

大阪高裁 平成 15年(2003년) 5月 27日 判決
[平成 15年(ネ) 第320号 : 特許權侵害差止等請求控訴事件]
(판례집 미등록) ◀재판소 Web

小泉直樹(고이즈미 나오키, 慶應義塾大学 敎授) 著
윤경애(법무법인 율촌 변리사) 譯

Ⅰ. 사실의 개요

　X(원고·항소인)는 발명의 명칭을 「육묘포트의 분리기구(分離治具) 및 분리방법」으로 하는 특허 제3000552호(이하, 「본건 특허」)의 특허권자이다. X는 X 포트의 판촉품으로서 본건 발명의 실시품인 포트 커터를 Y(피고·피항소인)에게 1998년 3월에 총 6대를 대여하고, X·Y 사이에 본건 대여 계약을 체결하였다. 본건 대여 계약에는 X 이외 회사의 연결형 육묘포트(連結育苗ポット)의 분리에 본건 포트 커터를 유용하는 것을 금지하는 본건 금지 조항이 존재하였다. Y는 1999년 봄부터 X 이외의 회사가 제조하는 연결형 육묘포트를 구입하였고, X는 2000년 3월에 Y에게 특허권 침해에 의거하는 경고를 하였으며 2001년 8월에 본건 대여 계약의 해제를 통지함과 동시에 본건 포트 커터의 반환을 청구하였고, Y는 본건 포트 커터를 반환하였다. X가 1999년 4월부터 2001년 8월까지 Y가 본건의 포트 커터를 타사제(他社製) 포트에 사용한 것이 특허권 침해에 해당한다고 하여 손해배상 청구 등을 한 것이 본건이다.

　원심(大阪地判 平成 14. 12. 25. 平13(ワ)9922号)은 본건 대여 계약이 본건 특허에 대한 통상실시권 허락 계약이라는 것을 인정하며, 「통상실시권자가 통상실시권을 허락하는 조건으로 내건 제한을 위반하는 것이 특허권 침해를 구성하는지 여부를 판단하기 위해서는 통상실시권의 허락에 그러한 제한이 있어야 하고, 그와 더불어 해당 제한을 준수케 하는 행위를 특허법에 규정된 권리의 본래적 행사

(이하, 「본래적 행사」라고 함)」로 평가할 수 있는가 하는 관점에서 검토해야 하며, 본래적 행사에 해당하지 않는 제한이 있는 것(이하, 「비본래적 행사」라고 함)은 특허법에 의한 권리 행사라고 볼 수 없고, 사적 자치에 따르는 것으로 그 위반도 계약상의 채무불이행을 구성하는데 불과하다고 할 수 있다」는 일반론에 입각하여, 본건 금지 조항은 「특허권자가 본래 결정권을 가지고 있지 않으며 특허 발명의 실시와 전혀 관계가 없는 제한을 부과하는 것」이므로 특허권 침해가 성립되지 않는다고 하면서 청구를 기각하였다.

Ⅱ. 판　지

항소 기각.

「허락에 의한 통상실시권(이하, 단순히 「통상실시권」이라고 함)의 법적 성질은 허락한 특허권자 또는 전용실시권자(이하, 「특허권자 등」이라고 함)와 통상실시권자 사이에서 통상실시권자가 특허권자 등으로부터 금지청구권이나 손해배상청구권의 행사를 받지 않는 것을 본질적인 내용으로 하는 채권관계로 해석되는바, 그 범위는 당사자 간의 계약(설정행위)에 따라 결정되며 그 범위를 특허권의 전체 범위로 설정하거나 또는 일부로 제한하여 설정할 수 있다(특허법 78조 2항).

상기의 제한으로는 시간적 제한, 장소적 제한, 내용적 제한이 있으며, 그중에서 내용적 제한은 특허법 2조 3항에서 정하는 생산, 사용, 양도 등의 실시 태양 중에서 하나 또는 여러 개로 제한하는 경우, 특허청구범위의 여러 청구항 중에서 일부의 실시로만 제한하는 경우, 여러 분야의 제품에 이용할 수 있는 특허에 대하여 분야별로 제한하는 경우 등을 생각할 수 있다.

통상실시권자가 그 제한 범위를 넘어서 특허발명을 업으로 실시할 때는 정당한 권원 없이 특허발명을 업으로 실시하는 행위만으로 특허권의 침해가 되며, 특허권자 등에게 금지청구권(특허법 100조)이나 불법행위에 따른 손해배상청구를 인정할 수 있게 된다.

한편 실제로 이루어지고 있는 통상실시권 설정 계약에서는 원재료의 구입처, 제품 규격, 판로, 표식의 사용 등에 대하여 종종 약정이 행해지는 경우가 있는데, 이는 특허발명의 실시행위와는 직접 관계가 없으며, 말하자면 그에 부수하는 조건을 붙인 것에 불과하므로, 그 위반은 단순한 계약상의 채무불이행에 그치게 된다고 해석하는 것이 타당하다.」

「본건 금지 조항은 통상실시권의 범위에 대하여 실시 태양을 사용에 한정할 뿐만 아니라 나아가 본건 포트 커터를 타사제(他社製) 연결형 육묘포트의 분리 등에 사용하면 안 된다는 제한을 덧붙이는 취지의 합의라고 해석된다.」「본건 포트 커터를 그러한 연결형 육묘포트에 사용하는 경우 그 육묘포트의 공급처가 어느 곳인가 하는 점은 본건 발명의 실시행위와 직접 관계가 없으며, 본래는 본건 특허권과 아무런 관계없이 Y가 결정해야 하는 사항임을 감안하면 본건 금지 조항은 통상실시권의 범위를 제한하는 것이 아니라 이것과는 다른 약정이라고 할 수 있다.」

Ⅲ. 해 설

1. 본 판결은 통상실시권 설정 계약의 여러 조건 중에서 ① 통상실시권의 「범위」(특허법 78조 2항)에 관련 당사자 사이에 합의가 있었고, 해당 제한 범위를 넘어선 특허발명의 실시가 채무불이행에 머무르는 것이 아니라 특허권 침해에 해당하는 것과, ② 부수하는 조건에 불과하여 제한 위반은 채무불이행에 불과한 것을 구별하여 판단한 사례이다. 구체적으로 말하자면, 본건 금지 조항은 본건 발명의 실시행위와 직접 관계가 없기 때문에 상기의 ②에 해당한다고 하였다. 1심에서도 상기 ①에 해당하는 제한 조항은 특허발명의 무단실시 자체를 금지하는 「특허권의 본래적 행사」에 관한 것이므로, 그러한 일반론(본 판결과 1심의 비교에 대해서는, 窪田英一郎 「實施許諾契約と許諾外の行為」 AIPPI 50卷6号314頁, 平嶋竜太 『特許ライセンス契約違反と特許権侵害の調整法理恵に関する一考察』 中山信弘先生還暦記念 『知的財産法の理論と現代的課題』[2005] 253頁)에 입각하여 본 판결과 동일한 결론을 이끌어내고 있다.

통상실시권의 범위는 당사자 사이의 허락 계약에 의해 정해지며, 그 범위를 특허권의 전부로 정하거나 일부 범위로 한정할 수 있다(中山信弘·小泉直樹編 『新·珠特許法(上)』[2011] 1236頁 〔城山康文〕). 통상실시권자가 가지는 업으로써 특허발명을 실시하는 권리는 당해 범위 내로 한정되며, 특허권 침해 소송에서 통상실시권의 존재는 항변 사실이 된다(高部眞規子 『実務詳細特許関係訴訟』[2011] 131頁). 일반적으로 통상실시권의 범위는 지역(예, 「큐슈(九州)지구 한정」), 기간(예, ○○년 ○월 ○일부터 □□년 □월 □일까지) 및 내용(예, 「생산·양도에 한정」, 「하청 생산 가능」)으로 구분된다. 통상실시권자가 특허권자의 허락 없이 당해 범위를 넘어서 특허발명을

실시한 경우 원칙적으로 특허권 침해가 되며 해당 침해행위에 의해 시장에 출시된 제품에 대해서는 특허권의 소진이 성립하지 않는다. 한편 본 판결이 방론에서 예시하고 있는 조항 즉 원재료의 구입처, 제품 규격, 판로, 표식의 사용 등에 관한 기타 의무는 통상실시권의 「범위」 외이며, 그 위반은 채무불이행에 해당한다고 생각된다(飯田圭「当然対抗制度」ジュリ1436号 57頁). 평가가 나뉘는 것은 특허 제품의 최고 제조수량의 제한(예, 「월생산 △개까지」)에 대한 것으로, 통상실시권의 범위의 합의로 보는 견해(知財高判 平成 18. 7. 20. 平18(ネ)10015号 小泉直樹「数量限定違反の特許法上の評価」牧野利秋判事退官記念『知的財産法と現代社会』[1999] 354頁, 平嶋 前掲 260頁)와 수량제한 내의 제품인지를 제3자가 판별하기 어렵고 거래의 안전을 해하는 등을 이유로 하여 통상실시권의 「범위」 외의 합의라고 보는 견해가 있다(田村善之『市場・自由・知的財産』[2003] 160頁, 三村量一『特許実施許諾契約』椙山敬士 ほか 編 『ビジネス法務大系Ⅰ ライセンス契約』[2007] 115頁).

　　2. 본 판결 후인 2008년에 창설된 가통상실시권(특허법 34조의3)의 「범위 내」에 관한 의의도 통상실시권에 관한 의의와 동일하게 위와 같은 판단이 필요하다. 한편 전용실시권과 가전용실시권은 등록이 효력 발생 요건이며(특허법 98조 1항 2호, 34조의4 1항), 어느 조항이 설정 행위의 「범위 내」인가 아닌가 하는 것은 전용실시권의 장소, 시간, 내용에 관한 제한(특허법 34조의2 2항, 77조 2항)으로 등록 가능한 사항인가 아닌가 하는 것에서 문제가 된다. 이 때문에 전용실시권에 대해서는 수량제한에 관하여 거래 안전을 고려해서 등록을 인정해서는 안 된다는 견해가 지배적(三村・前掲 104頁, 中山信弘『特許法』[2010] 421頁)이며, 이는 통상실시권의 경우에서의 논의 상황과 대조적이다.

　　특허권 이외에 지적재산권의 라이선스에 대해서도 라이선스 계약상의 제한조항 위반의 효과를 둘러싸고 특허권과 동일한 논의가 있다. 저작권에 대하여 도쿄지방재판소 판결 平成 16. 6. 18.(判時1881号101頁)은 특정 제3자의 사용에 도움이 되도록 참고용도로만 허락한 프로그램에 대하여 해당 프로그램의 저작권자의 허락을 얻지 않고 해당 제3자 이외의 자에게 그 프로그램을 대여하는 행위는 대여권(저작권법 26조의3)을 침해하는 것이라고 하였다. 또 수량제한(예, 「○○부까지 복제 가능」) 위반 행위가 저작권 침해가 되는가 하는 문제에 대해서는 학설상 찬반양론이 있다(저작권 침해가 된다는 견해로는 島並良 ほか『著作権法入門』[2009] 222頁〔橫山久芳〕, 채무불이행에 해당한다는 견해로는 中山信弘『著作権法』[2007] 330頁).

상표권에 대하여 최고재판소 판결 平成 15. 2. 27.(民集57卷2号 125頁)에서는 사용허락 조항 중 제조국의 제한 및 하청의 제한이 상표의 품질보증기능에 있어 상당히 중요하다는 것을 이유로 들어 그 위반이 상표권 침해를 구성한다고 판결하였다.

특허권, 저작권, 상표권 각각의 보호 취지에 따라 해당 조항의 위반이 지적재산권자에게 직접적으로 중요한 것인가를 판단하는 것이 필요하다는 점은 공통된다고 할 수 있다.

3. 실시허락계약에서 조항 위반이 특허권 침해가 되는지, 채무불이행에 해당하는지를 판단하는 것은 본건의 경우 이외에도 첫째, 특허권이 양도된 경우 통상실시권자가 특허권의 양수인에게 대항할 수 있는 범위(특허법 99조)를 획정(画定)할 때도 필요하다. 이러한 경우에도 본 판결이 참고가 될 수 있을 것이다. 다만 본 판결은 특허권자와 통상실시권자 간의 문제이나 특허법 99조는 통상실시권자와 특허권의 양수인 간의 문제로서 고려해야 하는 요인이 다르다는 견해도 성립될 수 있을 것이다(茶園成樹「通常実施権の対抗要件制度について」特許研究51号 9頁). 둘째, 라이선스 계약조항 위반이 특허권 침해가 되는가 하는 것은 독점금지법(独禁法) 21조의「권리의 행사」를 획정하는 경우에 문제될 수 있다. 이러한 경우에도 본 판결은 참고가 될 수 있지만, 특허권자의 권리 행사가 경쟁질서 위반이 문제될 수 있다는 점에서 본건과 같은 선상에서 논해서는 안 될 것이다(青柳由香・知的財産法政策学研究 20号 299頁).

〈참고문헌〉
본문 중에 기술한 참고문헌을 참조할 것

94. 기술적 범위의 속부의 오인과 실시계약의 착오 무효— 돌 욕조 사건

知財高裁 平成 21年(2009년) 1月 28日 判決
[平成 20年(ネ) 第10070号 : 損害賠償請求控訴事件]
(判時 2044号 130頁, 判タ 1303号 277頁) ◀재판소 Web

吉田和彦(요시다 가즈히코, 弁護士・弁理士・ニューヨーク州弁護士) 著
윤경애(법무법인 율촌 변리사) 譯

Ⅰ. 사실의 개요

X(원고・피항소인)는 Y1(개인-피고・항소인)과의 사이에서 Y1의 특허(「본건 특허」)에 대해 전용 실시권 설정 계약(「본건 실시 계약」)을 체결하고, Y1에 대해 계약금 3000만 엔을 지불하였다. 그 계약서에는 「본 계약에 기초하여 이루어진 모든 지불은 사유에 구애되지 않고 X에 반환되지 않는 것으로 한다」는 약정(「본건 불반환 조항」)이 있었다. X는 계약 체결 전에 본건 특허에 대한 통상실시권자인 Z가 설치한 돌 욕조 장치(「Z장치」)를 견학하고, Z의 대표자 및 Y1로부터 Z장치는 본건 특허에 관한 발명의 실시품이라는 설명을 받았다. X는 본건 실시 계약에 기초한 재허락 권한에 기초하여 A에게 통상실시권을 부여하고 계약금을 받았다. 그 후, Z・X 간에 특허 발명의 기술적 범위에 관한 분쟁이 생기고, 본건 특허를 무효로 하는 심결이 확정되었다. X는 Y1 및 그 경영하는 Y2(주식회사-피고・항소인)에 대해 불법 행위에 기초한 손해배상 청구 외에 예비적으로 본건 실시 계약은 착오 또는 미풍양속 위반에 의해 무효라고 주장하고, 부당 이득의 반환을 청구하였다. 원판결은 예비적 주장 중에서 특허 발명의 기술적 범위의 소속 여부에 관한 요소의 착오에 관한 주장을 인정하였기 때문에 Y 등은 항소하였다.

Ⅱ. 판   지

원판결 취소(확정).

「본건 실시 계약은 영리를 목적으로 하는 사업을 수행하는 당사자끼리에 의해 체결된 것으로, 그 대상은 본건 특허권(전용실시권)이기 때문에, 계약 당사자로서는 거래의 통념으로서 계약을 체결할 때에 계약 내용인 특허권이 어떠한 것인지를 검토하는 것은 필요 불가결하다고 할 수 있다.」

「본건에서는, X는 Y1로부터 전용실시권의 설정을 받고, 그 권리에 기초하여 제3자에게 재허락(통상실시권)을 하며, 스스로 시설을 운영함으로써 이익 도모를 계획하였던 것이므로, X로서는 이러한 사업 목적과의 관련성에 있어서 본건 특허권(전용실시권)의 가치(발명의 기술적 범위 등)를 분석, 평가 및 검토를 해야 했다고 해야 한다.」

「만약 본건 특허가 무효가 되는 사정이 발생하지 않았다고 하면, 본건 특허권은 그 특허청구범위의 기재대로의 기술적 범위 및 그 균등물에 대한 전유권을 가지고 있었던 것이고, 그 전유권은 X가 계획하였던 사업에서 유익하였다고 해야 한다. 실제로도 X는 본건 실시 계약에 기초한 재허락 권한에 기초하여 A에 대해 통상실시권을 부여함으로써 525만 엔의 계약금 지불을 받았다. 그렇다면, 기술적 범위에 대한 X의 인식 오류는 X가 계획하였던 사업에 방해가 되었다고는 도저히 이해할 수 없고, Z장치가 본건 발명의 기술적 범위 또는 그것과 균등한 범위에 포함되지 않는 한, X에 있어서 본건 실시 계약을 체결하는 의사 표시를 하는 일이 없었을 것이라고 인정할 수는 없다.

이상과 같이, X에게 본건 실시 계약의 대상인 특허권에 관한 발명의 기술적 범위에 대한 인식의 오류가 있었다고 하여 그 점이 본건 실시 계약에 대한『요소의 착오』에 해당한다고 할 수는 없다. 또한, 만약 어떠한 오인이 있었다고 해도, 이는 이러한 사업을 수행하는 과정에서 계약을 체결할 때에 당연히 조사 검토해야 하는 사항을 게을리한 것에 의한 것으로 중대한 과실에 기초한 오인이라고 해야 한다.」

III. 해 설

1. 머 리 말

어떤 자가 특허권자와 전용실시권 설정 계약이나 통상실시권 허락 계약(「실시 계약」)을 체결하여 전용실시권의 설정이나 통상실시권의 허락을 받은 후에 그 대상 특허가 무효인 것, 또는 어떤 제품 또는 방법(「제품」)이 특허 발명의 기술적 범위에 포함되지 않는 것이 확정되는 경우가 있다. 실시권자는 어떤 제품이 유효한 특허에 관한 발명의 기술적 범위에 속한다고 생각하여 계약을 체결하는 것이 통상적이고, 상기와 같은 경우, 특허의 유효성 또는 기술적 범위의 소속 여부에 관해 내심과 의사표시의 사이에 어떠한 불일치가 있을 가능성이 있기 때문에, 착오 무효(민 95조)의 여부가 문제가 되는 경우가 있다. 실시 계약이 착오에 의해 무효가 되면, 그 계약에 기초하여 지불된 금전은 법률상 원인 없이 급부된 것으로서 부당이득반환청구(민 703조·704조)의 대상이 될 가능성이 있다.

원심은 본건 불반환 조항의 존재를 이유로 무효 심결의 확정에 의한 본건 계약금의 반환 의무를 부정하였지만, 특허 발명의 기술적 범위의 소속 여부에 관한 착오에 대해서는 요소의 착오임을 인정한 것에 대해, 본 판결은 요소의 착오 성립을 부정하고, X에 어떠한 오인이 있었다고 해도 중과실이 있다고 하여 X의 청구를 부정하였다. 본건은 실시 계약에 대한 2가지 착오 무효가 주장되고, 그중 하나의 여부에 대한 판단이 1심과 2심에서 갈라진 것으로 주목받는다.

2. 특허 발명의 기술적 범위의 속부에 관한 착오에 대해

(1) 요소의 착오 여부

① 특허 발명의 기술적 범위의 소속 여부에 관한 착오에 의해 계약이 무효가 되는 것을 긍정한 재판례로서, 실용신안권에 관한 대판 1921. 6. 7.(민녹 27집 1074페이지〔방수 버선〕)(중과실 유무가 주요 쟁점임), 최판 1973. 11. 16.(민집 27권 10호 1391페이지〔트러스트 명함〕)(착오 성립을 인정한 원심 판결의 판단을 시인), 의장권에 관한 오사카지판 1973. 11. 28.(판夕 308호 278페이지〔먼지떨이〕)이 있었다(또한, 고베지판 1988. 5. 27. 판夕 687호 242페이지〔하역 선박〕은 「특허 사용료」의 지불에 대해 피고의 배가 원고의 등록실용신안의 기술적 범위에 속하지 않는 것임을 이유로 「특허 사용료」의 지불은 「근거가 없는」 「부당한 것」이라고 하였다).

한편, 부정한 재판례로서는, 오사카지판 2008. 2. 18.(평18(ワ) 8836호〔태양 전지

장치]), 오사카지판 2009. 4. 7.(판시 2065호 115페이지〔방열 시트]) 등이 있다.

　② 학설로서는, (a) if used 방식(실시권자가 제조 판매하는 제품 중에서 대상 특허 발명의 기술적 범위에 속하는 것에 한하여 실시료 지불 대상으로 하는 방식)의 경우 및 (b) 실시료가 고정액 방식으로 정해지는 경우 중에서 실시권자의 제품이 구체적으로 특정되고, 그 제품이 해당 특허 발명의 기술적 범위에 속하는 것을 명시의 전제로서 오로지 해당 제품의 제조 판매를 위해 특허 실시 계약이 체결되었다는 사정이 있을 때에는 착오 무효로 할 여지가 있다고 하는 설이 있다(아마미야 마사히코 「실시 계약」 마키노 도시아키편『재판 실무 대계 (9)공업 소유권 소송법』[1985] 384페이지. 마찬가지로 이시무라 사토시「실시 계약」 마키노 도시아키=이무라 도시아키편『신 · 재판 실무 대계 (4)지적재산 관계 소송법』[2001] 361페이지도 실시권자가 해당 특허 발명의 기술적 범위에 속하는 것을 전제로 하여 실시 계약을 체결한 경우에는 착오 무효의 여지가 있다고 한다).

　③ 이 점에 대해서는, (a) 해당 계약에서 무엇이 합의되었는지를 고찰하고(당사자의 합리적 의사의 해석), (b) 의사 표시에 관해 어떠한 인식의 불일치가 있는지를 명백히 하여 ㉮ 표시 행위의 착오인지 ㉯ 동기의 착오인지를 판별하며(인식의 불일치 검토), (c) 동기 착오의 경우에는 동기가 의사표시의 내용으로서 표시되었음을 인정하고(대판 1914. 12. 15. 민녹 20집 1101페이지, 최판 1954. 11. 26. 민집 8권 2087페이지), (d) 인식의 불일치가 요소의 착오인지를 고찰하는(전통적인 사고방식에 의하면, 「인과관계」〔그 착오가 없었으면 표의자는 의사표시를 하지 않았을 것이라고 하는 것]과 「중요성」〔그 착오가 없었으면 의사표시를 하지 않을 것이라는 것이 보통 사람의 기준에서 보아도 가장 중요한 부분에 대한 착오인 것]의 2가지 요건의 충족성에 의해 판단됨) 등의 단계를 밟게 될 것이다. 이때, 동기의 착오인지를 묻지 않는 설(후나하시 준이치 「의사 표시의 착오」『규슈제국대학 법문학부 10주년 기념 법학 논문집』[1937] 627페이지, 가와시마 다케요시 「『의사 흠결』과『동기의 착오』」 동『민법 해석학의 여러 가지 문제』[1949] 215페이지 등)에서는 (c)는 필요 없고, 그 대신에 상대방의 악의 또는 과실의 유무를 검토하게 될 것이다.

　이상에 관해, 소속 여부에 관한 착오에 대해 생각하면, (a) 실시 계약은 계약 문장이나 계약 체결시의 사정에도 따르지만, 대부분의 경우 실시권자가 어떤 제품에 대해 특허 발명을 실시해도 특허권의 행사를 받지 않고, (유상의 경우에는) 그 대가로서 금전을 지불한다는 것이 표시로부터 추측되는 기본적인 의사이며, (b) 표시로부터 추측되는 의사와 그 표시 행위에 대응하는 내심의 의사(효과의사)의 사이에 불일치는 없지만, 그 의사의 형성 과정에서 어떤 제품이 기술적 범위에 속한다는 오해가 있기 때문에 동기의 착오이고, (c) 동기가 표시되어 있다면, (d) 요소의 착오가 되는지가 문제가 된다(「인과관계」와 「중요성」이 고찰됨)고 할 수 있을 것이다.

④ 본 판결은, 사업자끼리 특허권을 대상으로 하는 실시 계약을 체결함에 있어서는 사업 목적과의 관련성에 있어서 특허권의 가치(발명의 기술적 범위 등)를 검토해야 한다고 한데다가, 본건 특허가 무효가 되지 않으면 특허권이 갖는 전유권은 X가 계획하고 있던 사업에서 유익함을 지적하고, 기술적 범위에 대한 인식 오류가 없었으면 본건 실시 계약 체결의 의사 표시를 하는 일이 없었다고까지 인정할 수는 없다고 진술하며, 기술적 범위에 대한 인식 오류가 「요소의 착오」에 해당하는 것을 부정하였다. 동기의 착오인지에 대해서는 특별한 문제로 여기지 않고(이 점에서는 동기의 착오인지를 중요시하지 않는 오늘날의 여러 가지 설도 친화성을 가짐), 요소의 착오에서의 「인과관계」(또는 「중요성」)의 요건을 부정한 것으로 볼 수도 있을 것이다. 또, 이전의 재판예에 의하면, 「인과관계」 및 「중요성」에 대해서는 긍정하는 사고방식도 있을지 모른다.

(2) 중과실 유무에 대해

요소의 착오가 긍정되어도 표의자에게 중과실이 있다면, 표의자는 착오 무효를 주장할 수 없다(민 95조 단서). 실시권자(표의자)는 사업 목적과의 관련에 있어서 대상 특허권의 가치 평가 등을 해야 한다고 하는 본 판결의 입장에서 보면, 본건에 있어서 중과실이 긍정되는 것은 당연하다고 할 수 있을 것이다. 또, 앞에서 게재한 대판 1921. 6. 7.에서는 「〔실용〕신안권자가 실물이라고 부르는 사물을 나타내며 기권리의 내용을 설명하는 이상」 상대방이 특허 공보 등에 대해 추가로 정밀 조사하지 않아도 상대방에게 중과실이 있다고는 할 수 없다고 되어 있다. 본건에서는, 1심 판결에서는 Y1도 X에 대해 Z장치가 특허 발명의 기술적 범위에 속한다고 설명하였다고 인정되어 있고, 이를 전제로 하면 중과실이 부정될 여지도 있었을지 모른다. 또한, 고마타(駒田)의 아래 책 262페이지는, 본건은 공통 착오 사례이기 때문에 표의자 중 한쪽을 불리하게 다루는 정당한 이유가 결여되므로, 민법 95조 단서는 적용하지 않아야 한다고 되어 있다.

(3) 불반환 합의의 원용 여부에 대해

착오 무효가 긍정되었다고 해도 실시료의 불반환 합의가 있는 경우에는 반환 의무가 부정되는지가 문제가 된다. 1심 판결은 이 점에서 Y1이 계약 체결 전에 특허가 무효가 되어도 계약금 등의 반환을 하지 않는 취지라고 설명하였음을 지적하여 동 조항은 계약 체결 후 무효 심결이 확정된 경우의 규정이고, 그 이외의 경우에 반환 청구를 일절 부정하는 취지까지 포함하는 합의는 아니라고 하여 동 조항의 적용을 부정하였다. 계약 문장이 「사유에 구애되지 않고 X에 반환되지 않는다」라고 되어 있기도 하며 다르게 해석할 여지도 있을 것이다.

3. 특허의 유효성에 관한 착오에 대해

이 점은 본건의 주제는 아니지만 중요한 점이기 때문에 약간 언급하면, 1심 판결은 특허의 유효성에 관한 요소의 착오 여부에 대해서는 특별히 판단하지 않고, 본건 불반환 조항에 의해 Y1의 반환 의무를 부정하고, 또한 항소심에서는 이 점은 특별히 문제가 되지 않았다.

기본적인 사고방식은 2(1)③에서 서술한 바와 같고, 통상의 실시 계약에서는 유효성에 관한 오신은 동기의 착오에 불과한 경우가 많고, 동기가 표시되어 있었다고 해도 특허에 대해서는 어떠한 무효 이유가 존재하는 일반적인 가능성이 있기 때문에, 계약 체결 시점에서는 장래 무효가 되는 추상적인 가능성이 있었다고 해도 실시 허락을 받는다는 것이 통상적이기 때문에, 「인과관계」 또는 「중요성」의 요건이 결여되고 착오 무효를 주장할 수 없는 경우가 대부분일 것이다. 또한, 어느 쪽이든 실시권자도 특허권이 무효가 될 때까지는 사실상 특허권의 배타권 은혜를 받았던 경우가 많을 것이므로, 「손실」은 없었을 가능성이 있고, 이런 의미에서도 부당이득의 요건은 만족되지 않을 수도 있을 것이다.

실시료 불반환의 합의가 있는 경우에는, 부당이득이 성립되는 경우이어도 그 합의가 유효한 한 반환 의무가 부정된다. 상술한 바와 같이, 어떠한 특허라도 무효 이유가 존재할 가능성은 부정할 수 없는 이상, 이러한 합의에 대해 착오가 성립될 가능성은 낮고, 또한 미풍양속 위반이 성립되는 경우도 많다고는 할 수 없을 것이다.

〈참고문헌〉

1. 永野周志 知財ぷりずむ7巻78号 68頁
2. 中村小裕 知財管理60巻7号 1171頁
3. 才原慶道 知的財産法政策学研究31号 147頁
4. 駒田泰土 速報判例解説5号(法セ憎刊) 259頁
5. 松田俊治ほか 長日財研フォーラム82巻 55頁

95. 독점적 통상실시권자의 손해배상청구와 특허법 제102조, 제103조의 유추적용

東京地裁 平成 10年(1998년) 5月 29日 判決
[平成 6年(ワ) 第9183号 : 実用新案権侵害差止等請求事件]
(判時 1663号 129頁, 判夕 990号 251頁)

飯塚卓也(이이즈카 다쿠야, 弁護士) 著
박민정(김앤장 변호사) 譯

I. 사실의 개요

「O자 다리 보행 교정구」(1988년 출원·본건 고안)의 실용신안권자 X1(X2의 전 대표자-원고)과 X1으로부터 독점적 통상실시권의 허락을 받아 동 고안 실시품을 판매하고 있는 X2(주식회사-원고)가 신발의 안창(본건 제품)을 제조·판매하는 Y1(주식회사-피고)과 Y1으로부터 본건 제품을 구입하여 판매하는 Y2(주식회사-피고)에 대하여 제기한 실용신안권침해금지등청구소송이다.

X1은 실용신안권에 기하여 Y등의 제조·판매행위의 금지와 재고품·금형의 폐기를 청구하고, X2는 독점적 통상실시권을 침해당하였다고 하며 Y1·Y2 각자에 대하여 불법행위에 기한 손해배상청구를 하였다.

X2는 실용신안법 29조 1항(1998년 개정전의 것)의 유추적용에 의해, Y1·Y2의 이익액 상당의 손해액이 추정된다고 주장하였다.

II. 판 지

청구인용(지연손해금은 일부인용).

재판소는 X2의 청구에 관하여 아래와 같이 판시하였다.

「X2는 본건 고안의 실시품의 제조판매에 의해 시장 및 이익을 독점할 수 있는 법적 이익을 갖고 있으므로, Y등에 의한 침해제품(본건 제품)의 제조 내지 판매는 위 이익을 침해하는 것이다.」

「개정전 실용신안법 30조에 의해 준용되는 특허법 103조는, 『타인의 특허권 또는 전용실시권을 침해한 자는 그 침해행위에 관하여 과실이 있다고 추정한다』고 규정하고 있다. 위 규정의 취지는 특허발명에 관하여는 그 존재 및 내용이 공시되어 있으므로 업으로서 새로이 제품의 제조, 판매 등을 하거나 새로이 방법의 사용을 하려고 하는 사람은 그 제품 또는 방법이 타인의 특허권을 침해하는지 여부를 위 공시에 기초하여 조사하는 것이 가능하므로 그러한 조사를 해야 하는 것으로 하여, 그 제품 또는 방법이 타인의 특허권 또는 전용실시권을 침해하는 경우에는 조사를 게을리하였거나 조사에 기초한 적절한 판단을 하지 못하는 등의 과실이 있는 것으로 추정하는 것이다. 이와 같이 위 추정규정의 근거는 특허발명의 존재 및 내용이 공시되어 있는 점에 있고, 그것이 누구의 권리인지가 공시되어 있는 점에 있는 것이 아니므로, 특허발명의 권리자로 공시되어 있지 않은 독점적 통상실시권자의 법적 이익의 침해행위에 대해서도 위 규정을 유추적용 해야 한다.」

「실용신안법 29조 1항은 실용신안권 또는 전용실시권의 침해행위에 의해 발생한 권리자의 손해액의 입증이 곤란한 점을 고려하여 마련된 정책적 규정이고, 그 취지는 후기(後記) 2(二)(1)에서 제시한 바와 같다고 인정된다. 위 항의 추정규정이 마련된 정책적 목적 및 추정을 뒷받침하는 사회적 사실은 침해된 것이 등록실용신안의 독점적 통상실시권이더라도 변하는 것이 아니므로, 독점적 통상실시권의 침해에 의한 손해배상청구의 경우에도 실용신안법 29조 1항을 유추적용 할 수 있는 것이다.」

「2… (二)…(1) 실용신안법 29조 1항의 입법 취지는 실용신안권자 또는 전용실시권자가 침해행위에 의한 손해배상을 청구하려고 하는 경우, … (일실이익)의 범위 인정 및 손해액 산정에 관하여는 침해행위가 없었다면 권리자가 얻었을 이익이라고 하는 현실로 발생한 사실과 다른 가정의 사실에 기초한 추론이라고 하는 사정의 성질상 침해행위와의 인과관계의 존재, 손해액산정의 기초가 되는 각종 액수 등을 증명하는 것의 곤란을 동반하는 경우가 많다. 그래서 침해행위에 의해 침해행위자가 얻은 이익의 액을 피해자의 일실이익으로 추정하는 것에 의해서, 권리자의 손해증명방법의 선택지를 넓혀 피해의 구제를 도모함과 동시에 침해행위자에게 추정의 복멸을 위한 증명을 할 여지를 남겨두고 권리자에게 객관적으로 타당한 일실이익의 회복을 얻게 하는 점에 실용신안법 29조 1항의 손해액추정규정이 마련된 정책적 목적이 있는 것이라고 해석된다. 그리고 위 추정규정의 전제에는 권리자와 경쟁관계에 있는 침해행위자가 침해행위에 의해 어떤 판매수지실적을 현실로 거두고 있는 이상, 권리자도 동일한 판매수지실적을 올릴 수 있는 개연성이 있다고 하는 추정을 뒷받침하는 사회적 사실의 인식이 있다는 것도 인정된다.」

Ⅲ. 해   설

1. 독점적 통상실시권자의 손해배상청구권

특허권과 실용신안권이 침해된 경우, 당해 특허발명 등의 독점적 통상실시권자도 침해자에 대하여 자신이 입은 고유한 손해의 배상청구를 할 수 있다고 하는 것이 재판례의 대세이다(① 大阪地判 昭和 54. 2. 28. 無体裁集11巻1号 92頁[인공식모용 식모기 실용신안], ② 大阪地判 昭和 59. 12. 20. 無体裁集16巻3号 803頁[헤어브러시 의장], ③ 大阪地判 平成 3. 5. 27. 知的裁集23巻2号 320頁[이축(二軸)강제혼합기 특허], ④ 大阪地判 平成 3. 12. 25. 判工8353の18頁[토레나 상표], ⑤ 東京地判 平成 10. 10. 12. 知的裁集30巻4号 709頁[시메티딘 특허], ⑥ 大阪地判 平成 13. 10. 9. 平10(ワ)12899号[전동식 파이프 구부림 장치 특허], ⑦ 東京地判 平成 17. 5. 31. 判時1969号 108頁[유도전력분배시스템 특허] 외).

독점적 통상실시권자의 손해배상청구를 인정하는 근거를 어디에서 구하는가에 대하여는, 실시권자가 실용신안권자의 개인경영이라고 하는 개별 사정에 기한 양자의 실질적 일체성에서 구한 것(판결①④)과 채권침해의 법리에서 구한 것(⑧ 神戸地判 平成 8. 9. 9. 判工2期版6691の180頁[세폭(細幅)레이스지 의장])도 있지만, 대부분의 재판례는 독점적 통상실시권자의 「독점적으로 발명을 실시할 수 있는 지위」자체를 특허권 침해자와의 관계에서 법률상 보호되는 이익이라고 해석하고 이의 침해를 이유로 청구를 인정하고 있다(판결②③⑤⑥⑦ 등).

본건 재판소도 X2의 「본건 고안의 실시품의 제조판매에 따라 시장 및 이익을 독점하는 것이 가능한 법적 이익」에 대한 침해를 인정하고 있고 이 입장에 따랐다.

한편 특허권자 등의 실시도 금지되는 완전독점적 통상실시권인 점을 손해배상청구를 인정하는 이유로 한 판결(판결②)도 있지만, 완전독점성을 묻지 않은 판결이 많다(판결⑤⑥⑦). 본 재판례도 같다.

그런데 본건에서 재판소는 X2가 X1으로부터 독점적 통상실시권의 허락을 받

고 있는 사실만으로 X2의 「법적 이익」을 인정하고 있지만, 최근 독점적 실시허락의 합의가 있으면 좋은지, 실제로도 시장에서의 독점상태가 실현되고 있을 것을 요하는지 라고 하는 문제가 있다(상표권자가 약정에 반하여 제3자에게 사용허락을 하였다는 것을 이유로 독점적 사용권자의 배상청구를 배척한 판결로서 東京地判 平成 15. 6. 27. 判時1840号 92頁[꽃가루 목사탕 상표]. 반대 : 增井和夫・田村善之『特許判例ガイド〔第3版〕』[2005] 468頁).

2. 과실추정규정의 유추적용의 가부

침해자의 과실을 법률상 추정하는 특허법 103조는 문언상은 독점적 통상실시권자의 배상청구를 대상으로 하지 않았기 때문에 유추적용의 가부가 문제였다.

종래부터 특허권자나 전용실시권자와 달리 독점적 통상실시권자는 공시가 되지 않는 점에서 유추적용의 기초를 갖고 있지 않다는 점을 이유로 유추적용을 부정하는 견해가 유력하였다(中山信弘編著『注解特許法（上）〔第2版〕』[1989] 907頁〔青柳昤子〕, 吉原省三『特許権侵害による損害賠償請求訴訟の要件事実』石黒淳平先生追悼『無体財産権法の諸問題』[1980] 183頁 等).

재판례는 나뉘어지며, 채권침해의 일반적 법리에 맡겨야 한다고 하는 관점에서 적용을 부정하는 것(大阪高判 昭和 57. 9. 16. 無体裁集14巻3号 571頁[톱용 배금(背金) 의장], 판결⑧ 등), 특별히 명확한 이유를 제시하지는 않았지만 유추적용의 가능성을 보여준 것(판결②), 독점적 통상실시권자의 권리자와의 일체성에 기하여 실시권자를 전용실시권자와 동일시할 수 있는 점을 이유로 유추적용을 인정한 것(판결④) 등이 있다.

이 문제에 관하여 본건 재판소는 실용신안법 30조(1993년 개정 전)에 의하여 준용되는 특허법 103조의 독점적 통상실시권자에의 유추적용을 인정할 때 과실추정규정의 취지는 특허발명의 존재 및 내용의 공시와 사업자로서는 신제품 또는 방법이 타인의 특허권을 침해하지 않는지에 대하여 조사할 수 있고 또한 조사해야 한다고 하는 점에서 구하고, 그것이 누구의 권리인지가 공시되어 있는 점에는 없다고 해석하고, 독점적 통상실시권이 등록을 요하지 않는 점은 유추적용의 장애로 되지 않는다고 판시하였다.

이 명쾌한 이유 설시는 그 후의 재판례의 동향에도 영향을 주어 본 재판례에 제시된 것과 같은 이유를 기술하며 과실추정규정의 유추적용을 인정한 재판례가 그 후 여럿 나타나고 있다(판결⑥⑦. 한편, ⑨ 東京高判 平成 16. 4. 27. 平14(ネ)4448号

[소결축수재(燒結軸受材)제조법 특허] 등은 여전히 권리자와 실시권자의 실질적 일체성을 이유로 하고 있다).

3. 특허법 102조 1항(현행 2항)의 유추적용의 가부

본건에서 재판소는 또한, 침해에 의한 이익액을 권리자의 손해액으로 추정하는 실용신안법 29조 1항(1998년 개정 후에는 2항)의 독점적 통상실시권자에의 유추적용을 인정하였다.

특허법 102조 1항(현 2항) 등의 동종규정의 유추적용의 가부에 관하여는, 그것이 특허권자와 전용실시권자에게 특별히 인정된 특별규정인 점과 실손해를 회복한다고 하는 손해배상의 원칙을 이유로 안이한 유추적용을 하여서는 안 된다고 하는 견해(中山編著·전게 908頁〔靑柳〕)가 종래부터 유력하고, 재판례로서도 의장법의 동종규정(의장 39조 1항)의 유추적용을 구하는 주장에 대하여 문언상의 이유만으로 주장을 배척한 것(東京高判 昭和 56. 3. 4. 無体裁集13卷1号 271頁〔擬餌[1]意匠〕 등)이 있다.

한편, 유추적용을 인정하는 견해(織田季明·石川義雄 『增訂新特許法詳解』[1972] 343頁, 馬瀬文夫『特許の無斷実用化と不当利得』谷口知平教授還曆記念『不当利得·事務管理の 研究 (1)』[1970] 258頁)와 재판례(판결②)도 존재한다.

그중에서, 본 판결은 실용신안법 29조 1항의 독점적 통상실시권자에의 유추적용을 허용하여야 하는 이유를 명시하고 있는 점에서 특징적이다. 재판소는 전게 판지에서 언급하였듯이 동 추정규정의 정책적 목적 및 추정을 뒷받침하는 사회적 사실은 독점적 통상실시권 침해에 있어서도 변함이 없다고 설시하고 유추적용을 긍정하였다.

본 판결 이전에 손해액추정규정의 일반적인 유추적용 가능성을 보인 것으로는 문서제출명령에 관한 大阪高決 昭和 62. 3. 16.(判工2327の109頁) 등이 존재하고 있지만, 유추적용을 긍정한 사례에서도 대부분 권리자와의 실질적인 일체성과 실질적인 전용실시권자적 성질을 긍정할 수 있는 개별 사정을 강조하고 있다.

이에 반해 본건에서도 실용신안권자가 실시권자의 전 대표자라고 하는 밀접한 관계가 있지만 재판소는 이 사정을 유추적용의 이유로 들지 않고 전게 판지와 같이 규정 자체의 취지를 유추적용의 이유로 들었다. 이 점의 판시도 또한 그 후 다른 재판에 영향을 미쳤다(판결⑥⑨ 참조).

---

1) '제물낚시로 된 미끼'를 의미한다.

더욱이 현재는 침해품수량에 정규품의 단위당 이익을 곱한[2] 계산규정(실용신안[3] 29조 1항)에 관하여 유추적용을 인정하는 재판례도 나와 있다(大阪地判 平 16. 7. 29. 平13(ワ) 3997号[지표 매설용 뚜껑 있는 테두리 실용신안]).

학설상으로도 특허법 102조 1항 및 2항에 관하여는 유추적용을 긍정하는 견해가 지배적이다(中山信弘 『特許法』[2010] 433頁).

이에 반하여 실시료 상당 손해를 인정하는 특허법 102조 3항 등의 유추적용에 관하여는 문제가 있다. 독점적 통상실시권자이더라도 당연히는 재실시허락권을 갖지 않으므로 실시료 상당 손해의 일실이익을 바로 관념할 수 있는지 의문이 있기 때문이다. 이 점에 관하여는 이들 규정이 배상액의 최저한도를 보장하는 취지의 규정이라는 점을 이유로 유추적용을 인정하는 재판례도 있다(大阪高判 平成 12. 12. 22. 平11(ネ)2603号[포장용 상자 실용신안][단, 무상실시례], 판결⑦ [단, 통상실시권자에게 재실시허락권이 있는 사안]). 그러나 한편으로 특허권자 등도 실시료 상당액의 손해배상청구권을 가질 가능성이 있으므로 안이하게 독점적 통상실시권자에의 유추적용을 인정하면 침해자가 실시료 상당액의 이중지급을 어쩔 수 없이 하게 되는 점이 있다고 하는 불공평한 사태가 발생할 우려가 있다. 그러므로 실시료 상당액 규정의 유추적용의 가부가 문제되는 개별 사안에 따른 신중한 검토가 필요하고 또는 적어도 손해액 계산에 관하여 적절한 조정을 하는 것이 필요하다.

같은 이유로 독점적 통상실시권자가 특허권자 등에게 실시료 지급의무를 부담하고 있는 경우 등에는 독점적 통상실시권자의 손해배상액의 산정에 있어서는 1항 또는 2항으로 손해액을 계산하는 경우라도 특허권자 등에게 지급해야 하는 실시료 등의 금액을 공제할 필요가 있다(판결③⑤⑥⑦ 등 참조).

〈참고문헌〉
金子敏哉 『特許権の侵害者に対する独占的通常実施権者の損害賠償請求権』 知的財産法政策学研究21巻 203頁

---

2) 원문에는 '積算'하였다고 기재되어 있다.
3) 원문에는 '新案'이라고만 기재되어 있다.

96. 독점적 통상실시권자에 의한 금지청구권의 대위행사

東京地裁 昭和 40年(1965년) 8月 31日 判決

[昭和 37年(ワ) 第9862号 : 特許権侵害差止損害賠償請求事件]

(判タ 185号 209頁)

村井麻依子(무라이 마이코, 筑波大学 専任講師) 著

김동준(충남대학교 법학전문대학원 교수) 譯

Ⅰ. 사실의 개요

X(원고)는 공작기계의 캠(cam) 장치의 개량에 관한 특허권을 가진 소외 A(프랑스 법인)로부터 본건 특허발명을 독점적으로 실시할 권리를 부여받은 자이다. X는 Y(피고)가 본건 특허권을 침해하는 제품을 제조·판매하였다고 하여 손해배상과, 특허권자인 A를 대위하여 금지 및 폐기를 구하였다.

Ⅱ. 판   지

청구 일부인용, 일부기각(아래와 같이 설시하여 A의 대위에 의한 X의 금지청구를 인정하였다).

"(1) Y가 현재 업으로서…점감절입장치(漸減切込裝置)를 갖춘 'KM-5형 고속자동나사절기(切機)'를 생산하여, 양도하거나 양도를 위해 전시하고 있는 것은 당사자 사이에 다툼이 없는바, 위 물건이 본건 특허발명의 기술적 범위에 속하는 것은 앞의 판시와 같으므로 A는 Y에 대하여 본건 특허권에 기초하여 위 행위의 금지를 청구할 권리를 갖는다고 할 수 있다. …

(2) 그리하여 X는 A에 대하여 앞의 판시와 같이 본건 특허발명의 독점배타적 및 전면적 실시에 적극적으로 협력할 것을 청구할 채권을 가지며, 따라서 X는 위 채권을 보전하기 위해 채무자 A를 대위하여 A가 Y에 대하여 갖는 위 (1) 기재

의 금지청구권을 행사할 수 있다고 해석해야 하므로 X의 Y에 대한 전기(前記) 행위의 금지청구는 그 이유가 있다고 할 수 있다….”

한편, 폐기청구에 대하여는, Y가 침해품을 소유·점유하고 있는 사실이 인정되지 않는다고 하여 기각하였다. 손해배상청구에 대하여도 어느 정도의 수량의 판매가 Y의 행위에 의하여 방해되었는지 여부가 분명하지 않다는 등의 이유로 기각하였다.

Ⅲ. 해 설

1. 들어가며

(1) 특허권의 독점적 라이센스

라이센시(licensee)를 한정하는 독점적 라이센스에는 특허법이 정한 ‘전용실시권’(77조)과, 특허법상은 통상실시권(78조)이지만, 계약당사자 사이에서는 독점성의 합의가 된 소위 ‘독점적 통상실시권’이 있다.

① 전용실시권

특허법은 특허권을 독점적으로 라이센스하는 수단으로서 전용실시권(77조)을 마련하고 있다. 전용실시권자는 특허권자와 마찬가지로 스스로 금지청구권이나 손해배상청구권을 행사할 수 있다(100조~103조, 104조의2~106조). 또한, 전용실시권의 설정자(특허권자)는 전용실시권을 설정한 범위에 대하여 당해 특허발명을 실시할 수 없게 된다(68조 단서). 이러한 전용실시권은 등록이 효력발생요건으로 되어 있고, 계약만으로는 효력이 생기지 않는다(98조 1항 2호).

② 독점적 통상실시권

전용실시권의 등록에 수반하는 문제(계약의 존재나 등록사항 등의 비밀로 하고 싶은 정보가 개시(開示)되어 버리는 점, 등록의 수고나 비용)로 인해 실제로는 독점적 라이센스의 수단으로서 다른 자에게 실시권을 부여하지 않는 취지의 특약을 붙인 통상실시권(특허 78조)이 설정되는 경우가 많다(知的財産研究所,『ライセンス・特許を受ける権利に係る制度の在り方に関する調査研究報告書』[2009] 참조). 이러한 라이센스는 ‘독점적 통상실시권’이라고 부르며, 허락된 범위에 대하여 특허권자 자신도 실시하지 않는 취지의 특약이 된 경우 ‘완전 독점적 통상실시권’이라 부른다.

통상실시권의 보호에 대하여, 비독점적 통상실시권의 경우에는 손해배상 및 금지청구 모두 부정되고 있다(大阪地判 昭和 59. 4. 26. 無体裁集 16卷 1号 271頁). 통상실시권은 실시권자 이외의 자에게도 부여하는 것이 가능하며 통상실시권자는 스스로 실시할 수 있는 것의 허락을 받은 것에 지나지 않기 때문이다.

독점적 통상실시권도 특허법상 및 등록상의 취급은 통상실시권과 다른 점은 없지만 특허권의 침해에 의해 독점적 지위가 침해된 점에서 비독점적 통상실시권과 다르다. 그래서 독점적 통상실시권자가 금지청구권이나 손해배상청구권을 행사할 수 있는가 하는 문제가 생긴다.

그리고 독점적 통상실시권자에게 금지청구권을 인정하는 이론구성으로서는, ① 독점적 통상실시권자에게 고유의 금지청구권을 인정하는 방법과, ② 특허권자가 갖는 금지청구권을 대위행사(일본 민법 423조)하는 것을 인정하는 방법이 있다.

(2) 채권자 대위제도

채권자 대위권(일본 민법 423조)은, 본래 자력(資力)이 없는 채무자의 재산의 감소를 막기 위해 채권자가 채무자를 대신하여 그 권리를 행사하는 제도이다. 따라서 보전할 필요가 있는 피보전채권이 금전채권일 것이나, 채무자가 무자력(無資力)일 것이 요건으로 되어 있다.

그런데 채권자 대위권은 본래의 적용과는 달리 특정한 채권(특정채권이나 특정한 금전채권)의 내용을 실현하기 위해 전용(転用)되는 경우가 있다. 전용의 장면에서는 책임재산의 보전이 문제로 되지 않으므로 채무자의 무자력 요건은 불필요하게 된다.

구체적인 전용의 장면으로서는, ① 부동산이 A→B→C로 양도된 경우에 C가 B의 A에 대한 등기청구권을 대위행사하는 사안이나(大判 明治 43. 7. 6. 民錄 16輯 537頁), ② 부동산의 임차인 A가 불법점유자 C에 대한 임대인 B의 방해배제청구권을 대위행사하는 사안(大判 昭和 4. 12. 16. 民集 8卷 944頁) 등에서 전용이 인정되어 왔다.

게다가 저당권자 A가 저당부동산의 불법점유자 C에 대한 부동산 소유자 B의 방해배제청구권을 대위행사할 수 있는지에 대하여, 최고재는 판례변경을 하여 이것을 인정하였다(最大判 平成 11. 11. 24. 民集 53卷 8号 1899頁). 여기에서는 저당부동산의 교환가치의 실현이 방해되어 저당권자의 우선변제청구권의 행사가 곤란하게 되는 상황이 있는 경우에는 저당권자는 저당부동산의 소유자에 대해 상기 상태를 시정하고 저당부동산을 적절하게 유지 또는 보존하도록 요구할 청구권을 보전하기 위해 민법 423조의 법 취지에 따라 소유자의 불법점유자에 대한 방해배제청구권을 대위행사할 수 있다는 취지를 판시하고 있다.

이와 같은 채권자 대위제도를 독점적 통상실시권자가 특허권자의 금지청구권을 대위행사하기 위해 전용할 수 있는지 여부가 문제로 된다.

2. 재 판 례

독점적 통상실시권자에 의한 금지청구에 대하여, 재판례는 대위를 긍정하는 것과 대위(및 고유의 금지청구권)를 부정하는 것으로 나뉘고 있다.

(1) 긍 정 례

본 판결은, 독점적 통상실시권자에 의한 금지청구권의 대위행사를 긍정한 재판례로서 자리매김하고 있다. 마찬가지로 추상론(일반론)으로서 대위를 긍정한 재판례로서 메밀국수(蕎麦麵)의 제조방법에 관한 특허에 대하여 다투어진 사건이 있다(東京地判 平成 14. 10. 3. 平12(ワ)17298号). 법원은, "독점적 통상실시권자에 대하여는 고유의 금지청구권은 인정되지 않지만, 특허권자(공유지분권자를 포함한다)가 갖는 금지청구권(특허법 100조)을 대위행사(민법 423조)할 수 있다고 해석하는 것이 타당하다"고 설시하고 있다. 다만, 특허권 침해를 부정하였기 때문에 결론적으로 금지청구는 기각되었다.

(2) 부 정 례

다른 한편, 독점적 통상실시권자에 의한 금지청구권의 대위행사를 부정한 재판례로 자리매김된 것은, 헤어브러쉬(hair brush)의 의장권(디자인권)에 관한 판결이다(大阪地判 昭和 59. 12. 20. 無体裁集 16卷 3号 803頁). 전용실시권의 설정이 약속되었던 것이 미등록되었던 사안에 있어서, 법원은 원고를 완전 독점적 통상실시권자로 인정하였지만 고유의 금지청구권, 채권자 대위에 의한 금지청구권 모두를 부정하였다.

그 이유로서, 고유의 금지청구권에 대하여는, ① 통상실시권 나아가 완전 독점적 통상실시권의 성질은 실시를 용인할 것을 청구하는 권리에 불과하며, 제3자가 실시한 경우에도 실시권자의 실시는 방해되지 않는다는 점, ② 의장법은 금지청구권을 행사할 수 있는 자로서 의장권자 또는 전용실시권자만을 규정하고 있는 점을 들고 있다. 대위에 의한 금지청구에 대하여도, ① 의장권은 중첩적인 이용이 가능하므로 채권자 대위제도를 전용할 현실적 필요성은 부족하다는 점, ② 본건에 있어서 권리자에게 제3자의 침해행위를 금지해야 할 작위의무는 인정되지 않고, 대위에 의해 채무의 이행이 확보되는 관계에 있지 않다는 등의 이유로부터, 이것을 부정하였다. 한편, 항소심에서는 등록을 거쳐 전용실시권에 의한 금지청구가 인정되었다(大阪高判 昭和 61. 6. 20. 無体裁集 18卷 2号 210頁).

3. 학   설

독점적 통상실시권자에 의한 금지청구의 가부에 대하여, 고유의 금지청구권까지 인정하는 학설은 거의 없지만(긍정하는 설로 盛岡一夫, "通常實施權者の差止請求權," 日本工業所有權法學會年報 8号 71頁), 채권자 대위에 의한 금지청구권의 행사에 대하여는 부정하는 학설도 있지만 긍정하는 학설이 많다.

(1) 대위부정설

금지청구권을 행사할 수 있는 자가 특허권자와 전용실시권자에 한정되어 있는 현행법의 해석으로서는 독점적 통상실시권자의 채권자 대위에 의한 금지청구권의 행사가 인정되지 않아도 어쩔 수 없다고 한다(渋谷達紀,『知的財産法講義 I〔第2版〕』[2006] 376頁).

(2) 대위긍정설

종래부터 대위에 의한 금지청구권을 긍정하는 학설은 존재하였지만(中山信弘, "通常実施権の侵害," 中松澗之助先生追悼『国際工業所有権の諸問題』[1976] 485頁 이하 참조), 최근의 학설에 있어서는 대위의 전제로 되는 피보전채권으로서의 침해배제의무의 유무가 대위를 인정할 것인지 여부의 지표로 되는 것이 많다.

한편, 독점적 통상실시권자가 특허권자를 대위하여 금지청구를 하는 경우, 제3자는 특허권자에 대한 항변으로 대항할 수 있다. 따라서 금지할 수 있는 것은 어디까지나 허락없이 침해행위를 하고 있는 제3자이며, 계약에 위반하여 특허권자가 제3자에게 실시허락을 한 경우 독점적 통상실시권자는 특허권자에 대하여 채무불이행 책임을 추궁할 수 있음에 그친다(田村善之,『知的財産法〔第5版〕』[2010] 341頁, 高林龍,『標準特許法〔第4版〕』[2011] 197頁).

① 침해배제의무가 있는 경우에 대위를 긍정하는 설

특허권자가 침해배제를 계약상의 의무로서 명시적으로 부담하고 있는 경우에, 예외적으로 대위행사를 인정하는 설이 있다(竹田稔,『知的財産権侵害要論〔第5版〕』[2007] 278頁, 高林龍, 前揭 197頁).

이에 대해, 명시의 특약에 한하지 않고 제반사정을 종합적으로 감안하여 배제의무의 유무를 고려해야 한다는 설이 있다(中山信弘,『特許法』[2010] 435頁, 中山信弘編著,『注解特許法(上)〔第3版〕』[2000] 833頁〔中山信弘〕).

게다가 특정의 실시권자에게 독점적 실시를 허락한다고 하는 독점통상실시권 허락계약의 취지로부터 허락자인 특허권자에게 침해를 배제할 의무가 있다고 해석하고, 독점적 통상실시권자 일반에게 채권자 대위에 의한 금지청구를 인정하

는 설도 있다(牧野利秋, "特許権侵害訴訟における差止請求及び損害賠償請求の要件事実," 牧野利秋=飯村敏明 編『新・裁判実務大系(4) 知的財産関係訴訟法』[2001] 55頁).

② 침해배제의무가 없어도 대위를 긍정하는 설

특허권자에게 침해배제의무가 없다고 하더라도 다른 자에게 실시허락하지 않는다고 하는 채권을 갖는 독점적 통상실시권자를 법적으로 보호해야 할 이익이 있는 이상, 이것을 피보전채권으로 하는 채권자 대위를 인정해야 한다는 설이 있다(田村, 前掲 341頁, 최고재(前掲 最大判 平成 11. 11. 24.)가 피보전채권을 가치적으로 파악하고 있다고 하고, 마찬가지로 독점적 통상실시권자에 의한 대위를 원칙적으로 긍정하는 설로, 浜田治雄・福田栄司, "独占的通常実施権者の差止請求権の代位行使の可否," 知財ジャーナル 1巻 1号 209頁).

또한, 단적으로 특허발명의 실시를 독점시키는 것을 청구하는 권리를 피보전채권으로 하여 대위를 긍정하는 설도 있다(高部眞規子, "特許権に基づく差止請求訴訟の要件事実," 武藤春光先生喜寿『法曹養成と裁判実務』[2006] 569頁).

③ 그 외의 설

전용실시권에 한없이 가까운 상태가 아니면 금지청구권은 인정되지 않는다고 하여 완전 독점적 통상실시권일 것, 침해배제의무가 명시적 혹은 묵시적으로 부과되어 있을 것, 통상실시권의 등록이 되어 있을 것을 채권자 대위의 전용에 요구하는 설(諏訪野大, "独占的通常実施権者について - 独占の性質ならびに差止請求の可否・条件とその既判力," 日本工業所有権法学会年報 31号 29頁 이하), 침해배제의 보증조항이나 그 외 제반 사정을 종합적으로 참작하여 채권자 대위를 인정할 실익이 있는 경우인지를 판단하는 것을 제안하는 설(山上和則, 本百選〈第3版〉211頁) 등이 있다.

4. 검 토

독점적 통상실시권이 설정된 경우, 허락자인 특허권자에 의해 특히 스스로 실시를 하고 있지 않은 경우에는 실시료의 지불을 받을 수만 있다면 수고나 비용을 들이면서까지 침해를 배제하고자 하는 인센티브는 크지 않다. 한편, 독점적 통상실시권자는 침해에 의해 시장의 점유율을 빼앗기는 등에 의해 손해를 직접 입게 된다(中山信弘・小泉直樹 編, 『新・注解特許法(上)』[2011] 1240頁〔城山康文〕等).

이러한 구조적 문제를 감안하면, 적어도 독점적 통상실시권의 계약에 있어서 단지 다른 자에게 중복하여 허락을 하지 않는다고 하는 이상으로 특허권자에게 침해배제의무가 부과되고 있는 경우에는 특허권자에게 금지청구권을 행사할 것을 요구할 채권을 보전하기 위해 독점적 통상실시권자의 채권자 대위에 의한 금지청구권의 행사가 인정되어야 할 것이라고 생각할 수 있다.

재판례의 이해로서도, 본건은 침해배제의무가 인정되는 사안이었다고 생각되며, 대위를 부정한 헤어브러쉬 사건 판결(前揭 大阪地判 昭和 59. 12. 20.)은 침해배제의무가 인정되지 않은 사안이었다고 파악할 수 있다(雨宮正彦, 特許管理 36卷 4号 478頁 등).

나아가 침해배제의무가 존재하지 않는 경우에도 채권자 대위를 인정해야 하는가 즉, 독점적 통상실시권자 일반에게 금지청구권을 인정해야 할 것인가에 대하여는, 2011년 개정에서는 보류된 채 전용실시권의 개정을 포함하여 독점적 라이센스 제도의 정비에 맞춘 검토가 되어 있는 점이 주목된다(産業構造審議会知的財産政策部会, 「特許制度に関する法制的な課題について」[2011] 11-12頁).

〈참고문헌〉
본문 중에 기재한 것

97. 전용실시권을 설정한 특허권자에 의한 금지청구의 가부

最高裁 平成 17年(2005년) 6月 17日 判決
[平成 17年(受) 第997호 : 特許權侵害差止請求事件]
(民集 59卷 5호 1074頁, 判時 1900号 139頁, 判タ 1183号 208頁) ◀재판소 Web

今村哲也(이마무라 테쓰야, 明治大学 准教授) 著
성창익(변호사) 譯

Ⅰ. 사실의 개요

X1(원고·항소인·피상고인)은 발명의 명칭을 '생체고분자-리간드분자의 안정복합체 구조의 탐색방법'으로 하는 특허의 특허권자이고, 주식회사인 X2의 대표자이다. X2(원고·항소인)는 X1로부터 본건 특허권에 관하여 범위를 전부, 지역을 일본 전국, 기간을 특허권의 존속기간 전부로 하는 전용실시권을 설정받은 전용실시권자이다.

Y(피고·피항소인·상고인)는 어떤 프로그램을 기록한 CD-ROM(나호 물건)을 미국의 소외 A사로부터 수입하여 일본 국내에서 판매하고 있다. 그 프로그램에는 FlexX라고 하는 모듈(프로그램)을 사용하는 복합체 탐색방법(나호 방법)이 포함되어 있다.

X들은 나호 방법은 본건 특허발명의 기술적 범위에 속하고 또한 나호 물건은 본건 특허발명의 실시에만 사용하는 물건에 해당한다는 것을 이유로 나호 물건의 판매 금지를 구하였다.

1심 판결(東京地判 平成 15. 2. 6. 民集 59卷 5호 1080頁 참조)은 "특허권에 전용실시권이 설정되어 있는 경우에는, 설정행위에 의하여 전용실시권자가 그 특허발명을 실시하는 권리를 전유하는 범위에 관하여는 금지청구권을 행사할 수 있는 자는 전용실시권자에 한하고 특허권자는 금지청구권을 행사할 수 없다"고 설시하여 X1의 청구를 기각하였다. 또한, 나호 방법은 본건 특허발명의 기술적 범위에 속하지 않는다고 하여 X2의 청구도 기각하였다.

이에 대하여 원판결(東京高判 平成 16. 2. 27. 前揭 民集 1127頁 참조)은 전용실시권을 설정한 특허권자도 금지청구권을 가진다고 판단함과 아울러, 나호 물건에 의한 침해를 긍정하여 X들의 청구를 인용하였다.

Y는 상고수리신청을 하였으나, 본 판결은 판지와 같이 설시하여 전용실시권을 설정한 특허권자에 의한 금지청구권의 행사를 긍정하고 상고를 기각하였다.

II. 판 지

상고기각.

"특허권자는 그 특허권에 관하여 전용실시권을 설정한 때에도 당해 특허권에 기하여 금지청구권을 행사하는 것이 가능하다고 해석함이 상당하다. 그 이유는 다음과 같다.

특허권자는 특허권 침해의 정지 또는 예방을 위하여 금지청구권을 가진다(특허법 100조 1항). 그리고 전용실시권을 설정한 특허권자는 전용실시권자가 특허발명을 실시하는 권리를 전유하는 범위에 관하여는 업으로서 그 특허발명을 실시할 권리를 잃는 것으로 되어 있는바(특허법 68조 단서), 이 경우에 특허권자는 금지청구권도 잃는 것인가가 문제 된다. 특허법 100조 1항의 문언상 전용실시권을 설정한 특허권자에 의한 금지청구권의 행사가 제한된다고 해석하여야 할 근거는 없다. 또한, 실질적으로 보더라도 전용실시권의 설정계약에서 전용실시권자가 매상고에 기하여 실시료액을 정하는 것으로 되어 있는 경우에는 특허권자에게는 실시료 수입의 확보라는 관점으로부터 특허권의 침해를 제거하여야 하는 현실적인 이익이 있다는 것은 명백한데다가, 일반적으로 특허권의 침해를 방치하고 있으면 전용실시권이 무엇인가의 이유에 의하여 소멸하고 특허권자가 스스로 특허발명을 실시하려고 할 때에 불이익을 입을 가능성이 있다는 점 등을 고려하면 특허권자에게도 금지청구권의 행사를 인정할 필요가 있다고 해석된다. 이러한 점을 고려하면 특허권자는 전용실시권을 설정한 때라도 금지청구권을 잃지 않는 것으로 해석하여야 한다."

Ⅲ. 해   설

1. 특허법은 "특허권자 또는 전용실시권자는 자기의 특허권 또는 전용실시권을 침해하는 자 또는 침해할 우려가 있는 자에 대하여 그 침해의 정지 또는 예방을 청구할 수 있다"고 정하고 있다(100조 1항). 특허권자는 업으로서 특허발명을 실시할 권리를 전유하는 것으로 되어 있으나(68조 본문), 특허권자가 전용실시권을 설정한 경우 전용실시권자가 특허발명을 실시할 권리를 전유하는 범위에 관하여는 업으로서 그 특허발명을 실시할 권리를 잃는 것으로 되어 있다(같은 조 단서). 이러한 조문으로부터는 전용실시권을 정한 경우 그 설정 범위 내에서 특허권자가 자기의 특허권에 기한 금지청구권을 잃는가가 반드시는 명확하지 않아서 해석론상의 문제가 생긴다.

2. 이 논점에 관한 학설은 특허권자의 금지청구권을 인정하지 않는 부정설, 금지청구권을 인정하는 압도적 다수의 긍정설, 일정한 경우에만 긍정하는 중간설로 분류된다(학설 분류에 관하여 中山信弘 · 小泉直樹編『新 · 注解特許法(上)』[2011] 1020頁 [鈴木將文]). 또한, 본건 최고재 전의 하급심 재판례의 정리에 의하면 긍정설에 입각한 것이 7건(山口地判 昭和 38. 2. 28. 判夕 142号 184頁, 東京地判 昭和 39. 3. 18. 判時 377号 63頁 등), 부정설에 입각한 것이 2건 존재한다(岡田洋一「專用実施権を設定した 特許権者の差止請求訴訟における原告適格」岡山商科大学法学論叢16号 98頁 이하). 본 판결 이전부터 학설과 재판례의 동향은 긍정설이 압도적 다수이며 본건 1심을 포함한 2건의 재판례(東京地判 平成 14. 4. 16. 平12(ワ)8456号)가 부정설에 서고 본건 항소심이 긍정설을 채택한 결과 하급심의 판단에 차이가 생김에 따라 최고재판소가 명확한 판단을 제시하는 모양새가 된다.

(1) 부정설의 논거로는 다음과 같은 점을 들 수 있다.

우선, 조문상의 근거로서 68조와 77조의2의 문리에 적합하다고 하는 견해가 있다(본건 1심 판결). 특허권자는 업으로서 특허발명을 실시할 권리를 전유하고 있고(68조), 이는 스스로 실시할 권리와 타인의 실시를 금지시킬 권리를 합쳐서 규정하고 있다. 한편, 전용실시권자가 당해 권리를 전유하는 범위(77조 2항)에 관하여는 "그러하지 아니하다"(68조 단서)라고 되어 있다. 이 단서에 의하여 스스로 실시하는 권리뿐만 아니라 금지청구권도 상실된다, 즉 공허한 권리로 된다고 하는 사고방식이다. 또한, 금지청구권을 인정하는 100조 1항이 그 주체를 "특허권자 또는 전용실시권자는"이라고 하고 있고, 이 "또는"은 택일적이라고 하는 해석도 조문상의 근거로 될 수 있다(본건 상고수리신청 이유 참조).

한편, 실질적 근거로서, 특허발명의 실시권을 가지고 있지 않는 자에게 금지청구권의 행사를 인정하여야 할 실익은 없다고 하는 점도 제시되어 있다(본건 1심 판결).

(2) 긍정설의 논거는 부정설에 대한 비판을 포함하여 다음과 같은 점을 들 수 있다.

우선, 부정설이 말하는 문리적합성에 관하여는, 68조 단서는 실시에 관하여 기술한 것이고 금지청구권에 관하여는 별론으로 보는 것도 가능하다(松本直樹·判タ1215号 185頁). 또한, 100조 1항의 "또는"이라는 문언도 일반적으로 법령용어에서 "A 또는 B"의 문언을 A 또는 B의 어느 한쪽만의 택일관계를 당연히 의미하는 것으로 해석할 수는 없다(宮坂昌利·曹時59卷10号 3526頁). 따라서 100조 1항의 문언 해석만으로부터 부정설을 도출하는 것은 곤란하다.

한편, 긍정설의 조문상의 근거로서는 77조 4항의 규정을 들 수 있다. 위 항은 전용실시권자라도 특허권자의 허락을 받지 않는 한 타인에게 통상실시권을 허락할 수 없다고 한다. 이 규정을 무의미화하지 않기 위해서는 전용실시권자로부터 허락을 받은 자가 특허발명을 실시하는 행위도 특허권의 침해행위로서 특허권자가 금지시킬 수 있다고 하지 않으면 안 된다. 그것과의 균형으로부터, 전용실시권자로부터도 허락을 받지 않은 자가 특허발명을 실시하는 행위가 특허권 침해로 되는 것은 당연한 귀결이라고 한다(田村善之『知的財産法[第5版]』[2010] 344頁).

다음으로, 금지청구권의 행사를 인정해야 할 실제적 필요성에 관하여, 긍정설은 실시료의 액수가 매출에 따라 결정되는 계약의 경우에 침해를 제거해야 할 현실적인 이익이 있는 점, 또한 전용실시권이 무엇인가의 이유에 의하여 소멸하는 경우 특허권자가 다시 실시하게 되므로 그 때 불이익을 입을 가능성이 있다는 점도 지적한다(판지 참조).

게다가, 특허권과 전용실시권의 관계는 소유권과 지상권 등의 제한물권의 관계에 견주어 말할 수 있는바, 소유권자가 제한물권을 설정한 경우에도 물권적 청구권을 행사할 수 있다고 한 재판례도 있어서(大判 大正 3. 12. 18. 民錄 20輯 1117頁), 그것과의 유추를 근거의 하나로 하는 것도 있다(前揭 山口地判, 宮坂·前揭 3522頁, 岡田·前揭 116頁).

(3) 이들에 대하여 중간설로서, 일정한 조건하에서 금지청구권을 긍정하는

견해도 존재한다(예컨대, 吉田清彦「專用實施權設定と特許權による侵害差止請求」パテント 33卷11号 32頁).

특히, 본 판결 후에 중간설을 주창하는 논자는 종전의 긍정설과 같이, 오로지 조문의 문언과 정책적 이익형량에 의거한 논의가 각 국면에서 그때만의 해결책을 만들어내고 전체로서 일관성 없는 법해석이 도출되어 버리는 것을 우려한다(駒田泰士「專用實施權を設定した特許權者の差止請求－權利變動の構造分析の觀点から」知財年報2007[別冊NBL120호] 229頁). 이 점, 긍정설에서도 전술한 제한물권을 설정한 소유권자와의 비교는 물권법 이론으로부터의 유추로서 하나의 이론적 설명을 제공한다. 그러나 소유권의 탄력성은 설정한 제한물권이 소멸하면 소유권의 효력이 본래의 원만함을 회복하는 것을 의미하는 것에 지나지 않고, 소유권의 성질이 그와 같은 것이라고 해도, 그 성질로부터 바로 제한물권을 설정한 소유권자의 물상청구권을 이끌어낼 수 있는가 의문이라는 지적도 있다(駒田・前揭 231頁).

그래서, 전용실시권 설정이라는 설정적 승계에 의하여 생긴 권리변동을 보다 정치하게 이론화하려고 하는 시도가 있다. 이 논자는 전용실시권의 설정은 특허권이라고 하는 덮개에 포섭되어 있는 '이익'의 양도에 해당한다고 파악한다(질적 권리분할론). 설정행위에 의한 권리변동의 내용은 설정행위로 정하여진 이익의 배분 내용에 따른 것으로 된다. 위 설에 의하면 특허권의 존속기간 전부에 대응하는 실시료 전액이 다 지불된 경우 특허권자 측에 침해배제에 대한 현실적인 이익이 유보되어 있지 않기 때문에 제3자에 대한 금지청구권을 가지지 않는다고 해석하게 된다(田村善之編著『論点解析知的財産法[第2版]』[2011] 100-101頁[駒田泰士], 駒田・前揭 233頁 이하 참조).

긍정설의 논자는 77조 3항・4항의 규정을 근거로 특허권은 전용실시권의 설정 후에도 그 경제적 가치를 특허권의 양도나 질권 설정에 의하여 실현가능하고, 침해행위가 방치되면 양도대가나 질권 목적으로서의 평가에서 손실이 현실화할 가능성이 있어서, 중간설이 든 경우 이외에도 금지청구권을 긍정하여야 할 경우가 있다고 주장한다(中山・小泉編・前揭 1023頁[鈴木]). 이에 대하여 중간설은 그 경우에도 일시불 실시료를 받아서 무기한의 전용실시권을 설정한 것이라면 실시권의 설정 후에 누가 실시권원을 취득하는 것인가에 관하여 구체적인 이익을 가지고 있지 않다고 반론한다(田村編著・前揭 101頁[駒田]).

그 밖에 중간설에 대하여는, 법이 어떠한 구별을 하는 조문으로 되어 있지 않는 등 조문상의 근거가 없는 점(松本・前揭 185頁), 특허권자와 전용실시권자 개

별의 세세한 사정에 의하여 금지청구권의 유무가 좌우되는 점에서 요건론으로서 적절하지 않다는 점(吉田和彦·ひろば59卷5号 57頁), 또 같은 취지이나, 소송의 입구에서 내부적 관계를 해명해야 하는 점의 합리성에 의문이 있다는 비판도 있다(宮坂·前揭 3524頁).

3. 본 판결이 미칠 수 있는 범위에 관하여, 본 판결의 취지는 전용실시권이 설정된 경우의 특허권자의 금지청구권을 일반적으로 긍정한 것이고, 구체적인 사안에서 전용실시권에 관련된 실시료의 산정·지불방법이나 전용실시권의 존속상황 등의 사정에 따라서 금지청구권의 행사가능성에 관련된 판단이 바뀌는 것은 아니라고 하는 견해가 있다(中山·小泉編·前揭 1022頁[鈴木], 茶園成樹·平成17年度重判解ジュリ1313号] 281頁. 조사관 해설도 중간설을 비판하고 있는 점으로부터 같은 취지로 생각된다[宮坂·前揭 3524頁]).

한편으로, 전용실시권자가 침해를 방치하고 있지 않고, 또한 실시료액이 설정 시에 일시불로 지불되었으며, 나아가 기간을 무제한으로 하는 설정을 한 경우 긍정설이 말하는 실제적 필요성을 발견하기 어렵기 때문에, 금지청구권을 인정해야 하는가 하는 의문도 남아 있다고 하는 견해도 있다(田村編著·前揭 228頁[駒田], 末吉亙·NBL814号5頁, 奧村直樹·パテント60卷9号 22頁).

긍정설의 논거 중, 전용실시권이 무엇인가의 이유에 의하여 소멸하는 것을 가정한 경우의 실제적 필요성을 근거로 하는 것은 폭넓은 사정권을 도출할 가능성이 있다. 그러나 특허권자가 다시 실시하는 경우의 불이익이라고 하는 가정은 특허권의 양도가 후에 해제되거나 취소되는 등의 경우에도 마찬가지일 것이기 때문에 이 정도의 관계를 이유로 한 결론의 일반화는 이론적으로 봐서 곤란한 것이 아닌가 생각된다.

<참고문헌>
본문 중에 언급된 것 외에,
1. 嶋末和秀 知財管理56卷1号 37頁
2. 林賢治·杉山央 知財管理56卷2号 255頁
3. 小山泰史 L&T31号 57頁
4. 小島喜一郎 発明104卷2号 64頁

XII. 섭외 관련

98. 외국인의 권리향유와 미승인국

最高裁 昭和 52年(1977년) 2月 14日 第2小法廷判決
[昭和 49年(行ツ) 第81号 : 審決取消請求事件]
(判時 841号 26頁) ◀ 재판소 Web

駒田泰土(고마다 야스토, 上智大学 教授) 著
박정희[법무법인(유) 태평양 변호사] 譯

I. 사실의 개요

(1) X(원고·피상고인)는 일본 내에 영업소를 가지고 있지 않은 독일민주공화국(구 동독) 법인이다. X는 昭和 34. 11. 26.에 Y(피고·상고인)를 피청구인으로 Y가 상표권자인 상표(등록 제539524호)에 관하여 등록무효심판을 청구하였다.

당시 일본은 아직 동독을 국가로 승인하지 아니하고 있었다(昭和 48. 5. 15.에 국교 수립). 특허청은 심리를 한 다음 청구기각심결(이하 '이 사건 심결'이라 한다)을 하였고, 그 이유는 대체로 다음과 같다.

동독은 1956년에 공업소유권의 보호에 관한 파리조약(이하 '파리조약'이라 한다)의 재적용을 선언하고, 이어서 1964년에는 리스본 개정의 동 조약 등에 가입선언을 하였으나, 일본 정부는 다음 해인 昭和 40년에 위 가입선언에 기초한 일반적 효력의 발생을 유보하고, 일본에 대해 그 효력이 생기지 않는 취지의 반대선언을 하였으므로, 단지 동독이 위와 같은 가입선언을 한 것만으로는 X가 일본에서 이 사건 심판청구를 할 수 있는 권리능력을 가진다고 인정할 수는 없다. 또한 조약에서 달리 외국인의 권리 향유를 인정하는 경우의 상호주의에 관하여도, 위와 같은 경위에 비추어 보면, 동독은 (구 상표법 제24조가 준용하는) 구 특허법(大正 10년 법률 제96호) 제32조에서 말하는 "그 자가 속한 나라"에 해당하지 않으므로, 동독과의 관계에서는 그 적용을 인정할 수 없다.

(2) X는 이 사건 심결의 취소를 구하는 소송을 제기하면서 구 특허법 제32조의 적용에서는 일본에서 보호를 구하는 자가 속한 본국을 일본 정부가 국가로서

승인하고 있는가 어떤가를 문제 삼지 말아야 한다고 주장하였다. 이에 대하여 Y
는 동조에서 말하는 "나라"란 원칙적으로 다른 국가에 의해 승인을 얻은 국제법
상 주체성을 가지는 국가이어야 하고, 미승인국이더라도 그가 나라로서의 실질을
가지고 있다고 인정되는 경우가 이에 포함된다는 해석을 채택하는 경우에도, 당
해 나라 정부에서 그 나라에 상호주의를 적용하는 취지의 방침을 결정하고, 이를
명시적으로 밝히는 것이 요구된다고 주장하였다.

　　원심은 다음과 같이 판시하면서 이 사건 심결을 취소하였다(東京高判 昭和 48.
6. 5. 無体裁集 5권 1호 197면). "구 특허법 제32조 … 이른바 '나라'가 일본에 의해
외교상 승인된 국가만을 지칭하는 것이라고 해석하는 것은 상당하지 않다. 생각
건대 어떤 나라를 외교상 국가로서 승인하는가 아닌가는 외교정책상의 문제임에
지나지 않고, 그 나라가 국가로서의 실질적 요건, 즉 일정한 영역 및 국민을 가지
고, 이를 지배하는 영속적이고 자주적인 정치조직을 가지고 있으며, 일본 국민에
대하여도 특허권 및 특허에 관한 권리의 향유를 보장함에 족한 법질서가 형성되
어 있는 경우에는 그 나라의 국민에 대하여도 특허권 및 특허에 관한 권리의 향
유를 인정하는 것이 상호주의를 정한 동조의 취지에 부합하기" 때문이다. Y는 미
승인국에 대하여 상호주의의 적용이 인정되기 위해서는 일본 정부에 의해 그 취
지의 결정과 명시적 선언이 필요하다고 주장하지만, 그와 같은 절차가 필요하다
고 해석하여야 할 근거를 찾을 수 없다. 그리고 동독이 "국가로서의 실질적 요건
을 가지고 … 일본 상표법과 유사한 규정을 가지며, 일본 국민에 대하여 동독의
국민과 같은 조건에 따라 상표권 및 상표에 관한 권리의 향유를 인정하고 있는
사실을 인정할 수가 있다. 따라서 동독이 일본에서 외교상 승인되지 않은 국가인
것이 현저한 사실이지만, 구 상표법 제24조에 의해 준용되는 구 특허법 제32조에
서 말하는 '나라'에 해당한다고 해석하는 것이 상당하고, 상호주의의 적용을 인정
하여 동독 법인인 X에 대하여 특허권 및 특허에 관한 권리(상표권 및 상표에 관한
권리)의 향유를 인정하여야만 한다. 그리고 상표에 관한 심판의 청구권이 앞의 상
표에 관한 권리에 포함됨은 많은 말을 할 필요 없이 명백하다."

　　Y상고.

Ⅱ. 판   지

상고기각.

"구 상표법 … 제24조가 준용하는 구 특허법 … 제32조는 외국인의 특허권 및 특허에 관한 권리의 향유에 관하여 상호주의를 규정하고 있으나, 동조에서 말하는 '그 자가 속한 나라'는 일본에 의해 외교상 승인된 국가에 한하는 것은 아니고, 또한 외교상의 미승인국에 대하여 상호주의의 적용을 인정함에 있어서 일본 정부에 의해 그 취지의 결정 및 명시적 선언을 필요로 하는 것도 아니라고 한 원심의 판단은 정당하고, 원 판결에 소론의 위법이 없다. 논지는 독자적인 견해에서 원 판결을 비난하는 것이어서 채용할 수 없다."

Ⅲ. 해   설

1. 외국인의 일본에서의 권리 향유에 관하여 정한 법을 강학상 외인법이라 한다. 오늘날 문명제국은 외국인에게 광범위한 권리의 향유를 인정하고 있고, 특히 사권에 관하여는 중요한 권리의 향유를 예외 없이 인정하고 있다. 다만 일정한 사권에 관하여는 일국의 경제정책 등의 견지에서 외국인에 의한 권리의 향유가 제한될 수 있다(민법 제3조 제2항 참조).

특허권은 일찍부터 그와 같은 사권이었다. 주로 19세기 후반 이래 각국은 조약을 통하여 이와 같은 법률상태의 시정에 힘써 1883년 파리조약 이외, 세계무역기구(WTO) 설립협정(1994년)의 부속서인 "무역관련 지적재산권협정"(이하 'TRIPs협정'이라 한다) 등의 다수 국가 간 조약이 성립되어, 일본을 포함한 많은 나라에서 내국민 대우가 보장되기에 이르렀다(파리조약 제2조, TRIPs협정 제3조). 그 때문에 오늘날에는 순수한 국내 특허 외인법이 가지는 의미는 상당히 한정적이다.

2. 구 특허법은 당초 조약(및 이에 준하는 것)에서 정한 것 이외에는 (일본에 주소 등을 가지지 않는) 외국인에 관하여 특허권 등의 향유를 인정하지 않았다. 昭和 27년 개정에서 당해 외국이 일본 국민에게 그 나라의 특허제도를 개방하고 있는 경우에는 권리의 향유를 인정하는 취지의 규정이 추가되었다. 이른바 상호주의 규정이다. 이 사건에서 그 적용이 문제로 되고 있는 것은 그 시점의 특허법 규정이나, 현행법 제25조 제1호, 제2호의 내용과 거의 같다. 이전에는 뛰어난 외국의

과학기술의 이용을 촉진한다고 설명도 된 특허 외인법이지만, 昭和 27년 개정 이후에는 다른 설명이 필요하다. 상호주의 규정은 외국에 경제적 기반 등을 가지고 있는 자가 일본의 특허제도를 이용하여 이익을 얻는 한편에서, 일본 국민이 당해 외국에서 특허제도의 은혜를 입을 수가 없어서, 일본 국민의 기술이 무단으로 실시되고, 나아가 일본이 당해 외국과의 관계에서 경제적으로 불리한 입장에 서지 않도록 하기 위하여 존재한다. 일본 국민을 자국민과 평등하게 취급한다면 당해 외국 국민의 일본에서의 권리 향유를 인정하고, 아니면 일본에서의 권리 향유를 인정하지 않는다. 이와 같이 규정함에 따라 일본 국민에게 특허제도를 개방하고 있지 않은 나라에 압력을 가하고, 그 나라의 개방을 촉구하는 효과가 생기는 것이다.

특허 외인법의 상호주의가 앞의 취지에서 나온 것이라면, 그 적용에서는 문제로 된 지역이 실질적으로 국가이고, 일본 국민에게 특허제도를 개방하고 있는가 아닌가가 중요하므로, 당해 지역이 일본 정부에 의해 국가로서 승인 되었는가 아닌가가 중요한 것은 아니다. 요는 당해 지역과의 사이에서 일본이 경제적으로 불리한 입장에 서지 않으면 되는 것이다. 원심 판결 및 이 사건 판결은 이 이치를 명백하게 한 것이다. 이미 밝힌 바와 같이 현행 특허법 제25조 제1호, 제2호는 구 상표법에 의해 준용되는 구 특허법 제32조와 거의 같은 취지의 규정이므로(그 자가 속한 나라), 이 사건 판결은 현행법의 해석에서도 선례적 가치를 가진다. 동독은 1990년 독일에 통합되어 소멸하였지만, 지금도 북한 등 일본이 외교관계를 가지고 있지 않은 나라가 존재하므로, 그들 나라와의 관계에서 이 사건 판결은 판례로서 타당하다고 할 것이다. 또한 현행 특허법 제25조는 현행 실용신안법 제2조의5 제3항, 상표법 제77조 제3항, 의장법 제68조 제3항에 의해서 준용되고 있으므로, 그 규정의 해석에도 당연히 영향을 미친다.

3. 현행법 제25조에서 말하는 "그 자가 속한 나라"에 이른바 미승인국도 포함된다고 하였을 때 동조 제1호, 제2호를 어떻게 해석하여야 하는가.

동조 제1호는 외국인의 본국에서 일본 국민에 대하여 무조건으로 내국민 대우를 하고 있는 경우에 관하여 정한 것이고, 제2호는 일본이 외국인에게 내국민 대우를 하는 것을 조건으로 당해 외국에서 일본 국민에게 내국민 대우를 하고 있는 경우에 관하여 정한 것이다. 이들 규정을 적용함에 있어서는 일본 국민의 내국민 대우가 당해 외국의 국내 법령에 의해 보장되는 것을 요하는가, 그렇지 않으면 행정상의 취급이나 판례 등에 의한 사실상의 보장으로 족한가가 문제로 된다. 조문상으로는 어느 쪽으로도 해석될 수 있지만, 이미 밝힌 바와 같이 일본만이 불리한 입장에 서서는 안 된다는 요청과 발명은 세계 어디서나 실시될 수 있으므로 국제적인 발명 보호에는 관용의 정신이 요구된다는 점과의 조화를 꾀하기 위해서는 사실상의 보호로 족하다고 해석하여야 할 것이다[木棚照一, 本百選(3판) 213면, 中山信弘 編著 주해특허법(상)(제3판, 2000) 202면(中山信弘)]. 이 사건 판결도 적극적으로 이를 부정하는 것은 아니라고 이해된다. 다만 증명의 곤란성의 문제는 남아 있다.

본조에서 말하는 "그 밖의 특허에 관한 권리"에는 특허를 받을 권리 이외에 무효심판청구권도 포함된다고 보는 것이 다수설이다[桑田三郎, ジュリ 553호 153면, 後藤明史, 涉外判例百選(増補版) 283면, 土井輝生, 공업소유권법, 국제법학회편 국제사법강좌(3)(1964) 811면, 中山, 前揭 202면. 大判 大正 4. 4. 15. 民錄 21집 501면도 참조]. 원심 판결도 무효심판청구권이 (구 특허법 제32조에서 말하는 권리에) 포함되는 것은 "많은 말을 할 필요 없이 명백"하다고 하였다. 그러나 만약 포함되지 않는다고 해석한다면 내외인 평등에 대한 동조의 금지가 흔들리므로, 이후에는 외국인의 속인법 등에 따라 당사자능력의 유무가 문제로 될 뿐이다. 외국인의 무효심판청구에 관하여는 이들 넓게 인정하여도 국제경제의 관점에서 일본만이 불리하게 된다고는 할 수 없으므로, 본조의 취지를 해할 염려도 없다. 그러므로 이점에 관하여는 재고의 여지가 없다고 할 것이다.

4. 이미 밝힌 바와 같이, 내국민 대우의 보장을 정한 조약이 적용되는 경우에는 굳이 상호주의 규정에 의할 필요는 없다(제25조 제3호. 구 특허법 제32조도 같다). X는 파리조약의 해석으로서 동독 가입의 효력을 일본이 유보할 수 없다는 등의 주장을 하였지만, 원심 판결은 동 조약의 내국민 대우에 관하여는 판단하지 아니한 채 오로지 구 특허법의 해석에 의해 심결취소의 결론을 이끌었다. 미승인국과의 사이에서 지재보호에 관련된 개방형 다수국간 조약을 적용할 것인가 아닌가는 논의가 존재하는 바이나, 최고재는 최근에 "문학적 및 미술적 저작물의 보호에 관한 파리조약"의 북한 저작물에의 적용에 관하여 소극적 판시를 하였다[最判 平成 23. 12. 8. 平21(受) 602호 등(재판소 Web). 다만 일반론으로서 미승인국과의 사이에서도 일본이 조약상 보호의무를 부담할 경우가 있는 것을 부정하고 있지는 않다]. 또한 대만과의 관계에서는 TRIPs협정이 적용가능하기 때문에 대만 국민에게는 내국

민 대우가 주어진다[WTO협정 제12조 제1항은 나라(State)뿐만 아니라 독립의 관세지역 (separate customs territory)도 동 협정에 가입할 수 있다는 취지의 규정이다. 동 협정 제16조 주석도 참조].

〈참고문헌〉

본문 중에서 들고 있는 것 이외에, 中山信弘 · 小泉直樹 編, 新 · 注解特許法(上) (2011) 205頁 이하[駒田泰土]

99. 특허권침해소송과 준거법
—— FM 신호복조장치(信號復調裝置) 사건

最高裁 平成 14年(2002년) 9月 26日 第1小法廷判決
[平成 12年(受) 第580号 : 損害賠償等請求事件]
(民集 56卷 7号 1551頁, 判時 1802号 19頁, 判夕 1107号 80頁)

橫溝 大(요코미조 다이, 名古屋大学 教授) 著
윤태식(의정부지방법원 부장판사) 譯

I. 사실의 개요

X(원고·항소인·상고인)는 미국에서 「FM 신호복조장치」(信號復調裝置)라는 명칭의 특허권(「본건 미국 특허권」)을 소유하고 있다(다만 일본에서는 동일 발명에 대하여 특허권을 소유하고 있지 않다). Y(피고·피항소인·피상고인)는 일본에서 카드리더(「Y제품」)를 제조하여 미국에 수출하고, Y가 100% 출자한 미국법인 소외 A는 미국에서 이것을 수입·판매하고 있었다.

X는 Y가 Y제품을 일본으로부터 미국에 수출하는 등의 행위가 미국 특허법 271조(b)항에 규정하는 특허권침해를 적극적으로 유도하는 행위 등에 해당한다고 주장하여 Y에 대하여 Y제품의 일본에서의 제조나 미국에의 수출 등의 침해금지, 일본에서 점유하는 Y제품의 폐기 및 불법행위에 의한 손해배상을 청구하였다.

본건 1심판결(東京地判 平成 11. 4. 22. 判時 1691号 131頁)은 금지 및 폐기청구에 대하여는 등록국법인 미국법을 준거법으로 하였지만 법례 33조(법의 적용에 관한 통칙법[이하 「통칙법」 42조])에 의해 그 적용을 부정하고, 손해배상청구에 대하여는 법례 11조(통칙법 17조 이하)에 따라 일본법을 적용하여 청구를 기각하였다. 또 본건 2심판결(東京高判 平成 12. 1. 27. 判時 1711号 131頁)은 침해금지 및 폐기청구에 대하여는 속지주의의 원칙을 근거로 외국특허권에 기한 금지 등을 내국재판소에 청구할 수 없다고 하고 손해배상청구에 대하여는 1심판결을 답습하였다. X, 상고수리신청.

II. 판   지

상고기각.

「미국 특허권에 기한 침해금지 및 폐기청구는 … 피해자에 생긴 과거의 손해전보를 목적으로 하는 불법행위에 기한 청구와는 취지도 성격도 달리하는 것이고 미국 특허권의 독점적 배타적 효력에 기하여 …. 따라서 … 그 법률관계의 성질을 특허권의 효력으로 결정하여야 한다.

특허권 효력의 준거법에 관하여는 … 조리에 기하여 당해 특허권과 가장 밀접한 관계가 있는 국가인 당해 특허권이 등록된 국가의 법률에 의한다고 해석하는 것이 상당하다.」

「따라서… 본건 미국 특허권이 등록된 국가인 미국의 법률이 준거법으로 된다.」

「미국 특허법…271조(b)항, 283조에 의하면 본건 미국 특허권 침해를 적극적으로 유도하는 행위…가 일본에서 행해지거나 침해품이 일본 내에 있는 때에도 침해행위에 대한 침해금지 및 침해품의 폐기청구가 인용될 여지가 있다.

그러나…본건 미국 특허권에 기하여 일본에서 행위의 침해금지 등을 인정하는 것은 본건 미국 특허권의 효력을 그 영역 외인 일본에 미치는 것과 실질적으로 동일한 결과를 발생하는 것으로 되어 일본이 채택하는 속지주의 원칙에 반하는 것이고, 또 일본과 미국 간에…조약도 없기 때문에, …미국 특허법을 적용한 결과…는 일본의 특허법 질서의 기본이념과 합치하지 않는다.

따라서 미국 특허법의 상기 각 규정을 적용하여 Y에게 침해금지 또는 폐기를 명하는 것은 법례 33조에서 말하는 일본의 공공질서에 반하는 것이라고 해석하는 것이 상당하다….」

「특허권침해를 이유로 하는 손해배상청구에 대하여는…재산권 침해에 대한 민사상 구제의 일환과 다름없으므로 법률관계의 성질은 불법행위이고, …법례 11조 1항에 의하여야 한다.」

「본건 손해배상청구에 대하여 법례 11조 1항에서 말하는『원인인 사실이 발생한 곳』은 본건 미국 특허권의 직접침해행위가 행해져 권리침해라는 결과가 발생한 미국이라고 해석하여야…한다. 생각건대 (가) 일본에서 한 Y행위가 미국에서의 본건 미국 특허권 침해를 적극적으로 유도하는 행위인 경우에는 권리침해라는 결과가 미국에서 발생하였다고 할 수 있고, (나) … 미국 법률에 의한다고 해석하더라도 … Y의 예측가능성을 해하는 것으로도 되지 않기 때문이다.」

「법례 11조 2항에서 말하는 『외국에서 발생한 사실이 일본 법률에 의하여 불법으로 되지 않는 경우』에 해당하기 때문에 Y의 행위에 대하여 미국 특허법상의 상기 각 규정을 적용할 수 없다.」

Ⅲ. 해　　설

1. 본판결은 외국 특허권침해에 기하여 침해금지 등 및 손해배상청구에 관한 최초의 최고재판소 판결이고 실무상 높은 선례적 의의를 가지지만(본판결에 의하여 적어도 외국 국내에서의 행위를 대상으로 한 침해금지청구가 일본에서도 인정될 수 있게 되었다. 東京地判 平成 15. 10. 16. 判時 1874号 23頁), 저촉법상으로는 여러 문제점들을 내포하고 있다. 본판결의 논점은 많지만 지면 관계상 이하에서는 외국 특허권에 기하여 침해금지 등의 청구에 대하여 (2), 다음으로 손해배상청구에 관한 준거법 선택에 대하여 (3)만을 논한다(특별유보조항의 해석상의 문제도 포함, 상세는 橫溝大, 法協 120卷 11号 2299頁 참조).

2. (1) 외국 특허권에 기한 침해금지 등 청구에 대하여는 애초 청구의 근거로 되는 특허법상의 법규 내지 그것에 기한 청구권이 일본 준거법 선택 규칙의 대상에 포함되는가라는 점을 둘러싸고 학설상 대립이 보인다(早川吉尚,「國際知的財産法の解釋論的基礎」立教法學 58号 188頁).

특허법상의 관련법규를 준거법 선택 규칙의 대상으로 하지 않는 입장은, 특허권의 성질·내용과 밀접하게 관련된 사항을 규율하는 법규를 준거법 여하에도 불구하고 통상적으로 항상 일본에서 적용되는 법규(「강행적 적용법규」)라고 간주하고, 외국 특허권에 기한 일본에서의 침해금지청구를 인정하지 않는다고 주장하든가(橫溝大,「國境をこえる不法行爲への對應」ジュリ 1232号 129頁 이하, 道垣内正人, ジュリ 1246号 279頁 이하. 본건 2심판결은 이 입장으로 이해된다), 침해가 주장되는 외국 특허권을 규율하는 당해 외국 특허법을 직접적으로 적용하면 되고 준거법 선택의 여지가 없다(紋谷暢男,「知的財産權の國際的保護」國際私法の爭點〔新版〕〔ジュリ增刊〕[1996] 27頁, 宋本直樹,「クロス·ボーダ·インジャンクションについて」清水利亮·設樂隆一 編,『現代裁判法大系(26) 知的財産權』[1999] 59頁 이하)고 주장한다. 이러한 입장은 특허권의 성질은 재산권·사권이고(木棚照一 編著,『國際知的財産權侵害訴訟の基礎理論』[2003] 281頁〔木棚照一〕), 금지청구 및 폐기청구는 침해금지청구 등의 존부라는 사인간의 재산권에 기한 사법적 법률관계라고 하여야 한다(高部眞規子, ジュリ 1239号 131頁) 등으로 비판받고 있다(실질적 관점으로부터의 비판으로서 大野聖二, AIPPI 48卷 3号 171頁).

　　이에 대하여 특허권침해에 기한 침해금지 관련 법규를 준거법 선택 규칙의 대상으로 하는 입장은 법례 11조 1항(통칙법 17조 이하)에 의한다고 하는 견해(石黑一憲, リマークス 2000(下) 153頁, 木棚, 前揭 理論 285頁, 大友信秀, ジュリ 1171号 109頁), 법례 제10조〔통칙법 제13조〕에 의한다고 하는 견해(齊藤彰, 「竝行輸入による特許權侵害」 關西大學法學硏究所硏究叢書 第15冊 106頁), 나아가 조리에 따라 등록국법에 의한다고 하는 견해(山田鐐一, 『國際私法〔第3版〕』〔2004〕391頁)로 나뉘고 있다. 이들 입장에서는 외국 특허권에 기한 침해금지청구에 대하여 손해배상청구와 구별된 단위법률관계를 설정하지 않는 것이 대부분이다(다만 齊藤彰, ジュリ 1179号 301頁). 이 점에 대하여 본건 1심판결은 특허권에 기한 금지청구 및 폐기청구를 「특허권의 효력」 문제로 (民集 56卷 7号 1581頁)하였지만 이와 같은 독자의 단위법률관계의 설정은 이들 입장으로부터는 양자의 구별에 합리성이 없다고 비판받는다(元永和彦, 「特許權の國際的な保護についての一考察」 筑波大學大學院企業法學專攻 十周年 記念 『現代企業法學の硏究』〔2001〕580頁. 비교법적 관점으로부터의 비판으로서, 木棚, 前揭 理論 285頁).

　　(2) 본판결은 미국 특허권에 기한 침해금지 및 폐기청구의 성질을 「특허권의 효력」으로 결정하고, 조리에 기하여 「당해 특허권이 등록된 국가의 법률」에 의한다고 하여 미국 특허법이 준거법으로 된다고 하였다. 그 다음에 일본이 특허권에 대하여 속지주의 원칙을 채용하고 있음을 근거로 법례 33조(통칙법 42조)에서 말하는 공서에 반한다고 하여 미국 특허법의 관련 규정의 적용을 배제하였다. 본판결은 적어도 문언상은 침해금지청구 등에 관한 법규 및 그것에 기한 청구권을 준거법 선택 규칙의 대상으로 하는 입장에 서서 위 청구권에 기한 「특허권의 효력」이라는 독립된 단위법률관계를 조리에 의하여 설정한 것이라고 이해된다(高部眞規子, L&T 19号 86頁 이하, 道垣內, 前揭 279頁, 樋爪誠, L&T 18号 38頁, 大野, 前揭 173頁. 특히 본판결이 침해금지청구와 손해배상청구로 다른 성질결정을 한 점에 대한 비판으로서 木棚照一, 民商 129卷 1号 118頁, 西谷祐子, 國際私法判例百選 〈新法對應補正版〉 75면. 다만 道垣內, 前揭 279頁, 山田, 前揭 391頁).

　　하지만 본판결이 연결소로 하는 특허권의 등록은 어느 국가에서도 행해지지 않는 경우도 있고 본건과 같이 복수국에서 행해지는 경우도 있어서 그것만으로는 연결소로서 기능할 수 없으며, 따라서 실제로는 원고 주장에 의거하여 준거법이 결정되지 않을 수 없다. 이와 같은 원칙은 원고 청구의 입장에 관계없이 중립적으로 준거법을 결정하는 통상의 준거법 선택 규칙과는 이질적인 것이라고 말할 수 있다(道垣內, 前揭 279頁).

또 본판결은 그 구체적인 판단에서 속지주의 원칙을 공서의 내용에 포함하고 있지만, 준거법 선택 규칙에 의하여 송치되는 외국법 중에는 공간적 적용범위에 관한 저촉법규범은 포함될 수 없다고 하는 현재의 준거법선택에 관한 이해에 따르면(木棚照一, 判評 498号〔判時 1712号〕 125頁), 공서 내용에 법규의 공간적 적용범위를 정하는 속지주의 원칙을 포함할 수 없을 것이다(同旨, 道垣內, 前揭 280頁, 出口耕自, コピライト 2003年 1月号 29頁. 다만 大野, 前揭 172頁. 특히 본건에 대하여 미국에의 제품 수출 금지를 인정할 여지가 있었다고 하는 것에는 西谷, 前揭 75頁).

이와 같이 현재의 저촉법 이론과의 정합성이라는 관점에서 보면 본판결의 판단에는 문제가 있다고 하지 않을 수 없다(본판결에 대하여 필자의 위치에 대하여 橫溝, 前揭 法協 2309頁 이하. 그것에 대한 비판으로서 石黑一憲, 『國境をこえる知的財産』 [2005] 393頁 이하).

3. 다음으로 외국 특허권침해에 기한 손해배상청구에 대하여는 법례 하에서는 이것을 「불법행위」라고 성질결정하는 입장이 다수였다(山田, 前揭 391頁, 木棚, 前揭 判評 29頁, 石黑, 前揭 リマークス 153頁 등). 본판결도 종래 다수설과 똑같이 불법행위라고 성질을 결정하여 권리침해라는 결과가 미국에서 발생한 점과 미국법의 적용이 Y의 예측가능성을 해하지 않는다는 점을 이유로 미국법을 선택했다. 이와 같은 판단은 결과발생지를 원칙적인 연결점으로 한 통칙법 제17조 하에서도 기본적으로는 유지될 것이다.

다만 통칙법에서는 당사자가 사후적으로 불법행위의 준거법을 변경하는 것이 인정되었기 때문에(21조), 불법행위라는 성질결정을 통칙법 하에서도 유지하여야 하는지 여부(西谷, 前揭 75頁은 「조리에 의하여 단적으로 등록국법의 적용을 이끌어 내는 것을 검토하여야 한다」라고 한다), 또 유지하는 경우에는 변경 후의 불법행위 준거법에 위임되는 범위 여하(특히 특허권의 유효성이나 침해의 점을 포함하는지)가 문제로 된다(특히 橫溝, ジュリ 135頁). 금후의 검토 문제일 것이다.

특히 본건과 같은 간접침해에 관한 준거법 결정에 대하여 본판결은 직접침해행위가 미국에서 행해진 점에 언급하고 있지만 구체적 판단에 있어서는 미국 자회사의 존재도 중시하고 있다고 이해된다(樋爪, 前揭 40頁). 따라서 간접침해라는 유형 일반에서 항상 직접침해행위가 행해진 곳이 결과발생지인 점을 본판결이 표명한 것은 아니고 간접침해에서 결과발생지 결정에 대하여는 금후에 맡겨져 있다.

〈참고문헌〉

본판결의 평석으로서 본문 중에 열거한 것 외, 高部眞規子, 最判解民事篇 平成 14年度 687頁, 石黑一憲, 本百選〈第3版〉214頁, 渡辺惺之, リマークス2004(上) 154頁, 早川吉尙, 國際私法判例百選 92頁, 駒田泰士, 知的財産法政策學硏究 2号 43頁, 松岡千帆, 平成15年度 主要民事判例解說 (判タ 1154号) 176頁, 田創整, 發明 100卷 4号 99頁

100. 특허권침해소송의 국제재판관할

知財高裁 平成 22年(2010년) 9月 15日 判決
[平成 22年(行ネ) 第10001号 : 特許權侵害予防等請求控訴事件]
(判夕 1340호 265頁) ◀재판소 Web

寺本振透(데라모토 신토, 九州大学 敎授) 著
이회기(김앤장 법률사무소 변호사) 譯

I. 사실의 개요

일본법인으로 일본에 본점을 둔 X(원고, 항소인)가 대한민국법인으로 동국에 본점을 둔 Y(피고, 피항소인)에 대하여, X의 일본특허권(일본특허 제3688015호, 발명의 명칭 "모타")에 기하여, (1) 특허법 100조 1항에 근거를 둔 피고물건[1]의 "양도의 청약"(특허 2조 3항 1호)의 금지, (2) 불법행위에 기한 손해배상금 300만엔 및 그 지연손해금의 지급을 구했다. 이것에 대하여 Y는 일본의 재판소에 국제재판관할이 있는지를 다투었다.

Y가 피고물건에 관하여 행하고 있던 웹사이트개설 그 외의 마케팅 활동을 가지고, 본건에 대한 일본 재판소의 국제재판관할을 인정할 수 있는지 여부가 주된 쟁점이 되었다.

원심(大阪地判 平成 21. 11. 26. 判夕1326호 267면)은 Y가 일본에서 피고물건의 양도의 청약을 행했거나 또는 그러한 우려가 있다고는 인정할 수 없기 때문에, X의 어느 청구에 관하여도 일본국의 국제재판관할을 긍정할 수 없다는 등의 이유로 본건 소를 각하하는 판결을 했다. 이것에 대하여 X가 본건 항소를 제기하였다.

---

1) 품번에 의해 특정된 복수의 제품 : 어느 것도 광디스크드라이브(ODD = Optical Disc Drive)의 부품으로서 탑재되고, ODD의 제조자에 의해 구입되는 것이 상정된 薄型의(slim) 모타 외, 본건발명의 구성요건을 충족하는 모타를 의미한다

II. 판　　　지

본 판결은 본건에 관하여 일본국의 국제재판관할을 긍정해야 마땅하다고 하여 원판결을 취소하고, X의 청구의 당부를 판단하게 하기 위하여 민소법307조에 의해 본건을 大阪地裁에 환송했다(Y등의 上告受理의 신청에 관하여는 상고불수리결정이 내려졌다).

"본건과 같은 섭외적 요소를 포함하는 사건에 일본국의 국제재판관할을 긍정해야 하는가 어떤가는 이것에 관한 일본국의 성문법률이나 국제적 관습법이 인정되지 않는 현시점(구두변론종결시의 평성22년 7월 7일)에 있어서는 당사자간의 공평이나 재판의 적정, 신속의 이념에 의해 조리에 따라 결정하는 것이 상당하다고 해석된다…"

"상기 조리의 내용으로서는, 일본국의 민소법이 규정하는 국내재판적의 어느 것이 일본국 안에 있을 때에는, 원칙적으로, 일본국의 재판소에 제기된 소송사건에 관하여 피고를 일본국의 재판권에 복종시키는 것이 상당하지만, 일본국에서 재판을 하는 것이 당사자간에 공평, 재판의 적정·신속을 기한다고 하는 이념에 반하는 특단의 사정이 있다고 인정할 수 있는 경우에는, 일본국의 국제재판관할을 부정해야 한다고 해석된다(最高裁 昭和 56년 10월 16일 第二小法廷判決, 民集35卷7号 1224면, 同平成 9년 11월 11일 第三小法廷判決, 民集51卷10号 4055면 등 참조)."

"불법행위에 기한 손해배상청구는, 그 문언해석으로서 민소법 5조 9호에 말하는 '불법행위에 관한 소'에 해당하는 것은 명백하고, 또한 …특허권에 기한 금지청구는 Y의 위법한 침해행위에 의한 X의 특허권이라는 권리이익이 침해되거나 또는 그 우려가 있는 점을 이유로 하는 것이며, 그 분쟁의 실태는 불법행위에 기한 손해배상청구의 경우와 실질적으로 다르지 않은 것이기 때문에, 재판관할이라는 관점에서 보면, 민소법 5조 9호에서 말하는 '불법행위에 관한 소'에 포함되는 것으로 해석된다(最高裁 平成 16년 4월 8일 第一小法廷判決, 民集58卷4号 825면 참조)."

"민소법 5조 9호의 적용에 있어서, 불법행위에 관한 소에 관하여 관할하는 곳은 '불법행위가 있은 곳'이지만, 이 '불법행위가 있은 곳'은 가해행위가 이루어진 곳('가해행위지')과 결과가 발생한 곳('결과발생지')의 양쪽이 포함된다고 해석되는바, 본건 소에 있어 X가 침해되었다고 주장하는 권리는 일본특허 제3688015호이기 때문에, 불법행위에 해당한다고 X가 주장하고, Y에 의한 '양도의 청약행위'에 관하여 청약의 발신행위 또는 그 수령이라는 결과의 발생이 객관적 사실관계로서 일본국 내에서 이루어졌는지 여부에 의해, 일본의 국제재판관할의 유무가 결정된다고 해석하는 것이 상당하다."

"Y가 영어표기의 웹사이트를 개설하고, 제품으로서 피고물건의 하나를 게재함과 동시에, 'Sales Inquiry'(판매문의)로서 'Japan'(일본)을 게시하고, 'Sales Head-quarter'(판매본부)로서 일본의 거점(동경도항구)의 주소, 전화, Fax번호가 게재되어 있는 점, 일본어 표기의 웹사이트에서도 'Slim ODD Motor'를 소개하는 웹사이트가 존재하고, 동 페이지의 '구매에 관한 문의'의 항목을 선택하면 'Slim ODD Motor'의 판매에 관한 문의 폼(form)을 작성하는 것이 가능한 점, X 영업부장이, Y의 영업담당자가 ODD 모타에 관하여 일본국에서 영업활동을 하고 있으며, 피고물건이 …[두 곳의 일본국 국내기업]에서 제품(ODD)에 탑재해야 하는가 아닌가 평가 대상으로 되고 있다는 취지의 진술서로 진술하고 있는 점, Y의 경영고문 A가 그 직함, Y의 회사명 및 동경도항구의 주소를 일본어로 표시한 명함을 작성 사용한 점, 피고물건의 하나를 탑재한 DVD 멀티드라이브가 국내 제조사에 의해 제조 판매되어 국내에 유통되고 있을 가능성이 높은 점 등을 종합적으로 평가하면, X가 불법행위로 주장하는 피고물건의 양도의 청약에 관하여, Y에 의한 청약의 발신행위 또는 그 수령이라는 결과가 일본국에서 발생하였다고 인정하는 것이 상당하다."

"일본국의 국제재판관할을 부정해야 할 특단의 사정이 있다고 인정할 수 없다."

Ⅲ. 해   설

1. 국제재판관할을 결정하는 방법

국제재판관할의 결정에 관하여는, 우선은, 성문법 또는 국제적인 관습법에 의해 그것이 확립되어 있지 않은 경우에는, 일본국의 민소법이 규정하는 재판관할이 인정될 때에는 국제재판관할을 긍정한다(이른바 '역추지')라는 사고방식이 취해져 왔다. 이른바 '말레시아 항공사건'(最二小判 昭和 56. 10. 16. 民集35卷7号 1224면)이 "의거해야 하는 조약도 일반으로 승인된 명확한 국제법상의 원칙도 아직 확립되어 있지 않은 현상황하에서는 당사자간의 공평, 재판의 적정·신속을 기한다는 이념에 의해 조리에 따라 결정하는 것이 상당하고, …민소법이 규정하는 재판적의 어느 하나가 일본국에 있을 때는 이것들에 관한 소송사건에 관하여, 피고를 일본국의 재판권에 복종시키는 것이 위 조리에 적합하다"고 하여, 이러한 사고방식을 명확하게 하고 있다.

　　게다가, 위 사고방식에 의하면, 일본국의 국제재판관할이 도출되는 경우에도, '일본국에서 재판을 행하는 것이 당사자간의 공평, 재판의 적정·신속을 기한다고 하는 이념에 반하는 특단의 사정이 있다고 인정할 수 있는 경우에는 일본국의 국제재판관할을 부정해야 한다'(最三小判 平成 9. 11. 11. 民集51卷10号 4055면)고 되어 왔다.

　　본 판결도, 이상의 사고방식에 따라, 우선, 성문법 또는 국제적인 관습법이 부재하는 점을 설시한 다음, 민소법이 정하는 재판관할에 의해 일본국의 재판관할을 도출하고, 나아가 '특단의 사정'의 부재를 설시하였다.

2. 특허권침해소송에서의 국제재판관할의 결정

　　특허권침해소송에서의 손해배상청구가 불법행위에 기한 손해배상청구인(특허권침해를 가지고 불법행위로 하는) 점에 특별한 다툼이 없다.[2] 따라서 이것을 '불법행위에 관한 소'(민소 5조 9호)로 보는 것은 자연스럽다.

　　이것에 대하여, 특허권에 기한 금지청구는, 특허권을 물권 유사의 것으로 구성해도(고의, 과실이라는 주관적 요건을 필요로 하지 않는다), '물권적 청구권'으로 해석되어 왔다.[3] 따라서 그것이 '불법행위에 관한 소'라고 하는 결론이 막바로 도출되는 것은 아니다. 하지만, 분쟁의 실체가 동일하므로, 손해배상청구와 금지청구를 다르게 재판관할을 결정하는 것은 무익하고도 유해하다. 본 판결은 분쟁의 실태에 착목하여 특허권에 기한 금지청구를 '불법행위에 관한 소'에 포함되는 것으로 했다.

3. 민소법개정과 본 판결과의 관계

　　민사소송법 및 민사보전법의 일부를 개정한 법률(平成 23년 법률 제36호)에 의해, 민소법 3조의 5 제3항 '지적재산권(지적재산권법 (平成 14년 법률 제122호) 제2조 제2항에서 규정하는 지적재산권을 말한다)의 가운데 설정의 등록에 의해 발생하는 것의 존부 또는 효력에 관한 소의 관할권은, 그 등록이 일본에서 이루어진 것일 때에는 일본의 재판소에 전속한다'가 새롭게 규정되었다. 하지만, 이 규정의 대상으로 되는 것은, 특허권 등의 무효심판청구에 대한 심결 등에 대한 소(특허 178조 1항)

---

　2) 中山信弘, 特許法(2010), 335면
　3) 同書 330면

에 한하고, 지적재산권의 침해에 관한 소는, 민소법 5조 9호의 '불법행위에 관한 소'에 해당하는 것으로 되어 있다(法務省民事局參事官室, 후게 '補充說明' 36-37면).

또한, 헤이그 국제사법회의 제20회 외교 회기(2005년 6월 14일부터 30일까지)에서 채택된 '관할합의에 관한 조약'도, 결국은 나라에 따른 의견의 차이를 조정할 수 없어, 특허권침해소송에 관하여는 적용범위로부터 제외되어 있다.

특허권침해소송에 관하여, 제정법이 없고, 일반으로 승인된 국제적 원칙도 확립되어 있지 않은 상황에 변동이 없기 때문에, 국제재판관할의 결정에 관한 본 판결의 사고방식은 금후도 계속하여 타당하다.

4. '불법행위가 있었던 곳'의 해석에 있어서의 웹사이트의 평가

민소법5조9호는, '불법행위에 관한 소'는 '불법행위가 있었던 곳'을 관할하는 재판소에 제기할 수 있다고 하고 있다. 따라서 '불법행위가 있었던 곳'에는 이른 바 '가해행위지'와 '결과발생지'의 양쪽이 포함된다고 해석되어 있다.

특허발명의 실시에 해당하는 행위는, 어느 것도, 발명을 구체화(실장)한 제품 또는 서비스에 대하여 수요자가 접근하는 것을 가능하게 하는 채널의 생성이다(특허2조3항, 후本, 후게). 그렇다면, 채널의 생성을 가지고, 결과의 발생이라고 해석할 수 있다. 하지만, 채널이 '양도의 청약'이라는 정보전달행위의 경우, 채널 그 자체의 지리적인 존재를 인식할 수 없으므로, 어딘가에 존재하는 잠재적인 수요자에 행하여진 채널이라고 하는 관점에서 채널의 소재를 결정하는 수밖에 없다.

본 판결은, Y의 채널이 일본국 내의 (잠재적) 수요자를 대상에 포함하는 것을, 웹사이트의 기술과 구성을 중심으로 하여, 나아가 마케팅 활동의 실태와 성과를 참조하여 인정했다고 이해할 수 있다.

하지만, 어떤 채널이 일본국 내의 (잠재적) 수요자에 향하여져 있는지 여부를 웹사이트의 기술(記述)과 구성만으로부터 획일적으로 결정할 수는 없다. 본 판결도 마케팅 활동의 실태와 성과를 참조하면서 결론을 도출하고 있다.

5. '특단의 사정'에 관하여

본건에서는, Y가 이른바 글로벌 기업그룹에 속하는 법인이라는 점에서 나아가, 앞서 본 대로 Y가 일본국의 수요자에 향하여 마케팅 활동을 행하고 있는 점이 엿보이는 이상(판시의 인용은 생략), '특단의 사정'이 인정되지 않은 것은 자연스럽다.

〈참고문헌〉

1. 法務省民事局參事官室 ‘國齋裁判官轄法制に關する中間試案の補充説明’(平成21 年7月)

2. 道垣內正人, ‘專屬的管轄合意と知的財産訴訟 – ハーグ管轄合意條約に關聯して’, 季刊企業と法創造7号 42頁

3. 寺本振透, ‘準據法と國際裁判管轄をめぐる諸問題’, ジュリ1405号 58頁

4. 道垣內正人, L&T50号 80頁

5. 橫溝大, ‘國際裁判管轄法制の整備 – 民事訴訟法及び民事保全法の一部を改正する 法律’, ジュリ1430号 37頁

101. 병행수입과 특허권 — BBS 병행수입 사건

最高裁 平成 9年(1997년) 7月 1日 第3小法廷判決
[平成 7年(1995년)(オ) 第1988号 : 特許権侵害差止等請求事件]
(民集 51巻 6号 2299頁, 判時 1612号 3頁, 判タ 951号 105頁) ◀재판소 Web

鈴木將文(스즈키 마사부미, 名古屋大学 教授) 著
우라옥(의정부지방법원 판사) 譯

Ⅰ. 사실의 개요

독일의 자동차 부품 메이커인 X(원고 · 피항소인 · 상고인)는, 자동차의 차륜(알루미늄 호일)에 관한 발명에 관하여, 일본 및 독일에서 특허권을 가지고 있었다. Y1 및 Y2(피고 · 항소인 · 피상고인)는, X가 본건 발명의 실시품으로서 독일에서 제조판매한 알루미늄 호일을 병행수입에 의해 수입하여, 국내에서 판매하였다. X는, Y들의 상기 행위는 X의 일본에서의 특허권(본건 특허권)을 침해하는 것이라고 주장하며, 본건 특허권에 기초하여, Y들에 대하여, 수입 · 판매 등의 금지 및 손해배상을 청구하였다.

제1심(東京地判 1994. 7. 22. 知的裁集 26巻 2号 733頁)은, X의 청구를 인용. Y들 항소. 항소심(東京高判 1995. 3. 23. 知的裁集 27巻 1号 195頁)은, 특허권자등은 특허제품을 배포할 시에 발명공개의 대가를 확보하는 기회를 부여받는고로, 그 후의 유통과정에 있어서 이중이득의 기회를 인정할 필요는 없다는 것(이득기회보증론)을 주된 근거로 하여 특허권의 국내 소진 및 국제적 소진을 인정하여, X의 청구를 기각하였다. X 상고.

Ⅱ. 판 지

상고기각.

(i) 특허제품의 병행수입에 대한 특허권의 행사의 가부의 문제는, 「전적으로 일본 특허법의 해석의 문제라고 하여야 하고」, 「파리조약이 정한 [특허권 독립의

원칙] 및 속지주의원칙과는 무관하다.」

　(ii) 특허권의 국내소진에 관하여, ①특허법에 의한 발명의 보호와 사회공공의 이익과의 조화, ②상품의 자유로운 유통·특허제품의 원활한 유통의 확보, 이를 통한 특허권자 자신의 이익보호, 나아가서는 특허법의 목적의 실현 및 ③특허권자에게 이중의 이득을 인정할 필요가 없다는 것을 이유로, 이를 긍정하여야 한다.

　(iii) 그러나 「특허권자가 국외에서 특허제품을 양도한 경우에는, 곧바로 위와 동일하게 논할 수는 없다. 즉, 특허권자는, 특허제품을 양도한 지역이 소재한 나라에 있어서, 반드시 일본에서 가지는 특허권과 동일한 발명에 대한 특허권(이하「대응특허권」이라고 한다)을 가진다고는 할 수 없고, 대응특허권을 가지는 경우에 있어서도, 일본에서 가지는 특허권과 … 대응특허권과는 별개의 권리인 것에 비추어 보면, 특허권자가 대응특허권에 관계된 제품에 관하여 일본에서의 특허권에 기초한 권리를 행사하였다고 하여도, 이것을 가지고 직접 이중의 이득을 얻은 것이라고 말할 수 없기 때문이다.」

　「여기서, 국제거래에서의 상품의 유통과 특허권자의 권리와의 조화에 관하여 고려하니, … 수입을 포함한 상품의 유통의 자유는 최대한 존중할 것이 요청된다고 하여야 한다. 그래서, 국외에서의 경제거래에 있어서도, 일반적으로, 양도인은 목적물에 대해서 가지는 전부의 권리를 양수인에게 이전하고, 양수인은 양도인이 가지는 전부의 권리를 취득한다는 것을 전제로 하여 거래행위가 이루어진다고 말할 수 있다는 점, …특허권자가 국외에서 특허제품을 양도한 경우에 있어서도, 양수인 또는 양수인으로부터 특허제품을 양수한 제3자가, 업으로서 이를 일본에 수입하여, 일본에서, 업으로서, 이를 사용하거나 이를 다시 타인에게 양도하는 것은, 당연히 예상되는 것이다.」

　「위와 같은 점을 감안하면, 일본의 특허권자 또는 이와 동일시 할 수 있는 자가 국외에서 특허제품을 양도한 경우에 있어서는, 특허권자는, 양수인에 대하여는, 당해 제품에 관하여 판매선 내지 사용지역으로부터 일본을 제외하는 취지를 양수인과의 사이에 합의한 경우를 제외하고, 양수인으로부터 특허제품을 양수한 제3자 및 그 후의 전득자에 대해서는, 양수인과의 사이에 위와 같은 취지를 합의한 위 특허제품에 이를 명확히 표시한 경우를 제외하고, 당해 제품에 관하여 일본에서 특허권을 행사하는 것은 허락되지 않는다고 해석하는 것이 상당하다. 즉, (1) …특허제품을 국외에서 양도한 경우에, 그 후에 당해 제품이 일본국내에 수입되는 것은 당연히 예상할 수 있는 것에 비추어보면, 특허권자가 유보를 하지 아니한 채 특허제품을 국외에서 양도한 경우에는, 양수인 및 그 후의 전득자에 대해서, 일본에 있어서 양도인이 가지는 특허권의 제한을 받지 않고 당해 제품을 지배하는 권리를 묵시적으로 수여한 것이라고 해석하여야 한다. (2) 한편, … 특허권자가 국외에서의 특허제품의 양도에 있어 일본에서의 특허권행사의 권리를 유보하는 것은 허락된다고 할 것이고, 특허권자가, 위 양도 시에, 양수인과의 사이에 특허제품의 판매선 내지 사용지역으로부터 일본을 제외하는 취지를 합의하고, 제품에 이를 명확히 표시한 경우에는, 전득자도 역시, … 당해제품에 관하여 그 취지의 제한이 부착되어 있는 것을 인식할 수 있어서, 위 제한의 존재를 전제로 하여 당해 제품을 구입할 것인가 아니할 것인가를 자유로운 의사에 의해 결정할 수 있다. 그래서 (3) 자회사 또는 관련회사 등에서 특허권자와 동시할 수 있는 자에 의해 국외에서 특허제품이 양도된 경우도, 특허권자 자신이 특허제품을 양도한 경우와 동일하게 해석하여야 하고, 또, (4) 특허제품의 양수인의 자유로운 유통에의 신뢰를 보호하여야 하는 것은, 특허제품이 최초에 양도된 지역에 있어서 특허권자가 대응특허권을 가지는가 어떤가에 의해 달라지는 것은 아니다.」

(iv) 본건에 관하여는, 「X가 본건 각 제품의 판매에 있어서, 판매선 내지 사용지역으로부터 일본을 제외하는 취지를 양수인과의 사이에 합의한 것에 관하여도, 그것을 본건 각 제품에 명시한 것에 관하여도, X에 의한 주장입증이 되지 않았으므로, X가, … 금지 내지 손해배상을 구하는 것은 허락되지 않는다.」

Ⅲ. 해　설

1. 본 판결은, 특허제품의 병행수입에 대하여 특허권을 행사할 수 있는가 아닌가에 관하여 최고재가 최초로 판단한 중요한 판결이다. 특히, 특허권 독립의 원칙 및 속지주의의 취지에 관하여 서술하고 있는 점 및 특허권의 국내소진에 관하여 실질적 근거를 들어서 이를 긍정한 점에서도, 중요한 의의를 가지는 판결이다(국내소진에 대해서는, 最裁 2007. 11. 8.(平成 19. 11. 8.) 民集61卷8号 2989頁 본서57사건 참조).

2. (1) 병행수입이라는 것은, 일반적으로 일본의 지적재산권이 형식상 미칠 수 있는 상품의 수입 중, 그 상품이 당해 지적재산권의 권리자 또는 그와 일정의 관계를 가지는 자에 의해 해외에서 유통에 놓여진 경우의 것을 말한다. 병행수입에 대한 지적재산권 행사의 가부에 관해서, 일본의 지적재산권법상, 특별한 규정

이 있는 경우의 예도 있지만(저작 26조의 2 제2항 5호 참조), 많은 제도에서는 해석에 위임되어있다. 특허권과의 관계에서는, 특허발명의 기술적 범위에 속하는 제품(특허제품)의 업으로서의 병행수입의 행위(및 그 후의 양도, 사용 등의 행위)는, 특허법상, 특허권의 침해에 해당될 수 있는바(특허 2조 3항 1호 · 68조), 이를 어떻게 해석할 것인가가 문제로 된다.

(2) 특허권 또는 실시권자가 특허제품을 국내에서 양도한 경우에 관하여는, 그 양수인 및 전득자가 업으로서 당해 제품을 양도, 사용 등을 하는 행위는 특허권침해로 되지 않는 것이 이론 없이 인정되고 있다. 그 이론구성으로서 종래부터 일본의 통설 및 하급심판결이 채용하고, 또 본 판결이 확인한 것이, 이른바 소진론(消盡論)이다. 한편, 진정상품의 병행수입과 상표권의 관계에 대해서는, 大阪地判 昭和 45. 2. 27.(無体裁集 2卷1号 71頁[パ-カ사건])을 효시로서, 비교적 일찍부터, 이른바 상표기능론에 기초해서 병행수입을 원칙적으로 허용하는 하급심판결이 여러 건 있고, 最判 平成 15. 2. 27.[民集57卷2号 125頁 フレッドペリ사건 - 상표 · 의장 · 부정경쟁판례백선35 사건]에 의해 그 입장이 기본적으로 확인되고 있다.

반면, 특허제품의 병행수입에 대해서는, 大阪地判 昭和 44. 6. 9.(無体裁集 1卷 160頁 ボリング用 自動ピン立て裝置事件 - 본백선 제2판 83번 사건)이 속지주의의 원칙 및 특허독립의 원칙을 근거로 국제적 소진은 인정되지 않는다는 판단을 한 후에, 당분간은 판결이 나오지 않고, 학설상의 논의도 적었다. 그러나 1980년대 후반 이래, 엔고의 진행, 내외가격차이 문제의 현저화, 수입확대에 대한 내외의 요청의 높은 점 등을 배경으로서, 병행수입에 대한 사회적 관심이 높아지고, 그와 같은 상황 하에서 본 사건의 제1심 및 항소심 판결이 나타났기 때문에, 갑자기 본 문제에 관한 논의가 활발해졌다.

(3) 병행수입은, 동일 상품에 관하여 내외 가격차가 있는 경우에(그 이유는 시장의 경쟁 및 수요의 특성 등의 차이 외에, 정부의 가격규제 등 인위적인 것도 있다) 행하여지는, 일종의 재정거래(裁定取引)이다. 일본 특허법상 이를 결정할 규정을 결하고 있는 만큼, 본 문제에의 대응은 특허취지의 취지 위에, 상품의 유통(무역)의 자유, 사업자간의 경쟁, 소비자의 이익 등에의 영향을 고려한 판단을 필요로 한다(中山, 후게 ⑭ 14참조).

3. (1) 본 판결은, 우선 특허권 독립의 원칙 및 속지주의와의 관계에 대해서 서술하고, 특히 특허권의 국내소진을 긍정한다. 이 점에 관하여는, 학설상으로도 거의 이론은 보이지 않지만, 단 전자의 논점에 관련하여, 근래, 속지주의의 개념

자체에 관한 재검토의 필요성이 제기되고 있는 것에 유의할 필요가 있다.

(2) 본 판결은 이어서, 국내소진에 관하여는 근거로 인정한 이득기회보증론이 병행수입의 경우에는 성립하지 않는 것으로서, 국제적 소진을 부정한다. 이득기회보증론을 근거로 하는 국제적 소진긍정설(항소심판결의 입장)은 외국에서 특허권을 부여받은 자가 부여받지 않은 자보다도 불리하게 취급되고, 또한 수출국에 있어서 대응특허권의 유무에 의해 각 병행수입품에 관계된 침해의 성부를 나누기 때문에, 원활한 상품유통을 오히려 저해하는 등의 문제가 있어, 본 판결의 비판은 정당하다.

(3) 본 판결은 다음으로, 상품유통의 자유 및 그에 대한 양수인 등의 신뢰를 확보하는 관점으로부터, 양수인과의 관계에서는 판매선 등으로부터 일본을 제외하는 합의, 특히 전득자와의 관계에서는 그 합의와 함께 합의내용에 관하여 제품상의 명확한 표시를 권리자가 행하지 않는 한, 특허권의 효력을 주장할 수 없다고 한다.

본 판결의 견해는, 구체적 사건의 처리에 있어서, 특허권자의 양수인에 대한 명시 또는 묵시의 허락을 인정할 수 있는가를 묻는 것은 아니고, 반대의 합의가 인정되지 않는 한 양수인에 대한 허락을 의제한다고 하는 것이다(小泉·후게 ⑤ 1538頁, 辰巳·후게 ⑦ 264頁, 田村·후게 ⑧ 32頁 등 참조). 또, 전득자와의 관계에서 표시가 없는 한 권리행사는 인정되지 않는 것으로 되는 근거는, 표시를 하지 않은 것에 의해 일본에의 수입에 대해서 권리행사를 하지 않는다는 외관을 만든 것에 관하여, 금반언의 법리에 가까운 견해로 해석되고 있다(中山·후게 ⑮ 380頁 참조. 다른 이론구성의 가능성에 관하여 大野·후게 ② 46頁, 小泉·후게 ⑤ 1542頁 참조).

본판결이 판시한 요건을 둘러싸고는, 외국에서 양도한 주체의 「특허권자와 동일시할 수 있는 자」의 범위(특허권자로부터 실시허락을 포함한다고 해석해야 할 것이다), 표시의 수단·내용(제품 자체에 부착할 필요가 있는 것인가, 광고 등에도 좋은가, 사용언어는 어떤 언어로 해야 하는가 등), 표시가 말소·변경된 경우의 취급 등이 논의되어진다(논의의 상황에 관하여 片山·후게 ⑩ 146頁 이하 등 참조).

(4) 판지에서 말하는 「상품의 유통의 자유」의 「최대한(의) 존중」이라고 하는 관점으로부터는, 상품유통의 자유의 확보 내지 거래안전의 보호를 실질적 근거로 하여(또한 이득기회보증론은 채용하지 않고), 국제적 소진을 인정하는 점에 있어서, 가장 철저하다(이 입장은 대응특허권의 존부에 관계없이 국제적 소진을 인정하는 점에 있어서 항소심의 입장과 다르다). 본 판결은, 특허권의 효력을 여기까지로 한정하는 것까지는 결단하였다. 본 판결은 종래의 실무, 항소심 판결에 대한 내외의 정부·학설 등의 반응, 병행수입에 대한 사회적 평가, 제 외국의 동향 등을 종합적으로

고려해서 현실적인 「정책판단」(相澤·후게 ① 6頁)을 한 것으로 말할 수 있지만, 이론적인 명쾌성은 흠결하고 있는 것은 부정하기 어렵다.

4. 병행수입과 지적재산권의 관계에 관해서는, 국제적으로도 활발한 논의가 행하여지고 있다. WTO의 TRIPS협정의 체결에 이르는 교섭에는, 논의에 결말이 나지 않아, 결국 무차별원칙을 준수하는 한 각 가맹국은 병행수입에 관한 국내조치를 자유로이 정할 수 있는 것이라는 취지의 규정(동협정 6조)이 만들어졌다(WTO 협정상의 문제에 관해 鈴木·후게⑬ 참조). 현재 특허권에 관해서 미국, EU 등은 국제적 소진을 부정하는 입장을 갖고 있는 반면, 도상국에는 국제적 소진을 긍정하고 있는 나라가 많다. 그러나 예를 들면, 근래 세계적으로 일층 증가경향에 있는 자유무역협정 등에 있어서, 병행수입에 관한 조항(특히 국제적 소진을 제한하는 규정)이 담겨져 있는 예도 보여, 국제적인 상황은 의연 유동적이다. 또한, 이론적·실증적 분석도 여전히 진행되고 있다(최근의 성과의 예로서, 국제적 소진의 용인이 이노베이션을 촉진한다는 취지를 지적하는 Grossman & Lai, Parallel Imports and Price Controls, 39 RAND J. of Econ. 378 참조). 일본으로서는, 병행수입과 특허권의 문제가 본 판결에 의해서 결말이 난 것으로 고정적으로 받아들일 것은 아니고, 국제적인 실무 및 이론의 동향을 계속 주시하고, 마땅히 대응에 관해서 계속적으로 검토하여 경우에 따라서는 입법적 대응도 도모해야 한다고 생각한다.

〈참고문헌〉

본판결의 평석·해설로서, ① 相澤英孝 知財研フォーラム31호 2頁, ② 大野翌二 「BBS事件最高裁判決と実務上の対応」CIPICジャーナル71号 43頁, ③ 小野晶延 AIPPI42卷8号 594頁, ④ 大場正成先生喜寿記念 『特許侵害裁判の潮流』[2002] 471頁[小原喜雄], ⑤ 小泉直樹 法協116卷9号 1524頁, ⑥ 渋谷達紀 ジュリ1119号 96頁, ⑦ 辰巳直彦 平成9年度重判解(ジュリ1135号) 262頁, ⑧ 田村善之 NBL627号 29頁, ⑨ 三村量一 曹時52卷5号 1498頁 등
그 외의 참고문헌으로, ⑩ 片山英二 「並行輸入」 牧野利秋=飯村敏明編 「新·裁判実務大系(4) 知的財産関係訴訟法」[2001] 133頁, ⑪ 木棚照一 「特許製品の並行輸入に関する一考察」 早稲田法学74卷4号 1頁, ⑫ 桑田三郎 『工業所有権法における国際的消耗論』[1999], ⑬ 鈴木將文 「自由貿易体制における知的財産制度に関する一考察」 名大法政論集205号 1頁, ⑭ 中山信弘 「特許製品の並行輸入問題における基本的視座」 ジュリ1094号 59頁, ⑮ 中山信弘 『特許法』[2010] 378頁 이하, ⑯ 本間忠良 『知的財産権と独占禁止法』[2011] 118頁 이하 등.

XIII. 실용신안법 관련

102. 물품의 구조 등의 고안의 의의

東京高裁 昭和 26年(1951년) 7月 31日 判決
[昭和 25年(行ナ) 第8号 : 審決取消請求訴訟事件]
(行集 2卷 8号 1273頁)

加藤公延(카노우 마치노부, 金澤工業大学 教授) 著
박성수(김앤장 변호사) 譯

Ⅰ. 사실의 개요

X(원고)는 "서적, 잡지, 책자 등(C)에 있어서 기사(B)의 여백 부분(1)에 삽화(2)를 붙여 이루는 '커트' 장치에 있어서 당해 삽화를 광고의 구성으로 가지는 삽화(2)를 가지고 충당하여 이루어지는 서적, 잡지 등에 있어서 '커트' 장치(A)의 구조"를 고안의 요지로 하는 실용신안등록출원을 1948년에 하여, 거절사정을 받았는데, 이에 대하여 항고심판을 청구하였으나 기각 심결이 이루어졌다. 이 소송은 위 항고심판의 심결의 취소소송이다.

본건 심결은 본건 고안에 관하여 지편의 기사의 여백에 기재된 광고용의 단순한 화면에 지나지 않는 것이어서, 이른바 실용신안의 대상으로 되어야 하는 구조에 관한 '형(型)'의 고안으로 인정되지 아니 하여, '커트' 장치는 서적, 잡지 등의 일부를 점하는 것이었으나 구조로서의 하등의 구성요소가 없는 것으로서 그것을 장치의 구조라고는 인정되지 않았다.

이에 대하여 이 소송에 있어서 X는

(1) 본건 고안의 '커트'는 원심결이 말하는 '단순한 그림'이 아니라 ㈎ 책, 잡지 등, ㈏ 사건 기사, ㈐ 여백 부분, ㈑ 광고, ㈒ 삽화의 5개 구성요소가 유기적으로 결합된, 하나의 구성요소를 가진 장치를 구성하고 있다.

(2) 본건 고안은 광고의 작용과 성격을 가미한 삽화(커트)를 구성요소의 대부분으로 하는 것이며 실용신안법상의 구조로 인정되어야 한다.

(3) 다른 등록 예(주식 도표, 스프레드 시트 등)에서는 평면적인 것도 장치이며

구조로 취급되고 있으므로, 평면적인 삽화(커트)라도 '실용성 있는'것인 이상, 이러한 것을 구조로 인정함에 지장 없다는 것 등을 주장하였다.

Ⅱ. 판 지

청구기각.

(ⅰ)"구조라고 하는 것은 물품이 2 이상의 부재 또는 부분으로 성립되어 있는 것이 추상적 표현의 것에 그치지 않고 객관적으로 구체화되며 또한 특정의 형태적 관련을 가져 일체를 이루고 있는 경우를 말하는 것이다. 본건 출원의 고안 요지로 하고 있는 것은 서적 잡지 등인 물품에 관련하고는 있으나, 기사(B)의 여백 부분(1)에 게재된 삽화(2)에 종래 '커트'가 가진 취미적 내용을 주는 동시에 광고로서의 목적 내지 작용을 가지게 한 점을 주안으로 하는 것이고, 삽화의 내용 또는 그것에 가해진 설명적 문자의 의미 여하를 고안으로 한 것이다. 따라서, 커트(2)가 삽화인 것과 광고인 것의 양 작용을 가지는 점에만 관하여 말하자면 전부 관념적이고 동시에 추상적 표현에 그치고 말아, 삽화 광고용의 문자 내지 그 조합된 방법은 어느 것도 무수하게 있을 수 있는 것이기 때문에 그 구성 자체 내지 구성에 의하여 생기는 것 자체도 또한 하등의 구체적 형태를 가지는 것을 특정하지 아니 한 것이라고 말할 수밖에 없고, 그와 같은 것은 위 실용신안법 제1조에서 말하는 구조라고 할 수 없다."

(ⅱ)"실용신안법상의 구조를 구성하는 요소는 물품의 부분 또는 부재이고 그것들이 형태적으로 관련되어 있는 것이 아니면 안 되는 것으로 전항에서 본 바와 같은바, 앞서 본 바와 같이, 서적 등의 기사의 여백에 삽입한 삽화 즉, 소위 '커트'가 광고의 목적 내지 효과를 겸비하고 있는 것과 같은 경우에는 그것을 구성요소의 유기적 결합이라고 칭하는 것보다는 오히려 지면에 광고를 게재하는 것에 관하여 그 배치상의 고려를 그와 같이 생각하여 '커트'를 이용함에 그치고 마는 것이라고 보는 것이 상당하기 때문에 실용신안법에서의 소위 구조를 구성하는 것이 아니다."

(ⅲ)"등록례 중에 있는 평면적인 것이라고 하는 것은 피고(특허청장)가 말하고 있는 바와 같이 선, 구획, 눈금의 일정 위치적 관계에 결합한 것이기 때문에 그것은 추상적 표현의 것이 아니라 객관적으로 구체화된 특정의 형태를 가지고, 물품의 형이라고 보는 것이 가능한 것임에 반하여 본건의 고안은 선, 구획, 눈금

또는 그것에 준하는 것의 구체적 결합과는 완전히 상이하여 하등 구체화된 특정의 형태를 가진 것이라고는 인정되지 않는 것이기 때문에 전시의 것은 본건에 적절한 예로서는 충분하지 않다."

Ⅲ. 해   설

1. 이 판결은 소위 '커트'의 실용신안법의 보호대상 적격에 관한 최초의 판결이다. 사례로서는 구법(1921년 법) 아래의 판결이지만 현행법(1959년 법)에서도, 보호대상 적격으로서 "물품의 형상, 구조 또는 조합에 관한" 것이 필수적(실용신안법 제3조 제1항 본문)인 것에서 현행법의 "물품의 구조"의 해석 내지 평면적인 고안(평면적 추형)의 취급에 대해서도 타당하다.

(1) 이른바 '커트'라고 하는 것은 책, 잡지 등의 여백에 들어가는 작은 삽화로서, 본문의 체재를 정돈하고 문장의 맛을 깊게 하는 기능을 갖는다.

(2) 본 판결은 ① 실용신안법 제1조의 물품의 구조에 관하여 '형'의 고안의 의미를 명확하게 한 점, 즉 "물품의 구조"라는 것은 2 이상의 부재 또는 부분으로 구성되어 있어 그것이 추상적인 표현에 그치지 않고 객관적으로 구체화되고 또한 특정의 형태적 관련을 가져 일체를 이루고 있는 경우를 가리키는 즉, 고안이 구체화된 물품의 특정형태(일정성)를 필요로 한다고 한 점, ② 평면적인 것(평면적 추형, 이하 '평면적 고안'이라 한다)이 추상적 표현의 것이 아니라, 객관적으로 구체화된 특정의 형태(일정성)가 있다면, 물품 구조로 볼 수 있고, 평면적인 고안 관한 종래의 실무를 승인한 점에 의의가 있다고 생각된다.

2. '물품의 구조'의 해석에 관하여

판결의 취지 (i)은 물품의 구조에 대해 "물품이 2 이상의 부재 또는 부분으로 구성되어 그것이 추상적 표현에 그치지 않고 객관적으로 구체화되고 또한 특정한 형태적 관련을 가져 일체를 이루고 있는 경우를 말한다"라고 정의하고, 책이나 잡지 등의 기사의 여백 부분에 게재하는 삽화(이른바 '커트')는 취미적인 내용을 준다는 것과 동시에, 광고로서의 목적 및 작용을 가지게 하는 것을 주로 하는 것으로, 물품(서적 잡지 등)에 관한 고안이지만 "전적으로 관념적 그리고 추상적 표현인 것에 그치고 있어," "하등 구체적 형태를 가지는 것을 특정하지 않는 것"이라서 실용신안법 제1조 에서 말하는 물품의 구조에는 해당하지 않는 것이라고 한다.

　　본 판결의 "물품의 구조"의 해석은 구법 아래 전통적인 해석과 부합[吉原隆次 "實用新案法意匠法詳論"(1928) 91면 등]하고, 구법하에 있어서 타당한 것으로서 학설 과 실무계에서 넓은 지지를 얻고 있었다.

　　다음으로, 실용신안(등록)의 대상을 '형'으로 한 구법과 달리, 그 대상을 고안 으로 하는 현행법에서는 본 판결의 "물품의 구조"의 해석인, 물품의 형태의 일정 성 내지 정형성에 대해서 더 이상 불필요하다고 하는 설도 한때는 있었다(紋谷暢 男, 본 백선 제2판의 21면). 그러나 현행법에서도 보호대상인 고안은 "물품의 형상, 구조 또는 조합에 관계되는" 것이 필수적(제3조 제1항 본문)이고, 또 현행법 입법 과정에서도 "물품의 형상, 구조, 조합"이라는 문언 해석의 변경 등이 논의된 흔적 은 전혀 없다[현행법제정과정[특허청 내부자료; 총무과 제1독회~법제국 제2독회, 법제국 제 3독회~국회제안(1957. 8. 2.부터 1959. 2. 2.까지)], 특허청 편 '공업소유권제도심의회답신 설 명서(1957), 특허청 편 '공업소유권제도 100년사(하)'(1985) 등]. 때문에 구법 아래 뿐만 아니라 현행법에서도 "물품의 구조"라고 하기 위해서는 물품의 형태의 일정성 내 지 특정성은 필수적이라고 한 본 판결의 해석은 타당한 것이다.

3. 평면적인 고안에 관하여

　　(1) 판지 (ⅲ)은 평면적인 고안의 기등록 예에 관하여 "등록 중에 있는 평면 적인 것이라고 하는 것은 피고가 말하는 바와 같이, 선, 구획, 눈금의 일정 위치 적 관계에 결합한 것이라는 점에서 그것은 추상적 표현인 것은 아니고, 객관적으 로 구체화된 특정의 형태를 가져서 물품의 형으로 보는 것이 가능하다"라고 서술 하고, 이에 대해 본건의 "커트"에 관하여서는 "본건 고안은 선, 구획, 눈금 또는 그것에 준하는 것들의 구체적인 결합과는 전혀 달라, 하등 구체화된 특정 형태를 가지는 것으로는 인정될 수 없는 것이기 때문에 앞서 본 바는 본건에 적절한 예 라고 하기에는 부족하다"고 하고, 등록례라는 것은 같이 볼 수 없는 것이라는 취 지를 밝혔다.

　　즉, 본 판결에서는 평면적인 고안에 관하여 기존의 실무를 승인함과 동시에, 평면적인 고안에 관하여서, 그 보호대상 적격성기준, 즉 물품의 형(구조)에 포함 되는지 아닌지의 기준을 일관되게 객관적으로 구체화된 특정의 형태의 유무로 판단하는 것을 명시하고 있다.

(2) 기존의 일본 특허청의 실무

판지 (i)에서도 정의하고 있는 것처럼, 물품의 구조라는 것은 "물품이 2 이상의 부재 또는 부분으로 이루어져" 있는 것이다. 따라서 사회 통념상은 입체적, 즉 3 차원적인 공간에서 물리적으로 존재하는 것이라고 해석된다.

그러나 평면적인 고안에 관하여 일본 특허청의 실무는 옛날에는 실용신안법상의 형상, 구조 또는 조합이라고는 말할 수 없다고 하는 이유로 거절된 사례도 전혀 없지 않고, 또한 "제1조 소정의 요건에 관계 없이"라고 하여 거절심결된 심결 예(항고심판 제230호, 동 231호, 1911년 심결)도 존재한다(村山敏三, "전매특허라는 것"(1942) 68면, 大澤豊次郎 "특허신안의장상표 심결판례요지"(1925) 178면). 그러나 한편으로, 실용신안법 제정 당초보다 다수의 등록(등록실용신안 제552호 "습자장," 제194475호 "그림 완구" 등, 주로 지면 등의 평편한 면 위에 인쇄된 도형이나 활자 배열에 관한 것도 다수의 등록 예가 있다)을 인정(村山, 전게서 69면), 또한 심결(특허청 심결 1958. 2. 28. 심결 공보 165호 11면)에서도 그 등록을 인정해왔다.

현행법 하에서도 특허청은 "계산자"(계산자의 눈금의 구성) (최종 결정 1964년), "종이선"(최종 결정 1966년)의 심사기준을 공표하고, 평면적인 고안(평면적 추형)의 보호 대상 적격을 승인하고 있다(물품의 구조에 해당).

관련된 경향은 일본 실용신안법의 모법인 독일에서도 예부터 보여져 그것이 실용성 내지 기술적 효과가 있는 경우에는 실용신안법의 보호를 긍정하여 오고 있다(R. Busse, "Probleme des Gebrauchsmusterrecht" GRUR 1952 . S. 123 (128 ff), 紋谷暢男 "평면적 추형에 있어서 실용신안 보호 적격성"原增司 판사 퇴임 기념 '공업소유권의 기본적 문제(하)' (1972) 710면).

(3) 학   설

구법하에서, 평면적인 고안에 관하여 실용신안의 '형'이라고 말할 수 있는지 여부는 문제로서, 보호 대상 적격을 부정하는 설(村山 전게서 68면)도 일응 존재하지만, 다수설은 긍정적인 입장이었다.

현행법은 물품의 구조의 정의에서 삼차원적 공간에 물리적으로 존재할 필요가 있고, 그 점에서 평면적인 고안은 이차원의 평면에 표현됨에 불과하다고(紋谷 전게 原판사 퇴임기념 논문 710면) 하는 부정설도 존재하지만, 다수설은 구법 아래에서와 동일하게 기술적인 효과를 가지는 것을 조건으로 보호대상 적격을 긍정하여 "물품의 구조"의 일종에 포함되는 것으로 해석하고 있다.

이 점은 위 부정설의 입장에서는 2차원의 평면적인 고안이 왜 삼차원적 공간에서 물리적으로 존재하는 것으로 해석되는 "물품의 구조"에 포함되는 것으로 되는가라는 지적이 이루어지고 있다. 이 점에 관해서 명확하고 논리적으로 논하는 일본의 학설은 모법인 독일의 상황{W. Trüsted, "Die sachliche Prüfung einer Gebrauchsmusteranmeldung aufihre Eintragungsfähigkeit" GRUR 1954, S. 137(139)}, 紋谷暢男, 본 백선 (제3판) 221면}과 마찬가지로 거의 없고, 또한 본건 판결이 보여준 기준인 "객관적으로 구체화된 특정한 형태를 가짐"이라고 하는 근저로 필요충분한지 아닌지 라고 하는 점에 대해 논한 것도 보이지 않는다. 그런 의미에서 평면적인 고안의 실용신안법 아래의 현재의 보호는 매우 정책적인 것이라고 이해할 수 있다(紋谷 전게 原判사 퇴임기념 논문 715면)고 하는 견해가 흥미롭다.

　　그러나 본건 판결은 위에서 설명한 바와 같이 평면적인 고안에 관한 실용신안법의 보호 대상 적격에 대한 최초의 판결로서, 이러한 종류의 고안에 대한 실용신안법 제정 당시부터 운영되어온 종래의 오랜 실무를 승인하며, 또한 이후 운용에 대한 중요한 지침으로서 역할을 하며 실무 내지 학설을 정착시킨 의의는 여전히 큰 것이 있다고 생각된다.

　　(4) 평면적인 고안에 관한 향후의 문제

　　평면적인 고안이 보호대상 적격을 가지는지, 즉 "물품의 구조"에 해당하는지 아닌지 여부는 본건 판결이나 오랫동안의 실무상의 운용에서 이제는 해결된 것으로 생각된다. 이에 관한 경향은 예를 들어, 동경지방재판소 2003. 1. 20.{判時 1809호 3면ㆍ본 백선 (제3판) 8면}에서도 간접적으로 이해할 수 있다. 그 건에서 문제가 고안은 대차대조표에 관한 고안이며, 실용신안법의 관점으로 보면 전형적인 평면적인 고안인 "종이선"의 범주에 속한다. 이 판결은 실용신안권 침해금지 등 청구 사건에 관한 것이지만, 평면적인 고안이 "물품의 구조"에 해당할 수 있는 것은 당연한 전제로 하여 취급하고, 대차 대조표 4개 란의 배치에서 유래되는 보기 쉽게 하는 효과가 "자연 법칙을 이용한 기술적 사상의 창작"에 해당하는지 여부가 쟁점으로 되었다.

　　관련 쟁점은 발명 내지 고안에 공통된 문제이며, 종래부터 긍정설(吉藤幸朔 '特許法概說' 등)과 부정설(紋谷 전게 백선 제3판 221면)이 대립하고 있지만, 평면적인 고안의 경우에는 특히 그 효과의 핵심을 보기 쉽고 이해하기 쉬운 등의 효과가 있기 때문에 재미있는 문제이다.

〈참고문헌〉

1. 紋谷暢男 “わが國實用新案法の現代的課題 － 日本およびドイツ法における保護客體を中心として,” F・K バイヤ 教授古稀記念 '知的財産と競爭法の理論'(1996) 197頁

2. 同 “我が國實用新案制度の下における保護客體の推移(2・完)” 成溪法學(通6)(1974) 6-185頁

103. 실용신안기술평가의 법적 성질

東京高裁 平成 12年(2000년) 5月 17日 判決
[平成 12年(行ㄱ) 第22号 : 實用新案技術評價取消請求控訴事件]
(判工2期版 4933의6頁)

熊谷健一(쿠마가이 켄이치, 明治大学 教授) 著
김철환[법무법인(유) 율촌 변호사] 譯

I. 사실의 개요

X(원고, 항소인)는 실용신안권 제3060298호(고안의 명칭 "조명장치부치경(照明裝置付齒鏡)," 출원일 : 1998. 4. 30., 등록일 : 1999. 6. 2., 이하 "본건 고안"이라 한다)를 가지고 있고, 특허청에 대하여 1998. 4. 30. 같은 날 실용신안등록출원한 본건 고안에 관하여 실용신안기술평가를 청구하였다. 특허청심사관은 1999. 6. 18. 본건 고안에 관하여 실용신안기술평가서(이하 "본건 기술평가서"라 한다)를 작성하고, 특허청은 X에 대하여 같은해 7. 6. 본건 기술평가서를 송부하였다. 본건 기술평가서에서, 본건 고안의 청구항 1은 평가 1(선행기술의 기재로부터 볼 때 "신규성"을 결여하는 것이라고 판단될 우려가 있다고 평가)과, 청구항 2는 평가 2(선행기술의 기재로부터 볼 때 "진보성"을 결여한 것으로 판단될 우려가 있다는 평가)로 각각 평가되었다(이하 이들 평가를 "본건 평가"라 한다). 본건은 X가 본건 기술평가서에 있어서 청구항 1을 평가 1로 하고, 청구항 2를 평가 2로 한 본건 평가는 잘못이라고 주장하면서, Y(특허청장관-피고, 피항소인)에 대하여 그 취소를 구하여, 각하된 사건의 항소심이다.

X는 ① 실용신안권은 무효심판에서 무효로 심결되지 않는 한 유효한 것이나, 실용신안기술평가서에서 부정적인 평가를 받으면, 실체적 요건을 충족하고 있지 않다고 하여, 실질적으로 무효로 되므로, 실용신안기술평가서는 실질적으로 실용신안권을 법적으로 구속하고 있고, ② 실용신안권자 등은 권리행사를 하는 경우나 경고시에 실용신안기술평가서를 제시하는 것을 의무화하고 있으므로, 실용신안기술평가서에서 어떤 평가가 된 경우에도, 법적 효력이 부여되고 있으며,

③ 실용신안법 제29조의3 제1항[1] 단서는 실용신안권자 등이 부정적인 평가가 행해진 실용신안기술평가서에 기초하여 권리를 행사하거나, 또는 경고를 한 경우에 있어서, 무효심판에서 무효로 된 때에는 손해배상의 책임을 부담한다고 하고 있으므로, 실용신안기술평가서는 법적 구속력을 가지기 때문에, 본건 평가는 "처분"에 상당한다고 주장하였으나, 제1심[東京地判 平成 11. 12. 24. 判工(2期) 4932頁]은 행정사건소송법 제3조 제2항의 "처분"에는 해당되지 않는다고 하여 소를 배척하였다. 그래서 X는 나아가 ④ 실용신안권자는 전용실시권의 설정 및 통상실시권의 허락의 각 권리를 가지고 있어, 업으로서 등록실용신안을 실시할 자력을 가지고 있지 않은 경우에는 기업 등에 실시권의 설정, 허락을 하는 경우가 대부분이나, 기업 등은 실용신안기술평가서에서 부정적인 평가가 된 경우 이것을 1993년 법률 제26호로 개정되기 전의 실용신안법(이하 "구 실용신안법"이라 한다)에 있어서의 거절사정과 동일시하여, 가령, 실용신안권자가 그 평가가 잘못이라고 주장하고 그 주장이 수긍될 수 있는 것이어도, 무효심결의 가능성이 조금이라도 있는 한, 실시권자로 되려고는 하지 않기 때문에, 실용신안기술평가는 정확하고 객관성을 기하는 점에 있어서 구 실용신안법 또는 특허법의 등록(특허)사정, 거절사정과 같은 것이기 때문이어서, 실용신안기술평가서에 있어서 부정적인 평가가 행해지면 그 평가는 실용신안권자의 실시권설정, 허락의 권리를 빼앗는 것이고, 실용신안권자를 구속하는 것이고, ⑤ 실용신안법 제29조의2[2][3]는 실용신안권자에 대

---

1) 일본 실용신안법 제29조의3 제1항은 다음과 같다(역자 주).

　　제29조의3 제1항(실용신안권자의 책임) 실용신안권자 또는 전용실시권자가 침해자 등에 대하여 그 권리를 행사하거나 또는 그 경고를 한 경우에 실용신안등록을 무효로 하여야 할 취지의 심결(제37조 제1항 제6호와 같은 이유에 의한 것을 제외한다)이 확정된 때에는 그 권리의 행사 또는 그 경고에 의하여 상대방에게 준 손해를 배상할 책임이 있다. 다만, 실용신안기술평가서의 실용신안기술 평가[당해 실용신안등록출원에 관계되는 고안 또는 등록실용신안이 제3조 제1항 제3호 및 제2항(동호와 같은 고안에 관계되는 것에 한한다), 제3조의 2 및 제7조 제1항 내지 제3항 및 제7항의 규정에 의하여 실용신안등록을 할 수 없는 취지의 평가를 받은 것을 제외한다]에 근거하여 그 권리를 행사 또는 경고를 하였을 때에는 그러하지 아니하다.

2) 일본 실용신안법 제29조의2는 다음과 같다(역자 주).

　　제29조의2(실용신안기술평가서의 제시) 실용신안권자 또는 전용실시권자는 그 등록실용신안에 관한 실용신안기술평가서를 제시하여 경고를 한 후가 아니면 자기의 실용신안권 또는 전용실시권의 침해자 등에 대하여 그 권리를 행사할 수 없다.

3) 참고로 우리나라 실용신안법 제44조(실용신안등록유지결정등본의 제시)는 "실용신안권자 또는 전용실시권자는 제25조 제2항의 규정에 의한 <u>실용신안등록유지결정의 등본</u>을 제시하여 경고한 후가 아니면 자기의 실용신안권 또는 전용실시권의 침해자등에 대하여 그 권리를 행사할 수 없다"고 규정하고 있다(역자 주).

하여 손해배상청구권 등의 권리행사를 함에 있어서 실용신안기술평가청구를 하게 하여 평가받는 것을 의무화함과 동시에 경고시에 실용신안기술평가서를 제시하여 어떠한 평가를 받았는가를 상대방에게 알리는 것을 의무화하고 있기 때문에, 실용신안기술평가에서 어떠한 평가가 이루어졌는가를 알리는 것에 의해 권리행사의 가부가 좌우되고, "의무를 가진다"는 것은 법적 효력을 가진다고 하는 것이므로, 실용신안기술평가는 법적 효력을 가지고 "직접 국민의 권리의무를 형성하는 것이 법률상 인정되고 있는 것"으로서 "처분"에 해당하는 것이며, "국민의 권리의무"라는 것은 모든 권리 또는 의무를 의미하고, 그 내용을 한정하여 해석하는 것은 잘못이라고 주장하여 항소하였다.

Ⅱ. 판   지

항소기각.

(ⅰ)「취소소송의 대상이 되는 행정사건소송법 제3조 제2항의 '처분'이란, 공권력의 주체인 국가 또는 공공단체가 행하는 행위 중 그 행위에 의해 직접 국민의 권리의무를 형성하거나 그 범위를 확정하는 것이 법률상 인정되고 있는 것을 말한다고 해석된다.」

「실용신안법 제12조가 정하는 실용신안기술평가는 실체적 요건을 심사하지 않고 등록된 실용신안권의 유효성을 판단하는 객관적인 판단재료를 제공하는 것이고, 그 평가 자체에 의해 등록된 권리의 유효 또는 무효가 확정되는 등 그 권리의 소장에 영향을 미치는 것은 아니다. …실용신안법 제12조가 정하는 실용신안기술평가는 권리행사의 가부 그것을 좌우하는 법적 효력을 가지는 것은 아니다.」

「실용신안권자 등은 권리행사를 하는 경우 경고시에 실용신안기술평가서를 제시할 것을 의무화하고 있으나(실용신안법 제29조의2), 실용신안기술평가가… 어떤 것이라도 권리행사 자체가 방해되는 것은 아니기 때문에, 실용신안법 제12조가 정하는 실용신안기술평가는 권리행사의 가부 그 자체를 좌우하는 법적 효력을 가지는 것은 아니다.」

실용신안법 제29조의3 제1항 단서는 「실용신안기술평가서가 권리의 유효성을 판단하기 위한 객관적인 판단재료를 제공하는 것이기 때문에, 실용신안기술평가서의 실용신안기술평가(실용신안등록을 할 수 없는 취지의 평가를 받은 것을 제외한다)를 신뢰하여 권리의 행사 등을 한 때에는 같은 항 본문의 규정을 적용하지 않는 것을 정한 것으로 해석되나, 위 단서는 그 이상으로 적극적으로 권리자가 손해배상책임을 면제되는 것까지 규정하고 있는 것은 아니고, 하자 있는 권리의 행사 등을 받은 상대방이 실용신안권자 등의 권리행사 등이 상당한 주의를 태만히 한 것인 점을 입증하면, 실용신안기술평가(실용신안등록을 할 수 없다는 취지의 평가를 받은 것을 제외한다)가 있다고 해도, 실용신안권자 등은 손해배상책임을 부담하는 것이 되는 것으로 해석된다.」「같은 항 단서에 의해, 실용신안기술평가(실용신안등록을 할 수 없다는 취지의 평가를 받은 것을 제외한다)에 기초한 권리행사 등이 아니라도 실용신안권자 등이 상당한 주의를 가지고 권리행사 등을 한 것을 입증하면 손해배상책임을 부담하는 것은 아니다.」「따라서 같은 항 단서의 규정 때문에 실용신안법 제12조가 규정하는 실용신안기술평가가 직접 실용신안권자 등의 손해배상책임의 존부를 확정하는 법적 효과를 가지는 것이라고 할 수는 없다.」

「실용신안법 제12조가 규정하는 실용신안기술평가는 직접 국민의 권리의무를 형성하거나 그 범위를 확정하는 것이 법률상 인정되고 있는 것이라고는 할 수 없고, 따라서 본건 평가는 행정사건소송법 제3조 제2항의 '처분'에는 해당하지 않는다.」

(ii) (항소심에서 X의 주장에 관하여) 「구체적인 행정청의 행위가 위의 '처분'에 해당하는가 아닌가는 당해 행위의 근거가 되는 행정법규가 직접 국민의 권리의무를 형성하거나 또는 그 범위를 확정하는 것으로서 규정하고 있는가 아닌가에 관계되는 것을 의미하는 것이다.」「실용신안기술평가가…[부정적인 평가]라면, 기업 등이 당해 등록실용신안의 실시권자로 되려고는 하지 않는다는 실용신안권자의 불이익이 만일 존재한다고 하여도, 그것이 실용신안법이 실용신안기술평가에 의해 직접 형성하거나 또는 그 범위를 확정하기 위하여 규정한 국민의 권리의무에 상당한다고 해석하여야 할 근거는 동법상 전혀 존재하지 않으므로, 단지 사실상의 불이익이라고 하지 않을 수 없고, 이러한 불이익이 있는 것을 이유로 하여 실용신안기술평가가 행정사건소송법 제3조 제2항의 '처분'이라고 할 수 없다.」

「실용신안법 제29조의2는… 실용신안기술평가서를 제시하는 것을 실용신안권자의 권리행사의 하나의 요건으로 하고 있는 것에 지나지 않는 것이고, …실용신안기술평가 자체는 실용신안권자의 위 권리행사에 어떤 영향을 미치는 것은 아니다.」「실용신안법 제29조의2에 의해 실용신안기술평가서의 제시가 실용신안권자의 권리행사의 하나의 요건으로 되어 있기 때문이라고 하여, X가 본건에 있어서 취소를 구하고 있는 실용신안기술평가가 위 '처분'에 해당한다고 할 수는 없다.」

Ⅲ. 해　설

　　실용신안법 제12조에 규정되어 있는 실용신안기술평가는 선행기술문헌 및
선행기술문헌으로부터 본 고안의 유효성에 관한 평가를 포함하는 객관적인 평가
를 하는 것이고, 실용신안권에 관하여 기술적, 전문적으로 공적인 일정한 견해를
표명하는 것에 지나지 않으며, 실용신안권의 권리의 소장에 영향을 부여하는 것
은 아니다(特許廳總務部總務課工業所有權制度改正審議室 編著『改正特許法·實用新案法解
說』(1993) 89頁). 또한 실용신안법 제29조의3 제1항 단서는 실용신안권자 등이 실
용신안기술평가에 기초하여 그 권리 행사 등을 한 때에는 그 배상책임을 면하는
취지가 규정되어 있으나, 상기 단서는 특허청에 의해 실용신안권에 관한 기술적,
전문적인 공적인 일정한 견해의 표명인 실용신안기술평가서를 신뢰하고 그 권리
의 행사 등을 한 실용신안권자 등에 관하여 상당한 주의를 가지고 권리의 행사
등을 한 것으로 고려할 수 있다는 것을 규정한 것이다(위 96頁).

　　행정사건소송법 제3조 제2항에 규정되어 있는 「행정청의 처분 그 밖의 공권
력의 행사에 해당하는 행위」에 관하여는, 「행정청의 처분이란, …행정청의 법령
에 기한 행위 전부를 의미하는 것은 아니고, 공권력의 주체인 국가 또는 공공단
체가 행한 행위 중 그 행위에 의해 직접 국민의 권리의무를 형성하거나 또는 그
범위를 확정하는 것이 법률상 인정되고 있는 것을 말한다」(最判 昭和 39. 10. 29. 民
集 18卷 8号 1809頁)라고 되어 있다. 본건에서 문제가 되고 있는 실용신안기술평가
는 실용신안권에 관하여 선행기술문헌 및 그에 기초한 고안의 유효성에 관한 평
가를 포함하는 객관적인 평가를 하는 것이고, 기술적·전문적으로 공적인 일정한
견해를 표명하는 것에 지나지 않는 것이며, 감정적 성질을 가지는 것에 지나지
않고, 그 자체가 실용신안권의 권리로서의 소장(消長)에 영향을 부여하는 것은 아
니며, 어떠한 법적 구속력을 가지는 것도 아닌 것은 명백하다. 또한 실용신안법
제29조의2에 있어서 실용신안권의 권리행사시에 실용신안기술평가서의 제시를
요건으로 한 것은 형식적 요건일 뿐이고 실체적 심사가 행하여져 그 권리가 설정
되는 실용신안권의 권리행사를 적절하고 그와 동시에 신중하게 하기 위한 것이
며, 실용신안기술평가의 내용에 의해 권리행사가 방해되는 것은 아니다. 그러므
로 실용신안기술평가서의 제시가 필요하게 되었다고 하여도 실용신안기술평가서
에 기재된 실용신안기술평가가 실용신안권자의 권리 또는 법률상의 지위에 어떤
영향을 미치는 것이 아니고 직접 국민의 권리의무를 형성하는 것으로 되는 것이

아닌 점은 명백하다. 그 의미에서 항소심재판소의 판단은 타당하다.

한편 실용신안권자가 실용신안기술평가서의 평가가 잘못이라고 주장하고, 그 주장이 수긍할 수 있는 경우라도, 특허청에 대하여 그 취지를 주장할 기회가 없는 것도 사실이고, 실용신안기술평가서에서 부정적인 평가가 되면, 실용신안권자의 권리행사가 사실상 제약되는 폐해도 존재한다고 하는 지적도 되고 있다. 그 때문에 실용신안제도의 본연의 자세를 검토하는 산업구조심의회지적재산정책부회의보고서에서도 ① 선행기술조사의 한층 더 충실, ② (실용신안권자에 의한)의견표명기회의 부여, ③ (실용신안기술평가서를 작성하는)심사관의 논리(로직, ロジック)를 기재하는 것이 제언되었다. 이것을 더하여 2004년 7월에 특허 · 실용신안심사기준의 「실용신안기술평가서의 작성」(제Ⅹ부 제1장)이 개정되어, 선행기술조사 및 평가에 관한 설명의 기재를 충실하게 함과 동시에, 권리내용에 관한 기술적 설명을 얻기 위한 면담을 하는 것도 가능하게 되었다.

〈참고문헌〉
본문 중에서 게재된 것

104. 제조방법의 상위와 고안의 기술적 범위

最高裁 昭和 56年(1981년) 6月 30日 第3小法廷判決
[昭和 54年(才) 第336号 : 實用新案權に基づく製造販賣差止請求事件]
(民集 35卷 4号 848頁, 判時 1008号 145頁, 判タ 446号 68頁) ◀재판소 Web

大瀬戸豪志(오오세토 다카시, 甲南大学 教授) 著
설범식(서울중앙지방법원 부장판사) 譯

Ⅰ. 사실의 개요

X(원고·항소인·상고인)는 "장압(長押)1)"에 관한 고안의 실용신안권자이고, 그 실용신안등록청구의 범위(클레임)는 다음과 같다.

「심재(芯材)2의 정면 및 이면에 베니어판3, 3′를 덧붙이고, 이면 측의 베니어판 3′는 이타재(裏打材)4에 의하여 보강됨과 아울러, 표면 측의 베니어판3, 심재2의 상면(上面) 및 심재2와 이타재4의 저면(底面)을, 이들의 면에 덧붙인 단판(單板)의 양질목재(良質木材)5에 의하여 피복(被覆)한 것을 특징으로 하여 이루어진 중인방(中引枋).」

Y(피고·피항소인·피상고인)는, 중인방(中引枋)의 본체가 5매 중첩된 베니어판으로 이루어지고, 그 이면에는 이타재가 붙어 있으며, 정면·상면·저면이 단판양질재(單板良質材)로 피복된 구조로 된 것을 제조판매하고 있다.

그래서 X가 Y에 대하여 Y의 제조판매에 관계된 위 중인방은 X가 가지는 위 등록실용신안(이하 '본건 고안'이라 한다)의 기술적 범위에 속하기 때문에 그 제조판매는 위 실용신안권의 침해에 해당한다고 주장하고, 그 금지를 구한 것이 본건이다.

제1심판결(福岡地判 昭和 53. 1. 26. 民集 35卷 4号 868頁 참조)은 X의 고안에서 중인방의 심재는, 그것 자체로는 베니어판처럼 온도와 습도에 대한 내성을 구비하

---

1) 원문에는 '長押(나게시)'로 기재되어 있는데, 이는 건축에서 벽의 중간 높이에서 가로지르는 인방(引枋)을 말하며, 중인방(中引枋)이라고도 한다. 국어사전에 나오는 '중인방(中引枋)'으로 번역한다.

고 있지 아니한 점을 전제로 하는 것인바, Y의 중인방은 온도와 습도에 대한 내성을 구비하고 있는 베니어판을 심재로 이용하는 것이고, 더구나 X의 고안에서 중인방은 독립된 존재인 심재의 양 측면에 베니어판을 포개어 붙여 제작하는 것인데 대하여, Y의 중인방은 기존의 베니어합판을 그대로 이용하여 제작하는 것이므로, 양자는 기술적 사상을 달리 한다고 하여, X의 청구를 기각하였다.

X가 항소하였으나 원심판결(福岡高判 昭和 53. 12. 21. 위 民集 878頁 참조)은, 제1심판결의 이유 설시를 그대로 인용하여 항소를 기각하였다.

이에 대하여 X는, X의 고안에 있어서 중인방의 심재를 위와 같이 한정적으로 해석하는 것은 허용할 수 없고, 더구나 X의 고안의 기술적 범위의 확정에 있어서 중인방의 제작방법의 차이를 고려하는 것은 허용되지 아니함에도 불구하고 원심은 그 결론의 기초를 위 차이에 두고 있으며, 따라서 원심의 판단은 실용신안법 제26조에 의하여 준용되는 특허법 제70조의 해석 · 적용 등을 잘못한 것이라고 주장하여 상고하였다.

Ⅱ. 판   지

상고기각.

「본건 고안의 명세서에는, 집성재(集成材)를 이용하는 종래의 중인방(中引枋)에는 온도와 습도에 대한 내성이 없었으나, 실용신안등록청구의 범위의 항에 기재된 대로의 구성을 취하는 본건 고안의 중인방(中引枋)에는 온도와 습도에 대한 내성이 있다고 기재되어 있는 데 그치고, 본건 고안에서 말하는 '심재2'가 어떠한 재료의 것인가에 대하여는 기재되어 있지 아니하므로, 명세서의 위 기재로부터 본건 고안의 중인방(中引枋)의 심재는 베니어판과 같이 온도와 습도에 대한 내성을 구비하고 있는 것과는 다르고, 그와 같은 내성을 구비하고 있지 않은 별개의 부재(部材)에 한한다고 하는 것은 곤란하다. 더구나 실용신안법에 있어서 고안은 물품의 형상, 구조 또는 조합에 관한 고안을 말하는 것이어서(실용신안법 1조 · 3조 참조), 제작방법은 고안의 구성이라고 할 수 없는 것이므로, 고안의 기술적 범위는 물품의 형상 등에 관하여 판정하여야 하는 것이고, Y의 중인방(中引枋)이 본건 고안의 기술적 범위에 속하는지 여부의 판단에 있어서 제조방법의 상위를 고려하는 것이 허용되지 않는 것은 당연한 것이다.

이상에 의하면, 원심 인정의 사실에 기하여 원심이 판시하는 것과 같은 해석하에, Y의 중인방(中引枋)이 본건 고안의 기술적 범위에 속하지 않는다고 판단하는 것은 불가능하다고 말할 수 있다.

그러나 원심 인정의 사실에 의하면, 본건 고안에 있어서 '베니어판'은 그 자체가 하나의 구성부분을 이루는 것으로 관념되고 있는 것은 명백하기 때문에, 베니어판을 하나의 구성부분으로 하여 본건 고안과 Y의 중인방(中引枋)을 대비하여 보면, 본건 고안의 중인방(中引枋)의 본체는 심재와 정면·이면의 각 베니어판으로 구성되어 있는 것인데 대하여, Y의 중인방(中引枋)의 본체는 베니어판만으로 구성되어 있고, 본건 고안의 "심재2의 정면 및 이면에 베니어판3, 3'를 덧붙인"다고 하는 구성을 구비하고 있지 않은 것이라고 말할 수 있다. 따라서 Y의 중인방(中引枋)은 본건 고안과는 구조상 기술적 사상을 달리 하는 것이어서 본건 고안의 기술적 범위에 속하지 않는 것이고, 이와 결론을 같이 하는 원심의 판단은 정당한 것으로 수긍할 수 있다.」

Ⅲ. 해   설

1. 실용신안법은 '고안' 즉 '자연법칙을 이용한 기술적 사상의 창작'(동법 2조 1항) 중에 '물품의 형상, 구조 또는 조합에 관한 고안의 보호'를 목적으로 한다(동법 1조, 3조 1항). 이에 의하여 명백하듯이 동법의 보호대상은 물품의 형상, 구조 또는 조합(이하 '물품의 형상'이라 한다)에서 유형적·공간적으로 표현된 기술적 사상의 창작이다. 따라서 일정한 목적에 향하여진 계열적(系列的)으로 관련 있는 수개의 행위 또는 현상에 의하여 성립하고, 필연적으로 경시적(經時的)인 요소를 포함하는 방법(東京高判 昭和 32. 5. 21. 行集 8卷 8号 1463頁 참조)의 고안은 동법의 보호대상으로 될 수 없다. 단순 방법뿐만 아니라 물건의 제조방법도 같다. 현행법(1959년 법률 제123호)의 제정 이래, 이 점은 변경이 없다.

2. 본건은 소화 60년(1985년) 법률 제41호에 의한 개정 전의 실용신안법의 적용례이다. 동법에서는 등록실용신안의 기술적 범위는 실용신안등록청구의 범위(클레임)의 기재에 기초하여 정하여야 하고(동법 26조에 의한 특허법 70조 1항의 준용), 클레임은 고안의 상세한 설명에 기재한 고안의 구성에 없어서는 안 될 사항만을 기재하여야 하는 것으로 되어 있었다(동법 5조 4항). 따라서 본래 고안의 구성요소가 될 수 없는 제조방법을 클레임에 기재하는 것은 허용되지 않는다. 그러나 심

사 실무상 물품의 형태를 바르게 표현하기 위하여 그 제조방법을 기재하지 않을 수 없는 경우가 많기 때문에 클레임 중에 제조방법을 기재하는 것을 허용하고 있었다(柴田, 뒤의 논문 참조).

그 결과 실용신안권 침해소송에서 대상물건이 계쟁 등록실용신안의 기술적 범위에 속하는가 여부의 판단에 있어서 제조방법의 상위를 고려할 것인지 여부가 문제로 되어 있다. 판결 취지는 이 문제에 대하여 최고재판소로서 처음으로 그 견해를 밝힌 것이다.

3. 본건 판결 전의 하급심 재판례에서는, 클레임의 기재에 포함되어 있는 제조방법과 대상물건에서의 그것이 서로 다른 경우에 계쟁 등록실용신안의 기술적 범위의 획정에 있어서 그 방법의 상위를 고려할 수 있는지 여부에 대하여 이를 긍정하는 것(大阪地判 昭和 40. 4. 30. 杉林信義編, 工業所有權判例集 8卷 225頁)과 부정하는 것(東京地判 昭和 39. 11. 14. 下民集 15卷 11号 2702頁)으로 견해가 나뉘어 있었다. 전자는 클레임 중에서 물품의 형태의 형성방법을 특히 한정하고 있는 경우에는 계쟁 등록실용신안의 기술적 범위를 그 한정에 따라 획정하는 것이 상당하다는 관점에서, 대상물건의 형성방법과의 상위에 근거하여 그 기술적 범위를 획정한 것이다. 이에 대하여 후자는 제조수단 내지 공정에서의 차이는 '기술적 범위의 인정에 있어서 그다지 의미를 가질 수 없다'는 관점에서, 계쟁 등록실용신안과 대상물건의 사이에 존재하는 상기의 차이를 고려하지 않고 양자의 구조의 이동(異同)만을 근거로 하여 그 기술적 범위를 획정한 것이다.

한편, 이 점에 대하여 학설은 제조방법은 고안의 구성요소가 될 수 없는 이상, 클레임 중의 방법적 기재를 고안의 구성요건으로 할 수 없고, 따라서 등록실용신안의 기술적 범위를 획정함에 있어서 방법적 기재를 그 자체로서 고려하여야 하는 것은 아니라고 하는 점에서 일치하고 있었다(野玉, 紋谷 각 뒤의 논문 참조).

판례 취지는 이러한 학설의 경향에 따라 견해가 나뉘어져 있던 위 하급심 재판례 중 부정설(東京地判)의 입장을 추인한 것이다.

4. "Y의 중인방(中引枋)이 본건 고안의 기술적 범위에 속하는지 여부의 판단에 있어서 제조방법의 상위를 고려하는 것은 허용되지 않는다"는 판례 취지에 대하여, 방론에 지나지 않는다는 견해(中山)가 있다. 그러나 판례 취지는, 원심이 본건 고안의 클레임 중에서 "심재2의 정면 및 이면에 베니어판3, 3′를 덧붙인"다고

하는 중인방(中引枋) 본체의 제조방법에 관한 기재에 기초하여, "(X의) 고안의 중인방은 독립한 존재인 심재의 양 측면에 베니어판을 덧붙여 제작하는 것인데 대하여, Y의 중인방은 기성 제품의 베니어합판을 그대로 이용하여 제작하는 것이므로, 양자는 기술적 사상을 달리 한다"고 한 것을 잘못이라고 하고(淸水, 뒤의 논문은 이 점을 강조한다), 그런 다음 본건 고안과 Y의 중인방의 구조상의 상위 때문에 후자가 전자의 기술적 범위에 속하지 않는다고 판시한 것이다. 따라서 판지는 클레임 중에 방법적 기재가 포함되어 있는 사안에 대한 판결이유로 이해할 수 있다.

　　5. 앞에서 본 바와 같이 클레임 중에 방법적 기재가 있는 경우에 기술적 범위를 획정함에 있어서 그 방법 자체를 당해 등록실용신안의 구성요건으로서 고려할 수는 없는 것이지만, 이를 완전히 무시하여 등록실용신안의 기술적 범위를 획정할 수도 없다. 등록실용신안의 기술적 범위가 부당하게 넓게 되는 경우가 있기 때문이다.

　　이 점에 대하여 물품의 형태를 특정하는 자료로라면 클레임 중의 방법적 기재는 물론, 다른 자료 중의 방법에 관한 사항도 고려하는 것이 허용된다고 하는 것이 통설이다(뒤의 각 문헌 참조). 본건 판결 이후의 하급심 판결도 클레임 중의 방법적 기재를 물품의 구조를 특정하는 자료로 고려하고 있다(大阪地判 昭和 60. 5. 29. 判時 1174호 134頁; 東京地判 平成 4. 3. 27. 判タ 793호 232頁; 東京地判 平成 5. 1. 22. 知的財集 25卷 1호 1頁; 松山地決 平成 6. 9. 21. 判時 1551호 125頁). 또한 클레임 중의 방법적 기재가 아니라 고안의 상세한 설명 중의 물품의 사용법에 관한 기재를 고려하여 그 구조를 특정한 것(大阪地判 昭和 56. 12. 25. 判工 2535の5の495の713頁)과 계쟁 등록실용신안의 출원시의 물품 제조방법을 고려하여 그 구조를 특정한 것(東京地判 昭和 54. 12. 17. 判工 2535の5の495の502頁)이 있다. 판결 취지가 이와 같은 목적으로 방법적 기재와 물품의 사용법 등을 고려하는 것을 금하는 취지의 것이 아니라는 점은 말할 필요도 없다.

　　6. 앞에서 본 바와 같이, 본건에 적용된 소화 60년(1985년) 법률 제41호 개정 전의 실용신안법은 클레임에는 고안의 상세한 설명에 기재한 고안의 구성에 없어서는 안 될 사항만을 기재하여야 하는 것으로 규정하고 있었지만, 현행법은 이 규정에 대신하여 클레임에는 "각 청구항마다 실용신안등록출원인이 실용신안등

록을 받으려고 하는 고안을 특정하기 위하여 필요하다고 인정되는 사항 모두를 기재하지 않으면 안 된다"고 규정하고 있다(동법 5조 5항). 그러나 현행 실용신안법에 있어서도 보호대상과 기술적 범위의 획정기준에 대한 변경은 없다. 그 후의 특허청 심사 실무도 물품의 형태를 정확하게 표현하기 위하여 클레임 중에 제조방법을 기재하는 것을 허용하고 있는 듯하다(2011. 12. 현재 특허·실용신안심사기준 제1부 제1장 2.2.2.4(2) 참조). 거기에는 "발명의 대상으로 되는 물건의 구성을, 제조방법과 무관하게 물성 등에 의하여 직접적으로 특정하는 것이 불가능, 곤란 또는 여하한 의미에서 부적절(예컨대, 불가능도 곤란도 아니지만 이해하기 어렵게 되는 사정이 큰 경우 등을 생각할 수 있다)할 때는 그 물건의 제조방법에 의하여 물건 자체를 특정할 수 있다(product by process claim)"고 되어 있다.

따라서 판지(判旨)의 견해는 현행법에 있어서도 타당한 것이라고 말할 수 있다. 즉 특허법상의 '물건의 발명'에 있어서 클레임 중에 물건의 제조방법이 기재되어 있는 경우(소위 product by process claim)에 대하여, 최고재판소 平成 10. 11. 10.(平10(オ)1579号, LEX/DB 28041622) 판결은 "물건의 발명에 있어서 특허청구의 범위에 당해물건의 형상을 특정하기 위한 작도법이 기재되어 있는 경우에는 위 작도법에 의하여 얻어진 형상과 동일한 형상을 구비하는 것이 특허발명의 기술적 범위에 속하기 위한 요건으로 되는 것이고, 위 작도법에 기하여 제조되는 것이 요건으로 되는 것은 아니다"라고 판시하고 있다.

7. 마지막으로 본건 사안에 관한 판지의 내용에 대하여 한마디 한다면, 그 결론을 유지하기 위해서는 클레임 중의 "「심재 2」에서 베니어판이 제외되어 있을 것이 전제로 된다"고 하는 견해가 있다(仙元, 뒤의 논문 참조). 그러나 그와 같은 견해는 판례 취지가 '심재2'의 재료를 베니어판과 같이 온도와 습도에 대한 내성을 구비하고 있지 않은 별도의 부재(部材)에 한한다고 하는 것은 곤란하다는 것과의 관계에서 문제가 없다고 할 수 없다. 오히려 판례 취지는 본건 고안과 Y의 중인방(中引枋) 사이의 '구성요건의 개수(個數)'(渋谷, 뒤의 논문 참조)의 상위, 즉 본건 고안의 중인방의 본체가 베니어판과 심재로 구성되어 있는 것인 데 대하여, Y의 중인방의 본체가 베니어판만으로 구성되어 있다고 하는 점이 그 판단의 기초로 되어 있는 것으로 보아야 할 것이다.

〈참고문헌〉

1. 清水利亮, 曹時 37卷 4号 1077頁

2. 渋谷達紀, 法協 99卷 9号 1461頁

3. 仙元隆一郎, 民商 86卷 3号 458頁

4. 中山信弘, 判評 279号(判時 1034号) 25頁

(이상 본건 판결의 평석)

5. 柴田大助, "實用新案の登録請求の範圍中に製作方法の記載のある場合その考案の要旨認定についての一考察," 原增司判事退官記念, 工業所有權の基本的課題(下) (1972) 717頁

6. 野玉三郎, "實用新案における手段方法と權利範圍," 馬瀬文夫先生還暦記念, 工業所有權法, 民事法の課題(1971) 75頁

7. 紋谷暢男, "實用新案法制と方法の考案," 石井照久先生追悼, 商事法の諸問題(1974) 543頁

◆ 판례색인 ◆

특허판례백선 (特許判例百選)

제4판인쇄	2014년 2월 5일
제4판발행	2014년 2월 10일

지은이	中山信弘·大渕哲也·小泉直樹·田村善之
옮긴이	사단법인 한국특허법학회
펴낸이	안종만

편 집	김선민·마찬옥
기획/마케팅	조성호
표지디자인	홍실비아
제 작	우인도·고철민

펴낸곳	(주) **박영사**
	서울특별시 종로구 평동 13-31번지
	등록 1959. 3. 11. 제300-1959-1호(倫)
전 화	02)733-6771
f a x	02)736-4818
e-mail	pys@pybook.co.kr
homepage	www.pybook.co.kr
ISBN	979-11-303-2545-3 93360

정 가   42,000원